5판

수업모형

Instruction: A Models Approach, 5/E

Mary Alice Gunter
University of Virginia

Thomas H. Estes
University of Virginia

Susan L. Mintz
University of Virginia

권낙원 옮김

PEARSON

아카데미프레스

Instruction: A Models Approach, 5/E

Authorized Translation from the Language edition, entitled INSTRUCTION: A MODELS APPROACH, 5th Edition, ISBN: 0205508863 by GUNTER, MARY A.; ESTES, THOMAS H.; MINTZ, SUSAN L., published by Pearson Education, Inc, publishing as Allyn & Bacon, Copyright © 2007

KOREAN language edition published by ACADEMY PRESS, Copyright © 2010
KOREAN translation rights arranged with PEARSON EDUCATION, INC., publishing as Allyn & Bacon through AGENCY ONE, SEOUL KOREA

헌정

암과 투쟁하다 2005년 6월 작고한 우리의 영원한 친구 Mary Alice Gunter에게 『수업 모형』 5판을 바친다. 그녀는 알고 있는 모든 이들에게 감명을 주었다. 그녀의 많은 아이디어들이 이 책 곳곳에 살아 숨쉬고 있다.

역자 서문

이 책은 Gunter, Mary Alice 외 2인이 저술한 『수업 모형』(제5판)(Instruction: A Models Approach)을 번역한 것이다. 우리나라에 수업 모형이라는 책자가 여러 권 소개되어 있다. 그리고 그 책들은 나름대로의 특징을 갖고 있다. 그러나 이 책만큼 수업 모형에 관한 이론과 실제, 더 나아가 그 효과적 적용에 관한 내용을 체계적으로 다룬 책은 많지 않다. 이 책은 비교적 수업 모형에 관한 이론을 간단히 소개하고 구체적 절차를 일목요연하게 정리하고 있으며 그것이 실제 수업 속에 어떻게 나타나고 있는지에 대한 수업 시나리오를 제시하고 있어 수업 모형에 대한 이해를 더욱 심화시켜 주고 있다. 이외에 수업이란 상황에 따라 달라진다는 전제 아래 수업 모형의 통합을 강조하고 있다. 종전의 수업 모형에 관한 책들이 주로 이론의 소개와 이론이 반영된 수업의 실제를 소개하는 데 주력하였다고 한다면, 본서는 이외에 수업의 실제를 예시하면서 동시에 수업 모형의 융통적 적용을 강조하고 있다는 점에서 기존의 수업 모형에 관한 책과는 약간 구분이 된다. 또 다른 특징은 대안적 수업 모형을 많이 소개하고 있다는 점이다. 탐구수업 모형, 창의적 수업 모형, 협동학습 모형이 이에 속한다. 탐구수업 모형으로 Suchman의 탐구모형, 웹탐색 탐구모형, 그리고 문제 중심 학습 모형이 소개되고 있으며 창조적 문제해결 모형으로 변형1: 익숙한 내용을 낯설게 하기, 변형2: 낯선 내용을 익숙하게 하기, 변형3: 창의적 문제해결 여행으로 나누고 있고 협동학습모형으로 Graffiti 모형, Jigsaw 모형, 학문적 논쟁 모형이 있다. 이러한 대안적 모형은 수업 모형에 대한 더욱 깊고 폭넓은 이해를 도모하여 수업 모형의 효율적 활용에 큰 도움을 준다. 마지막으로 이 책의 특징은 각 수업 모형을 소개하는 데 일정한 절차를 따르고 있어 수업 모형의 이해를 더욱 촉진하고 있다는 것이다. 다시 말해 각각의 수업 모형은 모형의 이론, 모형의 구체적 단계, 수업의 차별화, 대안적 평가, 시나리오, 요약의 순으로 설명되어 있다.

이 책은 3부 총 19장으로 구성되어 있다. 제1부에는 수업 모형의 기초로서 교육목적과 기준, 내용의 조직, 수업목표, 평가와 수업이 소개되어 있다. 제2부에는 이 책의 핵심인 여러 가지 수업 모형들이 소개되어 있다. 여기에는 지시적 수업 모형,

개념 획득 모형, 개념 발달 모형, 문제 중심 탐구 모형, 창조적 문제 해결 모형, 인과 모형, 소크라테스식 세미나 모형, 어휘 획득 모형, 갈등 해결 모형, Eggen과 Kauchak의 통합 모형, 협동학습 모형, 보조수업 전략이 소개되어 있다. 이들 각각의 모형마다 모형의 이론적 설명, 모형의 단계, 수업의 차별화, 대안적 평가, 시나리오, 요약 순으로 되어 있다. 제3부에는 수업 모형의 통합에 대한 사례들을 유치원 사례, 중학교 사례, 고등학교 사례로 나누어 제시하고 있다.

물론 여기에 제시된 수업 모형만 숙달한다고 해서 훌륭한 교사가 되는 것은 아니지만 Joyce가 주장하고 있듯이 중요하다고 생각되는 수업 모형 5~6개를 숙달하여 상황에 따라 효과적으로 변형시켜 적용할 수 있다면 우리들이 기대하는 훌륭한 수업을 해낼 수 있을 것이다.

이를 위해서는 부단한 교사의 자기 연찬과 연수가 필요하다. 아무쪼록 여기에 제시된 수업 모형들이 교사들의 수업 개선에 조금이나마 도움이 될 수 있다면 역자로서의 큰 기쁨이 아닐 수 없다.

끝으로 원고의 교정에 도움을 준 박사과정 대학원생인 박일수, 최화숙, 김향란 선생님 그리고 석사과정의 김은숙, 김숙형, 신현화, 김기영 선생님에게도 고마움을 전한다. 그리고 여러 가지 어려움이 있음에도 불구하고 본서의 출판을 허락해 주신 아카데미프레스 홍진기 사장님에게 깊은 감사를 드린다.

머리말

오늘날 교사들은 도처로부터 압박을 받고 있다. 그런데 모든 교사는 무엇을 어떻게 가르칠지에 대하여 전문가인 것처럼 보인다. 전문가의 조언, 행정지시, 법률에서도 교사들에게 무엇을 어떻게 가르칠지에 대하여 권위 있는 언급을 하고 있다. 어느 의미에서 모든 사람은 수업에 대한 전문가이다. 그런데 모든 사람들이 오랫동안 학교에 다닌다고 학교 교육에 대한 충분한 지식을 쌓고 졸업하는 것은 아니잖은가?

어느 의미에서 보면 모든 사람을 교사라로 표현하는 것이 적절할지 모르겠다. "가르치다"라는 단어의 어원적 의미는 "보이다" "말하다" "지적하다"이다. 모든 사람은 다른 사람을 가르친다. 그래서 아마추어적 의미에서 모든 사람은 교사이다. 이 말은 모든 사람이 효과적인 교사가 될 수 있다는 뜻은 아니다. 그러나 만일 우리가 전문적 의미로 "가르친다"라는 말을 "수업"이라는 말과 관련하여 검토해 본다면, 보다 복잡한 그림을 그려 볼 수 있을 것이다.

"수업"이라는 단어의 의미는 "구축한다" 또는 "구조화한다"라는 말에서 유래되었다. 전문 교사들은 일반적으로 가르칠 뿐만 아니라 구조화한다. 그들은 교실 환경을 구조화하고 다양한 학생들을 위하여 경험을 구축해 나간다. 부모, 의사, 기타 다른 사람들은 자연스럽게 말을 하거나, 지적해 주거나 보여줌으로써 다른 사람들을 가르치는 데 반하여 전문 교육자들은 수업을 세밀히 설계하고 계획하여야 한다. 사실, 우리는 여러분의 수업이 학생들의 학습에 도움이 되지 못한다면 여러분은 가르치고 있는 것이 아니다. 수업과 환경을 구조화해 나가는 과정에 근거하여 환경을 구축해 나가는 것 사이에는 유사점이 있다. 수업 담당자로서 교사는 건축가와 세 가지 점에서 비교가 된다.

1. *구체적 대상을 위한 계획*

건축가든 교사든 모두가 고객이나 학생의 요구를 알아야 한다. 여러 대의 자동차를 소유한 어느 한 사람이 살아갈 집은 여섯 식구에 네 마리의 개, 세 마리의 고양이, 두 마리의 햄스터와 토끼 한 마리를 기르는 가족이 살아갈 집과 판이하게 다를 것이다. 마찬가지로, 대학교 일학년 물리 개념을 위한 수업설계는 AP물리 수업설계와 판이하게 다를 것이다. 학생의 배경지식, 내용의 난이도에 따라서도 수업접근 방법은 달라진다.

건축가와 교사는 모두가 고객을 고려해야만 하고 건전하고 독창적이고 실용적인 수업계획을 어떻게 작성할지를 알 필요가 있다.

훌륭한 교수설계는 학습자의 요구와 교육의 목적에 대한 명확한 이해로부터 나온다.

전문적인 교사가 구성해 내는 수업설계는 독특하기 마련이다. 왜냐하면 학습자 집단마다 요구가 다르고 학습 유형마다 서로 다른 구체적인 수업전략을 필요로 하기 때문이다.

2. *목표와 평가 절차의 설정*

고객의 요구는 건축가와 교사 모두가 의도된 결과를 가능한 한 명확히 상세화하는 데 도움이 된다. 건축가가 최종 산출이 어떻게 될지에 관한 명확한 그림을 그려보지 않고 건설 프로젝트를 시작하기로 생각하는 일은 거의 없다. 프로젝트의 중간쯤 가서 그동안의 일들이 고객이 원하거나 요구한 것이 아니라는 것을 알게 되면 전문적인 면에서 상당히 당황해 하고 안타까워 할 것이다.

치밀한 설계 없이 학생을 가르치는 교사는 많은 것을 우연에 맡기게 되고, 학생들의 학습을 적절히 돕지 못하고 학생들을 방치해 두게 된다. 전문인으로서, 교사는 구체적이고 의도된 학습 결과에 어떻게 도달하는지에 대한 계획을 수립해야 한다. 그렇지 않으면 귀중한 수업시간만 낭비하게 되고 학생들은 자신이 책임질 평가에서 성공하는 데 도움이 되는 적합한 경험마저 갖지 못하게 될 것이다.

목표 설정의 핵심 중 하나는 의도된 것이 달성되고 있는지를 확인하기 위한 효과적인 평가 절차를 결정하는 것이다. 건축가가 끊임없이 건축을 점검하는 것과 마찬가지로, 교사는 학생들이 의도된 결과에 도달했는지를 결정해야만 한다. 작업의 질을 점검하고, 모든 것이 계획대로 진행되고 있는지를 결정하기 위하여 건축이 완성될 때까지 기다리는 것은 어리석은 일일 것이다. 이와 마찬가지로, 교사는 전 수업 과정을 통하여 효과적인 형성적, 종합적 평가 절차를 사용해야만 한다.

평가는 계속적인 것으로 매 단계의 모든 의사결정의 기초가 된다. 즉, 요구를 결정하고, 목표를 설정하고, 평가와 수업 방법을 설계하고 자료를 선정한다.

평기란 계속적으로 다음과 같은 질문을 요구하는 과정이다.

우리는 어디로 가고 있는가?
우리는 어떻게 거기에 도달하는가?
우리는 얼마나 멀리 와 있는가?

교사는 수업이 적합하고 효과적인지 결정하기 위하여 학생으로부터 계속 정보를 수집해야만 한다. 그러므로, 수업의 중간 결과와 최종 결과를 나타내는 평가는 교수 과정을 개혁하기 위하여 사용되어야 한다. 계속적 평가는 이것을 가능하게 한다.

3. *재료와 절차의 선정*

건축가는 선택해야 할 재료와 기법이 다양하므로 어느 것을 결합해야 의도한 것과 가장 유사한 구조를 만들 수 있을지를 결정해야만 한다. 적합한 결합을 결정하기 위하여는 각 프로젝트를 상세히 분석하여야 한다. 예를 들면, 모든 가옥은 나무나 벽돌만으로 지어지는 것이 아니다. 이와 마찬가지로, 학생들도 자신의 고유한요구, 감정, 흥미가 있다. 더욱이 학급마다 특정 집단 역동이 독특하다. 그러므로 교사는 구체적인 수업목표를 달성하고 제기되는 문제를 처리해 나가기 위하여 다양한 접근과 기법을 적용할 필요가 있다.

불행히도 수업이 다양하지 못하여 단조롭고 싫증을 일으키는 학급도 있다. 똑같은 수업 기법만을 사용하는 교사는 마치 한 가지 유형의 집만을 짓는 건축가와 비슷하다. 건축가는 집을 짓는 전문가가 될 수는 있으나, 그 집은 다양한 고객의 요구를 충족시키지 못할 것이다. 학습자의 다양한 욕구를 충족시키기 위하여 다양한 수업 및 학습 관리 전략이 필요하다.

이 교재의 계획

이 책의 첫 판이 출간된 지 거의 18년이 지난 이래, 많은 숙련 교사와 교사 양성 담당 교사들은 이 교재가 유용하다는 것을 알게 되었다. 사실, 많은 교사들은 이 책이 변함없는 전문 서적의 하나가 되었다는 얘기를 우리에게 들려주고 있다. 가능한 대로 우리는 매일 이 모형을 사용하는 학급 교사로부터 얻은 훌륭한 아이디어와 가치 있는 수정한 내용을 이 책에 포함시켰다.

수업의 과정을 통하여 전문 교육자로서 모든 교사는 하나가 된다고 말한다. 우리의 대상은 교과를 가르치는 교사이거나 아니면 모든 연령층의 학습자를 가르치려고 준비하는 예비 교사이다. 교수란 도전적이고 복잡한 것이다. 수업 모형은 교사들로 하여금 교실 환경의 요구 조건을 다루어 나가는 데 도움이 된다.

이 교재는 규칙이나 비결이 담긴 서적이 아니라, 수업에 대한 의사결정을 내릴 때 전문 교육자들이 생각해 볼 기회를 주기 위한 안내서이다. 완벽한 교수로의 진전은 학습, 적응, 수정, 변화를 거치는 계속적인 과정이다. 교사는 학생 집단마다 서로 다른 수업 결정을 내려야 하고 서로 다른 문제를 해결해야 하고 서로 다른 요구에 부응해야 한다. 우리는 여기에 교사가 수업을 계획하고 실천해 나갈 때 적절하고 효과적인 선택을 하는 데 도움이 되는 정보를 제공한다.

우리는 이 교재를 세 부분으로 나누었다.

제1부는 수업계획에 대한 내용으로, 여기서는 목표, 평가, 수업을 표준에 통합시키는 과정을 기술한다. 교사는 수업을 통하여 자료를 어떻게 제시할 것인가를 고려하기에 앞서 수업에서 무엇을 학습시킬지를 결정해야만 한다. 수업을 계획할 때는 다양한 선택을 고려하여야 한다.

제2부는 "수업을 목표에 맞추기"로서 즉 모형적 접근은 선정된 수업 모형을 설계 과정에서 어떻게 사용할 수 있는지에 대한 설명과 더불어 제시한다. 우리는 이 수업 모형의 기초가 되는 여러 사람들의 연구에 도움을 받고 있다. 우리는 또한 어떠한 단계들이 이 모형들을 가장 효과적으로 만드는지를 결정하는 데 있어서 우리 자신의 경험과 많은 일선 교사들의 경험에 의존하고 있다.

제3부는 모든 모형을 통합하고 있는데 즉 목표에 수업 모형을 맞추고 있으며 여기에는 네 개 장이나 포함된다. 그중 세 개 장은 사례연구로서 교사들이 설계과정에서 어떻게 목표, 평가, 수업을 일치시키고 있는지를 기술하고 있다. 3부는 교실에서의 긍정적인 학습 환경을 조성하는 방법을 제안하고 있다.

이 책 내용의 성격상, 독자들은 행동을 통하여만 학습을 해 나갈 수 있다. 그러므로 여기서는 연습과 피드백을 위한 충분한 기회가 주어지고 있다. 이상적으로, 여기에는 비디오로 녹화된 수업 계열에 대한 검토와 함께 동료로부터의 피드백이 포함되어 있다.

아무도 자동차의 매뉴얼만 읽고 자동차 운전을 배울 수 없듯이, 이 모형을 읽거나 단계들을 암기한 것만으로 이 모형들을 배웠다고 할 수 없다.

우리는 이 책의 대본에 대하여 논평을 해 준 다음의 검토자들에게 감사의 말씀을 드린다: Briant J. Farnsworth, Utah Valley State College; Enid Acosta-Tello, National University; Scott M. Page, Minnesota State University; Pamela D. Wash, Lander University; Carolynn L. Reynolds, California State University, Chico.

우리는 수업 모형의 활용을 통하여 전문적으로 성장할 가능성을 찾고 있는 예비 교사, 숙련 교사와 상호작용할 기회를 가졌다. 우리는 모형 접근이 교사들이 수업에 관하여 전문적인 결정을 내릴 수 있게 하고, 공통된 지식의 체계를 통하여 다른 전문적인 수업을 담당하는 사람들과 이러한 결정을 공유케 하는 도구가 된다고 확신한다.

차례

제1부 수업 계획

제3부 통합하기
수업 모형을 목표에 맞추기

ONE

제 1 부

수업 계획

어느 한 늙은 농부는 가족이 왜 멀리 떨어져 있는 알칸사스에 정착하게 되었느냐는 질문을 받고 다음과 같이 대답했다.

"우리는 캘리포니아로 가려고 했는데 아버지가 미시시피 강으로 방향을 잘못 틀었어."

불쌍하게도 이 여행자들은 지도에도 없는 대륙을 횡단하면서 목적지에 대해 막연한 생각만 하고 있었다. 이와 마찬가지로, 낯선 지적 영역을 가로질러 가는 수많은 학생과 교사는 교실 수업에서 방향을 잘못 틀고 있다.

때때로 교사와 학생들은 구체적인 계획의 형태로 된 지도 없이, 그리고 여행의 분명한 목표에 대한 정의 없이 가르치고 배운다. 엉성하게 계획된 차시 수업 및 단원이 끝날 무렵, 학생들은 교사가 의도한 목적지에 도달하기 위한 지원도 받지 못한 채 실망하게 된다. 학생들이 지식과 이해를 향한 여행을 즐기려면 세밀한 수업 계획은 필수적이다.

다음 장에서 기술할 계획과정은 학생들에게 교실에서 성공할 수 있는 기회를 줄 수 있도록 교사와 학생의 행동을 안내하게 될 것이다. 목표와 평가, 수업을 일치시키면 학생들이 새로운 지식과 기능을 사전 지식에 관련지어 습득할 수 있는 기회가 생긴다. 일관된 수업은 교사가 다양한 수업기회와 평가기회를 계획할 수 있게 한다. 비록 훌륭한 수업을 위한 공식이나 비결은 없을지라도, 훌륭한 수업이 훌륭한 수업 계획에 달려 있다는 것은 널리 알려져 있다.

우리는 학습에 관하여 알려진 바에 근거하여 다음과 같은 수업 계획의 일반 절차를 제안한다.

- 주와 국가의 기준을 연구한다.
- 학생들의 개별적, 집단적 요구를 수집하고 검토한다.

- 학생들이 이해하고, 알고, 행동하기를 바라는 형태로 목표를 정의하고 진술한다.
- 학생들이 진술된 목표에 도달했는지를 증명할 수 있도록 평가를 구성한다.
- 학생들이 평가에서 성공하는 데 필요한 지식과 기능을 배워 나가는 경우, 학생들에게 도움이 되는 차시 수업과 단원을 구성한다.
- 학습자의 다양한 요구를 충족시키기 위하여 수업시간에 다양한 수업 모형을 사용한다.

이러한 단계는 다음 세 장에서 철저히 논의된다. 우리는 방대한 교육 목적, 수업의 조직, 그리고 수업을 계획할 때 목표, 평가, 수업을 어떻게 일관성 있게 구성하는지를 검토할 것이다. 수업 계획이란 계속적 과정으로 계획의 단계들은 겹치기 마련이다. 그 순서는 교사의 경험과 배경지식에 따라 달라진다. 이러한 과정에 도움이 되는 수업 설계 절차들이 제1부에 포함되어 있다. 이러한 절차를 이행하는 방식의 결정은 독자 개인의 몫이다. 이러한 수업 계획의 과정을 모든 교사의 수업 접근 속에 통합하는 것은 선택의 여지가 없는 문제이다.

제 1 장

교육 목적과 표준

교사들의 휴게실에서 어쩌다 다음과 같은 말을 듣게 된다. "나는 수업 목적이 두 가지야. 단기적 목적은 금요일까지 하는 수업이고 장기적 목적은 6월까지 하는 수업이야."

항상 교사들은 바빠서 교육의 목적을 생각해볼 시간조차 없다고 생각한다. 실제로 당장 일을 끝마치라는 압력이 몰아치는 경우도 가끔 있다. 교사와 예비 교사들은 가끔 학생들에게 무엇을 가르쳐야 할지를 결정하기에 앞서 어떻게 가르칠지에 대한 기법이나 규칙을 묻곤 한다. 그러나 효과적인 수업은 적절한 교육 목적의 결정으로 시작된다. 어떤 목적은 사전에 결정되지만, 어떤 목적은 교사에게 위임된다. 이 장이 끝날 무렵, 여러분은 효과적인 수업은 학생들의 학습에 대한 지식에 근거하고 있음을 이해하게 될 것이다. 여러분은 학습자의 본질적인 요구 8가지를 알게 되고 나아가 우리 사회가 표준을 통하여 이러한 요구를 어떻게 조직하는 지도 알게 될 것이다.

결과적으로, 여러분은 주(州)에서 정한 구체적인 표준을 검토하고 이들 표준을 학습자와 사회적 요구에 관련지어 해석하게 될 것이다. 목적은 교육의 과정에 대한 중요한 비전을 제시한다. 목적은 성공을 측정하는 기준이 된다. Lorin Anderson과 David Krathwohl은 교육의 목적을 복잡하고, 다면적인 학습 결과로 정의하고 있다. 그런데 교육의 목적을 달성하려면 상당한 시간과 수업이 요구된다.[1] (1) 교육 목적은 의도에 관한 일반 진술로서, (1) 학습의 본질, (2) 학습자의 요구, (3) 학교 교육의 사회적 목적을 반영하고 있으며 이들 목적은 일반적으로 학습 기준의 입장에서 표현되고 있다. 수업을 계획할 때 여러 목적을 고려하고 표현하여 통합할 수 있는 능력은 전문적인 교육자의 자질 중 하나이다. 학생에 대한 관심도 모든 수업 계획의 기초가 됨에 틀림없다. 학급의 학생은 각자 인정을 받든 안 받든 목적은 똑같다.

가장 우선시되는 목적은 학교 수업시간에 가능한 한 많은 내용을 배우는 것이다. 이상적으로, 수업이란 학교의 임무이고, 학습은 그 결과이다. 실제로, 아무리 정보가 흥미 있고 관련성이 높다 하더라도 그리고 교사가 교과에 대하여 아무리 열성적이라고 하더라도 무엇보다도 학습자가 의지를 갖고 기꺼이 학습할 수 있어야만 한다.

수업을 예술적 관점에서 보게 되면 이것이 사실임이 분명히 밝혀진다. 만일에 수업이 학습을 유발하지 못한다면 수업은 실패한 것이다. 그리고 학교의 임무는 좌절된 셈이다. 그러나 만일 수업이 학습자를 이해시키는 과정에 참여시키고, 교사와 다른 사람들이 학생에게 학습하기를 원하는 내용과 학생이 적절히 접촉하도록 하는 결과를 가져온다면, 학습은 일어날 가능성이 커지고, 따라서 교육의 목적은 보장받을 수 있는 것이다.

이 장에서는 교육의 표준과 실제의 기반이 되고 있는 학습의 원리를 검토한다. 학습자의 요구와 사회의 요구도 논의되고, 이것들과 교육 표준과의 관계도 명확히 밝혀지고 탐구된다. 교육 표준도 철저히 조사 분석된다. 수업이란 학생의 학습에 의존한다. 교사들은 학생들에게 내용, 기능, 정신적 습관을 가르친다. 학생들은 모든 교육적 노력의 초점이 되어야 한다.

학습은 어떻게 일어나는가

인간이 어떻게 학습하고, 뇌는 경험을 조직하기 위하여 어떻게 작용하는지에 관하여는 많은 내용이 알려져 있다. 이러한 정보는 교사들이 학습환경 설계를 결정할 때 도움이 된다.

다음 내용은 인간의 학습에 관한 몇 가지 원리를 요약해 주고 있다. 여러분은 각각의 원리를 학습해 나가면서, 그 원리가 교실에서 어떻게 작용하는지를 생각해 보기 바란다.

다음의 문단마다 여러분이 학습이론을 개발해 나가면서 학습이론에 관한 정보를 적용해 나가는 데 도움이 되는 질문이 주어진다. 각 질문은 이 책의 해당 부분에서 논의될 것이다.

1. *학습은 지능의 구조를 변화시킨다.*

어느 학교 중의 일정한 언어능력과 수리능력을 지닌 학습자이던 그들의 학업성취는 사고력이 증진된 결과일 것이다. 학습자들이 학교에 다니는 동안 접하는 정보의 구조를 이해해 나갈 때 그들의 사고는 정보의 구조에 맞추어 변화된다.[2] *이 원리는 학생의 학습에 대한 교사의 기대와 어떤 측면에서 관계가 있는가?*

2. *학습자의 뇌는 계속해서 조직, 재조직된다.*

이러한 인지 형태의 변화는 새로운 이해가 이전의 지식의 구조에 통합될 때 나타난다. 이러한 인지 구조는 학습자가 지식을 효율적으로 획득하고 재생하며 활용하도록 한다. 교사들은 새로운 지식을 논리적으로 조직하여 이전의 지식과 연결지어 학생들이 새로운 정보에 쉽게 접근하도록 도와줄 필요가 있다. *교사는 학생들이 배울 내용에 대하여 무엇을 알고 있는지를 어떻게 찾아낼 수 있는가?*

3. *전형적인 뇌 발달 유형 중 하나는 성장과 지연이다.*

뇌는 연접부마다 다양한 경험을 통하여 얻은 정보를 달리 처리하고 다양한 속도로 연접부의 연결을 노보해 나간다. 그래서 어떤 학생의 경우 문학에 대하여 풍부한 연접 연결이 이루어지고 수학에 대하여는 빈약한 연접 연결이 이루어지기도 한다. 뇌의 모든 부분이 똑같은 속도로 성장하는 것이 아니기 때문에 수업에서는 이 점을 고려하여야 한다. 어느 부분은 다른 부분보다 더 많이 발달될 수도 있다. 따라서 어느 아동은 어느 한 영역의 교육과정은 잘 할 수도 있지만 다른 학문 영역에 있어서는 적어도 당분간 고생을 할 수도 있다.[3] *학교에서는 열심히 노력하는 학생들을 위하여 어떠한 지원을 해주어야 하는가? 교사는 이러한 자원을 어떻게 활용하여야 하는가?*

4. *기억에는 다른 여러 기능이 있다.*

감각 기억은 잠정적이며, 정보를 작동 기억에 보낸다. 감각 기억은 순간적이고 무의식적이다. 작동 기억은 끊임없는 주의 집중을 요구한다. 학습자들은 작동 기억 속에서 정보를 처리한다. 만일에 정보처리에 반복, 상술, 정교화가 포함된다면, 그 정보는 장기 기억으로 이동될 가능성이 커진다. 학생들은 기능과 정보의 반복을 필요로 하고 지식과 기능을 상세화시켜 다른 익숙한 기능, 정보와 관련을 맺어주어야 한다는 점을 유념하여야 한다.[4] *교사는 내용과 기능을 기억하는 데 도움이 되는 전략을 학생들에게 제공하여야 하는가?*

5. *학습이 활용되려면 본래의 학습 상황을 넘어서서 전이가 일어나야 한다.*

아주 가끔 학습자들은 수업 상황에서는 아주 잘 할 수 있으나 실제에는 학습한 것이 잘 반영되지 않는 경우가 있다. 이러한 것을 방지하기 위하여 수업은 명시적이어야 하고 기능은 연마되어야 하고 이해는 응용되어야 한다.

새로운 학습의 전이는 회상을 초월한 심층적인 지식 수준에서 일어나야 한다. 교사는 학생들이 수업 상황에서 해보았던 것과 비슷한 문제를 해결하는 데 새로운 지식과 기능을 사용하는 방법을 알 수 있도록 도와줄 필요가 있다. 응용되지 않은 것은 쉽게 망각된다는 말이 과장된 말은 아닐 것이다.[5] *역사, 수학, 과학, 언어에서 전이 가능한 심층적 지식은 어떠한 지식인가?*

6. *개념적 지식은 학습자가 정보와 기능을 전이시키는 데 도움이 된다.*

어느 학문에 있어서건 그 분야의 유능한 학습자가 되기 위하여 학생들은 사실과 본보기에 대한 깊이 있는 정보를 갖고 있어야 하고, 이러한 사실과 본보기들이 딱 들어맞는 개념적 틀을 이해하고 정보가 재생될 수 있도록 정보를 조직할 수 있는 능력이 있어야만 한다.[6] *교사들은 가르칠 가치가 있는 개념들이 어떠한 것인지를 어떻게 아는가?*

7. *자신의 학습을 조정하는 학생들은 학습환경에서 더욱 성공적이다.*

학습은 메타인지에 의하여 증진된다. 메타인지란 자신을 정보처리자로서 생각하는 행위인 것이다. 메타인지 전략은 학생들이 자신의 학습에 책임지도록 하고 회상을 초월한 인지학습을 하는 데 도움이 된다. 메타인지적이 되기 위하여 학생들은 그들이 달성하고자 하는 목적을 알 필요가 있고 이 목표를 향하여 어떻게 나아가고 있는지에 대한 피드백을 받아야 한다. 학생들은 이러한 정보와 함께 반성을 통하여 어느 행동이 성공으로 이끄는지를 알 수 있게 된다.[7] *수업 모형 학습과 관련하여 여러분 자신의 개인적인 목적은 무엇인가?*

8. *학습은 도전에 의하여 증진되고 위협에 의하여 방해를 받는다.*

여기에 미묘한 것이 있다. 즉, 어느 한 학습자에게 도전이 되는 것은 또 다른 학습자에게는 위협이 될 수 있다. 그 차이는 실제로 무엇이 발생하느냐에 의한 것이 아니라 뇌가 어떻게 반응하느냐의 결과인 것이다. 또한 뇌는 싸움 아니면 회피를 통하여 위협에 반응해 나간다. 다시 말하면, 위협상황에서 벗어나고자 한다. 비록 자존심이나 성공에 대한 도전은 항상 모험을 수반하지만, 학습자는 Caine 부부가 언급한 것처럼 경계심이 이완된 상태에서 학습을 잘 해 나간다.[8] 이것이 수업에 주는 시사점은 학습자는 그들이 학습하게 될 내용에 어떠한 위험도 느껴서는 안 된다는 점이다. 그러나 초기 학습 단계에서 실수는 자연히 발생하는 것으로 학습자는 이러한 실수를 범하는 것에 불안해할 필요가 없다. 예를 들면 점수란 학습의 최종 결과에 근거를 두어야지 중간 시도에 근거를 두어서는 안 된다. *실패에 대한 두*

려움은 학생들에게 좋은 동기 요인이 되는가?[9]

9. *뇌마다 독특하다.*

인기작가인 Robert Fulghum이 언급했듯이, 지난 25년간 뇌 연구로부터 나온 가장 강력한 진술 중 하나는 다음과 같다. 인간마다 두뇌의 외부 생김새가 다르듯이 두뇌의 내부 모습도 다르다.[10] 이것이 수업에 주는 시사점은 교사는 학습자의 무한한 가능성에 열린 마음을 가질 필요가 있다는 점이다. 즉 교사는 그들이 가르치는 내용에 대하여 학생들이 다양한 이해를 할 것으로 기대하여야 할 것이다. 모든 사람이 정답을 말한다거나 단 하나의 답안이 존재하리라는 생각을 의심해 볼 중대한 이유가 여기에 있는 것이다. *어떻게 하면 교사는 그들이 가르치는 모든 학생들의 요구를 결정하고 그 요구에 부응할 수 있는가?*

종합해 보건대, 이러한 원리들은 가르치는 데 있어 최선의 한 가지 방법은 존재하지 않는다는 점을 재확인해 준다. 그러나 좋은 수업에서 꼭 지켜야만 할 학습 원리는 존재한다는 점이다. 교수학습 활동이 다양해야 하고 학습자에게는 그들이 무엇을 배우던 다양한 학습 기회가 주어져야 한다는 것이다. 제2부의 수업 모형에서는 수업 목표를 달성하기 위한 다양한 선택적 수업 모형을 제공하고 있다. 우리는 학습에 관하여 많은 것을 알고 있다. 교사는 이러한 지식을 활용하고 수업을 학습자의 요구에 맞추어 수업을 적용해 나가야 한다.

활동 1.1: 반성

인간의 학습에 관한 이론을 구축해 가면서 다음의 질문에 답하라.

1. 어떠한 학습 원리들이 여러분의 교육 경험에 대한 생각을 변화시켰는가?
2. 그 원리들은 서로 어떻게 관련되어 있는가? 여러 원리가 포함된 단문의 요약 진술문을 작성해 보라.
3. 여러분은 어떠한 원리가 학급에 적용하기에 가장 어렵다고 생각하는가?

특수학생의 특징

교실마다 특별한 요구를 지닌 아동들이 있다. 앞에서 검토한 학습 원리들은 모든 아동, 성인에게 적용된다. 완전 통합과 최소한의 제한적 환경에 대한 강조로 여러 종류의 장애를 가진 아동들이 일반 교육을 실시하는 교실에 들어오고 있다. 어떤 장애우는 관찰로 쉽게 식별이 되지만 다른 장애우는 쉽게 식별되지 않는다. 예를 들면, 어떤 아동은 극단적으로 뛰어난 영재아인데, 집단에서 따돌림을 받고 혼자라는 느낌을 갖기 때문에 장애 현상을 나타내기도 한다.

그러므로 모든 교사들은 표준 교육과정을 편성하여 모든 아동들의 요구에 부응하기 위하여 특수교사화될 필요가 있다. 이러한 요구에 부응하기 위한 법적 책임의 인식이 무엇보다 중요하다. 여러분이 근무하는 학구의 교장들은 여러분에게 이러한 지원을 아끼지 않을 것이다. 심지어 특별한 요구가 없는 것으로 밝혀진 아동들에게조차도 또래 아동의 발달상 큰 차이를 가져오는 요인은 다양하다.

비록 아동의 성장, 발달 단계 즉, 신체적, 지적, 사회적, 도덕적 발달 단계를 예측할 수는 있어도 어느 아동은 지적으로 더 발달되어 있고 신체적으로는 덜 발달되어 있기도 한 반면 어느 아동은 사회적 기능이 잘 발달되어 있으나 신체적 조정에는 문제가 있기도 한다.

이외에 같은 연령의 남녀 아동들도 발달 형태가 서로 다르다. 6학년 대부분의 남학생들은 어린 소년처럼 보이나 같은 연령대의 여학생들 과반수는 처녀처럼 보인다. 10대 초기 여학생들은 남학생보다 키가 크고, 힘이 더 세고, 언어적 능력도 더 뛰어나다.[11] 교사들은 교육과정의 목적을 설정할 때 아동들이 여러 면에서 서로 다르다는 것을 인식할 필요가 있다.

학습자의 요구

학습에 대한 지식은 효과적인 수업을 위한 첫 단계에 불과하다. 그 다음 단계는 학습자의 요구가 효과적인 학교 교육을 위해 어떻게 작용하는지를 세밀히 고찰하는 것이다. 이것이야말로 매 교실에서 충족시켜야 할 기본 요구이며 교사들이 주의를 집중해야 할 문제인 것이다. 이러한 요구가 곧, 보다 일반적인 학습 원리의 적용을 의미한다. 교사는 교실 내에서 학습자의 요구에 주의를 기울임으로써 학습에 관하여 알려진 바에 기초하여 수업을 실천해 나간다.

학습자의 요구는 일반 학습 원리는 물론 요구끼리와도 서로간에 밀접히 관련되어 있다.

모든 학습자의 기본 욕구는 아래와 같다.

1. 수용과 안전
2. 선택

3. 높은 기대와 적절한 도전
4. 새로운 지식을 선수 지식에 관련 지을 수 있는 기회
5. 유의미한 참여
6. 명확성
7. 반성의 시간
8. 학습한 내용을 검증하는 평가

수용과 안전

아동들이 잘 성장하려면 주위 환경이 수용적이고 안전해야 한다. 좋은 학습 공동체란 다정다감한 수용적인 환경이다. 학생들은 이러한 공동체 안에서 편안해하고 심층 학습에 요구되는 모험도 신체적, 심리적으로 자유롭게 감행해낸다.[12, 13] 사회생태학 이론에 의하면 가족과 학교의 연계 또한 학생의 성공에 영향을 미치는데 그러므로 학교는 학생과 가족에게 양육적이고 수용적인 환경을 제공할 필요가 있다.

비영어권 국가로부터의 이민이 증가함에 따라 미국의 학교는 점점 더 다양해지고 있다. 비영어권 학생들은 누구보다도 수용과 안전에 대한 욕구가 크다. 언어는 학생들을 또래, 학교 규범, 교육 내용으로부터 유리시킨다. 교사는 학생의 요구에 부응하도록 고안된 수업 전략을 통해서 학생들이 교실 내에서 신체적, 정서적으로 편안하게 느낄 수 있도록 해주어야 한다. 언어의 다양성은 학생의 학습 프로파일의 일부이기는 하지만, 학생의 배경지식과 준비성에 대한 중요한 정보를 제공해준다.[14]

모든 학생들은 잠재력을 개발하기 위하여 여러 다양한 방법으로 학습할 필요가 있다. 교사들은 교실 장면까지 갖고 들어오는 학생들의 독특한 인성, 기능을 수용해야 한다.

교사는 학생에 대해 많이 알수록 다양한 수업 전략을 더 잘 계획할 수 있게 되어 그만큼 더 학생들의 안전 욕구와 수용 욕구에 잘 부응해 나갈 수 있다. 만일에 교사가 다양한 욕구에 부응하여 수업을 다양화해 나갈 수 없다면 많은 학생들은 이러한 수업 과정에서 이탈하게 될 것이다. 제2부에 제시되어 있는 수업 모형은 이러한 다양한 수업 접근과 내용 조직을 위한 통로가 된다. 학생들은 수용적이고 적극적이며 안전한 환경 속에서 가장 잘 학습해 나간다.

선택

대부분의 사람들의 학습 방법은 다양하지만, 사람마다 좋아하는 학습 방법, 가장 잘 학습할 수 있는 방법이 따로 있다. 예를 들면, 어떤 사람들은 반성적이고 직관적이다. 또 어떤 사람들은 논리적으로 제시되는 자료에 잘 반응한다. 또 다른 사람들은 비구조적인 문제 해결을 통하여 더 잘 학습해 나간다. 경청을 통하여 학습을 더 잘하는 사람도 있고, 집단 속에서 학습을 더 잘하는 사람도 있다.

어떤 사람은 규칙을 먼저 제시하고 나중에 본보기를 제시하는 것을 더 좋아한다. (이것이 연역적 접근이다.) 또 다른 사람들은 본보기가 제시된 후 스스로 규칙을 설정하기를 더 좋아한다. (이것이 귀납적 접근이다.)

수년간의 연구에도 불구하고, 여전히 수백만 개의 인터넷 사이트에서 이 문제가 논의되고 있으나, 개인 학습자의 학습 양식에 맞추어 수업 접근을 적용할 수 있을 정도로 교사에게 시간과 자료가 충분하다는 증거는 아직도 없다. 매일매일의 수업의 요구가 모든 학생들의 학습 방식에 맞추어 가르치고자 하는 의욕을 좌절시키고 있다.

여기에서 짚고 넘어가야 할 것이 있다. 즉, 똑같은 교과를 여러 다양한 방법으로 학습하도록 허용하고 학생에게 학습 방법의 선택을 허용하는 교사는 학습 선호도가 다른 학생들의 학업 성취의 균형을 이루도록 하는 데 도움이 된다.

최근에 관찰한 간단한 예를 살펴보자.

학습 과제는 북미의 Jamestown에 정착한 초기 유럽 정착민의 삶에 관하여 매일 저널을 쓰는 것이다. 그런데 한 학생이 선생님에게 "저널을 계속 쓰고 싶지 않은데요."라고 말했다. 교사는 "그러면 너는 대신 무엇을 하고 싶으니?"라고 물었다. 그러자 학생은 "저는 Jamestown의 인디언의 삶에 관한 이야기로, 아주 흥미진진한 내용에 관한 이야기를 쓰고 싶습니다."라고 말했다. 교사는 본래 과제의 목표를 재빨리 생각해 내고, 감격해 하면서 "그래, 훌륭해. Jeremy. 그렇게 해라."라고 말했다. Jeremy는 이 주제로 어느 누군가의 삶에 관하여 자기만의 글을 썼다. 교사는 선택권을 주기 위하여 내용과 학습 프로파일을 고려해야 한다. 학습 프로파일에는 지능과 문화적 배경이 포함되어 있어야 한다.

지능의 정의

많은 교사와 연구자들은 지능이 교실에서 어떻게 작용하는지에 대한 새로운 아이디어를 갖고 있다. 지능에 관한 초기 연구에서는 지능의 개념을 언어 검사 점수, 수리 검사 점수와 연령 비로 나타낸 IQ 점수로 제한한 패러다임을 만들었다. 지능에 대한 이러한 협소한 견해는 인간을 그릇되게 판단하게 하였고, 유전이론에 의하면 "지능이란 Stephen Gould[15]가 언급한 인간의 오(誤)척도이다."라는 것이다.

학습자는 자신만의 학습 방법을 선호할 뿐 아니라 지난 25년에 걸쳐 수행된 연구에 의하면 지능은 전에 생각했던 것보다 더 많은 특성이 있다는 것이다.

예를 들면 Howard Gardner는 자율적이고 유연성이 있는 지능의 특징을 주장한다.[16, 17] Gardner와 그의 동료들은 지능의 개념을 IQ 점수로서 유전적인 단일 개념에 국한시키지 않고 적어도 9개의 지능 영역을 기술하고 있다.

1. *언어 지능.* 말과 글로 단어를 효과적으로 사용할 수 있는 능력
2. *논리-수리 지능.* 수를 효과적으로 사용할 수 있는 능력
3. *공간 지능.* 시, 공 세계를 지각하고 그래픽으로 표상할 수 있는 능력
4. *신체 근육 운동 지능.* 아이디어와 감정을 표현하기 위하여 자신의 신체를 사용할 수 있는 능력
5. *음악적 지능.* 음악적 형태를 변별, 변형, 표현할 수 있는 능력
6. *대인간 지능.* 타인의 기분, 의도, 감정을 지각할 수 있는 능력
7. *개인내 지능.* 정확한 자기 지식을 토대로 처신할 수 있는 능력
8. *자연 지능.* 자연과 바깥세상을 구분할 수 있는 능력
9. *실존 지능.* 모든 실존 대상과 관련하여 인간을 바라볼 수 있는 능력

Robert Sternberg는 단일 IQ 점수보다 더 복잡한 지능이론을 개발하였다.[18] 그의 성공적 지능의 삼위일체론은 지능의 세 가지 요소를 기술하고 있다. 분석지능, 실질 지능, 창의 지능이 그것이다.

Sternberg는 모든 수준의 학급에서 자신의 이론에 대한 연구를 수행해왔다. 이러한 이론을 학교에 적용해 보면, 결국 지능의 여러 구성요소에 걸쳐 수업과 평가가 균형을 이루어야 한다는 것이다.

이러한 연구가 지능에 주는 시사점은 다음과 같다. 가장 문제시되는 것은 현재 지능이 얼마나 높으냐가 아니라 어떻게 하면 지능이 높아질 수 있느냐 하는 것이다.[19]

지능이란 여러 가지 다른 방법으로 정의될 수 있다. 교사는 개인의 요구에 부응하기 위하여 지능에 대한 폭넓은 견해를 가져야 한다. 이러한 견해에는 지능이란 학습을 통하여 확장될 수 있으며 학생들이 선호하는 지능을 토대로 교실 내에서 가능한 학습활동을 선택할 수 있다는 신념이 포함된다.

높은 기대와 적절한 도전

기대효과는 오랜 연구의 역사를 지니고 있다. 학생의 기대는 교사가 학생에 대한 믿음, 그리고 학습자로서 그들의 능력에 대한 믿음에 영향을 미친다. 대신, 이러한 믿음은 교실 내에서의 수업에 대한 의사결정과 학생에게 제공되는 학습 기회에 영향을 미친다.[20]

학습 기회는 학교에서의 학생의 경험의 강력한 조정자가 된다. 모든 아동은 도전적인 자료와 과제로부터 학습할 수 있는 기회를 가질 자격이 있다. Vygotsky의 근접발달이론에 의하면 학생들은 자신보다 유능하고 전문적인 동료, 그리고 교사와의 상호작용을 통하여 많은 것을 성취할 수 있다는 점을 상기시켜 준다.[21]

모든 사람들이 어떻게 학습하는지를 이해하고 각 학생의 결함은 물론 영재성을 알게 되면 교사는 모든 학생에 대한 높고 실제적인 기대를 갖게 되는 데 도움이 된다.

새로운 지식을 선수 지식에 관련 지을 수 있는 기회

새로운 학습에 있어 선수 지식보다 더 중요한 것은 아마 없을 것이다. 새로 배울 내용과 관련하여 학생의 선수 지식에 관한 비공식적 평가는 효과적인 수업 계획과 수업 실제에 있어 필수적이다. 성공적인 학습은 선천적 능력이나 과거의 성적과 무관하게 학습자가 이미 알고 있는 내용과 그들이 이해하고자 하는 내용의 관련 정도에 따라 달라진다. 학생들이 수업 상황에 들어올 때, 선수 지식이 많을수록 그만큼 학습은 더 효과적이고 효율적이 될 수 있다. 학생과 성인들은 이미 많은 정보를 알고 학교에 온다. 그러나 이러한 정보 중에는 틀린 것도 있을 수 있다. 오개념의 영향에 관한 한 예가 "private universe"라는 비디오에 잘 나타나 있다.[22] 1980년 하버드 대학 졸업식 때 졸업생에게 "왜 지구에는 사계절이 존재하고 왜 달은 여러 가지 모양을 하느냐?"라고 질문하였다. 질문을 받은 학생들은 대부분(24명 중 21명) 학교에 다니는 동안 언젠가 이 주제에 대한 수업을 받은 사실이 있음에도 불구하고 정답을 제시하지 못했다.

소수의 학생들만이 태양궤도에 비례한 지축의 기울기 때문에 직, 간접적 태양광선이 생겨나고 이것이 계절의 변화를 가져온다고 설명하거나, 아니면 달의 모습은 달이 매달 한 번 또는 $28\frac{1}{4}$일에 한 번 지구를 돌 때 지구, 달, 태양의 상대적 위치에 따라 생겨난다고 설명했다.

불행히도 많은 학생들은 배우기로 되어 있는 내용의 가치와 그 위력을 알지 못한다. 예를 들면 그들은 과학 수업 시 실험과 체계적 관찰을 위한 학습 기회는 단지 가설을 검증하는 수단이 아닌 정답을 산출하는 폐쇄적 절차를 따르는 방식에 불과하다고 믿거나[23] 또는 사회 교과의 문제들은 각 장의 끝에 나와 있는 질문으로 되어 있어 이에 대한 답을 구하려면 책만 훑어보면 된다고 생각한다.

모든 수업에 있어 정확한 개념적, 사실적 정보를 개발하려면 그릇된 지식을 바로잡아 주는 명시적 수업이 필요하다. 한 교사가 계절의 변화라는 개념을 사용하여 오개념 문제를 어떻게 언급하는지를 알기 위하여 "Fourth Graders Discover the Reasons for the seasons: Handheld Technology Helps clear up scientific Misconceptions" 이라는 제목의 논문을 살펴보자.[24] 여기에 기술된 수업의 기본 원리는 널리 적용되고 있다.

가끔 학생들은 생각하지도 않던 배경지식을 갖고 학교에 온다. 그들은 학교 교육과정을 공부하면서 본보기나 비유를 위하여 사용되는 대중 문화와 문화 전통 또는 사회 기능에 대해 충분히 이해를 하게 될 것이다.

교사들은 다양한 방법을 사용하여 학생들이 무엇을 알고 있는지를 결정할 수 있다. 아이디어에 대하여 브레인스토밍을 하는 학생들은 인상적인 이해, 기대, 배경지식을 표출하기도 한다.

배경지식을 알아내는 또 다른 방법은 시험지 중앙에다 핵심 단어를 적도록 하고 그 다음 핵심 단어를 생각하면서 머리에 떠오르는 모든 아이디어들을 핵심 단어 주위에 적게 하는 것이다. 유목화라고 하는 이 기법은 학습을 준비할 때 아이디어를 이끌어내고, 새로운 학습을 구축하는 기초를 세우는 데 도움이 된다. 지도상에 나타난 개념들 간의 관계를 나타내도록 할 때의 개념지도는 유목화 수준을 초월하게 된다. 브레인스토밍, 유목화, 개념지도는 모두가 학생들이 지식을 명확히 하고, 새로운 정보를 연결 짓게 하는 데 도움이 되는 기법이다. 이러한 방법과 관계없이 학생의 사전 지식을 기술해 놓기만 해도 학습자가 학습할 내용을 준비시키는 데 일조가 된다. 내용을 미리 알고 있기만 해도 교수학습의 성공을 가져오는 데는 효과가 있을 것이다.

유의미한 참여

학생들이 교과학습 활동에 참여하는 것은 당연하다. 학생들이 참여하고 있는 교실은 바로 학생들이 학습하는 교실인 것이다. 지식과 기능을 배울 수 있는 방법이 다양하고 모든 학생들이 학습 자료를 숙달할 수 있도록 다른 사람의 도움과 피드백이 제공될 때 참여는 증진된다. 유의미한 참여는 학습자의 모든 요구가 상호 의존하고 있음을 나타낸다. 교사들은 학생들을 잘 알지 못하고, 적절한 도전적 수업과 평가를 고안하지 않고, 그리고 학생들이 학습할 수 있는 안전하고 수용적인 환경을 제공하지 않고는 유의미한 참여를 조장할 수 없다.[25]

명확성

명확성은 학생에 대한 이해에 필수적이다.[26] 명확성은 배경지식과 관계가 있다. 왜냐하면 새로운 정보를 선수 지식과 통합시켜야 하기 때문이다. 학생들은 지시를 따르고 새로운 개념을 오래된 정보와 관련짓기 위하여 교실에서 사용되는 교과의 언어에 익숙해야만 한다.

정보나 지시는 명확하게 조직되어야 한다. 즉 목적은 분명해야 하고 문자 정보나 구두 정보가 제시된 이후에는 적절한 요약이 제시되어야 한다.

계열 구성 또한 명확성과 관련이 있다. 내용과 기능은 논리적, 발달적으로 적절하게 제시되어야 한다. 다양한 예와 설명, 비유의 사용은 새로운 정보와 지시를 학생들에게 분명하게 하는 데 도움이 된다. 이외에 교사가 분량, 속도, 분명한 발음을 사용하는 방식도 명확성에 영향을 미친다. 교사들은 학생들이 지식과 기능을 최대한 직접 접근할 수 있도록 정보를 조직하는 것이 중요하다.[27]

유의미한 참여는 교실에서 사용하는 언어의 명확성에 의존한다. 만일에 학생들이 새로운 지식과 기능 또는 학습 과제를 이해하지 못하면, 그들은 효과적, 효율적으로 학습해 나갈 수 없을 것이다.

반성의 시간

교실에서 반성적 활동을 나타내는 전문용어가 바로 메타인지이다. 이것은 사고에 관한 사고를 말한다. 학생들은 학습과제에 어떻게 접근할지, 목표를 향하여 학습의 진전을 어떻게 조정할지, 또는 이해력을 어떻게 평가할지를 늘 생각하고 있다. 이것이 바로 인지적 반성으로 학습자가 학습하려는 노력을 어떻게 바라보고 조절해 나가느냐와 관계가 있다. 학생들은 어떻게 학습하고, 무엇을 학습할 필요가 있고, 어떻게 가장 잘 학습하고, 왜 우선적으로 그것을 학습할 가치가 있는지에 대하여 알고 있을 때 더욱더 학습을 잘하게 된다. 교실에서 학생들이 무엇인가를 하는 이유(읽기, 쓰기 또는 연구하기)를 물어보면 아마도 대답은 다음과 같을 것이다. 즉 선생님이 시키셨으니까, 또는 다음 시험에 나오니까. 학습과제는 이따금 단 한 번만 주어진다. 이와는 대조적으로 반성적 학습은 어느 의미에서는 장기적인 학습 목적이 되기도 한다.

교사는 학생들이 학습을 지지하는 인지적 과정 즉 동기 유발, 이해, 학습 전이, 기억에 대한 논의를 통하여 학습과 학습 과제에 접근하는 방법을 배우는 데 도움을 주어야 한다. 만일에 학생들이 어떻게 학습하고, 무엇이 그들을 학습하도록 유인했는지를 알게 되면 그들은 효과적인 목표 달성 방법을 조정해 나갈 수 있다. 형성, 총괄평가는 학생들이 자기 조정과 자기 조절에 필요한 정보 제공을 통하여 더욱더 메타인지적이 되는 데 도움이 된다.[28]

학생들은 새로운 지식과 기능을 처리하는 데 시간을 필요로 한다. 이러한 것은 통상 수업 시간에 다룰 내용에 대한 압박감 때문에 이따금 배제되기도 한다. 학습을 위해서는 시간과 집중이 요구되고 모든 내용을 배우는 모든 학생들은 학교에서 성공적 학습에 요구되는 시간과 지원을 충분히 제공받아야 한다는 점을 기억해야 한다.

학습한 내용을 검증하는 평가

교실에서 교사가 내리는 대부분의 결정은 판단이다. 그리고 이 많은 판단은 평가에 기초하고 있다. 어떤 평가는 학생의 학습을 점수의 형태로 판단을 내린다. 다른 평가는 교사, 학생에게 무엇을 학습했으며, 목표 달성을 위하여 어떠한 지식과 기능이 요구되고 실천되어야 할지에 대한 정보를 제공해 준다.

평가에는 진단, 형성, 총괄평가가 있다.[29] 진단평가는 사전검사로서 수업 이전의 학생의 배경지식을 결정한다. 형성평가는 교사와 학생에게 학생이 설정된 목표를 향하여 어떻게 나아가고 있는지에 대한 정보를 제공해 준다. 총괄평가는 흔히 점수로 환산하여 학습에 대한 정보를 제공해 준다. 만일에 총괄평가가 교사와 학생에 도움이 되려면 그 평가는 수업과 일관성을 이루어야만 할 것이다.

학생들은 한 검사가 그들에게 요구한 것과 그들이 알고 있는 바를 나타내도록 요구받은 것 간의 관계를 눈여겨볼 필요와 권리가 있다.

교실 내에서 꼭 관심을 기울여야 하는 학습자의 요구는 따로 있다. 교사는 독특한 개인을 대상으로 가르치면서 모든 학생들이 공통된 기준에서 성공하도록 도와준다. 공통기준에 도달하도록 하기 위하여 계획, 평가, 수업에 대한 교사의 의사결정에는 학습자의 요구가 반영되어야 한다.

활동 1.2: 개념지도

학습자의 요구

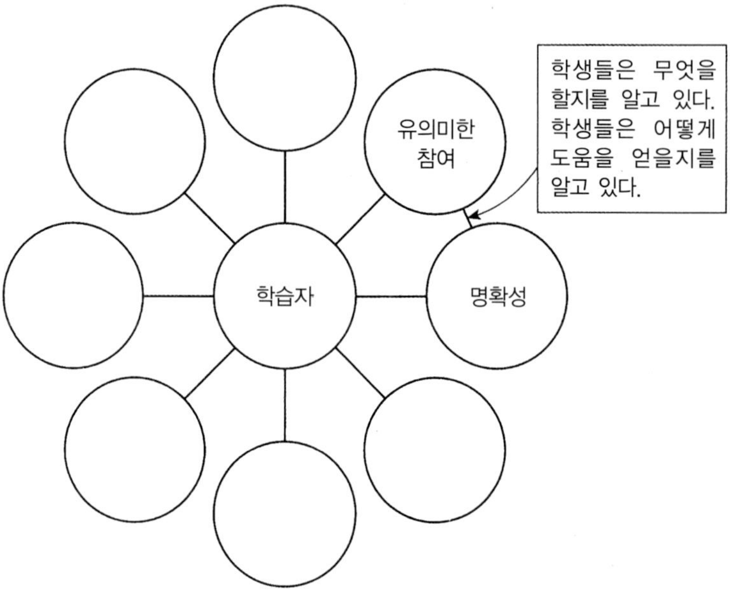

다음과 같은 방법을 통하여 앞의 개념지도를 완성하라.

- 지도의 빈 곳에 학습자의 요구를 적는다.
- 위에서 제시된 개념지도에 유의미한 참여와 명확성을 연결하는 선에 나타나 있듯이 적어도 두 가지 요구들 간의 관계를 표시한다.

사회의 요구

미국 공립학교의 합의된 목적은 아동들의 민주주의에 대한 참여를 준비시키는 것이다. 어떻게 준비시키느냐 하는 것은 역사적으로 달리 해석되어 왔다. 교육개혁법인 낙오자 없는 교육이 2001년 의회에서 통과된 이후 미래시민의 준비는 학교와 교사가 기본적인 문해 능력과 계산 기능을 가르칠 책임을 가져야 한다는 생각에 기초하여 이루어지고 있다.

낙오자 없는 교육 개혁안은 표준 운동에 의존하고 학교와 교사는 모든 학생들을 주가 정한 표준에 도달하도록 책임지고 도와줄 것을 지지한다.

교육 개혁안에 대한 책무성은 3~8학년의 독서, 수학의 표준화 검사의 형태를 취한다. George H. Bush 대통령은 표준화 검사는 앞으로 중등학교까지 연장될 것이라고 선언하였다.

낙오자 없는 교육 개혁안은 미국 학교의 수준을 높이기 위하여 고안되었다. 그러나 아주 오랫동안 일부 학생들은 학습이 부진한 학교에서 교육을 받아 낙오자가 되었던 것도 사실이다.

교육 개혁안은 주가 내용의 표준을 정하고 이 표준에 근거한 평가를 선택 또는 개발하게 되면 교사와 학교는 모든 학생들의 기대와 성적을 올리는 결과를 가져올 것이라고 주장하고 있다.

검사 점수로서 학교가 학생의 성취에 책임을 묻도록 하는 것은 일반적으로 수용되고 있지는 않지만 이 조치에 대하여는 논쟁의 소지가 많다. 인종, 성, 기타 기준으로 나누어 검사 결과를 공개하는 것은 학생의 성취를 확실히 보장할 수도 그렇지 않을 수도 있다.

중요한 것은, 수업을 잘하기 위하여 교육 개혁안에서는 표준을 표준화 검사와 관련을 지었다는 것이다. 이러한 관련과 그것이 제기하는 문제를 이해하는 것이 수업에 대한 타당한 의사결정을 내리는 데 결정적으로 중요하다. 단 하나의 표준화 검사를 사용하여 교사의 책임을 물을 수 있는가? 이 검사가 주에서 정한 표준을 적절하고 신뢰롭게 검증할 수 있는 최선의 방법은 무엇인가? 주에서 실시하는 평가는 교육과정에 어떠한 영향을 미치는가? 어떻게 주의 표준이 교사와 학생에게 교육과정적 기회로 옮겨질 수 있는가? 이러한 문제들은 중요한 전문적 논의의 주제가 된다. 이 교재를 통하여 교사가 주가 정한 최소한의 표준에 부응하고, 학생에게 내용과 기능의 심층적 이해를 돕기 위한 학습 기회를 증진시키는 데 도움이 되는 아이디어를 제시한다. 우리는 교육의 책무성 시대에 살고 있다.

교육 표준은 책무성 운동의 기초가 된다. 어떻게 표준을 평가하느냐 하는 것은 우리가 심사숙고해야 할 중요한 문제인 것이다.

이 문제를 깊이 생각해 보려면 여러분은 주의 표준을 잘 알고 이러한 표준을 교실 수업 실제로 어떻게 바꾸어야 할지를 잘 알 필요가 있다.

학습 표준

오늘날 표준운동은 교과 내용을 지배하고 있다. 아직도 어느 교과, 어느 지역에서는 학생들이 배울 교과를 결정하는 데 교사가 주된 역할을 한다. 그러나 국가, 주, 지역 표준에 일치시키는 평가 프로그램에서 교사는 학생, 교사, 학교를 판단할 기준을 반드시 유념하여야 한다. 어떠한 교사도 책무성을 당대의 표어로만 가볍게 보아 넘길 수는 없으며 어떠한 교사도 가르치지 않은 내용을 시험에 포함시키는 모험을 감행하지는 않을 것이다. 비록 교사들이 평가받게 될 내용에 책임을 지는 것은 아니지만, 학생들이 놀라는 일이 없도록 교사는 수업 결정을 내려야 한다.

미국 학교의 현 표준화 운동의 역사는 1983년에 출판된 교육의 수월성에 대한 국가위원회의 『위기에 처한 국가』라는 출판물로 시작이 되었다. 그 전에는 아무 일도 없었던 것처럼 이 책은 일반 대중과 교육 전문가를 흥분시켰다. 과거의 교육 문헌에 나와 있는 어떠한 문장도 다음과 같이 심각하게 경고를 반복해 제시하는 일은 거의 없었다.

> 우리 사회의 교육 기초는 국가와 국민으로서 우리의 미래를 위협하는 평준화의 증가 추세로 인하여 점차 부식되어 가고 있다. 결국 우리는 생각 없이 획일적으로 교육적 무장해제를 자행하고 있는 것이다.[30]

국가는 이러한 수월성을 위하여 단결하며 평준화에 대한 전쟁을 시작하고 있다. 주와 전문교육조직은 즉각적으로 새로운 내용의 표준과 교육과정의 개발에 착수하기 시작했다. 1989년, 1998년 그리고 1999년 주요 교육정상회의가 대부분의 주지사, 교육자, 기업 지도자가 모인 가운데 열렸다. 이 각 모임의 주된 성취는 학습 부진, 교사 부족, 교육 체제 내의 모든 부서별 책무성의 문제를 포함한 구체적인 교육문제를 해결하기 위한 학문적 표준을 규정한 것이었다.

『위기에 처한 국가』는 어떤 합리성에 근거한 것이라기보다는 오히려 반동적인 것이었다. 대체로 표준에 대한 지속적 관심은 좋은 결과를 낳았다. 긍정적인 결과 중에는 다음과 같은 것들이 있다.

- Iowa를 제외한 모든 주가 학교 표준을 채택하였다.
  내용 표준에 관한 편찬물과 색인은 주의 주요 학교 관리자 회의에서 찾아볼 수 있다.[31] 많은 주에서는 교사를 위한 교육 표준 웹사이트에 방대한 자원을 갖고 있다. 이러한 자원은 자주 최신의 내용으로 바뀌고 있다. 여러분이 교실에서 책임을 지게 될 교육 표준과 관련 있는 수업 아이디어를 얻기 위하여 이 사이트를 방문해 보는 것은 가치 있는 일이다.
- 미국의 대부분의 학교는 임무를 명확하게 정의하여 운영하고 있다.

- 구체적인 목적에 도달하는 데 특별한 관심이 필요한 아동들은 그만큼 더 많은 관심을 받을 가능성이 높다.
- 일련의 공통 표준은 무엇을 배우고, 어떠한 학습 수행이 기대되는지의 이해를 위한 기초가 된다.[32]
- 교사가 체계적으로 학생의 학습 진전을 조정해 나가면 추가적인 수업 또는 상이한 수업을 필요로 하는 학생들을 더 잘 파악할 수 있게 되어 교사들은 확고한 수업 프로그램을 고안하게 되고 학생들은 더 좋은 성취를 거두게 된다.[33]
- 성공에 대한 높은 기대는 여러 학교에서 성공을 거두었다. 반면에 이전의 많은 학교에서 실패에 대한 기대는 실패를 낳았다.
- 일관되고 반복된 평가를 사용하여 학생에 관한 종단적 자료의 수집은 주와 지역 학교의 효율성과 효과성을 높이는 데 도움이 되었다.[34]

표준운동의 긍정적 효과에도 불구하고 전국의 학교에서 표준 개선에 관한 전반적인 뉴스보도는 혼란스럽다. 미국의 학교행정가 협회는 평가와 관련된 최근의 출판 논문, 보고서, 웹사이트를 보유하고 있다.[35] 이외에 『영어 표준 2005의 현황』[36]과 『수학 표준 2005의 현황』[37]이라는 Thomas B. Fordham 재단의 두 가지 출판물은 아동들이 각 학년 말에 꼭 획득해야 하는 지식, 기능에 적합한 목표를 정의하여 국가는 이 목표 달성의 진전 정도에 대한 주별 보고 카드를 제공하고 있다. 11개 주에서는 수학에서 F를 받았고, 네 개 주에서는 영어에서 F를 받았다. 대부분의 주에서 정한 K-12 표준은 C와 D를 받았다.

이러한 여러 논문과 보고서에서 강조하고 있는 한 가지 문제는 표준이 어떠한 형태를 취해야 할 것이며 또한 표준은 어떻게 사용되어야 하는지에 대한 어떠한 결론도 거의 존재하지 않는다는 점이다. 주별 비교는 마치 똑같은 바구니에 사과와 오렌지를 함께 놓는 격이다. 비교 결과에 대하여 어떠한 판단을 내릴지라도, 많은 사람들이 좋은 의도와 긍정적인 결과를 통하여 전국의 학교들을 개선하려는 노력에 참여하는 것은 논쟁의 여지가 없다.

미 중부 교육학습연구소(McREL)는 4판인 『내용 지식: K-12 교육을 위한 표준과 벤치마크 일람표』[38]를 출간하였다. 이것은 아마도 표준 운동에 대한 유일한 정보원일 것이다. 이 저자들은 14개 교과에 걸쳐 표준과 벤치마크를 언급한 137개의 국가 및 주 수준의 문서를 검토하고 나서 250개가 넘는 표준과 3900개가 넘는 벤치마크를 밝혀냈다. 이것들은 표준의 형태, 학년 수준, 교과 영역별로 조직되었다.

새 표준을 만드는 자원으로 그러나 기존의 표준을 타당화하기 위한 자원으로서 내용 지식은 가장 적합한 출발점이 된다.

표준을 개발하는 사람 누구에게나 가치 있는 또 다른 자원에는 교과 연구 조직체에서 제공한 국가 표준 문서가 있다. 이중 많은 것을 온라인으로 구해 볼 수 있다. 여기에 참고 사항을 제시한다.

- National Council of Teachers English and the International Reading Association. *Standards for the English Language Arts*. Urbana, IL:National Council of Teachers of English, 1996. Ordering information available at www.ncte.org/standards/about/over/standards
- National Council for the Social Studies. *Expectations of Excellence:Curriculm Standards for Social Studies*. National Council for Social Studies, 1994. Ordering information available at www.socialstudies.org/standards
- National Council for History Education. *Reinvigorating History in U.S. School: Reform Recommendations for the States*. Westlake, OH:National Council for History Education, 1996. Available at www.history.org/ache/ Click on Resources.
- National Council of Teachers of Mathematics. *Principles and Standards for school Mathematics*. Reston, VA:National Council of Teachers of Mathematics, 2000.
  Available at Standards.nctm.org/document/chapter1/index.htm
- American Association for the Advancement of Science(AAAS). *Science for All Americans*. American Association for the Advancement of Science, 1990. Available at www.project2061.org/publications/bsl/ (See also AAAS' s *Benchmarks for Science Literacy*, available at www.project2061.org/tools/benchol/bolframe.htm)
- National Research Council. *National Science Education Standards*. National Academy Press, 1996. Available in PDF format at http://books.nap.edu/catalog/4962.html

교육 수월성 국가위원회가 학업 성취의 평준화가 커지는 것에 대한 경고를 한 지 20년이 지나고 있는 이 시점에서 이미 잘 알려진 표준화 운동이 혁명적이라기보다는 냉소적이 되었다는 것은 놀라운 일이 아니다. 좋은 생각과 대중의 강력한 지원이 있다고 성공적이고 폭넓은 교육의 개선이 보장되는 것은 아니다. 핵심은 우리가 합의한 방대한 목적을 교실에 적용할 수 있는 정책과 실제로 옮겨놓는 데 있다.[39]

미국의 교육처럼 다양한 체제의 급격한 개혁에는 많은 장애물이 놓여 있다. 대체로 미국의 국민들은 학교가 표준을 지키기를 바라지만, 곤란한 문제는 이 표준을 설정하는 데에는 많은 어려운 문제가 산재해 있다. 즉 누가 표준을 정할 것인가? 그 표준은 문화와 언어적 배경이 다름에도 불구하고 모든 학생들에게 똑같아야 하는가! 표준에 대한 책무성은 엄격하게 적용되어야 하는가 아니면 학교는 삶의 목적과 학문적 재능이 다른 학생들을 위하여 대안적인 채널을 제공해야 하는가!

이러한 종류의 질문은 쉽게 답할 수는 없으나 문제 제기를 통하여 교육자들은 교직의 문제와 도전에 새롭게 맞서게 된다. 활동 1.3을 완성하면, 여러분은 표준과 표준을 교실 실제로 옮기는 데 익숙해질 것이다.

활동 1.3: 표준의 탐색

- 많은 주에서는 교육국 웹사이트에 표준에 관한 자료를 게재한다. 여러분 주의 교육국 홈페이지를 찾아보아라. 그리고 학생에게 기대되는 표준, 그들이 치러야 할 검사, 주에서 추천하고 있는 교수 접근을 상세화하고 있는 자료로 어떤 자료가 있는지를 살펴보아라.
  주 교육국 웹사이트는 우리가 예상한 대로 다양하지만 모든 교사는 어떠한 자원이 다른 여러 교육과정 영역의 수업에 활용 가능한지를 알고 있어야 한다.
- 여러분이 가르치고 있거나 관심을 갖고 있는 교과를 대표하고 있는 전문조직의 웹사이트를 찾아보아라. 수업의 표준을 명시할 책임이 주와 국가 수준의 교사 전문 조직에 있다. 여러분은 이러한 단체가 제공하는 자원을 충분히 활용하여야 한다.
- 만일에 여러분이 앞으로 어디에서 어느 수준의 학생을 가르칠지에 대한 아이디어가 있거나 또는 이미 어떠한 학생들을 가르치고 있다면, 여러분의 학생이 책임지고 달성해야 할 표준과 관련된 자료를 얻으려면 학교가 소재한 지역의 웹사이트를 조사해 보아라.

표준에서 수업으로의 이동

활동 1.3에서는 여러분이 가르치고 있는 교과의 표준을 조사하도록 요구하고 있다. 이 표준을 읽고, 다음 질문에 답해 보아라.

1. 만일에 표준을 달성한 학생의 행동을 관찰한다면 각 표준은 어떠한 모습일까?
2. 이 표준을 실행하는 데 나타날 구체적 행동은 무엇인가?
3. 각 표준은 어떠한 구체적인 정보와 기능을 기술하고 있는가?

여러분이 가르치고 있는 내용의 학습 표준에 포함될 동사들을 자세히 살펴보아라. 아마도 여러분은 기억하다 또는 상기하다와 같은 동사는 찾아보지 못할 것이다. 여러분은 아마도 명확히 하다, 설명하다, 지식을 사용하다, 질문하다, 기술하다, 구분하다, 평가하다, 비교하다, 대조하다와 같은 동사를 발견할 것이다. 표준의 달성을 평가하는 검사에는 다음과 같은 질문이 포함될 것이다. 특정의 조건하에서 어떠한 일이 일어날까? 어떠한 요인이 가장 중요한가? 주어진 정보에 의하여 가장 지지를 받는 진술은 어떠한 진술인가? 위의 질문에 대한 정보를 통하여 우리는 다음과 같은 결론을 내릴 수 있다.

반복하건대, 여러분은 학생에게 실시한 검사에서 요구한 사고의 종류를 알 수 있을 것이다.

만일에 학생들이 이러이러한 사고를 하도록 요구받았는데도 놀라워하지 않는다면, 그들이 받은 수업에는 반드시 이러한 사고를 포함시킬 필요가 있다.

만일에 주 교육국에서 견본이 되는 검사나 출판된 검사 문항을 제공한다면, 이것들을 세밀히 검토하여 이 검사 문항에서 좋은 점수를 받기 위해 학생은 무엇을 알고 무엇을 할 수 있어야 하는지를 정확히 파악해 보아라. 그리고 이들 검사 문항을 꼭 숙달하고 실천해야 할 각각의 학습 과제를 생각해 보아라. 평가해야 할 표준과 직접 관련이 있는 검사에서 요구한 과제에 대한 충분한 연습과 숙달을 거치면 검사를 잘 치를 수 있을 것이다. 왜냐하면 학생들은 그들에게 요구된 내용을 이해하고 있기 때문이다. 이렇게 되려면 검사를 받았던 것과 똑같은 방식으로 내용을 배워야 한다.

이 말은 여러분의 학생들이 치를 검사에 따라 학생을 가르치라는 뜻은 아니다. 이것은 무엇을 평가해야 할지에 따라 그 내용을 가르치라는 것이다. 교육 표준이란 수업의 목적으로 우선 이들 목적이 상세화되어야 하고 교사는 학생들이 목표에 도달할 수 있도록 수업을 설계하여야 한다. 이것이 목표를 염두에 두고 있는 수업 설계이다.

목표를 염두에 두고 있는 수업 설계

표준과 수업 설계의 상관관계가 언제나 명백한 것은 아니다. 그러나 이러한 방식으로 생각해 보면 그 관련은 분명해질 것이다. 즉 표준은 여러 학습과제에 의하여 측정이 되며 이러한 과제는 학생과 교사에게 피드백이 된다.

각각의 검사 문항은 각각의 학습 과제로서 학습자들이 표준을 숙달하였음을 입증하기 위하여 꼭 수행해야만 하는 것이다.

긍정적인 면에서 보면, 각 검사 문항은 학생들이 지식, 기능, 논리적 사고를 표현할 수 있는 기회라고 말할 수 있다.

각 주의 여러 학년 수준에서 실시되고 있는 검사의 내용을 분석해 보면 거기에는 학생들에게 요구되는 필수적인 내용 요소가 열거되어 있다.

여러분의 주 교육국 웹사이트에서 가용한 검사 정보를 조사하여 문항별로 요구되는 필수 내용과 몇 개의 주에서 비공식적 방법으로 분석해 얻은 필수 내용 목록을 비교해 보아라.

1. 주어진 정보와 문항 자체를 초월하여 추론할 수 있는 능력인 추론적 이해
2. 해결 가능한 입장에서 문제를 파악할 수 있는 능력인 문제 해결적 사고
3. 차트, 그래프, 지도를 읽고 해석할 수 있는 능력
4. 만화, 예시, 기타 보조 자료의 해석
5. 시험 치르는 기능, 특히 여러 선다지에서 잘못된 것을 제거할 수 있는 능력
6. 어휘, 문구, 적당한 명칭을 포함한 내용과 관련된 개념에 관한 지식

아마도 여러분은 여러분의 주에서 학생들을 검사하기 위하여 선택한 측정의 방식을 조사하고 나서 이 목록을 바꾸거나 아니면 다른 내용을 첨가할 것이다. 그러나 여러분이 만든 최종 목록과 이 목록은 상당한 차이가 없을 것이다.

여러 주에서 제시한 검사 분석을 통하여 얻은 목록을 생각해 볼 때 하나의 문제가 남게 된다. 즉 수업은 어떠한가?

이 책에 기술되어 있는 수업 모형은 지시적 수업에서 개방적 수업에 이르는 전 영역에 걸쳐 있다. 그러나 그것들의 공통점도 있으며 여러분이 직접 통제할 수 있는 점도 있다. 즉 교사와 학생 간 주고받는 수업의 대화가 그것이다.

여러분들이 어떠한 수업 모형을 사용하고 있든 Marzano와 Pickering, Pollock

이 설명하고 있는 일반 수업 전략을 명심하기 바란다.[40]

이들 전략은 연구 결과들이 지지하고 있으며 모든 내용 영역, 모든 학년 수준에 유용하게 사용되고 있다. Marzano와 그의 동료들은 연구 결과를 통계적으로 분석하는 메타 분석을 통하여 다음의 아홉 가지 전략이 학생들의 성취와 상관이 있다는 것을 발견하였다.

1. *유사점과 차이점의 규명*

이 전략은 핵심 전략으로 모든 학습의 기초 기능이 된다. 효과적인 교사는 학생들이 유사점과 차이점을 찾아내어 이것들을 충분히 논의하는 것을 돕는다. 이외에, 효과적인 교사들은 학생들이 이따금 그래프를 사용하여 이러한 기능을 독자적으로 실천할 수 있는 기회를 제공한다.

이 전략과 밀접히 관련 있는 제2부의 수업 모형에는 개념 획득 모형, 개념 발달 모형, 창조적 문제 해결 모형, 지시적 수업 모형이 있다.

이러한 모형들은 유사점과 차이점을 규명하는 전략을 개발하고 실천하는 데 사용된다.

2. *요약하기와 노트 정리*

요약을 하려면 내용의 삭제, 대체, 정보 유지, 정보의 깊이 있는 이해가 요구된다. 학생들은 정보가 어떻게 구조화되어 있는지를 알게 되면 요약하는 것을 쉽게 배울 수 있다. 요약에는 몇 가지 접근 방법이 있다. 규칙 기반 전략은 규칙에 따라 요약을 가르치는 방법이다. 우선 중요한 아이디어와 관련이 없는 시시한 정보를 삭제한다. 두 번째 중복된 자료는 삭제하여야 한다.

그 다음으로 교사는 유목의 명칭을 실질 명칭으로 바꾸어야 한다(애완동물을 개, 고양이, 새, 기차). 네 번째 규칙은 학생들에게 주제가 되는 문장을 확인시키거나 만들게 한다. 노트 정리하기는 요약과 밀접한 관련이 있으며 학생들의 성취와 아주 상관이 높다. 학생들에게는 교사가 준비한 노트를 주어 몇 가지 노트 정리 체제를 가르칠 수도 있다(개요하기, 웹, two column, cornell).

학생들은 그렇게 함으로써 자기에게 맞는 접근 방법을 선택할 수 있다. 요약과 노트 정리는 모든 모형에 다 활용된다.

3. *노력의 강화와 인정*

이 분야의 연구에 의하면 효과적인 학생들은 성공에서의 노력의 역할을 잘 이해하고 있다는 것이다. 학생들이 더 많은 노력을 기울이는 방법을 배워 학업 성취를 증진시킬 수 있다는 증거가 있다.

학생들에게 자신들의 노력을 생각해 보도록 가르치는 것이 핵심적인 수업 전략이다. Marzano는 인정해 주기에 관한 문헌을 조사하였다. 그리고 보상이 반드시 내발적 동기 유발을 방해하는 것은 아니며, 보상은 구체적인 수행 기준과 연결될 때 가장 큰 효과를 나타낸다는 것이다. 흥미롭게도 우리는 추상적이고 상징적인 보상이 가시적인 보상보다 더 효과적이라는 결론을 얻었다. 즉, 피자보다는 점수나 명예가 더 효과적이다. 이 전략은 모든 수업에 있어 결정적으로 중요하다.

4. *숙제와 연습*

학생들이 학교 교육을 많이 받을수록 숙제는 늘어난다. 피드백을 제공하는 방법은 다를지라도 숙제에 목적과 결과가 상세히 설명되고 학생 결과에 대한 논평이 있어야 한다.

부모의 참여는 학생의 학습 증진과 관련이 없다. 모든 교사들은 숙제의 목적과 숙제를 하지 않은 데 대한 결과를 설명해주는 숙제에 대한 정책을 갖고 있어야 한다. 숙제는 기능 숙달에 필요한 연습과도 관련이 있다. 이 두 가지 모두 제2부 지시적 수업 모형에서 사용되고 있다.

5. *비언어적 표상*

우리는 언어적으로 그리고 상상적인 형태로 정보를 저장해 둔다. 비언어적 표상은 학생들의 학습을 증진시킨다. 이러한 표상에는 그래프 조직자, 물체 모형, 정신 지도, 회화, 그림 문자가 있다. 비언어적 접근과 언어적 접근을 결합시키면 학생의 성취는 증가한다. 제2부의 모든 수업 모형에 비언어적 표상을 사용하면 도움이 된다. 이들 모형은 인과 모형, 기억 모형, 어휘 획득, 교실로의 수업 모형과 밀접히 관련되어 있다.

6. *협동학습*

협동학습은 학업 성취와 관련 있는 아홉 가지 일반 수업 전략 중 하나이다. 이 책 14장에서는 협동 전략이 교실에서 어떻게 사용될 수 있는지를 분명히 해두고 있다.

7. *목표의 설정과 피드백 제공*

3장은 수업 목표와 수업 목표의 이점에 집중하고 있다. 명확히 정의된 목표는 수업의 효과와 학생의 학습을 증진시킨다. 피드백은 목표 설정과 함께 모든 학급, 모든 학생에게 적용되는 중요한 수업 전략이다. 피드백은 교정적이어야 한다. 즉,

구체적인 목적과 관련하여 학생의 행동에 대하여 옳고 그른 것을 설명하여야 한다. 피드백은 또한 시의적절하여야 한다. 자신의 학습에 대하여 생각하는 학생들은 자신에게 모종의 피드백이 될 수 있다. 목표와 피드백에 특별히 관심을 두고 있는 수업 모형에는 지시적 수업, 기억 모형, 어휘 획득 모형이 있다.

8. *가설의 생성과 검증*

이 전략은 귀납적(본보기에서 일반화로) 또는 연역적으로(일반화에서 본보기로) 접근이 가능하다. 학생들의 가설과 결론은 반드시 설명되고 정당화되어야 한다. 문제 중심 학습 모형, 탐구 모형, 집단 탐구 모형은 가설을 생성하고 검증하는 방법을 사용한다.

9. *단서, 질문, 선행 조직자*

단서, 질문은 교실 수업에 자주 사용된다. 이 두 가지는 모두 중요한 세부내용에 집중하고 쓸모없는 정보는 도외시한다. 질문은 회상, 이해를 초월하여 적용, 분석, 종합, 평가로 이어져야 한다. 학생들이 질문에 대답하기 위하여는 몇 초를 기다리는 것이 중요하다. 단서, 질문은 물론, 선행 조직자는 새로운 내용을 선수 지식과 관련을 짓게 하는 데 사용된다.

선행 조직자는 많은 정보를 다룰 때 유용하다. 선행 조직자는 설명적일 수 있다. 즉, 앞으로 배울 내용이나 학생이 앞으로 꼭 배워야만 하는 내용에 관한 이야기를 들려줄 수 있다. 선행 조직자는 여러 가지 수업 모형과 함께 사용할 수 있다.

요약

교사는 수업 목적을 결정할 때 (1) 학습자의 요구와 학생들을 위하여 설정해 놓은 학습 표준을 포함하여 그들이 살고 있는 (2) 사회의 요구를 고려해야 한다. 교사는 이것을 염두에 두고 학교 수업을 가장 효과적이고 효율적으로 학생에게 도움이 되는 수업 설계를 준비해야 한다. 교육의 목적은 교육받은 성인에 대한 사회의 견해에 따라 계속적 수정을 거쳐 나가야 하고 학습자의 요구 또한 수업의 목적과 본질을 계속 재정의해 나가야 한다.

웹 자원

1. www.surfaquarium.com/
This site is maintained by Walter McKenzie of Surfaquarium Consulting. It provides a variety of resources related to multiple intelligences and dozens of useful links, many of them teaching ideas related to the nine intelligences.

2. www.multi-intell.com/
Use this site to explore multiple intelligences from the perspective of David Lazear. This site provides a portal to everything you want to know about multiple intelligences but may not know how to ask.

3. www.newhorizons.org/
This site is a gateway to cutting-edge research and suggestions for instruction that can enhance teaching in every subject area of the curriculum.

4. www.cainelearning.com/
At this site you will find detailed explanations of brain/mind learning principles from the people who "invented" the idea that how the brain works should inform how teaching works.

5. www.kovalik.com/
This is the site to visit for ideas on how to implement, in teaching, what is known about how the brain functions. Susan Kovalik is dedicated to principles of Integrated Thematic Instruction, "a brain-compatible instructional model grouned in the biology of effective instructional strategies, and the development of conceptual curriculum."

6. www.funderstanding.com/about_learning.cfm
Twelve different theories of how people learn are defined and discussed, with brief and understandable explanations of how each theory bears on the teaching/learning process.

7. www.ncate.org/
In case you were wondering whether teacher training makes a difference in student achievement, the question is answered at the site of the National Council for Accreditation of Teacher Education.

8. www.ets.org/research/pic/teamat.pdf
Adobe Acrobat is needed to read this article: "How Teaching Matters:Bringing the Classroom Back into Discussions of Teacher Quality." by Howard Wenglinsky, Educational Testing Service, 2000.

각주

1. Lorin W.Anderson and David Krathwohl, eds.(2001). *A Taxonomy for Learning, and Assessing. A Revision of Bloom's Taxonomy of Educational Objectives*. New York: Longman, 2001, 15.
2. Havard-Smithsonian Center for Astrophysics.(1987). "A Private Universe: A Video Documentary." Available at www.learner.org/catalog/series28.html
3. M.Suzanne Donovan and John D. Bransford.(2005). "Scientific Inquiry and How People Learn." in M.Suzanne Donovan and John D. Bransford, eds., *How Students Learn History, Mathematics, and Science in the Classroom*. Washington. DC: The National Academies Press, 397-419.
4. Gina A. Palmer.(2001). "Fourth Graders Discover the Reasons for the Seasons: Handheld Technology helps Clear Up Scientific Misconceptions." Available at www.imagiworks.com/Pages/ForTeachers/FourthGraders.html
5. Robert J. Marzano.(2003). *What Works in Schools: Translating Research into Action*. Alexandra, VA: ASCD.
6. Marzano. 2003.
7. M.Suzanne Donovan and John D. Bransford.(2005). "scientific Inquiry and How People Learn." in M.Suzanne Donovan and John D. Bransford,(eds.), *How Students Learn History, Mathematics, and Science in the Classroom*. Washington. DC: The National Academies Press.
8. R. N. Caine and G. Caine, (1994). *Making Connections: Teaching and the Human Brain*. Menlo Park, CA: Addison Wesley, 88-95.
9. Alfie Kohn.(1993). *Punished by Reward: The Trouble with Gold Stars, Incentive Plans, A's, Praise and Other Bribes*. New york: Houghton Mifflin Company.
10. Robert Fulghum.(1989). *It Was on Fire When I Lay Down on It*. New York: Villard Books, 39-43.
11. Angela Huebner.(2000). *Adolescent Growth and Development*. Virginia

Cooperative Extension: Publication Number 350-850.
12. Abraham H. Maslow.(1968). *Toward a Psychology of Being*, 2nd ed. Princeton, NJ: Van Nostrand.
13. Sandra L. Christenson and Lynne H. Havsy.(2004). "Family-School-Peer Relationship: Significance for Social, Emotional, and Academic learning." in Joseph E. Zins et al. (eds.), *Building Academic Success on Social and Emotional Learning: What Does Research Say?* New york: Teachers College Press.
14. Teachers need to help ESL (English Second Language) learners in their classrooms by focusing on critical concepts with a variaty of examples that are clear, concise, and unambiguous. The examples chosen should minimize unnecessary informations. Paying attentions to cultural differences and using culturally relevant examples are important ways of making connections and providing appropriate scaffolding for all students. In fact, all students can benefit from specific strategies that help new English speakers. These include using graphic organizers, explicitly teaching vocabulary, and using a variety of instructional approaches.
15. Stephen Jay Gould.(1981). *The Mismeasure of Man*. New York: W.W.Norton.
16. Howard Gardner.(1993). *Multiple Intelligences: The Theory in Practice*. New York: Basic Books.
17. Howard Gardner.(April 21, 2003). "Multiple Intelligences after Twenty Years." Paper presented at the annual meeting of the American Educational Research Association. Available at www.pz.harvard.edu/PIs/HG_MI_after_20_years.pdf
18. Robert J. Sternberg.(1988). *The Triachic Mind: A New Theory of Human Intelligences*. New York: Viking Penguin.
19. Robert J. Sternberg.(2002). *Why Smart People Can Be So Stupid*. New Haven, CT: Yale University Press.
20. Rhona S. Weinstein.(2002). *Reaching Higher: The Power of Expectations in Schooling*. Cambridge, MA: Harvard University Press.
21. L. S. Vygotsky.(1978). *Mind in Society*. Cambridge, MA: Harvard University Press.
22. Harvard-Smithsonian Center for Astrophysics.(1987). "A Private Universe: A Video Documentary." Available at www.learner.org/catalog/series28.html
23. M. Suzanne Donovan and John D. Bransford.(2005). "Scientific Inquiry

and How People Learn," in M. Suzanne Donovan andJohn D. Bransford (eds.), *How Students Learn History Mathematics, and Science in the Classroom.* Washington, DC: The National Academies Press, 397-419.

24. Gina A. Palmer.(2001). "Fourth Graders Discover the Reasons for the Seasons: Handheld Technology Helps Clear Up Scientific Misconceptions." Available at wwwimagiworks.com/Pages/ForTeachers/FourthGraders.html
25. Carol A. Tomlinson.(2003). *Fulfilling the Promise of the Dfferentiated Classroom: Strategies and Tools for Responsive Teaching.* Alexandria, VA: ASCD.
26. Thomas L. Good and Jere E. Brophy.(2003). *Looking in Classrooms*, 9th ed. Boston, Allyn and Bacon.
27. J. L. McCaleb and J. A. White.(1980). "Critical dimensions in evaluating teacher clarity," *Journal of Classroom Interaction*, 15(2), 27-30.
28. John D. Bransford, Ann I. Brown, and James W. Pelligrino, eds. (2000). *How People Learn: Brain, Mind, Experience, and School.* Washington, DC: National Academy Press.
29. Richard J. Stiggins.(2005). Student-Involved Assessment for Learning, 4th ed. Upper Saddle River, NJ: Pearson.
30. National Commission on Excellence in Education.(1983). *A Nation at Risk.* Washington, DC: Government Printing Office, 5.
31. Council of Chief State School Officers.(2006). "State Content Standards: Information Gathered from State Department of Education Websites." Available at www.ccsso.org/projects/State_Education_ Indicators/Key_State_ Education_Policies/3160.cfm
32. Diane Ravitch.(1995). *National Standards in American Education.* Washington, DC: The Brookings Institution, 8-9.
33. The Thomas B. Fordham Foundation.(2003-2006). *The State of State Standards 2000.* Available at www.edexcellence.net/library/soss2000/2000soss.html
34. Chris Dougherty.(2001). "More Than a Snapshot." *Education Week*, 20: 33, 39, 42.
35. American Association of School Administrators. "Issues and Insights: Assessments/Standards." Available at www.aasa.org/ed issues/content.cfm?
36. The Thomas B. Fordham Foundation.(2003-2006). *The State of English Standards 2005.* Available at www.edexcellence.net/foundation/publi-

cation/publication.cfm?id=337

37. The Thomas B. Fordham Foundation.(2003-2006). *The State of Math Standards 2005*. Available at www.edexcellence.net/foundation/publication/publication.cfm?id=338
38. Mid-continent Research for Education and Learning. *Content Knowledge: A Compendium of Standards and Benchmarks for K-12 Education*, 4th ed. Available at http://www.mcrel.org/standards-benchmarks
39. Matthew Gandel and Jennifer Vranek.(2001). "Standards: Here Today and Here Tomorrow." *Educational Leadership*, 59: 1, 9.
40. Robert J. Marzano.(2001). *A Handbook for Classroom Instruction That Works*. Alexandria, VA: ASCD.

제 2 장

내용을 조직하기

이 장에서는 학교에서 무엇을 가르치고, 내용과 기능을 어떻게 학교 교육과정과 교재 속에 조직하고, 교사는 학습내용을 어떻게 단원이나 차시 수업안으로 옮기는지를 집중적으로 다룬다.

이 장의 끝에서 여러분은 각 학문마다 표준, 벤치마크, 보조 교육과정 자료를 해석하여 만든 내적인 조직이 있음을 알게 되고, 또한 교사는 이러한 표준과 자료를 이용하여 단원과 학습안을 조직하는 데 적절한 목표를 개발함으로써 학습자와 사회의 요구에 맞는 수업을 계획하게 되는 것을 알게 된다(1장 참고).

내용

학교 교육과정

학교 교육과정에는 많은 교과가 포함된다. 이들 교과나 학문에는 학습자에게 전달해야 할 필요가 있는 일련의 구체적인 정보와 기능이 있다. 웹스터 사전에는 내용이 몇 가지 방식으로 정의되어 있다. 우리의 목적에 가장 잘 어울리는 아이디어는 다음과 같다. "주어진 개념에 포함된 속성이나 생각의 총화; 인지의 내용 및 문제."[1] 그러므로 수학 내용은 수학에 관하여 알려져 있고 믿어지고 있는 내용의 총화이다. 이와 유사한 정의가 학교의 교육과정을 구성하는 다른 교과 과정 또는 내용 영역에도 적용된다. 이외에 각 학문에는 정보를 수집, 조직하는 특별한 방식이 있다.

과학 과목에서 정보가 수집되는 것과 다른 방법으로, 언어 과목에서는 정보가 수집, 조직된다. 특수한 이야기를 문학으로 구분하게 하는 것은 무엇이고 과학에 있어 무엇이 가설과 이론을 구분하게 하는가? 학교에서는 학생들에게 새로운 정보를 수집하고 그 중요성을 결정하기 위하여 학문에서 사용되고 있는 기능은 물론 각 교과에 축적되어 온 중요한 지식을 학생들에게 가르쳐야만 한다.

사실 학교 교육과정의 내용에 교과에 포함된 내용 모두를 포함시킬 수는 없다. 무엇을 포함시키고 무엇을 배제시킬지는 논쟁의 여지가 있다. 즉 사람마다 학교에서 무엇을 가르칠지에 대하여 의견이 다르며, 의사 결정 시 가장 높은 자리에 있는 사람들이 가장 강력한 발언권을 갖고 있다.

내용 표준은 미의회, 입법기관, 여러 주의 학교국 국립전문조직단체, 지역 학교 자치기구에 의하여 결정되며, 그 과정에 무엇을 포함시켜야 하고 무엇을 포함시키지 말아야 할지에 대하여 열띠고 가치 있는 토론들이 종종 벌어지고 있다. 때때로 상부에서 내려온 지시사항의 불합리한 점을 가볍게 취급하는 경우도 있다. 잘 알려져 있지 않은 사실로 2004년 소요예산 법령에서는 연방 정부의 돈을 받고 있는 모든 학교와 대학에게 9월 17일 채택된 헌법을 가르치도록 요구하고 있다. (2006년 9월 17일은 일요일이어서 연방 재원을 받는 모든 학교, 대학은 그 다음날인 월요일 헌법을 가르쳤는가?)

오늘날 한 주를 제외한 모든 주에서 그들의 학교에 대한 표준을 정했음에도 불구하고 그 표준에는 쉽게 동의하지 못하고 아직까지도 계속 숙고되어 수정되고 있다. 표준을 둘러싼 개방적 토론은 자연스러운 것으로 생각된다. 보통 어떠한 내용을 표준에 포함시키고 어떠한 정보를 빼버리고 주가 무엇을 언제 가르칠지에 대하여 논쟁이 집중적으로 이루어진다. 이 점을 잘 설명하고 있는 두 가지 본보기를 언급해보면, 내용의 범위에 대한 그 유명한 재판이 있은 지 50년이 지난 지금, 다양한 삶의 형태에 대한 대안적 설명을 가르쳐야 할지는 아직도 문제로 남아 있는데 이 점을 생각해 보자.

이와 마찬가지로 몇 년 전, 교육자들은 유치원은 사회화에 초점을 맞추어야 하는가 아니면 기능의 성취에 초점을 맞추어야 하는가에 대하여 뜨거운 논쟁을 벌였다.

이것을 오늘날 많은 학교에서 아직도 책을 못 읽는 채로 유치원을 졸업한 아동들이 학년 수준 미달이라 불리고 있다는 사실과 비교해 보라.

초기 학교 교육에 있어 적어도 당분간은 기능이 사회화보다 우선시되는 것 같다.

양 정당의 정치적 압력은 학교에서 무엇을 가르칠지에 영향을 미친다.[2] 주 표준에는 교과서와 보충자료 선정에서와 마찬가지로 모종의 압력이 반영되어 있다. 미국은 크고 다양한 국가이다. 그러나 거기에는 안정된 국가 교육과정은 존재하지 않는다. 학교에서 무엇을 가르치느냐 하는 것은 지역을 강조하고 있는 주에 일차적인 선택권이 있다.

미국 헌법에 의하면 주가 교육에 대한 책임을 지도록 되어 있다. 또한 주는 교과서를 선택하는데 이 교과서는 학교에서 가르치는 내용에 자주 영향을 준다.(우리는 이따금 교육과정 개발 워크숍에서 교사들의 다음과 같은 논평을 듣는다. "왜 우리는 교육과정과 교수학습 과정안을 써야 하는가? 우리에게는 교과서가 있다.) 그러나 교육과정의 최종 결정자는 바로 교사이다. 그리고 표준과 교과서를 적용하는 사람도 바로 교사이다.

내용의 깊이와 정확성은 학생에게 제공되는 수업에 의하여 결정된다. 주의 내용 표준은 개별 교실에서 가르쳐지는 내용을 정상화하는 데 도움이 된다. 법제화된 목적을 통하여 모든 학생에게 높은 기대를 가지려는 시도를 둘러싼 논쟁에도 불구하고, 내용 표준은 교육자에게 큰 가치를 지니고 있고 수업에 참여하고 이에 관심을 갖고 있는 사람들이 계속 교육의 주요 목적에 집중하도록 하는 데 도움이 된다.

교육의 주된 목적이란 가능한 모든 아동에게 가장 적절한 수업환경과 학습 기회를 제공하는 것이다.

표준은 일반적 수준이나 구체적 수준이 다른 교육의 비전, 교수의 목적, 수업의 목적을 정의하는 데에도 도움이 된다. 이러한 상세화 수준이 다른 목표를 전체적, 교육적수업 목표라고 할 수 있다.[3] 전체적 목적이란 가장 광범위한 형태이며 사회가 모든 학생의 비전으로 여기는 것으로, 모든 아동은 글을 읽고 써야 하고, 책임 있는 시민이 되어야 하고 주된 과학 원리를 이해해야만 한다와 같은 목표이다. 교육목표란 보다 낮은 수준에서 진술되는데 가끔 주나 학교의 교육과정을 구성하게 된다. 예를 들면 학생들은 여러 가지 형태로 제시된 정보를 해석할 수 있을 것이다, 학생들은 자료를 통하여 논리적 결론을 도출해 낼 수 있을 것이다, 학생들은 과학에서의 가설의 역할을 이해할 것이다와 같은 것들이다. 수업 목표는 가장 협소한 목표로 매일매일의 수업안의 기초가 된다. 이 목표는 매일매일 교사에게 있어 가장 중요한 것이다. 왜냐하면 이것은 학생이 그날 무엇을 알고, 이해하고, 할 수 있는지를 명시하기 때문이다. 즉 학생들은 단문과 복문을 구분하고 구두점은 글을 쓸 때 명확성과 구체성을 나타낸다는 것을 이해하고, 지시에 따라 단문과 복문을 작성할 수 있다와 같이 진술된다.

수업 표준은 교사가 내용 제시에 적합한 수업 모형을 계획하고 선정하는 데 도움이 된다. 계획이 없으면 학생의 경험은 마치 숨겨진 조각을 찾아 맞추는 조각 그림 맞추기 놀이와 비슷할 것이다.

비록 모든 조각을 다 맞출 때 조각 그림을 맞추는 것이 재미는 있을지모르나,

그 그림이 무엇을 의도하는지는 말할 수 없을 것이다. 표준이 "학생은 ...을 조사하고 이해할 것이다."와 같은 형태로 진술된다면, 교사는 탐구와 정보에 초점을 두고 있는 모형에 따라 수업을 조직하고자 할 것이다. 만일에 표준이 "학생은 기술하고, 결정할 것이다."라는 형태로 진술된다면, 교사는 기능과 사실을 강조하는 모형에 따라 수업을 조직하고자 할 것이다.

학생의 성취를 보장하기 위하여 표준과 절대기준 검사는 거의 모든 주에서 일정 하게 지켜지고 있다. 따라서 교사는 표준의 진술문에 나타난 기대에 일치하는 수업 모형을 사용하여 수업을 조직하여야 한다.

일관된 수업은 3장의 주된 주제로 여기에는 수업 목표, 평가, 수업이 포함된다. 미국 학교에서의 교과영역들은 관련 코스들이 계열적으로 조직되는데 각 코스는 단원과 과로 이루어진다. 표준은 가르칠 정보와 기능을 결정한다. Spillane는 "표준은 학생이 형식적인 학교 교육을 받는 동안 어느 결정적 시기에 핵심 교과에서 무엇을 알아야만 하고 무엇을 할 수 있어야만 하는지를 규정한다."라고 표준을 정의한다.[4] 예를 들면 캘리포니아 주 2학년의 영어 내용 표준에 "학생들이 독서의 기본 특징을 이해해야 한다. 그들은 문헌을 선정하고 그것들을 음향학, 분절법, 품사를 사용하여 문형을 회화체로 바꾸는 방법을 알아야 한다. 그들은 이러한 지식을 낭독과 묵독에 적용해야 한다."와 같은 내용이 있음을 교사들은 알고 있다.[5] 4년이 지나 6학년이 되면 단어 인지에 대한 표준은 다음과 같이 달라진다. " 학생들은 전문적인 어휘의 의미를 결정하고 학년에서 사용되는 단어의 정확한 의미를 파악하기 위하여 역사적, 문학적 상황별 이야기 줄거리들은 물론 어원과 단어와 단어의 관계에 관한 지식을 사용해야 한다."[6] 고등학교가 끝날 무렵, 단어 인지 표준은 누구나가 예상하듯이 더욱더 수준이 높아진다. "학생은 어원에 관한 지식을 적용하여 독서 자료에서 보게 되는 새로운 단어의 의미를 결정하고, 그 단어들을 정확히 사용하여야 한다."

그들은 정치학과 역사에서 사용되는 중요한 용어의 어원을 추적하고, 라틴, 앵글로 색슨의 어원과 접사에 관한 지식을 적용하여 과학적, 수학적 용어의 의미에 관한 추론을 이끌어내야 한다."[7]

표준은 여러 학년 수준에서 꼭 가르쳐야 하는 지식과 기능을 개관하고 있다. 이러한 벤치마크들은 표준화 검사의 기초가 된다. 이들 각각의 표준은 교육 표준의 한 본보기 즉 수업 표준보다는 방대하지만 전체적인 표준보다는 협소한 표준임을 주목하기 바란다.

앞서 언급한 바와 같이 각각의 표준은 학생들 학습의 지침이 되지만 구체적으로 교실 수업을 안내하는 것은 아니다.

매일 또는 매 주 보다 즉각적이고 가르칠 수 있는 교육기준을 결정하는 일은 교사에게 달려 있다. 예를 들면, 이와 관련이 있는 수업 목표로 학생들은 produce와 Introduction의 어원이 똑같고 이 어원을 공유하고 있는 다른 단어들은 유사한 의미를 가졌고 "이끈다"라는 아이디어와 관련이 있음을 배울 것이다. 이러한 수업 목표와 관련된 수업활동은 학습자가 많은 영어 단어에서 라틴어로 된 어원을 찾아내도록 돕기 위하여 설계된다. 11장에서 논의하게 될 어휘 획득 모형은 이러한 수업의 적절한 방법이 될 것이다. 물론, 단어 지식 획득 수준이 다른 학생에게 있어 강조되어야 할 내용과 지식은 당연히 달라져야 할 것이다.

표준이란 학생들이 경험을 해나가는 동안 학생들이 학교에서 배우게 될 내용을 조직하는 출발점이 됨에는 틀림없다. 그러나 표준이 단원과 과의 도로 지도의 구실은 하지 못한다. 교사는 교실에서의 일상 절차를 설계하는 데 책임을 지고 있다. 좋은 수업 설계는 교사가 단원과 과의 내용을 체계적이고 재미있게 조직할 수 있는 능력에 달려있다. 교과에서 고려해야 할 중요한 개념을 밝히고 이것들을 중요도에 따라 조직하여야 한다.

그러기 위하여 단원을 계획하고 단위 수업을 조직하고 수업 전략을 준비하는 효과적인 과정이 요구된다.

잘 구조화된 설계에서 학습자들은 계획 뒤에 숨겨진 순서를 알고, 각 부분이 전체에 어떻게 통합되는지를 결정하게 되고, 각 부분이 서로 어떻게 관련되는지를 알 수 있게 된다. 교사가 내용 조직을 신중히 생각할 때만이 그들은 평가, 수업과 일관된 명확하고 간결한 목표를 고안해낼 수 있을 것이다. 일관성은 학생, 교사가 학습의 목적을 이해하는 데 도움이 된다. 즉, 일관성은 수업의 대상을 가시화한다.

오늘날 미국의 공립 교육은 표준 중심적이다. 교사들은 학생들이 표준에 기반한 평가에 성공하도록 도와주어야 한다.

심지어 표준 운동이 한창일 때, 인지심리학에서는 학생 학습에 관한 새로운 이해를 제공함으로써 교사의 수업 방법을 바꾸게 하였다(1장 참고). 인간의 학습 방법에 관한 지식의 증가와 더불어 표준은 교사로 하여금 수업을 달리 보게 하였다. 학교와 교실은 학생을 학습자로의 인정, 가르쳐야 할 표준과 내용, 정보와 기능을 전달하고 실연하고 평가하는 방법을 통하여 학습자의 요구에 부응해야 한다. 이 장에서는 내용과 수업조직을 탐색하여 표준 중심 내용을 어떻게 단원, 과로 바꿀 것인지를 탐구하게 된다.

요약하건대, 교사가 교실에서 배울 내용을 결정하는 것은 아니다. 주와 지역의 표준이 수업 내용을 결정한다. 교사는 내용 표준을 교사와 학생이 교실에서 해야 할 행동으로 어떻게 바꾸어 낼지를 결정해야 한다.

이러한 결정은 내용에만 기초를 두는 것이 아니라 개별 학생의 요구, 자원, 교사의 지식 기반을 기초로 삼아야 한다.

이 책의 목적은 교사가 구체적인 교실에서 최선의 결정을 내리도록 돕는 것이다. 이러한 최선의 결정은 교사가 적합한 목표, 평가, 효과적인 수업의 의사결정과 일관성이 있는 구체적인 교실 수업을 선택하는 데 도움이 된다.

내용의 분석

내용 영역에 있어 여러 가지 지식, 기능이 동등한 위치에 있는 것은 아니다. 어떠한 내용은 다른 내용보다 더 포괄적이고, 어떠한 내용은 더 정확성이 있으나 범위가 제한적인 것도 있다.

지식의 수준에 차이가 있다는 Anderson과 Krathwohl[8]의 제안에 따르면 교실에서 가르쳐지는 대부분의 내용은 다음과 같이 사실적 지식, 개념적 지식, 절차적 지식, 메타인지적 지식의 네 개의 유목으로 분류된다.

사실적 지식

사실은 개념과 일반화의 틀을 만드는 낱낱의 정보이다. 사실에 관한 몇 가지 정의가 있다. Paul D. Eggen은 정보처리 수업 모형의 전문가인데 그는 사실을 "과거 또는 현재에 한 번 발생하며 예언적 가치가 없이 관찰과정만을 통하여 얻어지는 내용의 형태라고 정의하고 있다."[9] 사실은 또한 관찰을 통하여 입증 가능한 구체적인 단 하나의 본보기에 적용 가능한 것으로 정의되어 있다.[10] 여기에 학생들이 결정할 수 있는 몇 가지 사실이 있다. "지난주 수요일 비가 0.5인치 내렸다. 어제 4월 24일 수요일 비가 1.5인치 내렸다. 오늘 하늘에는 태양이 구름 한 점 없이 밝게 빛나고 있다. 그러나 주말쯤 더 많은 비가 내릴 것이란 예보가 있다." 아동들은 이와 같은 관찰을 통하여 "4월 소나기는 5월의 꽃을 가져온다"라는 일반화를 위의 여러 사실들을 점검하여 도출해 낼 수 있다. 더욱더 일반적인 수준에서 사실이란 학문에 친숙해지기 위해 그리고 그 속에 담겨 있는 문제를 해결하기 위해 꼭 알아야 하는기본 요소인 것이다.[11]

Anderson과 Krathwohl이 기술하고 있듯이, 사실적 지식에는 용어에 대한 지식, 구체적인 세부사항 및 요소에 대한 지식이 포함된다.[12] 이것이 사실적 지식에 대한 정의로서 우리는 이것을 기초 기능, 사실, 지식을 배우고 기억하는 데 유용한 몇 가지 수업 모형(지시적 수업 모형, 인과 수업 모형, 몇 가지 기억 수업 전략)을 논의하기 위한 기초로 삼으려 한다.

개념적 지식

사실은 개념과 일반화 즉 고차적 사고를 위한 기초가 된다. 개념이란 사실적 자료를 분류한 결과에 따라 구성한 유목에 붙여진 명칭이다. 세상에 존재하는 모든 자극을 이해하기 위하여 모든 연령층의 학습자들은 개념을 형성하고 명칭을 부여한다. 세상의 모든 것이 서로 다른 무관한 실체로 보이는 경우의 인지적 부담을 상상해 보라.

학습자들은 개념을 형성하기 위하여 유사점에 관심을 기울이고 서로 다른 점을 도외시하며 유사한 대상을 똑같은 유목에 포함시킨다. 난로가에서 졸고 있는 고양이와 정글 속의 호랑이는 많은 차이점이 있으나 유사점에 관심을 갖고 차이점을 도외시해 버림으로써 고양이과 동물이라는 개념을 형성하게 된다.

두 개 또는 그 이상의 개념을 연결하는 진술을 일반화라고 한다. 사실과 달리 일반화는 한 가지 이상의 요소를 포함하고 있으며 예언의 기능을 갖고 있다. 다음을 생각해 보라.

McIntyre 교사의 4학년 반 15명 중 10명이 오늘 점심으로 땅콩버터 샌드위치를 가져왔다. 11명의 학생은 전날 땅콩버터 샌드위치를 가져왔다. 이것은 관찰을 토대로 만든 사실적 진술이다. 이 진술은 만일에 샌드위치를 학생이 먹었는지, 누가 샌드위치를 만들었는지 말해주지 않고 단지 관찰된 것을 간단히 진술하고 있을 뿐이다.

Mcintyre 교사의 학급 학생들은 다수 점심으로 땅콩버터 샌드위치를 선호한다. 이것은 관찰로부터 얻은 자료와, 땅콩버터와 샌드위치라는 개념의 이해에 기반을 둔 일반화이다. 우리는 관찰을 통하여 학생들은 땅콩버터 샌드위치를 선호한다고 추론했으며, 학생들 대부분은 내일 땅콩버터 샌드위치를 가져올 것이라고 예측할 수 있다. 이러한 진술을 반드시 진(眞)이라고 볼 수는 없다. 학생들은 샌드위치를 특별히 좋아한 것이 아닐 수도 있다. 그들은 이 문제에 대한 어떠한 선택권도 없다. 땅콩버터는 금주에 시장에서 할인 판매된 것인지도 모르며 다음주에는 치즈가 주요 할인품목이 될 수도 있다. 일정기간 동안 학교에 땅콩버터 샌드위치를 가져온다는 사실 관찰을 통하여 우리는 추론과 예측을 가능케 하는 일반화를 형성했다.

부수적인 관찰을 통해 얻은 자료만이 일반화의 정확성을 입증해 준다. 반면 원리는 아주 정확한 일반화를 말한다.

Anderson과 Krathwohl은 개념적 지식을 기본 요소들을 작동시키는 큰 구조내의 기본 요소들 간의 상호관계로 정의한다. 그들은 이것을 분류와 유목에 관한 지식, 원리와 일반화에 관한 지식, 이론과 모형, 구조에 관한 지식으로 나누고 있다.[13]

우리는 이 모형을 5장과 6장의 개념 획득 모형과 개념 발달 모형에 대한 설명에서 개념의 본질과 그것이 사실과 일반화에 어떻게 관련이 있는지를 구체적으로 밝히기 위한 기초로 사용할 것이다.

활동 2.1: 사실, 개념, 일반화

1. 단어, 문구 또는 문장 말에 사실은 t, 개념은 c, 일반화는 g를 써 넣어 사실, 개념, 일반화를 구분하라.
   (다음과 같이 불리기 위해 꼭 정확한 사실을 알고 믿을 필요가 없음을 주목하기 바란다.)

   ______ 2005년 7월 15일 시카고 클럽에서는 피츠버그 pirates 팀을 이겼다.
   ______ 국가 연맹 야구팀
   ______ 시카고 클럽 팬은 열정적이다.
   ______ Ron Santo는 시카코 크럽팀으로 뛰었다.
   ______ 명예의 전당
   ______ 뉴욕 Mets가 1969년 세계대회에서 볼티모어를 이겼다.
   ______ 야구는 미국의 운동이다.

2. 여러분이 가르치는 내용 영역 또는 여러분이 관심을 갖고 있는 학문으로부터 사실 2개, 개념 2개, 일반화 2개를 골라 이를 열거하라.
   사실 ______________________________
   ____
   개념 ______________________________
   ____
   일반화 ______________________________
   ____

절차적 지식

기능, 전략을 내용에 관한 지식, 방법에 관한지식, 절차적 지식으로 나눈다. 이러한 지식은 주제에 따라 달라진다. 예를 들면, 학생들은 이따금 묵음으로 끝나는 단음절 단어는 가끔 장모음을 갖는다는 선언적 사실을 배운다. 여러 단어쌍을 통해 이것을 검증하기 위하여 학생은 hop, hope; rob, robe; rid, ride와 같은 단어쌍을 비교하여 이 단어 끝의 e가 어떻게 모음이라는 이름을 얻게 되는지 알아본다. 그 다음 circle, since, sure, give와 같은 위 단어 규칙의 예외를 조사하여 학생은 그 규칙이 언제 유효하고 언제 유효하지 않은지를 배워 나간다.

그 규칙은 단어가 자음-모음-자음+묵음 e의 유형을 취할 때는 대부분 유효하고, 단어가 ie, -ce, -se, -re 또는 -ve로 끝나는 경우에는 대부분 유효하지 않다.

Anderson과 Krathwohl은 절차적 지식을 무슨 일을 하는 방법, 탐구 방법, 기능, 연산법, 기법, 방법을 사용하는 기준에 관한 지식으로 정의하고 있다. 그들은 이 정의를 자세히 설명하면서 교과별 기능과 연산법에 관한 지식, 교과별 기법과 방법에 관한 지식, 언제 적합한 절차를 사용할지를 결정하는 기준에 관한 지식을 열거하고 있다.[14] 기능은 그 기능과 그 중요성을 정의하고 실현해 보이고 언제 그 기능을 사용하는 것이 적합한지를 학생들이 결정하도록 도와주면서 교실 내에서 분명하게 가르쳐져야 한다.

이 정의는 소위 7, 8, 9장에서 논의되고 있는 탐구 모형, 창조적 문제 해결 모형, 인과 모형의 기초가 된다.

활동 2.2: 독서에 대하여 생각하기

독서는 모든 내용 영역, 모든 학년에서 중요한 기능이다. 본래 모든 교사는 독서 교사이다.

1. 여러분의 수업에서 사용하게 될 독서 기능을 선택하거나 열거하라(요약하기, 예측하기, 핵심 아이디어 찾기, 저자 알아내기, 개관하기, 기타).
2. 여러분이 선택한 기능을 생각해 보라.
   a. 학생들은 기능에 대하여 무엇을 알 필요가 있는가? 왜 그 기능은 중요한가?
   b. 학생들은 그 기능을 실연해 보이기 위해 무엇을 배울 필요가 있는가?
   c. 학생들은 언제 이 기능을 적용하게 될지 어떻게 아는가?

메타인지 지식

메타인지 지식이란 학습자가 자신의 인지 과정과 학습 과정을 분석, 반성, 이해할 수 있는 능력을 말한다. 상황에 딱 들어맞는 학습 전략을 찾아내는 학생은 메타인지를 사용하는 것이다. 예를 들면, 한 학생이 문단을 읽어 나갈 때 요점을 찾아내는 데 어려움이 있음을 알고 있다. 만일에 그 학생이 간단한 망조직과 같은 그래프 조직자를 배워 스스로 문단의 망조직을 만들어 냈다면, 그 학생은 메타인지를 이용하여 과제를 완수한 것이다.

자신의 인지적 강점과 약점을 알고 있는 학생들은 강점을 잘 적용하거나 약점을 잘 보충할 가능성이 있다.[15] 메타인지 지식은 학생들이 소유할 수 있는 가장 일반화 가능성이 높은 지식이다. 왜냐하면 학습자가 학습 행위를 통제하는 기초가 되기 때문이다. 교육 체제의 목표 중 하나는 학생들이 독립적인 학습자가 되고 형식적 학교 교육의 범위를 초월하여 직무를 수행하고 학습할 수 있게 하는 것이다. 그러기 위하여 학습자들은 학습 방법을 알아야 하고, 그들이 학습한 것을 요구하는 어떠한 상황에서나 그들이 최선을 다해 배워야 할 것이 무엇인지를 알아야 한다. 노동자들의 성공은 주로 피고용자가 새로운 정보와 기술을 얼마나 잘, 얼마나 빨리 배울 수 있느냐와 관계가 있다. 이 성공은 메타인지 지식에 기초하고 있다.

Anderson과 Krathwohl이 설명하는 바와 같이 메타인지 지식이란 일반적으로 자신의 인지에 대한 지식은 물론 일반적인 인지에 관한 지식을 말한다. 이것은 전략적 지식으로 인지 과제에 대한 지식이다. 여기에는 적절한 맥락적 지식, 조건적 지식, 자아에 대한 지식이 포함된다.[16]

학급 토의, 갈등 해소, 협동학습에 초점을 두고 있는 수업 모형은 모두가 여기에서 설명하고 있는 메타인지 지식이라는 기본적 아이디어를 그 기초로 삼고 있다.

요약컨대, 지식의 유형에는 사실적 지식, 개념적 지식, 절차적 지식, 메타인지적 지식이 있다. 이 네 가지 지식 유형은 내용 표준에서 찾아볼 수 있다. 교사는 학생들이 학습하게 될 지식의 유형에 맞는 최선의 실천적 수업 전략을 사용할 수 있어야 된다.

활동 2.3: 지식의 유형에 대하여 생각하기

다음 질문에 답하라. 각 질문은 여러분이 네 가지 지식 유형의 이해에 대한 여러분의 생각을 묻고 있다.

1. 여러분은 각 지식 유형을 잘 알고 있다고 말할 수 있는가?

2. 여러분에게 정의가 주어지면 그 정의와 지식의 유형을 맞출 수가 있는가?
3. 여러분은 각 지식 유형을 정의할 수 있는가?
4. 여러분은 네 가지 지식 유형을 사용하여 교과서의 내용 영역을 분석할 수 있는가?

내용의 순서 정하기

내용의 제시와 순서를 정하는 좋은 방법은 인지심리학의 창시자인 David Ausubel의 연구에 기초하고 있다. 오늘날 모든 교육자들은 Ausubel의 도움을 많이 받고 있다. Ausubel의 접근은 학습 심리의 두 가지 기본 원리에 근원을 두고 있다.

(1) 새로운 학습에 영향을 미치는 가장 중요한 요인의 하나는 학습자가 이미 알고 있는 지식이다.
(2) 어떠한 개념이든 일반화 수준을 달리하여 설명이 가능하다.

즉, 가장 높고 가장 일반적인 수준에서 가장 쉽게 이해되고, 가장 낮고 전문화된 수준에서 가장 어렵게 이해되도록 설명할 수 있다.[17] 이 원리는 교육과정 개발과 수업의 실제에 중대한 영향을 미쳐왔다.[18, 19]

Ausubel의 첫 번째 원리가 주는 시사점은 다음과 같다.

새로운 학습은 선행 학습 위에 생겨난다. 아주 어린 아이는 움직이는 물체를 보고 이동이라는 개념을 발달시켜 나간다. 아이는 처음에는 어색하게 움직이려고 하다 점점 조정 능력이 생겨나고 이어 충분히 기어다닌다는 아이디어를 숙달하게 된다. 물론 당분간은 기어다니는 것이 더 쉬운 일이지만 이것을 토대로 하여 걷기가 시작된다. 걸음마에서 달리고, 깡충깡충 뛰고, 춤추고, 발레를 하고 그리고 무한히 많은 동작을 하게 된다. 각각의 운동 단계는 그 전 동작이 더 세련된 것이다.

개념도 이와 똑같은 방법으로 발달한다. 처음에 어린 아이에게 있어 사람은 얼굴로 인식된다. 후에 아동은 엄마와 엄마가 아닌 사람을 구분하고 이어 모든 남자는 아빠라는 단계에 이르게 된다. 어린 아이를 잘 아는 사람은 누구든지 아동의 거의 모든 학습이 간단한 아이디어로 시작되고 점점 세분화되어 감을 알고 있다. 학생들이 복잡한 수학 문제를 이해하는 것은 부분의 합이 전체가 된다는 생각을 배우고 한참이 지난 뒤이다.

정부의 형태에 대한 학습은 학습자가 처음 알게 된 인간관계에서의 공정한 놀이와 평등이라는 아이디어로 거슬러 올라간다.

사물을 계속해서 더 포괄적 집단(종, 속, 과, 목, 강, 문, 계)에 배치하는 것은 다른 사물과 마찬가지로 유사성을 토대로 군집화한다는 아동의 어린 시절 생각에 연유된다.

선행 학습은 모든 수업의 기초가 된다. 모든 아동들은 새로운 이해, 정보, 기능을 배울 때 반드시 인정받게 될 지식과 경험을 갖고 학교에 와야 한다. 모든 교사들은 학생들이 수업에 임할 때 갖추고 있어야 할 지식을 규명하고 이를 이용할 절차를 개발하여야 한다. 선수 지식은 학문적이긴 하나 가끔 교사들은 학생들이 익숙한 대중 문화와 문화적 지식을 의도적으로 관련 지을 필요가 있다.

간단히 말해 학생이 개념에 대한 학문적 지식이 부족하다고 해서 학생에게 새로운 학습의 기초가 되는 선수 지식이 없다는 뜻은 아니다.

Ausubel의 두 번째 원리가 주는 시사점은 아래와 같다.

어떠한 단계의 학습, 어떠한 단계의 이해도 이전의 보다 일반적인 수준에 의존한다. 모든 개념은 다른 보다 복잡한 개념을 포섭한다. 그리고 동시에 모든 개념은 보다 더 일반적인 개념에 의하여 포섭된다. 여기 큰 상자에 작은 상자를 끼워 놓는 경우 여러 개념과 어린 아이들이 갖고 노는 끼워 넣어진 상자를 비교해 보라.

여기에서 각 상자는 큰 상자에 정확히 끼워 넣어진다. 상자를 포괄적 개념으로 생각해 보자. 각각의 큰 개념은 관련된 모든 개념이 다소 포괄적이라도 모든 관련된 개념과 똑같은 구조를 갖는다. 그 결과 만일에 어떠한 한 개념의 기저에 있는 구조를 이해한다면, 그는 어떤 다른 개념도 이해할 수 있게 된다.

다음은 두 번째 학습 원리가 적용되는 경우이다. 학습하기 가장 쉬운 개념은 이미 이해된 개념 그 다음의 일반화 수준에 있는 개념일 것이다.

무엇을 가르칠지를 결정할 때, 여러분이 가르치고자 하는 개념이 담긴 상자를 찾아 학습자가 이미 다음의 포괄적 개념을 이해하고 있는지 자문해 보라. 만일에 여러분이 그 수준의 개념을 이해하지 못한다고 판단되면, 그 다음의 보다 큰 개념 상자로 넘어가라. 선행 학습과 일반지식은 보다 세련된 학습의 기초가 된다는 점을 기억해 두는 것이 중요하다.

수업 계획

수업을 계획하다 보면 소요시간과 수업 내용의 양에 차이가 생긴다. 단원 계획과 일과 계획은 교사와 교육과정 개발자가 거쳐야 할 과정을 기술하는 데 사용된다.

한 과의 수업을 얼마나 오래 해야 할지에 대하여는 절대적 규칙이 없다. 비록 수업 일자를 기간으로 나누긴 하지만 한 과의 수업이란 어느 일정 시간을 넘어서까지 계속될 수 있다.

수업을 계획하는 데에는 시간이 소요된다. 어떤 교사들은 계획이 오히려 자연적으로 주고 받는 수업을 압박하고 차시 수업 계획은 교사가 학생의 아이디어와 흥미에 따른 수업 진행을 허용하지 않는다고 믿는다. 그들은 계획이 기계적이어서 여기에는 교수와 학습을 움직이는 열정이 결여되어 있다고 본다. 다른 교사들은 수업을 계획할 시간이 없다고 말한다. 즉 그들은 6시간 동안 교실에서 무엇을 해야 할지 생각하느라 너무 바쁘다고 말한다.

연구와 실제에 의하면 수업 계획은 학생의 성취와 관련이 있다. 여러분이 계획하는 데 걸린 시간량은 차시 수업 계획에서 단원 계획에 이르기까지 다변하는데 단원 계획에는 몇 주에 걸친 일과가 포함되기도 한다. Wiggins와 McTighe는 단원과 레슨 설계에 대한 중대한 결정을 따로 떼내어 생각했다.[20] 그 결정은 다음과 같은 문제로 표현된다.

- 배울 가치가 있는 것은 무엇인가?
- 학생들은 배운 것을 학습했다고 어떻게 증명할 수 있는가?
- 학생들은 주어진 학습을 증명하기 위하여 어떠한 학습 경험을 필요로 하는가?

범위

무엇이 가르쳐질 가치가 있느냐 하는 것은 실제로 무엇이 가르쳐져야 할지의 범위를 결정하는 데 도움이 된다. 한 코스에 포함시킬 정보가 너무 많을 경우 교사는 교실에서 취급할 내용의 깊이와 넓이에 대한 의사결정을 내려야만 한다.

무엇을 가르칠지에 대한 방향은 주와 지역의 표준에 나와 있다. 이외에 두가지 점을 고려하여 선택하여야 한다.

(1) 전체 교육과정이라는 연속선상에서 가르치게 될 사실적 지식, 개념적 지식, 절차적 지식, 메타인지적 지식의 상대적 중요성

(2) 사회적 요구와 교사가 가르치게 될 학습자의 연령, 흥미, 능력에 비추어 본 가르칠 내용의 상대적 중요성

Wiggins와 McTighe는 무엇을 가르쳐야 할지에 대한 몇 가지 방법을 제안하고 있다.

Wiggins와 McTighe는 교육과정의 표준을 여과장치나 질문의 형태로 만들어 교사들이 지속력 있는 이해(가장 중요한 아이디어)와 알고 실천하는 데 중요한 내용과 기능을 가려낼 수 있다고 믿었다.

첫째, 교사들은 단원과 레슨 설계에 초점을 두고 있는 핵심적 이해는 교실 밖에서도 가치를 지닌다는 것을 확인할 필요가 있다.

둘째, 교실에서 가르쳐지는 지식과 기능은 학습할 학문에 대하여 알려진 것을 표상해야 한다. 내용에 대한 결정은 해당 학문의 전문가가 핵심적 지식이라고 믿는 내용에 기초하여야 한다.

셋째, 교사는 수업을 할 때 일반적으로 지적되는 오개념에 대한 내용과 기능에 초점을 맞추어야 한다. 일반적인 학생의 오개념은 교사로 하여금 오해를 예측하고 그것이 정착되지 못하게 한다.

넷째는 내용과 기능이 학생들을 참여시킬 가능성이 있는지의 여부를 따져 보는 것이다. 이러한 여과장치들은 교실에 표준을 어떻게 적용할지에 대한 결정을 내리는 데 도움이 될 수 있다.[21]

활동 2.4: 표준의 검토

캘리포니아 5학년 물리학 표준 :

물체의 원소와 그 혼합물은 이 세상 모든 다양한 형태의 물체를 설명해 준다. 학생들은 이러한 개념을 이해하기 위한 기초로서 다음을 알고 있어야 한다.

- 화학 반응이 일어나는 동안 유도 저항 원자는 재결합하여 속성이 다른 산출물을 만들어 낸다.
- 모든 물질은 원자로 구성되며 원자가 모여 분자가 된다.
- 금속은 공통된 속성을 지니고 있다.
- 각 원소는 일종의 원자로 만들어진다. 각 원소는 화학적 특성에 따라 주기율표에 조직된다.
- 과학자들은 원자와 분자의 이미지를 분별할 수 있고 원자와 분자가 일정한 순서로 생겨나게 하는 도구를 개발하였다.
- 물체의 화학적, 물리적 속성의 차이를 통하여 혼합물을 나누기도 하고 화합물을 확인하기도 한다.

- 고체, 액체, 기체 내용물의 속성
- 살아있는 유기체와 대부분의 물질은 몇 개의 원소로 구성되어 있다.
- 소금의 일반 특성[22]

표준을 자세히 살펴보고 다음 질문에 대답해 보자.

1. 내용 지식은 심층적 이해를 위해서 다른 학문과 실생활에 전이되어야 한다. 이 표준과 관련이 있는 전이 가능한 핵심 아이디어는 무엇인가? 만일에 이 세상 모든 물체가 원소와 원소의 혼합물로 구성되어 있다는 것을 안다면 역사, 수학, 외국어, 기타 과목에서의 어떠한 핵심 아이디어가 표준과 관련이 있을까?
2. 그 표준은 우리가 물리학에 관하여 알고 있는 바와 일치하는가? 여러분은 어떻게 아는가?
3. 여러분은 표준을 읽고 자신의 생각에 대하여 생각해 보면서 어떠한 개인적 오개념을 발견하였는가? 이러한 표준과 관련이 있는 일반적인 오개념이 있는가?
4. 여러분은 학생이 표준에 명시되어 있는 지식을 학습하는 데 더 큰 관심을 갖고 흥미진진하게 느끼도록 어떻게 도울 수 있는가?

핵심 내용

수업단원이란 하나의 개념이나 핵심 아이디어로 관련지어진 학습 내용의 묶음이다. 가끔 하나의 질문 또는 일련의 질문이 한 단원의 핵심이 된다. 이러한 질문은 하나의 렌즈로서 이것을 통하여 모든 지식과 활동이 처리된다.

본질적 질문은 개방적이고 장황하고, 확산적인 반응을 요구하는 질문이다.

무엇이 미국을 위대하게 만들었는가?
미국에 기름이 떨어지면 어떤 일이 일어날까?
미국에서는 비만의 문제 해결을 돕기 위해 무엇을 해야 하는가?
재즈와 록의 차이는 무엇인가?

가끔 단원은 이민, 변화, 또는 영양과 같은 단 하나의 개념에 집중한다. 단원 내용은 질문에 답하거나 개념을 설명하기 위하여 고안된다. 단원을 구성하는 질문이나 개념은 지식이 답으로 구성된다는 사실을 학생들이 이해하도록 돕기 위함이다.

아주 가끔 학생들은 지식이란 누군가의 이전의 질문에 대한 대답으로 이것은 난제에 대한 반응, 탐구, 시험, 논쟁, 수정의 과정을 거쳐 생산되고 정교화 된다는 사실을 깨닫지도 못한 채 학교를 떠난다.

단원의 범위와 핵심 내용은 부분적으로는 표준과 앞 장에서 논의한 표준에 기초한 평가에 의하여 결정된다. 교사들은 학생들이 이 평가에서 성공하도록 도와주어야 한다. 교사는 주의 표준과 이에 관련된 평가를 잘 알고 있어야 한다. 이러한 주의 표준과 전문협의회가 정한 표준에 근거하여 (국립 수학교사 협의회, 국립 영어교사 협의회, 기타) 수업 단원이 개발된다. 학생의 성공을 보장하는 레슨과 단원을 설계하기 위해서 평가 결과를 분석하여 학생에 관한 지식을 알아야만 한다.

지난 20여 년간 학생의 학습 이해에 많은 변화가 있어 왔는데 이것은 또한 수업에 많은 변화를 요구하고 있다. 학생의 학습에 관한 표준과 정보는 교사로 하여금 단원과 레슨 계획을 새롭게 보도록 요구하고 있다. 교실 수업은 학생을 학습자로 인정한 상태에서의 학습자의 요구, 가르칠 내용과 표준, 그리고 단원 계획의 모든 요소인 학습의 전달, 실연, 평가 방법 모두를 고려하여야 한다.

계열

세 번째 결정할 사항은 교과목의 순서와 관계가 있다. 제재는 보통 연대별로 또는 주제별로 순서가 정해진다. 역사적 사건 순서를 연대기적으로 정하는 데에는 분명한 논리가 있으나 시민의 불안, 전쟁 또는 이주와 같은 주제를 설정하여 정할 수도 있다. 그 결과를 비교 대조하므로 학생들의 자료 파악 능력은 더 풍성해질 수 있다.

독서와 산수의 바탕인 기초 기능은 기능의 계열이 단순한 것에서 복잡한 내용으로 진행될 것을 요구한다. 그러나 수학, 독서와 같은 영역에서조차도 흥미와 다양성에 따라 학습을 계열화하는 것이 적합한 경우도 있다. 예를 들면 백분율에 관한 단원은 농구경기가 열리는 계절에 농구팀이 이길 확률을 연구할 수 있고 소비자의 소비에 관한 단원은 12월 휴일 쇼핑 시즌에 맞추어 수업 시간을 배려할 수도 있다.

새로운 학습은 선행 학습에 기초한다. 확실한 경우라 하더라도 새로운 학습이 이미 알고 있는 내용에 어떻게 부합하는지 알 수 있도록 하기 위해서 관련을 맺어주는 것이 중요하다.

간단히 말해 학습해야 할 부분과 이미 학생이 알고 있는 것 간의 계열과 관계에 대한 논리적 순서가 반드시 있어야 한다. 내용의 폭과 깊이를 어떻게 결정하고 어떻게 내용의 초점을 맞추고 계열화하느냐 하는 것은 교사가 내려야 할 중요한 결정으로 이것은 수업 계획에 직접적인 영향을 미친다.

유의미한 단위 연결 수업

단원은 방대한 이해에 이르게 하는 유사한 목적을 지닌 레슨들의 집합체이다. 이해는 여러 가지 방법으로 정의된다. Wiggins와 McTighe는 이해의 6가지 측면을 밝히고 있다. 설명, 해석, 적용, 관점 수용, 공감, 자기 지식.[23] 이해를 위한 단원의 목적에는 이중 하나나 또는 몇 개 아니면 전부가 포함된다. 이 모든 이해의 표현은 지원적 사실로 조직된 개념적 지식을 구성하는 특수한 정보에 근거하고 있다.

단원은 교사로 하여금 여러 내용과 기술에 대한 계획을 세우는 데 도움이 되고 학생들이 수업 에피소드들을 연결 짓도록 하는 데 도움이 된다.

단원에는 수업의 실체를 구성하는 레슨들을 포함한다. 이해는 의미 단위로 조직되기 때문에[24] 학생의 성공에 초점을 두고 있는 수업에는 반드시 단원 계획이 있어야 한다.

단원과 레슨에는 학생들이 이해하고, 알고, 실천할 것을 언급하는 목표가 있다. (3장 참고) 단원 목표는 보다 일반적일 수 있다. 레슨 목표는 더욱더 구체적이다. 단원을 구성하고 있는 개별 레슨은 학생들이 구체적인 단원의 목표에 도달하도록 하는 데 도움이 된다. Laura Massey 교사는 단원과 레슨의 목적의 일관된 관계의 한 본보기로 날씨에 대한 이해와 예측이라는 단원을 작성했다. 단원 전체는 Tomlinson과 Eidson 공저 *Differentiation in pratice: A Resoure Guide for Differentiating curriculum, Grades 5-9*에 있다.[25]

표 2.1은 Laura가 일기예보에 관해 설정한 단원에 포함된 구름에 대한 수업과 관련있는 단원 계획과 레슨 계획에 있어서의 사실적 지식과 개념적 지식의 관계를 보여주고 있다.

레슨에서의 사실, 개념, 일반화는 단원에 명시된 똑같은 지식 유형보다 더 구체적이다. 이 일기 단원에는 또 다른 레슨이 있는데 여기에는 공기 실험, 공기 압력, 공기 질량, 기상전선, 물의 순환과정, 폭풍, 총체적 일기 유형이 있다. 구름은 일기에 관한 12개 레슨으로 구성된 단원 중 단 한 레슨에 불과하다. 또 다른 내용 분석에 관한 본보기가 구두점에 관한 단원에 제시되어 있다. 이 단원의 수업 목표는 "학생은 구두점이 의미를 전달한다는 것을 이해한다." 이다.

수업에서 의도하고 있는 것은 일반화이다. 또 다른 수업 목표는 학생들이 피어

표 2.1 내용: 단원과 레슨의 관련

	단원: 기상체제	레슨: 구름
사실(사실적 지식)	교사는 구름이 몰고올 극한의 기상에 관한 예를 제시한다. 미국에서의 최악의 허리케인은 Camile(1969)과 Andrew(1992), Katrina(2005)였다. 금세기 최악의 토네이도는 2002년의 주말 재향군인의 날(36명 사망)과 2003년 5월의(48명 사망) 토네이도였다.	교사는 어느 특정의 날 학생이 관찰한 구름의 형태 목록을 제시한다.
개념(개념적 지식)	인과 물의 순환 과정 수증기 응결 증발 공기의 속성 기상	물의 순환 과정 수증기 응결 증발 전운 층운 난운
일반화(개념적 지식)	구름 형태가 반복된다. 우리는 형태에 따라 예측할 수 있다. 형태는 이 세상의 질서를 유지시킨다.	구름은 구체적인 특징에 따라 분류된다. 구름은 기상을 예측하는 데 도움이 된다.

리어드, 의문 부호, 감탄 부호, 어퍼스트로피, 인용 부호, 쉼표, 콜론, 세미콜론, 하이픈에 관한 규칙을 알아야 한다는 것이다.

이 모든 구두점이 개념이다. 교사가 제시하는 사실은 자기가 가르치는 3학년 학생이 쓴 이야기에 나타난 오류일 수도 있다. 예를 들면, Emily의 이야기에는 마침표가 찍히지 않았다. 또는 Jeremy는 감탄 부호와 의문 부호를 혼동하고 있다. 교사는 마침표, 감탄 부호, 의문 부호에 대한 구체적인 수업에서 똑같은 사실을 사용하고 개념 수업으로 서술문, 의문문, 감탄문을 가르친다. 교사는 구체적인 구두점이 문장의 의미와 강조를 바꿀 수 있다는 것을 이해하도록 돕는다. 레슨의 내용은 취급하고 있는 내용보다 더 구체적이다.

활동 2.4: 내용 분석

여러분이 작성했거나 가르쳤거나 아니면 인터넷에 있는 수업단원을 하나 선택하라. 그 단원의 목표를 보고 대단원과 구체적인 한 레슨에 포함시킬 사실, 개념, 일반화를 결정하라.

교수학습 과정안 개발

교수학습 과정안은 단원 설계의 일부이다. 하나의 코스를 단원으로 나누듯이 한 단원도 레슨으로 나누어진다. 하나의 레슨은 수일이 걸릴 수도 있으나 어느 경우에는 단 하루가 걸릴 수도 있다. 단원의 목표를 달성하기 위하여 얼마나 많은 레슨이 필요한지 결정하려면, 단원 목표를 다시 생각해 보고 수정할 필요가 있다. 왜냐하면 그 목표들이 지나치게 야심차거나 지나치게 제한적일 수 있기 때문이다. 이전의 결정이 수업이 진행됨에 따라 수정되기 때문에 설계과정은 순환적이다.

레슨은 논리적으로 볼 때 단원 계획의 일부이다. 학습해야 할 주요 사실적, 개념적, 절차적, 메타인지적 지식의 확실한 차트가 만들어지면 레슨 계획은 쉽게 이루어진다.

다음은 효과적인 교수학습 과정안 개발 지침이다.

1. 한 레슨에 포함시킬 개념과 내용의 한계를 정하여 학생들이 이미 배운 내용을 검토하고 연습하며 피드백을 받을 시간을 충분히 준다.
2. 새로운 자료가 이전에 학습한 내용과 관련이 있는지 그리고 그 관련이 분명한지를 확인한다.
3. 학생이 의도된 지식, 태도, 기능을 획득했는지 자주 점검한다. 즉, 만일에 학습이 일어나지 않았거나 학생이 학습에 참여하지 않았다고 한다면 다시 가르치거나 아니면 계획을 바꿀 준비를 한다.
4. 학생들의 학습에 대한 실패를 불가피한 것으로 받아들이지 않는다.

좋은 지도안에는 공통적인 강조점이 있다. 적절한 목표, 연습과 피드백 기회, 융통성.

교수학습 과정안의 요소

교수학습 과정안은 교사가 따라야 할 길이 되는 구체적인 내용이 있어야 한다. 그러나 학생의 요구가 반영되지 않은 기계적이고 무기력한 수업이 되지 않도록 융통성이 있어야 한다.

좋은 교수학습 과정안은 교사가 구체성과 융통성이라는 균형을 찾는 데 도움이 된다. 수업에 앞서 고려해야 할 공통된 요소가 있다.

이 기본적 요소에는 다음과 같은 내용이 포함된다.

- 목표

  목표는 수업이 끝날 무렵, 학생들이 무엇을 알아야 하고, 이해해야 하며, 실천할 수 있어야 하는지를 명시하고 있다. 3장에서는 수업 목표를 상세히 설명한다.

- 근거/표준

  근거는 레슨이 근거하고 있는 표준과 이 특수한 내용 또는 결과가 왜 지금 학생들에게 가르쳐져야 하는지를 설명해 준다.

- 평가 절차

  평가에 대한 결정은 수업 목표, 그리고 그 근거와 일관성이 있어야 한다. 형성평가 기회는 수업 이전에 규명되어야 한다. 학생들이 목표에 도달했는지를 알기 위하여 수업 중 어떻게 평가하고, 어떻게 피드백을 제공하여야 하는가? 어떠한 기회에 자료나 기능을 다시 가르쳐야 하는가? 총괄평가는 수업이 종료된 후의 수업 목표의 달성에 대한 정보를 제공해 준다. 모든 수업은 학생이 성공할 수 있도록 돕는 것을 목적으로 삼는데 그러기 위해 총괄평가는 미리 수업 전에 상세화되어야 한다.

- 수업 절차

  수업의 요소는 다양하다. 이 절에서 몇 가지 대답되어야 할 질문은 다음과 같다.

  - 차시별 수업에서 어떠한 수업 모형이 사용되어야 하는가?
  - 학생들을 어떻게 수업에 참여시켜야 하는가? 어떠한 방법들이 사용되어야 하는가?
  - 개별 학생의 사전 지식을 어떻게 알아낼 수 있는가? 어떠한 선행 조직자가 사용되어야 하는가?
  - 학생들이 수업 목표를 향하여 전진할 때 어떠한 지원이 제공되어야 하는가?
  - 개별 학생들의 수업 요구는 어떻게 충족되어야 하는가?

연역적, 귀납적 조직

연역적 수업 모형에 있어 수업은 일반화, 규칙 또는 개념의 정의를 제시함으로써 수업이 시작된다. 학생들에게는 일반화, 개념 또는 규칙과 관련된 사실과 함께 구체적인 본보기가 주어진다. 일반적 내용에서 구체적 내용으로 이동할 때 학생들은 본보기를 기초로 추론을 도출해 내고 예측을 하게 된다.

귀납적 수업 설계에 있어서, 학생들에게는 첫째로 구체적인 자료와 사실이 주어지고 이어 계속해서 조사하고 추론하는 과정을 거쳐 학생들은 일반화, 규칙, 또는 개념 정의를 구성한다.

2부에 제시된 대부분의 수업 모형은 귀납적이다. 왜냐하면 귀납은 학생들의 사고를 자극하는 데 도움이 되기 때문이다. 그러나, 특히 강의는 정보를 적절히 나누어 전달하고자 할 때는 효과적이다.

선행 조직자

선행 조직자라는 용어는 David Ausubel이 개발하여 붙인 명칭으로 그는 새로운 자료의 수용을 위한 정착지로 설명하고 있다.[26] 선행 조직자란 수업 초에 제시된다. 이것은 하나의 진술 또는 비유로 학습자가 학습할 내용을 맥락에 맞추어 위치시키는 데 도움이 된다. Ausubel은 선행 조직자에 대하여 다음과 같이 적고 있다.

> 첫째, 선행 조직자는 선행적이고 이념적인 발판을 제공한다. 둘째, 그것은 학습자가 새로운 개념을 구체적이고 특수한 형태로 개별적으로 접하기 이전에 아이디어들 간의 유사점과 차이점에 대한 일반화된 개요를 제공해준다. 끝으로 선행 조직자는 학습자에게 유사점과 차이점을 파악할 수 있도록 미리 학습 태세를 갖추게 하고, 내용의 상세화를 회피하면서 학습자 스스로 내용의 분화를 시도해 나가도록 격려해 준다.[27]

Ausubel은 선행 조직자에 관한 초기의 실험에서 학습자에게 Bessemer식 철 제조 과정과 관련 있는 자료를 소개하기에 앞서 합금이라는 주제를 도입하였다. 일반적인 아이디어인 합금에 관한 내용을 읽으로써 구체적인 아이디어인 철강 생산에 대한 이해가 촉진되었다. 왜냐하면 합금에 대한 지식은 제철, 구체적 합금에 대한 새로운 정보를 얻기 위한 맥락을 제공하기 때문이다.[28]

개념의 조직은 교사의 일반 진술로 나타나거나 또는 자료 검토 또는 과제를 읽는 것 같은 경험을 통하여 나타난다. 수업 설계와 조직자 유형에 따라, 그 조직자의 제시는 단 몇 분 아니면 상당한 시간이 걸리기도 한다. 조직자는 설명적일 수도 비교적일 수도 있다.

설명 조직자는 수업에서 제시되는 개념보다도 훨씬 더 높은 일반성 수준에서 시작된다. 예를 들면, 합금이란 철강보다 훨씬 일반적이어서 구체적인 이해를 위한 일반적인 상황이 된다.

독립성이라는 개념은 혁명적인 전쟁에 대한 수업의 조직자가 될 수 있고 기본 식량군에 대하여는 영양이, 쉼표에 관한 수업에는 구두점이 선행 조직자가 될 수 있다. 또 하나의 다른 예로서, 교사는 설명 조직자를 이용하여 곤충에 대한 수업을 시작할 수도 있다.

> 곤충에 관한 연구를 시작하기에 앞서 곤충과 인간은 큰 과(科)에 속한다는 점을 기억해 두는 것이 중요하다. 꿀벌, 곰, 물고기, 그리고 모든 인간은 동물 왕국의 일부이다. 우리가 동물로서 공유하고 있는 것을 생각해 보고 곤충이 다른 동물과 특별히 다른 점이 무엇인가에 대하여 구체적으로 말해 보자.

동물과 같은 보다 일반적인 개념에 대한 논의—동물은 모두가 산소를 필요로 하고 종족을 번식시키고, 물, 음식, 기타를 먹고 산다—는 특수한 동물, 곤충의 학습에 대한 발판이 된다. 여기서 중점적으로 알아보아야 할 점은 특별한 곤충이 모든 동물에 공통적인 기능을 어떻게 수행하느냐에 있다.

비교 조직자는 비유와 비교를 통하여 새로운 학습을 학습자들에게 이미 잘 알려진 배운 학습 자료나 경험과 관련을 짓게 한다.

예를 들면 산업혁명에 대한 수업은 혁명이라는 단어를 논의하면서 시작된다.

우리는 혁명이란 단어를 바퀴의 회전 또는 지구의 태양 주위의 회전과 마찬가지로 완전한 원 주위를 도는 것으로 생각할 수 있다.

우리가 사용하는 또 다른 방식은 미국혁명처럼 폭력적 방법에 의하여 정부의 완전한 변화나 180도 변화를 기술하는 것이다.

우리가 산업혁명을 언급할 때 과거와는 완전히 다른 변화 또는 180도의 전환을 이야기하고 있는 것이다.

그러나 이러한 변화는 전쟁의 결과가 아닌 기술이나 기계의 결과이다. 이 예에서 교사는 혁명이라는 말의 의미와 학생에게 소개될 새로운 의미를 비교하고 있다.

그러므로 학생들은 새로운 학습을 위치시킬 틀이나 맥락을 갖게 된다. 일반적으로 선행 조직자는 연역적 수업안의 일부이다. 그러나 학습이 일어날 수 있는 발판을 만들어 주는 조직자는 귀납적 수업 계획에서도 똑같이 효과적일 수 있다. 예를 들면 곤충에 대한 수업의 조직자 다음에 교사는 학생들에게 일련의 본보기를 제시하여 유사점과 차이점을 발견하여 결론을 도출해 내도록 요구할 수 있다. 목표에 대한 진술과 마찬가지로, 선행 조직자는 학생들이 수업의 목적을 명확히 이해하도록 돕는다. 그 의도는 학생들을 참여자로 과정에 참여시키는 것이다. 학생들이 무엇이 일어날지를 더 잘 이해할수록, 그만큼 더 좋은 것이다. 선행 조직자는 구조화된 방법을 제공하므로 학생들이 수업에 참여할 때 교사들은 학생들의 선수 지식을 동원하게 하는 데 도움이 된다.

요약

이 장에서는 수업의 내용을 탐색해 보았다. 가르칠 내용의 형태(사실적, 개념적, 절차적, 메타인지적)는 수업에 대한 의사결정의 기초가 된다.

선정한 수업 모형(절차)은 가르칠 내용과 일관성이 있어야 한다. 교수학습 과정안은 수업에 대한 의사결정이 투명해지도록 하는 데 도움이 되고, 이것은 수업의 가장 중요한 요소를 언급하고 있는데 이들 요소에는 목표, 표준, 특수한 내용을 특정의 학생에게 가르치는 이유, 형성 및 총괄평가, 구체적인 수업 절차가 포함된다. 효과적인 교사는 그들의 수업을 계획하여 수업을 융통성 있게 실시한다.

웹 자원

1. www.eduref.org/

This is a premier site for educators with information for teachers, librarians, counselors, administrators, parents, and anyone else with questions related to teaching, This virtual library is an online repository of immediately available lesson plans, teaching tools, projects, and more.

2. school.discovery.com/schrockguide/

Kathleen Beck Schrock is the Administrator for Technology For the Nauset Public Schools on Cape Cod, MA. A large part of her job is involved with integrating technology into the curriculum in all areas and at all grade levels, but she is best known beyond Cape Cod as the webmaster of "Kathy Schrock' s Guide for Educators." Since 1995, this page has been the first stop for the Web-savvy teacher in search of help and information. It is mainly a Web page of educational topics used for developing lessons.

3. www.microsoft.com/education/lessonplans.mspx

This is the home of the microsoft lesson plan collections, lessons on almost every topic in the curriculum, organized by grade level and theme. The page features an index of some of best online resources for educators seeking innovative Internet projects, lesson plan ideas, work essentials, and opportunities to collaborate with other schools and teachers.

4. **www.graphic.org/goindex.html**
Graphic organizers are some of the most useful tools for students and teachers to use in organizing learning and teaching. This site displays a table of organizers arranged by type and use. Each organizer title is linked to illustrations, examples, and directions for use of that organizer.

5. **www.inspiration.com/home.cfm**
Teachers interested in excellent tools for constructing their own customized graphic organizers should visit this Web site. Inspiration® for teachers and Kidspiration® for students are popuar for good reason—they are so easy to use. To test-drive these software programs, download the free 30-day trial full-featured copy of your choice.

6. **www.rmcdenver.com/useguide/lessons/design.htm**
There are two pages here. "Designing a Lesson" and "Implementing a Lesson." Both pages are full of guidelines and resources for designing and teaching lessons on a great variety of topics. The archives of lessons accessible from both pages are very complete and offer excellent starting points for lessons at all grade levels. The site is billed with no exaggeration as "ideas, activities, and promising that address your standards." The standards are Texas State Standards, but that doesn' t diminish the general usefulness of the ideas and links available here.

각주

1. Philip B. Gove(ed.).(2002). *Webster' s Third International Dictionary, unabridged.* Springfield, MA:Merriam-Webster.
2. Diane Ravitch.(2003). *The Language Police: How Pressure Groups Restrict What Students Learn.* New York: Knopf.
3. Lorin W. Anderson and David Krathwohl (eds.). (2001). *A Taxonomy for Learning, Teaching, and Assessing: A revision of Bloom' s Taxonomy of Educational Objectives.* New York: Longman.
4. James P. S pillane.(2004). *Standards Deviation: How Schools Misunderstood Education Policy.* Cambridge, MA:Havard University Press.

5. California Department of Education. *English-Language Arts Content Standards, Grade two.* Retrieved on February 5, 2006, from www.cde.ca.gov/be/st/ss/enggrade2.asp
6. California Department of Education. *English-Language Arts Content Standards, Grade six.* Retrieved on February 5, 2006, from www.cde.ca.gov/be/st/ss/enggrade6.asp
7. California Department of Education. *English-Language Arts Content Standards, Grades Eleven-Twelve.* Retrieved on February 5, 2006, from www.cde.ca.gov/be/st/ss/enggrade11-12.asp
8. Lorin W. Anderson and David Krathwohl (eds.). (2001). *A Taxonomy for Learning, Teaching, and Assessing: A revision of Bloom' s Taxonomy of Educational Objectives.* New York: Longman.
9. Paul D. Eggen and Donald P. Kauchak.(2006). *Strategies and Models for Teachers:Teaching Content and Thinking Skills*, 5th ed. Boston: Pearson/Allyn and Bacon.
10. Anderson and Krathwohl, 2001.
11. Anderson and Krathwohl, 2001:29.
12. Anderson and Krathwohl, 2001.
13. Anderson and Krathwohl, 2001.
14. Anderson and Krathwohl, 2001.
15. Northwest Regional Laboratory.(2004). "Developing self-directed learners." Retrieved on February 3, 2006, from www.nwrel.org/planning/reports/self-direct/
16. Anderson and Krathwohl, 2001.
17. David Ausubel.(1968). *The Psychology of Meaningful Verbal Learning: An Introduction to School Learning.* New York: Grune & Stratton.
18. Robert J.Marzano.(2001). *A Handbook for Classroom Instruction That Works.* Alexandria, VA: Association for Supervision and Curriculum Development.
19. Grant Wiggins and Jay McTighe.(2005). *Understanding by Design*, expanded 2nd ed. Alexandria, VA: Association for Supervision and Curriculum Development.
20. Wiggins and McTighe, 2005.
21. Wiggins and McTighe, 2005.
22. California Department of Education, *Grade 5 Science Content Standards*, Retrieved on February 5, 2006, from www.cde.ca.gov/be/st/ss/scgrade5.asp

23. Wiggins and McTighe, 2005.
24. John D.Bransford, Ann L.Brown, and Rodney R.Cocking(eds.).(2000). *How people Learn: Brain, Mind, Experience, and School.* Washington, DC: National Research Council.
25. Carol Ann Tomlinson and Caroline Cunningham Eison.(2003). *Differentiation in Practise: A Resource Guide for Differentiating Curriculum, Grade 5-9.* Alexandria, VA: Association for Supervision and Curriculum Development.
26. David Ausubel.(1960). "The use of advance organizers in the learning and retention of meaningful verbal learning." Journal of Educational Psychology, 51, 270.
27. Ausubel, 1968: 90.
28. Ausubel, 1968: 90.

제 3 장

수업 목표, 평가와 수업

몇 년 전 우리는 Appalachina의 3학년 교실을 방문한 적이 있다. 떠들썩한 교실의 학생 33명 가운데 많은 학생들은 굶주리고 옷도 제대로 입지 못한 채 학교에 왔다. 교실은 난방이 제대로 되어 있지 않았다. 자료도 거의 없었다. 그런데 수업 목표가 적힌 값비싼 반짝거리는 종이가 벽 한 면을 뒤덮고 있었다. 종이에 적힌 모든 기능은 근육영역의 부분으로 나누어 있었다. 그 방에 걸린 차트는 학구에서 의무적으로 지시한 것이다. 그 차트가 유용한지를 묻자 근심어린 교사는 미소를 지으면서, 적어도 차트는 벽의 색깔에 보탬이 된다고 하였다.

많은 교사들은 교실의 실제와 거의 또는 전혀 상관이 없는 교육적이라고 하는 수업 목표에 환멸을 느껴왔다. 그들은 가르친 것과 거의 관계가 없는 정해진 공식에 맞추어 귀중한 시간을 허비해 가면서 수업 목표를 개발하라는 요구를 받아왔다.

2장에서는 총체적 목적(사회적)인, 교육적 표준(주 및 지역)을 논의하였다.

이 장에서는 수업 목표(교실)를 다룬다. 수업 목표는 좋은 수업과 학습을 위한 활기차고 살아있는 목적인 셈이다. 교사와 학생은 목표를 명확히 밝히지 않고서는 함께 학생의 학습에 이르는 길을 가는 데 어려움을 갖게 될 것이다.

여기서 한 가지 중요한 점은 수업 목표는 교사에게 수업 과정의 최종 도달점이 되어야 한다는 것이다. 이 수업의 과정에는 교과목의 내용과 기능에 대한 우선순위를 정하는 과정도 들어 있다. 좋은 수업 목표는 법으로 규정되어서는 안 된다.

비록 이러한 목표들은 주의 교육과정 표준에서 도출될 수 있으나, 이들 목표는 학문 내용, 학습자의 선수 지식, 인간의 학습 방법에 관한 지식, 가용한 자료와 자원을 통하여 결정되어야 한다.

좋은 수업 목표는 장식이 아니다. 이것은 교육학에 대한 이해를 설명해 놓은 것이다. 수업 목표는 교사로 하여금 모든 좋은 수업에 포함되어야 하는 학습 원리를 따를 것을 요구한다.

이 장이 끝날 무렵, 여러분은 다음 내용을 이해하게 될 것이다.

- 좋은 수업이란 학생들이 무엇을 알고 이해하며 실천할 수 있는가를 상세화하고 있는 명확한 수업 목표를 필요로 한다.
- 일관된 평가는 학생들이 이러한 수업 목표를 도달했는지 여부를 평가하는 데 필요하다.
- 좋은 수업은 학생들이 수업 목표에 도달했다는 것을 증명해주는 평가에서 성공하도록 도와주기 위하여 고안된 수업이다.

또한 여러분은 다음을 알게 될 것이다.

- 수업 목표의 목적과 형태
- 형성평가, 총괄평가와 수업 목표 달성과의 관계
- 학생들이 수업 목표를 달성하도록 돕기 위한 적합한 전략의 선택 방법

여러분은 다음을 할 수 있다.

- 적합한 평가와 수업 전략 선택을 할 수 있게 하는 명확한 수업 목표 작성

수업 목표의 목적

수업 목표는 수업에서 의사 결정을 내려야 할 가장 중요한 사항이다. 수업 목표는 수업의 목적을 명료하게 하고 공유케 한다. 명확하게 정의된 의도는 수업을 우연적이거나 피상적인 것이 아닌 오히려 초점을 지향하고 도전적이게 한다.

교사와 학생들은 함께 도달해야 할 목표를 요구한다. 명확히 정의된 목표가 없다면 여러 해안을 헤엄쳐 다니는 것이나 마찬가지일 것이다. 왜 우리는 내란에 대하여 배워야 하는가? 나에게 흥미를 주는 것만을 배울 필요가 있는가? 내란에 대한 어떤 아이디어가 다른 갈등을 이해하는 데 도움이 되는가? 교사는 내가 무엇을 학습하기를 원하는가? 역사가들은 내전에 대하여 무엇을 알고 이해하고 있는가? 시험에는 무엇이 출제되는가? 이 모든 문제는 좋은 수업을 위한 기초로 깊이 생각해 보아야만 하는 것들이다.

수업 목표는 교실에서 이루어지는 모든 교육과정, 수업, 평가를 결정하는 기초가 되고 있으며 이는 알고(know), 이해하고(understand), 할 수 있다(be able to do)(KUD)라는 형태로 진술된다.

이러한 수업 목표 설계 전략은 수업 목표와 평가, 수업 전략의 일관성을 보장한다. 명확히 상세화된 수업 목표는 평가하기 용이하고, 이것은 단원이나 레슨에서 발생하게 될 교수학습영역의 경계가 되고 있다. 그러므로 수업 목표란 학습에서 무엇이 발생하게 될지를 암시해준다. 일련의 수업 목표들은 교사, 학생, 부모에게 수업과 평가는 직접 목표를 따르도록 되어 있기 때문에 평가와 수업에 무엇을 포함시켜야 할지에 대한 아이디어를 제공해준다.

이러한 교육 과정적 접근을 역행적 설계(backward design)라 한다.[1] 우선 최종 목표를 염두에 두고 수업을 시작하는데, 이 경우 수업 목표는 수업이 끝난 다음에 학생들이 무엇을 알고, 이해하고 실천할 수 있는지를 상세화해 놓은 것이다. 소급적 설계는 새로운 개념은 아니다. 1962년에 Gilbert는 수업은 최종 목표를 염두에 두고 시작할 것을 제안했다.[2] 1970년대 인기를 끌었던 교육개혁인 완전학습은 수업의 일관성과 역행적 설계를 시사한 것이다. 왜냐하면 평가가 수업 이전에 계획되고, 교사와 학생이 어떠한 내용이 검사나 퀴즈를 구성할 것인지를 생각하기보다는 오히려 구체적인 목적에 집중하게 하기 때문이다.

이러한 수업 계획 접근의 중요성은 최근의 학습 연구와 코스가 끝날 무렵 실시되는 고도의 모험이 따르는 평가를 법제화한 책무성 운동에 의하여 지지받고 있다.

수업은 복잡하고, 다면적이고 빠르게 변하는 교실이라는 세계에서 행해지는 여러 가지의 의사결정을 포함한다. 교사들은 그 결정이 이루어지는 것을 의식하지 못하고 있으며, 또한 그 결정이 수업과 학생의 학습에 미치는 영향도 잘 모르고 있다.

신중한 계획은 학교에서 발생하는 뜻하지 않은 일을 통제하는 데 도움이 된다. 성공적인 수업은 곧 학생의 학습을 시사한다. 교수학습에 관한 연구에 의하면 보다 좋은 수업에 이르는 길은 분명히 존재한다는 것이다. 즉 학생의 학습을 증진시키기 위하여 따라가야 할 길이 분명히 존재한다는 것이다. 그러므로 모든 의사결정이 똑같은 것은 아니다.

학생의 학습 방법, 그리고 학습 증진을 위한 학습의 조직 방법에 대한 지식에 근거한 계획은 보다 높은 학업 성취를 가져올 것이다.

좋은 수업 목표를 작성하고 평가와, 수업을 목표에 일치시키게 되면 성공적인 학습의 가능성은 커진다. 명확한 목표는 학습의 기회를 개선시킨다. 목표마다 다른 균형 있고 일관된 수업 접근을 필요로 한다는 것은 널리 알려져 있다.[3] 교육 경험을 정확하게 조직하는 유일한 방법은 없다. 그러나 수업 목표의 명확성은 결정적으로 중요하다. "학생들은 이해할 것이다"라는 수업 목표 속에 표상되는 핵심 아이디어, "학생들은 알 것이다"라는 수업 목표에 표상되는 정보, "학생들은 할 수 있을 것이다"라는 수업 목표 속에 표상되는 수행을 밝혀내는 것이 중요하다. 이러한 수업의 틀은 학생들이 성공할 수 있는 최선의 여건을 확실히 보장해 준다.

이외에, 연구 결과에 의하면 학생들은 잘 조직되고, 선수 지식과 관련이 있고 평가에 초점을 두고 있는 학습 경험을 필요로 한다는 것이다. 수업 목표는 교사와 학생 행동을 안내해 주기 때문에 교사로 하여금 주(州)에서 설정한 교육과정 표준을 충족시키면서 동시에 학생의 요구에 맞는 정보를 알려준다.

만일 교사가 의도적으로 수업 목표를 구성하고자 한다면 1장에서 언급한 학습자의 모든 요구를 고려하여 수업을 설계할 수 있다. 예를 들면 학습자 요구 중 하나는 유의미한 참여이다. 교사는 특정 학생 집단에 유의미하고 동기를 부여시키는 지식, 핵심 아이디어, 기능을 밝혀내야 한다. 의도적인 수업 계획은 교사가 학생의 경험을 조직하는 데 도움이 된다.

학생들이 수업이 끝날 무렵 알고, 이해하고, 할 수 있어야 하는 것을 앎으로써 학생의 목표에 대한 학습 진전을 계속 조정해 나갈 수 있다.

명확한 수업 목표는 수업에 도움이 된다. 수업을 돕기 위한 전략에는 다음과 같은 것들이 있다.

(1) 활동 단계의 복잡성과 그 수를 줄인다.
(2) 무엇을 학습할 것인가에 초점을 맞춘다.
(3) 노력의 긍정적 효과를 보여줌으로써 수업 목표에 도달하도록 동기를 유발한다.
(4) 학생들이 정보를 처리할 시간을 제공해 주고 그들 노력의 정확성에 대한 정보를 제공해준다.
(5) 문제 해결에서 겪는 좌절과 모험을 조정해 나가게 한다.[4]

또한 명확한 수업 목표는 학생의 학습을 교정해 주는 틀이 된다. 수업 목표는 재교수를 위한 서로 다른, 지원적인 수업 모형 선정에 도움이 된다.

이렇게 미리 목표가 결정되어 있지 않으면, 학생의 학습 진전을 확인하고, 설명하고, 지원하기가 어려워지고 기회는 낭비된다. 수업 목표가 교수, 학습의 초점이 된다는 것을 기억해 주기 바란다. 평가, 수업 전략은 목표를 명확히 정의한 다음에 따라오는 것이다. 목표, 평가, 수업의 일관성은 성공적 학습을 위한 기회를 제공한다.

활동 3.1: 계획을 수립하는 이유

1. 여러분의 교육적 경험을 생각해 보라. 여러분은 교사가 언제 수업을 계획하는지를 아는가? 교사가 교실 수업을 위하여 목적을 상세화했다면 학생으로 여러

분에게 무슨 차이가 생겼는가?

2. 다음의 T차트에 유목적적인 수업을 계획하는 데 찬성하는 이유와 반대하는 이유를 각각 세 가지씩 열거하라.

유목적적인 계획에 찬성하는 이유	유목적적인 계획에 반대하는 이유

수업 목표 형태

"학생들은 알 것이다"라는 수업 목표

수업 목표는 여러 가지 형태로 진술된다.[5, 6] 우리는 KUD 형태를 선호한다 – "*학생들은 알 것이다(know)*", "*학생들은 이해할 것이다(understand)*, "*학생들은 할 수 있을 것이다(be able to do)*"와 같은 설계. 이 형태는 수업 행동을 안내하고 수업을 투명하고 공정하게 하는 데 도움이 되는 구체적인 이해, 지식, 기능, 수행을 분명하게 한다. 수업 계획을 어디에서부터 시작할지에 대한 결정은 약간 임의적인 데가 있다. 학생이 무엇을 알기를 원하는지를 정의하고 있는 수업 목표를 출발점으로 삼기에 적합한 것 같다. 그러나 다른 상황에서는 "이해하다" 또는 "할 수 있다"라는 용어로 시작하는 데에는 그만한 이유가 있을 수 있나. 이것은 교사, 맥락, 표준, 교사가 가르치고 있는 학생에 따라 달라진다. 수업 목표를 진술하는 것은 직선적 과정이 아니다. 이것은 단원이나 레슨의 목표가 생기면 어디에서고 시작하여 어떠한 형태로 진술될 수 있다.

"*학생들은 알 것이다*"라는 수업 목표는 주어진 단원 또는 차시 수업을 성공적으로 완성하기 위하여 학생이 숙달해야 하는 내용과 기능을 상세화해 놓은 것이다. 차시수업 내용은 "안다"라는 수업 목표에 다 포함된다. 정보량이 과다하면 교사는 가르칠 내용의 우선순위를 정하여 수업을 조직하는 데 신중을 기하여야 한다. 정보에 우선순위를 정하고 정보를 연결짓는 방법을 통하여 학생들은 가장 가치 있는 지식과 기능을 배울 수 있고 이러한 지식을 학교 내외의 새로운 상황에 전이시킬 수 있게 된다. "*학생들은 알 것이다*"라는 목표는 교사가 수업 도중 특수한 형태의 지식을 선택하여 집중하게 한다.

사실적, 개념적 지식이 학문의 기본 요소로 정의될 수 있다. 사실적 지식에는 한 내용 영역 안에 사용되는 용어에 관한 지식이 포함되며 이것은 다른 모든 지식의 기초가 된다. 개념적 지식은 좀 더 일반적이며, 여러 개별적 정보가 서로 관련을 맺고 제 기능을 다해 나갈 때 이들 정보를 포섭하고 조직해 나간다. 개념적 지식을 위하여 학생들은 많은 사실적 정보들을 유목화하고, 분류해야만 한다. 예를 들면, 전쟁이라는 개념을 이해하기 위하여 전쟁에 대한 구체적 사실을 많이 알고 있는 것이 필요하다.

그러나 모든 지식이 사실적 지식이거나 개념적 지식인 것은 아니다. 절차적, 메타인지적 지식 또한 "*학생들은 알 것이다*"라는 수업 목표의 뼈대를 구성한다. 절차적 지식은 무엇을 어떻게 하고 구체적인 전략과 절차를 언제 사용할지에 대한 축적된 지식이다. 메타인지 지식은 일반적으로 학습에 관한 정보와 특히 자기 자신의 학습에 관한 지식(awareness)을 포함한다.

이들 네 가지 지식 하나하나는 학문의 학습에 결정적으로 중요하다. 각각의 지식은 우리가 가르칠 내용이다. 즉 "*학생들은 알 것이다*"라는 수업 목표의 핵심이 된다. 표 3.1은 학교에서 가르쳐지는 지식의 유형을 제시하고 있다. 이것은 또한 "학생들은 알 것이다"와 관련된 예들이다.

표 3.1 지리적 연대기에 사용될 지식의 예

지식의 유형	"학생들은 알 것이다"라는 수업 목표의 예
사실적 지리적 시기는 암석층의 기록에 따른 지구의 연령이다.	학생들은 지리적 시기의 정의를 안다.
개념적 지질학자들은 지구의 역사를 연대로 나누었다–그 당시 생물의 일반 특징을 토대로 한 시간대	학생들은 화석의 결정적 속성을 알 것이다.
절차적 지질학자들은 화학요소의 방사능을 통하여 바위의 연령을 결정할 수 있다.	학생들은 바위의 연령을 결정하기 위하여 사용된 절차를 알 것이다.
메타인지적 지질의 시기를 연구하는 학생들은 연대순으로 각각의 지질 연대의 구분을 기억해야만 한다.	학생들은 각각의 지질 연대를 알기 위한 많은 기억술을 알 것이다.

"*학생들은 알 것이다*"라는 수업 목표는 교사들로 하여금 가르칠 가치가 있는 필수적인 학문적 정보를 상기시켜 준다. 이러한 수업 목표들은 본 내용에서 일탈하지 못하게 하고 교실 담론의 흐름을 건전하게 유지하게 해준다. 만일에 수업의 목표가 학생들이 지질 연대기 각각의 특징을 기억하게 하는 것이라면, 그 수업은 영화 *Jurassic Park*에 관한 정보에 초점을 두지, 그 정보의 정확성에 초점을 두지는 않을 것이다. 반면에 "*학생들은 이해할 것이다*"라는 수업 목표는 단편적인 내용의 범위를 초월하는 목표이다. "이해한다"라는 목표는 학교에서의 모든 정보, 과제가 의도하고 있는 최상의 목표인 셈이다.

활동 3.2: 지식의 유형 구분

1. 여기에 뉴욕 주가 정한 개인의 건강과 신체 적성에 관한 학습 표준이 있다. 표준을 자세히 읽고 다음의 지침을 사용하여 가능한 한 많은 사실적, 개념적, 절차적, 메타인지적 지식을 열거하라.

학생들은 인간의 성장, 발달을 이해하고 행동과 건강 발달 간의 관계를 이해할 것이다. 학생들은 건강을 증진하고 질병을 예방하는 방법을 이해하고 긍정적인 건강 행동을 표현하고 실천할 것이다.

- 학생들은 기본적인 신체조직이 정상적인 성장 발달에 어떻게 작용하고 상호작용하는지 안다.
- 긍정적인 건강의 선택과 행동을 지지하는 기본적인 지식, 기능을 갖춘다.
- 음식 선택, 운동, 휴식과 같은 행동이 성장 발달에 어떠한 영향을 미치는지 이해한다.
- 건강의 선택과 건강 행동에 영향을 주는 요인들을 인지한다.
- 질병과 그것이 어떻게 예방되고 치료되는지를 안다.
- 건강 선택에 있어 다른 것들을 실천하고 지지한다.

예를 들면 다음과 같은 경우에 지식의 구분이 더욱 명확해진다.

- 인간의 신체조직의 기본구조와 기능을 기술한다.
- 알코올, 담배, 기타 마약의 해로운 효과를 규명한다.
- 영양적으로 균형된 식사와 간식 섭취가 어떻게 건강을 증진시키는지 설명한다.
- 건강한 사람들의 신체적, 사회적, 정서적 특징을 기술한다.

- 건강 증진을 위하여 대인간 의사소통 기술을 활용한다.
- 손을 닦고, 기침을 하거나 재채기를 할 때는 입을 막고, 이를 닦고 헹구어 내는 것과 같은 것을 실천한다.
- 일반적인 보건 문제를 규명하고 이것들을 어떻게 예방, 발견, 치료할지를 진술한다.
- 개인의 건강 목적을 설정하고 그 달성 과정을 추적한다.[7]

사실적	
개념적	
절차적	
메타인지적	

2. 이 과제를 완수하면서 어떠한 의문, 어떠한 문제에 봉착하게 되었는가? 학교에서 가르쳐지는 지식은 사실적, 개념적, 절차적, 메타인지적 지식이 될 수 있다. "*학생들은 알 것이다*" 라는 수업 목표는 위와 같은 지식 유형에 초점을 두고 있다. 구체적인 사실, 개념, 일반화를 구분지음으로써 교사와 학생들은 구체적인 대상에 대해 그들의 노력을 집중하게 된다.

"*학생들은 이해할 것이다*"라는 수업 목표

"*학생들은 이해할 것이다*"라는 수업 목표는 교사와 학생이 차시 수업에서 기초하고 있는 지식을 이해하는 데 도움이 된다. "*학생들은 이해할 것이다*"라는 수업 목표에 표상된 핵심 아이디어는 "*학생들은 알 것이다*"라는 수업 목표 속에 표상된 낱낱의 정보의 의미를 파악하는 데 꼭 필요한 것이다. 학습할 낱개의 정보가 너무 많기 때문에 "이해한다"라는 수업 목표는 교사가 사실, 개념, 기능을 의미 있는 형태로 조직하는 데 도움이 된다. 학습자의 발달 수준, 가용한 자원, 교사의 배경은 수업에서의 내용의 상세화 정도를 규정한다. 어떤 학문의 내용을 안다는 것만으로는 충분하지 않다. 내용은 추상적이고 전이 가능한 아이디어로 잘 짜여져야 한다.

학교 교육의 거창한 목적은 학교의 교과 내용을 실생활 세계의 아이디어와 기능으로 전환할 것을 요구한다. Wiggins와 McTighe는 이러한 전이 가능한 아이디어를 핵심 아이디어로 부르고 있다.[8] 핵심 아이디어는 중요한 지식의 우선순위를 정하고 중요한 지식의 틀을 만드는 데 도움이 된다. 이 아이디어에는 학문의 핵심적 의도가 있으며 이것은 교과를 이해하는 데 필수적이다. 핵심 아이디어는 학문 분야의 중요한 문제에 대한 해답을 준다.

Lynn Erickson은 핵심 아이디어를 공통된 특징을 가진 서로 다른 예들에 의하여 표상되며, 광범위하면서, 추상적이며, 일반적으로 적용되는 진술로 정의하고 있다.[9] 지식은 부단히 축적되고 변화하기 때문에 핵심 아이디어는 계속적으로 최근의 사실에 의하여 계속 타당화되어야 한다.

새로운 정보로 말미암아 강력한 일반화도 바뀔 수 있다. 그러므로 "*학생은 알 것이다*"라는 수업 목표와 "*학생은 이해할 것이다*"라는 수업 목표 간의 관계는 중요성을 띠게 된다. 방대하고 추상적인 이해를 구분하지 않는다면 교사와 교육과정 개발자들이 핵심 아이디어를 지지하는 중요하지도 않고 의미도 없는 정보를 선택할 가능성이 크다. 상호 관련된 일련의 사실적, 개념적, 절차적, 메타인지적 지식이 없다면 수업이 지향하는 추상적 개념을 이해하기 힘들어진다.

Wiggins와 McTighe[10]의 핵심 아이디어에 대한 정의가 표 3.2에 제시되어 있다. 핵심 아이디어의 주요한 특징은 거기에 교육학적인 힘이 있다는 점이며, 이것은 학문을 실천에 옮기는 사람에게 중요한 사실과 기능을 이해함으로써 학문의 핵심적 기초에 대한 이해를 제공한다는 점이다. 이러한 사실, 기능이 단원 내용과 차시 수업 내용을 구성한다. 즉, 이것은 "*학생들은 알 것이다*"라는 수업 목표가 된다.

그러나 학생들은 어떤 학문의 중요한 아이디어를 이해하기 위하여 정보를 초월

표 3.2 핵심 아이디어의 특징[11]

- 여타 학문의 핵심적인 개념적 렌즈가 된다.
- 여러 사실, 기능, 경험을 연결 조직하여 폭넓은 의미를 제공한다: 이해의 결정 요소 구실을 한다.
- 교과의 전문적 이해의 핵심에 있는 아이디어이다.
- 학습자에게는 의미나 가치가 불분명하다고 해서 내용 범위를 정해두지 않으면 반직관적이거나 오해를 불러일으키기 쉽다.
- 보다 큰 전이 가치를 갖게 되고 시간이 지나도 다른 많은 탐구와 문제에 적용된다.
  학교를 졸업하고 난 후에도, 수직적(학년별), 수평적(교과별) 교육과정에 적용된다.

한 학습을 할 필요가 있다. 내용에 대한 지식이란 목표에 대한 수단이다. 학문에 대한 깊은 이해가 목적이고 핵심적 이해는 목적도달에 도움이 된다. 학생들은 깊은 이해를 통하여 지식을 새로운 문제, 새로운 상황에 적용할 가능성이 커진다.

"*학생은 이해할 것이다*" 라는 수업 목표는 방대하고 추상적이다. 이러한 수업 목표는 개념적으로 관련된 여러 수업을 통합시켜 준다. 다음과 같은 수업 목표를 생각해 보자.

학생들은 개별적 결정과 개별적 행동이 건강한 삶에 도움이 된다는 것을 이해할 것이다.

핵심 아이디어의 이해를 증명하는 데 필요한 정보와 기능 습득을 돕기 위하여 이해목표를 사용하는 수업을 실시할 필요가 있다. 이러한 이해나 핵심 아이디어는 활동 3.2와 관련이 있다. 활동 3.2에 제시된 내용은 뉴욕 주 체육, 보건 표준에 나타난 지식의 유형이다.

교사와 교육과정 설계자들이 학생들이 이해하기를 바랄 때 "*학생들은 이해할 것이다*" 라는 수업 목표는 교사와 교육과정 설계자들이 의미하는 바를 명확히 밝히는 데 도움이 된다.

여기서 이해한다는 것은 무엇을 뜻하는가? 이해에 대하여는 다양한 정의가 있다. "*학생들은 이해할 것이다*", 그리고 이와 관련이 있는 "*학생들은 알 것이다*", "*학생들은 할 수 있을 것이다*" 라는 수업 목표는 우리가 바라는 이해라는 말의 의미를 분명히 밝혀준다.

"*학생들은 이해할 것이다*" 라는 말은 학생이 다음을 이해할 수 있을 것이라는 것을 의미한다.

- 설명하다
- 해석하다
- 적용하다
- 비판적 관점을 밝히다
- 공감하다
- 구체적 목적에 대한 개별적 지식을 평가하다[12]

또한 "*학생들은 이해할 것이다*"[13]라는 수업 목표는 학생들이 수업을 통하여 의미를 구성할 수 있다는 뜻도 된다. 어느 상황이건 이해는 결국 수행을 통하여 평가된다. 그래서 "*학생들은 이해할 것이다*"라는 목표는 우리가 학생이 알기를 바라는 것(이해에 관한 수업 목표는 안다라는 수업 목표를 추상화해 놓은 것이다.)과 학생이 무엇을 할 수 있기를 바라는 것(수행) 모두와 관련이 있다.

*안다, 이해한다, 할 수 있다*라는 수업 목표들의 관계는 아주 중요하다. 이것들은 서로 밀접히 관련되어 있고 이중 어느 하나가 바뀌면 다른 수업 목표에 대한 강조점도 바뀌게 된다. 이러한 관계는 교사로 하여금 각 학문 교과에서 중요하고 전이 가능한 아이디어를 가르치면서 목표에 따라 수업을 조직하게 한다. "*학생들은 이해할 것이다*"라는 수업 목표와 "*학생들은 알 것이다*"라는 수업 목표의 관계에 대한 예들이 표 3.3에 제시되어 있다.

"이해한다"라는 수업 목표가 "*학생들은 이해할 것이다*"라는 형태로 진술될 수 있음을 주목하기 바란다. 이러한 문장의 형태를 사용함으로써 주제가 아닌 일반화로 진술된다. 그 진술은 한두 단어보다 더 나은 길잡이가 된다. 수업을 계획할 때 "학생들은 생활과학의 기본 원리를 이해할 것이다"라고 하는 것보다 "모든 유기체는 생활하고 성장하기 위하여 에너지와 물질을 필요로 한다는 것을 이해할 것이다"라고 하는 것이 교사에게는 더 많은 도움이 된다. 물론 Wiggins와 McTighe가 지적하고 있듯이 모든 일반화를 꼭 가르칠 가치가 있는 것은 아니다.[14]

여기서 강조해야 할 이해 대상은 학생들이 기억해야 할 시간을 초월하고 횡문화적인 그러한 내용이 되어야 한다. "이해한다"라는 목표는 잡다한 사실, 기능을 망각한 지 수년이 지나도 곡 기억해야 할 것으로 구성되어야 한다. "*학생들은 이해할 것이다*"라는 수업 목표는 "*학생들은 알 것이다*"라는 수업 목표 내용이 좀 더 상세화된 것이다.

"이해한다"라는 진술은 핵심 아이디어를 이해하는 데 요구되는 지식, 기능이라는 서랍을 열어준다. 요약하면, 이해나 핵심 아이디어는 추상적 일반화로 학문

표 3.3 A.D 1500년에서 2001년까지 세계 역사지리, 버지니아 주 교육과정 구조의 "*학생들은 이해할 것이다*"와 "*학생들은 알 것이다*"라는 수업 목표 예[15]

"*학생들은 이해할 것이다*" 목표	"*학생들은 알 것이다*" 목표
학생들은 초기 인간 사회는 문화의 발달을 통하여 물리적 환경이 갖는 제약 조건을 극복하기 시작하였다는 것을 이해할 것이다.	학생들은 구석기 시대의 수렵채취인의 특징과 성과를 알 것이다.
학생들은 많은 서양문명의 상징, 은유, 단어, 이상적 이미지가 고대 그리스와 로마의 신화에서 유래되었다는 것을 이해할 것이다.	학생들은 그리스와 로마 신화의 기초, 그리고 잘 알려진 신화를 알 것이다. 학생들은 그리스와 로마 신화를 분석하는 방법을 알 것이다.
학생들은 300년에 걸쳐 로마제국의 서부가 국내외 문제 때문에 쇠퇴했다는 것을 이해할 것이다.	학생들은 서양 로마제국의 몰락 원인을 알 것이다.
학생들은 무역, 여행, 문맹퇴치의 증가와 더불어 이탈리아 르네상스가 북유럽으로 퍼져나갔다는 것을 이해할 것이다. 예술, 문화도 여러 문화 민족들이 르네상스 아이디어들을 채택함에 따라 변화되었다.	학생들은 이탈리아 르네상스의 핵심 아이디어를 알 것이다.

의 필수 내용을 이해하는 데 결정적으로 중요하다. "*학생들은 이해할 것이다*"라는 수업 목표는 "*학생들은 알 것이다*"라는 수업 목표와 관련 있는 보다 광의의 진술이다.

"학생들은 할 수 있을 것이다" 라는 수업 목표

이러한 형태로 진술된 수업 목표는 수업의 결과 발생할 학습을 진술한 것이다. 이러한 학습은 관찰 가능하고 측정 가능하며 인지, 정의, 심체적 수업 목표를 포함해야 한다.[16, 17] 이 책은 교실 수업의 기초인 인지 기능에 초점을 맞추고 있다.

정의적(사회적, 정서적), 심체적 목표와 학업 성취 간의 관계에 대한 논의는 다른 자료를 참고하기 바란다.[18, 19] "*학생들은 할 수 있을 것이다*"라는 수업 전략은 행동목표라고도 불린다. 왜냐하면 이 목표는 학생의 행동에 초점을 두고 있기 때문이다. 어떤 수업 목표 전략은 "*학생들은 할 수 있을 것이다*"라는 형태만을 사용한다. Bloom의 분류학은 수업이 끝나고 학생들이 시연해 보일 수 있어야 하는 인지 기능에 초점을 맞추고 있다.[20] 사실 분류학은 여러 대학에서 사용되고 있는 공통적인 검사문항을 개발하는 틀을 제공하기 위하여 저술되었다. 목표에 초점을 맞추는 것은 학생들의 학습 대상에 초점을 맞추는 것과 함께 지난 50년간 계속해서 사용되어 온 것이다. "*학생들은 할 수 있을 것이다*"라는 수업 목표는 상세화 수준을 달리하여 진술된다. 어느 코스의 수업 목표는 단원의 수업 목표보다 더 일반적 용어로 진술되고, 단원의 수업 목표는 차시 수업 목표보다 더 일반적 용어로 진술된다.

일반화 정도가 어떠하든 "*학생*들은 *할 수 있을 것이다*" 라는 수업 목표는 "*학생*들은 *알 것이다*" 와 "*학생*들은 *이해할 것이다*" 라는 수업 목표와 일치하여야만 하고 모든 수업 목표는 목표, 평가, 수업의 일관성이 유지되도록 되어야 한다. 이 책은 인지적 수업 전략—인간이 어떻게 학습하는지에 대하여 알려진 바에 근거한 수업 모형—에 주안점을 두고 있다. 그래서 우리는 "학생들은 할 수 있을 것이다" 라는 수업 목표에 초점을 맞춘 것이다. 다른 수업 행동 목표 형태에는 정의적(감정, 태도, 정서), 심체적(신체, 조작 기능) 목표가 있다. 이것들은 교실 수업에서 중요하게 고려해야 할 사항이다. 예를 들면 긍정적인 학습 분위기는 학생들의 학습 증진과 관계가 있다. 그러나 우리의 초점은 좋은 수업에 있으며 좋은 수업은 좋은 분위기에 기여한다고 믿는다.

『학습, 교수, 평가 분류학』에 나타난 인지 과정은 구체적인 학생의 행동을 겨냥한 수업 목표 구성을 의도하고 있다.[21] 일반적인 오해는 목표와 활동을 혼동하는 데 있다. 수업 목표는 활동이 아니다. 수업 목표는 학생들이 그들의 시간을 어떻게 보낼지를 기술하지 않는다. 성공적인 수업이 끝난 후 학생들이 시연하게 될 행동을 밝히는 것이 필요하며 이것을 교실이 추구하는 것과 혼동해서는 안 된다.

"*학생*들은 *할 수 있을 것이다*" 라고 목표를 구성하는 것은 활동과 수업 목표를 구분하기 위하여 아주 중요하다. 왜냐하면 목표는 수업의 결과 기대되는 행동을 상세화하기 때문이다. 수업 목표는 수업의 목적을 정의하고 학생들의 수업 목표 도달을 돕기 위하여 사용되는 수업 전략과 평가의 종류를 제한하는 데 도움이 된다.

학습을 기술하는 학생 행동에 관한 6가지 유목이 확인되었다.[22] 이것은 "*학생*들은 *할 수 있을 것이다*" 라는 수업 목표를 개발하는 기초가 된다. 인지 과정을 표상하는 유목의 명칭은 다음과 같다.

- 기억하다
- 이해하다[23]
- 적용하다
- 분석하다
- 평가하다
- 창안하다

학습자들이 정보를 장기 기억 속에 저장되도록 하기 위해서 수업에서는 반복과 정교화를 필요로 한다. "*학생들은 할 수 있을 것이다*"라는 수업 목표는 교사로 하여금 수업을 구성하기 위한 지식과 기능의 상세화를 요구한다. 학생들이 개발하고 실천해야 할 인지 형태를 상세화하므로 학생들의 학습 기회가 보장된 셈이다.

여러 가지 유목 각각은 "*학생들은 할 수 있을 것이다*"라는 수업 목표를 개발하는 데 도움이 되는 구체적인 동사를 사용하여 서술되어 있다.

표 3.4는 개정 분류학에서 정의된 학생들의 인지 행동을 기술하고 있다.[24]

표 3.4 인지 행동

행동	정의	동사
기억하다	장기 기억으로부터 관련 정보를 인출하다.	확인하다 인지하다 회상하다 인출하다
이해하다	수업자료로부터 의미를 구성하다.	해석하다 바꾸어 설명하다 예시하다 분류하다 유목화하다 요약하다 일반화하다 추론하다 결론을 내리다 예측하다 비교하다 설명하다
적용하다	절차를 새로운 상황에 적용하다.	진행하다 실행하다
분석하다	자료를 부분으로 나누어 부분이 서로 그리고 전체와 어떠한 관계가 있는지를 결정하다.	변별하다 선정하다 조직하다 통합하다 개괄하다 구조화하다 귀인하다
평가하다	기준과 표준에 기초하여 판단을 내리다.	점검하다 비판하다 판단하다
창안하다	여러 요소들을 일관된 전체 또는 새로운 구조로 함께 통합하다.	가설을 세우다 설계하다 구성하다

"학생들은 할 수 있을 것이다" 라는 수업 목표에는 핵심적인 학문의 과제들을 포함시켜야 한다.

핵심 과제란 교과에서 성취하게 될 실제적 과제로 과학에서의 실험, 사회과에서의 역사자료 분석, 언어 수업에서 동료 작품 비판 등이 포함된다.[25]

학습 결과인 수업의 목표는 중요한 학문적 지식, 기능을 표상하는 것이 중요하다. 학교에서의 수업시간은 짧다. 그러나 현명하게 사용되어야 한다. *"학생들은 할 수 있을 것이다"* 라는 수업 목표는 교사에게 친숙한 일반적인 목표 설정이다. 이러한 수업 목표는 수업이 끝난 후 학생들이 보이게 될 관찰 가능하고 측정 가능한 행동을 명시해야 한다.

"학생들은 할 수 있을 것이다" 라는 수업 목표는 안다, 이해한다라는 목표와 일치해야만 한다. 이 세 가지 수업 목표의 일관성이 표 3.5에 제시되어 있다.

표 3.5 AD1500년에서 2001년까지 세계 역사, 지리에 관한 버지니아 주 교육과정 구조에 나타난 *"학생들은 알 것이다"* *"학생들은 이해할 것이다"* *"학생들은 할 수 있을 것이다"* 라는 수업 목표의 예[26]

"학생들은 이해할 것이다" 목표	*"학생들은 알것이다"* 목표	*"학생들은 할 수 있을 것이다"* 목표
학생들은 초기 인간사회가 문화의 발달을 통하여 물리적 환경이 갖는 제약조건을 극복하기 시작하였다는 것을 이해할 것이다.	학생들은 구석기 시대의 사냥꾼과 채취인의 특징과 성과를 알 것이다.	학생들은 불이 수렵채취사회에 미친 영향을 분석할 수 있을 것이다.
학생들은 많은 서양문명의 상징, 은유, 단어, 이상적 이미지가 고대 그리스와 로마의 신화에서 유래되었다는 것을 이해할 것이다.	학생들은 그리스와 로마 신화의 기초 그리고 잘 알려진 신화를 분석하는 방법을 알 것이다.	학생들은 그리스와 로마 신화에 사용된 비유와 고전에 나오는 요정이야기에 사용된 비유를 비교할 수 있을 것이다.
학생들은 300년에 걸쳐 로마제국의 서부가 국내외 문제 때문에 쇠퇴했다는 것을 이해할 것이다.	학생들은 서양 로마제국의 몰락원인을 알 것이다.	학생은 세계 역사에서 중요했던 주요 지리적 특징을 규명할 수 있을 것이다.
학생들은 무역, 여행, 문맹퇴치의 증가와 더불어 이탈리아 르네상스가 북유럽으로 퍼져 나갔다는 것을 이해할 것이다. 예술, 문화도 여러 문화민족들이 르네상스 개념을 채택함에 따라 변화되었다.	학생들도 이탈리아 르네상스의 주요 사상을 알 것이다	학생들은 이탈리아 르네상스의 주요 사건에 대한 일반화를 위하여 1, 2차 자원을 확인, 분석, 해석할 수 있을 것이다.

활동 3.3: "할 수 있다"를 구분하기

다음 표에는 캘리포니아 주 학습 표준과 관련된 이해 목표와 안다 목표가 상세하게 제시되어 있다.[27]

안다와 이해한다 목표 각각에 해당되는 "*학생들은 할 수 있을 것이다*"의 빈칸을 채워라.

"학생들은 이해할 것이다"	"학생들은 알 것이다"	"학생들은 할 수 있을 것이다"
학생들은 정치, 경제, 종교적 관심이 영국의 지배에 대한 식민지의 저항에 공헌했다는 것을 이해할 것이다.	학생들은 제1, 2차 대륙 간 회의와 통신위원회의 중요성을 알 것이다.	
학생들은 정치, 경제, 종교적 관심이 영국의 지배에 대한 식민지의 저항에 공헌했다는 것을 이해할 것이다.	학생들은 영국을 일깨운 도덕적, 정치적 사상과 이 사상이 영국을 고립시킨 것과 어떠한 관련이 있는지를 알 것이다.	
	학생들은 주요 혁명가들의 견해와 영향을 알 것이다.(Jefferson, Franklin, Adams, Partric Henry, 그리고 King George Ⅲ)	

수업의 일관성

수업의 일관성은 세 유형의 수업 목표 간의 일치 그 이상을 의미한다. 이것은 차시 또는 단원의 목표, 평가 수업 간의 일치도 의미한다. 수업의 일관성은 효율적이고 효과적인 수업을 가져다준다. 수업이란 무엇인가? 평가란 무엇인가? 이것들은 어떠한 관련이 있는가? 수업, 평가는 수업 목표와 어떠한 관계가 있는가?

수업이란 지식과 기능을 가르치는 것이다. 교사들은 교실에서 수업을 한다. 즉, 교사들은 가르친다. 그들은 무엇을 어떻게 가르칠지에 대한 결정을 내린다. 흥미롭게도 이러한 결정은 또한 수업으로 정의된다. 복잡하게도, 수업은 교육과정이라는 단어와도 연결된다. 교육과정은 가르쳐지는 내용이고 이 내용은 표준화 검사와 관련이 있다.

만일에 고도의 모험이 따르는 시험이 교육과정적으로 일관성이 있다면, 이 시험에서는 학생들이 학습 기회를 가졌던 내용을 출제할 것이다.

학습 기회는 학생에게 정보를 제공하는 것 그 이상을 의미한다. 이것은 학생들이 획득하고자 하는 지식, 기능을 처리하는 데 필요한 도움과 연장학습을 갖는다는 것을 암시한다.

학급에서의 수업 일관성은 교육과정의 일관성과 유사하다. 그러나 이것은 고도의 모험이 따르는 결정에는 집중하지 않는다. 그 대신 매일매일의 학생들의 학습 기회를 강조하게 된다. 교실 수준에서의 결정은 주의 표준을 수업 목표로 어떻게 전환하고 학생들이 알고, 이해하고, 실천할 수 있는 바를 어떻게 기술하느냐에 집중한다. 수업의 세 요소인 목표, 평가, 수업 전략의 일관성은 학습을 증진시킨다.

수업이 목표를 설정하지 않고 목표가 달성되었는지에 대한 평가를 포함하지 않는다면 성공의 가능성은 사라질 것이다. 아래 한 가지 예를 살펴보자. 버지니아 주의 학습 표준은 아래와 같다.

학생들은 마케도니아에 의한 그리스의 정복과 알렉산더 대왕에 의한 헬레니즘 문화의 보급을 설명함으로써 서양 문명에 미친 영향이라는 관점에서 고대 그리스에 관한 지식을 증명해 보일 것이다.[28]

표준은 법제화된 교육과정이다. 따라서 세계사 수업에는 이 표준을 지지하는 지식, 기능이 포함되어야 한다. 버지니아 교육국에서 제시하고 있는 교육과정의 구조에는 다음과 같은 표준을 지지하는 사실들이 열거되어 있다.

1. 마케도니아 왕은 그리스 대부분을 정복했다.
2. 알렉산더 대왕은 그리스에서 이집트, 인도 변방에 이르는 대제국을 건설했다.
3. 헬레니즘 시대는 그리스와 동양의 요소들이 합쳐진 시대이다.
4. 헬레니즘 문화는 무역을 통하여 번져갔다.

이 네 가지 정보는 이러한 표준의 평가가 어떻게 될지에 관한 정보를 제공해주는 "*학생들은 알 것이다*" 라는 수업 목표의 기초가 된다. 그러나 "*학생들은 알 것이다*" 라는 수업 목표 이외에 "*학생들은 이해할 것이다*" "*학생들은 할 수 있을 것이다*" 라는 수업 목표도 함께 여기에 포함된다. 각각의 목표는 수업 목표의 평가가 어떠한지에 대하여 교사에게 보다 많은 정보를 제공하고 평가는 교사에게 표준의 학습을 지지하는 수업에 대한 단서를 제공해 준다.

수업 목표와 이러한 목표의 성취를 나타내는 평가와의 상호작용은 교사와 학생들이 가르치고 배우는 지식과 기능을 명확히 하는 데 도움이 된다. *수업 목표는 교육과정(주의 표준), 학급에서 사용되는 수업 전략과 평가의 교차점이 된다.*

교사들은 교육과정 표준을 자세히 검토한다. 표준을 구성하는 지식, 이해, 기능, 그리고 학생들의 선행 경험, 학습 방법, 학교와 지역사회의 자원. 이러한 내용 지식, 교육학적 지식, 학생의 학습에 관한 지식으로부터 평가가 결정된다. 수업의 일관성이란 목표, 평가, 수업의 일치를 뜻한다. 이것은 효과적이고 효율적인 학습을 증진시키기 때문에 최선의 전략이라고 볼 수 있다.

활동 3.4: 목표, 평가, 수업 전략 일치시키기 연습

1. 다음 단문을 읽고 수업 목표, 평가, 수업 전략이 일치하는지 결정하라.

사례: Jones 교사는 캘리포니아에서 6학년 세계 역사를 가르친다. 그 교사는 방금 고대 메소포타미아, 이집트, 쿠쉬에 대한 단원을 끝마쳤다. 그 단원의 수업 목표는 다음과 같다.

- *학생*들은 문명이 어떤 사회의 요구를 충족시키기 위하여 일정한 장소에서 발달하였으며, 고대 이집트와 메소포타미아에서 종교, 사회적, 정치적 질서 사이에는 밀접한 관련이 있다는 것을 *이해할 것이다*.
- *학생*들은 극동과 아프리카의 초기 문명이 일어난 장소, 함무라비 법전, 이집트의 예술, 건축의 특징, 이집트의 무역로, 쿠쉬, 이집트 간의 정치, 상업, 문화적 유대를 *알 것이다*.
- *학생*들은 메소포타미아, 이집트, 쿠쉬의 초기 문명에 관한 지리적, 정치적, 경제적, 종교적, 사회적 구조를 분석*할 수 있을 것이다*.

Jones 교사는 협동학습, 강의, 토의를 일차적인 수업 전략으로 사용했다. 그녀의 형성평가는 한 가지 질문을 묻는 개별학생회의 방법을 사용했다. 즉 여러분은 어느 문명에서 살고 싶은가? 왜 그런가? 그녀의 총괄평가는 학생들로 하여금 세 문명 각각에 대한 實景을 만들도록 요구하는 것이다.

Jones 교사의 수업은 일관성이 있는가? 설명하라.

2. 단원 수업이 일관성이 있도록 평가를 변화시켜라.
3. 다음과 같은 이해목표, 형성평가, 총괄평가가 주어졌을 때, 4학년 생활과학 단원에 대한 "*학생들은 알 것이다*"라는 목표 하나, "*학생들은 할 수 있을 것이다*"라는 목표 하나를 각각 작성하라.

> 생물이 생존을 위하여 서로서로 그리고 그들의 환경에 의존하고 있다는 것을 *학생들은 이해할 것이다*: 어느 특정 환경에 있어 모종의 식물과 동물은 잘 생존하며, 또 어떠한 종은 잘 생존하지 못하며, 또 어떠한 종은 전혀 생존할 수가 없다.
>
> - *형성평가.* 학생들은 우림에서 서식하는 모든 생물과 무생물의 특징을 열거한다.
> - *총괄평가.* 학생들은 우림에서 서식하는 생물 하나를 골라 유기체가 환경에 어떻게 적응하는지 논의한다.

수업 목표 평가

수업 절차를 고려하기에 앞서 일단 수업 목표가 작성되면, 수업 목표 달성에 관한 정보를 제공하는 평가를 계획해야만 한다. 이것이 역행적 설계의 핵심이다. 수업 목표와 평가가 일관성이 있는지의 확인 자체가 곧 학생들에게 형성평가와 총괄평가를 준비시키는 길이 된다.

수업 중 그리고 수업 후의 평가를 결정하는 대신, 수업 목표가 규명되자마자 평가는 계획된다. 수업은 학생들이 피드백을 받고 성공을 거두도록 도와주는데 성공은 진술된 수업 목표의 달성으로 나타난다. 수업의 타게트와, 이것을 어떻게 평가할지를 알려면 수업 중 교사와 학생의 행동에 집중해야 된다. 도로가 훤히 뚫리면 주행이 편리하고 성공적이 된다.

평가란 판단을 내리는 기초가 된다. 학급에서 교사가 내리는 대부분의 결정은 판단이 포함되고, 대부분의 판단은 평가에 기초한다. 어떠한 평가에서는 점수 형태로 학생들의 학습에 대한 판단을 내린다. 다른 평가는 학습의 타게트가 성취될 수 있도록 학습한 내용과, 실천에 옮길 필요가 있는 지식, 기능에 대한 정보를 교사, 학생에게 제공해 준다.

형성평가

평가는 교사, 교육과정 개발자, 학구 또는 주가 계획한 수업 목표와 관련하여 설계된다. 평가에는 형성평가와 총괄평가가 있다. 두 유형의 평가는 학생들의 학습을 지원하기 위하여 사용되어야 한다. 형성평가는 교사, 학생에게 학생들이 진술된 목표를 향하여 어떠한 진전을 보이는지에 관한 정보를 제공하지 점수를 매기기 위하여 실시되는 것은 아닌 것이다. 그 평가는 교사, 학생으로 하여금 학생들의 오개념과 과오를 생각하게 하고 진술된 수업 목표 도달을 위한 계획을 수립하게 한다. 형성평가는 수업 목표를 사용하여 명확하고 정확한 피드백을 제공해주고 학생들의 학습 진전을 알리는 데 목적을 둔다.

Boston은 형성평가를 교사와 학생에게 전 수업의 과정에 대한 피드백을 제공하기 위한 진단적인 평가로 정의하고 있다.[29]

학생들이 형성평가에 대하여 받는 피드백은 교사와 학생으로 하여금 수업 목표와 이해, 그리고 학생이 시연해 보이는 수행 사이의 차이를 좁힌다. Black과 동료들은 형성평가 정보가 성적이 낮은 학생과 학습 장애 학생들에게는 점수를 가장 많이 향상시키는데 일반적으로 볼 때 모든 학생의 성취를 증진시킨다는 점을 보여주고 있다.[30]

가장 효과적인 형성평가는 교사와 학생이 교수 학습을 조절하기 위하여 제공된 정보에 따라 처신할 때이다. 즉 학생들이 목표에 더욱 근접하도록 도울 때이다. 평가문항이 수업 목적과 관련이 있다면, 학생 수행에 대한 피드백이 명확하고 시의 적절하다면, 그리고 학생과 교사가 수업 목표에 성공적으로 도달하는 데 도움이 되는 수업과 학습 기회를 바꿀 수만 있다면 형성평가 문제는 학생들에게 도움이 된다. 형성평가는 학습에 몰두케 하는 힘 때문에 학생의 동기와 효능감을 증진시키는 것으로 나타났다.[31]

총괄평가

총괄평가는 학생들이 형성평가의 기회를 가졌던 수업이 계속 진행되다가 마지막에 실시되는 것으로 설계된다. 총괄평가는 학습에 대한 정보를 제공하며 가끔 점수로 전환된다. 형성평가와 총괄평가는 확실히 관련되어 있다. 앞으로 치를 총괄평가와 다른 학습 과제를 배우는 것은 학생들에게는 공평하지 못한 것이다. 모든 학생들은 그들이 시험을 치르고 점수를 받기 이전(총괄평가)에 실천할 기회와 피드백을 받을 기회를 가져야만 한다. 이 말은 총괄평가와 평가로 이어지는 수업활동이 똑같아야 한다는 뜻이 아니고 평가 이전의 수업이 그 내용에 있어 유사해야 하고 평가의 모든 요소를 포함해야 한다는 뜻이다. 얼마나 유사하느냐는 수업 목표에 따라 달라진다. 만일에 학생들이 구체적인 내용을 인지하고 규명하는 것이 목적이라고 하면, 평가는 잘 아는 내용이 될 것이다. 만일 평가가 이해를 평가하기 위하여 실시되는 것이라면 지식 전이의 실제를 보장하는 과제가 새롭게 부과되어야 할 것이다.

이 교재의 제2부 각각의 수업 모형에는 평가 전략과 모형에 적합한 수업 목표가 있다. 즉, 그들은 일관성을 이루고 일관된 전체를 구성한다. 예를 들면, 구성적 반응 평가(단답, 에세이)는 학생들에게 지식을 적용, 분석, 종합하도록 요구하는 수업 목표에 잘 어울린다. 인과 수업 모형이 이들 수업 목표와 일치한다. 제2부에서는 목표, 절차, 평가, 수업의 개념화 방법의 입장에서 몇 가지 수업 모형을 기술한다.

요약

이 장에서는 수업 목표와 수업의 일관성을 검토했다. 좋은 수업이란 성공으로 가는 길을 명확히 밝혀주는 수업 목표에 근거한다. 형성평가는 수업 중 교사와 학생에게 정보를 제공해 주는 동시에 학습을 조정하고 도와준다.

총괄평가는 수업이 끝날 무렵, 흔히 점수를 주기 위해 학습을 평가한다. 수업 목표와 평가는 학생들이 학습 타게트에 도달하도록 돕는 데 사용되는 수업 전략을 결정한다.

웹 자원

1. www.utmem.edu/grad/MISCELLANEOUS/Learning_Objectives.pdf
This site provides a basic overview of Objectives—how to write them, what they should specify, and their basis in Bloom' s *Taxonomy of Educational Objectives.*

2. www.uwsp.edu/education/lwilson/lessons/intro.htm
This site leads to a wide selection of prototype lesson plans framed on different models of learning, including those which incorporate different types of objectives.

3. www.oucom.ohiou.edu/fd/writingobjectives.pdf
Here is an excellent introduction to instructional objectives－in PDF format and very easy to read.

4. www.scs.unr.edu/~dpg/develop.html

This is a basic tutorial in writing instructional objectives. The page includes several useful related Web links.

각주

1. Grant Wiggins and Jay McTighe.(2005). *Understanding by Design*, expanded 2nd ed. Alexandria, VA: Association for Supervision and Curriculum Development.
2. As cited in S. Alan Cohen. (November 1987). "Instructional Alignment: Searching for a Magic Bullet," *Educational Researcher*, 16:8, 16-20.
3. John D.Bransford, Ann L.Brown, and Rodney R.Cocking(eds.).(2000). *How People Learn: Brain, Mind, Experience, and School.* Washington, DC: National Research Council.
4. Bransford et al., 2000.
5. Norman E. Gronlund.(2004). *Writing Instructional Objectives for Teaching and Assessment.* Upper Saddle River, NJ: Pearson/Merrill/Prentice Hall.
6. Robert J. Marzano.(2001). *Designing a new Taxonomy of Educational Objectives.* Thousand Oaks, CA: Corwin Press.
7. New York Learning Standards for Health, P.E., and Consumer Services. (1996). Retrieved on February 4, 2006, from www.emsc.nysed.gov/ciac.pub/pubpe.html
8. Wiggins and McTighe, 2005.
9. Lynn H.Erickson.(2001). *Stirring the Head, Heart, and Soul: Redefining Curriculum and Instruction*, 2nd ed. Thousand Oaks, CA: Corwin Press.
10. Wiggins and McTighe, 2005.
11. Wiggins and McTighe, 2005. 69.
12. Wiggins and McTighe, 2005.
13. Lorin W. Anderson and David Krathwohl (eds.).(2001). *A Taxonomy for Learning, Teaching, and Assessing: A Revision of Bloom' s Taxonomy of Educational Objectives.* New York: Longman.
14. Wiggins and McTighe, 2005.
15. Virginia History and Social Science Standards of Learning Curriculum Framework.(2001). "World History and Geographyto 1500 A.D." Retrieved on February 3, 2006, from www.pen.k12.va.us/VDOE/Instruction/History/hist_ss_Framework.html

16. Anderson and Krathwohl, 2001.

17. Peter W. Airasian.(2005). *Classroom Assessment: Concepts and Applications*, 5th ed. Boston: McGrawHill.

18. Thomas R. Collingwood.(1997). *Helping At-Risk Youth through Physical Fitness Programming*. Champaign, IL: Human Kinetics.

19. See Maurice J. Elias.(2005). *Social Decision Making/Social Problem Solving for Middle school Student: Skills and Activities for Academic, Social, and Emotional Success*. Champaign, IL:Reserch Press.

Harriett Arnold and Cynthia Steiger Hussey (eds.). *EQ+IQ=Best Leadership Practices for Caring and Successful Schools*. Thousand Oaks, CA: Corwin Press, 2003.

Bernard Novick, Jeffrey Kress, and Maurice Ellias, *Building Learning Communities with Character: How to Intergrate Academic, Social, and Emotional Learning*. Alexandria, VA: Association for Supervision and Curriculum Development. 2002.

20. Benjamin S. Bloom (ed.).(1956). *Taxonomy of Educational Objectives: The Classification of Educational Goals by a Committee of College and University Examiners*. New York:Longmans, Green.

21. Anderson and Krathwohl, 2001.

22. Anderson and Krathwohl, 2001.

23. The Revised Taxonomy category of "understand" is not the same as the big ideas in "understand" Objectives.

24. Anderson and Krathwohl, 2001.

25. Wiggins and McTighe, 2005.

26. Virginia History and Social Science Standards of Learning Curriculum Framework.(2001). "World History and Geographyto 1500 A.D." Retrieved on February 3, 2006, from www.pen.k12.va.us/VDOE/Instruction/History/hist_ss_Framework.html

27. California State Board of Education.(1988). *Grade 5, History–Social Science Content Standards*. Retrieved February 3, 2006, from www.cde.ca. gov/be/st/ss/hstgrade5.asp

28. Virginia History and Social Science Standards of Learning Curriculum Framework.(2001)."World History and Geographyto 1500 A.D." Retrieved on February 3, 2006, from www.pen.k12.va.us/VDOE/Instruction/History/hist_ss_Framework.html

29. Carol Boston.(2002). "The Concept of Formative Assessment," *Practical Assessment, Research, & Evoluation*, 8:9, 1. Retrieved February 15, 2004,

from www.PAREonline.net.getvn.asp?v=8&n=9

30. Paul Black, Christine Harrison, Clare Lee, Bethan Marshall, and Dylan Wiliam.(2003). *Assessment for Learning: Putting It into Practice*, Maidenhead, U.K.: Open University Press.
31. Richard J. Stiggins.(2005). *Student-Involved Assessment for Learning*, 4th ed. Upper Saddle River, NJ: Pearson/Merrill/Prentice Hall.

1부의 요약 종합하기

제1부에서는 학습자와 사회의 요구가 어떻게 교육 목적, 표준, 수업 목표로 전환되는지에 대하여 논의하였다. 여러 종류의 지식과 내용의 순서, 계열에 대한 조사를 통한 내용 분석이 고려되었다. 이외에 차시 수업 계획 요소들이 기술되고, 수업 목표 진술 체제가 제시되었다. 이러한 수업 목표들은 학습의 발생, 구체적 표준, 평가와 일관성을 이루어 설계되어야 한다.

다음 장에서는 설계과정에 통합될 일련의 수업 모형을 기술한다. 일정한 수업 모형 목록은 교사에게 각각의 목적 및 목표에 맞고 특정 상황의 각 학생 집단에 맞는 수업 전략을 선택할 여지를 남겨 준다. 우리는 수업 접근의 단단한 기반이 된다고 믿는 다양한 유목의 수업 모형을 선정하였다.

two

목표에 수업을 맞추기

모형 접근

모형비행기 또는 케이크와 같은 어떠한 패턴에 따라 처음으로 무엇인가를 만드는 것이 어떠했는지 기억해 보시오. 불가능하지는 않았지만, 처음에는 그 과제가 너무도 힘들게 느껴졌을 것이다. 여러분은 실수도 했을 것이고 경험 많은 사람들로부터 충고와 조언을 받기도 하였을 것이다. 점차로 일정한 패턴을 따르지 않고서도 모형비행기와 케이크를 만드는 데 필요한 기능과 기법을 습득하게 되었을 것이다. 사실 여러분은 다른 사람들이 따라 할 수 있는 여러분 자신의 특별한 레서피와 모형을 설계할 수 있었을 것이다. 레서피나 청사진과 마찬가지로, 수업 모형은 바람직한 결과에 필요한 구체적이고 상세한 단계를 제시한다. 특정의 수업 모형에 대한 선정은 기대되는 결과에 따라 달라진다. 선택된 수업 방법은 수업의 결과로서의 학생들이 학습할 것으로 기대되는 것과 일관성을 유지해야 한다.

초콜릿 케이크를 만들 계획을 수립할 때, 초콜릿 케이크 레서피를 선정할 필요가 있다. 새 집의 청사진으로 모형비행기를 만들 수는 없다. 이와 마찬가지로 사실을 상기시키도록 고안된 수업 모형으로는 창의적 사고 기능이나 문제 해결 기능을 기르지 못할 것이다. 일반화를 가르치는 모형은 자동차 운전 학습에 필요한 기능을 가르치는 데에는 효과적이지 못하다. **수업 모형이란 구체적인 학습 결과를 안내하는 단계별 절차이다.** 수업 모형은 학생에 관한 지식, 학습 방법에 관한 지식에 기반을 둔 모형으로 광범위하게 사용되어 구체적인 수업 목표를 달성하는 데 효과적인 것으로 알려진 모형이다. 효과적인 수업 모형의 기능은 다음과 같다.

- 효과적인 수업 모형은 인간의 학습 방법에 관한 연구 결과를 반영한다.
- 효과적인 수업 모형은 수업 목표, 평가 계획과 일관성이 있다.
- 효과적인 수업 모형은 학습자가 학습 과정에 적극적인 참여자가 되는 것을 허용한다.

- 효과적인 수업 모형은 학생들이 구체적이고 계열적 단계를 거치게 한다.
- 효과적인 수업 모형은 모든 학년 수준, 다양한 여러 학생에 적용 가능한 모형이다.

수업 모형은 다른 사람들을 가르치거나 훈련하는 여러 학문 분야 전문가들의 방법과 아이디어는 물론 교실, 교육연구 실험실 그리고 훈련기관을 포함한 여러 원천에서 찾아볼 수 있다.

수업 모형 접근은 일련의 수업 목표에 부합하는 여러 수업 모형을 개발하여 성취되는 다양한 수업을 강조한다. 오늘날의 교실은 문화적으로 점점 더 다양해지고, 수업 모형은 교사들이 다양한 여러 학생들의 요구에 부응하도록 하는 데 도움을 준다. 또한 많은 학생들은 다양한 학습 성향을 갖고 학교에 온다. 어떤 학생들은 아주 구조적인 환경에서 학습을 잘하고 또 다른 학생들은 여러 선택권이 주어지는 다양한 환경을 필요로 한다. 어떤 학생들은 귀납적 사고를 통하여 학습을 잘해 나가고 또 다른 학생들은 연역적 사고를 좋아한다. 어떠한 학생들은 혼자서 하는 학습을 더 잘하고 또 어떤 학생들은 집단 속에서 학습을 더 잘한다.

만일에 교사가 어느 한 학습 환경을 만들어 반복해서 똑같은 수업 전략만을 사용한다면, 그러한 환경 또는 그러한 수업에서만 학습을 잘하는 학생만이 성공을 거둘 것이다.

다양한 수업 모형과 전략을 적절히 사용하는 교사는 학급에 있는 모든 학생들에게 다가갈 수 있을 것이다. 더욱이, 학생들은 다양한 방법으로 학습하도록 고무받게 되면 자기가 선호하는 학습 방법을 확정해 나갈 수 있을 것이다.

언제나 모든 학생들을 가르치는 데 단 한 가지 정확한 방법이란 존재하지 않는다. 심지어 중대한 학습 도전을 하고 있는 학생들까지도 다양한 방법을 통하여 도움을 받는다. 어떠한 사회집단 또는 사회계층도 어느 방법이 다른 방법보다 더 낫다고 해서 모든 학교 학습에 오직 한 가지 방법만을 따르도록 할 필요는 없다.

제1부에서는 수업 계획에 포함되어야 할 목표의 형태와, 목표 형태에 맞는 수업 설계에 관하여 논의하였다. 어떤 목표는 방대한 이해와 일반화에 초점이 맞추어져 있고, 어떤 목표는 내용 지식에, 그리고 어떤 목표는 사실과 기능에 초점이 맞추어져 있다. 따라서 논리적으로 보아 학급에서 다양한 학습을 불러일으키려면 수업은 당연히 다양해질 필요가 있다.

수업을 설계할 때에는 학습자의 연령, 흥미, 그리고 그들이 수업에 임할 때 갖고 있는 지식, 수업이 일어나는 조건 등을 고려한다.

여기서는 각 모형에 대한 연구 기반을 제시하고 단계를 기술하며 모형이 사용되는 수업상황을 논의한다. 이 모형을 전문가가 코치하고 동료 간의 수업 검토를 받는 상황에서 실천하는 것이 중요하다.

수업 모형의 개선에 대한 우리의 경험이 하나의 모형을 자신의 것으로 만든다는 것이 얼마나 어려운지를 상기시켜 준다. 우리가 수업 모형을 제대로 알고 여러 상황과 다양한 학생에게 적용할 수 있다고 느끼려면 수시간의 수업과 이에 대한 반성이 요구된다. 처음에는 수업 모형의 단계를 따르는 것이 필수적이다. 그러나 경험과 확신이 생기면서 새로운 접근 설계에 대한 가능성과 모형을 자신의 것으로 만들 가능성은 무한히 커진다. 사용 가능한 수업 절차가 다양할 경우 교사는 더 이상 한 가지 방법에 의존하여 학생들의 흥미를 끌거나 수준 높은 내용은 물론 필수 내용을 가르치려 하지 않을 것이다. 한 가지 과정이 비효과적이라면, 즉시 다른 방법으로 바꿀 수 있어야 한다. 그렇게 함으로써 교사는 전문적인 문제 해결자이면서 동시에 전문적인 의사 결정자가 되는 것이다.

이외에 학습을 증진시키는 교실 환경에 대하여 우리가 갖고 있는 지식과 내용 표준을 근거로 하여 설계가 이루어져야 한다.

제2부에서는 여러 자원을 통하여 선정된 수업 모형을 제시한다. 이 수업 모형은 초임 교사에게는 확고한 수업 레퍼토리가 된다.

여기에 제시된 모형들은 광범위한 수업 목표에 부합되는 모형들이다. 각 모형은 각각의 목표를 가르치는 데 사용될 수 있다. 수업 설계 시 이들을 잘만 결합하여 사용하면, 다양한 학생들의 요구, 흥미, 학습 양식에 맞출 수가 있다.

우리는 교육적 책무성의 시대에 살고 있다. 이 모형들은 학생들의 학습을 증진시키기 위하여 고안된 것이다. 그리고 이 모형들은 모든 학습자에게 사용될 수 있다. 즉 어떠한 학생도 여기에서 예외일 수는 없다.

여기에 포함된 모형은 아래와 같다.

- *4장: 지시적 수업 모형*
  지시적 수업은 상당히 구조화된 수업으로 기능을 가르치고, 작고 분리된 영역으로 나누어질 수 있는 정보들을 가르치는 데 도움이 되는 수업이다. 이 수업 모형은 좋은 수업의 기초가 되기 때문에 가장 먼저 제시된다. 사실 이 수업 모형을 제시할 때에는 다른 여러 수업 모형을 포함시켜 제시할 수가 있다.

- *5장: 개념 획득 모형*

이 모형은 학생들이 어느 특수한 개념을 이해하고 분석하는 데 도움이 된다. 일련의 긍정적 본보기와 부정적 본보기를 통하여 학생들은 개념을 정의하고 그 본질적 속성을 결정한다. 개념 획득 모형은 특히 이해, 비교, 변별, 회상과 관련된 목표를 달성하는 데 효과적이다.

- *6장: 개념 발달 모형*

Hilda Taba에 의하여 처음으로 개발된 개념 발달 모형은 학생들에게 그들이 지각하고 있는 유사점과 차이점에 근거하여 자료를 분류하게 하고 유목을 정하고, 자료에 대한 명칭을 부여하고, 효과적으로 개념 체제를 구성하도록 가르친다. 그 과정에서 학생들은 그들이 조작하고 있는 개념적 관계, 이러한 개념들이 표상하고 있는 아이디어, 그리고 그들의 사고과정에 대하여 생각하는 것을 배워 나간다. 이 모형은 학생들에게 개념이 어떻게 생겨나는지를 이해시키는 데 도움이 된다. 이 모형은 자료의 대조, 적용, 유목화, 분석과 관련된 목표에 도움이 된다.

- *7장: 문제 중심 탐구 모형*

탐구 모형에 있어서, 학습자들은 난해한 상황에 처하고 가설을 생성케 하는 과학적 과정을 따르게 된다. 여기서는 특히 문제 해결에 있어서의 신중하고 논리적인 절차의 필요성과 지식의 잠정적 본질에 대한 이해, 문제 해결에 있어서의 집단적 노력의 필요성이 강조된다. 학습자들은 한 가지 질문에 대한 한 가지 이상의 대답을 추구할 것이 권장된다. 분석, 가설 설정, 평가와 관련된 목표를 달성하는 데 효과적이다.

- *8장: 창조적 문제 해결 모형*

여기에 제시된 세 가지 변형 모형은 집단 상호작용을 사용하며 은유를 통한 창의적 사고를 자극시킨다. 창의적 사고와 표현은 각 개인이 참여할 수 있는 집단 활동이다. 학생들은 이 모형을 통하여 비유, 은유를 사용하여 아이디어를 더욱 확장시킬 수 있다. 창조적 문제 해결 모형은 특히, 탐색, 비교, 확인, 통찰, 비유와 관련된 목표에 효과적이다.

- *9장: 인과 모형*

이 모형은 학생들로 하여금 중요한 활동, 상황, 조건 또는 갈등을 탐색하게 한다. 학생들은 추론을 통하여, 원인과 결과에 대한 가설을 설정하고, 사전의 원인과 그 이후의 결과를 고려하여 인간 행동을 유사한 상황에 일반화한다. 인과 모형은 특히 분석, 가설 설정, 일반화와 관련된 목표에 효과적이다.

- *10장: 소크라테스식 세미나 모형*

소크라테스식 세미나 모형은 소크라테스식 세미나에 사용될 질문의 계획 · 선정의 지침이 된다. 학생과 교사는 교재를 비판적으로 검토하여 세련된 질문과 지원적 정보를 사용한다. 이 모형은 교사가 효과적인 토의를 위하여 교실 상호 과정을 지도해 나가는 데 도움이 된다. 이 모형은 특히 분석, 평가, 종합과 관련이 있는 목표에 효과적이다.

- *11장: 어휘 획득 모형*

여기에 있는 어휘 모형은 필자 중 한 사람인 Tom Estes가 이 교재를 위하여 개발한 모형이다. Tom Estes는 독서 지도, 어휘 획득 지도의 저명한 전문가이다. 이 모형에서는 기억이 아닌 언어사와 단어 유래사를 통한 수업의 가능성을 제시하고 있다.

- *12장: 갈등 해결 모형*

이 모형에서는 학생들이 갈등 상황에 처한 개인의 사고, 행동을 탐색해 나갈 때 질문 기법을 사용하여 감정을 탐색, 연구해 나간다. 학생들은 하나의 사상이 여러 가지 방법으로 해석될 수 있으며, 사상을 보는 관점은 상대적이라는 것을 알게 된다. 이 모형은 특히 분석, 비교, 대조, 공감, 목소리와 관련된 목표에 효과적이다.

- *13장: Eggen과 Kauchak의 통합 모형*

이 모형은 학생과 교사가 모든 교육과정 영역 내의 지식체계로부터 일반화를 끌어내도록 하는 데 도움이 된다. 학생들도 함께 관찰, 기술, 설명, 일반화하고 자료들로부터 가설을 설정한다(각 행동은 구체적인 목표와 관련이 있다). 이 모형에서는 여러 형태의 자료, 예를 들면 지도, 매트릭스, 차트, 그래프, 사진 등이 사용된다.

- *14장: 협동학습 모형*

  협동학습 모형에서는 학생들이 다른 학생들과 함께 학습하고 서로 돕도록 교사는 학생들을 격려한다. 이 모형은 학급의 긍정적인 환경을 조성하고 인지적 목표를 달성하는 데 효과가 있다. 또한 모든 내용 영역에 그리고 나이가 다르고 성취가 다양한 학생들에게 유용하게 사용된다.

- *15장: 지원 전략*

  수업 모형은 덜 형식적이고 보다 융통적인 다양한 수업 전략에 의존한다. 여기서는 스캐홀딩, 생각하기–짝짓기–공유하기, 비언어적 표상, 정보 회상 전략, 유사점과 차이점 확인, 요약하기, 상호 교수가 기술된다. 구체적인 수업 목표와의 관련성도 제시되어 있다.

이 모형들은 어떠한 성취 수준에 있는 어떠한 연령의 학생이든, 어떠한 교과이든 다 들어맞는 수업 모형이다. 학습자의 연령, 흥미에 따라 적합한 목표를 적용하는 것은 교사의 책임이다. 우리는 이 모형을 유치원에서부터 졸업 후의 학생들, 특별한 요구를 지닌 학생들, 영재 학급, 교사와 학교 행정가를 대상으로 사용했다. 우리는 이 수업 모형을 사용할수록 그 효과성을 더욱 확신하게 되었다.

제 4 장

지시적 수업 모형

기초 기능, 사실, 지식을 가르치기

학생들에게 새롭고 익숙하지 않은 내용을 도입할 때 학생들의 느낌이 어떠한지를 이해하기 위하여서는 모든 교사는 새로운 기능을 주기적으로 학습하지 않으면 안 된다. 만일에 여러분이 스키를 배우고, 단추 구멍을 만들고, 히브리어를 읽고, 꽃꽂이를 하거나 컴퓨터 프로그램을 만들기만 한다면 그 경험은 변변하지 않은 것이 될 것이다. 그러나 학생들은 꼭 숙달해야만 할 새로운 과제, 낯선 자료를 직면하는 이러한 경험을 부단히 겪게 된다. 이러한 경험은 신중하게 계획한 지시적 수업에 의하여 손쉽게 이루어진다.

문학 이해와 같은 많은 학교 교육 과정은 직접 가르쳐질 수는 없다. 작문과 수사학에 대한 대부분의 지시적 수업 시도는 결코 언어 활용에 어떠한 영향도 미치지 못한다. 여기에는 지시적 수업 이외의 다른 수업 모형이 적합한 것이다. 이와는 달리, 예를 들어 수학의 절차, 문법 규칙, 뉴잉글랜드 주, 알파벳 철자 쓰기, 탄소장치 정밀검사, 과학 방정식, 주기율표와 같이 지시적 수업에 맞는 수업 목표가 얼마나 되는지를 생각해 보라.

모든 교과, 모든 학교급의 모든 교사는 학습자가 다른 수준의 사고, 학습으로 전진하기에 앞서 꼭 숙달해야 할 기초 기능에 관련된 학습 목표를 개발해 왔다.

여기에 제시된 지시적 수업 모형 일부는 효과적 훈련에 관한 행동과학적 연구에 기초를 두고 있다. 이 모형은 이전의 기능에 기초한 아주 작은 단위로 분리될 수 있는 기능을 가르치는 데 가장 유용하다. 지시적 수업은 비교적 단기간에 걸쳐 이루어지는 수업으로 숙달 학습이 이루어질 때까지 연습이 계속되는 수업이다.

지시적 수업 모형의 기초

비록 지시적 수업 모형이 부분적으로는 1900년대 초 Ivan Pavlov의 연구로 시작된 행동심리학에 기초를 두고 있지만,[1] 이것보다는 B. F. Skinner의 연구[2] 그리고 훈련 심리학, 주로 군대에서 사용되는 두뇌공학의 발달과 더 깊은 관련이 있다. 행동과학연구에서는 사고와 느낌과 같은 내적인 심리역동적 에너지에 초점을 두기보다는 측정 가능하고 관찰 가능한 학습자의 행동 통제를 더욱 강조한다.

Skinner는 쥐가 바람직한 행동을 보일 때마다 음식을 제공하여 빛이 들어오면 레바를 누르도록 쥐를 훈련시킬 수 있었다. 반대로 빛이 들어오지 않았는데 레바를 누르면 음식은 나오지 않았다. 쥐는 조작적 조건화라는 선택적 강화를 통하여 바람직한 행동을 하도록 조건화된 것이다. 조작적 행위는 학습자에 의하여 임의로 수행되는 행동인 것이다. 강화는 바람직한 행동이 수행되면 주어지기 때문에 이러한 조건화 과정을 상황 관리라고 한다.

강화가 효과적이려면, 바람직한 행동이 일어난 후의 강화는 즉각적이고 일관적이며 규칙적이어야 한다.

많은 교육자들은 강화 방법을 통하여 인간을 가르친다는 생각, 심지어는 쥐에게 레버를 누르도록 훈련시키는 방법까지도 반대하고 나선다. 그러나 어느 형태의 학습에 대하여, 상황 관리를 통한 훈련은 상당히 효과가 있는 것으로 입증되었다.

교사는 학습 과제를 작은 단계로 나누고 각 단계의 학습을 강화함으로써 바람직한 행동을 조건화하고 그 행동의 발생 가능성을 증가시킨다. 각 단계마다 피드백이 주어지고 정확한 수행에 대한 보상이 주어진다. 행동주의자들은 교사들이 바람직한 기능을 배우는 데 필요한 단계를 결정하고 정확한 반응을 조건화하여 학습자들이 환경을 통제해 나갈 수 있는 조건을 제공해 주어야 한다는 점을 지적하고 있다. 이러한 방법의 비판가들은 조건화된 행동은 장기적으로 지속될 수 없다는 점을 지적한다. 다시 한 번 강조하건대, 독자는 수업 설계를 할 때 이 모형을 다른 모형과 함께 사용하기 바란다.

지시적 수업 모형의 기초는 다양하다. 행동 심리학, 사회학습 심리학, 인지학습 심리학 이 모든 것이 지시적 수업 모형의 이해에 도움이 된다. 행동주의 심리학은 조건화된 행동의 원리 이해에 도움이 된다. 여기에는 (1) 명확한 목표, (2) 학습자가 목표 행동 중 어느 정도를 소유하고 있는지에 관한 진단검사, (3) 현실적인 목적, (4) 한 번에 한 단계씩 도입될 학습 과제의 세분화 (5) 지속적 강화 원리의 사용, (6) 합리적 강화 계획 확인을 위한 기록이 포함된다.

사회학습이론은 타인을 관찰함으로써 학습하고, 학습이란 관찰 가능한 행동의 변화일 수도 그렇지 않을 수도 있다는 입장을 지지한다. 사회학습 이론가들은 강화와 처벌은 학습에 간접적인 영향을 미친다고 주장한다. 교사 모방은 지시적 수업 모형의 한 요소이다. 학생들에게는 교사의 행동에 주의를 기울일 것이 권장된다 학생들이 모델에 관심을 기울일 때, 모방된 행동을 배우게 될 것이고 그리고 그것을 기억하고, 반복하며 그들이 학습한 것을 시연해 보일 것이다. 이것들이 모두 지시적 수업 모형의 요소들이다.

또한 인지학습이론은 지시적 수업 모형의 연구 기반에 도움이 된다. 학생들이 이전 경험을 통하여 자신의 지식을 구성해 나갈 때 지시적 수업은 새로운 지식과 기능을 학생들이 소유하고 있는 배경지식에 관련을 맺게 한다. 또한 지시적 수업 모형에서 학생들은 구체적이고 시의적절한 피드백—학생들이 새로운 능력을 구성하는 데 있어 필수적인 요소—을 제공하여 능력을 개발해 나갈 것을 허용한다.

대규모 지시적 수업과 소규모 지시적 수업 모형

1968년 Siegfried Englemann에 의하여 개발된 DISTAR(Direct Instruction System for Teaching and Remediation, 교수 교정을 위한 지시적 수업 체제)는 표준 교육과정 운동과 기초로의 복귀 운동의 결과 최근 이르러서 새롭게 주목을 받게 되었다.

비록 DISTAR가 이 교재에 설명되어 있는 지시적 수업의 형태는 아니지만, 이 방법에 대한 참고자료는 온라인이나 여러 문헌에서 찾아볼 수 있다. 지시적 수업 국립연구소에서는 대규모 지시적 수업을 광범위한 교사 연수를 요하는 일련의 여러 수업 전략 대본으로 설명하고 있다.[3] 이 수업은 상당히 상호작용직인 기반을 두고 있으며 작은 단편의 수업을 사용한다. 연구 결과에 의하면 이 접근은 성취 수준이 낮고 가난한 학생들에게 효과가 있는 것으로 나타났다. 소규모 지시적 수업 또는 지시적 수업의 수업 모형은 교사와 학생에게 새로운 정보를 배우고 이에 대한 태도를 기를 수 있는 기회를 준다. 이 모형은 일반적인 수업 모형인 셈이다. 즉 이것은 이 책에 제시된 모든 모형을 위한 하나의 틀 또는 전형으로 사용될 수 있다.

소규모 지시적 수업의 각 단계는 귀납적 수업 또는 연역적 수업 어디에서나 사용될 수 있다. 그 차이는 3단계 즉, 새로운 자료 제시하기에서 나타난다. 어떻게 자료를 제시하느냐 하는 것은 소규모 지시적 수업 모형의 결정적 특성은 아니다. 일반적인 소규모 지시적 수업의 두드러진 특징은 배경지식, 소량의 정보, 교정 피드백이 있는 안내되고 독자적인 연습과 같은 내용이다. 이들 특징은 모든 수업 모형의 일부임에 틀림없다. 지시적 수업의 일반 수업 전략(소규모 지시적 수업)은 내적 일관성을 유지하고 있는데 이것은 수업 모형의 또 다른 중요한 특징이기도 하다. 목표가 분명하게 진술되어 있고, 모든 학습 과제는 학생들이 이 목표를 성공적으로 달성할 수 있도록 구성되어 있다.

지시적 수업 모형의 단계

Rosenshine이 정립한 지시적 수업 모형의 6단계[4]를 이 장에서 상세히 기술한다.

1. 전시 학습 내용 복습
2. 수업 목표 진술
3. 새로운 자료 제시
4. 연습 지도, 수행평가, 교정 피드백 제공
5. 독자적 연습 제공, 수행평가, 교정 피드백 제공
6. 주기적 점검과 필요시 교정 피드백 제공

1단계: 전시 학습 내용을 제공한다

지시적 수업에서 학생들은 그들이 무엇을 학습하게 될지, 그리고 학습시 그들이 따라야 할 단계와 새로운 학습이 이미 학습한 내용과 어떠한 관련이 있는지를 명확히 이해하여야만 한다. 다음 교사가 어떻게 복습을 지도하는지 잘 읽어보기 바란다.

1. Benito 교사는 철자법을 가르치려고 준비 중에 있다. 그녀는 전날 학습한 내용의 복습으로 수업을 시작한다. "어제 우리는 첫 번째 문자에 따라 단어를 나누었습니다. 책상 위에 우리가 만든 단어들이 있지요. 각 단어는 똑같은 문자로 시작됩니다. 오늘 우리는 알파벳의 첫 자 즉 A자로 시작하여 이들 단어들을 순서대로 나열할 것이다. 우선 어제 우리가 작성한 각 단어의 첫 글자의 명칭을 복습해 봅시다."
2. 체육시간에 Terry 교사는 수영반을 지도한다. "자! 지난주 우리가 무엇을 했

는지 얘기해 봅시다. 여러분이 물에 들어갔을 때 기분이 어떠했나요? 지난 주 여러분은 물에 뜨는 것을 배웠습니다. 우선 물에 들어가 약 5분에 걸쳐 뜨는 것을 연습해 보세요. 그러면 모든 사람들이 그 기능을 기억하고 있는지를 알게 됩니다. 그 다음 여러분은 물속에서 손을 뻗어 스스로 어떻게 움직여야 할지도 알게 될 것입니다."

3. Tomlin 교사는 수학시간에 다음과 같이 말한다.
   "어제, 우리는 미지수를 나타내는데 X를 사용하도록 배웠습니다. Sara, 첫 번째 숙제 문제를 칠판에 적어 놓겠니? Jesse, 두 번째 문제를 적어 놓겠니? Framk, 세 번째 문제를 적어 놓겠니? 이제 모두 이 문제들을 보고, 이것들이 정확한지 알아맞쳐 보세요. 나는 여러분에게 그 문제가 왜 정확한지 아니면 왜 정확하지 않은지 설명할 것입니다. 숙제로 연습했던 미지수 X의 사용법을 우리가 확실히 이해하고 있다면 여러분이 이제 방정식에서 X의 사용법을 알게 될 것입니다."

교사들은 각자 Rosenshine이 기술한 지시적 수업 모형의 기법을 실천하고 있다. 우선 새로운 학습에 필요한 전시 학습의 복습으로 수업을 시작했다. 전시 수업에서 내어준 숙제는 본시 수업 이전에 점검되어야 한다. 칠판에 문제를 적고 새로운 기술을 가르치기 전에 전날 학습한 내용을 질문이나 검사를 통하여 검토하는 것이 중요하다. 새로운 기능이 전시 학습의 숙달에 의존하는 경우라면 본시수업이 진행되기 이전에 전시 학습을 다시 지도하여야 한다.

기능 수준을 결정하기 위하여 사전 검사를 실시하는 것은 새로운 기능을 가르치기에 앞서 필수적인 것이다. 기능의 학습 능력 분석은 교사가 수업 진행의 속도를 결정하는 데 도움이 되며 동시에 교사로 하여금 개인차에 대비한 준비를 시켜준다.

앞 장에서 형성평가와 총괄평가가 논의되었다. 효과적인 수업에는 진단평가(차시나 단원의 목표와 관련하여 학생들이 어디에 위치해 있는지를 결정하는 것)가 요구된다. 진단평가는 토론, 암송 또는 개별 면담에서와 같이 비형식적이거나 교사가 지필검사를 사용할 때처럼 형식적일 때가 있다.

2단계: 수업 목표를 진술한다

수업 목표는 학생들이 이해할 수 있는 언어로 명확히 진술하여 칠판에 적어 두어야 한다. 우리는 작문 시간에 2학년 학급을 방문하여 칠판에 다음과 같은 목표가 적혀 있는 것을 보았다. '학생들은 필기체를 쓰기 위해 연필을 적당한 위치로 잡는 것을 연습할 것이다.' 여기에 문제가 있는가? 언어가 어린이의 연령 또는 수업 목표 즉 필기체 쓰는 연습에 적합하지 못하다. 위의 목표에는 활동 즉 연습한다가 기술되어 있는데 이것은 학생이 무엇을 할 수 있는 것이 아니라, 무엇을 행하느냐가 기술되어 있다. 적합한 목표는 '학생은 표준 필기체를 쓸 수 있을 것이다.'가 되어야 한다. 목표 진술의 목적은 수업의 목적이 무엇이고, 학생에게 기대되는 학습 결과가 무엇인지를 명확하고 간단하게 언급해야 한다. 수업 목표는 전시 학습과 관련이 있어야 하며 동시에 모든 학생들의 능력 범위 안에 있어야 한다. 선행 조직자는 선수 지식과 수업 목표를 연결하여 새로운 자료의 제시에 참여케 한다. 선행 조직자라는 용어는 Ausubel이 선택한 개념으로 그는 선행 조직자를 새로운 자료 수용을 위한 정착점으로 설명한다.[5]

선행 조직자는 수업 초에 제시된다. 이것은 보통 일반 진술이나 비유로 제시되는데 학습자가 학습할 자료를 맥락에 맞추어 정착시키는 데 도움이 된다. 개념을 조직하여 교사의 설명을 통하여 또는 자료를 보거나 과제를 읽는 것 같은 경험을 통하여 개념들이 제시될 수 있음을 기억하라. 수업설계와 조직자의 유형에 따라, 내용 제시는 설명적, 비교적이 되거나 담화적이 될 수 있다. 설명 조직자는 수업에서 제시되는 개념보다 더 일반적인 수준에서 시작된다. 독립이라는 개념은 독립전쟁에 대한 수업에서 선행 조직자가 될 수 있고 영양은 기초 음식군에 대한 수업의 조직자가 되며, 구두점은 쉼표에 관한 수업의 조직자가 된다. 비교 조직자는 새로운 학습과 선수학습 내용을 관련시키거나 또는 비유, 비교를 통하여 학생에게 익숙한 경험과 관련짓는다. 예를 들면, 산업혁명에 대한 수업은 혁명이라는 단어와 학생들이 그 단어를 과거에는 어떻게 사용했는지에 대한 논의로 시작할 수 있다. 담화적 선행 조직자는 이야기를 사용하여 새로운 내용을 소개한다.[6]

3단계: 새로운 자료를 제시한다

새로운 기능을 학습하든 정보를 제시하든, 3단계에서는 교사가 내용을 분석하여 수업을 준비하는 것이 필수적이다. 내용이나 절차를 아는 것만으로는 충분하지 못하다. 교사는 그 내용을 가르칠 수 있어야만 한다. 교과 전문가라고 해서 자신의 전문성을 타인에게 전달할 수 있는 것은 아니다. 교사는 학문에 대한 내용을 알므로 내용 영역의 이론, 원리, 개념을 확실히 이해할 수 있게 된다. 그러나 이러한 지식만으로 효과적인 교수 학습 조건을 충족시킬 수는 없다. 교사는 또한 학문적 내용(교수 내용 지식)을 전달하고 표상하고 가르치는 가장 좋은 방법을 알고 있어야 한다. 이것으로 다된 것은 아니다. 그 밖에 학습에 필수적인(일반 교육학 지식) 일반 원리, 수업 방법, 학습 관리가 있다.

수업 모형은 일반적인 교육학 지식의 한 본보기이다. 효과적인 교사는 새로운 기능을 학습하는 데 필요한 단계와 이 단계의 제시 순서를 분석하는 데 시간을 내어 준비를 갖춘다. 예를 들면, 덧셈에 앞서 곱셈이 도입되지 않으며, 쉼표 이전에는 세미콜론이 도입되지 않으며 또한 물에 뜨기 전에 제비식 다이빙이 도입되지 않는다.

제시 단계마다, 분명하고 상세한 수업과 설명이 있어야 한다. 충분한 질문, 교정적 피드백과 함께 자주 다양하게 제시되는 본보기들은 학습자들을 내용에 집중하게 하고, 학습에서 벗어나는 것을 방지하게 한다. 모든 시점에서 학생들이 지시, 설명을 이해하고 있는지를 확인하는 것이 중요하다.

교사는 언어 설명과 미디어, 질문, 시연, 학생 참여를 결합하여 사용하여야 한다. 정보는 흥미 있고, 구조화되어야 하고, 잘 조직되고 범위가 제한되어야 한다. 내용도 정보와 비슷하게 분석되어야 한다. 만일에 학습자가 한 정의에 포함된 기초개념의 의미를 모른다면, 그들은 그 정의를 이해하지 못할 것이다. 예를 들면 학생들이 수평, 대패, 직각자와 같은 기본 도구를 모르면 테이블을 만드는 수업은 학생들에게 어떠한 의미도 없을 것이다. 문장을 도표화하기에 앞서 품사를 알아야 하고, 피타고라스 정리를 학습하기에 앞서 정삼각형의 요소에 대하여 알고 있어야 한다.

그리고 학습자의 요구에 따라 학습 내용을 선정하고 분석해야 한다. 너무 어렵거나 한 번에 너무 많은 자료를 제시하면 학습에 방해가 되고 제시의 목적에도 어긋나게 된다. 여러 예시와 질문을 동반하여 소수의 몇 가지 중요한 요점을 제시하는 것이 많은 요점만을 제시하는 것보다 더 효과적이다. 새로운 기능을 도입할 때 계열을 갖추어 소개될 수 있도록 절차를 작은 부분으로 나누어야 한다.

학습자의 연령과 학업 성취를 기초로 교사는 한 번에 얼마나 많은 내용을 제시할지를 결정해야 한다. 학습자가 경험이 적으면 적을수록 교사는 학생들에게 각 단계를 더욱더 상세히 설명할 필요가 있고 내용을 제시할 때마다 내용을 더 많이 제한할 필요가 있다. 우선 가장 일반적인 정보를 제시하고 이어 더 상세하고 구체적인 자료를 제시할 수 있도록 내용을 조직해야 한다. 단계마다 새로운 자료는 전시에 학습한 자료와 관련을 지어야만 한다.

자료 제시 방법

새로운 정보, 기능은 학생들에게 여러 가지 방법으로 제시될 수 있다. 사실 제2부에서 논의한 모든 수업 모형들은 학생들에게 새로운 자료를 제시하는 방법으로 사용될 수 있다.

지시적 수업 모형의 세 번째 단계—새로운 자료 제시—에서는 지시적 수업의 장점과 함께(사전 지식과의 관련, 연습, 교정 피드백) 내용을 다양하게 제시하게 된다.

자료는 연역적 또는 귀납적으로 제시될 수 있다. 연역적 방법은 일반화나 원리로 시작된다. 그 다음 학생들에게는 원리에 관한 본보기가 제공된다. 예를 들면, 고딕건축을 연구하는 학급에서 교사는 괴물상을 정의하면서 수업을 시작하고—괴물상은 잘 장식된 건물 윗부분 물기둥이다—그 다음 고딕양식으로 고안된 건물의 괴물상 그림을 보여준다. 이 경우 교사는 개념을 설명하고 그 다음 개념에 관한 본보기를 제시했다—연역적 접근.

동일 내용에 대한 귀납적 접근에서는 많은 괴물상에 관한 그림으로 수업을 시작하게 된다. 교사는 이 그림을 사용하여 모든 괴물상의 공통된 속성을 논의한다. 교사는 장식되지 않은 물기둥에 관한 그림을 보여주거나 학생들이 괴물상의 본질적 특징을 알아차리는 데 도움이 되는 물기둥이 없는 건물장식에 관한 그림을 보여줄 수 있다. 교사는 학생들이 본보기로부터 질문, 탐색을 통하여 개념을 정의하는 것을 돕는다.

새로운 정보, 기능을 제시하는 일반적인 연역적 형태는 강의와 시연이다.

강의

강의는 교실 수업의 한 부분으로 새로운 정보를 학생들에게 전달하는 한 방법이다.

설교에 관한 연구 또는 설교 기예, 기타 강연 모형을 통하여 우리는 강의 제시 모형에서 거쳐야 할 필수적 단계를 선정했다. 이 모형은 지시적 수업 모형의 제3단계에 포함시킬 수 있다.

강의 제시 모형의 단계

1. 요점을 규명한다.
2. 선행 조직자를 선정한다.
3. 본보기를 사용하여 각 요점을 설명한다.
4. 반복을 통하여 요점을 강화한다.

5. 요점을 요약하고 조직자를 언급한다.

이들 단계들을 확장해 본다.

1. *요점을 규명한다.*
   수업자료를 조직하고 난 후에는 강의에 포함시킬 요점을 선정해야만 한다. 대부분의 성인들은 강의에서 주의를 다른 데 돌리지 않고 약 20분간 집중할 수 있다. 아동들은 이들보다 주의를 기울이는 시간이 더 짧다. 많은 강의자들은 5분 미만의 규칙과 한 번 강의에 포함시킬 3개 미만의 요점이라는 규칙을 지킨다. 나이 어린 학생들에게는 이 세 개의 요점도 너무 많다. 강의에 포함시킬 내용과 학습자의 배경지식에 따라 수일에 걸친 강의도 바람직하다.

2. *선행 조직자를 선정한다.*
   수업내용을 도식화하고 요점을 규명하고 난 후에 선행 조직자를 선정해야 한다. 선행 조직자는 2장에서 논의하였다. 새로운 자료보다 더 일반적이고 학습자에게 새로운 학습과 관련지을 수 있는 맥락을 제공해 주는 아이디어를 선정하는 것이 중요함을 유념하라. 예를 들면, 빵을 굽는 데 대한 강의는 원주민들이 만든 조그만 파이로부터 제과점에서 만드는 복합적인 과자로의 발달을 거슬러 올라가는 선행 조직자로 수업을 시작할 수 있다.

3. *본보기를 사용하여 각 요점을 설명한다.*
   본보기는 청취자들에게는 기억의 단서가 된다. 많은 연사들은 시청각 교구를 사용하지 않기 때문에 요점을 설명하는 데 이야기와 일화에 의존한다. 학생들의 요점 기억을 효과적으로 돕기 위한 방법은 똑같다. 다음과 같은 일화는 기억 속에 남아 있어 강의의 요점을 회상하는 데 도움이 된다.

   > 어렸을 때 우리는 일요일이면 손잡이가 달린 냉장고 안에 넣어둘 아이스크림을 만들었다. 전쟁 중 많은 것들이 배급되었다. 가솔린을 사려면 수입인지가 필요하였다. 사과가 뉴턴에게 떨어지자, 그는 이마에 커다란 혹이 생겼다.

   교실에서 교사는 요점을 설명하기 위하여 많은 시청각 자료를 사용할 수 있다.

4. *반복을 통하여 요점을 강화한다.*

전에 배운 요점을 반복하고 새로운 요점을 소개한다. 질문을 통하여 학생들의 홍미 수준과 이해 수준을 결정한다.

5. *요점을 요약하고 조직자를 언급한다.*
   강의가 끝날 무렵, 요점을 요약하고 조직자를 언급하면서 강의를 종결짓는다. 이것은 학생들에게 설명을 요약해 주는 데 도움이 된다.

시연

만일 수업에 시연을 포함시키려면, 교사는 자료를 작은 부분으로 나누어 학습할 수 있도록 준비해야 하고, 각 부분이 끝날 무렵 이해를 점검해야 한다.

전문가의 가장 어려운 과제 중 하나는 초보자의 학습 단계를 예측하는 것이다. 특히 초보 학습자는 교사가 갖고 있는 적성, 열정과 똑같은 적성, 열정을 갖고 있지 않을 가능성이 크다.

지시적 수업의 제시 단계에서는 시각적 본보기와 실제적 본보기가 효과적이다. 흔히 교사는 말에 의존하는데 그림이나 시연을 통하여 보여주는 것이 더 효과적이고 학습자에게 기억의 단서를 제공해 줄 수 있다. 시연 단계 없이 빵 굽는 수업을 상상해 보아라. 많은 교사들은 한 장의 그림(활동, 실험 또는 시연)은 천 마디 말의 가치가 있을 수 있다는 것을 망각하고 있다.

요약하면, 정보 제시 단계는 다음과 같다.

1. 학습자의 요구에 따라 제시할 내용을 분석한다.
2. 가장 일반적인 자료에서 가장 구체적인 자료에 이르는 내용을 차트화한다.
3. 모든 기능을 논리적으로 서열화하여 작은 영역으로 나눈다.
4. 새로운 자료의 준거가 될 수업의 선행 조직자를 개발한다.
5. 제시할 요점이나 단계를 선정하고 이것을 학습자에 따라 적절한 수로 제한한다.
6. 각 요점을 설명하기 위하여 요점을 선정하고 각 요점이나 단계를 선수내용과 선행 조직자로 연결 짓는다.
7. 이해력을 점검하기 위하여 질문을 하고, 학급에서 주의집중이 안 되는 조짐을 눈여겨본다.
8. 요점을 요약하고 이것을 다음 수업 단계에 관련짓는다.

4단계: 연습 지도, 수행평가, 교정 피드백을 제공한다

안내된 연습과 독자적 연습 모두는 지시적 수업의 필수적 부분이다. 새로운 자료는 작은 단계로 나누어 제시하고 이에 대한 충분한 연습 기회를 주고 이어 다음 단계로 넘어간다. 다음 예에서, 교사는 연습 과정을 통제하고 집단과 집단 내의 개인들의 연습을 조정해 나간다.

1. 우리는 구두끈을 맬 때 양손으로 우선 구두끈부터 잡습니다. 이제 여러분 앞에 놓인 모형 구두에 있는 끈을 양손으로 잡으세요. 좋습니다. 그 다음 단계는 그 끈을 오른쪽에서 왼쪽으로 교차하여 매십시오. (왼손잡이 아동의 준비 상태도 확인한다.) 모두가 오른쪽 끈을 왼쪽으로 넘기는 방식으로 연습을 해 봅시다. Tommy, 오른손을 들어 보세요. 좋습니다. 오른손에 있는 끈은 왼손에 쥔 끈 위로 교차시키세요. 아주 좋습니다.
2. 컴퓨터를 조작하려면, 컴퓨터에 부착된 전원을 켜야 합니다. 자, 켜고 끄는 버튼을 찾아 켜는 위치에 있는 버튼을 누르세요.
3. 우리는 심장에 있는 네 개의 방에 대한 설명을 들었습니다. 이제 칠판에 있는 도표를 채우면서 네 방을 각각 검토해 봅시다.

질문

학급에서의 질문은 여러 용도로 사용된다. 지시적 수업에서, 질문은 지시적 수업 모형 모든 단계에서 이루어진다. 많은 질문—지나칠 정도의 많은 질문—은 사전에 준비되어야 한다.

수업 중 너무 많은 질문이 자주 제기되면 학생들이 지루해할 것이라는 것을 교사는 잘 깨닫지 못한다. 그러나 새로운 자료를 학습할 때 반복과 복습은 필수적이다. 더 많은 질문이 요구되는 상황에 너무 질문이 적으면 위험성도 있다. 안내된 연습 질문은 진단적 성격이 있다. 이 질문은 학생들이 수업 목표와 관련한 현 위치를 알기 위하여 사용된다. 목표는 우리가 제기한 질문의 형태를 결정한다.

질문은 간단한 단어나 또는 두 단어로 된 답을 요구할 수도 있고(수렴적 질문) 또는 여러 가지 다양한 답을 요구할 수도 있다(확산적 질문). 가끔 지시적 수업 질문은 수렴적이면서 낮은 수준의 질문들이다.

낮은 수준의 질문은 Bloom의 분류학에서 낮은 수준에 초점을 둔 질문이다. 즉 지식과 이해에 관한 질문이다.[7] 지시적 수업이 기초 기능을 가르치기 위해 사용된다면, 학생들에게 구체적인 정보를 회상하고, 수업 목표의 이해를 표현하도록 요구하므로 이러한 질문은 교정적 피드백의 구실을 하게 된다. 만일에 지시적 수업 모형이 다른 목표－적응, 분석, 평가 또는 종합을 요구하는 목표－를 위하여 사용된다면, 질문도 달라져야 하고 이에 대한 대답도 다양해져야 할 것이다. 여기서 사용되는 질문의 형태는 수업의 목표와 일관성이 있어야 한다.

대기 시간 즉 교사가 학생에게 대답할 시간을 허용하는 시간 또한 대답을 하는 과정에서 필수적인 부분이다. Robert Slavin이 보고하고 있는 바와 같이, 연구 결과에 의하면 교사는 학생에게 질문할 때, 특히 낮은 성취를 보이는 학생에게 질문할 때 지나치게 빨리 대기하는 것을 단념한다는 것이다. 대략 3초 정도의 대기는 최선의 결과를 가져오는 것 같다. 그 이후 반응하지 못한 학생의 대답을 기다리는 게 좋다.[8]

학생들은 무지를 누구에게도 알리고 싶어하지 않기 때문에 "이해하지 못할 때는 손을 들어라"는 요구는 비효과적인 방법이 된다. "질문 있습니까?"라는 질문도 썩 좋은 것은 아니다. 좋은 기법은 "일분 안에 누군가에게 칠판에 적힌 문제를 풀라고 할 테니 준비하세요"라고 하거나 "설명을 듣고 난후 다음 질문을 하겠습니다."라고 말하는 것이다.

교사는 참여를 조장하기 위하여 학생들의 질문에 대한 반응에 관한 체크리스트를 만들어 놓을 수 있다. 만일에 똑같은 학생이 대부분의 질문에 대답한다면, 교사는 자기가 물은 질문을 평가해 보고 나머지 학생들도 그 자료를 이해하고 있는지를 결정해야 할 것이다.

만일에 소수의 학생들이 손을 들지 않는다면 그들의 참여를 논의하기 위한 모임을 가질 필요가 있다. 어느 학생이 교실에서 큰 소리로 대답하면 답을 알고 있는 학생들까지도 깜짝 놀라게 될 것이다. 한 가지 방법은 학생들에게 각 질문에 대한 단답을 종이에 적도록 요구하고 그 대답을 앞 줄로 넘겨주도록 요구하는 것이다. 만일에 교실에서 큰 소리 치지 않았던 학생이 제시한 대답이 정확하다면, 교사는 학생들에게 큰 소리로 그 대답을 읽힐 수 있다. 점차로 이러한 방법은 학습 참여에 필요한 신뢰를 얻게 하는 데 도움이 된다.

여기 어느 한 교사의 이야기가 있다.

한 학교 교장선생님이 자기의 정년퇴임식 저녁식사 자리에서 어느 교사의 수업을 관찰하고 상당한 감명을 받았다고 그 교사의 수업을 칭찬했다. 그 수업에서 교사가 질문할 때마다 모든 학생들이 손을 들었으며, 지적받은 학생은 누구나 그 답을 알고 있었다. 그 자리에서 그 교사는 외부 손님이 교실에 들어오시면 모든 학생들에게 손을 들도록 지시를 했다고 말했다. 즉 "답을 알면 오른손을 들고 답을 모르면 왼손을 드시오"라고 말했던 것이다. 사실 이것은 나쁜 방법은 아니다. 적어도 이 방법은 얼마나 많은 학생들이 자료를 이해하고 있는지를 알아내는 방법이 되고 그렇게 하여 학생들의 요구에 맞추어 수업의 속도를 조절할 수 있는 방법을 알아내는 방법이기도 하다. 효과적인 교사는 추후 설명과 도움을 필요로 하는 학생들이 도움과 설명을 구할 수 있는 상황을 조성해 준다. 교사들은 학생들에게 지시나 정보를 반복하도록 요구한다. 그들은 학생들로 하여금 서로를 위해 요약하도록 요구하고 그 요약을 공유하도록 한다. 그들은 학생들에게 부차적인 본보기와 정보의 적용을 요구한다.

Rosenshine은 낮은 수준의 질문에 대한 학생 반응의 네 가지 형태를 제시하고 있다.[9]

1. *정확, 신속, 확고하다.*
   이러한 형태의 답에 대한 교사의 반응은 새로운 질문을 제기해 수업의 속도를 조절하고 성공에 대한 지나친 강조를 회피한다.
2. *정확하지만 머뭇거린다.*
   보통 이러한 반응 유형은 학습 초기 단계에서 발생하고, 교사는 "잘하는구나" 또는 "계속해서 잘해라"라는 말과 같은 격려의 말을 해주어야 한다.
3. *부정확하며 부주의하다.*
   간단히 교정하고 진행시킨다. 학생은 정답의 과정을 알고 있으나 부주의해 실수를 범한다.
4. *부정확하고 사실이나 관점에 대한 지식이 결여되어 있다.*
   교사는 힌트를 주고 단순한 질문을 제기하거나 다시 가르친다.

피드백의 제공

효율적이고 효과적인 학습을 위하여, 학생들은 학습 수행에 관한 정확하고 적합한 정보를 갖고 있어야 한다. 피드백은 명확하고 구체적인 목표나 내용에 관련이 있

어야 한다. 피드백은 가치중립적으로 무엇이 발생했는지 학생의 행동 결과, 과제 수행과 목표 간의 간격에 대한 정보를 알려준다. 좋은 수업은 학생들로 하여금 학습 수행에 대한 피드백을 제공하여 스스로 평가하게 한다.

만일 학생들이 자료를 학습하지 않았다면, 그들을 꾸짖지도 말고 수업을 계속 진행하지도 말아야 한다. 학생들이 연못 깊은 곳에 빠져 물에서 움직일 수 없을 때 수영 코치는 학생들이 물속으로 빠져 들어가도록 내버려두지 않는다. 그는 우선 기본 조치부터 취한다. 어떠한 기능 또는 새로운 내용을 학습할 때도 똑같은 접근이 필요하다. 만일에 학생들이 수업 목표에 부응하지 못한다면 교사는 우선 최초의 수업을 평가, 분석하고 문제를 결정하고 그 다음 전체 학급에 다가갈 수 있는 방법을 찾아야 한다. 지시적으로 가르친 기능 학습의 성공률은 되도록 100%에 근접해야만 한다. 나중의 제시가 첫 번째와 다르다면, 첫 번째 제시를 이해한 학생들은 재수업을 통하여 많은 도움을 받을 수 있다.

그러나 첫 번째 배운 학습자가 그들이 배운 바를 다른 사람이 따라올 수 있도록 그들 자신의 언어로 이해시키므로 다른 학습자를 돕는 것이 더 좋은 일이다.

배운 내용을 이해하고 있는 학생들이 있듯이 교실에는 잠재력 있는 교사들이 다수 있다. 이외에 개별화 자료, 단계적 과제, 융통적 집단 편성은 추가적 학습시간을 필요로 하는 학생들에게는 좋은 자원이 된다.

효과적인 교사는 학급의 여러 신호들을 중시한다. 당황해하는 학생들은 통상 어떠한 형태로든 몸짓을 섞어가며 이야기한다. 그들은 근처 학생에게 몸을 돌리기도 하고, 머리를 책상에 대고 있기도 하고, 연필로 책상을 톡톡 두드리기도 하고, 얼굴을 찡그리기도 하고 하품을 하기도 한다. 만일에 학생들이 이해하지 못하면 화를 내는 대신 다시 이해하도록 시도한다. 여러분이 수업을 시작할 때 가르치려는 기능 수준이 대부분의 학생에게 너무 높다면 수준을 낮추어 시작할 필요가 있다.

다음 단계로 넘어가기 전에 85%나 그 이상의 성공률을 기대하라. 어느 경우는 100%만이 수락 가능한 성공률이 된다.(수학교사에게는 곱셈의 100% 숙달이 목표일 수 있다.)

시내 학교의 효과적인 교사 행동에 대한 Jere Brophy의 보고서에는 학교급별 수준의 수업이 다 포함되어 있다. Brophy는 이 보고서에서 다음과 같이 적고 있다.

> 만일에 효과적인 교사가 사용하고자 한 교육과정, 수업 방법 또는 평가 도구가 좋지 않다면, 아마도 다른 효과적인 것을 찾아내야 할 것이다. 만일에 어

떠한 내용이 처음에 학습되지 못했다면, 교사는 다시 그 내용을 가르쳐야 한다. 일반적으로 이러한 교사들은 학생의 실패를 하나의 도전으로 생각한다.[10]

5단계: 독자적 연습 제공, 수행평가, 교정적 피드백을 제공한다

독자적 연습 시 학생들은 혼자 또는 소집단별로 새로운 기능의 연습을 하는데 이것은 신중을 기하여 조정할 필요가 있다. 그러나 학생들이 독자적 연습을 부여받기 이전에 안내된 연습에서 충분한 시간을 보내야 학생들이 자기 스스로 학습할 준비를 갖추게 된다.

교사는 독자적 연습기간 동안 주위를 배회하면서 어떠한 학생이 실수를 반복하지 않는지 또는 과오를 범하고 있지 않은지를 점검해야 한다. 이외에, 독자적 연습을 해 나갈 때 학생들이 자신의 결과를 점검할 방법이 있어야 한다. 가끔, 교과서 뒷부분에 있는 정답은 훌륭한 자원이 된다. 어떤 교사들은 학생들 자신이 학습을 정기적으로 점검할 수 있도록 교실 내에 점검 장소를 마련해 주기도 한다.

연습지

만일에 독자적 연습을 위하여 연습지를 사용하려면, 이미 안내된 연습 상황에서 연습지가 도입되었어야 한다. 교사가 연습 과정에 대하여 시범을 보이고 나서 학급은 첫 번째 문제를 함께 완성해간다. 다음 문제는 개별적으로 완수하고 전체 학급은 모든 사람이 그 과정을 볼 수 있도록 설명하면서 문제와 그 해결책을 함께 탐구해 나간다. 만일에 필요하다면, 개인들이 자기 스스로 문제를 완성해 나가려 시도하기에 앞서 학급이 집단으로서 몇 개의 문제를 완성케 하거나 소집단 아니면 짝집단으로 하여금 문제를 완성하게 하여라. 독자적 연습에 주어진 많은 연습지 과제의 문제는 학생들이 거의 똑같은 과오를 범할지도 모르는 일이고 그리고 그 과오는 그들 학습에 고착될 수도 있다. 가끔, 연습지는 시간 때우기와 무익한 것을 학습하는 부적절한 방식으로 수업을 지배하게 된다. 다음 장면을 생각해 보아라.

한 독서 프로그램 평가를 위해 고용된 한 자문 인사가 교실을 방문하여 분위기 파악을 위해 주변을 돌고 있었는데, 한 학생이 허리를 굽혔다 일어나 위를 쳐다보면서 "제가 지금 무엇을 하려는지 말할 수 있습니까?"라고 물었다. 그 학생 앞에 놓인 종이 위에는 다음과 같은 말이 적혀 있었다.

다음 각 단어에는 한 글자가 생략된 빈칸이 있다. 각 빈칸에 모음을 넣어 단어를 만드시오.

c_me m_ne r_in

암시를 통해 그 학생은 첫 번째 빈칸에 a를 넣어 성공적으로 came을 만들었다. 그 다음 그는 이제 알았다라고 소리치면서 그 다음은 mone이라고 대답하였다. 이 학생은 그가 전혀 배우지 않았던 행동을 연습할 필요가 있고 나아가 의미 있는 맥락에서 추출해 내는 행동 연습이 필요하다. 이 과제는 추상적인 연습으로 모든 연습지에 전형적인 것이다.

집중화와 자동화

*집중화*와 *자동화*라는 용어는 학생들이 독자적 연습을 해 나가는 과정에서 거치는 두 단계를 지칭하는데 사용되어 왔다.[11] 집중화 단계에서 학생들은 각 요소 또는 기능의 단위에 세심한 주의를 기울인다. 학생들은 거의 실수 없이 연습을 하지만 천천히 그리고 상당한 노력을 기울여 연습에 임한다. 그들은 자동화 단계에 이르면 연습 과정의 각 단계를 생각함이 없이 더욱 신속하게 자동적으로 반응할 수 있게 된다. 자동화 단계에 이르려면 학생들은 집중화 단계에서 연습, 반복을 통해 기능에 대한 과잉 학습을 필요로 한다.

학생들이 학습의 집중화 단계에는 도달하였으나 자동화 단계에 도달하지 못했을 때에는 숙제가 가장 효과적이다.

독자적 연습으로 자주 사용되고 있는 숙제는 가끔 남용되고 있다. 이 경우 학생들은 자료도 명확히 이해하기 전에, 그리고 학교에서 충분한 연습 지도도 받기 전에 집에서 자료에 대한 연습을 실시하게 되는 것이다.

숙제에 대하여 많은 좌절이 생겨난다. 왜냐하면 학생들은 준비도 되기 전에 자료에 대하여 독자적으로 연습하도록 요구받기 때문이다.

루브릭(평가지침)

루브릭은 학습 평가의 지침이다. 루브릭은 채점 기준을 명확히 공표하고 학생, 동료, 교사들에게 피드백 제공을 돕는다.

좋은 루브릭은 훌륭한 과제의 특징을 잘 명시해 준다. 훌륭한 과제는 과제의 목적 그리고 과제가 평가되는 기준을 명시하여 개발된다. 훌륭하고, 좋고, 적당하고, 졸렬한 과제 본보기의 구분은 루브릭 설계의 중요한 일면이다. 과제별 루브릭은 개별 학생이나 동료 팀이 교정 피드백을 받는 데 사용될 수 있다.

6단계: 주기적 점검과 필요 시 교정적 피드백을 제공한다

자료의 주기적 점검은 모든 수업 계획 속에 포함되어야 한다. 새로운 기능 숙달에 과잉 학습은 필수적이다. 특히 각각의 기능이 후속 학습에 필요한 경우에 그렇다. 학생들이 새로운 기능을 학습해 나갈 때 전에 학습한 기능의 점검은 자동화를 위하여 필수적이다(많은 영어 교사들은 그들이 하루에 다섯 번씩이나 가르치는데 그들은 그만큼 많은 문법을 결코 배운 일이 없다고 이야기한다.).

숙제는 진도를 나가기에 앞서 복습의 일부로 점검되어야 한다. 만일에 숙제를 부과할 가치가 있다면 그것은 점검할 가치가 있는 것이다. 그러나 연구 결과에 의하면 많은 교사들은 이렇게 중요한 점검 과정을 도외시하고 있다.[12] 만일에 학생들이 과제를 이해하지 못한다면, 다음 단계로 넘어가서는 안 된다. 그 자료를 다시 가르치고 학습 실패의 이유를 분석해야 한다.

만일에 주간 점검을 통하여 어느 기능이 발휘되고 있지 못하다면, 재수업은 필수적이다. 학생들은 여름에는 가끔 기능과 정보를 망각한다. 그래서 학년 초나 학기 초에 파지 검사를 하는 것이 중요하다. 교사는 학생들에게 높은 성공률을 기대한다. 만일에 학생들이 학습을 하지 않는다면 거기에는 분명히 어떠한 이유가 있을 것이다. 여기에 몇 가지 질문을 제기해 볼 수 있다.

- 학생들은 새로운 기능이나 자료를 학습하는 데 필요한 배경을 갖고 있는가?
- 학습과정의 단계는 소단계로 잘 나누어져 있었는가?
- 새로운 단계가 도입되기 전에 각 단계가 학습되었는가?
- 학습 목표와 방향이 명확히 진술되었는가?
- 내용은 논리적으로 조직되었으며 본보기, 강의, 시연은 효과적이었는가?
- 수업에서 배운 내용을 이해했는지 결정하기 위하여 충분한 질문이 제기되었는가?
- 연습 지도는 충분하였는가? 모든 학생들이 연습에 참여하였으며, 과오는 신속히 교정되었는가?
- 기능에 대한 독자적 연습이 있었는가? 아니면 학습이 있었는가? 학생들이 과오 없이 수행했는지를 결정하기 위하여 독자적 연습을 자세히 점검했는가?
- 주기적 점검과 새로운 학습을 하기 위하여 기회가 주어졌는가?

지시적 수업 모형의 단계 요약

1. *전시 학습 내용 복습*
   학생들이 전에 배운 자료를 숙달했는지 그리고 그 자료와 새로운 학습과의 관련을 이해하고 있는지를 확인한다.

2. *수업 목표 진술*
   목표는 수업을 시작할 무렵, 학생들이 이해할 수 있는 언어로 학생들에게 제시되어야 한다.

3. *새로운 자료 제시*
   새로운 자료는 잘 조직되어 흥미있는 방식으로 제시되어야 한다. 학생들이 주어진 정보를 이해하고 있는지를 결정하기 위하여 자주 점검해야 한다.

4. *연습 지도, 수행평가, 교정적 피드백 제공*
   학생들의 연습을 안내하고 그들이 정확히 수행하고 있는지를 확인한다.

5. *독자적 연습 제공, 수행평가, 교정적 피드백 제공*
   학생들이 독자적으로 학습해 나갈 때 계속 학생들을 감독하고, 과오를 점검한다. 숙제는 학생들이 과제를 정확히 수행해 낼 수 있을 것이라는 확신이 들 때에만 독자적 연습을 위하여 부과되어야 한다.

6. *주기적으로 점검하고 교정적 피드백 제공*
   새로운 수업이 시작되기 전에 숙제를 점검하고 필요한 경우 재수업을 실시한다. 교사는 주기적 점검을 통하여 새로운 학습이 계속 유지되고 있는지를 확인한다.

활동 4.1: 지시적 수업 모형의 응용

지시적 수업의 원리에 근거하여 다음 진술의 효과성을 평가하라.

1. 누가 칠판에 숙제 문제를 적어 놓겠는가?
2. 오늘 아침 퀴즈를 못 풀었기 때문에 오늘은 휴식 시간이 없을 것이다.
3. 오늘 여러분은 세포분열에 대하여 학습할 것입니다. 잘 들으세요. 여러분이 여기에 대하여 아무것도 모르기 때문에 내일 퀴즈가 있을 것입니다.
4. 설명을 주목하면서, 대양과 강의 명칭에 주의를 기울이세요. 나중에 여기에

대한 질문을 할 것입니다.

5. 강의 중 주의를 기울이지 않았기 때문에, 오늘밤 여러분에게 3쪽짜리 숙제를 내줄 것입니다.
6. 여러분이 조용히 독서를 할 때, 나는 몇 명에게 내 책상으로 오게 하여 지난 주 배웠던 독서 기능을 점검할 것이다.

목표, 평가에 지시적 수업 맞추기

지시적 수업은 일반 수업 전략이 될 수도 있고, 구체적인 수업 모형이 될 수도 있다. 일반 수업 전략은 모든 내용 영역에 그리고 다양한 목표를 위한 모든 전문적 수준에 유용하게 사용될 수 있다. 일반 수업 전략으로 지시적 수업을 사용할 때, 3단계에 특수한 수업 모형을 삽입할 필요가 있다(제2부 가능성 부분 참고).

그러므로 개념 획득 모형은 3단계에서 사용될 수 있으나 교사는 이어 선수 지식과 관련을 짓고, 내용을 소단위로 연결 지어 조직하고, 교정적 피드백이 따르는 연습을 제공하는 실제를 따를 수도 있다.

개념 획득의 궁극적 목적은 평가, 내용 제시 방식과 일관성을 유지하는 것이다. 구체적인 지시적 수업 모형은 정확한 개념과 기능을 연역적으로 가르치기 위하여 사용된다. 이 모형에 딱 들어맞는 내용은 쉽게 정의할 수 있고, 쉽게 설명되고 연습을 통하여 도움이 되는 개념과 기능이다. 이 모형의 많은 부분은 연습이 차지하기 때문에 평가에는 기능, 회상, 확인, 적용, 지필 과제를 위한 수행평가가 포함된다.

활동 4.2: 지시적 수업 적용

다음 목표 중 어느 것이 구체적인 지시적 수업 모형을 사용하여 가르칠 수 있는지를 지적하라. 그리고 여러분이 결정한 이유를 설명하라.

1. 학생들은 주어, 동사, 직접 목적어를 나타내는 문장을 도식화할 수 있을 것이다.
2. 학생들은 상황을 비유어를 사용하여 기술할 수 있을 것이다.
3. 학생들은 제비식 다이빙을 할 수 있을 것이다.
4. 학생들은 셔츠를 절단하는 데 있어 지시사항을 지킬 것이다.
5. 학생들은 효과적인 집단 문제 해결 기능을 사용할 수 있을 것이다.

수업의 차별화 가능성

교사들은 다양한 수업 모형과 전략을 사용하여 수업을 차별화하고 있다. 차별화 전략은 개인과 학생 집단에 반응하는 전략이다. 즉 다양한 과정을 사용하는 것이 한 가지 수업을 차별화하는 방법인 것이다. 모든 수업 모형은 차별화 기회를 제공한다. 이 교재에 있는 각 수업 모형의 모든 기회를 기술하는 것은 불가능하다. 그러나 구체적인 모형에 딱 들어맞는 전략은 존재한다. 지시적 수업 모형의 경우 그 모형의 목적, 기초, 과정과 밀접한 관련이 있는 두 가지 중요한 차별화 기법이 있다. 즉 질문을 조정하고 융통적인 집단을 구성하는 경우이다. 모든 차별화 기회는 명확한 목표, 학생의 배경지식에 대한 이해 그리고 최종 목표와 관련한 학생들의 성취에 기초하고 있다. 이 두 가지 필수조건(명확한 목표와 학생의 선수 지식의 시연)은 지시적 수업 모형의 구조에 의하여 충족된다.

연습 또한 지시적 수업의 결정적 특성이다. 융통적인 집단 구성은 학생들로 하여금 흥미, 기능, 선행 경향성 또는 배경지식이 유사한 또래 집단 또는 혼합된 성취 집단과 더불어 새로운 지식과 기능을 연습하도록 허용한다. 그 결과 동료들은 통찰과 기능을 공유하게 된다. 학생들은 사회적 상황 속에서 학습을 해 나가므로 집단은 유동적이어서 학생들이 학습한 기회를 많이 가질 수 있도록 할 필요가 있다. 여기에서 핵심은 융통성이다. 즉 집단은 연습 지도 시에는 고착화되어서는 안 된다. 다시 말해, 집단은 개별 학습자의 요구에 부응하여 바뀌어야만 한다. 비록 많은 지시적 수업이 전체 학급을 대상으로 실시되지만, 계속적인 연습 지도는 집단적으로 이루어져야 한다.

수업에 도움이 되도록 질문을 조절하는 것은 모든 수업 모형에서 사용할 수 있는 중요한 차별화 전략이다. 교사는 지시적 수업에서 질문을 통하여 이해력을 점검하고 새로운 지식과 기능의 개발을 위한 단서를 제공한다. 질문의 차별화는 또 다른 단계를 필요로 한다. 즉 학생들의 학습 프로파일에 맞추어 질문을 바꾸는 것이다. 질문은 지시적 모형의 모든 단계에서 사용된다. 모든 학생들의 흥미, 성취 수준, 지능에 맞추어 질문을 조정함으로써 학생들의 요구에 부응할 수 있다. 예를 들면 Chamecka 교사는 고딕건축 수업에서 유럽 여러 곳을 여행했고 건축에 많은 흥미를 갖고 있는 Felicity에게 괴물상에 관한 질문을 던진다. 여행할 기회도 없고 음식에는 관심이 있으나 건축에 관심이 없는 Marcus에게는 또 다른 질문이 적합할 것이다. 적합한 질문을 제기하는 또 다른 하나의 방법은 Bloom의 목표분류학의 낮은 지적 수준에서 인지적으로 보다 복잡한 행동(적용, 분석, 평가, 창안)을 묻는 질문으로 이동하는 것이다.

모든 학생들은 수업의 목표에 도달해야 된다. 그러나 개념이나 기능에 대한 지식을 표상한 학생들은 보다 정교한 인지 과정을 거쳐 이러한 지식을 더욱 확대해 나가는 것이 요구된다.

대안적 평가

지시적 수업은 두루두루 사용되는 수업 모형이다. 평가도 선택의 폭이 크다. 이와 같이 이에 대한 선택적 반응, 단답, 주관식 문항을 사용하는 전통적인 지필검사는 지시적 수업에서 제시된 사실, 개념, 일반화를 위한 총괄평가로 사용될 수 있다. 새로운 기능은 지시적 수업 모형의 안내된 연습과 독자적 연습 단계에서 형성적으로 평가될 수 있다.

연습 지도시 과제는 가능한 한 내용 제시 단계에서의 과제와 동일해야만 한다. 즉, 학생들은 그들이 눈여겨보았던 것과 똑같은 것을 연습해야 한다. 학생들에게 새로운 기능을 익숙하지 않은 상황에 전이하도록 준비시킬 때, 반복되는 과제 학습은 독자적 연습 중의 본래의 학습과 유사하지 않아도 괜찮다. 지시적 수업 모형의 주된 이점 중 하나는 안내된 연습과 독자적 연습에서의 피드백 기능이다. 수행평가 또한 지시적 수업이 끝난 후 새로운 학습을 평가하는 데 유용하다. 수행평가는 학생들로 하여금 그들이 구체적인 과제를 수행한 과정을 보여줄 것을 요구한다.

과제에는 분명한 지시, 분명한 수행 평가 준거를 함께 제시해야 한다. 과제는 새로운 학습 행동의 실생활 사태 적용을 나타내고 의도된 기능을 실천하도록 동기를 부여해주는 과제가 선택되어야 한다. 인터넷이나 학구의 웹사이트에는 구체적 수업이나 단원 수업 평가에 활용될 수 있는 수행평가 모음집이 다수 있다.

시나리오

과학반에서는 한 번도 사용해 보지 못한 분젠버너를 사용할 때 발생하는 화학 변화에 대한 단원을 공부하고 있다. Shuman 교사는 얼마나 많은 사람들이 전에 이 버너를 사용해 왔는지를 알아보는 것으로 수업을 시작한다. 두 학생이 손을 든다. 교사는 그 학생들로 하여금 자신의 테이블로 다가와 조교 노릇을 해달라고 부탁한다.

Shuman 교사는 전시 수업을 복습으로 수업을 시작한다. "어제 우리는 실험실에서의 안전과 몇 가지 기본 안전 수칙을 정했습니다. 오늘 우리는 중요한 실험 장비인 분젠버너 사용법을 배우게 될 것입니다. 수업이 끝나면 여러분은 버너의 각 부분의 이름을 말할 수 있고 집단과 함께 이것을 사용하여 간단한 활동을 하게 될 것입니다."

Shuman 교사는 하나의 조직자로서 학생들에게 익숙한 비유를 사용한다. 그는 학생들에게 용접공이 토치램프를 사용하는 것을 보았는지 물었다.

Tommy: 보았습니다. 싱크대를 고정시킬 때 용접기는 쇠막대를 빨갛게 달구었습니다.

교사: 뜨거울 때 배관공은 그 쇠파이프로 무엇을 할 수 있었을까?

Tommy: 저는 그것을 구부릴 수 있다고 생각합니다.

교사: 맞아. 열은 물질의 이동을 바꿀 수 있어. 특히 열이 강렬할 때 특정영역에 영향을 미칠 수 있지. 그러므로 실험실에서는 이와 같은 열이 필요해. 안전하고 편리한 열의 원천이 바로 분젠버너야.

그리고 15분간 교사는 분젠버너에 관한 정보를 제시하면서 분젠버너의 각 부분과 기능을 그림을 사용하여 설명하였다. 그는 자주 질문을 해 학생들이 그 자료를 이해하고 있는지 확인하였다.

그는 설명이 끝난 후 OHP를 사용하여 버너 사용 절차를 학생들에게 보여주었다. Shuman 교사는 각 단계를 시범 보이고 조교들에게 시범을 따라하도록 요구한다. 각 단계가 끝난 후 학급에서는 절차에 대하여 논의한다. 교사는 연습 지도 단계에서 학생들에게 공동으로 버너를 사용토록 하고 교실을 돌며 각 집단의 학습 진전 상태를 점검한다. 그는 과오를 발견하는 즉시 교정해준다.

수업이 끝날 무렵, Shuman 교사는 숙제용 연습 문제지를 배부하는데 여기에는 버너 사용 절차가 있고, 학생들은 적당한 순서대로 절차를 정하고 버너의 각 부분에 대한 명칭을 부여해야 한다. 그는 학생들에게 다음날 버너 사용 절차를 복습하고, 각 학생은 버너를 사용하여 간단한 실험을 하게 될 것이라고 말한다.

만일 Shuman 교사가 그 다음날 한두 명의 학생이 아직도 수업에 문제가 있다는 것을 발견한다면, 그는 부수적인 연습을 시키거나 개별적으로 그들을 돕거나 그 절차를 숙달한 학생과 함께 문제를 해결하게 할 수도 있다. 만일 버너를 잠시 사용할 수 없다면, 교사는 학생들이 필요한 정보를 갖고 있는지 확인하기 위하여 그들이 사용한 것을 세밀히 검토해 보아야 할 것이다.

활동 4.3: 지시적 교수학습 과정안

여러분이 가르치려는 과목을 생각하면서 새로운 자료를 제시하거나, 새로운 기능을 가르치기 위하여 지시적 수업 모형을 사용한 교수학습 과정안을 개발하라.

요약

이 장의 첫머리에서 언급한 진술을 반복하는 것이 중요하다. 지시적 수업 모형은 수업도구로 필요하나, 충분하지는 않다. 이러한 효과적인 도구가 없다면 그것은 문제이다. 왜냐하면 이 모형의 단계는 수업 설계를 위한 기본 틀이 되기 때문이다. 그러나 이 모형을 지나치게 많이 사용하는 것은 좋지 못하다. 일반적으로 이 교재에 제시된 다른 모형들을 지시적 수업 모형의 제시적 단계에서 통합해 사용할 수 있다. 더 구체적으로, 이 모형은 여러 수준의 지식, 목표와 기능을 가르칠 때 사용될 수 있다. 그러나 말을 아끼는 것이 좋을 것 같다. Robert Slavin은 지시적 수업에 관한 연구는 대부분 초등학년 기초 독서, 수학에 집중되어 있다고 보고하고 있다. 다른 교과, 다른 학년에 있어 지시적 수업방법이 학생의 학습을 증진시킬 것이라고 믿을만한 근거는 거의 없다.[13]

웹 자원

I. curry.edschoolI.virginia.edu/curry/class/edis/511/DI
Resources about Direct Instruction, John Wills Lloyd. This site is a portal to research and resources relating to direct instruction.

2. www.adprima.com/direct.htm
Included in this site are direct teaching guidelines and information regarding links to other sites.

3. www-instruct.nmu.edu/education/rhrecz/IndirectDirectTeach.html
An excellent chart is included, describing the procedures of major direct instruction theorists.

4. chiron/valdosta.edu/whuitt/col/instruct/dirinst.html
A succinct outline of Robert Slavin' s model of direct instruction is provided.

5. www.abacon.com/slavin/notes7.html
This is a practical guide to how a direct instruction lesson is taught.

6. www.humboldt.edu/-thal/hunter-eei.html#decontex

Barak Rosenshine describes how effective teachers teach less structured skills: how to summarize, how to take notes, how to ask appropriate questions, and so on.

7. www.teachreach.org/barb.htm

Two spelling study strategies on the spelling performance of second grade students are compared and evaluated.

8. www.humboldt.edu/-tha1/hunter-eei.html

This site includes an outline and description of Madeline Hunter' s lesson design with an explanation of each of the seven steps.

각주

1. I. Pavlov. (1927). *Conditional Riflexes: An Investigation of Physiological Activity of the Cerebral Cortex*, trans.G.V.Anrep. London: Oxford University Press.
2. B. F. Skinner. (1963). *Science and Human Behavior.* New York: Macmillan.
3. National Institute for Direct Instruction. *What Is Direct Instruction (DI)?* Retrieved on February 6, 2006, from www.nifdi.org
4. Barak Rosenshine. (1983). "Teaching Functions in Instructional Programs," *Elementary School Joumal*, 83: 338.
5. David Ausubel. (1960). "The Use of Advance Organizers in the Learning and Retention of Meaningful Verbal Material," *Journal of Educational Psychology*, 51: 267-272.
6. Robert J. Marzano, Debra J. Pickering, and Jane E. Pollock. (2001). *Classroom Instruction That Works: Research-Based Strategies for Increasing Student Achievement.* Alexandria, VA: Association for Supervision and Curriculum Development.
7. See Chapter 3.
8. Robert E. Slavin. (2000). *Educational Psychology: Theory and Practice*, 6th ed. Boston: Allyn and Bacon.
9. Rosenshine, 1983, 344.
10. J. E. Brophy. (1982). "Successful Teaching Strategies for the Inner City Child," *Phi Delta Kappan*, 63: 527-532.

11. S. J. Samuels. (1981). "Some Essentials of Decoding," *Exceptional Children Quarterly* 2: 11-25.
12. T. L. Good and D. A. Grouws. (1979). "The Missouri Mathematics Effectiveness Project: An Experimental Study in Fourth Grade Classrooms," *Journal of Educational Psychology*, 71: 355-362.
13. Slavin, 2000, 236.

제 5 장

개념 획득 모형

개념을 귀납적으로 정의하기

언어의 큰 역설 중 하나는 비록 세상이 무한한 사물과 아이디어로 가득 차 있더라도 아무튼 인간은 단 몇 천 개의 단어를 갖고 온갖 것에 대한 얘기를 해 나긴다는 점이다. 부분적으로 이것은 개념 발달과 개념 획득이라는 이중 과정을 통하여 가능하다. 6장의 주제인 개념 발달이란 유사한 대상과 아이디어를 집단으로 나누어 유목화해 나가는 과정이다. 이것은 많은 것을 상기하고 이해해야 할 부담을 완화시켜 준다. 개념 획득도 유사한 대상과 아이디어를 집단으로 나누어 유목화해 나가는 과정이다. 이것도 많은 것을 상기하고 이해해야 할 부담을 완화시켜 준다. 그러나 개념 획득은 의미에 반드시 필요한 속성을 찾고 그렇지 않은 것을 도외시하여 개념을 정의하는 과정이다. 여기에는 개념의 본보기와 본보기가 아닌 것에 대한 변별학습이 포함된다.

개념 획득에 대한 자연적 경향은 모든 아동들에게서 잘 나타난다. 만일에 아동이 애완용 고양이가 있는 데서 1년을 보낸다면, 그 아동은 네 다리가 있는 털 있는 짐승을 고양이라고 일반화할 것이다. 예를 들면, 이웃의 개를 고양이라고 불러 개념을 일반화하는 경향은 가끔 성인을 깜짝 놀라게 한다. 어떻게 그런 일이 일어날까? 고양이라는 개념을 획득하는 과정에서, 어린이는 많은 고양이의 예(털이 짧고, 길고, 어른 고양이, 새끼 고양이, 기타)와 고양이가 아닌 동물(새장의 카나리아, 이웃집의 독일 세파트, 마당의 메뚜기) 등을 만나게 된다. 이 모든 고양이와 고양이가 아닌 동물은 (1) 아동으로 하여금 고양이로서 고양이를 정의하고 규정하는 특징으로 고양이의 속성을 직관케 하고 (2) 고양이일 것이라고 하는 동물에 고양이라는 명칭을 붙여 고양이와 고양이가 아닌 동물에 관한 가설을 검증케 한다.

개념 획득에서의 성인의 역할은 풍요롭고 아이디어로 가득한 환경을 제공해 주어 많은 개념을 대면하고 개념 정의의 정확성에 대한 정보와 피드백을 받을 수 있게 하는 것이다.

개념 획득을 가르치는 것은 여러 면에서 앞에서 기술한 개념 획득의 자연적 과정을 지도하는 것이다. 아동은 사실 그들이 소유하고 있지 않은 어떤 개념을 갖고 있다고 인정하고 잘못되고 수업적으로도 해로운 가정 위에 수업을 실시하기가 쉽다. 교사는 이러한 오개념을 들추어낼 수 있도록 학생들의 배경지식을 평가하는 것이 무엇보다 중요하다.

성인들은 아동들이 학교에서 배운 것을 잘못 발달시켜 온 오개념 속에서 많은 웃음거리를 발견한다. 예를 들면, Art Linkletter는 라디오와 TV 프로그램에서 수천 명의 젊은이와 면담을 하고서 그의 저서 *Kids Say The Darndest things*에서 다음과 같이 언급하고 있다.

> 반만 듣고 반만 이해한 단어와 문구들이 자라나는 아동의 말초신경에 갖가지 영향을 미친다. “늘 내가 가장 좋아하는 한 소년이 있는데 그는 다음과 같이 말하고 있다. 내가 가장 좋아하는 노래는 I' m going to Alabama with a band aid on my knee” 이다.[1]

이 우화와 같이, 학교에서 아동들이 배우는 많은 단어들이 잘못 이해되고 잘못 해석되고 있음을 알고 우리는 당황하게 된다. 아주 가끔 교사는 자신과 학생들에게 기억을 마치 이해와 동일한 것처럼 속여 믿게 하고 있다. 이것은 많은 문제를 남긴다. 배운 내용이 학습자에게 의미가 없다면 배운 것은 무슨 쓸모가 있을까? 개념화가 기억보다 더 중요하지 않은가? 학습자가 교실에서 사용하는 개념의 의미를 왜 이해하고 있다고 가정하는가? 어떻게 우리는 이 오개념을 들추어낼 수 있을까?

교실에서의 개념 획득 과정은 학습자들이 하나의 정의를 도출할 때까지 개념의 본보기와 비본보기를 비교하는 귀납적 과정을 통하여 개념의 의미 획득을 돕는 것이다. 학생들은 개념 발달에서 주인의식을 갖게 되어 그들이 배운 내용의 권위자가 되는 것이다.

개념이란 무엇인가

개념이란 우리가 부여한 속성에 의하여 정의된다. 속성이란 대상이나 아이디어의 두드러진 특징이다. 속성에는 본질적 속성과 비본질적 속성 두 종류가 있다. 비록 테이블은 보고, 만지고, 냄새를 맡을 수 있는 대상이지만, 우리는 머리속에 테이블이 무엇인가 또는 플라톤이 표현한 "*테이블*"이라는 개념을 갖고 있다. 테이블임은 이따금 물건을 놓을 수 있는 다리가 달린 평면으로 정의된다. 판자는 우리가 점심식사를 놓을 수 있는 두 개의 콘크리트 블록에 의하여 지탱되고 있는가? 그 판자는 그 위에 점심식사를 놓을 수 있으며 땅에 붙어 있는가? 여러분이 스스로 생각해 낸 속성－여러분의 개념 파일 속에 테이블이라고 그리고 있는 속성－은 이 질문에 대한 답을 결정해 줄 것이다.

어떤 속성은 개념에 필수적으로 꼭 필요하다. 다른 것들은 비본질적이거나 또는 가변성이 있다. "*사과*"라는 개념과 관련이 있는 두 가지 속성은 붉은 색과 둥근 것이다. 그러나 만일, Granny smith 사과나무가 자란 곳에서 어떤 사람이 성장했다면, 그는 가장 공통적 속성을 초록과 둥근 것이라고 생각할지도 모른다. 따라서 붉은색은 하나의 가변적 속성이 된다. 우리가 사과의 속성에 부여하는 개념 파일에는 크기, 형태, 색, 맛, 조직, 겉껍질, 씨, 줄기 등이 있다. 사실적 정보 이외에, 우리의 개념 파일에는 인상, 지식, 의견, 기억, 가정, 추론, 일반화가 있고 또 "사과는 의사를 멀리하게 한다." 또는 "교사를 위해서는 사과를"과 같은 연상이 포함된다.

그러므로 *개념*이란 이해로부터 끄집어낼 수 없기 때문에 많은 사람들이 잘 모른다고 생각하는 대상 그 자체뿐만 아니라, 그 대상에 대한 생각을 구성하는 속성을 일컫는 말이다.

개념 획득 모형의 기초

개념 획득 모형은 Jerome Bruner, Jacqueline Goodnow, George Austin의 연구에 기반을 두고 있으며 이것은 『사고의 연구』[2]라는 연구물에 보고되었다. Bruner와 그의 동료들은 주로 개인이 자료를 유목화하고 개념을 획득하는 과정에 관심을 갖고 있었다. 교육자들은 특히 학습자에게 개념을 가르치는 데 있어 이 연구를 활용하는데 관심을 가져왔다. Bruner와 그의 동료들은 다음과 같이 적고 있다. "유목화한다는 것은 서로 다른 것들을 등치시키는 것으로 사물, 사상, 인간을 여러 부류로 나누고, 이들의 독특함이 아닌 그 부류의 집단 특성의 입장에서 그 부류에 반응하는 것이다.[3] 이것은 곧 유목화해 나가는 과정으로 학습자는 개념의 발달과 획득을 통하여 복잡한 환경을 단순화해 나간다. 개념을 정의하는 일반 특징은 구체적일 수도 있고 추상적일 수도 있다.

막연한 수많은 본질적 속성을 지닌 추상적인 개념을 배우기보다는 몇 가지 결정적인 특징만을 지닌 분명한 개념을 학습하기가 더욱 쉽다. 그래서 자유, 정의 또는 정직이라는 추상적인 개념을 이해하는 것보다는 지도나 자전거와 같은 개념을 학습하는 것이 더욱 쉬운 일이다. 모든 개념에는 (1) 명칭과 정의 (2) 개념 부류에 속한 본보기 (3) 개념을 정의하는 결정적 속성이 있다. 우리는 많은 산발적인 정보나 사실을 배우는 인지적 부담을 줄여주기 위하여 개념을 가르치는 것이다. 개념을 가르치는 것은 우리가 정보를 처리하는 방식과 일치한다(2장 참고). 개념이란 세상을 이해하기 위한 어떤 유형과 스키마를 개발하는 데 도움이 된다. 개념이란 우리가 이미 알고 있는 것을 요약하고, 우리가 접하는 새로운 정보를 이해하는 데 도움이 되는 조직 장치이다.

개념은 사실, 일반화와 다르다. 사실이란 관찰 결과인 단절된 정보로 단 한 번 발생했기 때문에 예언적 가치가 없다. 심지어 태풍이 2005년 8월 20일 걸프만에 상륙했다는 것을 안다고 또 다른 태풍이 그 후 2년 만에 이 지역에 상륙하리라는 예측은 못한다. *태풍*이 자주 *걸프만*에 상륙한다는 것은 일반화이다. 일반화란 둘 또는 그 이상의 개념들 간의 관계를 나타낸다. 앞의 예에서 개념은 *태풍*과 *걸프만*이다.

학교에서 학생들은 끊임없이 듣고 읽도록 요구받고 끊임없이 명제(일반화 또는 진위를 주장하는 진술)에 접하게 된다. 일반화란 개념들 간의 관계를 나타낸다. 가끔 명제 속에 포함된 개념의 진위는 일반화를 어떻게 이해할지를 결정한다.

"*콜럼버스가 미국을 발견했다*"라는 것은 대부분의 미국 아동들이 알고 있는 명제이다. 그러나 이 주장의 진위는 *발견하다*와 *미국*이라는 개념이 어떻게 정의되느냐에 따라 달라진다. 콜럼버스가 인도 근처 어디쯤이라 잘못 가정하고 서인도라고 잘못 명명한 섬에 발을 들여놓았을 때 북미 대륙에는 천만 명의 사람들이 살고 있었던 것으로 추정되고 있다. 학생, 성인과 같이 개념 획득의 관점에서 사고 과정을 이해하는 사람들은 이 간단한 명제를 주의 깊게 생각할 것이다. 요약하면, 개념이란 수많은 관찰을 통하여 자료를 유목화하는 결과로 생긴 추상화해 놓은 아이디어이다.

이 세상의 여러 자극들을 이해하기 위하여, 모든 연령층의 학습자들은 개념을 형성하고 명칭을 부여한다. 이 세상의 모든 사물이 분리되고 무관한 실체라고 했을 때, 여기에서 생기는 인지적 부담을 상상해 보아라. 개념을 형성하려면 학습자들은 차이점보다 유사점에 더 관심을 갖고 유사한 대상을 동일 유목에 포함시켜야 한다. 사과는 크기, 형태, 색깔이 다르지만 우리는 유사점에 주의를 기울이고 차이점을 도외시함으로써 *사과*라는 개념을 갖게 된다.

교실에서 사용되는 많은 개념들은 추상적이고 해석도 다양하다. 그러나 이 개념들은 마치 모든 학생들이 동일한 정의를 공유하는 것처럼 사용되고 있다. *민주주의*라는 개념을 생각해 보라. 만일에 여러분이 대학생들에게 용어에 관한 정의를 쓰도록 요구한다면 여러분은 아마도 다양한 답을 얻게 될 것이다. 그러나 우리는 초등학교 학생들이 그들의 어휘 속에 이와 같은 개념의 정의를 공유하길 기대한다.

학생들에게 교실에서 가르쳐지는 개념의 의미를 이해하도록 가르치는 것은 수업 중 가장 중요한 도전 중 하나이다. 개념에는 정의는 물론 동시에 명칭이 있으며 정의에는 특정한 유목에 속하게 하는 본질적 속성이 있다. 예를 들면 *테이블*이라는 개념에 있어, 한 가지 정의는 (1) 가구이며 (2) 부드럽고, 평평한 평판이고 (3) 다리로 고정되었다는 점이다. 학생들은 개념의 명칭, 정의를 암기하지 않고 수많은 본보기를 통하여 정의에 도달하게 되면 개념의 의미를 이해하기도 더 쉽고 본질적 속성을 파악하기도 더 쉬워진다.

개념 획득 모형에 있어서 학습자는 교사가 사전에 선정한 개념의 본질적 속성을 결정하여야 한다. 이 모형의 최종 단계는 학습자로 하여금 유사점에 주의를 기울이고 차이점을 도외시하는 과정을 통하여 개념이 어떻게 형성되는지를 탐색하도록 고무하는 일이다. 이 모형에서는 특수한 개념의 의미를 가르치고, 사고 과정이 어떻게 발생하는지를 가르친다.

개념 획득 모형을 사용하려면, 다음과 같은 학습해야 할 개념의 기본요소를 미리 결정하여야 한다.

1. 개념의 명칭
2. 개념 정의나 규칙
3. 개념적 속성
4. 개념의 본보기
5. 개념과 타 개념의 관계

개념 획득 모형의 단계

1, 2단계는 수업 이전에 교사에 의하여 이루어진다.

1. 개념의 선정과 정의, 속성의 선정
2. 긍정적 본보기와 부정적 본보기 개발
3. 학생들에게 과정 도입하기
4. 본보기의 제시와 속성의 열거
5. 개념정의의 개발
6. 추가 검사 본보기 제시
7. 학생들과 과정 논의하기
8. 평가

1단계: 개념을 선정, 정의하고 속성을 선정한다

명확한 속성이 있는 개념을 가르치는 데에는 개념 획득 모형이 가장 적합하다. 예를 들면, 품사는 명확한 속성이 있는 개념으로서 가르칠 수 있다. 독립전쟁에 있어 자유와 노예라는 개념, 기하에 있어 삼각형과 기하 형태, 미술에 있어서 여러 미술 양식, 여러 문형(단문, 중문, 기타)과 마찬가지로 생물학의 분류체계는 개념 획득에 딱 들어맞는다. 이 모형으로 가르치기 위해서는 다른 유사한 개념과 구분되는 특징에 의하여 정의될 수 있는 개념을 선정한다.

가르칠 개념을 선정함에 있어, 또한 이와 관련이 있는 개념을 생각해 보라. 학생들이 여러 개념들 간의 관계를 파악하는 것이 중요하다. 예를 들면, 교사는 *사과*라는 개념을 가르치는 데 있어 사과와 동위의 개념, 하위의 개념, 상위의 개념을 고려하여야 한다. 사과, 배, 오렌지(동위 개념)는 모두 과일(상위 개념)이다.

MacIntosh, Stayman과 Winesap(하위 개념)은 모두 사과의 종류이다. 비록 모든 사과가 과일이지만, 모든 과일이 다 사과는 아니고, Winesap은 과일이면서 사과이다.

과일(상위)
사과(동위), 배, 오렌지
  MacIntosh
  Stayman
  Winesap

일단 개념 획득 과정을 통하여 가르칠 수 있는 개념을 확정했다면, 여러분에게도 만족스럽고 학습자도 이해할 수 있는 정의를 적는다. 여러 교재에 나와 있는

개념 정의는 혼란스러워서 교재나 사전에 있는 정의에만 의존하는 것은 좋지 않다. 수업에 기반이 될 정의를 찾는 데에는 시간이 좀 걸린다. 즉 하나의 개념에는 여러 의미가 있기 때문에 정의를 수업에 적절하게 제한할 필요가 있다. 개념 획득 과정이 종결될 때쯤, 여러분은 학생들과 개념의 의미를 토론해 보는 것이 좋을 것이다.

여기서 중요한 점은 학생에게 제시될 질의를 찾는 것만이 아니라는 것이다. 대신 교사는 개념 획득 수업설계에서 사용될 정의를 구성하고 이에 적합한 본보기를 선정하는 것이 중요하다. 수업의 주된 목적은 학습자에게 자신의 정의를 구성하고 더 나아가 이해를 구성할 기회를 주는 것이다. 아무튼 개념 획득 모형의 두드러진 특징 중 하나는 무엇을 이해할지 학생들에게 말하거나, 아니면 학생들로 하여금 자기 이해에 참여케 하는 선택권을 제공하는 것이다.

일단 개념의 선정 및 정의라는 1단계가 끝나고, 개념 정의에 핵심인 속성—개념적 유목 속에 대상의 위치를 정하는 것—을 선정하는 것은 다음 단계에서 해야 할 일이다. 예를 들면, 사각형이라는 개념은 모두가 직각인 네 면의 기하학적 도형으로 반대면도 평행이고 길이도 똑같다. 그 본질적인 개념 정의의 속성은 아래와 같다.

- 기하학적 도형
- 네 면
- 모두 직각
- 반대면은 평행이고 길이가 똑같다.

개념 정의에는 개념 명칭, 개념이 속하는 보다 큰 부류(상위 개념)와 개념의 결정적 속성 목록이 포함된다. 예를 들면, 사과는 겉이 빨갛고 노랗거나 초록색이고 맛은 달거나 떫으며, 나무에 자라는 파삭파삭하고 희끄무레한 과일이다. 그 결정적 속성—사과를 사과로 만드는 특징—은 색깔(빨강, 노랑, 초록), 맛(달고 떫고), 느낌(싱싱하고 파삭파삭한), 자란 곳(나무)이다. 또 하나의 다른 본보기는 사각형이란 네 면이 있는 기하학적 도형으로 모두가 직각이고 반대 면은 평행이고 길이가 같다.

개념 정의에는 개념 명칭, 상위 개념, 결정적 속성 같은 형태가 포함된다.

2단계: 긍정적 본보기와 부정적 본보기를 개발한다

가능한 한 개념에 관한 많은 본보기를 만들어라. 긍정적 본보기마다 본질적 속성이 모두 포함되어야 한다. 사각형의 경우 칠판에 몇 가지 본보기를 그릴 수도 있고, 어떠한 것은 마분지로 만들 수도 있고 어떠한 것은 OHP로 보여줄 수도 있고 또 다른 것들은 종이를 잘라 만들 수도 있다. 그러나 본보기마다 본질적인 모든 속성이 포함되어야 한다.: 네면이 만나는 네 직각, 각 면은 평행이고 길이가 같다(그림 5-1 참고).

또한 모든 속성이 포함되지 않은 부정적 본보기를 준비하라. 예를 들면, 삼각형은 하나의 기하학적 도형이다. 그러나 여기에는 사각형의 모든 속성이 포함되어 있는 것은 아니다.

이 부정적 본보기는 학생들이 본질적 속성에 집중하도록 하는 데 도움이 된다. 사과에 관한 긍정적 본보기—사과에 대한 모든 본질적 속성을 포함하는 과일—에는 MacIntosh, Gfanny Smith와 Stayman이 있다. 모든 긍정적 본보기는 사과라는 상위 개념으로부터 온다. 하위 개념은 사과라는 유목을 메우는 개념이다. 부정적 본보기는 동위 개념으로부터 온다. 상위 개념 집결체로부터 나오지만 모든 기준적

그림 5.1 개념 획득 수업을 위한 사각형의 긍정적 본보기와 부정적 본보기

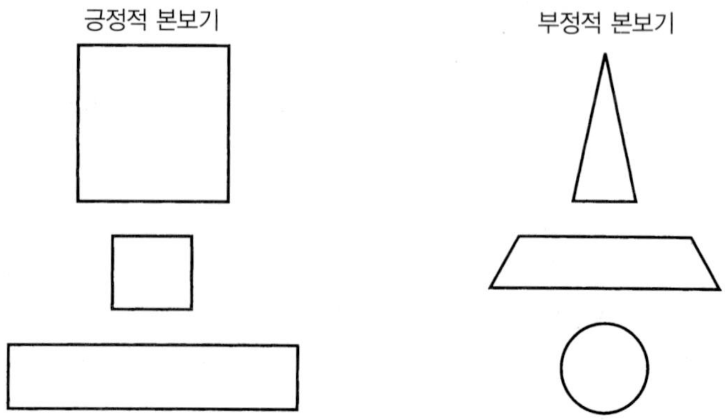

속성을 포함하지는 않는다. 과일이라는 수영장에는 많은 수영자들이 있지만 그들 모두가 수영복을 입은 것은 아니다.

3단계: 과정을 학생들에게 도입한다

활동의 목적은 의미에 중요한 것이 무엇인지를 규명하여 개념을 정의하는 것이란 점을 학생들에게 설명한다. 학생들은 개념의 본보기와 대비되는 비본보기를 비교하기도 한다. 학생들은 유사점과 차이점을 조사해 가면서 개념의 본질적 속성과 정의를 가정한다.[4] 목적은 학생들이 이해를 구성하고 자신의 용어로 개념을 정의하는 것이다.

칠판 한쪽은 긍정적 본보기, 다른 한쪽은 부정적 본보기를 적어 놓는다. 학생들에게 가르칠 개념의 긍정적 본보기와 부정적 본보기를 보여주겠냐고 말한다.

학생들이 할 일은 개념의 정의를 분명하게 해주는 긍정적 본보기를 구분 짓는 특징의 목록을 작성하는 것이다. 새로운 본보기에 결정적 속성이 없을 때는 이것을 선을 그어 지울 것이라 설명한다. 속성을 아주 지워 없애는 것보다 선을 그어 지우는 것이 아주 중요하다. 그렇게 함으로써 결국 본질적 속성이 어떻게 규명되는지 그 과정을 검토할 수 있다.

4단계: 본보기를 제시하고 속성을 열거한다

긍정적 본보기로 시작한다. 학생들에게 그들이 주목하는 속성은 무엇이나 언급하도록 한다. 오답이란 없다. 만일에 학생이 형상은 종이로 만들어진다고 말하면, 칠판의 긍정적 본보기라는 표제에 "종이로 만들어진" 이라고 쓴다.(사각형의 본보기가 또 다른 물질로 만들어진다고 하면 종이는 치우게 된다.) 긍정적 본보기마다 개념에 관한 모든 특징, 속성, 질을 포함시킬 필요가 있음을 강조한다.

색깔이나 구조와 같은 비본질적이거나 쓸모없는 속성은 논의 과정에서 빼어버린다. 예를 들면 한 교사가 파란 종이로 사각형의 본보기를 만든다고 상상해 보자. 학생들은 이것을 보고 다음과 같은 속성을 만든다.

- 초록색
- 네 면
- 종이로 만들어진

- 모양
- 반대 면이 똑같다.

두 번째 긍정적 본보기로 칠판에 사각형을 그린다. 교사는 학생들에게 모든 긍정적 본보기에는 개념의 모든 속성이 다 포함되어야 한다는 것을 상기시킨다. 이번에 학생들은 본래의 목록에서 두 가지 속성을 제거한다.(교사는 제거된 단어에 밑줄을 그어 지우지만 그렇다고 완전히 지우지는 않는다. 학생들은 그들이 어떻게 정의에 도달했는지를 알 필요가 있다.)

목록은 아래와 같다.

- ~~초록색~~
- 네 면
- ~~종이로 만들어진~~
- 모양
- 반대 면이 똑같다.
- 모두 직각을 포함한다.

새로운 본보기를 보고 그것을 첫 번 것과 비교한 후 그들은 그 부록에 "*직각을 포함한다*"는 내용을 첨가한다. 이제 교사는 학생들에게 이것은 부정적 본보기라고 말한다.

교사는 학생들에게 부정적 본보기는 모든 속성이 아닌 몇 가지 속성만을 포함하고 차이점에 초점을 맞추도록 하는데 도움이 된다는 점을 상기시킨다.

학생들은 또한 그 도형에는 네 면이 있으나, 그 반대 면들은 똑같지 않고, 각도 직각이 아니라는 점을 주시한다. 그 다음 한 학생은 긍정적 본보기에 모든 반대 면은 서로 평행이라는 것을 주목한다. 이 사실이 긍정적인 속성 목록에 첨가된다. 부정적 본보기는 학생들이 전에 빼먹었던 긍정적 속성을 주목하는 데 도움이 된다. 이 목록은 아래와 같다.

- ~~초록색~~
- 네 면
- ~~종이로 만들어진~~

- 모양
- 반대 면이 똑같다.
- 모두 직각을 포함한다.
- 반대 면은 평행이다.

이 단계에서 교사는 학생들에게 용어를 명료화하도록 요구한다. 즉 alike에 대한 또 다른 명칭은 무엇인가? (equal) shape를 좀 더 기술적으로 표현하기 위해 사용하는 또 다른 용어가 있는가? (Geometric shape)

마치 사다리꼴이 사각형 본보기에 사용되는 것과 마찬가지로, 부정적 본보기는 긍정적 속성을 강조하기 위해 사용된다. 칠판에 적힌 부정적 본보기 속성은 강조와 비교를 위하여 사용한다. 부정적 본보기에는 몇 가지 개념의 특징이 있지만 모든 개념의 특징이 포함된 것은 아니다. 부정적 본보기는 긍정적 목록에서 어느 속성을 제거하지 않고 있다는 점을 학생들에게 분명히 하라. 목록에 있는 속성이 없는 긍정적 본보기만이 속성의 제거를 허용한다.

이 과정은 학습자로 하여금 유사점과 차이점에 관심을 갖게 하고 개념의 본질적 속성을 이해토록 한다. 속성을 나타내는 본보기를 예시하는 것만으로는 충분하지 않다. 예를 들면 개념이 *과일*이라면, 칠판에 서로 다른 과일의 목록을 적는 것이 곧 정의를 말하는 것은 아니다. 정의를 형성하기 위하여, 학생들은 본질적 속성을 규명하고 본보기는 이들 속성을 명확히 지적해 주어야 한다. 이 경우 본보기는 과일을 절단하여 그린 그림일 수도 있고 또는 성장기가 서로 다른 실제 과일일 수도 있다.

속성은 여러 가지 방법으로 나타낼 수 있다. 예를 들면 만일 교사가 문학 수업에서 *낭만주의*라는 개념을 도입하는 경우, 낭만주의 시기의 그림은 훌륭한 긍정적 본보기가 된다. 부정적 본보기는 다른 스타일의 예술에서 가져올 수 있다.

적절한 매체를 선정한다. 그림, 삽화, 3차원의 사물, 언어적 본보기 이 모든 것은 효과가 있다. 학생들이 정보를 잘 기억할 수 없으므로, 장문을 학생들에게 읽어주지 않도록 조심한다. 대신 한 장의 종이 위에 그들이 읽을 수 있는 분명하고 재미있는 본보기를 제시한다.

5단계: 개념 정의를 개발한다

중요한 속성에 관한 전체 목록을 칠판에 써 두었으니 이제 교사는 학생들로 하여금 모두 긍정적 본보기를 포함하는 유목에 대한 가설을 세우도록 요구하게 된다. 그 다음 교사는 학생들로 하여금 칠판에 적힌 모든 본질적 속성과 *기하학적 형태*와 같은 속성이 포함된 유목을 통합하는 새로운 개념에 대한 정의를 개발하도록 요구하여야 한다. 가끔 학생 자신의 용어로 표현된 정의는 교과서의 정의보다 더 포괄적이다.

교사는 정의를 개발하기 전후에 학생들에게 개념의 명칭을 제시할 수도 있다. 여기에서 인내를 가질 필요가 있다. 즉 학생들은 정의를 자신의 용어로 진술하는 데 익숙해 있지 못하나 학생들로 하여금 다른 학생들이 더 보태거나 정의를 바꿀 수 있도록 격려해 준다.

경험이 쌓이면 학생들은 이러한 과정에 더욱 익숙해질 것이다. 개념 획득 수업의 목적이 학생이 정의를 도출하는 것만은 아님을 유념하기 바란다. 주된 목적은 학생들이 개념의 정의를 설정하는 과정에 참여하도록 하는 데 있다.

6단계: 부가적인 검사 본보기를 제시한다

일단 학생들이 배우고 있는 개념에 대한 정의를 개발하고 나면, 그들이 개념의 본보기를 규명할 수 있는지 검사하기 위하여 몇 개의 긍정적 본보기와 부정적 본보기를 학생들에게 보여준다.

학생들이 그들 자신의 본보기를 제시하고 왜 그 본보기가 개념 정의에 합당한지를 설명하게 한다.

7단계: 학생들과 함께 정의하는 과정을 논의한다

토의 단계는 학생들이 어떻게 정의에 도달했는지 알아보고 이 과정을 그들의 일반적인 사고과정과 어떻게 연결 지을 수 있는지를 알고 있는지를 확인하는 데 필수적이다. 학생들은 보다 효과적으로 유목화해 나가는 것을 학습해 나가고 그들이 어떻게 유목화에 도달했는지를 배워감에 따라, 그들의 개념 획득 능력은 증가하는 것이다.[5] 유사성과 차이점에 대한 관심은 형식적 사고든 비형식적 사고든 어떠한 형태의 연구나 분석에 있어 필수적이다. 즉 학습자가 자신의 사고과정을 더 많이 의식하면 할수록, 그만큼 사고는 더욱 예리해진다. 유사점과 차이점의 규명은 학생의 성취 증가와 관련이 있다.[6] 그러므로 수업에 있어 개념 획득 모형을 사용할 때, 학생들로 하여금 본질적 속성을 이해한 시점을 확인시키고 어느 본보기가 가장 도움이 되었는지 말하게 한다.

단계 8: 평가한다

학생들이 그 과정을 이해했는지 결정하기 위하여 그들 스스로 추가적으로 본질적 속성이 있는 본보기를 개발하도록 요구하거나 또는 학생들에게 새로운 개념 정의의 본질적 속성에 관한 긍정적, 부정적 본보기를 개발하도록 요구한다.

또한 여러분은 학생들에게 개념 정의를 확대하게 하고 그 다음 확대된 정의로 안내하는 긍정적 본보기와 부정적 본보기를 제시하게 할 수 있다. 학생들은 그 개념과 상위, 동위, 종속 개념 간의 관계를 나타내는 개념 위계를 도출해 낼 수 있다.

개념 획득 모형의 단계 요약

1단계와 2단계는 수업 이전에 진행된다.

1. *개념을 선정하여 정의하고 속성을 선정한다.*

그 개념이 개념 획득 모형으로 가르치기에 적합하고 가르칠 수 있는지를 결정한다. 정의는 분명해야 하고 속성은 확인 가능하여야 한다. 개념의 본질적인 특성을 결정한다.

2. *긍정적, 부정적 본보기를 개발한다.*

이것이 핵심 단계이다. 왜냐하면 긍정적 본보기에는 모든 본질적인 속성이 다 포함되기 때문에 점차로 제거되어야 하는 비본질적 속성도 포함될 수 있다. 부정적인 본보기에는 전체는 아니더라도 몇 가지 본질적 속성이 있을 수 있다.

3. *학생들에게 과정을 도입한다.*

여러분이 무엇을 하고 있고 각 단계에는 무엇을 포함시킬지를 분명하게 설명할 시간을 갖는 것이 중요하다.

4. *본보기를 제시하고 그 속성을 열거한다.*

긍정적, 부정적 속성을 따로 열거한다. 새로운 긍정적 본보기에 본질적 속성이 포함되지 않을 때는 긍정적 목록에서 선을 그어 제거한다. 단 긍정적 본보기에 있는 긍정적 목록으로부터 속성을 제외시킬 수 있음을 기억하라. 부정적 리스트에 있는 내용은 특징을 강조하기 위함이다.

5. *개념 정의를 개발한다.*

학생은 긍정적 속성을 사용하여 개념의 정의를 글로 적는다. 아이디어를 이끌어내는 데에는 시간이 걸린다.

6. *추가 검사 본보기를 제시한다.*

학생들이 개념을 이해하고 있는지를 결정한다. 이 모형의 한 가지 이점은 어느 학생이 다른 학생보다 빨리 의미를 획득한다 하더라도 모든 학생들이 참여할 수 있다는 점이다. 이 단계에 이르기까지 개념을 이해하지 못하는 학생들도 있고, 반면에 개념에 대한 강화를 받는 학생들도 있다.

7. *과정을 학생들과 논의한다.*

어떻게 정의에 도달했는지를 학생들이 이해하고 있는지 확인하여라.

이것은 학생들이 어떻게 개념이 형성되었는지 아는 데 도움이 된다. 이것은 학생들이 서로서로 그들 주위의 대상, 그리고 모든 학급에서 그들이 접하는 아이디어와 상호작용하고 반응하면서 어떻게 개념 획득 과정에 참여하는지를 상기시키는 데 도움이 된다.

8. *평가한다.*

개념이 학생에 의하여 파지되고 있는지 결정하기 위하여 학생들에게 긍정적 또는 부정적 본보기를 생성하게 하거나 개념의 위계를 도출해 낸다. 그리고 주기적으로 평가한다. 학생들은 가르치려는 개념과 상위, 동위, 하위 개념들과의 관계를 보여주는 개념 위계를 도출해 낼 수 있다.

개념 획득 모형의 변화

학생들이 개념 획득 과정에 익숙해지고 나면 학생들에게 즉시 긍정적 본보기와 부정적 본보기를 제시한다. 그리고 학생들로 하여금 본보기로부터 개념의 본질적 속성을 결정하도록 한다. 예를 들면, 행위 동사라는 개념을 가르칠 때, 행위 동사가 포함된 한 구절에 밑줄을 그어 제시하라. 학생들에게는 인쇄자료에 나타난 행위 동사의 기능으로부터 본질적 속성을 규명해 내도록 요구한다. 명사, 형용사와 같은 부정적 본보기는 비교를 하기 위해 동그라미로 그려 넣을 수 있다.

또 다른 접근은 긍정적 또는 부정적이라는 명칭 없이 단지 모든 본보기를 제시하는 것이다. 그러면 학생들은 본보기들을 긍정적 본보기와 부정적 본보기로 나누고 그들이 긍정적이라고 결정한 것의 본질적 속성을 결정하여야 한다.

어린 학생들에게는 농장에 사는 동물에 관한 그림과 같은 일련의 그림을 제시하라. 야생동물과 같은 부정적 본보기들은 개념 정의가 도출된 이후에만 제시되어야 한다.

이 모형에 대한 또 하나의 변화는 학생들이 이미 수업에서 배운 개념의 긍정적 본보기와 부정적 본보기를 개발하는 것이다. 수업의 목적은 개념을 정의하고 본질적 속성을 밝혀내고, 그 다음 긍정적 본보기와 부정적 본보기를 선택하는 것이다. 이것은 개인이나 집단에 의하여 선택될 수 있고 개념과 과정에 대한 학생 이해 정도를 평가하는 훌륭한 수단이 될 수 있다. 이것이 좋은 형성평가 활동인 것이다.

개념 획득 과정은 또한 효과적인 집단 활동으로 사용될 수 있다. 14장에서 제안된 기법을 활용하여 학급을 소집단으로 나누고 각 집단별로 개념의 긍정적 본보기와 부정적 본보기를 제시한다. 우선 이러한 활동을 하고 나서, 각각의 본보기에 긍정적 또는 부정적 명칭을 부여한다. 학생들이 과정에 대한 경험이 많아지면 명칭 없이 본보기를 제시한다. 집단으로 하여금 개념의 본질적 속성을 결정하게 하고, 정의를 진술한다. 여러분은 개념의 명칭을 부여할지의 여부와 정의가 개발된 후까지 그 명칭을 보류할지 여부를 선택하여야 한다.

그림 5.2는 *의자*라는 개념의 본질적 속성을 결정하고 그 개념을 정의하라는 지시와 함께 집단에 주어진 그림이다.

활동 5.1: 속성을 사용하여 개념을 정의하기

그림 5.2를 보아라. 그리고 본보기로부터 도출된 것으로 생각되는 *의자*라는 개념에 대한 정의를 결정하라. 의자에는 다른 정의도 있을 수 있으나 이 본보기에는 특수한 정의를 위한 속성이 있음을 기억하기 바란다.

그림 5.2의 각각의 긍정적 본보기 A, B, C, D에는 세 가지 본질적 속성이 제시되어 있다.

1. 이것은 의자이다.
2. 누군가가 고안해 낸 것이다.
3. 한 사람이 앉는다.

부정적 본보기에서는 E, F, H에는 한 사람이 앉을 수 있으나 이 본보기들은 앉기 위하여 만들어진 것은 아니다. 본보기 G는 앉기 위하여 만들어졌으나 한 사람

그림 5.2 집단 개념 획득 수업을 위한 긍정적, 부정적 의자에 관한 본보기

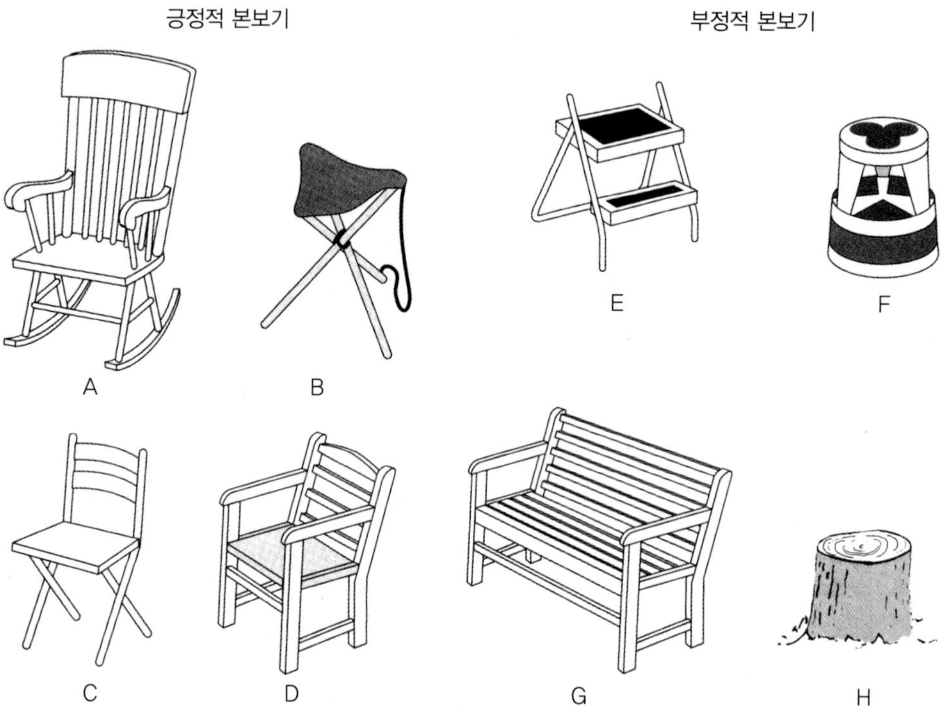

A. 흔들의자
B. 세다리 걸상
C. 접의자
D. 뒤가 곧은 의자

E. 계단 걸상
F. 이동식 걸상
G. 벤취
H. 나무그루터기

이상이 앉을 수 있다. 다른 부정적 본보기는 침대와 낮은 테이블이다. 이것들은 특수한 목적을 위하여 만들어진 것이 아니다. 평평한 바위나 사람이 앉을 수 있는 통나무와 같은 자연으로부터 온 부정적 본보기가 강조하는 바는 의자는 의도적으로 만들어졌다는 것이다.

이러한 본보기들이 학생들에게 제시될 때 학생들로부터 다양한 정의가 나온다. 예를 들면 다음과 같다.

- 한 사람에게 하나의 자리를 제공하기 위하여 만들어진 물체
- 한 개인의 자리를 위하여 의도적으로 만든 가구
- 수직자세로 개인을 앉히는 좌석

물론 이 정의는 서로 다른 용어로 진술되어 있다 하더라도 이 세 가지 정의에는 모두 본질적 속성이 있다. 학생들은 대부분이 본질적 속성을 진술하고 있는 정의에 대하여 투표로 결정할 수도 있다.

수업의 차별화 가능성

모든 차별화된 수업의 결정은 학습자의 준비도, 흥미, 학습 프로파일에 관한 지식과 더불어 시작된다. 개념 획득 모형에 있어, 기회의 차별화는 모형의 실행 전, 중, 후에 생긴다. 사용할 개념을 결정할 때, 개념의 복잡한 수준, 방법과 내용에 대한 학생의 준비도에 주의를 기울여야 한다.

초기에 개념을 획득시키려면 구체적인 대상에 대한 경험이 요구된다. 개념이 제한된 속성을 기술하려면 익숙한 어휘를 사용하여야 한다. 일단 학생들이 방법을 잘 알면(방법에 대한 몇 번의 경험을 거친 후) 교사는 이전의 개념 획득 수업과 관련지어 학생의 가설 생성에 도움을 줄 수 있다. "그래, Jamie, 우리가 *리듬*이라는 개념을 배울 때 학생들이 사용했던 관찰기술과 똑같은 기술을 사용하고 있구나." 도움이 필요한 학생에 대하여 여러분은 어떻게 하면 성공할지에 대하여 특별한 주의사항을 제공할 수 있다. 개념의 표준적 속성을 직관으로 알아낼 수 있는 학생이 각 개념 획득 수업마다 있을 수 있다. 다른 학생들은 단서와 지원을 필요로 한다. 학생들에게 교실에의 참여규칙과 경쟁의 역할을 상기시킬 필요가 있다. 비록 모형이 협력적인 개념 정의의 구성을 증진시키더라도 어떠한 학생은 개념 획득의 경쟁적 접근을 더욱 편안해한다.

수업 모형이 갖추어지고 학생들이 자신이 획득한 새로운 개념 지식을 적용하는 경우 차별화 기회는 많아진다. 학습 또는 흥미센터를 개발하여 학생들에게 선택권을 줄 수도 있다. 학생들은 또한 새로운 개념을 개념 위계와 다른 조직자를 통하여 이미 학습한 내용과 관련을 지어 볼 수도 있다.

대안적 평가

학생들은 개념 획득 수업에서 표준 속성을 규명함으로써 개념에 대한 깊은 이해력을 개발해 나간다. 평가의 목적—형성적 또는 총괄적-은 학생들이 개념을 규명하고 정의할 수 있는지를 확인하는 것이다. 그러므로 형성평가는 개념 획득 모형 7단계에서 실시되는데 검사에서 본보기와 비본보기를 학생들에게 제시하여 정확히 유목화할 수 있도록 한다.

다지선택형 문항은 학생들에게 중요한 속성을 규명하도록 할 때 사용된다. 한편 짝 연결하기, 빈칸 채우기는 개념 획득 과정에서 정의를 재구성할 수 있는 능력을 평가하는 데 사용된다.

시나리오

Gonzales 교사는 8학년 학생들에게 은유라는 개념을 가르치고 있다. 그녀는 학생들이 새로운 개념의 의미를 배우게 되고, 모든 학생들이 칠판에 적힌 정의의 모든 본질적 특징을 알고 의미를 도출해 낼 때까지 그 단어는 비밀이라고 설명한다. 그는 덧붙이기를 "우리는 개념을 정의하고 있는 본질적 특징을 탐색함으로써 개념의 의미를 파악하게 될 것입니다. 나는 여러분에게 이 단어를 예시하는 긍정적 본보기와 모든 특징은 아니지만 이 개념의 몇 가지 본질적 특징을 포함하는 부정적 본보기를 제시할 것입니다."

첫 번째 본보기는 "달은 밤하늘을 항해하는 은빛 배"이다. 학생들은 교사가 칠판에 쓴 다음의 가능성을 제안한다.

- 배
- 밤
- 비교
- 시
- 문장
- 인용구

다음 본보기도 긍정적 본보기다: "슈퍼맨—강철인간" 학생들은 모든 것을 배제할 수 있으나 이 본보기에는 *비교*라는 단어가 포함된다. 그 목록은 다음과 같다.

- ~~배~~
- ~~밤~~
- 다른 것과의 비교
- ~~시~~
- ~~문장~~
- ~~인용구~~

다음 학생들에게 부정적 본보기가 주어진다: "그는 시지와 같은 심장을 가졌다."

교사: 이 본보기 중 무엇이 이전에 우리가 보았던 것과 다른가요?

학생: 아직까지는 비교가 다른데요. 그러나 이번에는 거기에 *like*가 있는데요.

교사는 부정적 본보기란에 *uses like*를 적는다. 또 하나의 부정적 본보기인 "쥐처럼 깜짝 놀란" 이 주어지고 as라는 단어가 부정적 목록에 첨가된다.

학생: 부정적 본보기에 *like*나 *as*가 포함된다면 *like*나 *as*를 포함하지 않는 것이 긍정적 본보기에 속하겠네요.

교사: 여기에 하나의 본보기가 있다. 다음 본보기가 부정적 본보기인지 아니면 긍정적 본보기인지 나에게 말해 보렴: "아버지는 국가를 지키는 간성이었다."

학생: 이것은 긍정적 본보기입니다. 왜냐하면 *like*나 *as* 없이 비교를 나타내기 때문입니다.

교사: 무엇이 비교되었는지 이에 대해 더 할 말은 없는가?

학생: 음, 다음의 것들은 서로 다릅니다. 배와 달, 사람과 탑, 사랑과 철

교사: 긍정적인 이 본보기는 어떠한가? 배는 바다를 헤치고 다니는 데 적합하다.

학생: 배는 지구에서 사용되는 쟁기에 비교됩니다.

학생: 배는 사실 이 본보기에서는 쟁기입니다.

교사: 이 개념에 대한 정의를 진술할 준비가 되어 있는가?

학생: 서로 다른 것들의 비교입니다.

학생: *like*나 *as*는 사용하지 않는다는 것을 잊지 말아야 합니다.

학생: 하나의 물체가 실제로 밤의 대양을 헤치고 다니는 달처럼 또 하나의 다른 것이 됩니다.

학생: *like*나 *as*를 사용하지 않고 새로운 이미지를 만들기 위하여 서로 다른 것들을 합하면 어떨까요?

교사: 그것이야말로 훌륭한 정의이며 내가 예전에 글로 표현한 정의보다 더 나은데. 우리는 이러한 정의가 *은유*라는 언어를 사용하고 있다고 말할 수 있다. 여러분이 어떻게 이러한 정의에 도달했는지 주시해 보자. 여러분은 어떻게 그 주요 속성을 결정하였는가?

학생: 다른 본보기에서 서로 유사한 것과 다른 것을 골라내어 정의했습니다.

교사: 여기에서 인용부호는 선택의 여지가 있다. 여러분이 은유로 표현할 수 있는지 눈여겨보아라.

교사는 매일 이러한 수업 전략을 사용할 필요는 없다. 그러나 이것은 흥미 있고 효과적인 수업의 변화에 도움이 된다. 본보기가 주어진 후 규칙을 정함으로써 귀납적 추론을 통하여 가장 잘 학습하는 학생들은 그들의 욕구를 충족시켰다. 이 외에 학생들은 의미를 따로 학습하는 경우보다 그것을 본보기와 관련지은 은유의 의미를 기억할 가능성이 크다. 개념 획득 모형의 최종 단계는 학생들이 경험한 과정을 함께 논의하는 것이다. 학생들에게 다음과 같은 질문을 제기하라. "여러분은 어느 특수한 특징이 이 개념의 의미에 중요성을 갖게 되었는지를 언제 깨닫게 되었는가?" 또는 "우리는 이러한 특징을 어떠한 방식으로 배제시켰는가?" 개념이 어떻게 형성되었는지를 이해하고 자신의 사고에 대하여 생각하도록 학생들에게 도움을 주어라.

활동 5.2: 개념 획득 모형의 적용

여러분이 가르치거나 가르치고 싶어하는 수업에서 하나의 개념을 선정하라. 그리고 개념 획득 모형을 사용하여 개념을 효과적으로 가르칠 수 있는지를 결정하라. 그 다음 개념 획득 수업안을 설계하라.

요약

개념 획득 모형에서는 학생들이 본질적 속성을 규명하고 개념을 정의할 때까지 학생들에게 긍정적 본보기와 부정적 본보기를 제시함으로써 개념의 의미를 가르치는 단계를 기술하고 있다.

이외에 이 모형은 개념 정의를 통하여 학생들에게 그 과정을 이해시키는 것을 돕는다. 교사는 학생들에게 새로운 개념을 제시하거나 익숙한 개념의 특정 부분에 집중하기도 한다. 개념 이해가 교실 학습에서 핵심이 되기 때문에 이러한 개념을 규명하고 명확히 하는 데 걸리는 시간을 잘 활용해야 한다. 이외에 교사는 이 모형을 가르칠 준비를 할 때 본질적인 개념을 분명히 이해하고 있는지 확인해야 한다.

웹 자원

1. http://education.nebrwesleyan.edu/mcdonald/235website/Model_Evals/CA.html
This checklist for evaluating a concept attainment lesson can be downloaded for individual use. By answering the 18 questions using a rating

scale, a teacher can easily see where a concept attainment lesson is strongest and where it might need improvement.

2. http://curry.edschool.virginia.edu/curry/class/edlf/589_004/Penelope_Miller/portfolio/envconcp.htm

This site presents a concept attainment lesson plan used in an environmental education unit. The lesson centers on the topic of waste products and helps scudents distinguish recyclable and nonrecyc1able products.

3. http://web.archive.org/web/20031211010906/http://faculty.rmwe.edu/dnicholson/courses/metaphors.htm

A model concept attainment lesson on metaphors is included on this site.

4. http://imet.esus.edu/imet1/richardek/rkport/ca.html

A model concept attainment lesson on polygons is shown here.

5. http://eduref.org/cgi-bin/printlessons.cgi/Virtual/Lcssons/Foreign_Language/French/FRN000l.html

A model concept attainment lesson in French on bakeries is given on this site.

각주

1. Art Linkletter.(1957). *Kids Say the Darndesr Things!* Englewood Cliffs, NJ: Prentice Hall, 109.
2. J. S. Bruner,J.J. Goodnow, and G. A. Austin.(1959). *A Study of Thinking.* New York: John Wiley and Sons; reprinted, Huntington, NY: Robert E. Krieger. 1977.
3. Bruner et al., op. cit., 1.
4. Robert J. Marzano, Debra J. Pickering, and Jane E. Pollock. (2001). *Classroom Instruction That Hilrks: Research-Based Strategies for Increasing Student Achievement.* Alexandria. VA: Association for Supervision and Curriculum Development.
5. A. M. Kilgore.(1984), "Models of Teaching and Teacher Evaluation," in *Using Research to Improve Teacher Education: Teacher Education Monograph No. 1*, R. L. Egbert and M. M. Kluender. Lincoln: The Nebraska Consortium, 108-126.
6. Marzano et aI., op. cit.

언어를 안다는 것은 삶의 형식에 참여하는 것이라고 말했다.[10] 이와 마찬가지로, 교과와 학문을 안다는 것은 사고 방식에 참여하는 것이고, 자신의 사고 과정과 다르지 않은 다른 사상가의 사상을 도야하는 것이다.

그렇다면 인식의 도야 과정은 어떠한가? 모든 탐구 분야—생물학, 대수학, 문학, 물리학, 기하학, 역사, 지리학 혹은 어떠한 학문이든—는 어떤 사고 방식을 표상한다.

각각의 인간의 탐구 분야는 서로 다른 현상에 집중하고 현상을 명명하고, 여러 특징을 조사하고, 형상을 유목화하고, 분석하고, 종합한다. Ruth Benedict는 문화 유형의 과학적 연구를 논의하면서 다음과 같이 적고 있다.

> 선인장, 흰개미, 성운의 본질 연구와 같은 거의 논쟁이 되지 않는 분야에 있어 필요한 연구방법은 관련 자료를 분류하고 가능한 모든 다양한 형태와 조건을 적어 두는 것이다. 이러한 방법으로 우리는 천문학의 법칙, 사교적 곤충의 습관에 관한 모든 것을 배워 알고 있다.[11]

전문가와 초보자, 교사와 학생은 그들이 무엇을 생각하고 그 유형을 어떻게 알아내느냐에 있어서는 차이가 있으나 그들이 어떻게 생각하느냐에 있어서는 유사점이 많다. 가르치는 것, 특히 개념적으로 가르친다는 것은 학습자들이 새로운 현상을 익숙한 방식으로 또는 익숙한 현상을 새로운 방식으로 그들의 사고 과정을 연습시키는 것이다. 개념 발달을 사용하는 본질적 목적은 이러한 수업을 통하여 기본적인 사고 과정을 연습시키는 데 있다. 열거하기, 분류하기, 명칭 부여하기, 재분류하기, 종합하기는 집단 내에서 강조되는데 이러한 것의 학습을 통하여 교과에 대한 이해력이 증가되고 다른 사람의 사고 방식을 학습하는 데 진전이 생긴다.

개념적 사고는 학습된다

아동은 사고 과정에 대한 지도나 연습 없이 자신의 지적 잠재력 개발을 시도하지 않을 것이다. 만일에 교육과정이 내용 지향적이어서 학습 과정과 사고 과정이 우연히 생긴다고 한다면 많은 가능한 비판적 사고는 결코 생기지 않을 것이다. 아동이 스스로 생각할 수 있는 능력을 일깨우고, 격려하고 확장하는 것이 최고의 교육 목적인 셈이다.

사고 기능을 개발한다는 것은 세상을 조망하고 문제를 해결할 복잡한 정신 조직을 개발하는 것이다. 인지 기능은 개인과 개인이 수용하는 자극 간의 역동적 상호작용 결과이다.

학습이란 단순한 정보의 수동적 흡수일 뿐만 아니라 경험의 지각에도 그 뿌리를 두고 있다.

이해란 감각을 통해 얻어진 자료의 해석에 기초하고 있으며, 여기에는 새로운 정보와 이미 관찰된 정보를 통합하려는 즉각적이고도 잠재의식적인 시도가 있다.

우리의 감각은 끊임없이 뇌에 신호를 보내고 있으며 우리의 뇌는 끊임없이 그 신호를 걸러내고 있다. 개인의 지각은 감각적 수준에서조차도 단지 환경을 있는 그대로 기술하여 기록해 두지 않는다. 각각의 지각은 환경 내의 대상과 과거 유사한 자극에 대한 경험이 결합되어 나타난 결과이다. 인간은 이해하기 위하여 보고, 평가하고, 유목화한다. 우리가 보는 것은 완전히 새로운 것이 아니다. 각 학습자마다 어떠한 경험에 대한 평가 기준과 분류 기준이 있다. John Dewey는 교육이라는 주제와 관련하여 교육은 경험의 계속적인 재구성 과정이어야 한다, 즉 교육의 과제와 목적은 하나이며 똑같은 것이다라고 결론을 내렸다.[12] 현재 구성주의 발달심리학 이론의 선구자인 Lev Vygotsky와 Bruner, 기타 학자들은 개념 발달과 깊은 이해는 수업의 본질적 목적이라고 주장한다.[13] 학생들은 새로운 아이디어와 학습에 대한 접근을 과거의 견해, 경험과 통합하는 것을 배움으로써 내부로부터 새로운 지식을 구성해 나간다. 교사는 전 학습과정을 통하여 학생들이 주요 개념을 관련 지을 기회를 제공해 주는 안내자, 촉진자가 된다.

개념은 실재를 창의적으로 구조화하는 방식이다

기억용기 안에 있는 파일로 저장되어 있는 개념의 이미지를 떠올려 보자. 학습자가 유입되는 정보를 유의미하고 재생 가능한 형태로 분류하고 단순화시킴에 따라 학습자들은 쉽게 개념에 다가서게 된다. 개념이란 인간으로 하여금 자료를 정신적으로 처리해 나갈 수 있도록 한다. 예를 들어 *색깔*이라는 개념을 생각해 보자. 사실 우리가 구분할 수 있는 색깔은 백만 개가 넘을 수 있다. 그러나 아무도 색깔이라는 개념 속에 그렇게 많은 색깔을 다 정리해 둘 수는 없다. 따라서 국립 표준국에서는 267가지 색깔을 28개의 색깔로 정리하여 이것을 기술하여 명명하는 방법을 개발하였다. (이것은 제도적으로 개방화한 한 본보기이다.)

과학자들은 우리의 감각이 동시에 수천 가지의 자극에 영향을 받는다고 말한다. 복잡성을 흡수할 수 있는 능력만큼 단순화할 수 있는 능력은 우리를 환경에 적응하게 한다. 만일에 우리가 신호, 나무, 집, 바퀴, 우리가 지나친 사람 모두에 신경을 쓴다면 운전은 불가능하다. 안전과 운전 표지판은 우리가 자료를 검토하고 운전에 영향을 주는 잡음, 표지판, 여러 조건에 적응할 것을 요구한다. 우리는 운전을 하면서 무의식적으로 입수되는 정보를 관련된 또는 비관련된 유목에 포함시킨다.

어린 아이는 의미가 있다고 생각한 것 아니면 의미를 부여할 수 있는 자극만을 골라 동화하며 학습해 나간다. 어린 아이들이 학교에 가게 된다고 그 과정이 바뀌는 것은 아니다. 그들이 학습할 수 있는 것은 그들이 조절할 수 있는 것이다. 수업이란 문자 그대로 아동들이 새로운 정보를 학습하고 그 정보에 의미를 부여하는 자연적 과정을 돕는 것이다. Taba와 그의 동료들은 사실이 중요하다고 강조하고 있는데 단 그것이 이론과 관계가 있을 때만 그렇다는 것이다. 그들은 학생들이 사고를 하기에 앞서 먼저 사실을 배울 필요가 있다고 말한 교사들도 사고의 본질을 이해하지 못할 수 있다고 생각했다.[14] 사실-분절된 정보-은 이를 포괄하는 그 무엇과 관련해서만이 의미를 갖는다. 사실은 우리의 파일 속에 저장된 개념적 틀과 관련해서만이 의미가 있는 것이다.

개념은 일반화 형태를 만드는 토대이다

개념적 틀을 만드는 과정은 아주 자연스러우며 그것은 세계를 이해하는 기초가 된다. 뜨거운 난로를 만져 보면 열을 이해하게 한다. "*뜨겁다*"라는 것은 조심이라는 아이디어를 포함하여 많은 것(그림 6.1)을 포함시키는 하나의 유목이 된다. 물체(자신을 포함하여)를 떨어뜨리는 실험은 중력을 이해하게 한다. 우리는 여러 가지 유형을 관찰하고 창안해 내어 세상에 대한 질서를 만든다. 우리는 시간대를 시간, 분, 초로 나눈다. 우리는 공간을 마일, 피트, 인치 등 모두 관리할 수 있는 조그만 크기의 조각으로 나눈다. 우리는 현재의 어떤 형태를 관찰하고 과거의 어떤 형태를 회상하여 미래에 대한 예측을 시도한다.

Taba와 그의 동료들은 일반화란 두 개 또는 그 이상의 개념들 간의 관계를 진술한다는 점에 있어 개념보다 고차적인 사고 수준을 나타내는 것이라고 지적하고 있다.[15] 그러므로 개념은 일반화를 도출해 내는 토대인 셈이다. 우리는 개인의 정신파일 내용을 다른 사람에게 공개하고 타인의 내용을 경청함으로써 개념에 대한 이해를 정교화하고 확장하며, 삶에 대한 정확한 일반화를 정교화하고 이를 확장해 나간다.

개념 발달 모형에 있어, 인간의 정신 작용을 반영하는 소단위의 구조가 만들어진다. 핵심 질문은 잡다하고 무분별한 자료가 아닌 그 질문에 포함된 아이디어와

그림 6.1 개념 만들기

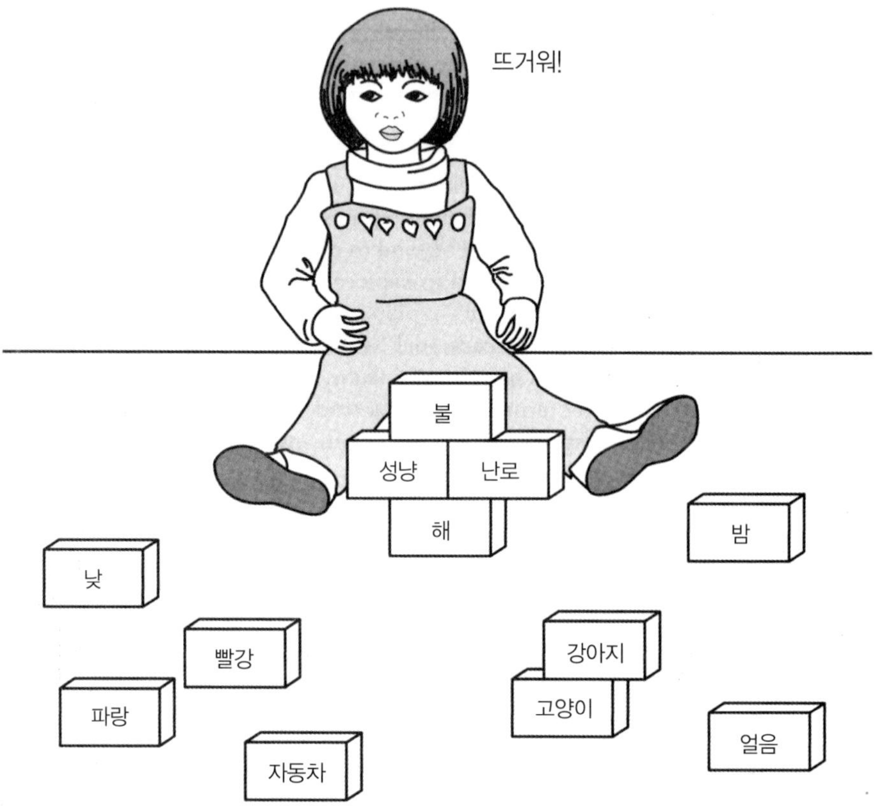

관련된 자료를 생산해 낸다. 이러한 자료로부터, 비교, 대조, 최종적으로 수많은 자료를 이해할 수 있는 이론이 생겨난다. 이 이론이 여기서 검토하고 있는 개념에 대한 견해를 구성한다.

개념 발달 모형 단계

1. 가능하다면 주제와 관련된 항목을 많이 열거한다.
2. 항목들의 유사성에 따라 이것들을 분류한다.
3. 분류에 대한 이유를 정의하여 분류 집단의 명칭을 부여한다.
4. 다른 집단 아래 개별 항목 또는 전체 집단을 포함시키거나 재분류한다.
5. 자료를 요약하고 일반화를 구성하여 정보를 종합한다.[8]
6. 다양한 항목을 생성하고 이 항목들을 융통성 있게 분류할 수 있는 능력을 평

가하여 학생들의 학습 진전을 평가한다.

계속해서 단계를 거쳐갈 때 첫 5단계까지는 인간이 계열적으로 사용하는 인지 과정으로, 특히 인간이 특별한 주제에 대한 사고를 정리하고, 이러한 사고를 조직, 재조직하고, 새로운 관계와 새로운 의미를 찾아내고 인지지형을 따라갈 때 거치는 인지 과정인 것이다. 이 모형은 유치원에서 12학년 그 이상에까지 사용되며 서로 다른 학문의 기초 개념을 탐구하는 데 사용된다. 이 모형은 사회과에서 *자본주의*, *제국주의*, *팽창주의*와 같은 개념을 탐구하는 데 사용된다. 수학에 있어서는 *속도*, *전개*, *비례*라는 개념을 탐구하는 데 사용되고, 과학에 있어서는 *적응*, *진화*, *상호 의존*과 같은 개념을 탐구하는 데 사용되고, 영어에 있어서는 *인물*, *주제*, *관점*과 같은 개념을 탐색하는 데 사용된다. 이와 똑같은 개념을 어린 학생에게는 더 간단한 용어로 표현할 수 있다.

여러 학문에서 이러한 아이디어 탐색을 위하여 이 모형을 사용하므로 교사는 학생들의 사전 이해를 평가하고 그들의 이전 이해를 더욱 확장하고 풍요롭게 하여 훌륭한 복습 지도를 할 수 있다. 학생들은 그 과정을 즐긴다. 왜냐하면 여기에서 핵심은 그들의 공헌이고 그 산출은 곧 학생들의 산출이기 때문이다.

1단계: 가능하다면 주제와 관련된 항목을 많이 열거한다

첫 단계에서 학생들은 주제와 관련된 항목들을 나열하도록 요구받는다. 자료는 교실에서 공부했던 자료 또는 경험으로부터 도출된다. 우주에 관한 공부를 시작하기에 앞서 교사는 다음과 같이 말한다. "우주 비행사(astronauts)에 관해 알고 있는 모든 것을 말해 보아라." 그 말을 자세히 살펴보아라. 이 말의 첫 음절은 별을 연구하는 학문인 astrology에서처럼 별을 말한다. 두 번째 음절은 nautical이란 단어에서처럼 항해하는 배, 선원을 의미한다. 그러므로 astronaut는 별 항해자를 뜻한다. 우주에 관한 영화를 관람한 후, 교사는 다음과 같이 말한다. "여러분, 우주에 있는 것 중 학습한 것 모두의 명칭을 붙여 보세요."

Taba는 각 단계에서의 질문을 정확히 제시하고 있다. 표 6.1은 Taba가 이 모형에서 수립한 질문–응답–교수활동–계열을 개관하고 있다.

1단계에서 항목을 칠판이나 어딘가에 글로 써서 모든 참여자들이 볼 수 있게 하여야 한다. *열거된 항목들은 구체적이어야만 한다. 그렇지 않으면, 그 다음 단계인 분류는 혼란스러울 것이다.* 만일에 여러분이 학생들에게 Halloween에 대한 항목들을 열거하도록 요구하고 학생들이 무서운 것이라고 말한다면, 여러분은 학생들에게 더 구체적으로 말하도록 요구하여야 한다.

만일에 학생이 곤란해하면, 여러분은 다음과 같이 물을 수 있다. "어떠한 것이 무서운가?" 여러분은 학생이 신호를 보내는 손가락이나 덜커덩거리는 해골과 같은 무서운 것의 이름을 댈 것으로 생각할 것이다. *무서운 것*이라고 쓰는 데 있어서의 문제는 그것이 명칭을 부여한 것이 아니고 그것을 집단으로 분류한 것으로 이것은 이미 여러분이 개념 발달 과정에 있어 한 단계 앞서 있는 셈이 된다.

표 6.1 개념 발달

단계	교사	학생	교수 활동
1	여기에서 무엇을 보는가? (알아차리다. 발견하다.)	항목을 제시한다	학생들이 근접할 수 있는 항목인지 확인한다. 예를 들면, 칠판, 슬라이드, 개별목록, 사진, 항목카드
2	이들 항목 중 어느 것들이 함께 묶여질 수 있는가?	항목을 분류하는 기초로 유사성을 찾는다.	분류 방법을 알려준다. 예를 들면: 색깔 있는 분필로 밑줄을 긋는다. 가로로 표시하라. 그림이나 카드를 배열하라.
3	왜 당신은 항목들을 함께 분류하나?[a]	한 집단내의 항목들의 공통 특징을 규명하고 언어로 표현하라.	필요시 반응을 명확히 하라.
	여러분이 만들 이들 집단을 무엇이라 부르는가?	모든 항목을 포함하는 명칭을 언어로 표현하라.	기록한다.
4	이들 항목 중 어느것이 한 집단 이상의 여러 집단에 속하는가?	다른 관계를 진술한다.	기록한다.
	이 똑같은 항목들을 다른 집단에 포함시킬 수 있는가?[b] 왜 당신은 항목들을 이러한 방법으로 분류하는가?	그 외의 다른 관계를 진술한다.	분류방법을 알려준다.
5	누군가 이 모든 집단에 대한 내용을 한 문장으로 언급할 수 있는가?	적절한 요약문장을 제시한다.	필요하면 학생들 앞에서 모든 집단을 고려해야 할 것을 상기시켜라.

a. 가끔 여러분은 똑같은 아동에게 집단 분류를 할 때 "왜"라고 묻는다. 그러나 어떤 때는 사물을 분류할 때 왜를 고려하지 않고 여러 집단을 나누기도 한다.
b. 비록 이 단계는 융통성을 장려해서 중요하기는 하지만, 모든 경우에 적합한 것은 아니다.
출처: Adapted from *A Teacher's Handbook to Elementary Social Studies*, Second Edition, by Hilda Taba, Mary C. Durkin, Jack R. Fraenkel, and Anthony H. McNaughton. © 1971 by Addison-Wesley Publishing Company. Used by permission of Pearson Education, Inc.

학생들이 일반화를 도출할 수 있는 포괄적 목록을 갖고 있는 것이 중요하다. 왜냐하면 일반화는 다양한 자료에 근거할 때 더욱더 타당성이 높아지기 때문이다. 학생들의 정보가 부족한 것처럼 보일지라도 계속 목록을 열거하도록 격려해 주어라.

일차적으로 쉬고 난 이후에 생긴 아이디어는 덜 명확하며 가끔은 상당한 통찰과 많은 사고를 통하여 도출되기도 한다. 우리가 검토 중에 있는 주제가 *축구*, *월한*, *학교*처럼 이미 모든 참여자들에게 잘 알려져 있을 경우의 1단계는 브레인스토밍과 유사하다. 브레인스토밍이란 주어진 주제에 대한 모든 아이디어 또는 연상을 무비판적, 무검열적으로 열거하는 것이다. 브레인스토밍이라는 용어는 실제로 잘못된 용어이다. 우리는 뇌에 폭풍을 일으키는 것은 아니다. 우리는 정서, 상상, 기억, 간단히 말해 창의적 자아 전체에 폭풍을 일으키는 것이다. 학생들은 특별한 주제와 관련하여 생각나는 것은 무엇이나 열거한다. 그들이 열거한 것은 하나의 단어 또는 하나의 문구가 될 수도 있다. 이들 간의 연결은 일반적으로 인지되는 것일 수도 있고, 그들에게만 의미 있는 것일 수도 있다. 이 단계에서 학생들은 다른 사람들과 함께 그들의 개인적 파일의 내용을 공부한다.

우리는 모든 학생들의 참여의 중요성을 강조한다. 최대의 참여를 격려하기 위하여 첫 단계에서는 과묵한 학생을 지명하라. 그들은 아마 이 단계에서는 보다 쉽게 반응할 것이다.

여기에 이 모형을 여러 번 사용했던 학교에서 만든 몇 가지 항목들이 있다. 학생들은 축구란 주제를 탐구하고 있었다.

교 기, 밀치기, 공, 자동기관총, 근육, 뽐내기, 돌격작전, 줄무늬 유니폼, 유명선수, 호루라기

학생들은 5분 만에 140개가 넘는 항목들을 만들어냈다.

2단계: 유사한 항목끼리 묶는다

교사는 항목들이 충분히 나열되었다고 판단되면, 이제는 칠판의 다른 한편으로 가서 열거한 것 중 어느 항목을 어느 면에서 유사하기 때문에 함께 묶을 수 있을까라고 물어보아야 한다. 이 단계에서 학생들은 항목들 간의 관계를 조사하기 시작한다. 그리고 몇 개의 집단을 끄집어내도록 시도해 본다. 첫 번째 집단은 가장 명백한 이유가 있어 함께 묶는다. 잠시 생각을 하고 나서 그들이 언급하는 집단은 더 특별

한 이유가 있어서 함께 묶는다.

한 집단의 본보기로는 *헬멧의 분해*, *날면서 하는 태클*, *충돌*, *뼈끼리 닿는 것*, *상처* 등이 있다. 교사는 이러한 모든 항목들이 상처와 관련 있다고 생각했었는데 그 이후 한 학생이 상처를 그들 집단에 첨가하였다. 학생들은 그 후 그 집단을 힘을 통하여 축구를 정의롭게 만드는 것으로 명명하였다.

3단계: 분류에 대한 이유를 정의하여 집단 명칭을 부여한다

이 단계에서 학생들은 새로 구성된 집단에 명칭을 부여하는데, 예를 들면 Halloween에 관한 토론에서 *손가락 신호*, *덜컥거리는 해골*, *텅 비어 있는 호박*과 같은 항목들은 *무서운 것*이라 불릴 수 있다. 정교한 명칭은 집단의 연령, 배경에 따라 달라진다. 예를 들면 나이 많은 학생들은 "서식지"와 같은 명칭을 부여할 수 있지만 나이 어린 학생들은 *동물이 사는 곳*이란 이름을 붙일 것이다. 이 단계에서 학생들에게 그들이 선택한 이유를 묻는 것이 중요하다.

그들의 설명은 가끔 깜짝 놀랄 만하다. 비록 분류에 대한 이유가 분명해 보여도 학생들에게 그 이유를 정확히 말하도록 요구하라. 학생들은 특별한 항목들이 있어 붙인 명칭을 설명해 봄으로써 자신들의 추리 과정을 명확하게 주장할 수 있게 된다. 학생들은 생각하고 있는 관계를 표현하기는 하나 정확히 말로 표현하지 못하는 경우가 자주 있다. 이 단계에서 학생들의 사고가 모든 사람들에 의하여 이해되어야 한다. Taba는 이에 관한 재미있는 이야기를 아래에 제시하고 있다.

> 캘리포니아 대학 교수인 Karplus는 7살 난 아이에 관한 이야기를 들려주고 있는데 그 아이는 책상 위에 놓인 돌을 분류하여 이름을 붙이고 있었다. Karplus 박사는 아이들이 하고 있는 방법에 흥미가 생겨서 방 주위로 걸어가 그 작은 소년에게 "너는 돌을 어떻게 분류하니?"라고 물어 보았다. 그랬더니 그 아이가 대답하기를 "나이별로 분류해요"라고 했다. 그래서 Karplus는 다시 아이에게 "그것에 대해 나에게 말해줄래?"하였더니 그 작은 소년은 대답했다. "박사님도 큰 돌, 작은 돌을 알고 계시잖아요."[9]

이 모형에서 교사의 역할이란 기본적으로 기록자의 역할이다. 교사는 다른 학생들이 무엇을 생각하고 있는지 물어볼 수는 있으나, 무엇보다 학생들이 자신들의 판단이 교사와 나머지 학생들에 의하여 존중받고 있다고 생각할 필요가 있다. 학생들에게 특별한 추측이나 일반화를 가르치는 것은 학생들에게 특별한 추론을 도출하고 일반화를 구성하는 기술을 개발하는 것보다 덜 중요하다. 학생들은 서로에게 질문을 하며 스스로 결정해 나가야 한다.

고등학교 학생들이 축구를 분석하여 명칭을 붙인 본보기로 *경기장*, *주차장*, *상업주의*, *규칙*, *힘이 정의를 만든다*. *정서*, *소우주*, *복장*, *음식*, *분위기*가 있다. 이 단계는 학생들이 일반화하는 학습을 돕는 것이다.

4단계: 다른 집단 아래 개념 항목과 전체 집단을 포함시키거나 재분류한다

4단계는 다음과 같은 질문에 집중된다. 어느 한 집단에 속한 항목들을 다른 집단에 포함시킬 수 있는가? 또 다른 이름으로 부를 수 있는 전체 집단이 있는가? 그리고 학생의 추론 과정을 물어 보아라: 왜 여러분은 ____이 ____이라는 집단에 속한다고 생각하는가?

예를 들면, *Halloween*이라는 주제를 재분류할 때 학생들은 장식이라는 이름 아래 *빗자루 위의 마녀*를 무서운 것에 관한 집단에 추가하고자 한다. 만일 여러분이 집단 분류는 얄팍하고 피상적 추론으로 이루어졌다고 믿는다면, 그리고 학생들이 분류를 더 진행시켜 나갈 수 있다고 믿는다면, 칠판의 반을 지우고 본래의 항목들을 볼 수 있게 두고 학생들에게 새로운 집단 분류를 할 수 있는지 물어 보아라. *내기* 또는 *장식*과 같은 분명한 집단 분류는 좋은 것이지만 학생들은 *감정*이나 *마스크* 또는 외관과 같은 애매한 관련을 지어볼지도 모른다. 또한 어떠한 항목 나열도 최종적인 것은 아니다. 언제든지 새로운 항목들이 더 추가될 수 있다.

3단계에서는 명확한 항목이 먼저 주어진다. 즉 분류를 할 때는 명확한 관계가 우선 지적된다. 또한 모델이 처음 사용될 때 나타나는 관계는 모형이 적용되고 알게 된 것보다 훨씬 덜 복잡하다. 시간이 지나면서, 학생들은 스스로 모든 사람, 대상, 또는 아이디어는 많은 특징이 있고 여러 가지 방법으로 분류될 수 있음을 알게 된다. 예를 들면, 9학년 학생들이 여러분의 생각에 따라 *텅 빈 호박*은 *장식* 또는 *음식* 또는 *무서운 것*으로 불릴 수 있다는 것을 알게 될 때, 그 학생은 동일 대상이라도 보는 관점에 따라 달리 볼 수 있음을 이해하고 있다는 것을 나타낸 것이다. 우리 모두는 자신의 사고를 제한하는 경향이 있다. 만일 A가 B라면, C가 될 리가 없다. 그러나 이 모형에서 학생들은 하나의 항목은 여러 관점에서 볼 수 있으므로 몇 개의 집단에 나타날 수 있다는 것을 알게 된다.

전체 집단도 다른 집단에 포함시킬 수 있다. 축구라는 집단에는 *과시*, *밀기*, *떠밀기*, *근육 발달*, *뽐내기*, *머리로 치기* 등이 있다. 한 학생은 이러한 행동 형태를 보고 황소를 상기하였다. 그래서 그들은 그 집단에 *황소*라는 명칭을 부여했다. 4단계에서 학생들은 이전 집단에 "*남자답다*"라는 또 다른 명칭을 부여했다.

활동 6.1: 분류와 재분류

다음 각 항목을 분류하고 각 분류 집단에 이름을 붙여라. 그 다음 항목들을 재분류하고 새로 이름을 붙여 보라. 융통성을 발휘해야 한다는 것을 기억하라. 여러분은 한 번 이상 항목을 사용하거나 아니면 항목을 생략할 수도 있다.

돌	호랑이	고양이
별	차	바다
조랑말	케이크	장미
과자	소시지	풀
오토바이	롤러스케이트	꽃

연습 6.1에 대한 가능한 답

집단 A

자연의 부분	*운송수단*	*음식*
돌	차	과자
별	오토바이	소시지
꽃	롤러스케이트	케이크
장미	조랑말	
풀		
바다		
사자		
고양이		
조랑말		

집단 B

자연 중 무생물	*고양이과*	*식물*	*콜레스테롤이 많은 음식*
바위	호랑이	꽃	케이크
별	고양이	장미	과자
바다		풀	소시지

5단계: 자료를 요약하고 일반화 구성을 통한 정보를 종합한다

5단계에서 교사는 학생들에게 칠판을 보게 하고 칠판에 적힌 모든 집단과 명칭을 고려하여 주제에 관한 진술을 한 문장으로 만들도록 요구한다. 학생들은 경향을 끄집어내어야 한다. 어린 아이들은 이것 아니면 저것이라는 관점에서 생각하는 경향이 있다. Halloween은 좋은 공휴일이거나 아니면 나쁜 공휴일 중의 하나이다. 그들은 Halloween이 두 얼굴을 가지고 있다고 생각하지 않는다. 아이들에게는 놀라운 상황도 위험하지 않을 수도 있고 재미까지 있을 수도 있다. 개인이 여는 Halloween 파티는 위험이 없는 스릴 넘치고 무시무시한 순간을 제공해 주기도 한다. 그러나 만일에 아이들을 감독하지 않는다면, "과자를 안 주면 장난칠 테야"라고 소리치는 아이들은 혼란스럽고, 지나치게 열성적인 장난꾼 또는 정신병자로부터 어떠한 위험한 일을 당할 수도 있다. 학생들은 즉시 모든 갈등적인 자료를 검토하고 나서 Halloween은 복잡하고 기쁨과 위험이 내포되어 있다는 것을 깨닫게 된다. 심지어 나이 많은 학생들까지 양자택일의 입장에서 생각하는 경향이 있다. 축구는 그들이 놀이를 즐기느냐 관람을 즐기느냐에 따라 좋은 것이 되기도 하고 나쁜 것이 되기도 한다.

그들은 축구가 또한 위험이 따르는 흥미 있고 인기 있는 운동이라는 점을 깨달을 필요가 있다. 5단계는 학생들이 풍요롭고 복잡한 아이디어를 이해할 수 있는 기회를 제공한다.

교사들은 이 모형을 몇 번 사용하고 나서 일반화에 관한 몇 가지 본보기를 제시할 필요가 있다. 축구 분석을 통해 얻은 일반화에 관한 본보기들은 아래와 같다.

1. 축구경기는 재미있지만 위험하다.
2. 많은 남자, 소년, 성인은 축구에서의 성공의 정도에 따라 자아상에 득이 될 수도 해가 될 수도 있다고 자기 정의를 내린다.
3. 축구경기는 좋건 나쁘건 우리 사회의 중요한 여러 요소로 구성한 소우주이다.

6단계: 다양한 항목을 생성하고 이 항목들을 융통성 있게 분류할 수 있는 능력을 평가하여 학생의 학습 진전을 평가한다

우리는 이 수업 모형을 적용할 때 학생들이 점수를 의식하도록 격려하지는 않는다. 그러나 교사는 학습 진전에 대한 점검이 필요하다고 생각한다. 학생의 학습 진전을 평가하는 방법은 다양하다. 여기에 몇 가지 방법을 제안한다. 그 다음 개념 발달 모형 적용의 이점이라는 절에서 이 모형을 달리 사용할 수 있는 방법을 제시한다. 이러한 방법은 또한 학생들의 학습 진전을 평가하는 데 사용될 수 있다.

1단계에서는 단지 항목의 수를 헤아린다. 이 모형은 학생들이 독창적인 아이디어를 생성하도록 돕는 기본 도구이다. 학생들은 연습을 통하여 더욱 창의적이고 개방적이 되어간다. 한 학생은 이 모형을 네 번 사용한 후 콜럼버스라는 주제에 대하여 5분 안에 7개의 항목을 나열했었는데 연습 후에는 70항목이나 나열하게 되었다.

똑딱거리는 소리를 들을 수 있는 타이머를 사용하면 집단이나 개인들이 항목들을 열거하거나 브레인스토밍을 할 때 흥분을 자아내게 하는 데 도움이 된다. 일정한 시간 안에 대부분의 항목을 경쟁적으로 생성하면 흥분이 증가되고 그들의 사고를 제한시키는 자연적 경향을 극복하는 데 도움이 되는 것 같다.

2단계에서 집단의 수와 독창성의 증대 현상이 평가된다. 학생들은 보통 Halloween에서의 대접, 복장, 무서운 것 같은 분명한 분류로 시작한다. 이 모형을 실천한 학생들은 창의적인 집단을 생성할 수 있어야 한다. 본보기로는 *마스크*, *외모*, *자신을 벗어난*, *상업주의* 등이 있다.

3단계에서 융통적 사고에 대한 연습을 제공하는 한 수업이 있었다. 학생들은 학교라는 주제에 대하여 개념 발달 모형을 적용하고 있었다. 3단계를 수행하면서, 칠판에 집단 분류에 대한 명칭을 부여하자, 한 학생이 칠판으로 다가갈 수 있는지를 물어 왔다. 그래서 그럴 수 있다고 말했다. 그 학생은 스스로 만든 항목들을 집단에 포함시켜 써 내려가고 있었다. 그 학생은 학급에게 자기가 붙인 항목의 명칭을 이해하는지 물어보았다. 그 학생이 제시한 항목은 *모래*, *원*, *기린의 목*, *바퀴*, *대양*이었다. 학생들은 그 학생이 붙인 명칭을 규명할 수가 없었다. 그 명칭은 *변함없는 것*들이었다. 그 학생은 사람들은 언제나 공부를 즐겨야 한다고 말하는데 우리가 이 사실을 알기도 전에 학교를 졸업하지만, 실제로 학교에 다닐 때는 잘 모른다. 즉 영원히 즐길 것처럼 생각한다.

일반화와 특수화는 기본적인 사고과정이다. 일반화는 주제를 찾고 주제를 생성하고, 비판적 또는 창의적으로 생각하는 데 결정적으로 중요하다. 각 학생에게 독창적인 분류를 생각해 내도록 요구하고 몇몇 학생에게 그들이 분류한 것을 칠판에 쓰도록 하는 것은 사고과정의 기능을 평가하는 효과적인 방법이다.

4단계에서는 융통성 평가가 가능하다. 이따금 학생들이 전체의 모형을 거친 후 짝이나 소집단 학생들에게 한 집단에 속한 추가 항목들을 다른 집단에 포함시킬 수 있는지 물어 보거나 다른 전체 집단을 기존의 명칭으로 부를 수 있다고 생각하는지를 물어 보아라. 이 단계에서의 수업은 소집단별로 그 단계를 반복하고 있다. 이러한 개별적 또는 소집단별 노력 또한 평가될 수 있다. 5단계에서 동료 짝이나 소집단에게 하나나 두 가지 이상의 복잡한 일반화를 생성해 낼 수 있을지 그들에게 물어서 알아보아라. 복잡하다는 뜻은 일반화에는 주제의 모순된 측면이 있다는 것이다

마지막으로 학생들의 정신과정의 성장은 통상적으로 전체로서의 학급의 학습 수행에 반영되고 모형을 적용하는 과정에서 판단될 수 있다. 만일에 1단계에서의 항목의 폭과 다양성, 2, 4단계에서의 독창적 집단 분류, 3단계에서의 다양한 명칭 부여, 5단계에서의 정교한 일반화들이 사고와 혁신을 반영한다면, 그 과정은 성공적일 것이다.

개념 발달 모형의 단계 요약

1. *가능하다면 주제와 관련된 항목을 많이 나열한다.*

가능하면 우리가 탐구하고 있는 주제와 관련된 아이디어, 대상, 연상, 기억, 개념 또는 속성을 많이 명명하도록 요구하라. 그렇게 함으로써, 학생들이 이미 무엇을 알고 있는지 알 수 있다. 그 정보는 학생들이 주제에 대하여 갖고 있는 일반 지식이나 또는 그들이 알고 있거나 그들이 이미 알고 있다고 생각하는 일반 지식에 근거하고 있을 수 있다. 그 정보는 현장답사, 상급학교 진학을 위한 독서 또는 영화와 같은 개인 경험에서도 얻어진다.

2. *비슷한 항목들을 집단으로 분류한다.*

항목들이 어느 면에서 비슷하거나 관련이 있는지 찾아 이들을 집단으로 분류하도록 요구하여라. 그렇게 함으로써 학생들이 무엇을 알고 있는지 알게 된다. 유사한 아이디어, 공통 개념과 관련된 아이디어는 유사한 점이 있다. 학습에서 중요한 점 중의 하나는 이들 특징을 규명하는 데 있다.

3. *집단 분류에 대한 이유를 정의하여 분류 집단의 명칭을 부여한다.*

학생들에게 항목들 간의 관계를 분명히 설명하도록 요구하라. 그렇게 함으로써 학습자가 알고 있는 것이 무엇인지 밝혀진다. 아이디어를 통하여 공통적으로 밝혀진 특성은 아이디어들에 적합한 유목의 기초가 된다. 가끔 185다른 명칭도 가능하다.

4. *다른 집단 아래 개별 항목이나 전체 집단을 포함시키거나 재분류한다.*

학생들에게 칠판을 보고 그들이 다른 곳에 포함시킬 항목이나 전체 집단이 있는지를 살펴보도록 하라.

이 단계에는 단일 항목도 여러 관점에서 검토하는 것도 포함된다. 여기에는 또한 기존의 명칭으로 추가 항목을 재분류 또는 포함시키거나 아니면 상대적 포괄성에 따라 다른 명칭으로 기존의 명칭을 포함시켜 분석하는 것이 포함된다.

예를 들면 민주주의라는 표제 아래 악수하고 연설하는 것과 같은 항목이 들어가 있는 선거운동이라는 유목이 선거라는 다른 유목 아래 포함될 수 있다. 이 단계에서 가장 창의적인 관련을 지어볼 수 있다.

5. *자료를 요약하고 일반화를 구성하여 정보를 종합한다.*

학생들에게 칠판을 보게 하고 만일에 우리가 탐구하고 있는 주제에 대해 정보를 요약해 주는 일반 진술이나 일반화를 가장 간단한 용어로 표현할 수 있는지를 눈여겨보아라. 학생들은 일반화를 위하여 부분을 함께 모으거나 정보를 종합해야만 한다. 예를 들면 만일에 학생들이 Halloween을 공부하고 있다면, 그들은 Halloween이 재미있고 위험하다고 말할지도 모른다.

6. *다양한 항목을 생성하고, 이 항목들을 융통성 있게 분류할 수 있는 능력을 평가하여 학생의 학습 진전을 평가한다.*

수업의 차별화 방법

개념 발달 모형은 본래가 차별화되어 있다. 즉 이 모형에서는 구조화되고 실행되는 방식에 따라 다양한 학생의 요구에 부응하고 있다. 예를 들면, 학생들로 하여금 자료세트를 생성하게 하여 학생들의 흥미를 충족시켜 준다. 학생들을 집단으로 편성하고 자료 기반을 바꾸어서 학생들의 준비도에 대처해 나간다. 교사는 Halloween 수업에 있어 특정 학생 집단에 다른 자료 세트를 제공할 수 있다. 만일 한 집단이 추상적 개념에 도전하고 있다면, 교사는 *겁먹는 것, 공포에 떠는 것, 염려/기대, 욕심, 이윤, 창의성, 파트너, 어두움*과 같은 추상적인 단어가 포함된 자료세트를 제공할 수 있다. 이 단어들은 Halloween와 관련된 덜 구체적이지만 더 상징성이 강한 개념을 나타낸다. 개념 발달 과제의 방향을 바꾸어서 학습 양식에 맞출 수도 있다. 더 많은 구조가 필요한 학생은 확실하게 모방할 수 있고 거의 선택권이 없는 상세하고 구체적인 지시를 받게 된다. 반면에 개방적인 접근에 편안해하는 학생들은 약간 모호하고, 모방할 수도 없고 선택권이 더 많이 주어지는 지시를 받게 된다. 자료세트는 단어 목록이나 그림 또는 상징이 사용되고 이것들은 학생들의 학습 양식에 맞추어 사용된다. 어떤 학생들은 그들에게 어떤 항목이 주어지고 이를 어떤 집단에 분류할 수 있다면 분류와 재분류를 쉬운 과제로 생각할 것이다. 교사들 또한 수업의 속도를 조절하고 필요하다면 학생들에게 많은 시간과 연습을 제공할 수 있다.

대안적 평가

개념 발달은 학생의 학습과 자기 평가를 위한 훌륭한 모형이다. Taba의 접근은 학습 평가의 한 본보기인 셈이다. 왜냐하면 학생들은 과정을 거쳐 가면서, 계속해서 그들의 결정을 설명하고 아이디어를 명료화해 나가야 하기 때문이다.

그 과정 자체가 평가로 활용될 수 있다. 즉 학생들은 구체적인 학습 목표의 달성을 나타내는 자료세트를 생성, 조직, 정당화할 수 있다. 생성된 항목의 질과 수, 분류 과정에서 드러난 관계로부터 구성될 수 있는 일반화의 질, 그리고 항목들이 생성되고 분류되는 속도에 따라 학생들을 평가할 수 있다. 또 다른 평가는 그 항목들이 왜 어떻게 그렇게 분류되었는지를 설명하는 주관식 시험일 수 있다.

시나리오

다음은 9학년이 원한이라는 개념을 탐구해 나갈 때의 개념 발달 과정을 기술한 것이다. 그 학급은 *원한*이 갈등의 원인이라는 이야기를 읽는다.

1단계

"*원한*이라는 단어는 무엇을 떠올리게 하는가?" 라는 질문을 하자 칠판에는 많은 항목들이 나열되었다. 다음은 학급에서 만든 목록이다.

상처 입은	혼란	친구들
비열함	째려보는 눈	적들
싸움	응시	구두쇠
잔인함	제거하다	굳은
거짓말	시기	냉담한
씬디 같은(cindy)	소리침	깊은

삭임	위	어두운
비밀	공허한	주름진
말없는	논쟁하다	거만한 모습
침묵	등 뒤에서 얘기하다	울긋불긋한
얼굴	우둔한	참호
눈	아이들	땅
구름	어린애 같은	학교
엷은 안개	사람들	무거운
안개 낀	감정	단절된
당황한	뚱뚱한	부담스러운

2단계와 3단계

분류와 명칭 부여가 끝나면 질문이 이어진다: 다음 항목 중 어느 것들이 어느 면에서 유사한가? 이들 항목 중 어느 것들이 함께 소속된다고 생각하는가? 왜 당신은 _____과 _____이 함께 소속된다고 생각하는가?

여기에 두 가지 본보기가 있다.

원한에 의해 생긴 감정

상처 입은	증오하다	굳은	울그락불그락
비열한	공허한	냉담한	무거운
잔인한	우둔한	단절된	부담스러운

원한을 갖고 있는 동안 행한 것들

속삭임	막말하기	당황한	거만한 모습
비밀	싸움	제거하다	단절하다
째려보는 눈	고함지르다	미워하다	상처 난
응시하다	논쟁하다	어린애 같은	비열한
말하다	뒤에서 말하다	냉담한	혼란

4단계

학생들이 "목록을 다시 조사하도록 지시받고 달리 만들 또 다른 집단이 있는가?"

라는 질문을 하였을 경우, 학생들은 포섭에 의한 재분류를 통하여 추가 집단을 만들게 된다.

음식과 관련이 있는 것들	*원한을 일으키는 것들*
혼란	노여움
사람들	친구들
허튼 소리	가십
위	적들
부담되는	싸움
우둔한	오해

5단계

종합화는 학생들이 모든 정보를 한 문장으로 요약하며 개념에 대한 일반화를 구성하면서 끝난다. 여기에 원한에 관한 학생 진술의 본보기들이 제시되어 있다.

> "원한을 갖는 것은 당신에게는 좋은 일이 아니다."
> "원한을 갖게 되면 당신이 나중에 후회하게 될 것이다."
> "원한은 별것 아닌 일에서 아주 파괴적인 것으로 발전한다."
> "싸움이란 누군가가 당신에게 해를 끼쳐 기분이 나쁠 때 취하는 또 다른 하나의 행동이다. 당신은 원한을 품고 있고, 나는 식사를 하고 있으며 어떤 사람들은 싸움을 벌인다. 이러한 행동은 어느 것도 문제를 해결하지 못한다."

6단계

이 모형을 사용하여 얻게 되는 한 가지 이점은 학급 학생들이 그들의 정신파일 내용을 공유하면서 학급 구성원들 간에 신뢰를 쌓는 것이다. 이러한 신뢰가 쌓아지면서 사고와 감정을 억제하는 일은 점차 사라진다. 7학년 학생들은 원한에 대한 결론을 통하여 과거보다 더 솔직하고 개방적이 되었다. 한 학생의 아이디어가 또 다른 학생의 아이디어를 야기시키자 그들은 흥분하였다. 그들은 과거에는 표출되지 않았던 창의성이 발전한 모습을 보였다. 그들은 좋은 집단 점수를 받았다.

선택적인 쓰기 과제를 마치고 나면 이에 대한 토의가 이루어진다. 학생들은 여기에서 개별 점수를 받게 된다. 이 점은 다음 절에서 설명한다.

개념 발달 모형의 이점

1. *지식을 확장하고 정교화하기*

이 모형의 본래 목적은 외부세계에 대한 학생들의 이해를 넓히고 정교화하는 것이다. 우리는 개인적 경험이라는 렌즈를 통하여 세계를 바라보기 때문에 한계를 인지하고 지식을 공유하는 것은 우리가 지각하는 복잡한 세계에 대한 이해를 넓혀 주고 우리들에게 또 다른 관점을 열어준다.

2. *독창적 아이디어 생성하기*

학생들이 이 모형을 한 집단에서 4~5번 실시하면, 그들은 그 모형을 스스로 적용할 수 있게 된다. 이것이야말로 독창적인 아이디어를 생성하는 훌륭한 도구이다. 우리가 분석해야 할 주제가 무엇이든 열거하기 또는 브레인스토밍, 분류하기, 명명하기, 일반화하기를 통하여 분석할 수 있다. 소위 지도 그리기라는 간단한 방법으로 페이지 중앙에 주제를 쓰고 항목들을 써 내려가면서 분류할 수 있다.

3. *읽고 의미를 추론하기*

연구에 앞서 어느 학문에서건 중요한 개념을 조사하는 것은 이해를 증진시킨다. 원한이라는 개념을 조사했더니 원한을 둘러싼 짧은 이야기에 대한 7학년 학생의 이해력이 증진되었다.

4. *문제 해결하기*

부동산업체들은 "판매"라는 단어에 문제 해결 전략을 적용하여 기법을 공유하게 되었고 새로운 아이디어를 생성하게 되었고, 판매량도 증가하게 되었다.

5. *통합된 문단과 문서 쓰기*

개념 발달 모형은 통합된 문단을 가르치는 데 좋은 모형이다. 문법책을 보면 문단이란 하나의 주제를 전개해 나가는 일련의 문장이다. 비록 이 정의가 직선적으로 들릴지 모르나, 학생들은 자주 이러한 개념 구분에 어려움을 갖는다. 많은 학생들은 어떠한 근거 없이 문단을 새로 시작하거나 너무 긴 문단으로 글을 쓰거나 한다.

학생들이 개념이나 주제를 열거, 분류, 명명하기를 끝마치고 난후, 논문을 써야 한다면 그 주제에 관하여 어떻게 글을 써야 할지 학생들에게 물어 보아라. 칠판에 적은 항목들은 유용한가? 그렇다면 어떻게 할 것인가? 집단과 문단 간의 연관, 명칭과 주제 문장 간의 연관을 그들로 하여금 찾아내도록 하여라. 명칭이란 주제 문장이 되고, 집단 내의 항목들은 명칭 내의 아이디어를 개발하는 방법이 된다. 학생들이 그 집단 분류에 더 많은 항목들을 첨가하고 그렇다고 모든 항목들을 다 사용할 필요는 없음을 알려라. 학생들이 하나의 아이디어로 된(명칭 속에 담긴 생각) 일관된 문단에 관한 글쓰기를 연습할 때, 그들은 위의 기법을 사용하여 주제에 대한 전체적인 글을 쓸 수 있다. 학생들은 중심주제, 아이디어 또는 일반화를 개발할 수 있고, 다른 집단 분류로부터 도출된 서너 문단의 아이디어를 지지할 수도 있다.

여기에 앞의 시나리오에서 서술된 9학년 학생이 *원한*이라는 개념 탐색을 끝마치고 글을 쓴 문단이 있다. 그 학생은 그 분류를 *원한이 있는 동안 행해진 일*들로 택하였다. 그 학생은 다음과 같이 적고 있다.

> 당신은 원한을 가진 적이 있나요? 원한은 차갑고, 비열하고, 불쾌한 작은 동물이며 당신에게 이상한 행동을 하게 하는 원인이 된다. 여러분이 원한을 접한 후, 이들 원한이 그렇게 크게 영향을 주지는 않았다 하더라도, 친구가 여러분에게 행했던 것 때문에 생긴 원한이 당신으로 하여금 친구에게 비열해지도록 할지도 모른다. 곧 여러분과 친구는 적이 된다. 왜냐하면 이 모두 작은 비열한 원한 때문이다. 이 원한은 역시 비열함을 좋아한다. 원한은 등 뒤에서 사람에 대해 이야기하게 하고, 친구에게 그녀에 관한 이야기를 속닥거리게 하고, 모든 사람으로 하여금 여러분과 그녀를 편들게 한다. 원한은 비열하고, 싫은 작은 동물이다. 원한은 절대 갖지 말아라![16]

9학년 학생들과 교사는 여러 사람의 도움을 받아 아이디어를 구축하면서 *원한*이라는 개념과 원한을 가진 결과에 대한 확장된 아이디어를 갖게 되었다(그림 6.2 참고). 이 모형에서는 두 학생으로 하여금 그들의 문단에서 의인화와 비유를 사용하도록 하였다. 학생들에게는 이미 하나의 본보기와 상황이 주어졌기 때문에 이 새로운 두 어휘를 도입하는 것은 단지 추가적 의미만을 갖는다. 교사는 원한에 관한 토의를 하는 동안 "*설탕*"이라는 항목에 당황해했고, 그것을 격조 높은 반응으로 생각했다. 이어 명확한 답을 요구하자, 그 학생은 다음과 같이 말하였다. "원한은 나를 불행하게 만들고 내가 불행할 때 나는 설탕같이 소금에 절인 고기를 먹습니다." 이 학생이 항목을 제안하고 이것을 분류하는 근거는 교사나 다른 학생들이 가정하고 있는 것과는 아주 다르기 때문에 명확한 설명이 아주 중요하다.

그림 6.2 원한이 있는

자료: 9학년 Julia Sapir과 Ted Mawyer 학생의 그림

활동 6.2: 개념 발달 수업

가르친다는 것은 본래가 개념 발달과 관련이 있다. 여러분이 가르치고자 하는 교과나 아니면 이미 가르치고 있는 교과의 한 단원을 생각해 보라. 그리고 이 단원에 나타나는 중요한 개념의 이름을 말해 보도록 하라.(개념 확인을 위해서 아마 교육과정 지침이나 전형적 교과서를 체크해 보는 것이 좋을 것이다.) 그 다음 적어도 여러분이 제기한 한 가지 질문 또는 각 개념 발달 과정 단계에 주어진 하나의 활동을 생각해 보라: 열거하기, 분류하기, 명명하기, 분석하기, 통합하기.

만일에 주제에 적합한 교과서가 있다면 당신이 제기한 질문, 활동과 교과서에 제시된 그것들과 비교해 보라. 교과서 저자들은 학생들의 개념 발달 과정에 도움을 주고 있는가?

요약

규칙적으로(한 달에 한 번 또는 더 자주) 개념 발달 모형을 사용하는 데에는 몇 가지 이점이 있다. 학생들은 이 모형을 통하여 서로간에 개념, 사물, 사상 또는 연구되고 있는 사람에 관하여 훨씬 많은 것을 배운다. 그들은 많은 축적된 지식과 전체 집단의 아이디어를 소화해 낸다. 그들은 공부할 주제에 대한 자신의 개념을 확장하고 정교화해 나간다. 동시에, 이러한 정신과정을 수행해 나갈 수 있는 능력을 확장하고 정교화해 나간다.

개념이란 지적 활동을 쌓아가는 벽돌인 셈이다. 지식이란 고정된 것이 아니다. 단순한 사물에 대한 지식이 발전하여 새로운 국면을 갖게 될 수도 있지만, 사용하지 않으므로 축소되어 흐지부지되어 버릴 수도 있다. 마치 지식의 성장을 OHP 위의 도금처럼 생각하는 것이 도움이 될지 모른다. 우리는 스케치된 그림에 덧칠을 하여 그림을 완성하듯 기존의 인상에 더 보태고 변화를 주게 된다. 개념 발달 모형은 교사에게 도움이 된다. 왜냐하면, 그 모형은 교사들로 하여금 본래의 인상을 풍요롭게 할 뿐 아니라 개념 구축의 바탕이 되는 본래의 인상을 언뜻 떠올리게 하기 때문이다.

웹 자원

1. www.mcps.k12.md.us/departments/oipd/mspap/reading/LookingAtConRCL.pdf
This site contains information on concept formation adapted from Hilda Taba, *The Three Thinking Strategies.* Included are three excellent charts detailing all steps in the process.

2. www.csus.edu/indiv/m/mcvicerb/marinebioproject.htm
This is a marine biology, inductive, 6-day unit using Taba' s inductive strategy.

3. http://imet.csus.edu/imetl/peaty/proficient/databasse.htm
The Database Project. A classroom teacher shares an experience using a concept development database in helping students make generalizations about the relationship between higher education and higher pay.

4. www.weac.org/news/june96/reading.htm
This site details the benefits of explicit teaching of inductive thinking.

5. www.glc.k12.ga.us/builderv03/Iptools/Ipshared/Ipdisplay.asp?Session_Stamp=&LPID=36670

This lesson is part of the Georgia Critical Thinking Skills Program Inductive Learning module. Students infer general truths about life in the colonies by using a concept development process.

각주

1. J. A. Michener.(1974). *Centennial*, New York: Random House, 678.
2. William Morris. ed.(2000). *American Heritage Dictionary of the English Language*, 4th ed. Boston: Houghton Mifflin.
3. J. S. Bruner, J. J. Goodnow, and G. A. Austin.(1986). *A Study of Thinking*, New Brunswick, NJ: Transaction Books, 244.
4. Bruner et al., 1986, 246.
5. Hilda Taba.(1971). *Hilda Taba Teaching Strategies Program*, Unit I, Elemenrary Edition. Miami: Institute for Staff Developmenc, 176.
6. Hilda Taba.(1972). *Hilda Iaba Teaching Strategies Program*, Unit I, Secondary Edition. Miami: Institute for Staff Development. 165.
7. Rich Hall and friends.(1984). *Sniglets*. New York: Collier Books.
8. Taba, 1972, xv.
9. Taba, 1972, 165.
10. L. Wittgenstein.(1953). *Philosophical Investigations*. New York: Macmillan.
11. Ruth Benedict.(1934). *Patterns of Culture*. Boston: Houghton Mifflin, 3.
12. John Dewey.(1933). *How We Think*, rev. ed. Boston: D. C. Heath, 27.
13. C. T. Fosnot, ed.(1996). *Constructivism: Theory, Perspectives and Practice*. New York: Teachers College Press.
14. Hilda Taba, Mary C. Durkin, Jack R. Fraenkel, and Anthony H. McNaughton.(1971). *A Teacher' s Handbook to Elementary Social Studies*, 2nd ed. Reading, MA: Addison-Wesley, 10.
15. Taba, et al., 1971, 72-73.
16. This paragraph was submitted by Ruth Brown, a ninth grade student at Charlottesville High SchooL.

제 7 장

문제 중심 탐구 모형

발견과 질문을 통한 문제 해결 수업

> 쐐기에는 왜 털이 보송보송 붙어 있는가? 뱀은 왜 스르르 미끄러지듯 기어가며 곰은 왜 으르렁거릴까? 고양이는 왜 항상 곧바로 착지할까? 반딧불이의 빛은 낮에는 어떻게 되는가? 새끼 물고기는 물을 무서워하는가? 그 무엇이 달을 한 입 베어 먹었는가? 도대체 누가 Brussels sprouts라는 이름을 생각해 내었으며, 왜 케찹이 병에 묻어 있는가? 빨간 나무 잎사귀는 초록색 나무 잎사귀 아래 숨어 있는가? 불에 그을려서 피부색이 갈색이 되었는가? 비가 꽃을 녹일까?

이 세상이 배워야 할 답보다 제기해야 할 문제로 가득 찼던 때를 기억하는가? 성인기에 이르는 길목 어딘가에서 아이들이 필연적으로 성인이 되어 간다는 것은 지식의 세계를 향하여 질문의 세계를 떠난다는 것을 의미하는 것이라는 생각을 갖게 된다. 학교에서는 질문에서 출발하여 답에 이르는 과정을 제도화해 놓고 있다. 이때 성공은 빈 곳에 정답을 채우거나 무엇이 참이고 무엇이 거짓인지를 가려내어 정확한 반응에 동그라미를 치게 하여 측정한다. 학교에서 거의 모든 질문은 정답이 하나이고 정답이 없는 문제는 거의 없다. 그러나 참된 지혜는 인간이 얼마나 많이 아느냐보다는 얼마나 아는 것이 적으냐를 깨닫는 것이라고 볼 수 있다.

배움의 진정한 즐거움은 억제하기 어려운 호기심을 갖고 감히 무지에 도전하는 데 있다. 문자 그대로 지식을 음미하는 인간이라는 의미의 호모사피엔스는 스스로 제대로 이름을 붙인 셈이다. 만일에 어떻게 학습하는 것을 아는 것이 모든 답을 아는 것보다 더 중요하다면, 인간의 지적 삶에서의 최대의 깨달음은 좋은 질문이 정답보다 훨씬 중요하다고 할 수 있다. 그래서 인간이 제시하는 답의 정확성보다 오히려 인간이 제기하는 질문의 질이 사람의 지혜를 나타낸다고 볼 수 있다. 과학자이면서 철학자인 Lewis Thomas는 이러한 지적인 여행을 다음과 같이 묘사하고 있다.

> 과학, 특히 20세기의 과학은 우리가 이전에 전혀 알지 못했던 어떤 것을 어렴풋이 알게 해 주었는데 다시 말하면 인간의 무지를 깨닫게 해 주었다. 우리는 수세기에 걸쳐 한두 가지의 미스터리 외에는 이 지구상의 모든 것을 이해한다는 신념을 늘 가져 왔다. 18세기만이 아닌 모든 시대는 그 시대를 이성의 시대로 생각했으며 따라서 세상을 설명하고 세상의 방식을 설명하는 데 부족함이 없었다. 그러나 이제 우리는 부족함을 느끼고 있다. 우리는 우리가 거만하게도 빅뱅이라고 부르기로 한 현상에서부터 박테리아 세포의 원자에 있는 입자에 이르기까지 많은 것을 이해할 수 없다. 우리에게는 다가올 수세기에 걸쳐 우리가 헤쳐 나가야 할 미지의 황무지가 놓여 있다.[1]

탐구학습이라는 개념은 모든 분야에는 탐구해야 할 신비의 황무지가 있으며, 모든 교과는 모든 학생이 참여해야 할 탐구 교과가 되어야 한다는 전제에 기초하고 있다.

탐구 수업 접근의 기초

대부분 아동들은 학교에서 모든 질문에 대한 대답이 마치 교과서에 다 나와 있는 것처럼 배운다. 사실, 개인이 직면하는 대부분의 문제에는 쉬운 답이라곤 없다. 삶의 복잡한 문제에 대한 해답을 알려주는 참고서란 존재하지도 않는다. 비록 학교에서 성공한 사람들이 종종 정답을 기억하는 사람이라는 것은 사실이지만, 인생에 성공한 사람들은 기꺼이 질문을 제기하고 기꺼이 해답을 찾아나선 사람들이다.

Robert Sternberg는 실제 삶에서 제기되는 문제와 학교에서 학생들이 다루도록 가르쳐지는 문제들은 판이하게 달라 아동들이 학교에서 받은 사고 훈련은 삶에서 요구되는 사고와는 무관할 정도로 다르다고 설득력 있게 주장하고 있다. 학교에서 배우는 문제와 삶에서 제기되는 문제 사이의 차이점에 대한 Sternberg의 논의는 탐구 수업 모형의 중요성을 이해하는 데 도움이 된다. 다음의 요약은 Sternberg 주장의 핵심을 전달해 준다.

> 일상생활에서 문제 해결의 일차적이고 가장 어려운 단계는 바로 문제가 존재한다는 사실을 인식하는 것이다.
>
> 특히 일상의 문제를 해결하는 데 있어서 문제를 어떻게 해결할 것인지를 알아내는 것보다 문제가 무엇인지를 알아내는 것이 더 어려운 경우가 종종 있다. 종종 일상의 문제가 어렵다는 것은 일상의 문제가 잘 구조화되어 있지 못하다는 것이다. 일상의 문제 해결에 있어서 주어진 문제를 해결하는 데 어떠한 정보가 필요한지, 또 필요한 정보가 어디에 있는지조차 분명하지 못하다.
>
> 일상의 문제 해결은 문제가 제기되는 상황에 의존한다. 일상의 문제는 일반적으로 한 가지 정답만이 있는 것도 아니고 그 해결안의 기준조차도 분명하지가 못하다. 게다가 설상가상으로 일상의 문제 해결은 공식적인 지식만큼이나 비공식적 지식에도 의존한다는 것이나. 학교에서 부딪치는 문제와 삶에서 부딪치는 문제 사이의 가장 큰 차이 중 하나는 중요한 일상생활의 문제 해결은 일상생활에 중대한 결과를 가져다준다는 점이다. 개성이 존중받고 경쟁이 보상받는 학교와는 달리 일상의 문제 해결은 집단 내에서 일어난다. 일상의 문제는 복잡하고 혼란스럽고 완고할 정도로 지속적이다.[2]

그 이후의 논문에서 Sternberg는 아동들이 학교에서 해결하고자 하는 문제와 실생활에서 해결하여야 하는 문제 사이의 일관성을 유지하기 위한 여러 가지 접근법을 사용할 수 있음을 지적하고 있다.[3] 그는 탐구 수업의 기초는 문제 해결의 기초로부터 도출된다는 점을 주목하고 있다. 탐구 모형은 문제 중심 학습 이론에 근거한다. 문제 중심 학습은 학습자들이 지식과 문제 해결 기능을 개발해 나갈 때 유의미하며, 맥락적이고 실생활 장면을 제시하고, 학습자에게 자원과 생활 지도, 수업을 제공하는 교육 전략으로 볼 수 있다.[4] 문제 중심 학습에 있어서 교사는 교과 전문가이며 동시에 자원 안내자, 과제 집단 자문이지만 정보 전달자나 유일한 원천은 아니다.

교사의 주된 역할은 학생의 참여를 조장하고, 학생들이 궤도를 유지하도록 적절한 정보를 제공하고 부정적인 피드백을 회피하고 동료 학습자의 역할을 담당하는 것이다.

실생활 문제에 수업을 정착시킨다는 아이디어는 새로운 것이 아니다. 이 아이디어는 Dewey가 주장한 많은 내용의 기초가 된다. 이것은 수년 동안 의학교육에서 사용되어 왔다. 교육에서 구성주의 운동은 문제 중심적 관점에서 유래되었다.

Jerome Bruner는 문제의 답을 발견하는 과정을 거치는 학습 경험으로부터 얻을 수 있는 네 가지 이점을 기술하고 있다.[5]

1. *지적 능력의 증가*

브루너는 학습자가 발견과정에서 학습하는 방법과 학습 과제의 기초를 배운다고 가정한다. 그는 스스로 가능한 해답을 발견하는 데 참여한 학생들은 해답에 대한 가설을 설정하는 데 있어서의 제약 조건을 인지하는 것을 배우는데, 그것은 계속해서 임의의 가설을 제시하는 활동을 줄여 나간다고 주장한다. 또한 학습자들은 이전에 획득한 정보를 새로운 정보에 관련 짓고 만족할 만한 답이 나올 때까지 문제에 계속 집착하는 끈기를 발달시키는 것을 배운다.

2. *외발적 보상에서 내발적 보상으로의 전환*

학생들은 일차적으로 정답을 제시하여 얻게 되는 보상을 위해 노력하는 대신 만족스러운 환경 조작과 문제 해결로부터 보상을 받는다. 학습자는 교사에게 기대되는 답을 제시하므로 얻게 되는 즉각적인 보상에 의존하기보다는 오히려 문제에 대한 해결을 구하므로 만족지연 능력을 개발해 나간다.

3. *발견술 학습*

Bruner는 탐구 과정에는 문제를 잘 연구하여 해결할 수 있는 형태로 문제를 제기하는 방법을 배우는 것이 포함된다고 주장한다. 그는 연습과 탐구 과정에 참여함으로써 최선의 문제 해결 방법을 배울 수 있다고 믿는다. 학습자가 경험이 많을수록 탐구 과정을 해결해야 할 다른 과제와 문제에 더 많이 일반화할 수 있는 것이다.

4. *기억 과정 촉진*

Bruner에 의하면 기억 과정의 일차적 문제는 기억된 것을 상기하는 것이다. 그는 학습자에 의하여 발견된 자료는 강제적으로 저장된 것보다 더 쉽게 기억될 수 있다고 지적한다.

이외에, 문제를 잘 해결하는 학습자는 정보를 기억하는 기법도 발견해 낸다. 탐구 모형에 있어서 과학자들이 사용하는 문제 해결 전략은 자료를 처리하고, 모든 학문 분야의 난해한 상황에 접근해 나가는 것을 학습하기 위한 체계적 방식으로 제시되고 있다. 다양한 탐구 모형으로 가르칠 때, 탐구 과정을 거치는 데에는 수렴적 방법과 확산적 방법 두 가지가 있음을 알아야 한다. 만일 교사가 이미 문제에 대한 답을 알고 학생들이 그 답을 발견해 내길 바란다면, 그 과정은 수렴적인 것이다. 교사가 선택한 초기의 문제의 대한 답이 알려져 있고 교사가 주어진 정보를 통하여 학생을 정답으로 안내한다는 점에 있어서 본래 수렴적이라고 할 수 있다. 그러나 학생들은 정답이 알려지거나 합의되지 않은 확산적 상황으로 안내되어야 한다. 학생들은 덜 구조화되어 있고, 개방적인 문제에 직면하여 문제 해결 학습에서 발견 과정을 실천하고, Sternberg가 구분하고 있고 일상의 문제에 제시된 것과 같은 모호한 문제를 다루어 나가야 한다.

모형 1: Suchman의 탐구 모형

과학자들이 사용하는 지적인 전략을 어린 학습자에게도 가르칠 수 있다고 믿는 Richard Suchman[6]은 널리 수용되고 있는 탐구 기반 수업 접근 방법을 개발하였다. 아동들과 청소년들의 자연적 호기심은 탐구 과정을 통하여 훈련, 도야될 수 있다. 학생들이 진짜로 흥미가 생겨 "왜"라는 질문을 할 때, 그들은 정보를 이해하여 그 정보를 스스로 이해한 것으로 간주할 가능성이 크다. 그들은 또한 학문 내에서 학습의 가치를 이해하게 된다. 즉, 모든 학습의 핵심인 인지하고 사고하는 방법에 참여하는 것의 가치를 이해하게 된다.

Suchman 탐구 모형의 단계

1. 문제를 선정하고 연구를 수행한다.
2. 과정을 소개하고 문제를 제시한다.
3. 자료를 수집한다.
4. 이론을 개발하고 증명한다.
5. 이론을 설명하고 이론과 관련된 규칙을 진술한다.
6. 과정을 분석한다.
7. 평가한다.

1단계: 문제를 선정하고 연구를 수행한다

Suchman 모형은 교사가 학습자에게 진짜로 재미있고 자극적인 난해한 상황이나 문제를 선정하는 것으로 시작된다. 그것은 때때로 유리컵 표면에 왜 물방울이 맺히는지 또는 설탕이 물속에서 왜 사라지는지와 같은 과학적인 문제가 될 수도 있다.

그것은 사라진 식민지나 버뮤다 삼각지대의 미스터리와 같은 황당한 사건일 수도 있다. 그것은 학생들에게 결과를 구성하도록 요구하는 연주장면이나 이야기일 수도 있다. 그것은 수학적 기능을 요구하는 문제, 건강의 문제 또는 체육 프로그램에서 해결해야 할 상황일 수도 있다. 여기에 학생들이 탐구 과정을 시작할 수 있는 몇 가지 문제의 예가 있다. 답은 제시되어 있지 않으며, 대부분 몇 가지 가능한 답이 있다.

1. 1692년에는 사형에 처해진 마녀의 수가 급증하였는데 이 사건은 미국에서 최악의 마녀 사냥 사건으로 기록되었다. 이상하게도 이 사건은 마녀 사냥이 유행한 지 47년이나 지난 후에 일어났다. 1692년 이 사건이 매사추세츠 주 Essex 카운티와 코네티컷 Fairfield 카운티에서 왜 일어났고 다른 카운티에서는 왜 안 일어났는지 입증한 사람이 아무도 없었다. 그러나 이 현상에 관한 몇 가지 이론이 있다. 특히 타당성 있는 한 가지 이론이 있다.
2. 남부 연합의 대통령인 제퍼슨 데이비스는 남북전쟁이 시작될 무렵 에이브러햄 링컨보다 더 뛰어난 유능한 지도자로 여겨졌다. 그러나 전쟁이 끝날 무렵, 데이비스는 완전히 무능력해졌다. 무엇이 지도자를 무능력하게 만들었을까?
3. 교실에서 기른 두 식물에 동일한 양의 물을 주고 똑같은 땅에 심었는데 한 식물이 다른 식물보다 훨씬 크게 자랐다. 그 식물들은 똑같은 크기의 묘목을 옮겨 심은 것이었다. 무엇 때문에 식물의 성장에 차이가 생긴 걸까?
4. 미국 동부 지역의 암석층은 매우 비슷하다. 그러나 플로리다의 암석층은 다른 지역의 암석층과 완전히 다르다. 이러한 극적인 차이는 무엇 때문일까?

어느 주제이든지 탐구가 가능하다. 필요한 것은 학생들이 논리적이고 이성적인 해결을 찾을 수 있는 난해한 상황이다. 탐구 과정에 익숙한 많은 학생들에게 있어서 최선의 가장 형식적인 문제 상황이란 한 가지 이상의 답이 있거나 최종 답이 결정되지 않은 상황인 것이다.

일단 문제가 선정되면 교사는 문제에 대한 필요한 연구를 끝내고 질의 시간 동안 참고할 수 있는 자료를 준비한다. 또한 교사는 탐구 과정의 초기에 얼마나 많은 정보를 학생들에게 제공할지 그리고 학급이 어려움을 느낄 때 어떠한 추가 정보를 제공할지를 결정해야 한다.

2단계: 탐구과정을 소개하고 문제를 제시한다

교사는 탐구 수업을 시작하기 전에 학급에 탐구 과정을 설명하게 된다. 학급 모두가 이 모형에 참여할 수 있다. 교사는 자료의 주요 원천으로 '예' 또는 '아니오'로 대답할 수 있는 질문에만 반응한다. 그럼으로써 학생들에게는 질문을 구성해야 하는 부담이 생긴다. 교사는 추가 정보를 보태거나 질문하는 것을 지도할 수 있으나 가설 형성에 대한 책임은 학생에게 있다. 즉 교사는 탐구 과정을 통제하기는 하지만 결과를 통제하는 것은 아니다.

1. 학생은 지적받을 때만 질문을 해야 한다.
2. 학생들은 회의기간 즉 집단 토의와 학생들과 협동할 때에만 서로 이야기를 나눌 수 있다.
3. 질문은 교사가 "예" 또는 "아니오"라고 반응할 수 있도록 구성되어야 한다.
4. 학생은 질문이 교사로부터 긍정적 반응을 얻는 한 계속 질문할 수 있다.

교사는 학생들에게 큰 소리로 문제를 읽어 주고 문제가 적힌 종이를 나누어 준다. 만일 학생들이 글을 잘 못 읽는다면 교사는 학생들에게 문제를 구두로 제시하고 가능하면 그림을 사용하여 문제를 설명한다. 학생들은 용어가 불분명할 때 설명을 요구할 수 있다.

3단계: 자료를 수집한다

대부분의 학급 안에서 학생들은 교사에게 생각을 요구하는 질문을 한다. 이 모형에서 각 질문은 잠정적 가설로서 제기되어야 한다. 학생은 "무엇 때문에 식물은 햇빛을 향하여 굽어 자라는가?"와 같은 질문을 해서는 안 된다. 왜냐하면 이 질문은 교사로 하여금 정보를 제시하도록 요구하기 때문이다. 그 질문은 교사가 "예" 또는 "아니오"라는 답으로 반응할 수 있도록 구성되어야 한다.

교사는 언제라도 문제에 대한 정보를 보태거나 문제를 확장할 수 있다. 그러나 질문을 제기함으로써 학생들이 어떤 좌절을 경험하게 하는 것도 중요하다. 교사는 질문을 새로 고쳐 "이것이 네가 말하고자 한 것이냐?"라고 질문하고 싶은 유혹을 느낄 때가 있다. 이러한 경우 다음과 같이 말하는 것이 더 좋다. "너는 그 문제를 다시 언급할 수 있겠니?" 또는 "너는 그 문제를 더 분명하게 진술할 수 있겠니?", "내가 '예' 또는 '아니오' 라고 대답할 수 있도록 문제를 진술할 수 있겠니?" 또한 교사는 다음과 같이 말할 수도 있다. "그래, 그것은 부분적인 답은 된다. 그러나 네가 이미 발견한 것에 비추어 이 추가된 정보를 생각해 보지 않으렴?" 질문과정을 통하여 얻은 자료는 칠판이나 각자 학생이 갖고 있는 자료지에 기록되어야 한다.

4단계: 이론을 개발하고 증명한다

학생이 문제에 대한 해답처럼 보이는 이론적인 질문을 제기할 때, 그 질문을 이론으로 진술하여 칠판 한 구석에 적어 둔다.

이제 모든 자료의 수집은 이 이론의 진위 여부의 결정과 관련이 있다. 식물의 성장 속도의 차이에 관한 문제에 있어서 학생들이 식물이 받은 햇빛의 양이 성장 속도에 영향을 미친다는 이론을 제시한다면, 모든 질문은 이 이론의 수용 또는 기각에 초점이 맞추어진다.

학생들은 정보를 논의하고 교사에게 질문할 가설적 질문을 만들기 위하여 회의를 요청할 수도 있다.(어떤 교사들은 수업에 앞서 회의 집단과 지도자를 정하여 시간을 절약하고 혼란을 줄인다.) 교사는 문제의 본질에 따라 학생들에게 다른 정보의 원천을 가르쳐 주거나 실험실에서의 실험을 지시한다. 학생들은 이 시점에서 다음과 같은 가설적 질문을 제기하도록 격려된다. "만일에 두 식물이 똑같은 방 구석에서 자라면 그 성장도 똑같아질까?" 이전과 마찬가지로 교사는 '예' 또는 '아니오' 로 반응한다. 만일에 학생들이 그들이 제기한 이론이 증명되는 시점에 이르게 되면, 학급은 그 이론을 해결책으로 받아들이고 모형의 다음 단계로 옮겨간다. 만일 이론이 수용되지 않고 학급을 만족시키지 못한다면, 그 이론은 기각되고 일반적인 자료 수집이 다시 시작된다. 학급은 어느 시점에서도 회의 개최가 허용되지만 단 교사의 허락이 있을 때만 허용된다.

5단계: 이론을 설명하고 이론과 관련된 규칙을 진술한다

이 단계에서 학생들은 잠정적인 해결로서 수용된 이론을 설명하고 그 이론과 관련된 규칙을 진술하도록 요구받는다. 이외에, 만일에 규칙이 다른 상황에 일반화될 수 있는지를 알기 위하여 이론을 어떻게 검증할지를 결정하여야 한다.

학생들이 이 단계에서 이론의 결점을 찾게 되면 다시 자료 수집과 실험 단계로 되돌아갈 수도 있다.

예를 들면, 식물의 성장과 햇빛이라는 문제의 입장에서 교사는 학생들에게 "식물이 건강하고 튼튼하게 자라기 위하여 햇빛이 필요하다."와 같이 태양이 한 요인이라는 이론에 기초한 규칙을 학생들 자신의 언어로 진술하도록 시킨다. 학급에서는 모든 식물들이 똑같은 양의 햇빛을 요구하는지 토의하고 그러한 일반화를 어떻게 검증할지 결정해야 한다."

6단계: 과정을 분석한다

학생들은 그들이 이론을 수용해 온 과정을 검토하도록 요구받는다. 이 단계에서 학생들은 어떻게 그 과정을 빨리 진척시킬 수 있었는지를 고려하는 것이 중요하다. 학생들은 어떻게 하면 좀 더 효과적인 질문 기법을 구성할 수 있었는지를 알아보기 위해 그들이 제기했던 질문의 형태를 분석해야 한다. 학생들이 탐구 단계를 효율적으로 거쳐감에 따라, 교사는 어떠한 통제도 가하지 않고 학생들이 그들 자신의 탐구 과정을 결정하도록 허용할 수도 있다.

7단계: 평가한다

학생들에게 난해한 상황을 정하여 연구하도록 요구하라. 학급에서 가장 흥미 있는 문제를 선정하기 위한 경합을 하라. 학생들이 이론을 이해하고 있는지 그리고 그들이 이론과 관련 있는 규칙을 다른 상황에 일반화할 수 있는지 검사를 통하여 결정하라.

정답이 없는 이론에 대하여, 학생들에게 그럴듯한 이론을 규명하도록 요구하라. 이 두 가지 이론은 학급 안에서 토론의 기초가 될 수 있다.

Suchman 수업 모형의 단계 요약

1. *문제를 선정하고 연구를 수행한다.*

답을 발견해 내야 하는 난해한 상황이나 사태를 선택하고 그 다음 그 문제에 대한 가능한 해결을 찾아내기 위한 연구를 하라.

2. *과정을 소개하고 문제를 제시한다.*

학생들이 탐구에서 지켜야 할 규칙들을 조심스럽게 설명하고 제시한다. 학생들에게 난해한 상황을 글로써 제시하고 그들에게 자료를 기록하기 위한 방법을 제시하라.

3. *자료를 수집한다.*

자료를 수집하고 자료를 입증하기 위하여 학생들이 제기하는 질문에 반응한다. 학생들이 질문을 더 명확히 하고 더 완벽하게 제기하도록 안내한다. 그러나 그들에게 질문을 재진술하는 것은 삼간다. 학생들이 서로 이야기를 나눌 필요가 있기는 하지만 질문하는 동안 서로간에 말하는 것이 허용되지 않을 때 회의를 요청하도록 격려해 주어라. 이것이 집단 과정이라는 것을 강조한다. 즉 전체 학급의 주의와 참여가 요구되는 것이다.

4. *이론을 개발하고 증명한다.*

학생이 이론을 제기할 때는 질문을 중단하고 칠판에 이론을 적어 둔다. 학급은 그 이론을 적용할지 또는 기각할지를 결정한다. 이 단계에서 질문은 한 가지 특수한 이론에 집중되어 있음을 강조한다.

만일 다른 이론이 제시되면, 그 이론을 칠판에 적고 조사 중에 있는 이론이 적합하지 않다면 후에 이 이론을 탐구할 것이라고 학급 학생들에게 말하여라. 학생들이 가능한 모든 유형의 질문을 생각해 내도록 격려하여라. 예를 들면, 학생들이 어느 한 사태에 집중한다면, 그 사태의 원인이 되는 조건을 생각해 내도록 그들을 격려하여라.

학생들은 특수한 이론을 증명해 나갈 때 실험실에서 실험을 하거나 좀 더 폭넓은 연구를 많이 하도록 격려받아야 한다.

5. *이론을 설명하고 이론과 관련된 규칙을 진술한다.*

일단 이론이나 이론적인 대답이 학생들에 의해 증명이 되면, 그들로 하여금 이론의 설명과 적용을 이끌어가도록 하여라.

6. *과정을 분석한다.*

마지막으로 학급 학생들과 탐구 과정을 논의한다. 학생들이 어떻게 수용할 수 있는 이론에 도달했는지 조사하고 그 과정이 어떻게 개선될 수 있는지를 결정한다. 학급이 탐구 과정에서 자신감을 얻어감에 따라 그들은 과정에 대해 더 많은 책임감을 갖게 된다.

7. *평가한다.*

검사를 통하여 학생들이 과정에서 도출된 이론을 이해하고 있는지 그리고 학생들이 그 규칙을 다른 상황에 적용할 수 있는지를 결정한다. 또한 학생들이 난해한 상황을 조사하고 질문을 제기하고 해답을 찾는 습관을 개발하도록 격려한다. 이 모형은 과학적 방법에 기반을 두고 있기 때문에 학생들이 이 기법으로 효과적으로 문제를 해결할 수 있을지를 결정하여라.

모형 2: 웹 퀘스트 탐구 모형

일단 학생들이 탐구 모형의 기본 단계에 익숙해지면, 그들은 좀 더 모험적이면서 교사의 지시를 거의 따르지 않는 경험을 할 준비가 갖추어진 셈이다. 웹 퀘스트 모형은 정보의 일차적 원천으로 웹을 이용하는 특별한 형태의 탐구 수업이다. 샌디에이고 주립대학의 Bernie Dodge에 의해 시작된 웹 퀘스트는 웹상에서 얻을 수 있는 정보와 다양한 다른 자원을 통합한 주제 중심 단원이다.

비록 웹 퀘스트가 학생들에게 웹 페이지로 제시되지만 학습의 원천은 웹보다 더 많은 것을 포함한다. 또한 학생들은 교과서 읽기, 보충 서적 읽기, 다른 자원에서의 보충 학습 그리고 단원의 주제와 관련된 독자적 학습 활동을 수행한다. 게다가 웹 퀘스트에 포함되어 있는 자원과 활동에는 면담과 보고, 관찰과 필기하기, 조사 연구, 학생들이 기록하는 다른 실생활 경험이 많이 포함된다.

표준 주제별 단원과 웹 퀘스트의 중요한 차이점은 전자는 학생들이 배울 주제에 초점이 맞추어져 있고 후자는 학생들이 해결해야 할 문제에 초점이 맞추어져 있다는 것이다. 그 문제는 학급에서 공부하는 주제로부터 생성된다. 웹 퀘스트의 두드러진 특징은 웹에 요구되는 수업 접근 방법에 있다. 학생들은 주제, 그리고 주제와 관련된 자료에 의해 아니면 그들 자신의 조사와 탐구에 의해 학습 안내를 받는가?

웹 퀘스트는 교사와 학생 모두에게 개방적인 학습 기회를 만들어 준다. 웹 퀘스트의 본래 목적은 교육과정에서 요구하는 내용을 학생들이 배울 수 있도록 도와주기 위해 그들이 마음대로 자원을 활용하여 해결해 낼 수 있는 문제를 학생들에게 제시하는 것이다.

웹 퀘스트는 학습자 중심이면서 동시에 교사 촉진적 학습을 위한 조직적인 도식을 제공한다. 여러분이 인터넷에 대해 전혀 알지 못하기 때문에 또는 심지어 http나 www가 무엇인지조차 모르기 때문에 웹 자원을 바탕으로 한 학습 단원을 만들 수 없다고 결정하기에 앞서, 잠시 자신의 불신을 멈추고 이것을 단계적으로 하나하나 생각해 보아라. 당신은 이미 탐구의 기본 단계를 알고 있는 것이다. 그러한 단계를 약간 변경해 보면 웹 퀘스트는 심사숙고하여 만들어진 다른 어떠한 학습 단원보다도 만드는 데 오히려 시간이 덜 들 수도 있다. 사실 웹 퀘스트를 준비할 때 교사가 거쳐야 할 단계는 축소되었다. 왜냐하면 웹 퀘스트 상황 안에서 일어나는 학습의 많은 책임은 학생에게 부여되어 있기 때문이다.

웹 퀘스트 탐구 모형 단계

1. 교사가 문제를 선정하고 사전 연구를 수행한다.
2. 교사가 웹 퀘스트 틀 안에서 문제를 제시한다.
3. 학생들은 문제를 해결하기 위해 자료와 정보를 수집한다.
4. 학생들은 해답을 개발하고 증명한다.

1단계: 교사가 문제를 선정하고 사전 연구를 수행한다

웹 퀘스트 모형은 학생들이 웹과 그들이 선택한 교재를 가지고 탐색할 제반적인 문제나 난해한 상황으로 시작된다. 문제는 교육과정의 내용에 기반을 두고 있지만 그 해답은 학생들이 수행하게 될 탐구에 달려 있다.

예를 들어, 교육과정 영역이 생태학이라면 문제는 옐로우스톤 국립공원 늑대들의 재도입과 관련 있는 내용이 될 수 있다. 만일 교육과정 영역이 수학의 기초연산에 집중되어 있다면 문제는 십진법이 이상적인지의 문제를 포함하여 언제, 어디에서, 어떻게, 왜 인간이 수를 발명했는지에 관한 내용이 될 수도 있다.

만일에 교육과정이 콜롬버스의 아메리카 대륙 발견이라면, 웹 퀘스트의 문제는 유럽인들이 서반구를 자신의 것이라고 하는 주장을 정당화할 수 있는지의 여부가 될 수도 있다. 웹 퀘스트를 만드는 첫 단계는 교사가 그 쟁점이나 문제를 다루는 적당한 웹 페이지와 다른 자원을 찾는 것이다.

웹에 나오는 많은 내용들은 어린 학생들이 읽기에는 너무 어렵다. 그래서 교사가 해야 할 대부분의 일은 교사가 만든 웹을 사용할 학생들에게 가장 큰 도움이 될 연결고리를 찾아주는 일이다. 이를 설명하는 가장 손쉬운 방법은 본보기를 제시하는 것이다.

웹 퀘스트를 어떻게 만드는지 나타내기 위하여, *날씨*라는 주제를 한 번 생각해 보자. 날씨는 여러 학년의 교육과정에 들어가 있는 내용이다. 그리고 그 내용에는 많은 개방적인 문제들이 포함되어 있다. 우리는 "무엇이 날씨를 변하게 하는가?"와 "우리가 날씨를 변화시킬 수 있는가?"라는 문제를 살펴보겠다.

교사가 이 문제를 연구하기는 아주 수월하다. 그리고 자원들도 확실하다. 그 지방의 기상 예보관이 학급에 와서 이야기를 들려줄 수 있지 않을까? 그리고 학교 도서관에는 날씨라는 주제에 관한 책들이 있을 것이다. 그리고 학생들의 과학 교과서에는 이 주제에 관해 무엇이라고 언급하고 있는가? 학생들의 다른 과목 교과서 즉 지리 교과서에도 날씨에 대해서 언급하고 있는가? 그리고 웹 사이트에는 날씨와 관련된 도움이 되는 정보가 담겨 있는가?

마지막 질문에 대한 답을 하려면 아주 훌륭한 검색 엔진이 필요하다. 검색 엔진이란 여러분이 찾고 있는 주제와 관련된 모든 웹 사이트를 자동적으로 나열해 주는 인터넷 도구이다. 검색 엔진은 범위를 좁게 하여 검색을 하더라도 수천 또는 그 이상의 사이트를 제공하기 때문에 여러분이 해야 할 일은 그것들을 정사하고 추려서 학생들에게 가장 유용한 것들만 남겨 두는 것이다. 대부분의 검색 엔진은 가장 적합한 웹 사이트가 목록에서 제일 먼저 나오도록 하는 서열 기준을 사용하는데 서열 기준은 보통 검색 주제에 사용되는 단어가 웹 페이지의 단어와 일치하는 횟수에 기반을 두고 있다.

현재 웹을 사용하는 사람들에게 가장 인기 있는 검색 도구 또는 검색 엔진은 Google이다. 왜냐하면 이것이 빠르고 정확하기 때문이다. 그러나 선택 가능한 것들도 다수 있다. 그래서 대부분의 검색자들은 하나 이상의 검색 엔진을 사용한다. 검색 엔진마다 선택하고 발견한 것을 나열하는 기준이 다르기 때문에 적어도 두 가지 검색 엔진을 사용하는 것이 시간과 노력을 들일 만한 가치가 있다고 볼 수 있다.

예로 날씨를 들어 보면 웹에 접속해서 www.Google.com을 열고 다음과 같이 검색하라. weather+change+snow+rain+wind(플러스 기호는 찾으려는 것을 이 모든 단어를 포함하는 사이트에 한정시켜 준다.) Google의 탐색 정보를 찾아보고 탐색 범위를 좁힐 수 있는 다양한 방법을 시도해 보라.

웹을 철저히 탐색해 얻는 가치 중 하나는 당신이 혼자 찾은 사이트에서는 전혀 생각해 낼 수도 없는 아이디어를 얻을 수 있다는 점이다.

예를 들어 www.cmos.ca/weatherlore.html이라는 사이트에는 날씨에 관련된 표현과 속담에 관한 읽을 만한 논의들이 포함되어 있는데, "밤에 하늘이 붉으면 뱃사람들이 좋아하고, 아침에 하늘이 붉으면 뱃사람들이 조심한다"와 같은 표현들이 있다. 학생들은 날씨에 관련된 이 모든 표현들의 원천과 그것들 중 사실에 근거한 것들은 얼마나 되는지 조사하도록 요구받기도 한다. 웹 퀘스트는 날씨에 관해서 소위 "모든 사람들이 안다."고 하는 많은 것들의 과학적 근거를 학생들이 조사하도록 하게 할 수 있다.

탐색 결과 페이지에 나타나는 관련되는 웹 주소를 저장해 두는 것이 중요하다. 대부분의 웹을 사용하는 사람들은 이것을 매우 쉽게 한다. 여러분은 특별히 중요하다고 여겨지는 웹 주소를 "즐겨찾기", "북마크" 폴더에 넣어 두거나 혹은 "weather sites"이라는 하위 폴더를 "즐겨찾기"나 "북마크" 폴더에 만들어서 그곳에 주소를 넣어 두면 된다. 이 파일들을 저장해 두는 것이 웹 퀘스트를 만드는 그 다음 단계를 용이하게 해 준다.

2단계: 교사가 웹 퀘스트 틀 안에서 문제를 제시한다

웹 퀘스트를 만들어서 학생들에게 제시하는 데 사용할 수 있는 편리한 틀이 있다. http://edweb.sasu.edu/webquest/lesson template.html로 가서 PC나 mac을 위한 틀인 traditional no-frame version을 다운로드한다. 만약 PC용을 선택한다면 다운로드한 후 압축파일을 풀기 위한 WinZip을 설치해야 한다. 만약 이 프로그램이 컴퓨터에 설치되어 있지 않다면 www.winzip.com에 가서 시험용 버전을 다운로드한다. 그리고 여러분 컴퓨터의 하드 드라이버 어느 곳에 웹 퀘스트의 파일이 저장되어 있는지 확인을 하고 (1) 그것을 Netscape communicator에 있는 composer와 같은 웹 편집도구나 claris Homepage나 Microsoft Front Page와 같은 상업용 웹 편집도구로 열어라. (2) 그것을 〈여러분의 이름〉의 웹 퀘스트처럼 새로운 이름으로 디스크에 저장해 두어라. (3) Web Tempalate에 보이는 문자—사실은 무엇을 포함시켜야 할지를 지시하는 것이다—들을 여러분 자신의 글로 대치하라.

웹 페이지 구축에 관한 소개 내용이 www.eachersfirst.com/summer/webquest/quest-a.shtml에 잘 나와 있다. 여기에는 웹 설계의 기초와 웹 퀘스트를 누구나 접근할 수 있는 곳에 저장할 수 있는 방법과 같은 설명이 포함되어 있다. 웹에 대하여 많은 것을 알고 싶고 단기간에 전문가가 되고 싶은 사람들은 *The Non-oesigner's web book* 2판을 참고하기 바란다.[7]

여러분 학교의 어느 컴퓨터 서버든지 여러분의 웹 페이지를 저장하고 접근할 수 있는 적당한 곳이 되며 학교의 컴퓨터 담당자는 이 일을 도와줄 수 있다. 여러분의 웹 페이지를 학교 컴퓨터 서버에 저장해 두면 학생들이 학교나 집에 있는 어느 컴퓨터에서든 여러분의 웹 페이지에 들어갈 수 있다.

웹 페이지를 만드는 것은 컴퓨터로 문서를 작성할 때 거치는 단계보다 더 복잡한 것은 아니나 새로운 과정이라 많은 사람들이 겁을 먹고 있다. 만일에 여러분이 이러한 부류에 속한다면, 인내를 갖고 천천히 해 보아라. 그러면 온 세상이 당신에게 열릴 것이다.

웹 퀘스트 틀은 다음과 같은 영역으로 조직된 빈 곳을 채워 넣는 형태를 취한다. 여러분이 해야 할 일은 수업의 상황에 맞도록 더 정교화하는 일이다.

1. *도입*

학생들에게 활동이나 레슨을 간단한 글로 소개한다.

도입부에서는 전체를 아우르고 학생들의 주의를 끌기 위해 유머 섞인 이야기를 제공한다. "우리는 날씨에 대해 왜 아무것도 할 수 없는가?"라는 질문에 대하여 웹 퀘스트의 도입부에서는 다음과 같이 시작할 수 있다. "기상 예보관보다 더 비판을 받는 방송인은 없다." 왜 기상 예보관은 그렇게 자주 틀리는가? 날씨를 예보하는 것이 왜 그렇게 어려운가? 이와 관련하여, 여러분은 왜 우리가 날씨에 대하여 아무것도 할 수 없는지를 생각해 본 적이 있는가?

2. *과제*

과제 부분은 학습자의 학습 활동의 최종 결과를 간단하고 명백하게 기술하는 것이다. 학습자들은 정보 수집의 필요성을 느끼고 이 정보를 새로운 형태로 변형시켜야 한다는 것을 알아야 한다. 예를 들면, 최종 도착점은 편지를 써서 지방 신문의 편집장이나 기상청에 보내는 것일 수도 있다. 혹은 날씨를 변화시키는 유력한 요소들을 설명하는 전시물을 만드는 것일 수도 있다.

3. *과정*

이 부분에서는 학습자가 과제를 완성하기 위하여 거쳐 나가야 하는 단계를 낱낱이 제시한다. 가능하다면 이 단계들은 수가 적힌 목록으로 제시되어야 한다. 웹 퀘스트의 이 부분은 웹 링크와 학생들이 과제를 완성하는 데 필요한 다른 자원의 이름을 포함한다. 또한 학생들이 모은 정보를 어떻게 조직하고 사용할지, 그리고 학생 자신들을 어떻게 집단으로 조직할지에 관하여 토론을 벌인다.

예를 들면 날씨에 관한 탐구에서 학생들은 강우, 바람, 더위와 추위, 허리케인과 회오리 바람, 혹은 날씨 속담과 같은 날씨에 관한 다양한 측면들에 대하여 집단을 구성하여 탐구해 나간다.

4. *평가*

이 부분에서는 학생들의 수행을 어떻게 평가할지를 서술한다. 여러분이 기대하는 산출의 특징과 질적 수준이 다른 예상되는 산출이 포함된다.

5. *결론*

탐구 활동이나 수업을 완료한 후 학습자들이 무엇을 성취하거나 배우게 될지를 간단히 요약한다.

6. *출처와 참고서*

이 부분에서는 웹 퀘스트를 만드는 데 사용되는 이미지, 음악, 재료의 자원을 나열한다.

3단계: 학생들은 문제를 해결하기 위해 자료와 정보를 수집한다

웹 퀘스트 탐구 형태에 있어서는 교사가 아닌 학생이 정보를 수집하여 문제를 해결해 나간다. 학습을 하게 하는 것은 바로 학생의 탐구이다. 웹과 다른 모든 자원은 웹 퀘스트의 구조를 통하여 학생들이 혼자 또는 집단 활동을 통해 해결해야만 하는 개방된 문제를 배경으로 제시된다.

여기에서 교사의 역할은 기술적 질문이나 다른 질문에 대답하는 것이고 학생들이 독특하고 합리적인 산출을 만드는 데 필요로 하는 도구를 학생들에게 안내하는 것이다. 웹 퀘스트의 본보기 조사에서 잘 알 수 있듯이 이러한 다양한 산출물은 실제로 무한하다(이 장의 끝에 있는 웹 자원 부분 참고).

4단계: 학생들은 해답을 개발하고 증명한다

문제 해결책의 개발, 검증, 증명에 대한 책임은 학생에게 있다. 학생들은 그들이 학습 활동의 결과를 자기 반 학생들에게 제시하려면 결과를 검증해야만 한다.

웹 퀘스트에 의하여 제기된 문제는 개방적이기 때문에 거기에는 유일한 정답이 없고 모든 답은 항상 수정의 여지를 남겨 두고 있다. 웹 퀘스트나 다른 탐구 형태의 최대 가치는 학생들에게 진정한 학문의 본질이란 인류가 직면한 복잡한 문제에 대한 가능한 해답을 탐색하는 데 있음을 가르칠 수 있다는 데에서 찾아볼 수 있다.

연구자들이 종종 학습해야만 할 많은 내용을 이해하지는 못하지만 모든 학문을 구성하고 있는 신비한 황무지에 대처할 수 있는 능력이 있음을 깨닫게 하는 데에는 웹 퀘스트가 도움이 된다. 탐구 수업은 학생들을 이러한 크나큰 모험에 참여하도록 안내하는 수업이다.

모형 3: 문제 중심 학습

어떤 의미에서는 이 세 가지 문제 중심 탐구 모형을 문제 중심 학습 또는 PBL이라고 부를 수 있다. 그러나 문제 중심 학습 이론에서는 탐구 모형과 PBL을 별개의 이론으로 본다. 문제 중심 학습은 학습자들이 지식과 문제 해결 기능을 개발해 나갈 때 학습자에게 유의미하고, 탈맥락적인 실생활 장면을 제공하고 자원, 지도, 수업을 제공하기 위한 교육학적 전략으로 설명되어 왔다.[8]

문제 중심 학습에 있어서 교사는 교과 전문가, 자원 안내자, 과제 집단 자문이 되지만 정보 전달자나 유일한 원천이 되는 것은 아니다.

교사의 주된 역할은 학생 참여를 격려하고 학생들이 뒤처지지 않도록 적절한 정보를 제공하고 부정적인 피드백은 회피하고 동료 학습자의 역할을 담당한다. 고대 중국의 속담 하나가 문제 중심 학습의 기초를 가장 간결하게 표현하고 있다. “나에게 말하여라 그러면 나는 곧 잊게 된다. 나에게 보여주어라. 그러면 나는 기억하게 된다. 나를 참여시켜라. 그러면 나는 이해하게 된다.” 학생들이 꼭 찾아내야 하는 개방적인 문제에 대한 해결 탐구에 참여하게 되면 강의나 교재에서 가르쳐진 것보다 더 많은 것을 배워 간직하게 된다.

학습자에게 소화된 형태로 지식을 전달하는 전통적인 학교 교육과 탐구학습을 강조하는 변혁적인 학교 교육의 차이는 누가 정보의 의미를 파악하느냐에 집중된다.

학생들에게는 잘 구조화되어 있지 않은 문제를 해결해 나갈 때 스스로 자신의 의미를 구성해 나가는 것이 허용되는데, 이 과정에서 학생들은 교육과정의 주제를 좀 더 심도 있고 의미 있고 기억이 잘 되는 방법으로 이해하게 된다.

일리노이 수학, 과학 학회 웹 사이트는 문제 중심 학습 네트워크를 갖추고 있다. 그 사이트의 첫 페이지에 우리가 따라야 할 문제 중심 학습에 관한 일반화, 문제에 대한 사고를 위한 지침이 될 사항, 학생을 위한 문제 중심 학습 기회의 설계 방법이 제시되어 있다.

한편 문제 중심 학습 단원을 제시하는 형태는 다양하지만 다음의 원리는 변함이 없다.

- 문제 중심 학습 단원에서는 잘 구조화되지 않은 문제가 우선 제시되며 이것은 조직 센터로서 학습 상황이 된다.
- 학습 문제는
  - 본래 잘 구조화되어 있지 않다.
  - 혼란한 상황으로 주어진다.
  - 새로운 정보가 추가되면 바뀐다.
  - 쉽게 또는 공식적으로 해결되지 않는다.
  - 항상 정답이 있는 것은 아니다.
- 문제 중심 교실에서 학생들은 문제 해결자의 역할을 수행한다: 교사는 또래 학습자와 코치의 역할을 수행한다.
- 교수학습 과정에서 정보는 공유되지만 지식은 개인이 구성하는 것이다.
- 사고는 충분히 정교화되고 엄격한 기준을 지킨다.
- 평가는 문제와 과정을 대상으로 한다.
- 문제 중심 학습 단원은 반드시 간학문적인 것이 아니고 언제나 통합적이다.

문제 중심 학습 모형의 단계

1. 문제를 탐구한다.
2. 학습을 나타내기 위해 탐구 차트를 사용한다.
   a. 문제 진술에 대한 브레인스토밍을 한다.
   b. 문제를 질문으로 바꾼다.
   c. 가설적 해답을 설정한다.
   d. 자원과 정보를 수집한다.
   e. 자원에 따라 질문에 대한 대안적 해답을 탐구한다.
3. 서로 다른 해결책을 공유한다.

4. 착수한다.

1단계: 문제를 탐구한다

문제 중심 학습은 교육과정이 없이도 일어나는 것은 아니다. 여러분이 가르치고 있는 교육과정을 검토해 보고 자신에게 교육과정의 복석에는 어떠한 문제들이 포함되는지를 자문해 본다. 이렇게 하는 한 가지 방법은 여러분이 가르치게 될 기준이나 여러분들이 학생에게 책임 지우게 될 검사를 검토해 보고 이 정보는 어떠한 문제를 해결하고 있는지를 자문해 보는 것이다. 학생들이 그 문제에 관여할 수 있도록 문제를 정의하기 위해 노력하라.

미국의 헌법을 가르치는 데 있어서 권리장전은 늘 우리가 탐구해야 할 좋은 문제의 원천이 된다. 미국 헌법의 추가조항 1은 "의회는 종교의 승인을 찬양하거나 종교의 자유를 금지하는 법안을 제정할 수 없고, 언론이나 신분의 자유를 박탈하거나 집회와 불만 처리를 위하여 정부에 청원할 수 있는 권리를 박탈하는 법은 제정할 수 없다."고 적고 있다. 이 간단한 진술 속에 얼마나 많은 문제가 제기될 수 있을지 누가 알겠는가! 예를 들면, 언론의 자유에는 악명 높은 Enron 회사의 피고인처럼, 작업장에서 감독에 대항하여 발언할 수 있는 권리가 포함되는가?

집회의 권리는 학교에 있는 어떠한 학생 집단도 어느 특정한 곳에 있으라고 요구받지 않는다면 수업 전후에 예배를 보기 위해 모일 수 있다는 뜻인가? 학교는 학생들을 해로운 것으로부터 보호할 목적으로 어느 선까지 그들의 인터넷 접근을 막을 수 있는가? 사람들이 매일 직면하는 문제들이 헌법 추가조항 1조의 45개 단어로 구성된 간단한 진술문과 어떠한 관계가 있는지를 자세히 검토할 필요는 없을 것이다.

2단계: 학습을 나타내기 위하여 탐구 차트를 사용한다

탐구 차트에 대한 아이디어는 James Hoffman의 논문[9]으로부터 나왔다. 이 논문에서 그는 성숙한 문해인에게 요구되는 고차적인 사고 기능의 개발 및 정교화를 지지하는 학생들의 비판적 사고를 안내하는 구조를 제안하고 있다.

우리는 탐구 차트라는 아이디어를 약간 다듬어서 문제 중심 학습의 목적에 맞추었다. 이 차트의 활용 단계를 설명해 가면서 이것을 연구해 본다.

탐구 차트를 슬라이드로 만들고 학생들에게는 종이 복사본을 준다. 차트의 왼쪽 상단부에 문제의 진술을 적고 하단부에 1단계에서 탐구되었던 문제에 대하여 학생들이 제시하는 요약을 적는다. 그 다음 학생들과 브레인스토밍을 하여 문제에서 제안된 몇 가지 질문들을 만들도록 한다. 이것들 중 몇 가지는 문제 진술의 오른쪽 공간에 적는다. 그 다음 학생들로 하여금 사전 지식을 활용하여 그들이 제기한 질문에 대한 답의 가설을 설정하게 한다. 이러한 것들이 가장 좋은 추측으로 탐구 과정이 계속됨에 따라 수정될 가능성이 있다.

이제 질문에 대한 해답을 구하고 문제에 대한 해결안을 찾는 데 쓰일 자원을 검토한다. 이 자원은 교과서에 기반을 두고 있으며 여기에는 학급에서 사용되고 있는 교과서에서 선정된 내용이 포함된다. 이것들에는 일차적 자료가 포함되거나 웹사이트 그리고 동원이 가능한 지역사회 전문가와 같은 기타 자원이 포함된다.

위의 네 단계를 거치면 탐구 차트의 계획 단계가 완성된다. 그 다음 단계는 다양한 자원을 활용하여 문제 진술에 관련된 질문에 대답하는 단계이다. 일반적으로 학생들은 집단적으로 힘을 합하여 질문에 답하고 문제에 대한 해결안을 내놓는다. 이렇게 함으로써 추가 질문이 생겨난다. 이러한 질문은 차트의 오른쪽 칸에 적는다.

학생들이 탐구 차트 복사본을 채워 나갈 때 많은 교사들은 전체 학급이 더 참여할 수 있는 커다란 복사지를 만든다. 이것은 협동적이고 전체 학급이 참여하는 문제 중심 학습 경험의 본질을 잘 설명해 준다. 반면에 개인과 소집단으로 하여금 다른 형태의 탐구를 허용하는 셈이 된다.

3단계: 서로 다른 해결책을 공유한다

일단 탐구 차트가 완성되면 학생들은 문제에 대한 가능한 해결을 구체화하기 시작한다. 이 해결은 다른 자원에 기반을 둔 차트의 각 질문에 대한 답의 요약으로부터 일부 도출된다. 여기서 중요한 점은 자원이 다를 경우 똑같은 질문에 대한 답도 달라진다는 사실을 부각시키는 것이다. 그러나 몇 개의 자원을 통하여 학생들의 답이 서로 확인되는 경우 그들은 정당한 문제 해결 과정에 있음이 확인되는 것이다. 이것이 바로 비판적 탐구로서 문제 중심 연구가 의존하고 있는 비판적 문제 능력의 기초가 된다.

학생들은 Digital Composition, Hyper Studio 또는 다른 전시용 소프트웨어와 같은 미디어를 활용하여 그들의 해결을 다양한 방법으로 공유할 수 있다. 여기서 주의할 점은 매체가 메시지를 잘 반영하지 못하도록 내버려 두어서는 안 된다는 점이다. 반면에, 만일에 학생들이 문제 중심 학습 단원에서 문제에 대한 답을 찾느라 많은 노력을 기울였다면 아마도 그들은 대안적 해결을 분류하여 제시하는 데

탐구 차트
(Hoffman, 1992)

문제 진술	질문	질문	질문	새로운 질문
가설				
교과서 자원 1				
교과서 자원 2				
일차 자원				
기타 자원				
요약				

시간을 필요로 할 것이다.

4단계: 착수한다

문제 중심 수업 모형의 최종 단계는 착수를 결정하는 것이다. 문제가 지역사회에 어느 정도 관계되는 것이냐에 따라 학생들은 공공장소에서 회의를 갖기로 결정할 수도 있다. 문제에 대한 전문가 패널을 초대하여 학생들이 생각하고 있는 해결안을 경청하게 할 수도 있다.

지역 TV에서의 짧은 광고 방송이나 지방 행정 당국에 대한 내용 설명은 의견 공유를 위한 좋은 방법이 된다.

만일에 학생들이 문제를 조사하고 해결하는 데 많은 시간을 보낸 문제가 그들에게는 현실적인 것이라면, 그들은 문제에 대한 반응으로 그들이 만든 적절한 조치를 취하고자 할 것이다. 상상해 보건대 이 가능성은 거의 없다. 그러나 현실적 문제 해결에 헌신하고자 하는 학생들은 어떠한 조치를 취할지에 대해서 창의적으로 결정해 나가야 한다.

활동 7.1: 질문과 탐구 모형

다음 중 어느 것이 탐구 모형에 적합한 문제인가?

1. 3×8의 답은 무엇인가?
2. 남북 전쟁 동안 미국의 대통령은 누구였는가?
3. 지구에서 조수의 변화는 달의 위치 및 상대편에 있는 지구의 위치와 관계가 있는 것 같다. 이 관계를 설명하는 요인에는 어떠한 것이 있는가?
4. 우리는 식물이 광합성을 통해 양분을 어떻게 만드는지 배웠다. 여기에 어둠 속에서 자랄 수 있는 어떤 식물에 관한 사진이 있다. 이 식물은 어떻게 생존할 수 있을까?
5. 세익스피어는 서명을 제외하고 자신의 글이라고 입증할 수 있는 글을 하나도 남기지 않았다. 세익스피어 자신이 모든 연극과 14행시를 썼을까? 아니면 다른 누군가가 작품을 쓰고 세익스피어의 이름을 적어 익명을 그대로 유지할 수 있었던 것일까? 세익스피어의 미스터리를 탐색하고 가장 오래된 미스터리로 남아있는 한 문학 작품이 무엇인지를 찾아보아라.

시나리오

Whitaker 교사는 환경학 수업 시간에 탐구 과정을 사용하여 독에 관한 단원을 소개한다. 그녀는 "mad as a hatter"라는 표현을 학생들이 들은 적이 있는지 물어 보면서 수업을 시작한다. 한 여학생이 손을 들고 Alice in wonderland라는 영화에 Mad hatter라 불리는 등장인물을 기억한다고 말한다. 또 다른 학생은 Lewis Carron의 저서를 영화화했는데 그 영화 속에서 Mad hatter는 차 파티를 열었다고 말한다. 또 다른 학생은 Mad as hatter라고 하는 책을 읽은 것을 회상하며 "나는 그 등장인물이 그 모자에 대하여 몹시 화를 내고 있다고 생각했어요"라고 그 학생은 말한다.

Whitaker는 문제 하나를 제시할 테니 수용 가능한 대답을 찾도록 노력해야 한다고 자기 반 학생들에게 말한다. 학생들은 '예' 혹은 '아니오'라고 대답할 수 있는 질문만을 교사에게 제기해야 한다. 교사는 탐구 절차의 규칙을 설명하는데 그 절차를 교실 앞에 제시하고 이어 학생들을 회의 집단에 배정한다.

그녀는 학생들이 마치 실제 연구를 하는 것처럼 그들로 하여금 질문을 하도록 격려한다. 그녀는 또한 학생들이 할 수 있는 질문 형태에 관한 본보기 몇 가지를 학생들에게 제시한다. 질문은 단순한 사실 질문에서부터 "만약 내가 (　　)를 한다면, 나는 (　　)이 일어나기를 기대할 수 있을까?"와 같은 좀 더 복잡한 질문을 포함한다.

교사는 정보의 원천이 되기 때문에 교사는 자신이 사용할 사실이 적힌 종이를 준비했다(표 7.1 참고).

Whitaker 교사는 다음의 문제 진술을 큰 소리로 읽는다. 18세기와 19세기 동안 영국에서 남자 모자를 만드는 상당수의 노동자들이 미쳤거나 미친 사람처럼 행동

표 7.1 사용하는 질문에 대한 반응 기록지

1. 19세기 영국의 노동조건이 나빠서 많은 사람들이 원인도 모르는 직업병을 앓았다.
2. 작업장은 통풍이 잘되지 않았고, 안전예방책도 거의 없었다. 노동자들은 안전복조차 입지 못했다.
3. 대부분의 남자들 모자는 캐나다에서 수입한 비버의 속털로 가공한 펠트제품으로 만들어진다.
4. 수은은 펠트모자 제조 시 사용되는 화학약품 중 하나이다.
5. 알다시피, 수은은 독성이 매우 강하며, 체내에 축적이 되면 정신이상과 같은 유사한 병을 유발할 수 있다.
6. 오늘날 이 병은 미나마타병으로 알려져 있다. 이 병명은 1932년부터 1968년까지 일본의 한 지방에 소재한 조그만 공장에서 수톤의 수은을 내다버린 바닷가에서 잡은 고기를 먹고 수천 명이 독성에 감염된 이후에 붙여졌다.

했다. 사실, 그들 중 많은 사람들은 그 당시 정신병원에 입원하게 되었다. 왜 이들에게 높은 정신병 발생률이 나타났으며, 그래서 "모자 만드는 사람처럼 미친" 이라는 말이 생겨났을까? 그러고 나서 교사는 학생들에게 다음과 같은 질문을 시작하도록 요구한다.

학생: 여자 모자를 만든 사람은 어떠했었습니까? 그들 중 많은 사람들도 미쳤습니까?

교사: 아니오.

학생: 그 당시 남자들은 어떤 특별한 종류의 모자를 썼습니까?

교사: 그래요. 또 다른 질문을 해 보세요.

학생: 에이브러햄 링컨이 썼던 것 같은 높은 실크 모자였습니까?

교사: 좀 더 구체적으로 말해보세요.

학생: 위가 높은 검은 모자지요. 사람들은 그 모자를 위가 높은 모자라고 불렀다고 생각합니다.

교사: 그래요. 대부분은 그렇다고 생각합니다.

학생: 모자가 만들어진 재료와 관련이 있습니까?

교사: 예.

학생: 회의를 해도 될까요?

교사: 예.

학생: 회의가 끝난 후, 그들은 그 모자를 버버(실크 모자)라고 부르지 않았지요?

교사: 그래요.

학생: 모자는 버버의 가죽으로 만들었습니까?

교사: 예. 또 다른 질문을 해보세요. 여러분은 긍정적인 반응을 얻는 한 계속 질문해도 됩니다.

학생: 우리가 그 공장들 중 한 곳을 간다면 사람들을 미치게 만드는 것을 볼 수 있을까요?

교사: 좀 더 구체적으로 말해보세요.

학생: 그러면 예를 들어 노동자들이 매 맞는 것을 볼 수 있나요?

교사: 아니오. 여러분이 이미 발견한 것을 검토해 보세요.

여러분이 이미 알고 있는 사실에만 주목해 보세요. (교사는 칠판을 가리킨다. 그리고 한 학생이 칠판에다 학생들의 질문에 대한 반응을 요약하고 있다.)

학생: 그들은 버버의 가죽을 특수한 방식으로 다루어야만 했습니까?

교사: 예. 그래요.

학생: 그들은 사람들을 미치게 만드는 높은 열을 사용했습니까?

교사: 그들은 열을 사용했을지도 모릅니다. 그러나 그것은 문제의 일차적 원인은 아닙니다.

학생: 그들은 화학 약품을 사용했습니까?

교사: 예.

학생 : 그것은 독성이 있습니까?

교사: 예.

학생: 그들은 연기를 마셨습니까?

교사: 그것이 일부일 수는 있습니다. 이론을 제시하고 싶습니까?

학생: 모자 만드는 사람들은 모자를 만들 때 사용하는 독성 물질을 취급함으로써 중독되었습니다.

교사: 이제 이론을 검증하거나 완성시키는 질문을 해 봅시다.

학생: 그것은 비소였습니까?

교사: 아니오.

학생: 오늘날에도 여전히 사용되는 독입니까?

교사: 예.

학생: 그들은 아직도 모자를 만드는 데 그것을 사용합니까?

교사: 내가 알기로는 그렇지 않습니다.

학생: 사람들은 이 물질이 독성이 있다는 것을 알고 있습니까?

교사: 예.

학생: 회의를 해도 될까요?

교사: 물론입니다. 우리들은 지금 칠판에 적혀 있는 이론을 검증하고 있음을 기억하기 바랍니다.

학생: (회의 후에) 그 물질은 수은이었습니까?

교사: 예. 그렇습니다. 자, 이제 이론을 좀 더 안전하게 만들기 위하여 이론을 새로 진술할 수 있습니다.(학생들은 수은이라는 단어를 첨가한다.)

교사는 그들이 가정한 이론에서 이끌어낼 수 있는 몇 가지 규칙을 진술하도록 반 학생들에게 요구한다. 학생들은 다음과 같이 말한다.

(1) 사람들은 물질의 위험성을 알지 못할 때 물질로부터 피해를 입을 가능성이

있다.

(2) 사람들은 모든 사실을 다 알지 못할 때, 단순히 다르다는 이유만으로 집단을 비웃는다.

학생들은 어떻게 이론에 도달했는지 그리고 결정을 내리는 데 어떠한 단계들이 도움이 되었는지에 대한 토론을 벌여 나간다. 그들은 토의 과정 중 자료 기록이 도움이 되었다는 점을 주시한다.

수업의 차별화 방법

탐구는 질문을 제시하고 발견하면서 구축된다. 탐구 수업 모형을 사용하는 교사들은 반응적 수업을 할 수 있는 좋은 기회를 가진 셈이다. 학생들에게 개별적인 흥미와 기술을 사용하여 개별적으로 발견할 기회가 주어지며 학생들은 질문하고 가설을 연구할 수 있다.

이러한 개별 탐색은 모든 연령층의 학생들에게는 동기 부여가 된다. 교사는 학생들이 개인적 탐색과 사전 지식 그리고 진술된 목표를 관련 짓도록 도와 학생들이 새로운 정보와 기술을 쉽게 통합할 수 있게 한다. 이러한 안내된 수업은 학생들로 하여금 더욱더 메타인지적이고 자기중심적이 되도록 한다.

교사가 집단 탐구를 위하여 선정한 문제는 학생의 흥미와 문화적 배경을 표상할 수 있다. 학생들은 상황만 허락된다면 현재의 자신의 지식을 확장하고 풍요롭게 하는 데 도움이 되는 익숙하지 않은 문제의 탐구에 도전할 수도 있다.

교사는 학생들을 새로운 자원과 정보로 안내함으로써 학생들이 중요한 질문에 대하여 갖고 있는 지식을 확장시키고 풍요롭게 할 수 있다.

교사는 개별 학생의 요구를 이해함으로써 학생들에게 사용되는 탐구의 종류와 수업 목표가 딱 들어맞는다는 것을 확인할 수 있을 것이다. 각각의 탐구에는 자료 수집이 요구되고 자료 수집 과정에는 몇 가지의 차별적 접근이 요구된다.

학습과 다른 사람에게 말하는 것을 즐기는 학생에게는 면담과 초점 집단 방법을 사용할 수 있다. 분석 과제를 즐기는 학생에게는 도서관 연구 방법이 잘 맞는다. 반면에 어떤 학생들은 실생활 장면에 뛰어들어 탐구하고자 하는 중요한 문제에 대한 답을 구하는 데 사용될 정보와 자료를 수집하기를 좋아한다.

차별화된 탐구 방법의 관련은 다양한 차별화 기회를 제공한다. 그 비법은 모든 학생들의 학업을 도우면서 동시에 접근 방법을 개별화할 수 있는 방법을 찾는 것이다.

대안적 평가

어떤 학교는 각 학생들에게 충분한 기술적 지원을 통해 최종 평가로서 각자가 웹 퀘스트를 설계할 수 있도록 한다.

이 평가에서는 학생들로 하여금 구조적이고 상세한 방식으로 자신의 흥미에 따라 설계하도록 되어 있다. 웹 퀘스트는 집단, 개인 또는 교사에 의하여 설계될 수 있다. 교사가 설계한 웹 퀘스트는 수업이면서 동시에 평가가 된다.

웹 퀘스트는 루브릭이나 체크리스트를 이용하여 평가될 필요가 있다. 루브릭이나 체크리스트에서는 시각적인 외모와 탐구의 용이성도 고려되어야 한다. 과제의 효과성, 정확성, 명확성도 고려되어야 하고 자원의 질도 고려되어야 한다.

전통적인 지필 과제는 학생, 교사가 명확하게 진술된 목표를 향한 진전을 파악하는 데 도움을 주기 위하여 탐구 방법 속에 통합하여 사용할 수 있다. 집단 탐구 과제에 있어 개인 각자의 역할에 대한 책임을 묻기 위해서는 주관식도 활용할 수 있다.

예를 들면, 학생들이 조류독감에 대한 탐구를 한다면 그들이 이 무서운 질병이 퍼져 나가는 문제를 해결하기에 앞서 질병의 전염에 관한 내용과 인플루엔자의 기제를 이해하고 있는지 확인하는 것은 좋은 아이디어가 될 수 있다.

평가란 또한 탐구 수업의 일부가 될 수 있다. 탐구 탐색, 질문 그리고 연구 계획을 이용하여 학생의 지식과 이해를 구체적으로 알 수 있다. 교사는 탐구하고 이해를 구축하는 데 사용되는 질문과 대답의 수와 정확성을 보고 학생의 성공을 결정할 수 있다. 장기간의 탐구 과제를 줄 경우 교사가 탐구 과정의 성공을 평가할 수 있도록 많은 중간 점검을 실시할 수 있다. 탐구 모형은 평가를 위한 풍부한 기회를 제공해 준다.

요약

이 장에 제시한 첫 번째 탐구 모형은 기본적으로 Richard Suchman의 모형에 기초한 것이다. 이 모형은 일반적인 문제에 대한 과학적 탐구 접근에서 사용하는 단계를 이용하고 있다. 두 번째는 학생들이 그들 스스로 조사를 통해 문제를 풀 때 정보의 일차적 원천으로 웹을 이용하는 것이다.

탐구 모형은 학생들이 어떤 해답의 수용 여부를 결정하기 위하여 해결에 도전하고 의문을 제기하면서 적극적으로 정보에 참여하도록 요구하는 학습을 시킬 때는 언제나 적합하다. 탐구 모형은 설계 모형에서 다른 모형과 함께 사용하면 문제를 해결하고 사고 기능을 가르치는 훌륭한 선택적 방법이 될 것이다.

웹 자원

1. **www.multiage-education.com/russportfolio/curriculumtopics/sampleunits.html**

This site presents sample units of instruction done as WepQuests.

2. **http://webquest.sdsu.edu/webquest/.html**

Everything you need to know about webquests and more is at this site, maintained by the creator of the idea of webquests as problem-based units of study that take advantage of the wep as an instructional tool. By clicking on the "Training Materials" link, you can download a template for a Webquest to start you on your way to this special form of inquiry teaching. You may directly access the template at http://edweb.sdsu.edu/webquest/LessonTemplate.html. Be sure to see the many different examples of Wepquest that aer linked here: http://edweb.sdsu.edu/webquest/matrix.html.

This matrix is organized for maximum convenience, with examples categorized by subject area and grade level.

3. **www2.imsa.edu/programs/pbln/**

This is the home page of the Center for Problem-Based Learning, a resource created and maintained by the Illinois Mathematics and Science Academy. The first link to visit from this page is the excellent tutorial entitled "What Is Problem-Based Learning?" Every teacher should read this description and review the examples offered.

4. **http://edweb.sdsu.edu/clrit/learningtree/PBL/WhatisPBL.html**

This Site offers a brief but compelling description of problem-based learning as student-centered, faculty-facilitated learning that is designed to take students beyond content to "the development of flexible, cognitive strategies that help analyze unanticipated, ill-structured situations to produce meaningful solutions"

5. www.bscs.org/index.html
This is the home page of the Biological Science Curriculum Study, a non-profit, noncommercial organization that has been creating examplary inquity-based science curricula since 1958. The goal of BSCS is to develop tools for teaching that allow students to learn science by doing science, abandoning rote learning in favor of an authen problem-solving approach to learning. At the BSCS Wep site, teachers will find the "Integrated Science Guide," which can be used as a map for integrating the science curriculum at the high school level.

6. www.exploratorium.edu/ifi/
Visitors to the home page of Exploratium Institute for Inquiry should be sure to view the March/April 2000 issue of *Connect* magazine, which highlights six case studies of classroom inquiry, five in elementary grades, one in middle school.

7. http://ilf.crlt.indiana.edu/
The Inquiry Learning Forum is a community of teachers meeting online to share ideas related to inquiry learning. The site is built on the metaphor of a school in which each "room" houses a different resource and assistance in implementing inquiry learning.

8. http://inquiry.uiuc.edu/
The Inquiry Page is a virtual community of teachers and administrators interested in inquiry learning and teaching. At this site you can contact other teachers, share inquiry-based lessons and units, and draw on resources and ideas for inquiry activities for your classroom, and more.

9. www.biopoint.com/msla/links.html
If you are interested in using the Web in promoting inquiry-based learning, this inquiry links page will save you hours of time in searching for the tools you will need.

각주

1. Lewis Thomas.(1984). "The Art Teaching Science," in *Fields of Writing*, ed

N. R. Comley et al. New York: St.Martin' s, 559-564.

2. Robert Sternberg.(1985). "Teaching Critical Thinking, Part Ⅰ:Are We Making Critical Mistakes.?" *Phi Delta Kappan*, 67:194-198.
3. Robert Sternberg.(1985). "Teaching Critical Thinking, Part Ⅱ:Possible Solutions," *Phi Delta Kappan*, 67:277-280.
4. P. Mayo, M. B Donnelly, P. P Nash, & R. W. Schwartz.(1993). "Student Perceptions of Tutor Effectiveness in Problem Based Surgery Clerkship," *Teaching and Learning in Medicine*, 5:228.
5. Jerome Bruner.(1961). "Act of Discovery," *Havard Educational Review*, 31, no. 1: 21-32.
6. J. R. Suchman.(1962). *The Elementary School Training Proggram in Scientific Inquiry*, Report to the U.S. Office of Education, Project Title Ⅶ. Urbana: University of Illinois Press.
7. R. Williams & J. Tollett.(2000). *The Non-Designer' s Web book*, 2nd ed. Berkeley, CA:Peachpit Press.
8. D. N. Aspy, C. B. Aspy, & P. M. Quimby.(1993). "What Doctors Can Teach Teachers about Problem-Based Learning," *Educational Leadership*, 50, no.7:22-24.
9. James Hoffman.(1992). "Critical Reading/Thinking across the Curriculum:Using I-Chars to Support Learning," *Language Arts*, 69:121-127.

제 8 장

창조적 문제 해결 모형

창의적 사고와 문제 해결의 개발

안개

어린 고양이 발등에 안개가 다가온다.
안개는 저 멀리 항구와 도시를 굽어보다
허리를 휘감아 사라져 간다.

—Carl Sandburg

고양이 발과 안개는 서로 다른 실제이지만 Carl Sandburg 시인은 이 둘을 함께 묶어 놓음으로써 독자들에게 기쁨과 놀라움을 주는 심상을 정확히 그려냈다. 마찬가지로 "와! 이것 좀 보세요. 엄마, 얼음 속에 고슴도치가 들어 있어요!"라고 말하는 아이도 의미를 표현하는 언어를 만들고 있는 것이다.

시인과 어린 아이는 똑같이 언어의 창의적 능력을 활용하고 있는 것이다. 즉 은유의 힘인 것이다. 두 개의 상이한 아이디어를 함께 묶음으로써 은유는 다른 숨겨진 관계를 알아내야만 해결할 수 있는 심리적 긴장을 조성한다. 가장 좋은 은유란 가장 흥미 있는 통찰로 이끄는 것으로 언어의 자원을 확장하여 새로운 의미를 생성케 하는 것이다.

프랑스 언어학자 Paul Ricoeur의 말에 의하면, 은유의 목적은 언어를 분쇄시키거나 증가시킴으로써 실재에 대한 의식을 분쇄시키거나 증가시키는 것이다.[1]

정확히 똑같은 방식으로, 창조적 문제 해결 모형은 참여자에게 새로울 뿐 아니라 독특한 이해를 만들어 내는 구조적인 접근 방법이다.

William Gordon은 창조적 문제 해결이라 불리는 과정의 발달에 크게 공헌하였다.

Synetics라는 말은 희랍어 Synecticos에서 유래한 말로 서로 다른 것을 함께 이해한다는 뜻이다. 창조적 문제 해결에서는 함께 이해하는 과정을 통한 새로운 통찰을 얻기 위하여 집단 상호 작용을 활용한다. Gordon은 창조적 문제 해결을 조작 이론이라고 부르고 있는데, 왜냐하면 전의식적 심리적 기제의 의식적 활용이 인간의 창의적 활동 속에 존재하기 때문이다.[2]

수업 모형으로서 창조적 문제 해결은 문제에 대한 합리적 해결보다는 감성적 해결을 허용하는 비유를 개발시켜 문제 해결에 있어서 창의력을 고양하기 위하여 설계된 것이다.

창조적 문제 해결 접근은 본래 새로운 산출의 개발을 책임지는 개인들의 집단을 위하여 개발되었다. 1960년대 이래로 창조적 문제 해결 자료는 Gordon과 그의 동료들에 의하여 발명과정의 일부로 개발되어 왔다. 이 기법은 모든 교과에서 창의적 사고와 창의적 쓰기, 문제 해결 접근 등의 혁신적 방법을 가르치는 데 효과적이다.

Gordon과 그의 동료들은 학생들이 현재 알고 있는 것과 그들이 알아야 할 것을 독특하고 창의적으로 관련 짓게 하는 데 도움이 되는 기술을 학생들에게 가르치기 위한 구체적 기술을 개발하였다. Gordon은 다음과 같이 적고 있다: 유목적인 관련 짓기를 통한 학습은 마음이 지식을 동화시키는 연결 과정을 분명하게 해 주기 때문에 효과적이다. 인간의 마음이 이미 익숙한 내용과 새 내용을 관련 짓지 않고서 새로운 내용을 이해할 수 있을까?[3] 이 관련은 은유를 통하여 창조적 문제 해결 과정에서 더욱 촉진된다. 유사점과 차이점을 부각시키기 위해 은유와 비유를 사용하면 새로운 기능과 정보에 대한 이해와 적용이 증가된다.[4]

창조적 문제 해결에서 은유는 서로 다르고 무관한 요소들을 비유를 통하여 하나로 결부시키는 모든 화법(예를 들면, 직유법 · 의인법 · 모순어법)을 포함하는 것으로 정의된다. 창조적 문제 해결에서는 직접 비유, 개인 비유, 상징적 비유 이 세 가지가 강조된다.

직접 비유란 두 대상, 아이디어 또는 개념을 직접적으로 비교하는 것이다. 예를 들면, 교실과 개미집은 어떻게 닮았는가? 수학과 혼잡한 버스는 어떻게 닮았고, 여름의 한 낮과 수박 조각은 어떻게 닮았는가? 우리 몸의 혈관과 수도관 체제는 어떠한 점이 비슷한가? 이들 각 질문들은 의미가 함축된 은유이거나 은유를 통한 비유인 것이다. 학생들은 은유를 통한 비유를 연습함으로써 사고를 더욱 확장시킬 수 있다. 처음에 그들은 불덩어리와 같은 태양처럼 분명한 비교를 알게 된다. 그러나 태양은 전차, 용, 레몬 카스타드 과자, 혹은 불타는 씨도 될 수 있다. 학생들은 직접 비유 훈련을 통하여 긴장이나 생소한 비유를 더욱 증대시킬 것이다.

개인적 비유(personal analogy)는 학생들이 해결해야 할 문제나 탐구해야 할 이미지의 일부가 되는 것이다.

만일 지퍼가 된다면 어떠한 느낌이겠니? 만일 여러분이 산성비에 공격받는 나무라면 어떠한 느낌이겠니? 재봉틀은 언제 불안해할까? 장미가 된다면 어떻게 될까? 만일에 여러분이 중력을 무서워한다면 어떻게 될까? 개인적 비유의 목적은 감정이입이다. 창조적 문제 해결에서 개인적 비유의 활용은 학습자로 하여금 자신의 의식을 특별한 대상 또는 아이디어에 투사시켜 인지적 영역을 초월한 정서적 이해를 경험하도록 자극하는 것이다.

상징적 비유 또는 압축된 갈등은 모순되어 보이나 실제는 창의적으로 통찰적인 설명을 포함한다. 이러한 유형의 비유는 은유의 일반 이해 영역을 모순어법의 영역으로 확장시킨다.

oxymoron(모순어법)이라는 단어는 그리스어 oxys와 moros로부터 유래되었으며 oxys의 의미는 '예리하다' 또는 '날카롭다'는 뜻이고 moros는 '어리석다'는 의미이다. 일반 언어에 있어서도 단순한 모순이 아니라 용의주도한 창작으로서 연극제목 '*외로운 동반*'이나 '*친밀한 이방인*'과 같이 모순어법을 사용한 본보기가 많이 있다.

이러한 특별한 비유 방법의 논의에서 William Safire는 "잔혹한 배려", "우뢰와 같은 침묵", "신중한 속도", "공공연한 비밀"을 예로 인용하고 있다.[5] 사람은 어떻게 배려와 잔인함을 지닐 수 있을까? 귀청 터지는 침묵은 언제 오는가? 어떻게 사랑은 양분이 되기도 하고 질식시키기도 하는가? 그 직책은 언제 기품이 있으면서 불친절한가? 교사가 서로 대립되는 단어로 설명할 때 어린 학생들조차 이러한 압축된 갈등에 참여하게 된다. 이 대립은 압축된 은유의 긴장도로 나타낸다.

학습자는 직접적인 개인의 경험 영역에서 자신을 배제시킴으로써 탐구할 것에 대한 새로운 견해를 가질 수 있다. 이외에, 학습자들이 이러한 집단 활동이라는 창의적 경험에 참여함에 따라 그들이 공유한 아이디어와 그들이 만든 아이디어가 자긍심을 드높인다.

창조적 문제 해결의 기초

화학자 Faraday, 물리학자며 철학자인 Einstein, 문인인 Keats 이 모든 사람들은 자기들이 창조하고자 한 그 무엇이 된 느낌과 '자신이 분자, 원자, 바다가 된다면 어떨까?'에 대한 인식을 보고하고 있다. Gordon에 의하면, 과학과 예술 어느 영역에서든 개인 비유를 위해선 편견 없는 관찰, 분석이 배제되어야 한다.[6]

편견 없는 관찰, 분석은 문제 해결에 있어서 필수적이다. 그러나 감정이입, 상상, 감정을 사용할 수 있는 능력 또한 필수적이다. 비합리적인 사고로부터 생기는 순간적인 통찰과 창의성은 독특하고 비상한 이미지와 해결을 만들어 낸다. 창조적 문제 해결은 우리 사고의 일부인 비합리적 사고를 강화하기 위해 고안된 것이다.

창조적 문제 해결 과정은 학생들이 실재를 달리 보고 가능성을 믿고 실험하려는 것을 목적으로 삼을 때 가장 효과적으로 작용된다.

귀납적 사고를 요구하고 전체를 부분과 관련하여 파악하는 것이 목표인 경우 학생들은 서로 다른 사실이나 사건을 병치시킬 필요가 있다. 왜냐하면 학생들은 이것을 어떻게 하는지 좀처럼 알 수 없기 때문에 학생들이 비유 관계를 파악하도록 돕는 수업이 아주 중요하다.

창조적 문제 해결은 이러한 목적에 대한 이상적인 수단이 된다. 전문가들은 초보자들에 비하여 더욱 세련된 개념적 틀을 갖고 있다.

학생들이 내용 영역의 전문성을 개발하도록 돕기 위하여 우리는 학생들에게 그들의 생각을 공개하고 복잡한 지식과 기능을 개발할 기회를 제공할 필요가 있다.[7] 창조적 문제 해결은 학생들이 지식을 공유하게 하고 어느 특수 학문의 네트워크에 대한 이해력을 확장하도록 해준다.

본래 창조적 문제 해결은 문제 해결에 있어 집단으로 하여금 은유를 활용하게 하여 산업체의 새로운 제품을 개발하도록 하는 데 사용되었다. 매사추세츠 캠브리지 연구소에서 Gordon과 그의 동료들은 감자칩을 깡통에 보관하는 아이디어를 개발하였다.

Gordon과 Poze는 당시를 다음과 같이 언급하고 있다. "우리는 은유적 대상을 찾고 있을 때 낙엽이 물에 잠겨 차곡차곡 쌓여져 낙엽이 서로 일체가 되어 가는 방식을 찾아냈다. 낙엽을 건조시킨다 하더라도 그 모양은 그대로였다. 이것이 우리가 문제 해결을 위해 체택한 접근이었다."[8]

Gordon은 문제 해결에 있어 도전은 큰 문제를 새로운 방식으로 보는 것이라고 지적하고 있다. 대신 이 새로운 견해에는 새로운 기초 해결의 가능성이 포함되어 있다.[9] 익숙한 것을 낯설게 하는 데 있어서 마음은 창의적 통찰과 해결을 방해하는 편협된 신념으로부터 개방되어야 한다. 낯선 것을 익숙하게 하는 데 있어 마음은 이미 알려진 것과 알려지지 않은 것을 연결 지어 새로운 학습을 촉진한다.

Gordon의 책 *Synestics: The Development of Creative Capacity*에서 발췌한 다음 글에서 참여자들은 고객을 위한 새로운 병따개 개발에 참여하고 있다.

B: 만일에 우리의 사고를 개선에만 제한한다면 우리는 어느 곳에도 도달할 수 없을 것입니다. 내가 이해하기로는 고객은 병따개를 좀 더 좋게 개선하는 것이 아니라 근본적으로 새로운 병따개를 요구한다는 것입니다.

A: 나도 당신 말이 맞다고 생각해요. 문제를 되돌려 생각해 봅시다. 그러면 연다는 것이 무엇을 의미할까요?

E: 자연에서 보면 완전히 닫혔다가 열리는 것이 많이 있습니다. 예를 들면 대합조개 같은 것이지요.

B: 대합조개의 경우는 그 과정이 열렸다 닫혔다 할 수 있지만 우리 문제의 경우는 꼭 그럴 필요가 없지요. 깡통 뚜껑을 나시 닫을 필요는 없으니까요.

D: 나는 우리가 그러한 제품을 만들 수만 있다면 좋을 거라고 생각해요.

B: 나는 그렇게 생각하지 않아요. 완두콩 꼬투리는 어떻지요? 그것은 잎맥을 따라 껍질이 벗겨지는데, 잎맥은 연하여 선을 따라 껍질이 벌어져요.[10]

'연다' 라는 아이디어로 놀이를 하고 자연 속에서 비유를 확인함으로써 연구자들은 봉합선을 따라 열릴 수 있거나 닫힐 수 있는 용기라는 아이디어와 혁신적이고 새로운 설계라는 개념을 개발하였다.

창의성은 실제로 이해되지도 가르쳐질 수도 없는 절연된 활동이라는 일반 신념과는 반대로 가르쳐질 수 있고, 학습자는 문제를 해결하거나 기술, 분석에 대한 통찰을 개발해 나가는 과정의 사용 방법을 이해할 수 있다고 Gordon은 주장했다.

한 집단 내에서 창조적 문제 해결을 사용함으로써 실제로 여러 개인들의 창의적 과정을 증진시킬 수 있다. 문제 해결을 사용하면 일종의 중요한 상호작용이 일어난다. 즉 한사람에게서 다른 사람으로 아이디어가 점화된다. 한 사람에게 몇 개월의 잠복기간이 걸릴 수 있는 정신활동도 창조적 문제 해결 집단에서는 단 몇 시간 안에 압축시켜 낼 수 있다.[11]

창조적 문제 해결은 또한 간학문적 관계를 장려한다. 서로 다른 실재로 보이는 것을 결합하는 행위는 학생과 교사 모두에게 아주 제한적인 지식의 영역을 벗어난 관계를 탐색하게 한다. 화산 폭발과 남북전쟁은 어떠한 점에서 유사한가? 프로스트의 시와 유클리드의 기하학은 어떠한 점에서 유사한가? 문단과 생물학적 분류는 어떤 점에서 유사한가? 문법과 외교의정서는 어떤 점에서 유사한가? 지도와 소설의 구성은 어떤 점에서 유사한가?

마음속에 두 가지 다른 개념을 간직할 수 있는 능력은 야누스적 사고라고 한다. 야누스는 로마의 신으로 두 개의 얼굴을 가지고 있다. 야누스적 사고는 두 개 이상의 서로 상반된 또는 대조되는 개념, 아이디어, 이미지가 동시에 병행하여 있는 것으로 그리고 똑같이 조작적이거나 아니면 똑같이 사실인 것으로 또는 똑같이 조작적이며 동시에 사실인 것으로 생각하는 것이다.

창의적인 사람은 물리적으로 불가능한 문제나 논리에 상관하지 않고 두 개 또는 그 이상의 반대나 대조를 공존시키고 동시에 작용시켜 상호 관련된 개념, 이미지 그리고 창작품을 만든다.[12]

창조적 문제 해결의 궁극적 목적은 실제적이고 현실적인 문제 해결과 아이디어를 전달하는 더 효과적이고 강력한 방법을 찾아내는 것이다. 그러나 이러한 목표를 달성하는 데 사용되는 방법이 창조적 문제 해결 과정에서는 독특하다.

창조적 문제 해결에서는 합리적이고 분석적인 창조적 문제 해결에 참여하기에 앞서 뇌의 비합리적이고 정서적인 부분의 참여를 주장함으로써 사고의 새로운 차원과 문제 해결의 새로운 가능성을 열어 나간다.

씨네틱스 회사의 설립자 중 한 사람인 George Prince는 수년 동안 창의적 과정을 연구해 오고 있는데, 연결 짓기는 학습과 창의성의 핵심이라고 한다.

아동들은 성장하면서 대담한 연결을 지으려는 의욕이 점점 더 작아진다는 것이다. 우리는 창의성과 학습에 관한 연구를 통하여 학습의 필수적 건축재는 연결 짓기라는 것을 알게 된다.[13]

이 장에 세 가지 창조적 문제 해결 모형이 제시된다. 첫 번째는 학생들이 이전에 학습한 지식과 이해로부터 새로운 유형과 관계를 파악하도록 하는 데 도움이 된다. 두 번째는 새롭고 익숙한 정보를 연결 지음으로써 새로운 지식을 유의미하게 하는 데 도움이 된다. 세 번째의 창조적 문제 해결은 비유와 은유를 활용하여 문제를 해결한다.

변형 1: 익숙한 것을 낯설게 하기

이 모형에서 학생들은 일상적이고 익숙한 것을 새롭게 서로 다른 방식으로 보도록 하는 것이 권장된다. 학생들은 이러한 과정을 통하여 일상적이고 예측 가능한 것으로 생각하는 가운데 예기치 않은 가능성을 발견할 수 있다. 이것은 학생들이 익숙한 내용을 새로운 방식으로 바라보도록 도와주는 좋은 모형이다. 이것은 정보를 확장하고 새로운 개념적 스키마를 구축하는 데 도움이 된다.

창조적 문제 해결 단계: 익숙한 것을 낯설게 하기

1. 주제를 기술하다.
2. 직접 비유를 만든다.
3. 개인 비유를 기술한다.
4. 압축된 갈등을 규명한다.(모순어법)
5. 새로운 직접 비유를 만든다.
6. 본 주제를 재검토한다.
7. 평가한다.

1단계: 주제를 기술한다

교사는 소집단 토론 또는 개별적인 문단 쓰기를 통하여 학습자가 잘 알고 있는 주제(예를 들면 소설의 인물, 개념, 대상)를 기술하도록 요구함으로써 수업을 시작한다. 아주 어린 아동이나 글을 쓰지 못하는 학생들의 경우 교사는 학생들과 주제에 대해 토론하고 그들이 기술하고 있는 말과 문단을 글로 적는다. 또는 학생들로 하여금 그림을 그리게 하거나 그 주제에 대한 해석을 행동으로 표현하도록 한다. 이러한 단계를 거쳐 주제에 대한 처음의 설명을 위한 틀을 짜게 된다. 학생들이 쓰기나 토론을 끝내고 나면, 그들에게 주제를 기술하는 데 사용했던 단어들을 학생들 간에 공유하도록 한다. 그리고 그 단어들을 칠판에 적도록 한다.(만일 칠판에 공간이 없으면 뜯어낼 수 있는 차트 종이와 벽에 부착된 종이를 활용한다.)

학생들이 기술한 내용을 평가하지 말고 단어나 문단을 나열하도록 한다. 모든 학생들의 내용 기술은 대 환영이다.

2단계: 직접 비유를 만든다

이 모형의 두 번째 단계에서 학생들은 첫 단계에서 칠판에 적은 단어와 무관한 범주의 단어 끼리 직접 비유를 만든다. 예를 들면, 교사는 학생들에게 단어들의 목록을 검토하도록 요구하고 기능한 한 많은 단어를 상기시키는 기계의 이름을 붙이도록 요구할 수 있다. 식물, 음식물, 꽃, 동물은 다른 범주들이다.

학생들이 제시하는 말들을 칠판에 첨가하고 교사는 학생들이 왜 특수한 비유를 하게 되었는지 그 이유를 설명하도록 독려한다. 교사는 학생들에게 참여 기회가 생겼고 학생들이 준비가 되었다고 생각할 때, 학생들은 창조적 문제 해결 모형 다음 단계에서 추구하고자 하는 특수한 비유를 선택하도록 한다. 어느 한 반에서 수학이라는 단어를 탐구하면서 다음과 같은 기술적 단어 목록을 만들었다.

어려운	애매한
때론 힘들고 때론 쉬운	필요한
겁나는	핵심
보상이 되는	신비

학생들은 이러한 단어들을 떠올리게 하는 기계 이름을 대도록 요구받자 다음과 같은 내용을 열거하였다.

- 컴퓨터, 왜냐하면 컴퓨터는 키는 있으나 배우기가 어렵기 때문이다.
- 피아노, 왜냐하면 키는 있으나 애매하고 어려울 수 있기 때문이다.
- 치과의사의 드릴, 왜냐하면 그것은 겁나지만 꼭 필요하기 때문이다.

3단계: 개인 비유를 기술한다

창조적 문제 해결 모형의 세 번째 단계에서 학습자들은 실재를 그들이 선정한 은유 대상의 입장에서 보도록 요구받는다. 학생들에게 잠시 생각할 시간을 준 후 위와 같은 사물이 되었을 때의 느낌이 어떠할지 말하도록 요구하고 칠판에 반응을 열거하도록 요구한다.

교사는 각 개인에게 왜 특별한 느낌을 갖게 되었는지 설명하도록 추궁한다. 고학년 학생들은 이 단계를 수용하는 데 좀 더 많은 시간이 걸리지만 일단 받아들이면 그 반응은 열정적이다.

창조적 문제 해결 수업에 참여한 교사들은 식당에서의 학생 행동을 주제로 사용하였다. 교사는 아동들을 벌떼에 비유했다. 즉 교사가 학생들에게 벌떼 안의 한 마리 벌이 되었을 때 느낌이 어떠한지 물었을 때 그들은 다음과 같은 생각을 표현하였다.

- *무기력한.* 다른 벌들이 하고 있는 것을 나도 하여야만 해.
- *강력한.* 나는 여왕벌이다. 나는 다른 일벌들이 나를 따르도록 할 수 있다.

- *두려운.* 다음에 무슨 일이 일어날지 모르겠다.
- *안전한.* 내 자신이 결정할 필요는 없다.
- *위험한.* 나는 벌침으로 사람들을 해칠 수 있다.
- *근심없는.* 나는 날 수 있다. 나는 결정할 필요는 없다.
- *무장한.* 나는 벌침을 갖고 있다.
- *갇혀 있는.* 나는 무리를 따라야 하고, 그는 그 무리 안에 있고 나는 도망갈 수 없다.
- *나약한.* 무리에서 이탈하면 죽을 수 있다.
- *독립적인.* 나는 말썽이 생기면 날아갈 수 있다.

3학년 학생들은 담장 위로 활짝 피어 있는 장미꽃이 된 느낌을 다음과 같이 기술하였다.

- 나는 안전하다고 느낀다. 왜냐하면 내 몸 주위에는 온통 가시가 있기 때문이다.
- 나는 연약하다. 왜냐하면 나는 오래 피어 있을 수 없으며 햇빛이 나를 시들게 하기 때문이다.
- 아름답고 찬사를 받는다. 사람들이 다가와 내가 참 멋지다고 한다.

4단계: 압축 갈등을 규명한다(모순어법)

4단계는 가장 흥미 있고 중요한 단계이다. 교사는 학생들에게 3단계에서 그들이 만든 감정의 목록을 검토하도록 요구하고 서로 대립되는 것처럼 보이는 단어들의 짝을 만들어 보도록 요구한다. 예를 들면, 아동과 벌떼를 비교한 사례에서 서로 대립되는 몇 가지 단어는 다음과 같다.

두려운과 편안한
무기력한과 강력한
무장한과 나약한
근심 없는과 두려운
독립적인과 갇혀 있는
무장한과 근심 없는

이 모든 것은 서로 갈등이 있는 단어들을 결합한 것이지만 각 짝은 은유적 긴장

상태에 있다.

학생들이 제시한 모든 제안들을 받아들이고 왜 단어들이 서로 대립된다고 생각하는지를 설명하도록 격려하라. 그 다음 어떠한 단어의 결합이 가장 압축된 갈등을 잘 나타내는지 알아맞추게 한다.

5단계: 새로운 직접 비유를 만든다

교사는 학생들이 선택한 압축된 갈등을 활용해서 학생들이 또 다른 직접 비유를 만들도록 요구한다. 예를 들어 선택한 조합이 독자적인 갇혀 있는 것이었다면 이 두 단어의 속성 모두를 갖고 있는 동물을 기술하도록 한다. 가능한 몇 가지 비유를 해 보면 다음과 같다.

울 안에 갇힌 호랑이
사회 속의 한 인간
사슬에 묶인 힘센 개
우주선 안에 있는 우주 비행사

그 다음 학생들로 하여금 가장 좋은 비유를 선택하도록 한다.

압축된 갈등에 해당되는 또 다른 범주로 음식이 있을 수 있다. 병에 담긴 매운 소스 또는 오렌지 안에 있는 씨는 모두가 독자적인 범주이다. 교사와 학생이 이 모형에 대한 경험이 많을수록 자신감을 갖고 더 많은 범주를 사용하게 될 것이다.

6단계: 본 주제를 재검토한다

이 단계에서는 학급에서 선택한 직접 비유로 다시 돌아가 그것을 본래의 주제와 비교한다. 예를 들면, 5단계에서 선택한 직접 비유가 "사슬에 묶인 힘센 개" 였고 처음에 교사가 "소설 속의 인물" 로 창조적 문제 해결 과정을 시작했다면, 교사는 학생들에게 사슬에 묶인 동물의 특성을 기술하도록 하고 그 다음 이러한 특성의 입장에서 인물들을 고려하도록 요구한다.

이 단계에 이르면 교사는 본래의 주제에 대하여 어떠한 언급도 해서는 안 된다. 이 단계의 목적은 차츰차츰 본래의 주제에서 벗어나 문제 해결 과정에서 개발되어 온 풍부한 심상을 갖고 되돌아가는 것이다.

이 단계에서 중요한 점은 학생 각자가 다른 사람의 생각과 관계성을 경청하는 일이다. 또다시 본래의 주제를 글로 표현하도록 요구하는 것은 그들에게 앞서 실시한 비유 연습 과정에서 생성되었던 어떠한 심상이든 사용할 기회를 제공하는 것이다. 특히 이 6단계를 적용하는 데 있어서 경험이 많은 고학년 학생들은 잘 수행해 낸다. 비유 목록은 학생들에게 단어와 심상의 풍부한 자원이 된다.

7단계: 평가한다

학생들과 수업 중 발생한 과정들을 토론한다. 학생들에게 왜, 어떠한 심상은 강력하지 않았는지 그 이유를 설명하도록 요구하라. 또 학생들에게 그 과정에 대한 반응도 기술하도록 요구하라. 만일에 필요하다면 그들이 자신의 감정을 표현할 수 있도록 익명의 반응지를 주어라. 학생들은 교사가 자신들의 필체를 알아볼 수 있을 것이라는 사실을 알고 있기 때문에 학생들이 그들의 감정에 가장 잘 들어맞는 답에 체크만 할 수 있도록 답안지를 고안해야 한다.

예를 들면, 시네틱스 활동을 하면 나는 기분이:

________흥분된다.

________흥미 있다.

________괴롭다.

________좌절되었다.

________화가 났다.

만일 많은 학생들이 이 모형에 지루함, 좌절, 분노를 가졌다면 이 문제에 대하여 토론을 벌이고 동료 교사에게 그 과정을 관찰하여 피드백을 주도록 요구하라.

창조적 문제 해결 수업 전후 학생들이 작성한 견본을 보관하고 보다 나은 글쓰기의 발전 과정을 관리하도록 한다.

익숙한 것을 낯설게 하는 단계 요약

1. *주제를 기술한다.*

학생들과 탐구할 주제를 선택한다. 그 주제는 어느 학문 영역의 주제라도 괜찮다. 이미 읽었던 소설속의 인물 또는 자유나 정의와 같은 개념이 될 수도 있다. 버스 안에서의 행동과 같은 문제도 될 수 있다. 다이빙과 같은 어떤 테크닉에 관한 것이 될 수도 있다. 학생들로 하여금 주제를 기술하도록 요구하여라. 그들이 기술한 단어나 문단을 칠판에 적는다.

2. *직접 비유를 만든다.*

기계, 공장 또는 음식과 같은 범주를 선택하고 학생들에게 1단계에서 생성된 단어 목록을 조사하도록 하고 이 단어들이 선택한 범주의 어떤 항목과 유사한지를 기술하도록 한다. 교사는 학생들에게 그들이 선택한 것에 대한 이유를 설명하도록 한다.

3. *개인 비유를 기술한다.*

학생들로 하여금 직접 비유 하나를 선정하여 개인 비유를 만들도록 하여라. 학생들에게 어떠한 대상이 되어 보고 그 대상이 어떻게 느끼고 작용하는지를 기술하도록 한다. 그들의 느낌을 기술하기 위하여 그들이 사용한 단어를 적도록 한다.

4. *압축된 갈등을 규명한다.*

개인 비유 단계에서 산출한 단어를 사용하여 일련의 압축된 갈등을 만들도록 지도한다. 학급 학생들에게 서로 갈등되거나 대립되고 긴장을 일으키는 단어짝을 만들도록 요구한다.

5. *새로운 직접 비유를 만든다.*

4단계의 압축 갈등에서 산출된 단어쌍들에 대하여 단어쌍으로 기술한 대상(동물, 사물, 과일 등) 중 하나를 선정하여 또 하나의 직접 비유를 만들도록 학생들에게 요구한다.

6. *본 주제를 재검토한다.*

학습자들이 5단계에서 생성된 아이디어를 사용한 산출물 또는 문장을 만들 수 있도록 처음 주제로 돌아간다. 학생들도 최종 비유에 집중하거나 또는 전체 경험으로부터 아이디어를 활용할 수 있다.

7. *평가한다.*

학급 학생들과 경험을 토론하고 문제 해결 과정에 대한 개인과 집단의 반응을 결정하기 위한 기법을 개발한다.

활동 8.1: 직접 비유를 만든다

다음 단어들은 톰소여의 인물을 기술한 것이다. 여러분은 이 목록을 보고 어느 것이 타는 마차를 떠올렸는가?

영리한	젊은
거만한	구식의
고집 센	독착정인
용감한	유쾌한
똑똑한	

활동 8.2: 낯선 것을 친숙한 것으로 만든다

주제를 선정하고 여러분 스스로 익숙한 것을 낯설게 만드는 모형의 단계를 따르도록 한다. 그리고 몇몇 친구들과 함께 경험을 반복하라.

개인적 그리고 집단적으로 만든 풍부한 이미지를 비교해 보아라.

변형 2: 낯선 것을 친숙하게 하기

이 모형에서 교사는 비유를 사용하여 새롭고 익숙하지 않은 자료와 약간의 정보를 알고 있는 자료와의 관계를 알아내도록 학생들을 지도한다.

창의적 문제 해결 단계: 낯선 것을 친숙하게 하기

1. 정보를 제공한다.
2. 비유를 제시한다.
3. 개인 비유를 사용하여 압축된 갈등을 만든다.
4. 주제와 압축된 갈등을 비교한다.
5. 차이를 규명한다.
6. 본 주제를 재검토한다.
7. 새로운 직접 비유를 만든다.
8. 평가한다.

1단계: 정보를 제공한다

교사는 학습할 새로운 자료로 예를 들면 파충류, 형용사, 분수, 원자주기율표를 선택할 수 있다. 교사는 주제에 대한 사실적 정보를 제공한다.

2단계: 비유를 제시한다

만일에 새로운 주제가 남북전쟁이라면, 교사는 남북전쟁과 지진 사이의 유사성을 열거하고 이 유사성을 학생들과 토론하여 비유를 제시한다. 예를 들면 아래와 같다.

- 지진이 일어나면 가끔 땅은 갈라진다. 북부와 남부는 한 나라였는데 둘은 폭력을 통하여 갈라졌다.
- 지진이 일어나면 많은 사람들은 인력으로는 도저히 통제할 수 없는 자연의 힘에 의해 죽게 된다. 전쟁에서도 똑같은 현상이 발생한다.
- 지진이 발생하기 전 보통은 경고성 지진이 발생한다. 독립전쟁 이전에도 분쟁이 일어날 것이라는 경고성 징후가 있었다.
- 지진이 일어난 후에는 보통 여진이 있다. 남북전쟁 이후에도 오랫동안 그 여파가 지속되었다. 특히, 링컨 대통령이 사망한 이후에 계속되었다.

3단계: 개인 비유를 사용하여 압축된 갈등을 만든다

교사는 학생들에게 지진이 된 느낌이 어떠한지 상상해 보도록 요구한다. 교사는 학습자들이 기술한 여러 느낌을 칠판에 적는다. 그리고 학생들은 이 단어들을 짝지어 압축 갈등을 만든다. 그중 한 쌍을 선택하여 심도 있는 탐색을 해 나간다. 예를 들면 학생들은 압축 갈등으로 *강력한*과 *예측 가능한* 혹은 *전지전능한*과 *수치스러운*을 선택할 수 있다.

4단계: 주제와 압축된 갈등을 비교한다

교사와 학생들은 남북전쟁은 어떤 면에서 강력하고 예측 가능한지 또는 참여자들이 어떤 면에서 전지전능하고 수줍어하는지를 토론한다. 여기서 교사는 학생들에게 갈등의 한 측면에 있을 때의 자신의 감정을 글로 적도록 요구한다.

5단계: 차이를 규명한다

학생들은 전쟁이 불가피한 자연적 재앙은 아니라는 점을 인지한다. 전쟁이란 지진과 달리 인간이 일으키기 때문에 미연에 방지할 수 있다. 또한 지진이 끝나면 사람들은 짧은 시간 안에 정상적인 생활로 돌아갈 수 있으나 전쟁의 여파는 오래간다는 점을 토론할 수 있다.

6단계: 본 주제를 재검토한다

이 단계에서 교사는 학생들에게 이제껏 수업에서 제시된 아이디어와 이미지를 사용하여 자신의 용어로 본 주제를 글로 적거나 토론을 해 나가도록 요구한다.

7단계: 새로운 직접 비유를 만든다

학생들에게 남북전쟁에 대한 자신의 비유를 만들 것을 권장한다. 교사는 가능한 한 주제와 아주 거리가 먼 비유를 선택하도록 지도한다. 예를 들면, 원수 가문을 생각할 수도 있으나 이것은 남북전쟁이라는 주제에 너무 가깝다. 반면에 맹장 파열은 유사점이 거의 없어 보이지만 약간 흥미 있는 비교를 만들어 낸다.

8단계: 평가한다

학생들과 과정을 토론하고 학생들에게 어떤 부분이 그들의 사고에 가장 큰 도움이 되었는지 기술하도록 한다. 만일 많은 학생들이 이 과정에 반응하지 않는다면, 앞서 소개했던 것과 같은 익명의 답지를 활용한다.

만일에 개별 학습자가 이 과정에 참여하지 않는다면 개별 회의를 계획한다. 평가 활동에 대한 반응과 어떻게 하면 더 많은 참여를 할 수 있는지 기술하도록 한다.

학생들이 쓴 견본을 보관하고 그들이 쓴 것에서 효과적인 비유를 찾아본다.

낯선 것을 친숙하게 하는 단계 요약

1. *정보를 제공한다.*
   학습자는 탐구할 주제에 관한 기록 사실과 정보를 이해해야 한다.

2. *비유를 제시한다.*
   학생들에게 친숙한 주제를 수반하는 비유를 준비한다.

3. *개인 비유를 사용하여 압축된 갈등을 만든다.*

학습자로 하여금 스스로 주제가 되었을 때의 느낌이 어떠한지를 기술하게 하고 그 다음 압축된 갈등을 만들도록 한다.

4. *주제와 압축된 갈등을 비교한다.*
   학생들에게 하나의 압축 갈등을 선택하고 그것을 본래의 주제와 비교하도록 한다.

5. *차이를 규명한다.*
   학생들은 본 주제와 압축 갈등 간의 차이를 토론한다.

6. *본 주제를 재검토한다.*
   학생들에게 연습 중에 있는 아이디어, 단어, 이미지를 사용하여 본 주제에 관한 글을 쓰거나 토론하도록 요구한다.

7. *새로운 직접 비유를 만든다.*
   교사는 학생들로 하여금 본 주제와 다른 새로운 비유를 만들도록 한다.

8. *평가한다.*
   학급 단위, 개별 단위로 수업의 효과성을 결정한다.

활동 8.3: 비유 만들기

다음의 각 주제를 활용하여 비유를 만들어라.

영양분	분수
다리	독립선언
명사	시

변형 3: 창조적 문제 해결 여행

이 모형 과정은 문제를 해결하기 위하여 세 가지 비유 형태 즉 직접, 개인, 상징 비유를 모두 사용한다. 이외에 환상 비유는 학생들에게 자연의 힘을 통제할 수 있도록 해 주는데 이것이 이 모형에서 사용된다. 교사는 학생들에게 보다 좋은 쥐덫과 같은 특수한 물건을 만들도록 요구한다. 또는 학생들에게 마라톤을 달리든가 아니면 보물이 묻힌 곳을 알아낼 수 있는 고대 지도를 해석하는 것 같은 과제를 효과적으로 달성할 수 있는 절차를 요구한다.

여기에 제시하는 창조적 문제 해결 여행 과정 단계는 Gordon의 저술로부터 나온 것인데 이것은 G.M. Prince[14]에 의해 해석되었고 Wilson, Greer과 Johnson[15]에 의하여 더욱 확대되었다.

창조적 문제 해결 여행 단계

1. 문제를 제시한다.
2. 전문적 정보를 제공한다.
3. 명백한 해결인지 질의하고 분명히 한다.
4. 개별적인 문제 진술을 생성한다.
5. 집중해서 논의할 하나의 문제 진술을 선택한다.
6. 비유를 활용하여 질문한다.
7. 문제에 적합한 비유를 만든다.
8. 새로운 관점에서 해결책을 결정한다.
9. 평가한다.

1단계: 문제를 제시한다

문제는 참여자들의 관심과 열정을 자극시키는 것이어야 하고 교사에 의하여 진술되어야 한다. 예를 들면 나뭇잎을 청소하기 위한 효과적인 과정을 설계하는 방법과 같은 문제이다.

2단계: 전문적 정보를 제공한다

교사는 현 문제 상황에 관한 정보와 가능한 전문적 조언을 학생들에게 제공한다. 예를 들면 다양한 갈퀴와, 낙엽 제거 기계에 관한 카달로그를 제공할 수 있다.학생들은 낙엽 청소를 위한 현재의 방법, 매립식의 문제, 소각 시에 발생하는 공기오염 등을 보고할 수 있다. 도시 쓰레기 수거기관에서 나온 사람을 초대하여 낙엽청소와 매립지로 운송한 이후의 낙엽을 처리하는 문제에 대하여 토론할 수도 있다.

3단계: 명백한 해결인지 질의하고 분명히 한다

교사는 학습자들에게 문제에 대한 명백한 해결책에 대해 브레인스토밍을 하도록 하고 각 해결책의 상대적 장점을 토론하도록 한다. 실행하기가 어렵다고 집단에서 밝혀진 해결책을 고려대상에서 제외한다. 만일 학급 전체가 하나의 특수한 해결책에 합의한다면 이 단계에서 문제를 쉽게 해결할 수 있다. 그러나 대개의 경우 쉽게 얻어진 답은 거의 효과가 없다. 교사는 학생들이 그 답의 결함을 찾아낼 수 있도록 도와줄 준비를 하여야 한다. 예를 들어 한 학생이 낙엽을 불에 태우라고 제안할 수도 있다. 대신 교사는 불에 태우는 문제는 공기오염이라는 질문을 제기할 수도 있다.

4단계: 개별적인 문제 진술을 생성한다

학생들은 문제를 이해해 갈 때 문제를 개별적으로 글로 쓰거나 재진술하도록 요구받게 된다. 학생들은 문제를 구성요소로 세분하고 이들 중 하나를 자신의 용어로 진술하도록 지시받는다. 예를 들어 한 학습자가 과포화 상태의 매립지 문제에 초점을 맞출 수 있다. 또 다른 학습자는 그 문제에 초첨을 맞출 수도 있고 청소해야 할 거리에 쌓여 있는 낙엽더미의 화재 위험에 초첨을 맞출 수도 있다.

5단계: 집중해서 논의할 하나의 문제 진술을 선택한다

학생들은 그들이 작성한 문제를 여러 학생 앞에서 낭독하며 학급 학생들은 하나를 선택하여 심층적으로 탐색해 나간다. 예를 들면 한 한생은 매립지에서 낙엽을 처리하는 새로운 기술 개발에 초점을 맞출 수 있는 반면 또 다른 학생은 낙엽을 가치 있는 자연 자원으로 처리하는 데 초점을 맞출수도 있다. 학급에서는 문제에 대한 한 가지 가능한 접근 방법을 선택하여 탐구하여야 한다.

6단계: 비유를 활용하여 질문한다

이 단계에서 교사는 다음과 같은 다양한 비유를 제시한다. 예를 들면 다음과 같다.

직접 비유

1. 운동장에 떨어진 낙엽은 어떠한 동물 같은가?
2. 낙엽과 노인은 어떠한 점에서 닮았는가?

3. 낙엽과 쓰레기는 어떠한 점에서 공통적이고 어떠한 점에서 차이가 있는가?
4. 낙엽과 고아는 어떠한 점에서 닮았는가?

개인 비유

1. 낙엽이 된다면 어떠한 느낌이 들까?
2. 낙엽을 모으는 기계가 된다면 어떠한 느낌이 들까?
3. 낙엽이 버려진다면 어떠한 느낌이 들까?
4. 매립지의 낙엽무더기가 된다면 어떠한 느낌이 들까?

상징 비유

1. 어떻게 낙엽은 자유롭고 불운해질 수 있는가?
2. 여러분은 본질적이면서 성가신 것을 어떻게 기술할 것인가?
3. '유용한' '성가신' 이라는 말을 이 낙엽 문제에 어떻게 적용하겠는가? '도움이 되고' '파괴적인' 이라는 말은?

환상 비유

1. 만일에 여러분이 중력의 법칙을 무시한다면 나무에서 떨어지는 낙엽을 어떻게 막을 수 있을까?
2. 만일에 여러분이 나무를 통제할 수 있다면 떨어지는 낙엽을 어떻게 막을 수 있을까?
3. 문제를 해결할 수 있는 동물을 만들어 보라.

7단계: 문제에 적합한 비유를 만든다

교사는 학생들에게 낙엽 제거를 위한 보다 나은 체제를 설계하는 문제로 되돌아가서 이 주제에 직접적으로 비유를 적용하도록 요구한다. 예를 들면 교사는 다음과 같은 질문을 할 수 있다.

1. 만일에 낙엽이 삶에 필수적인 것이라면 왜 우리는 낙엽을 성가신 것으로 생각할까?
2. 만일에 낙엽이 고아 같은 것이라고 한다면 우리는 어떻게 그들을 위한 보다 효과적인 집을 마련할 수 있을까?
3. 낙엽을 떨어진 곳에 내버려두는 것은 마치 노인을 생산 현장에 남게 하는 것이나 마찬가지이다.

4. 낙엽을 뿌리 덮개더미 위에 놓고 뿌리 덮개를 적절히 취급하는 방법을 배우는 것은 마치 낙엽들을 계속해 생산하게 될 집을 제공하는 것과 마찬가지이다.

8단계: 새로운 관점에서 해결책을 결정한다

교사는 한 가지 또는 그 이상의 딱 들어맞는 비유를 사용하여 집단이 한 가지 새로운 관점에서 문제를 바라보도록 돕는다. 이러한 관점에서 집단은 그들이 문제에 대한 해결책을 발견했는지를 결정한다. 예를 들면 학습자들은 특별한 벌레가 가정의 낙엽더미 안에 살 수 있도록 유전학적으로 만들어져서 낙엽을 나무덮개더미로 사용하거나 낙엽더미를 제거할 수 있는 기계장치로 된 벌레를 설계하기로 결정할 수도 있다.

만일 학습자들이 낙엽을 반드시 제거해야만 하는 상황이라고 결정을 내리면 학급에서는 추가 해결에 이르는 비유 탐구를 계속해 나가야 한다.

9단계: 평가한다

해결해야 할 새로운 문제를 제시하고 학습자들에게 동일한 절차를 따라 집단적으로 탐구하도록 한다. 이러한 탐구를 조정하고 학습자들이 어려움을 갖고 있을 때에는 도움을 준다. 이 모형을 사용할 때마다 학생들이 이 과정에 편안해하고 있는지를 결정한다.

이 과정을 전체를 대표하는 소규모의 표집 학생들과 토론한다. 그들에게 이 경험에 대한 반응을 솔직히 말하도록 부탁한다.

만일에 다른 교사들이 또 다른 학습 상황에서 이 모델에 기술된 기법을 사용한 어떤 학생을 알고 있는지 그 교사에게 물어본다.

창조적 문제 해결 여행 단계 요약

1. *문제를 제시한다.*
   학생들에게 흥미 있고 도전적인 문제를 제시한다.

2. *전문적 정보를 제공한다.*
   학생들에게 가능한 한 많은 전문 정보를 제공한다.

3. *명확한 해결인지 질의하고 분명히 한다.*
가장 분명한 해결책을 탐구하도록 학습자들을 선도하고 실현 가능하지 않은 것을 제거하게 한다.

4. *개별적인 문제 진술을 만든다.*
각 학습자로 하여금 자신의 해석 또는 초점이 있는 문제 진술문을 작성하도록 한다.

5. *집중을 위해 하나의 문제 진술을 선택한다.*
학습에서는 문제 진술을 큰 소리로 읽고 집중할 문제 진술문을 선택한다.

6. *비유를 활용하여 질문한다.*
환기시키는 질문의 형태로 진술된 비유를 학생들에게 제시한다.

7. *문제에 적합한 비유를 만든다.*
처음의 문제로 돌아가 학생들에게 문제에 적합한 비유를 만들도록 요구한다.

8. *새로운 관점으로 해결책을 결정한다.*
학생들에게 새로운 관점에서 문제를 보아 해결책을 결정하도록 요구한다.

9. *평가한다.*
수업의 기법들이 효과적이고 습관적인지 결정하기 위한 과정을 개발한다.

활동 8.4: 창조적 문제 해결의 적용

여러분이 관심을 갖고 있는 문제를 선택하여 자신이 정한 단계를 진행해 나간다. 이러한 방법으로 문제를 접근하는 것이 여러분이 가능한 해결책을 효과적으로 탐구해 나가는 데 도움이 되는지를 결정하라. 그 다음 동료 교사들과 같은 성인들과 함께 위의 활동을 반복하고 그 결과가 다른지를 살펴보라.

수업의 차별화 방법

학습자들이 구체적인 기능, 과정, 정보를 배울 수 있도록 자원을 제공해 주면 학습이 증진된다.[16] 교사는 이러한 지원을 다양한 학생의 요구에 맞추어 제공함으로써 학습을 차별화할 수 있다. 서로 다른 창조적 문제 해결 과정을 통하여 학생을 도와주려면 학생들의 학습을 지원하기 위한 다양한 기회가 요구된다. 창조적 문제 해결 모형에 있어 목적은 새롭고 익숙하지 않은 것 사이의 관계와 유형을 조사하여 문제에 대한 해결책을 발견해 내는 창의적 과정을 개발해 나가도록 돕는 것이다. 교사들은 연습을 확장하고 도표 조직자를 활용하여 은유와 비유를 구성하는 연습을 제공할 수 있다.

Marzano는 "은유를 만드는 것은 어느 주제에 있어서 일반 유형을 찾고, 서로달라 보이나 똑같은 추상적 유형을 따르는 또 다른 요소를 찾아내는 것이다."라고 정의하고 있다.[17] 비유란 개념 짝 간의 관계를 밝히는 것이다. 완벽한 수업 모형을 적용하기에 앞서 직접 비유, 개인 비유, 압축 갈등의 개발을 요구하는 연습의 확대는 비교하는 데 불안해하는 학생이나 무한히 많은 상황에서 비교를 선택할 기회를 필요로 하는 학생들에게는 도움이 될 수 있다.

연습 활동의 범위는 교사가 비유의 일차적 요소를 제공하고 추상적 관계를 정의 하는 데에서 비유를 구성할 방대한 주제를 제공하는 데까지 확대된다. 예를 들면, 학생들은 허리케인과 식당에서 제공되는 음식을 비교하거나 기후와 음식을 비교하거나 또는 우리에게 영향을 미치는 것과 우리가 생존에 필요로 하는 것을 비교하도록 요구받는다. 교사는 도표 조직자를 제공하여 비유를 만드는 연습을 제공할 수도 있다. 도표 조직자는 새로운 기능의 개발을 위한 지원을 제공하므로 학생들의 학습에 강력한 역할을 한다. 도표 조직자는 학생들이 두 가지 비유 요소들 간의 관계를 파악할 수 있도록 하는 데 도움이 된다. 그림 8.1과 8.2는 특별한 비유를 위한 도표 조직자이다.

교사는 차별화를 위하여 조직자에 대한 다소간의 정보를 포함시킬 수 있거나 아니면 학생들에게 자신의 도표를 활용하여 비교하도록 요구할 수도 있다.

대안적 평가

창조적 문제 해결 모형은 학생들이 비유를 구성하고 비유를 활용하여 문제에 대한 혁신적 해결안을 찾는 데 도움을 줄 것을 요구한다. 이 모형은 그 자체가 형성평가의 기회를 제공한다. 교사들은 창조적 문제 해결을 실행하고 후속되는 토의를 하는 동안 개인 비유, 직접 비유, 억압된 갈등에 대한 토론에 개인적 기여도를 조정해 나갈 수 있다. 비유의 구성과 질에 관하여 비유를 평가한다. 토론에 대한 모든 공헌

그림 8.1 비유 구성을 위한 도표 조직자

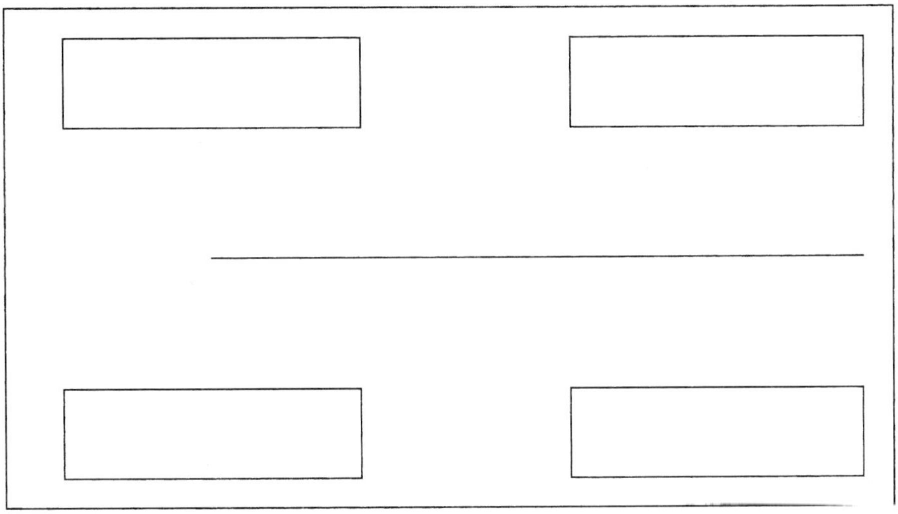

그림 8.2 사용할 비유 구성을 위한 도표 조직자

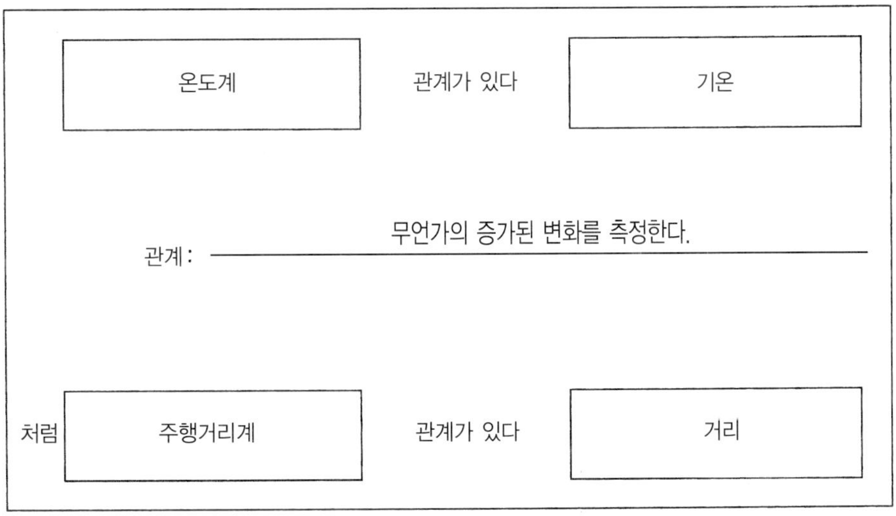

이 수용되면 교사는 비유의 구성과 선수 지식을 비유에 따라 어떻게 확대해 나갈지에 주목해야 한다.

총괄평가는 탐구하고 있는 문제에 대한 새로운 해결의 질과 비유에서 사용되어 온 개념의 정확성을 알아보는 구성 반응을 필요로 한다. 그래서 만일 학생들이 창의적 문제 해결 수업 숙제에 참여한다면 숙제에 대하여 그들이 학습한 것을 공유하도록 요구하는 질문과, 교사와 학생이 모든 사람에게 도움이 되도록 숙제 활용방법을 어떻게 찾을 수 있을지 질문을 제기할 수 있다. 또한 학생들은 논의 중에 있는 주제나 문제와 관련이 있는 추가 비유와 은유를 생성하도록 요구받기도 한다. 피드백이나 학생 수행에 대한 구조를 제공하기 위한 채점기준을 만들 필요가 있다.

친숙한 것을 낯설게 하기 위한 시나리오

DiMare 교사가 맡고 있는 7학년 반에서는 뉴잉글랜드의 초기 이주민에 대한 공부를 해오고 있는데, 이제 막 Salem 마녀 재판에 대한 단원을 시작하려 한다. 교사는 학생들에게 마녀를 기술하는 문단을 쓰도록 한다. 그 주제는 학생들에게 매우 친숙한 것이다. 왜냐하면 대부분의 어린이들에게는 연재만화, 요정이야기, 할로윈데이, 텔레비전 캐릭터, 기타를 통하여 주제가 널리 노출되어 있기 때문이다.

1단계: 주제를 기술한다

교사는 칠판에 *마녀*들이라는 주제를 제시하고 학생들이 쓴 글의 기초가 되는 주제에 대하여 학생들이 공유하고 있는 아이디어를 글로 적는다.

교사: 마녀를 기술하기 위하여 여러분은 어떠한 단어나 문구를 사용했나요?
학생 A: 마녀들은 무서워요.
교사: 왜 마녀들이 무섭다고 생각하니?
학생 A: 글쎄요. 사람들은 마녀가 무엇을 할지 결코 알 수 없고 사람들은 마녀을 두려워하잖아요.
교사: 마녀의 행동은 예측할 수 없다고 말하는 거니?
학생 A: 예. 그 말이 참 좋네요.
학생 B: 나는 마녀가 힘이 강하다고 생각해요. 왜냐하면 마녀는 마술을 부릴 수 있고 그들이 원하면 주문을 걸 수 있어요.
학생 C: 마녀는 악마라고 생각해요. 어떤 사람들은 마녀는 악마가 하는 행동을 한다고 생각해요.
학생 D: 착한 마녀도 있어요. *오즈의 마법사*를 기억해 보세요. 도로시를 구해낸

사람은 선량한 마녀였어요. 마녀도 사람과 마찬가지로 좋은 마녀, 나쁜 마녀가 있다고 했잖아.

학생 E: 마녀들이 실제로는 존재하지 않는다고 말했잖아. 그들은 단지 미신과 무지에 의존하고 있을 따름이야.

학생 F: 제가 어렸을 때 할로윈데이의 마녀처럼 길고 검은 망토를 입고 뾰족한 모자를 쓰는 것을 좋아하곤 했어요.

학생 G: 저도 그래요. 나는 점토로 커다란 사마귀를 만들어 코에 붙이고 자루벌레를 사용해 실 같은 머리를 만들었어요.

교사: 나는 그 목록에 '*이상하게 보인다*' '*이상한 옷을 입는다*' 라는 문구를 추가할게.

학생 H: 마녀들이 빗자루에 올라타고 주위를 날아다닌다는 것을 잊지 마세요.

2단계: 직접 비유를 만든다

교사: 이것들(칠판에 적어 놓은 것들)은 여러분들이 마녀에 대하여 기술한 목록입니다. 몇 분 안에 이것을 면밀히 검토해 보고 이 단어를 보면 어떠한 식물이 생각에 떠오르는지 나에게 말해 보세요.

학생 B: 저는 파리를 잡아먹는 식충식물이 머리에 떠오릅니다. 이 식물은 아름답기는 하지만 곤충을 잡아먹거든요.

학생 A: 나뭇가지에 이끼가 낀 습지의 오래된 참나무는 어떨까요? 저는 여행 갔을 때 그 나무와 유사한 나무를 보았는데 무시무시한 느낌을 받았어요.

학생 D: 벌판에 홀로 서 있는 죽은 나무는 어떨까?

학생 C: 저는 물속으로 뻗어 있는 큰 뿌리를 가진 습지의 나무들을 생각하고 있습니다.

교사: 너는 사이프러스 나무를 생각하고 있니?

학생 C: 예, 바로 그 나무에요. 사이프러스 나무들은 튼튼해 보이지만 또 무시무시하게도 보여요. 그들은 사실 악마가 아니나, 나무뿌리 밑에 무엇이 있는지 모르기 때문에 마음이 불안해요.

학생 G: 이상하게 들릴지 모르지만, 저는 바람에 흔들리는 수양버들이 생각나요. 수양버들은 항상 흩날리는 것 같아서 우리로 하여금 미안한 느낌을 갖게 만들어요.

학생 H: 저는 감자를 생각하고 있어요. 감자는 표면에 흙이 있고 껍질은 거칠고

추하게 생겼어요.

교사: 이것만으로 좋은 목록이 될 수 있어. 자 이제 투표를 하여 여러분이 어느 이미지를 추구해 나갈지를 결정하자.(투표가 진행된다.)

3단계: 개인 비유를 기술한다

교사: 이끼가 낀 참나무가 뽑혔습니다. 눈을 감고 이와 같은 나무가 되면 어떠할지를 상상해 보세요.

학생 B: 외로워요. 주위에는 나와 같은 나무들이 없어요. 나는 늙었고 다른 나무와 달라요.

학생 A: 나는 나에게 매어 달린 이끼들에게 쓸모 있는 존재라는 느낌이 들어요. 나는 벗어날 수 없으며 이제 이끼는 나를 이용하고 있어요.

학생 D: 나는 건강하고 힘이 세다고 생각해요. 나는 다른 나무들에 비해 훨씬 크고 이끼들은 나를 필요로 하고 있어요.

학생 G: 나는 평화로워요. 여기는 아주 조용하고 바람이 내 나뭇가지를 흔들어 대고 있어요.

학생 H: 나는 벗어날 수 없기 때문에 덫에 걸린 느낌이에요. 나는 여기에 오랫동안 그대로 있어야 해요.

학생 I: 나는 혼자라고 생각해요. 주위에는 아무도 없고 나는 자유로워요.

4단계: 압축 갈등을 규명한다

교사: 아래 목록을 보고 서로 대립되거나 의미가 전혀 다른 단어들의 짝을 찾아봅시다.

학생 A: '*강한*과 *덫에 걸린*' 이 짝은 어때요?

교사: 왜 두 단어가 서로 대립된다고 생각하니?

학생 A: 왜냐하면 힘이 강하다면 속박되지 않고 멀리 달아날 수 있으니까요.

학생 C: 저는 '*외로운*과 *평화로운*' 이 짝이 서로 대립된다고 생각해요. 평화롭다면 외로움을 느끼지 않아요.

학생 G: '*강력한*과 *이용당한*' 이 짝이 대립된다고 생각해요. 왜냐하면 여러분이 강력하다면, 다른 사람이 자신을 이용하지 못하게 할 수 있기 때문이에요.

학생 B: '*외롭고*와 *강력한*' 이 단어들이 대립된다고 생각해요. 강력하다면 외로울 수가 없지요.

학생 A: '*요구되고*와 *이용당하고*'는 어때요? 보통 사람들은 자신을 필요로 하고 있다고 해서 자신이 이용당한다고 생각하지는 않아요.

학생 E: '*속박당하고*와 *자유롭고*' 이 단어들은 어때요? 이 두 단어는 정말로 한 부류에 속하지는 않지요.

교사: 다시 한 번 투표를 해서 이 단어쌍 중에서 다음 단계에서 활용할 하나의 쌍을 골라봅시다.(투표가 진행된다.) '*속박당함*과 *자유로움*'이 압축 갈등으로 선정되었다.

5단계: 새로운 직접 비유를 만든다

교사: 이 단계에서 직접 비유의 대상으로 동물을 생각해 봅시다.
어떠한 동물이 '속박당하면서 동시에 자유롭게' 보이나요?

학생 A: 우리 안에 있는 말이요. 말은 갇혀 있지만 움직이는 모습을 보면 여전히 자유로워 보여요.

학생 E: 동물원에 있는 표범이 생각났어요. 동물원에서 동물은 자유롭게 보이지만 실제로는 달아날 수 없지요.

학생 G: 무슨 말인지 알겠어. 사람들은 이곳저곳을 두루 돌아다닐 수 있지만 어떤 우리나 장벽도 없잖아요. 동물들은 자유로워 보이지만 사람들은 동물이 달아나지 않기를 바래요. 동물을 달아나지 못하게 하는 그 무엇이 있어요. 여기에 한 마리 아름다운 큰 앵무새가 있었는데 달아날 수가 없었어요. 왜냐하면 날개가 잘렸거든요.

학생 H: 나는 덫에 걸린 수달에 관한 영상을 보았어요. 덫에 걸린 동물들은 피를 흘리고 고통스러울 때조차도 자유롭고 사나워 보였어요.

학생 G: 할머니께서 앵무새 한 마리를 기르고 계시는데 그 새는 아주 자유로워요. 그 새는 자기가 원하면 아무 말, 아무 행동도 하지 않아요. 그러나 그 새는 여전히 새장 안에 갇혀 있죠.

학생 D: 우리 집 고양이도 비슷해요. 아파트 안에 있어야 하지만, 고양이는 창가에 앉아 밖을 내다볼 뿐입니다. 그런데 고양이는 여전히 자유롭죠.

교사: 이 동물들 중에서 '자유로우면서 속박되는 것'으로 가장 좋은 것을 골라 봅시다. (투표가 진행된다.) 우리가 더 탐구해야 할 주제로 덫에 걸

린 수달이 뽑혔어요.

6단계: 본 주제를 재검토한다

교사: 여기 질문이 있습니다. 마녀가 선고를 받고 죽음으로 몰렸던 시대로 돌아가 살고 있다고 상상해 보세요. 덫에 걸린 수달처럼 마녀로 선고받은 사람은 어떠할까요?

학생 C: 그들은 아마 살기 위해 투쟁하고 도망가기 위해 무엇이든지 할 거에요.

학생 D: 동물을 잡는 행위는 동물에게 너무 잔인하기 때문에 대부분의 주에서는 불법입니다. 사람들은 더 이상 마녀로 불려서는 안 된다고 생각해요.

학생 A: 동물은 아름답기 때문에 사냥감이 되고 덫에 걸려요. 때때로 사람들은 마녀가 자기들과 다르기 때문에 마녀를 질투하기도 하고 그들을 파멸시키려고도 합니다.

학생 E: 그 사람들은 더 좋은 방법을 몰랐기 때문에 동물을 가두었어요. 그것은 마녀에게도 마찬가지예요. 사람들은 그 방법이 얼마나 나쁜지 몰랐어요. 오늘날에도 마법을 믿는 사람이 여전히 존재하듯이 동물에게 덫을 놓는 것이 정당하다고 생각하는 사람들이 존재합니다.

교사: 오늘 칠판에 적은 이미지를 활용하여 마녀들에 대해 다르게 묘사해 보세요.

이 단계가 끝나고 난 후 칠판에 적힌 정보는 다음과 같았다.

1. *서술어 목록*

   질문: 마녀를 묘사하기 위해 어떠한 단어를 사용하겠는가?

무시무시한	예측할 수 없는
강력한	주문을 걸다
좋은 마녀/나쁜 마녀	상상적인
미신, 무지에 기초한	이상해 보인다
이상한 옷을 입다	빗자루를 타고 날다

2. *직접 비유*

   질문: 1단계에서의 단어 목록은 어떠한 식물을 떠올리게 하는가?

파리지옥풀, 습지에 있는 이끼 낀 오래된 참나무(학급이 선택한 것), *수양버들, 사이플러스나무, 감자*

3. *개인 비유*

질문: 습지의 오래된 떡갈나무가 된다면 어떠한 느낌일까?

외로운	요구되는
오래된	속박된
강력한	독립된
다른	쓸모 있는
이용당하는	튼튼한
평화로운	자유로운

4. *압축 갈등*

질문: 3단계에서 열거된 목록 중에서 어떠한 단어가 서로 갈등이 있거나 대립되는가?

강한 그리고 속박당한	*외로운 그리고 평화로운*
속박된 그리고 자유로운	*강력한 그리고 이용하는*
요구되는 그리고 이용하는	*속박되는 그리고 자유로운*(학급이 선택한 것)

5. *새로운 직접 비유*

질문: 어떠한 동물이 속박당하면서 자유로운 동물로 기술될 수 있을까?

우리 안의 양	동물원의 표범
날개 잘린 앵무새	덫에 걸린 수달
창가의 고양이	

6. *초기 주제의 재검토*

질문: 덫에 걸린 수달처럼 마녀로 선고받는 사람은 어떨까?

7단계: 평가한다

과제 쓰기는 좋은 평가 방법이다. 교사는 학생들에게 어느 주제에 대한 비유를 만들도록 요구할 수 있다.

다음은 마녀에 대한 쓰기 연습 전후의 예로서 창조적 문제 해결 연습이 사고에 미치는 효과의 특징을 나타낸다.

1. 마녀들은 정말 무섭다. 그들은 빗자루를 타고 날아다니면서 집 밖에서 노는 꼬마 아이들을 잡으러 다닌다.
2. 사람들은 마녀를 심각하게 생각하여 마녀들을 목매달아 죽게 했다. 나는 사실 마녀의 존재를 믿지 않는다. 그러나 마녀가 실제로 존재한다고 가정하는 것은 재미있다고 생각한다.

창조적 문제 해결 연습 후에 두 가지 예가 제시된다.

1. 마녀로 불리는 사람들은 덫에 걸린 동물처럼 느꼈음에 틀림없다.
   그 덫은 실제로 미신과 무지였다. 왜냐하면 사람들은 어떠한 사람이 세상에 나쁜 일을 저지르면 그를 비난하고 싫어하기 때문이다.
2. 마녀로 불린 사람들은 가벼운 폭풍이 몰아쳐올 때 벌판에 홀로 서 있는 나무처럼 너무도 외롭게 느꼈을 것이다.

두 번째 쓰기에서 학생들은 문제에 대한 통찰력을 얻게 되었고, 학생들의 언어의 힘과 상상력이 심화되었다.

이제 교사는 학생들이 주제를 좀 더 깊이 있게 이해하고 있음을 알고 Salem 마녀 처형에 대해 수업을 계속할 수 있다. 상식적이고 친숙한 개념같이 보였던 것이 새로운 의미를 갖게 되었다.

이 활동의 가치는 학생들이 대부분 대화를 주도하고 거의 모든 결론을 도출해낸 점이다. 교사는 어느 때고 개입하여 그 과정을 통제하고 있으나 아이디어는 학생으로부터 나온다. 학생들이 이 과정에 대한 가치를 생각할 때 교사의 강의를 받기보다는 학생들 스스로 자신의 아이디어를 제안한 점이다.

활동 8.5: 창조적 문제 해결 수업 단계

창조적 문제 해결을 단원의 선행 조직자로 사용한 수업을 설계하라.

예를 들면 양서류 연구에 관한 단원은 두꺼비에 대한 창조적 문제 해결 수업으로 시작하거나 계절에 관한 단원은 여름에 대한 창조적 문제 해결 수업으로 시작할 수 있다.

요약

창조적 문제 해결은 은유의 힘을 사용하여 상상력과 창의적 사고력을 확장시키는 과정이다. 학생들에게는 문제를 더욱더 새롭고 역동적인 방법으로 보고 아이디어들을 설득력 있게 표현하는 것이 권장된다.

성공의 열쇠는 학습자로 하여금 이전에는 전혀 무관했던 아이디어들 간의 관계를 파악하게 하는 데 있다.

그 결과 학습자가 정보와 배울 아이디어를 보는 방식에 변화가 생긴다. 창조적 문제 해결은 모든 연령의 학습자에게 사용될 수 있다. 교사와 학생은 그 과정을 즐기고 가끔 흥미 있고 상상을 초월한 결과에 깜짝 놀라기도 한다. 이 창조적 문제 해결이 쓰기를 가르치는 데 효과가 있지만, 문제에 대한 새롭고 창의적인 통찰력 개발을 목표로 삼는 학습 유형에도 효과적이다. 교사와 학생을 포함한 모든 참여자들은 학습자의 상상력을 기르는 은유의 힘에 깜짝 놀란다.

웹 자원

1. www.nade.net/h3a_scp99.htm
This interesting paper, "Strategies for Using the Arts in Developmental Education," offers a good explanation of metaphoric thinking.

2. http://edweb.sdsu.edu/courses/edtec670/Cardboard/card/c/CerebralFlat.html
This site provides a description of a classroom game for high school students that is based on synectics. Directions are given both for playing the game and for creating the materials needed for the game.

3. www.aeshm.hs.iastate.edu/academy/exemplars/Synectics_Exemplars/Work/work1.htm
A detailed, model synectics lesson plan that on the meaning of work for adolescents can be found on their Web site.

4. http://web.centre.edu/edu/Student_pages/Kelley/lessonplans2.htm
This site provides a lesson plan that uses and describes the synectics model as students write about a character from Willa Cather' s *O, Pioneers*.

5. www.writedsignonline.com/organizers/synectics.html
This site provides a graphic organizer and demonstrates its use in synectics lessons.

6. http://library.thinkquest.org/26502/level3/3/act3-3.htm
A short worksheet that can be used as an introduction to "synectical" thinking can be found here. This is a good way to introduce the synectics model to students.

7. http://education.shu.edu/portfolios/AGarcia/synecticsplanningform.html
A helpful planning guide for developing synectics lesson on this site is based on a clear understanding of how students learn and we can organize content to ensure a lesson' s success.

각주

1. Paul Ricoeur.(1973) "Creativity in Language:Word, Polysemy, Metaphor," *Philosophy Today*, 17, 2:111.
2. William J. J. Gordon.(1961). *Synectics: The Development of Creative Capacity.* NewYork: Harper and Row, 38.
3. William J. J. Gordon and Tony Poze.(1978) "Learning Dysfunction and Connection Making," *Psychiatric Annals*, 8, no. 3:34.
4. Robert M. Marzano, Debra J. Pickering, and Jane E. Pollock.(2001). *Classroom Instructoin That Works: Research Based Steategies for Increasing Student Achievement.* Alexandria, VA: ASCD.
5. William Safire (June 2, 1985). "Whose Oxymoron Is Gored?" *New York Times*, sec 6, 16-18.
6. Gordon, 1961, 8.
7. Jhon D. Bransford, Ann L. Brown, and Rodney R. Cocking (eds.) (2000). *How People Learn: Brain, Mind, Experience, and School.* Washington, DC: National Reasearch Council.
8. William J. J. Gordon and Tony Poze.(1979). *The Metaphysical Way to of Learning and Knowing.* Cambridge, MA: Propoise Books, 3.
9. Gordon, 1961, 34.
10. Gordon, 1961, 125-126.
11. Gordon 1961, 10.
12. Albert Rothenberg. (January 1979). "Einstein' s Creative Thinking and

the General Theory of Relativity: A Documented Report," *American Journal of Psychiatry*, 136: 39-40.

13. G. Prince, W. Weaver, and K. Logan-Prince.(2000). "Liberating Creativity and Learning," in *Creative Education: Educating a Nation of Innovators*, ed. Vincent Nolan. London: Synectics Education Initiative, 3-28.
14. G. M. Prince. (March 1967). "The Operational Mechanism of Synectics," *Journal of Creative Behavior*, 2: 1-9.
15. Sandra H. Wilson, Jack F. Greer, and Russell M. Johnson.(1963). "Synectics: A Creative Problem Solving Technique for the *Gifted," Gifted Child Quarterly*, 17: 260-266.
16. Thomas L. Good and Jere E. Brophy.(2003). *Looking in Classrooms*, 9th ed. Boston: Allyn and Bacon.
17. Marzano. et al., 2001.

제 9 장

인과 모형

인과 관계 분석을 통한 사태 이해

문장의 줄거리는 전 과정의 한 요소일 뿐 아니라 인과 관계라는 복잡한 형태로서 사태를 이해하게 한다.

확실히 경험의 의미에 대한 이해는 원인이 무엇인가에 대한 이해와 밀접히 관련되어 있으며 문장의 줄거리는 인과 관계를 명확하게 해준다.[1]

—William Kenney

William Kenney는 인간의 행동 연구는 간단히 말해 인과 관계를 연구하는 것이라고 지적하고 있다. 이외에 문학과 역사도 과거의 인간 행동을 기록하고 있기 때문에 이것도 인과 관계를 연구한다고 볼 수 있다. 과학은 비록 반드시 인간을 대상으로 하여 주제를 삼지 않을지라도 인과 입장에서 자료를 분석한다. 그러나 사람들은 인과의 논리적 관계를 공식적으로 탐구하지는 않는다.

원인과 결과는 단순한 연결 또는 계열과 혼란을 일으킨다. 광고 분야에서는 이 점을 잘 이용하고 있다. 우리는 값비싼 향수를 사용하고 있는 예쁜 젊은 여자를 본다. 다음 우리는 매력적인 남자 친구와 함께 있는 똑같은 젊은 여자를 본다. 그러므로 이 향수를 사용하는 여자는 매력적인 남자 친구를 얻게 될 것이다.

만약 학생들이 원인과 결과를 이해한다면 사태 이해는 매우 간단한 것이 된다. 예를 들면 Tom이 먼저 Russ를 때리면 Tom은 싸움을 건 것이다. 학생들은 Russ가 가끔 Tom의 여자 친구에 관해 말하면서 Tom을 비웃었다는 사실을 애써 찾아볼 필요가 없다. 젊은 사람들은 좀처럼 근원적인 원인에 관해 물어 보려고 생각조차 않는다.

사람들은 대부분 개인적이고 전문적인 삶에서 많은 사람들과 직접적인 접촉을 갖는다. 인간 접촉의 정도에 따라 충족감의 정도도 달라진다. 만약 우리가 직장이나 가정에서 우리의 목표를 달성하려면 우리가 정상적인 사태의 흐름을 통제해야 한다. 이것을 성공적으로 하려면, 우리는 어떤 복잡한 원인을 이해해야 한다.

이 장에 제시한 모형은 교육학자인 Hilda Taba[2]의 연구로부터 나온 한 가지 전략에 기반을 두고 있으며 이 모형은 학생들로 하여금 중요한 행동, 상황, 상태 혹은 갈등을 연구하도록 안내해 준다.

학생들은 추론 과정을 통하여 원인과 결과, 이전의 원인, 후속의 결과에 대한 가설을 설정한다. 마침내 학생들은 결론을 도출해 내고 사람들이 유사한 상황에서 어떻게 행동하는지에 대한 일반화에 도달한다.

교사는 촉진자로서 정해진 질문을 제기하고 후속 질문을 제기하는 것 이외에 결론 도출이나 일반화 도달에 공헌하지 않으며 공헌에 대한 어떠한 언급도 하지 않는다. 역사에서는 전쟁에 대한 단순한 한 행위에서부터 후보자 선거법안 통과에 이르는 그 어떤 내용이든 유익한 토론의 주제가 된다. 과학에서는 어떤 실험이나 조건에서도 수학에서의 일반 문제 해결 전략과 마찬가지로 이 모형을 끌어들일 수 있다.

영어에서 문학 수업을 마쳤을 때 의미 있는 연기, 절정 또는 극적 순간은 자극적인 주제가 된다. 신문기사, 특히 특별한 조언 칼럼은 그 주제가 학생들에게 중요하다면 흥미 있는 토의로 이끌 수 있다. 학생들이 수업에 늦게 오거나 수업을 방해하는 것과 같은 상황을 하나의 주제로 사용하는 것은 학생들로 하여금 어떠한 규칙 배후에 있는 이유를 이해할 수 있게 한다.

일단 개인이 어느 집단에 이 모형을 여러 번 사용하기만 하면, 자기 혼자서도 이 모형을 적용할 수 있다. 그렇게 되면 그 모형은 개인의 문제 해결, 아이디어 생성, 의사 결정, 자료 분석을 위한 여러 기법이라는 점에서 볼 때 아주 가치 있는 메타인지 도구가 되는 셈이다. 집단 탐구의 가치는 과대평가해도 지나침이 없다. 타인의 아이디어를 경청하는 것은 학생 혼자서는 결코 생각해 내지 못할 것을 언급할 가능성을 열어 놓게 한다. 그들은 보다 융통적인 사고자를 할 수 있게 되고 사전 경험에서부터 새로 공유한 정보에 이르는 개인 지식을 보다 쉽게 구성할 수 있게 된다.

인과 모형의 기초

인과 모형은 구체적인 상황을 조사하는 것으로 시작하여 행동 과정을 유사한 상황에 일반화하는 것으로 끝난다. 학생들은 하나의 상황을 구체적으로 연구하고 그들이 생각할 때 사용한 정신 활동을 명명하고, 타인의 생각을 경청할 기회를 갖는다.

또한 그들은 다른 행동과정과 그 결과를 깊이 생각할 기회도 갖는다. 이것은 귀납적 수업 방법으로 지적 공동체로 하여금 학생들이 원인과 결과를 결정하도록 한다. 이 모형에서는 3장에서 논의한 개념과 일반화의 구분이 아주 중요하다. 개념이란 우리가 이 세상과 상호작용하고 이 세상을 배워 나갈 때 우리가 수집하는 단편적인 정보를 위한 조직자이다. 일반화란 개념과 개념, 그리고 여러 개념들 간의 관계를 나타내는 진술이다. Taba는 일반화에 대한 몇 가지 중요한 점을 지적하고 있다. 그녀는 개념이 가끔 일반화의 혼동이 된다고 언급하고 있다. 그러나 개념과 일반화는 다른 것이다.

일반화란 개념들 간의 관계를 언어로 구성한 것이다. 우리는 개념이라는 명칭을 단 하나의 단어에 국한하고 일반화의 명칭을 문장에 국한한다. 일반화는 개념들 간의 관계에 관한 것이다.[3] Taba는 또한 일반화는 사회, 영어, 과학, 수학 자료에서 의미를 탐색해 나갈 때 학생의 사고를 결정하는 데 중요한 역할을 한다고 진술하고 있다.[4] 그 다음 Taba는 다른 사람들이 이룩해 놓은 일반화를 연구하는 것보다는 자기 자신이 일반화에 도달하는 것이 더 중요하다고 주장한다. 끝으로, Taba는 다음과 같이 언급하고 있다. 일반화는 본질적으로 잠정적이고 절대적 진리를 진술하는 것은 아니다. 왜냐하면 어느 특수한 주제에 대한 정보는 그 주제를 일반화한 사람에 의하여 알려질 수 있는 정보보다 항상 더 많이 있기 때문이다. 그러므로 언어에 뛰어난 사람들은 잠정성을 나타내는 언어를 자주 사용하는 사람들이다.[5] L. L. Thurstone은 행위의 가설적 행동과정을 고려하는 것이 중요한데 그 중요성을 다음과 같이 논의하고 있다.

> 지능의 중요한 측면은 …… 충동을 억제하는 것이다. 외형적 행동으로 발전하기 전에 충동을 억제하고 비교적 일반적인 충동에 집중함으로써 욕구나 욕망을 충족시킬 수 있는 서로 다른 방법에 대한 선택의 폭을 넓힐 수 있다.
>
> 지능이란 추상화할 수 있는 능력으로 이것은 억제하는 과정이다. 지능에 작용하는 순간 충동은 억제되고 동시에 느슨히 조직된다. 지능적 삶과 비지능적 삶을 구분해 주는 것은 실제 행동하지 않고도 가능한 행동과정을 고려

> 해 내고 평가할 수 있는 능력이다. 그래서 개인의 지능이 높을수록 추상화 수준도 높아지고 선택의 융통성 정도도 더욱 커지는 것이다.[6]

사려 깊은 행동은 결과를 예측한 행동이므로 행동을 예측하려는 시도가 비록 정확하지 않더라도 아주 중요한 활동이다. 구체적 상황에서 행동을 조사하고 유사한 상황에 있는 사람들이 어떻게 행동했는지에 대한 일반화에 도달하는 것은 행동을 예측하고 안내하는 가장 효율적인 방법이다.

행동 선택에 앞서 자신의 행동 과정에 대한 가설 설정은 충동적 행동이나 기분에 따른 행동으로 생기는 함정을 모면하게 한다. 대부분의 우리들은 가능한 행동의 결과를 기대하지만 이 모형에 익숙해지면 매일매일의 결정이나 중요한 변화의 결과를 예측할 때보다 더 정확해질 수 있다.

인과 모형을 활용하면 모호한 생각일지도 모르는 것을 구체적인 부분 부분으로 분류하고 더 다듬어 우리가 생각하는 구체적 내용의 양을 늘려 나가게 된다. 학생들이 행동, 의사 결정, 접근 방법이 미치는 효과를 파악하도록 도움으로써 학생들은 점점 더 메타인지적이 되어 결국 새로운 상황에 대한 지식의 전이 가능성을 증가시킨다. 우리는 학생들이 인과 관계를 활용하여 깊은 이해력을 개발할 수 있다는 것을 알고 있다. 즉 인지과학은 어린이라 하더라도 물리적 인과 관계를 이해하면 이러한 이해 위에 또 다른 인과 관계를 분석할 수 있는 더 세련된 방법을 개발할 수 있음을 보여주고 있다. 대안을 생각함으로써 학생들은 새로운 정보를 학습해 나갈 때 보다 복잡한 관계를 개발시켜 나간다.[7]

교육자들이 일반적으로 적극적 학습과 특히 학생들의 인과 관계에 대한 이해가 중요함을 인정하게 된 것은 학생들을 위하여 교육자들이 설정한 표준과 목표에 분명히 나타나 있다. 예를 들면 1996년 『역사에 대한 국가 표준』에는 역사 이해에 대한 부분이 다음과 같이 시작된다.

> 저학년 아동들을 위하여 개발된 역사 과목은 모든 인간 활동 영역과 이들 영역 간의 상호작용에 대한 이해력을 분석하고 개발할 수 있는 중요한 기회를 열어 준다. 그렇게 하려면 아동들은 단순히 수동적으로 사실, 이름, 날짜를 습득하는 것이 아니라 적극적인 질문과 학습에 참여하여야 한다.
>
> 실제적으로 역사를 이해하려면 학생들은 역사적 추론 활동에 참여하여야 한다. 즉 역사적 이야기, 역사적 담론, 문학을 의미 있게 경험하고 읽어야 한다. 다시 말해 인과 관계를 생각해야 한다.[8]

역사 국가 표준에 관한 역사적 사고 표준인 표준 1은 연대기적 사고에 관한 것이다. 이 표준을 개관하고 있는 첫 번째 단락에는 다음과 같이 적혀 있다.

> 연대기적 사고는 역사적 추론의 핵심이다. 역사적 사건-과거, 현재, 미래를 명확히 알지 못하면 역사적 사건을 단지 혼란으로 보게 될 것이다. 연대기 즉 사건이 언제, 어떠한 순서로 일어났는지에 대한 명확한 인식이 없다면, 학생들은 역사적 사건들 간의 관계에 대한 조사도 역사적 인과 관계도 설명할 수가 없다. 연대기는 역사적 사고를 조직하기 위한 정신적 도움을 제공한다.[9]

표준 1 다음의 표준들에는 많은 구체적 능력이 제시되어 있는데 여기에는 원인과 결과들이 모두 포함되어 있다. 예를 들면 표준 3은 역사적 분석과 해석인데 여기에는 "역사적 행위를 분석할 때 원인을 설명하라"는 항목이 포함되어 있다.[10] 표준 5 "역사적 문제-분석과 의사결정"이라는 항목에는 "문제나 딜레마의 원인 규명"과 "의사 결정 결과의 평가"라는 내용이 포함된다.[11] 이 수업 모형에서는 학생들이 연대기를 보여줄 것이 허용된다.

인과 관계는 사회과에서만 중요한 것이 아니라 모든 내용 영역과 간학문적 연구에서도 중요한 전략이다. 사실 인과 관계를 조사하는 것은 학생들이 정보 내용을 이해하도록 돕기 위한 모든 내용 영역에 사용되는 내용 독서 전략인 셈이다. 왜 사태가 발생하는지에 대한 이유를 찾는 것은 인간의 기본 욕구인 셈이다. 그래서 인과 관계의 내용 구조를 이해하는 것은 세상이 움직이는 기본 방법을 학습하는 데 필수적이다.[12]

다른 모든 사고 형태는 물론 원인과 결과의 논의에서 고려해야 할 마지막 사항은 편견이다. 중앙정보국 Richards Heuer, Jr.,의 저서인 『지능분석심리학(Psychology of intelligence Analysis)』에는 "원인과 결과 지각의 편견"이라는 장이 있다. 이장은 다음과 같이 시작한다."원인과 결과에 대한 판단은 과거를 설명하고 현재를 이해하며 미래를 추정하는 데 필요하다. 이러한 판단은 인간이 거의 의식적으로 통제하지 못하는 요인에 의하여 편파적이 된다."[13]

Heuer는 우리가 다른 나라의 행동을 연구할 때 원인과 결과라는 입장에서 과거를 설명하고자 한다고 지적하고 있다. 우리는 확실한 원인이 존재하지 않고 우발적으로 행동이 발생했으리라는 곳에 원인이 있다고 생각한다. 과거를 이해하여 미래에 분명한 영향을 미치려면, 우리는 부정확하지만 정돈된 과거의 모습을 갖고 있어야 한다. 이 점은 우리의 삶에서 타인의 행동을 지각할 때도 똑같다.

우리는 우리의 사고가 객관적이 되고 여러 가능성이 열려 있기를 바라나 우리는 이유가 완전히 다른 곳에 있거나 또는 충동이 주된 역할을 하는 곳에 이유를 돌리고 있음을 발견하게 된다. 그래서 우리는 이 장의 수업 모형을 사용하여 인간 행동을 분석하는 데 있어서 자신이 타인의 입장에서 볼 수 없고 우리가 내린 결론이 잠정적이고 더 숙고할 여지가 많다는 것을 알아야만 한다.

인과 모형의 단계

1. 자료나 주제, 행동 또는 분석할 문제를 선택한다.
2. 원인과 그 원인에 대한 증거를 묻는다.
3. 결과와 그 결과에 대한 증거를 묻는다.
4. 사전 원인과 그 원인에 대한 증거를 묻는다.
5. 후속 결과와 그 결과에 대한 증거를 묻는다.
6. 결론을 묻는다. 결론은 우리가 검토하고 있는 상황에서의 개인의 행동에 대해 추론하는 진술이다. 학생들에게 그들의 결론에 대한 근거를 밝히도록 요구한다.
7. 일반화를 묻는다. 일반화란 인간이 현재 검토하고 있는 상황과 유사한 상황에서 어떻게 행동할지에 관한 추론을 진술한 것이다.
8. 학생의 수행을 평가한다. 이것은 선택적이다. 그러나 피드백의 경우 개별적이든 집단적이든 간에 모두 중요하다.

연습지

교사는 논의를 시작할 때 모든 학생들이 볼 수 있도록 칠판에 다음의 차트를 거치해야만 한다. 그래프 조직자는 모든 학생들에게 도움을 주어 학습을 증진시키기 위해 게시되는 것이다. 이 조직자는 학생 자신의 문제나 상황 분석에 대한 정보를 제공해 준다. 이따금 학생들은 수업 모형의 7단계 모두를 이해하는 데 충분한 정보를 갖고 있지 못하다. 수업 모형의 일부 단계 적용만으로도 유익할 것이다. 숫자는 순서를 뜻한다. 자료는 가득 채워야 한다.

구체적 단계

고등학생을 위한 인과 모형의 단계에 대한 논의는 *A Seperate Peace*란 소설에 집중된다. 이 소설은 기술학교에 다니는 두 명의 절친한 친구에 관한 이야기인데 어느 면에서 보면 이 둘은 경쟁관계에 있다. Finny는 뛰어난 운동선수이다 그의 룸메이트이며 가장 절친한 친구인 Gene은 자기 학급의 졸업생 대표가 되고자 열심히 노력하고 있다. Finny가 Gene이 여러 체육경기와 행사에 참여하도록 촉구하여 공부를 못하도록 방해를 놓고 있자, Gene은 Finny가 자기가 졸업식의 고별사를 읽는 학생이 될 기회를 고의로 방해하고 있다고 의심한다. 그러나 이것은 사실이 아니다. 즉 Finny는 자신의 운동능력이 노력 없이 생겼으니 Gene의 학문적 능력도 노력 없이 생긴다고 생각한다.[14]

4 이전의 원인	2 원인	1 분석해야 할 주제	3 결과	5 추후의 결과

6. 결론:

7. 일반화:

초등학교 저학년을 대상으로 한 이 수업 모형 단계에 대한 논의는 Watty Piper의 유명한 이야기 *The Little Engine That Could*에 집중된다.

이 이야기에서 조그만 기관차가 산 저편에 있는 어린 소년, 소녀들에게 크리스마스 선물과 음식을 전달하는 데 그만 고장이 난다. 그러자 인형, 각종 장난감들은 큰 기관차에게 자신들을 저 산 너머로 데려다 달라고 애걸한다. 그러나 그 기관차들은 거절을 한다. 마침내 작은 파란 기관차가 작음에도 불구하고 다가와서 자기가 데려다 주겠다고 한다.

그 기관차는 끌고 당기면서 "나는 저 산을 넘어갈 수 있다고 생각해"라는 말을 반복하더니, 마침내 그 기관차는 산을 넘는 데 성공한다.[15] 이 어린 학생들이 논의한 자료나 질문은 왜 조그만 파란 기관차가 큰 기관차들이 거절한 것을 기꺼이 하려 했느냐 하는 것이다.

초등학교 학생들은 만일에 교사가 질문과 어휘를 간단하게만 해 준다면 이 모형을 통하여 개념과 아이디어를 다루어 나갈 수 있다. 인과 모형의 장점 중 하나는

*A Separate Peace*의 분석

4 이전의 원인	2 원인	1 분석할 주제	3 결과	5 추후의(후속) 결과
Gene의 불안	Gene의 이중 점프에 대한 두려움	Gene이 팔다리를 흔들거렸다 Finny는 자신이 떨어지게 한 원인이었다 왜?	Finny의 부러진 다리	Finny의 죽음
Finny의 설득	Gene의 무가치해질 것에 대한 두려움		Gene의 유리	Gene의 Devon으로의 복귀
Finny의 운동 능력	Gene의 낮은 자존심		Finny의 Gene에 대한 의존	
Gene의 Finny에 대한 의심	Gene의 의심에 대한 죄악감		Gene은 Finny를 가장 못 믿을 친구라고 인식	Gene은 자신을 용서한다.
Gene의 졸업생 대표가 되려는 욕망	Finny가 Gene의 공부를 방해하고 있다는 것에 대한 Gene의 확신			
	Gene의 자신에 대한 노여움		Finny의 Gene에 대한 신뢰	Gene 단독강화
			계속된 Gene의 유죄 증가	

각 학급이 적당히 복잡한 수준까지 토의를 진행시켜 나갈 수 있다는 점이다. 왜냐하면 모든 반응이 학생들로부터 나오기 때문이다. 이외에, 칠판에 적힌 어린 학생들의 반응을 보는 것은 그들에게는 좋은 교훈이 된다.

학생들은 이미 언급된 아이디어를 놀랍게도 잘 기억하고 교사는 필요할 때는 언제나 그 아이디어들을 반복해 준다.

다음은 9학년 학생들이 *A Separate Peace*라는 소설에 이 모형을 적용한 후 칠판에 적어 놓은 몇 가지 항목들을 개관하고 있다.

결론. 그 이야기에 존재하는 인간 행동에 관한 판단과 아이디어는 다음의 목록에서 보는 바와 같이 칠판의 왼쪽에서 오른쪽, 또는 위에서 아래에 적혀 있는 관련 항목들을 읽으면서 알아볼 수 있다. 교사로서 여러분은 학생들이 모형을 적용한 처음 몇 번은 결론의 본보기를 학생들에게 제시해 보여야 한다.

1. 일단 줄거리를 잘 모르자, Gene은 Finny의 행동을 상상한 문장 줄거리의 입장에서 보았다. (사전 원인→원인)
2. 열등하다고 느낀 것이 Gene을 자극시켰다. (원인→주제)
3. Finny는 Gene의 유죄의 가능성을 부정하여 Gene으로 하여금 더욱더 죄책감을 갖게 했다. (결과→증가된 결과)

일반화. 일반화란 일반적인 용어로 표현된 결론이다. 그것들 또한 주제가 된다. 많은 학생들은 예술 작품에서 주제를 끄집어내는 것이 매우 어렵다는 것을 알고 있다. 이 모형을 사용하는 사람들은 그들이 주제들을 보다 쉽게 생성해 낼 수 있다는 것을 알게 된다.

1. (일반적인 용어로 표현된 결론 1) 우리는 자신의 아이디어와 편견으로 만들어진 여과기를 통하여 사태를 목격한다.
2. (결론 2) 열등감은 사람을 공격적으로 만든다.
3. (결론 3) 우리가 잘못했던 사람에 의하여 변호받는 것은 죄악감을 증가시킨다.

학급에서 이 모형을 자주 사용할수록 학생들은 각 단계마다 더 많은 항목들을 생성해 낼 수 있다. 이 본보기에서 학생들이 만든 모든 항목들이 여기에 다 열거된 것은 아니다. 학급에서 생성해 낼 수 있게 된 풍부하고 다양한 아이디어들을 설명하기 위하여 다음에 학생들이 제시한 추가 원인을 제시한다.

공부할 시간이 없다는 이유 때문에 생긴 Gene의 좌절:

Gene의 눈에 비친 경쟁
Gene의 이 경쟁에서 피하려는 욕구
Gene의 떨어질 것에 대한 두려움
Gene의 자기 기만의 발견
Finny가 훨씬 더 큰 사람이라는 Gene의 깨달음

한 학생의 아이디어는 또 다른 학생의 생각을 불러일으킨다. 이러한 이유로, 너무 빨리 다음 단계로 이동하지 않는 것이 중요하고 또한 모든 학생들의 아이디어들이 표현될 수 있도록 하는 것이 중요하다.

1단계: 자료나 주제, 행동 또는 분석할 문제를 선택한다

이것은 중요한 행동, 사태, 조건 또는 갈등이 될 수 있다. 또한 이것은 허구적이고 가설적이며, 반면 현실이 될 수도 있고, 이미 배우고 있는 교과로부터 얻을 수도 있다. 자료나 주제를 칠판이나 커다란 서판의 중앙에 적어 놓는다.

고등학교 주제. Gene은 Finny의 발을 흔들어 댔다.

초등학교 주제. 파란 작은 기관차는 더 크고 더 강한 기관차가 할 수 없거나 하지 않았으나 인형, 장난감, 물품을 싣고 산 너머로 갈 수 있었다.

2단계: 원인과 그 원인에 대한 증거를 묻는다

2단계에서 학생들은 상황에 대한 이유를 찾는다. 고등학생들에게 물을 질문에는 다음과 같은 것들이 있다. "당신은 Gene이 다리를 흔들거리는 원인이 무엇이라고 생각합니까?" "그 외에 무엇이 이러한 행동의 원인이 되었다고 생각합니까?" 학생들에게 그들의 반응에 대한 근거를 밝히도록 요구하라. 예를 들면, "떨어질 것에 대한 두려움은 왜 Gene을 자극했는가?" 원인에 대한 모든 반응을 칠판에 적는다.

초등학교 교사의 질문. "여러분은 작은 파란 기관차가 인형, 장난감, 선물을 싣고 산 너머로 갈 수 있다고 생각하세요?" 혹은 "왜 파란 작은 기관차는 더 커다란 기관차가 할 수 없다고 말한 것을 할 수 있을까요?" 그 근거를 물어 보아라. "왜 그렇게 생각하세요?"

3단계: 결과와 그 결과에 대한 증거를 묻는다

주제가 있는 칸 오른쪽에 있는 결과에 대하여 질의하라. 고등학생에게 물을 질문으로는 "Gene이 다리를 흔들거린 결과는 무엇인가?" 또는 "Gene이 다리를 흔들어 무슨 일이 생겼는가?"와 같은 것이 있다. 그리고 그 근거를 물어라. 즉 왜 너는 그렇게 생각하는가?

초등학교 교사의 질문. "조그만 파란 기관차가 모든 선물을 싣고 산 너머로 갈 수 있었기 때문에 일어난 일은 무엇인가요?" 그 근거를 물어라. "왜 그렇게 생각하세요?"

4단계: 사전 원인과 그 원인에 대한 증거를 묻는다

칠판 왼쪽으로 가서 사전의 원인을 질의하라. 각각의 원인을 지적하고 그 원인의 원인, 즉 사전 원인을 질의하라. 예를 들면, Gene의 낮은 자존심의 원인은 무엇인가? 그 다음에 그 근거를 물어라. "Finny의 운동능력은 Gene의 낮은 자존심을 어떻게 증가시켰는가?"

초등교사의 질문. "작은 파란 기관차가 모든 선물을 싣고 산 너머로 실어 나르기 전에 왜 어려운 일을 해야 했나요?" 그리고 그 근거를 질의하라. "왜 작은 파란 기관차는 스스로를 믿는 것이 도움이 되었나요?" 절차를 반복하고 각 원인에 대한 원인을 질의하라.

5단계: 후속 결과와 그 결과에 대한 증거를 묻는다

사전 원인에 대한 답을 몇 번이고 질의한 후, 즉 학생들의 아이디어가 바닥이 났을 때 칠판 맨 오른쪽으로 가 후속 결과에 대하여 질의하라. 각각의 결과를 따로따로 지적하여 고등학생들에게 "Gene의 유죄에 대한 결과는 어떠한가?"라는 질문을 한다. 그 다음 후속 결과에 대한 근거를 질의하라. Gene은 유죄의 결과 Devon으로 돌아갔는가? 아니면 왜 여러분은 단순히 그렇게 생각하는가? 라고 질의한다.

초등교사의 질문. "도시에 있는 모든 아동들이 행복한 크리스마스를 보냈다고 해서 여러분은 어떠한 일이 일어났다고 생각하세요?"와 "작은 기관차가 기분이 좋다고 해서 여러분은 무슨 일이 일어났다고 생각하세요?" 그 근거를 질의하라.

> **활동 9.1: 결과와 후속 결과**
>
> 만일에 여러분이 공부하거나 가르치고 있는 학교의 교장으로 임명되는 경우, 여러분이 처음 내놓을 정책의 어떤 변화를 준다고 생각해 보라. 이제 가능하다고 생각하는 세 가지 결과와 세 가지 후속 결과를 제시하라.

6단계: 결론을 묻는다

결론이란 우리가 연구하고 있는 상황에 있는 사람들의 행동을 추론하는 진술이다. 칠판 왼쪽에서 오른쪽 또는 위에서 아래에 있는 관련 항목들을 읽음으로써 고등학생들에게 다음과 같이 질의할 수 있다. "칠판을 보시오. 이러한 상황에서 인간들이 처신하는 방법에 대하여 어떠한 말을 할 수 있는가?" 본래, 여러분은 학생들에게 몇 가지 결론에 관한 본보기를 제시해야만 한다. 학생들에게 그들의 결론을 지지하는지 물어보시오.

결론의 본보기

1. Gene은 Finny가 자신의 공부를 방해하고 있다고 확신하게 되자 Finny가 행한 모든 것을 의심하게 되었다.
2. Gene은 Finny가 자신과 경쟁하지 않았다는 사실을 발견하고 자책에 빠졌다. 이것은 모순되게 들릴지 모르나, Gene은 자신만이 마음속에 Finny의 음모가 있다는 것을 알고 나서 더욱 열등감을 갖게 되고 자신을 책망하려는 욕구만 증가되었다.
3. Gene의 떨어지는 것에 대한 두려움은 자기 방어적으로 다리를 움직이게 하였다.
4. Gene 자신의 불안은 Finny를 가장 나쁜 사람이라고 믿게끔 하였다.

초등교사의 질문. "앞의 이야기를 다시 생각해 볼 때, 어려운 일에 부딪쳤을 때 기관차가 어떻게 행동할지에 대하여 어떠한 말을 할 수 있을까요?"

초등학생의 결론

1. 교만한 기관차는 하찮은 것이 될 수 있다.
2. 큰 기관차는 자기가 작은 기관차보다 더 중요하다고 생각한다.
3. 용기를 가진 기관차가 더 강하다.
4. 오래된 지친 기관차는 자신에 대한 믿음이 없다.
5. 자신을 믿는 기관차는 많은 것을 할 수 있다.

6단계가 가장 어렵다. 왜냐하면 여기에는 가장 추상적인 사고가 포함되기 때문이다. 앞에서 주목했듯이, 여러분은 앞서 논의한 상황에서 도출해 낸 몇 가지 결론을 학생들에게 제시해야 한다. 학급 단위로 그 다음 소집단 단위로 이 모형을 적용하므로 학생들은 수많은 결론, 즉 여러분의 것이나 타인의 것을 목격하게 되고 많은 사람들이 어떻게 추상적으로 생각하는지를 이해하게 된다. 추상적으로 사고하는 것은 본보기가 갑자기 필요한 사고과정을 밝혀 주는 전구 경험의 하나로 볼 수 있다.

7단계: 일반화를 묻는다

일반화는 일반적인 용어로 표현된 결론이다. 즉 주제나 참여하는 사람에게만 특수한 용어는 아니다. 학생들은 결론에서 구체적인 이름을 사람들이나 일반 사람과 같은 일반 명칭으로 대치하여야만 한다. 교사는 다음과 같은 질문을 할 수 있다. "우리가 알고 있는 사람들이 Gene과 Finny 같은 처지에 있을 때 어떻게 행동할 지에 대하여 무슨 말을 할 수 있을까?"

여기에 고등학교 학생들이 일반화로 표현한 몇 가지 결론이 있다.

1. 친구에 대한 의심이 잘못되었음을 깨닫고 나면 자신에게 화가 난다.
2. 신체적 위험에 처하면 공격적이 된다.
3. 열등감을 갖는 것은 다른 사람들도 우리의 단점을 공유하고 있다고 믿게끔 한다.
4. 어느 한 영역에서 유능한 사람은 또한 다른 사람들도 그렇다고 가정한다.

초등교사의 질문. 만일에 이것이 사람들에 관한 이야기라면, 사람들도 기관차처럼 행동했을까요? 아니면 달리 행동했을까요?

초등학생의 일반화

1. 어려운 일을 하도록 요구받을 때, 중요한 사람들은 노력을 기울이지 않을 것이다.
2. 다른 사람을 돌보지 않는 사람들은 다른 사람을 위하여 열심히 노력하지 않을 것이다.
3. 자신감이 있는 사람들은 어려운 일을 시도할 것이다.

8단계: 학생 수행을 평가한다

비록 평가가 선택적이긴 하지만, 개별적 또는 집단적 피드백은 중요하다. 학생들은 건설적인 토론을 수행하기에 앞서 모종의 행동 규칙을 배울 필요가 있다. 심지어 품행이 단정한 학생들까지도 타인의 아이디어를 경청하는 것이 가치가 있음을 배울 필요가 있다. 이외에, 학생들은 어느 문제에 대한 그들의 마음을 바꿀 수도 있고, 융통성을 발휘하는 것이 가치 있는 것이라는 점을 배울 필요가 있다. 우리가 생각을 정리하여 정확히 표현하는 방법을 결정하듯이 타인의 말에 부분적으로나마 경청하는 습관을 말해 보자. 잊어버릴까 걱정되면 학생들의 생각을 종이에 적어 놓으라고 말한다. 그렇게 되면 학생들은 다른 사람의 말에 집중하게 될 것이다. 다음으로 의견 불일치를 정중히 표현하면 의견 불일치가 생산적이 될 수 있음을 학생들에게 알려 준다. 끝으로, 학생들이 기여한 내용보다 태도에 더 많은 점수를 줄 것이라는 점을 학생들에게 말한다. 그 이후에는 아이디어의 사려성, 독창성을 더 강조한다.

인과 모형의 단계 요약

1. *자료, 주제, 행동 또는 분석할 문제를 선택한다.*
   학생들이 이 모형에 익숙하다면, 여러분은 나이 든 학생들을 시켜 역사에서의 한 장, 문학에서 소설, 단편 또는 시 또는 과학에서의 어느 한 장면을 선택하도록 시킬 수 있다.

2. *원인과 그 원인에 대한 증거를 묻는다.*
   가능한 한 많은 것을 도출해 내도록 노력하라. 우리는 단지 다양한 원인이 아니라 단 하나의 원인이라고 간단히 생각하는 경향이 있다.

3. *결과와 그 결과에 대한 증거를 묻는다.*
   마찬가지로 가능한 한 많은 것을 도출해 내라.

4. *사전 원인과 그 원인에 대한 증거를 묻는다.*

5. *후속 결과와 그 결과에 대한 증거를 묻는다.*
   이따금 사전 원인과 후속 결과 간의 관계를 언급한다. 별로 중요하지 않게 보이는 행위가 주된 원인이 될 수 있다.

6. *결론을 묻는다.*
   결론이란 연구 문제 상황에 있는 사람들의 행동을 추론한 진술이다. 학생들에게 그렇게 결론을 내린 근거를 물어보아라.

7. *일반화를 묻는다.*
   일반화란 문제 상황과 유사한 상황에서 일반인들이 어떻게 행동하게 될지를 추론하는 진술이다.

8. *학생의 수행을 평가한다.*

이 단계는 선택적이다. 그러나 개별적 또는 집단적 피드백은 중요하다.

모형 적용에 대한 논평

시간. 충분한 시간을 가져라. 이따금 여러 집단에서 이 모형을 많이 적용할수록 그 만큼 더 많은 항목들을 만들어 낼 것이다. 다음 단계로의 이행을 망설이게 되면 학생들에게는 생각해야 할 다른 아이디어가 있다는 신호가 될 수 있다.

지원. 일단 학생들이 이 모형의 각 단계에 편안해지면, 학생들이 아이디어를 제시한 후, 자신의 생각을 지지하는 근거를 물어보아라.

"Joan, 너는 왜 ____이 ____의 원인이라고 생각하니?"

"왜 너는 Finny가 넘어진 후 Gene에게 의존하게 되었다고 생각하니?"

"Kip, 너는 그 근거를 댈 수 있니?"

만일, 그 이유가 명백하거나 아니면 학생들이 그들의 추론에 어려움이 있다고 생각한다면, 이 단계를 생략할 수 있다. 아니면, 모든 학생들에게 이 점을 지지하는 근거를 댈 수 있느냐고 물어볼 수 있다. 이러한 근거를 모두 칠판에 적을 필요는 없으나, 학생들이 그들의 생각을 입증하는 것은 중요하다.

정치. 차트의 왼쪽에서 오른쪽까지 항목들의 정치에 대한 이유는 항목들이 연대순으로 보이도록 하기 위함이다. 이 모형을 사용하면 학생들이 연대순을 시각화하는 데 도움이 된다.

계열. 원인에서 결과로, 그 다음 사전 원인에서 후속 결과로 표현하면 이들 사태 간의 관계를 더욱 효과적으로 알 수 있다. 그러나 여러분은 원인 대 사전 원인, 결과 대 후속 결과의 관계 수립은 학생들이 이해를 보다 용이하게 한다고 생각할 수 있다. 여러분의 직관을 믿어라.

기능. 여기에 사용한 것 이외에, 여러분은 내용 자료의 복습을 위해서도 이 모형을 사용할 수 있다. 책을 사용하여, 결정적인 사태를 자료로 사용하도록 요구해보아라. 학생들은 혼자, 소집단 또는 전체 학급을 단위로 하여 결정적인 사태를 자료로 사용할 수 있다.

과학에서 인과 모형이 축약된 예

자료. 고혈당 수준

원인. 췌장의 베타 세포는 인슐린 호르몬을 분비한다: 당뇨병

사전 원인. 유전, 나이, 비만, 췌장이 손상을 입었거나 감염된 상태

결과. 포도당이 세포로 흡수되지 않았고 혈장 내에 축적되어 있다. 과잉 당은 소변으로 배설되고 물은 신장관을 통해 피 속으로 거의 흡수되지 못한다. 왜냐하면 포도당이 없어서 에너지 산출을 위해서 세포의 신진대사가 지방과 단백질로 이동을 하게 되기 때문이다.

후속 결과. 극도의 갈증. 약간의 지방은 혈관에 축적되어 다양한 혈관 관련 문제를 야기한다(망막관이 영향을 받는다면, 앞을 볼 수가 없게 되고 손과 발이 영향을 받게 되면 괴저가 올수 있다): 산화되지 않은 많은 지방은 산독증을 일으키어 결국은 당뇨병이 될 수 있다.

결론. 포도당이 혈장 속에 축적될 때 과잉 당은 소변으로 배설된다.

일반화. 신체의 일부에 발생한 것은 신체의 다른 부위에 영향을 미친다.[16]

역사에서 인과 모형이 생략된 예

자료. 1860년에 미국은 농부들의 국가였다. 60년이 지나자 대부분의 미국 노동자들은 도시에 살게 되었다. 이러한 급격한 변화의 원인과 결과는 무엇인가?

원인. 고급화된 기계, 새로운 기업가, 도시로의 유동 이주자, 철도, 조립라인들이 생산과 농지의 고갈을 증가시켰다.

사전 원인. 1860년 시골에는 목재, 물, 맑은 공기가 풍부했다: 열심히 일하면 큰 보상이 돌아온다는 믿음이 있었다. 여행은 제한되었다.

결과. 용광로, 연기를 내뿜는 굴뚝, 노동에 이용되는 여성과 아동, 생산성의 증가

추후결과. 노동법이 거의 존재하지 않음. 대량생산, 자연자원의 파괴, 시장 독점, 경제 성장

결론. 급속한 인구 팽창은 도시로의 이주와 농업에서 제조업으로의 이전의 원인이 되었다.

일반화.

1. 직업 기회는 인구를 끌어들인다.
2. 경쟁 상대가 힘을 합하면, 시장 독점이 생기고 자주 가격이 상승하고, 이윤이 증가되며 임금은 줄어든다.

개관

처음에는 이 모형이 길고 복잡해 보인다. 그러나 일단 여러분이 이 모형을 몇 번 수행해 보고 단계의 순서를 배운다면, 거의 또는 전혀 준비가 필요 없다. 학생들

모두가 투입 요소가 된다. 만일에 여러분이 내일 이 모형을 수업에 적용한다면, 무엇이 필요할까?

수업 전에

1. 연습지에 분석할 자료나 주제를 적는다.
2. 토론에 앞서, 칠판에 분석할 주제, 원인, 사전 원인, 기타 사항을 적는다. 주제는 자료 아랫부분에 적는다.
3. 일반적으로 만족스럽긴 하지만, 처음 몇 번은 학생들에게 결론과 일반화에 관한 몇 가지 본보기를 제공할 필요가 있다.
4. 순서를 확신할 때까지 단계의 요약을 사용한다.

활동 9.2: 사실 대 추론

결론 산출은 복잡한 추상적 사고를 수반하기 때문에, 아마도 여러분은 다음의 연습을 시도하고자 할 것이다. 이와 같은 연습이 모형의 일부는 아니지만, 여러분의 학생들이 결론을 이해하고 이를 보다 쉽게 산출하도록 하는 데 도움이 된다.

상급 학생들에게 사실이 진실이고(의심의 여지 없이 증명될 수 있는), 반면에 결론은 증거에 근거한 추론이라는 점을 상기시킨다. 만일에 초등학교 학생이라면, 말하려는 용어를 단순히 사실과 의견이라고 부르면 된다.

각 학생에게 여러분이 방금 완성한 자료에 대한 한 가지 사실과 한 가지 결론을 짓도록 요구한다. 학생들의 이름이나 호칭을 밝히지 말고 칠판에 그들이 말한 내용 몇 가지를 적어 놓는다. 그리고 학급 전원에게 제시한 내용이 사실 또는 결론인지 결정하도록 한다.

진술	토론	사실 또는 의견
초등학교: *The Little Engin That Could*라는 이야기에서 화물기차는 기계에게 그 기계가 운반한 인쇄된 책과 신문이 소년, 소녀들에게 줄 인형, 장난감, 음식, 대접보다 더 중요하다고 말한 것은 옳다.	처음에 학생들은 이것이 사실이 아니라고 말했다. 그 다음 한 학생이 오렌지, 사과, 우유를 말했다. 그녀는 가난한 아이에게 줄 음식이 책, 신문보다 더 중요하다고 말했다. 책과 신문의 중요성에 대한 오랜 토론 끝에 전 학급은 의견의 일치를 보았다.	본래는 사실. 잘못으로 판명되어 의견으로 바꿈.

가끔 학생들은 동의하지 못하는데 동의에 도달하지 못하면 약점이 되지 않나

두려워한다. 문제가 되는 것은 결정 자체가 아니라 추론의 질이라는 점을 말해 준다. 이러한 연습 과정에는 언제나 정답, 오답이 없다. 가끔 해석상의 문제는 존재한다. 어떠한 진술이 사실이고 어느 것이 의견인지를 결정하는 과정은 쉽지 않다. 그것은 아주 복잡하다. 그러나 학생들의 그 과정에 대한 이해와 보다 복잡하게 생각할 수 있는 과정과 능력은 토론에 참여함으로써 더 증진된다. 아래에 하나의 실례가 제시된다.

활동 9.3: 사실과 결론 규명

이 모형에 관하여 세 개의 사실과 세 가지 결론을 제시하고 적어라.

인과 모형의 변형

이 책에 제시된 여러 모형에서 한 가지 흥미 있는 점은 학생들이 모형에 진술된 목표를 달성해 가면서 아울러 중요한 많은 지적인 과제를 수행할 수 있다는 점이다. 인과 모형도 예외는 아니다. 여기에 학생들이 수행할 수 있는 가장 중요한 과제들이 있다.

1. *창의적으로 글 쓰기*

William Faulknerw는 2층 창문을 바라보다가 한 소녀가 나무에 기어오르는 것을 보고 영감을 받아 소설 *The Sound and the Fury*[17]를 쓰게 된 것이다. 그 소녀의 오빠들은 그녀를 따라 더 낮은 나뭇가지 위를 오르고 있었다. 이 하나의 이미지를 통하여 소설 전체가 쓰여졌다. 학생들에게 주제나 자료로 한 가지 이미지나 한 가지 행위만을 선택하게 한다. 그 다음 결과와 후속 결과를 택하게 한다. 그 결과는 단편의 줄거리가 될 수도 있다. 처음에 여러분은 이것을 전 학급, 또는 소집단에게 시킬 수도 있다. 이 전략은 학생들로 하여금 이 장의 첫 머리에서 William Kenney가 인용한 내용을 깨닫게 해 준다. "줄거리는 전 과정의 한 요소뿐 아니라 복잡한 인과의 유형을 알게 해 준다."

2. *비판적인 에세이 쓰기*

비판적인 에세이를 볼 때 가장 어려운 단계는 흥미 있는 논제를 잡는 데 있다. 그 논제는 너무 뻔해 짜증나게 해서도 안 되고, 너무 애매해 증명할 수 없는 것이어서도 안 된다. 결론도 잠재적인 논제가 될 수 있다. 그리고 앞에서 열거된 행동들은 보조 증거가 된다.

3. *주제 산출하기*

학생들이 추상적으로 생각하는지의 여부를 검사하려면 그들에게 주제를 만들도록 요구하면 된다. 주제를 생성할 수 있는 학생들이라 하더라도 그들의 정신적 과정을 다시 추적할 수 없다.

어느 날 이 모형으로 수업받은 한 학생이 판자에 대하여 공부하고 있었다. 그 학생은 이 모형의 첫 단계는 우리가 주제에 도달하는 방법을 안내하고 있다고 언급했다. 그는 우리가 현재 무엇을 하고 있는지조차 깨닫지 못할 정도로 너무 빨리 그 모형을 적용했다고 말했다. 그는 우리들이 책속에 있는 문제를 하나 골라, 정신적으로 관련된 원인과 결과를 관련지어 보고, 삶에 관한 저자의 숨겨진 아이디어나 견해를 파악하게 된다고 생각했다. 한 예로 두려움이 인간을 격노케 한다는 *A Separate Peace* 속에 나오는 John Knowle의 아이디어가 될 수 있다. 그 결과 생긴 일반화가 주제들이 된다.

4. *예언하기*

학생들이 원인과 결과 모형에 익숙해지면, 중요한 역사적 시기에 관한 내용 전후 그리고 결과가 밝혀지기에 앞서 과학적 실험의 전후를 기점으로 관련 문헌의 독서를 멈추게 한다. 그리고 학생들에게 무엇이 일어날지에 대하여 질의한다. 지금까지 발생한 것의 결과와 후속 결과는 어떻게 될까? 후에 학생들의 예측과 저자가 쓴 글의 내용 또는 실제로 일어난 일과 비교해 보아라. 그 예측은 왜 정확한가? 왜 부정확하지 않은가? 그들이 선호하는 순서는 어떠한 것인가? 왜 그럴까? 왜 그들은 저자가 등장인물로 하여금 주어진 방식으로 행동하도록 시켰다고 생각하는가? 역사속의 인물들은 학생 스스로 가지고 있는 행동 방식대로 처신하였는가? 왜 실험은 그들이 예측한 대로 판명되었을까? 왜 그렇지 않았을까? 예언을 한다는 것은 새로운 생각이 아니다. 그러나 학생들이 그들의 사고의 틀을 깨고 이 모형의 다른 단계로 거쳐가는 데 익숙해지면 예언은 더욱더 정확히 들어맞게 된다.

수업의 차별화 방법

다른 수업 모형과 마찬가지로 인과 모형은 많은 차별화 기회를 제공한다. 문제나 상황 선정은 그 자체가 교사로 하여금 학생들의 사전 경험과 흥미를 고려하게 한다. 학습할 교재, 문제 또는 상황을 선택하고 학생들이 선택한 것과 수업의 목표와의 관련성을 파악하도록 도움으로써 학생들이 이 모형에 적극적으로 참여하는 동기를 부여하는 데 도움이 된다.

학생들은 이 모델을 통하여 계속해 그들의 관점과 이해를 공유해 나간다. 그리고 교사로 하여금 오개념과 그릇된 해석을 고치도록 한다.

교사는 토의 방식을 적용하여 오해를 지적하며 학습자 공동체 내에서 정확하고 옹호할 수 있는 아이디어를 구성해 나간다. 그래프는 문제나 상황의 원인과 결과의 관계를 명확히 하여 시각적, 분석적 학습자를 지원한다. 학습자가 이 수업 모형을 익숙하고 융통성 있게 사용해 감에 따라 학생의 선택은 이 수업 모형 속에 통합된다. 일단 이 모형의 단계들이 고정되면 학생들은 각 단계에 적용되는 문제나 상황을 선택할 수 있다. 예를 들면 학생들은 그래프, 담론, 이야기판, 또는 멀티미디어 제시를 통하여 정보를 전달하는 방법을 선택하여야 한다. 학생들이 독자적으로 이 수업 모형을 사용할 수 있게 되면, 융통적인 집단 구성 방법은 수업을 차별화하는 한 가지 방법이 될 수 있다. 선택, 배경지식과 경험, 준비성, 학습 프로파일에 따라 집단은 달리 편성될 수 있다. 창의적 학생의 경우 교사는 학생들에게 분석을 조직하고 제시하는 방식을 다변화하도록 격려할 수도 있다. 문제의 실제 적용에 초점을 두는 데 편안해하는 학생들은 분석의 적용에 초점을 맞출 수도 있다.

대안적 평가

교사는 형성 및 총괄평가로서 학생들에게 그래프 조직자를 완성하도록 요구할 수도 있다. 또는 일개 학생 또는 일개 집단을 대상으로 수업시간에 논의되었던 원인과 결과의 관계를 명확히 하도록 요구하는 회의도 개최할 수 있다. 에세이나 단답형의 질문을 구성하여 학생들이 학습 토의를 통하여 나온 일반화에 대한 이해를 알아볼 수 있다. 또한 교사들은 학생들에게 학급에서 논의되지 않은 많은 부수적 일반화를 생성하도록 요구할 수도 있다.

지식의 전이를 평가하기 위하여 학생들은 새로운 상황이나 문제를 분석하도록 요구받을 수도 있다. 따라서 학생들은 그래프 조직자를 완성하여 관계를 나타내는 새로운 조직자를 개발하고 원인과 결과, 그리고 구성 가능한 일반화를 서술하는 담론을 작성하거나, 또 다른 방법으로 이들의 관계를 입증할 수도 있다.

수행 평가는 유용한 도구가 된다. 학생들이 새로운 인과 분석 기능을 응용하도록 하는 과제를 개발할 수도 있다. 학생들에게는 그들 자신 또는 다른 사람들의 최근의 결정을 설명하거나 이를 옹호하도록 요구할 수도 있다. 의사 결정 과정에 대한 비판은 희곡작품, 편집자에게 보내는 글, 또는 설득적인 에세이를 통하여 이루어진다. 또한 학생들은 연구 중에 있는 인과 관계를 표현할 수도 있다. 모든 경우, 수행 과제를 세심하게 구성하여 학생들이 수행 능력만이 아니고 내용과 비판적인 사고 기능을 모두 공유하도록 한다.

시나리오

Coffey 교사의 상급반은 *Hamlet* 공부를 마쳤다. 교사는 학생들이 충분히 이해하지 못하는 문제들이 있다고 생각했다. 교사의 Hamlet의 중심 문제 중 하나에 인과 모형을 적용하기로 결심하였다: 왜 Hamlet은 Claudius에게 대항하는 것을 계속 망설였을까? 이러한 망설임은 Elsinore 성의 모든 왕가의 죽음을 초래하였다.

여기서는 원인과 사전 원인이 강조된다. 왜냐하면 결과와 후속 결과는 명백하기 때문이다. Coffey 교사는 칠판 중앙부에 적힌 큰 *주제* 아래에 "Hamlet은 Claudius에게 대항하는 행동을 취하는 것을 계속 주저하고 있다"라고 적어 두었다. 교사는 원인을 물어보면서 수업을 시작한다.

Jerome: Hamlet은 결백했다. 그는 고의로 사람을 죽이지 않았다. 그는 극이 끝나고 증거가 있는데도 불구하고 Claudius를 죽일 수 없었다.

Judy: 그러나 보다 나이 많은 Fortinbra에 맞서 싸웠을 때의 Hamlet의 용감함과 군인으로서의 성취에 대한 그의 명성을 기억해 보라.

Jose: Hamlet은 유령을 확신하지 못했다. 그것은 속임수일 수 있었다. 예전에 사람들은 유령이 실존하거나 악의 사신일 수 있다고 믿었다.

Maria: Hamlet은 충격을 받았다. 성에 있는 사람은 누구나 이상한 행동을 했었다. 즉, 그들은 과거에 행동한 것과는 달랐다. 그래서 그는 무슨 일이 일어나고 있는지를 알아낼 때까지 머뭇거렸다.

Phil: 그것은 여왕의 갑작스러운 두 번째 결혼과도 같았다.

Jane: Hamlet은 Horatio를 제외하고는 누구를 믿어야 할지 몰랐다.

Andy: 그는 죽음을 두려워했다. 그는 혼잣말로 중얼거렸다.

Anne: 그러나 그는 자기 아버지의 혼을 풀어 놓아 주지 않을까를 두려워한 것 같다.

Phil: 그러나 만일 그가 행동을 취했다면, 모든 사람들은 그가 왕이 되기를 원했다고 생각했을지도 모른다.

Maria: 아무도 왕을 의심하지는 않는다. 그것은 정말 이상한 일이다.

Andy: Hamlet이 분석한 모든 것이 정도가 지나쳤다.

Maria: 글쎄, 너희들은 Hamlet이 무엇을 해야 한다고 생각하니?

Andy: 그는 연극이 끝난 후 Claudius를 죽였어야 해.

Phil: 권력을 갈구하는 살인자로 생각이 되니?

Andy: Horatio는 그를 옹호할 수 없었을까?

Phil: Horatio가 유일한 인물이지. 그러나 그는 유령이 한 말을 들을 수조차 없었어.

Caneka: 그는 그가 본 것을 다른 사람들이 보기를 원해. Claudius의 유죄.

Maria: 그는 망설였어. 왜냐하면 그는 Claudius를 너무도 미워하기 때문이야.

모든 학생: 그러나 그것이 바로 그를 죽일 만한 이유야.

Maria: 아니야. 너희는 이해하지 못해. Hamlet은 정의심이 있었어. 만일에 그가 잘못이 있어서 그가 Claudius를 죽인다면 그는 Claudius보다 더 나쁜 사람이 되는 거야. 이것이 바로 Hamlet이 Claudius를 처음으로 폭로해야 하는 이유인 거야.(다른 사람들은 Maria의 견해를 지켜보게 되었고, 몇 명은 이에 동의하였다.)

교사: 그의 정의감을 인과 중 어디에 소속시켜야 하지?

Maria: 나는 그것이 사전 원인이라고 추측해.(그들은 사전 원인으로 생각을 옮겨 갔다.)

Phil: 나는 주된 사전 원인은 Hamlet의 아버지의 죽음 또는 살인이라고 생각해.

Rashad: 유령이 복수를 요구했어.

Caneka: 그는 신중을 기했어야 했어. 어머니 Ophelia, Horatio, Laertes, Polonius까지 모두가 그를 걱정했고 그도 이 모든 사람들을 걱정했어.

Jerome: Yorick와 Fortinbras는 그를 칭찬했어.

Jane: 너희도 알다시피, 나는 이 모든 사람들이 어리석었다고 생각하지는 않아. 나는 Maria가 옳다고 생각해. 만일에 Hamlet이 사악하거나 지나치게 야심이 크다면, 그들은 그에게 그렇게 많은 관심을 보

> 이지 않았을 거야. 나는 그가 왕자로서의 책임감을 느꼈다고 생각해. 그리고 그는 정의감도 갖고 있다고 생각해요. 그는 자신을 두려워하지 않았어. 그는 확실한 것을 원했어. 그는 올바른 일을 하기를 바랬어. 아이러니하게도 Hamlet이 올바른 일을 하려 시도하니까 사람들이 계속 상처를 받게 된 것이야.(그들은 모두 이러한 관점에 동의하기 시작했다.)

Coffey 교사는 모형 없이는 도달할 수 없는 연극과 연극의 주인공에 대한 깊은 이해에 도달했다고 생각했다.

결론

1. Claudius에 대한 Hamlet의 증오는 그로 하여금 Claudius의 유죄의 증거를 샅샅이 찾도록 하는 원인이 되었다.
2. Hamlet은 Claudius가 유죄라는 것을 증명해야 하거나 아니면 사람들은 Hamlet이 왕이 되고 싶어한다고 생각할 것이라는 점을 알고 있다.
3. Hamlet은 Claudius가 순수한데 그에게 대항하여 싸운다면, 자기가 Claudius보다 더 죄가 많다는 것을 깨닫게 될 것이다.

일반화

1. 유죄의 증거를 찾고자 할 때, 우리는 객관적이 되도록 노력하여야 한다. 그렇지 않으면 그 증거는 의심을 받게 된다.
2. 유죄는 납득이 가도록 입증되어야 한다. 그렇지 않으면 정의는 지켜지지 않는다.
3. 만약 우리가 순수한 사람에게 잘못해 혐의를 씌운다면, 우리가 불의를 저질렀다고 비난한 것이 잘못된 것이다.

요약

이 책에서 논의한 수업 모형의 일차적 목적 중 하나는 학생들이 수동적인 정보 수용자가 아닌 학습 과정의 적극적인 참여자가 되게 하는 것이다. 일반 학급에서 인과 모형을 여러 차례 사용하게 되면, 학생들은 그들이 서로의 기여에 반응하고 서로의 아이디어에 자극받으며 서로의 견해에 도전한다는 의미에서 서로 책임을 함께 떠맡는 경향이 생긴다. 가장 문제시되는 아이디어는 상반된 견해 차이로 생긴 결과이다. 놀랍게도 어린 학생들, 심지어 초등학교 저학년들까지 사려 깊은 토론을 벌여 나간다.

이 장의 첫머리에 인용한 "경험의 의미에 대한 이해는 무엇이 무엇의 원인이 되는 것의 이해와 밀접히 관련되어 있다"라는 말은 학생들이 개념을 파악하고 있다는 말이 된다. 교실 내에 서 발생한 일이! 교실 밖을 초월하여 학생의 생활에까지 영향을 미치는지 가늠하기란 어려운 일이다.

학생들은 학교를 떠날 때 다음과 같은 말을 한다. "만일 내가 이 일을 하면, 그는 무엇을 할까?... 하는 편이 더 나을까?" 학생들 중에는 학교에 조정자가 되는 데 관심을 두는 학생도 있다. 이것은 어느 경우에도 있을 수 있다. 그러나 자신의 삶과 타인의 삶에 있어서 미래의 결과 이외에 기본적이고 다양한 원인이 무엇인지를 탐색할 수 있는 능력은 상당히 향상되어 왔다.

웹 자원

1. www.education-world.com/a_curr/curr376/.shtml
This site begins with an article describing the use of cause-and-effect writing as a teaching approach. Following the article are links to additional cause-and-effect writing resources.

2. www.everestquest.com/read2.htm
This lesson plan is designed to help students identify cause-and-effect structures in nonfiction text and includes charts, a chain of events graphic organizer, and a Venn diagram.

3. www.systems.com/tgmtools/cause.html
This site presents a cause-and-effect diagram—a fishbone diagram with directions for construction and a sample of completed diagram.

4. www.urbanext.uiuc.edu/ce/strat130.html
This site includes a lesson plan for use with intermediate-level students in social studies and science with connections to language arts. Suggestions for topics that are suitable for primary-level and upper-level elementary students are also included.

5. www.accd.edu/sac/english/mgarcia/writfils/modcause.html
Eight methods of writing development are discussed, one of which is the

composition of cause-and-effect essays. The discussion includes an outline for cause-and-effect writing.

각주

1. William Kenney.(1966). *How to analyze fiction.* New York: Simon and Shuster, 14, 23.
2. Hilda Taba.(1971). *Hilda Taba Teaching Strategies Program.* Unit II, Secondary Edition. Miami: Institute for Staff Development, 13-16. Two of Dr. Taba' s steps have been separated in the model presented in this chapter.
3. Taba (1971), 140.
4. Taba (1971), 137.
5. Taba (1971), 142.
6. L.L.Thurstone.(1924, 1960). *The Nature of Intelligence.* London: Routledge and Kegan Paul[1924]; Patterson, NJ: Littlefield Adams[1960], 159.
7. John D. Bransford, Ann I. Brown, and James W. Pellligrino (eds.)(2000). *How People Learn: Brain, Mind, Experience, and School,* Washington, DC: National Academy Press.
8. National Center for historyin the Schools.(1996). *National Standards for History.* Los Angeles: Universoty of California, 6.
9. National Center for History in the Schools(1996), 17.
10. National Center for History in the Schools(1996), 16.
11. National Center for History in the Schools(1996), 16.
12. Retrieved from www.literacymatters.org(2002-2006).
13. Richard J. Heuer, Jr.(1999). *Psychology of Intelligence Analysis.* Washington, DC: Center for the Study of Intelligence Agency, Superintendent of Documents, 127.
14. John Knowles.(1960). *A Separate Peace.* New York: Macmillan.
15. Watty Piper.(1930, 1984) *The Little Engine That Could.* New York: Platt & Munk[1930] New York: Putnam Publishing Group [1984].
16. The first steps of this science example were prepared by Willa Powell, former science teacher at Charlottesville High School, Charlottesville, VA.
17. William Faulkner' s remarks to a graduate class in American literature at the University of Virginia that Jan Schwab attended (Charlottesville, VA, 1957).

다고 생각하니? 나는 옆으로 긴 사각형을 말하는 것이 아니다. 네 변이 모두 똑같은 사각형으로 넓이가 두 배로 큰 사각형, 즉 8피트의 사각형을 말하는 것이라는 것을 기억하기 바란다. 그래도 너는 길이가 두 배 되면 넓이도 두 배가 된다고 말하겠니?

소년: 예.

소크라테스: 그러니까 여기에 또 하나의 다른 선을 덧붙이면 이쪽 선은 두 배가 되겠지?

소년: 예.

소크라테스: 네 변은 8피트가 되는 칸을 만들지.

소년: 예.

소크라테스: 그럼, 그림을 그려 보자. 너는 이것이 8피트 정사각형이라고 말하지 않겠지?

소년: 예.

소크라테스: 이 그림에는 사각형이 네 개가 있는데 사각형의 넓이는 4피트이지?

소년: 예.

소크라테스: 그리고 전체 넓이는 4×4가 되지 않느냐?

소년: 그렇지요.

소크라테스: 그리고 4를 곱하는 것이 2배를 뜻하진 않지?

소년: 결코 그렇진 않지요.

소크라테스: 그렇다면 얼마이겠느냐?

소년: 4배입니다.

소크라테스: 그렇다면 길이가 2배라고 넓이가 2배가 되는 것이 아니라 넓이는 4배가 되겠지?

소년: 그렇습니다.

소크라테스: 4 곱하기 4는 16이지. 그렇지?

소년: 예.

소크라테스: 8평방피트 넓이가 되려면 한 변은 얼마나 되어야 할까? 4배의 넓이는 16피트가 되겠지?

소년: 예.

소크라테스: 그리고 이 선의 반으로부터 4평방피트의 넓이로 만들어졌지?

소년: 예.

소크라테스: 좋아. 그리고 이것은 크기의 두 배인 8피트의 공간이 되었고 다른 것의 크기의 반이 되지 않았는가?

소년: 그렇습니다.

소크라테스: 그렇다면 이러한 공간은 이것보다는 크고 저것보다는 작은 크기의 선으로 만들어질 것이다.

소년: 예, 그렇다고 생각합니다.

소크라테스: 잘했다. 나는 네가 무엇을 생각하고 있는지를 알고 싶었다.

노예 소년이 문제에 대한 해결책을 깨닫고, 처음 추측의 과오를 정정하고 정사각형의 면적을 배로 하려면 다른 변의 길이를 두 배로 해야 된다는 것을 깨달을 때까지 질문은 계속된다. 난해한 문제에 질의하고 답변하는 탐구학습은 거의 2400여 년 전 이미 정의된 것이다. 메논의 대화는 기원전 380년경에 쓰여졌다. 소크라테스식 세미나의 이름은 소크라테스로부터 따온 것이다. 확실히 세미나가 진행되는 방식은 본래의 방식 특히 세미나 탐구 시 여러 학습자가 있고 지도자가 소크라테스처럼 가르치지 않는 방식과는 차이가 있다. 게다가 소크라테스식 세미나는 현재까지 발전해 오면서 뚜렷한 해결책이 없는 개방적 또는 논쟁이 되는 문제(예를 들면 1930년대 미국의 고립주의는 정당시되었는가?)에 집중하는 경향이 있다. 이것은 세미나의 주제가 수학 문제가 되어서는 안 된다는 말은 아니다. 그러나 만일에 문제가 되려면 그 문제는 다양한 답을 갖고 있어야 한다. 여기서 메논이 말하는 요지는 도처의 교사들이 교수학습에 대한 강력한 접근에 대하여 플라톤에게 감사의 은혜를 입고 있다는 점을 인정하는 것이다.

소크라테스식 세미나는 학생들의 대화와 토론에 의존하는 수업 전략이다. 소크라테스식 세미나의 형태는 다양하다.[2, 3] 이 장에서는 큰 성공을 거두고 있는 소크라테스식 질문의 특성과 학생들의 학습 방법에 관한 최근 정보를 중심으로 설계된 소크라테스식 세미나 모형에 대해 상세히 다룬다. 이 장의 학습이 끝날 무렵, 여러분은 소크라테스식 세미나 모형 내의 여러 관점을 조사하므로 학생들은 민주사회에 필수적인 개인적 이해와 비판 기술을 개발하게 된다는 점을 이해하게 될 것이다.

여러분은 소크라테스식 세미나 모형은 학생들이 구체적인 주제와 문제에 대한 다양한 아이디어로 논리적으로 조사하여 개인적 이해를 구성하는 데 도움이 된다는 것을 알게 될 것이다. 또한 여러분은 소크라테스식 세미나의 특성, 세미나 진행을 위한 필수 조건과 진행 단계, 그리고 소크라테스식 세미나의 조직 및 진행 방법을 알게 될 것이다. 여러분은 또한 소크라테스식 세미나의 이점을 기술하고 규명하며, 적절한 교재를 선택하여 적합한 소크라테스식 세미나 문제를 개발하고, 소크라테스식 세미나를 조직, 실시하고 세미나가 진행되는 동안 학생의 행동을 평가하고 안내하는 기준을 만들 수 있을 것이다.

이 장의 목적은 일반적인 교실 토의 특히 소크라테스식 세미나에 중점을 두고 있는 교실 토의의 수업적 가치를 논하는 데 있다. 토의는 학생들의 학습에 중요한 역할을 한다. 왜냐하면 학생들은 식견이 있는 동료, 성인과 같이 이야기를 나눌 수 있기 때문이다. 토의는 새로운 정보를 개인의 이전 경험에 연결 지음으로써 정보의 습득과 구성을 가능하게 한다. 그렇다고 모든 교실의 대화가 토의 지향적인 것은 아니다. 교실에는 토의가 아닌 대화가 많이 있다. 예를 들면 교사 질문-학생 반응-교사 피드백 형태를 취하는 빠른 속도의 교사-학생 암송이 그 예이다. 반면에 토의는 지속적인 비판적 탐구와 학생, 학생 간 대화를 위한 기회를 제공하고 암송 방식의 수업에 대한 대안이 된다.

토의는 세련된 인지적, 사회적, 정서적 목표에 대한 성장을 지지한다. 소크라테스식 세미나는 학생들의 내용 학습을 촉진하고 학생들의 협동적 사회 기능 개발에 도움이 되고 생산적인 학습 공동체 구성원으로 능력을 발견하는 데 도움이 된다. 이외에 소크라테스식 세미나는 심사숙고하고 있는 문제와 관련 있는 가치를 논의하기 위한 여지를 남겨 둔다.

소크라테스식 세미나 모형은 소크라테스식 논리적 토론술을 사용하도록 고안되어 있다. 즉 학생들이 여러 다양한 관점을 고려한 후 논쟁이 되는 주제를 깊이 이해하도록 도움을 주기 위해 질문의 논리적 전개 과정을 통하여 아이디어를 탐색해 가는 방법이다. 소크라테스식 세미나는 모든 내용 영역, 모든 학년 수준에 적용 가능하다. 학문마다 상충되는 관점이 있으며 이것들은 여러 가정과 여러 다양한 해석을 밝히고, 결론 구성을 연구하여 탐구될 수 있는 것이다. 소크라테스식 세미나는 학생들로 하여금 타인들의 아이디어와 이해에 상호작용하게 하여 새로운 지식을 구성하게 하기 때문에 우리가 학생들의 학습 방법 그리고 그들이 자신들의 이해에 이르는 방법에 대하여 알고 있는 것과 일치한다.[4] 학생들은 자신의 견해를 타인에게 표현하고, 타인의 견해를 자신에게 맞추려 하는 대화 상황에서 가장 잘 학습한다.[5] 소크라테스식 세미나를 하는 동안 학생들은 능동적인 학습자가 된다. 즉 그들은 설교적 수업에서처럼 교사나 교재에 의하여 정보를 제공받는 것이 아니다. 대화 수업은 학생들로 하여금 다양한 관점들을 생각하도록 요구한다. 소크라테스식 세미나에 있어, 학생들은 본래 모순의 해결을 위하여 모순된 아이디어들을 논리적으로 평가하는 토론에 참여하게 된다.

소크라테스식 세미나 모형의 기초

오늘날 소크라테스식 질문을 중심으로 구조화된 몇 가지 형태의 세미나가 있다.[6, 7] 각 세미나는 구체적인 교재 또는 문제에 중점을 두고 있는 학생들의 대화에 의존한다. 플라톤의 대화록에 나와 있는 것처럼 소크라테스의 질문의 질과 목적 그리고 그 영향에 대하여는 많은 의견들이 표명되어 왔다.[8, 9] 소크라테스식 세미나 모형은 오랜 세월에 걸쳐서 발전되어 왔다. 복잡하고 풍요로운 질문을 조사하는 대화 중의 소크라테스식 질문은 학생들의 사고를 자극한다. 소크라테스식 세미나 모형의 기본 전제는 중요한 질문에 대한 학생의 인식은 지적 발달에 있어 중요한 역할을 하고 교재 탐구는 학문적 대화나 논리적 토론 즉 아이디어를 논리적으로 조사하는 방법을 허용한다는 것이다. 소크라테스식 세미나 모형은 학생들로 하여금 자료에 대한 반응을 불러일으키는 정독에 기초한 협동적 그리고 상호존중적 토론을 통하여 교재(인쇄, 시작 또는 청각)에 대하여 비판적인 사고를 하도록 요구한다. 이 개인적 반응은 사전 지식과 경험을 반영한다. 이 모형은 별개의 정보에 대한 기억에 의존하지 않으며 피상적 내용을 허용하지 않는다.

세미나는 우리가 학습 방법에 대하여 알고 있는 지식 그리고 학습을 촉진시키기 위해 교실과 학교 환경을 조직하는 방법에 대하여 알고 있는 지식과 딱 들어맞는다. 소크라테스식 세미나 모형은 학습자 중심, 지식 중심, 평가 중심, 지역사회 중심 환경의 개발을 허용한다. 만일에 수업을 교과와 학생 사이의 교량을 건설하는 것으로 생각한다면, 학습자 중심 교사는 다리 양편을 계속 주시해야 할 것이다.[10] 세미나는 학생들로 하여금 자신의 경험, 문화적 렌즈에 근거하여 통찰과 지식을 공유하고 교사로 하여금 설명을 촉진하고 가정을 드러내고 오개념을 인지하게 한다. 이외에, 소크라테스식 세미나는 사고와 학습이 아주 분명히 드러나기 때문에 여기에는 강력한 진단적 요소가 있다.

이러한 세미나의 공공적 본질은 지식 중심 교실에서의 강한 집단 공동체를 강조할 것을 요구한다. 학생들은 중요한 주제를 토론해 나갈 때 정교한 학문적 기능을 사용해야 한다. 학문적 기능으로는 요약하고, 바꾸어 말하기, 설명하기, 해석하기, 아이디어와 가정 분석하기가 있다. 이 모든 것은 중요한 개념과 이해를 공유하는 데 있어서 위로와 안전을 도모하는 데 도움이 된다. 학생들은 이러한 공유된 아이디어를 이해할 때 편안한 환경에서 더 많은 지식을 얻을 수 있는 기회를 갖게 된다.

이외에 소크라테스식 모형은 학생들이 그들의 생각과 동료 학생의 생각에 대한 피드백을 받을 때 메타인지 기능을 개발할 기회를 제공한다. 교사와 학생들은 사전 지식과 경험, 문화적 관점, 지역사회의 지향점을 공유할 수 있어, 교사로 하여금 촉진자로서 학습자 중심 결정을 내릴 기회를 허용한다. 또한 세미나는 자기 평가와 메타인지의 기회를 제공하기 때문에 좋은 수업에 관해 알려진 내용과도 잘 부합된다. 학생들이 토론에 참여할 때, 그들은 자신의 수행을 평가하는 규범이 있다. 원래, 좋은 세미나는 탐구에 참여하는 학습자 공동체를 발전시켜 나간다. 즉 이것은 모든 학습 환경 중 가장 중요한 특징일지도 모른다.

홍미롭게도, 소크라테스식 세미나는 인간의 학습 방법에 관한 연구보다도 훨씬 더 오랫동안 지속되어 왔다. 확실히, 대화란 문명이 시작된 이래 의사 전달의 한 방법으로 토론과 함께 사용되어 왔다. 그러나 토론과 달리, 대화는 협력적이다. 모든 참여자들이 교재로부터 의미를 만들고 공통 영역을 찾는 데 노력한다. 대화는 가정을 조사하므로 견해를 바꿀 가능성을 갖고 있으며 개방적인 문제 해결 접근으로 인도한다.

소크라테스식 세미나에 내재한 존중이란 공통의 해결을 위한 여러 입장을 모색하는 데 지속적으로 참여하는 민주주의에 있어서 활동적인 시민을 길러내는 데 도움이 된다.

질문하기

모든 학급 토의의 질적 수준과 성공은 교사가 준비한 질문의 종류에 달려 있다. 질문은 학생들의 학습에 도움이 되어야 한다. 좋은 질문은 교육적이다. 즉 이러한 질문은 깊은 사고를 할 수 있는 기회를 제공한다.[11] 교사가 제기할 수 있는 질문의 형태와 서로 다른 종류의 질문이 학습에 미치는 효과를 구분하는 데에는 몇 가지 방법이 있다. 이 장의 목적상, 여기서는 Bloom의 개정된 목표분류와 Paul의 소크라테스식 질문 분류에 근거한 질문들을 조사한다.[12, 13] 홍미롭게도 개정 교육목표분류는 모든 수업 구성요소의 일관성을 평가하는 데 유용하다. 즉 여기에는 목표, 수업, 그리고 평가가 있다. 질문을 한다는 것은 수업의 한 단면을 말한다. 교실 내에서 사용되는 지식의 형태와 인지 과정의 범위를 정할 때, 목표분류학은 수업을 계획, 실행, 평가하는 지침이 된다.

개정목표분류학에는 인지 수준을 묻는 6가지 질문이 있다. 수준별 질문의 예가 다음 절에 제시된다.

1. *기억 질문*은 정보의 회상을 묻는 질문이다.
2. *이해 질문*은 아이디어나 개념의 설명을 묻는 질문이다.
3. *응용 질문*은 다른 상황에서의 정보 사용을 묻는 질문이다.
4. *분석 질문*은 부분 간의 관계를 탐구하기 위하여 정보를 부분으로 나누는 것을 묻는 질문이다.
5. *평가 질문*은 의사 결정이나 행동 과정을 정당화하도록 묻는 질문이다.
6. *창안 질문*은 사상에 대하여 새로운 사고방식을 생성해 내도록 묻는 질문이다.[14]

Richard Paul은 교사/촉진자가 소크라테스식 세미나에서 사용할 수 있는 질문의 유형을 범주화하였다. 이 유목에는 다음과 같은 질문이 포함된다.

- *명료화 질문*
- *가정에 관한 질문*
- *이유와 증거를 묻는 질문*
- *견해나 관점을 묻는 질문*
- *의의와 결과를 묻는 질문*
- *질문에 관한 질문*[15]

Paul의 질문에 관한 예는 이 장의 끝 부분 소크라테스식 세미나의 평가에 대한 논의 부분에 제시된다.

질문 유형의 본보기

여러분은 Hans Christian Andersen의 "미운 오리 새끼" 이야기를 기억하는가? 우리는 소트라테스식 세미나에서 사용할 수 있는 질문의 종류를 설명하는 데 이 이야기를 교재로 사용하고자 한다. 미운 오리 새끼 이야기에서 어미 오리는 아주 오랜 시간 동안 알이 부화되기를 기다린다. 마침내 한 알을 제외하고 모든 알이 부화되었다. 남은 큰 오리 알을 품고 있는데, 늙은 오리 한 마리가 찾아와 어미 오리에게 오리 알에서 떠나라고 한다. 그러나 어미 오리는 오리 알이 부화될 때까지 기다렸고 마침내 아주 크고 못난 오리가 태어난다. 이 오리를 오리장 주인, 여왕 오리, 심지어 그의 엄마까지도 받아들이지 않는다. 자기 가족들까지 깜짝 놀라자, 오리새끼는 자기 자신을 보호하기 위해 그 곳을 떠나 자기가 머무를 곳을 찾기로 결심한다. 미운 오리 새끼는 주위를 방황하다가, 거만한 야생오리 세 식구, 늙은 여인 그리고 그의 애완용 닭과 고양이 그리고 겨울을 나기 위해 남쪽으로 날아가는 몇 마리 아름다운 백조도 만난다. 그 후 연못이 얼어붙고, 새끼오리는 얼음 속에 빠지게 된다. 친절한 나무꾼이 오리를 구출해 집으로 데리고 간다. 나무꾼의 아이들이 오리 새끼를 놀려대자 오리 새끼는 도망쳐 나간다. 오리 새끼는 자신의 힘으로 겨울을 이겨냈고, 이른 봄이 되어 연못에서 아름다운 백조들이 헤엄치고 노는 것을 우연히 마주치게 된다. 오리 새끼가 가까이 다가가자 아름다운 백조들이 환영하며 오리 새끼를 받아들인다. 놀란 오리 새끼는 물속을 들여다보고 비로소 자기도 백조라는 사실을 알게 된다.

개정된 분류학의 질문 예

기억

기억 질문은 학생들에게 배운 정보를 회상, 재진술하게 하거나 기억을 묻는 질문이다.

- 늙은 오리는 큰 알이 부화되기를 기다리는 어미 오리에게 어떠한 조언을 해 주었는가?
- 추운 겨울 동안 미운 오리 새끼에게 무슨 일이 일어났는지를 기술하시오.

이해

이해 질문은 학생들에게 배운 내용을 해석하고 번역하여 정보의 의미를 만들도록 요구하는 질문이다.

- 왜 큰 알이 부화하는 데 그렇게 오래 걸렸는지를 어떻게 설명하겠는가?
- 미운 오리 새끼가 오리장을 떠난 후 어떠한 일이 일어났는가?
- 미운 오리 새끼의 부당한 대우를 설명할 수 있는가?

적용

적용 질문은 학습된 상황과 다른 상황에 정보를 사용할 수 있는지를 묻는 질문이다.

- 누군가가 자신의 모습 때문에 비천한 대우를 받을 때를 생각해 낼 수 있는가?

- 오리 새끼가 부화되어 나왔을 때 여러분은 어미 오리에게 무슨 말을 하겠는가?
- 이야기 속에서 백조는 겨울을 뒤로 하고 따뜻한 날씨를 찾아나섰다. 여러분은 겨울을 뒤로 하고 따뜻한 환경으로 가는 사람이 누구인지 아는가?

분석

분석 질문은 학생들이 학습한 정보를 부분으로 나누도록 요구하는 질문이다.

- 미운 오리 새끼가 겪었던 모험 중 어느 것이 이 이야기 밖에 있는가?
- 미운 오리 새끼가 늙은 여인이 사는 조그만 집을 발견하지 못했더라면, 무슨 일이 일어났겠는가?
- 미운 오리 새끼 남매에게 무슨 일이 일어났는지 설명할 수 있는가?
- 농장의 동물들은 미운 오리 새끼를 왜 비천하게 대했는지 설명할 수 있는가?
- 만일에 여왕 오리가 미운 오리 새끼를 수용했다면 어떤 일이 일어났을까?

평가

평가 질문은 학생들이 반성과 사정에 근거하여 의사결정을 내리도록 요구하는 질문이다.

- 여러분이 농장에 산다면 미운 오리 새끼를 어떻게 대우하겠는가?
- 어미 오리가 미운 오리 새끼를 대우한 방식에 대하여 어떻게 생각하는가?
- 미운 오리 새끼를 농장에서 떠나게 한 것이 좋은 생각이라고 생각하는가?
- 미운 오리 새끼가 아름다운 백조를 처음 보았을 때 여러분이 미운 오리 새끼라면 어떻게 생각했겠는가?

창안

창안 질문은 학생들에게 새로운 아이디어와 정보를 개발하도록 요구하는 질문이다.

- 미운 오리 새끼가 농장에서 행복하게 살았다면 어떤 일이 발생했을 것이라고 생각하는가?
- 둥지 안에 두 개의 백조 알이 있었다면 어떤 일이 일어났을까?
- 생김새 때문에 천한 대접을 받는 사람의 이야기를 해 줄 수 있는가?

개정분류학은 학생들에게 인지적 요구 수준이 다른 다양한 질문을 제기하는 데 도움이 된다. 그러나 소크라테스식 세미나 또한 여러 종류의 질문 분석을 요구한다. 세미나는 빠른 속도로 진행되고, 준비되지 않은 많은 특수 질문을 요구한다. 이때 학생들은 서로의 대화 속에서 문제를 탐색하는데 이 경우 교사의 안내를 받는다. 추수 질문은 Paul의 소크라테스식 질문 분류학의 도움을 받는다. 왜냐하면 분류학이 제시하는 관점은 학생들에게 가정을 명료화하고, 탐색케 하고, 증거를 조사하고, 관점을 설명하며, 의의와 결과를 조사토록 촉구할 것을 상기시켜 주기 때문이다.

활동 10.1: Bloom의 질문분류학 적용

좋아하는 동요 하나를 선택하라. 개정목표분류학에 있는 모든 유목을 사용한 일련의 질문을 구성하라—기억, 이해, 적용, 분석, 평가, 창안.

소크라테스식 세미나 모형의 단계

1. 교재를 선택한다—인쇄된 교재나 시각적 또는 청각적 교재. 자료를 읽는다. (시각적 또는 청각적 형태라면 보충자료를 제공한다.)
   교재와 교육과정 표준을 관련 짓고 기본적이고, 강력하며, 본질적인 질문을 선택한다.
2. 학생으로 하여금 하나의 입장을 표명하고 여러분이 학생, 그들의 준비성 그리고 흥미에 관하여 알고 있는 것을 나타내는 질문 몇 가지를 계획하여 집단으로 묶는다. (인지적 요구 수준이 다른 질문)
3. 학생들에게 수업 모형을 소개한다.
4. 토의를 진행한다.
5. 토의 내용을 검토하고 요약한다.
6. 사전에 진술한 기준에 근거하여 학생들과 함께 토의를 평가한다.

1단계: 교재를 선택한다—인쇄된 교재나 시각적 또는 청각적 교재

자료를 읽는다(시각 또는 청각 자료라면 보충자료를 제공한다). 교재를 교육과정 표준과 관련짓고 기본적이고 강력하며, 본질적인 질문을 선택한다.

여러분이 선택한 교재는 여러분이 거주하는 주의 교육과정 표준에 열거된 핵심 아이디어와 계획 중에 있는 수업 단원을 위해 고안된 이해 목표와 관련이 있어야 한다. 소크라테스식 모형은 학생들에게 아이디어를 명확히 하고, 고차적인 사고를 사용하고, 학습자 공동체 내의 문제를 해결하는 목표에 적합하다.

교재는 학생들의 독서 수준에 적합해야 한다. 그래야만 학생들은 그 교재를 읽고 혼자 탐구해 나갈 수 있게 된다. 만일에 교재가 예술, 음악 또는 비디오라면, 연령에의 적합성이 중요한 고려사항이 된다. 학생들은 세미나에 들어올 때 교재를 읽고 생각하는 데 편안하게 느껴야지, 혼란을 일으키거나 좌절해서는 안 된다.

세미나를 시작할 때의 질문은 방대하고 추상적이며 참여적이어야 한다. 즉, 교재의 핵심을 요약한 것이어야 한다.

이러한 예로는 다음과 같은 것이 있다.

- 지난 75년간 미국의 꿈은 어떻게 변화되어 왔는가? (『위대한개스비』)
- 좋은 전쟁과 같은 것이 있는가? (『독립선언』)
- 중요한 음악도 나쁜 소리가 나는가? (음악적 발췌 인쇄물)
- 예술은 좋은 것으로 표현되어야 하는가? (현대 예술 단편)

처음 시작되는 질문은 교재를 초월한다. 즉 질문이 교재에서 뚜렷하고 다른 책에도 전이되는 문제보다 더 방대하지만 토의는 학생들이 방대한 질문에 대답하는 데 도움이 되고, 학생들의 개인적 반응을 도출시키므로 학생들을 참여시킨다.

2단계: 인지적 요구가 다양한 질문을 계획하고 집단화한다

주제별로 질문을 모아라. 그 다음 기본 질문을 확인하여 이들을 집단으로 묶어라. 기본 질문은 "우산" 질문인 셈이다; 우산 질문은 범위가 방대한 고차적 질문으로 문제를 야기한다. 군집 질문은 문제를 발전시키는 수준이 낮고 수준이 높은 질문 모두를 포함한다. 그림 10.1에 예시되어 있듯이 군집은 하나의 방대한 질문과 6~8개의 초점 질문으로 구성된다. 몇 가지 다른 군집이 생기면 토론 중에 있는 문제에 임하는 방법이 달리진다. 이것은 학생들로 하여금 핵심 질문에 대한 처음의 반응을 초월하여 개인적 관점을 갖기 이전에 광범위한 정보를 접하게 한다.

군집이란 토의가 진행될 때 세미나 지도자에게 융통성을 제공한다. 이전의 질문에 대한 대답 여하에 따라 군집은 달리 정해진다. 기본 군집 질문에는 몇 가지 다른 방식으로 대답할 수 있음을 기억하여야 한다. 즉 교과서의 지지자료의 질이 답

그림 10.1 표본 군집. 주제: 징기스칸

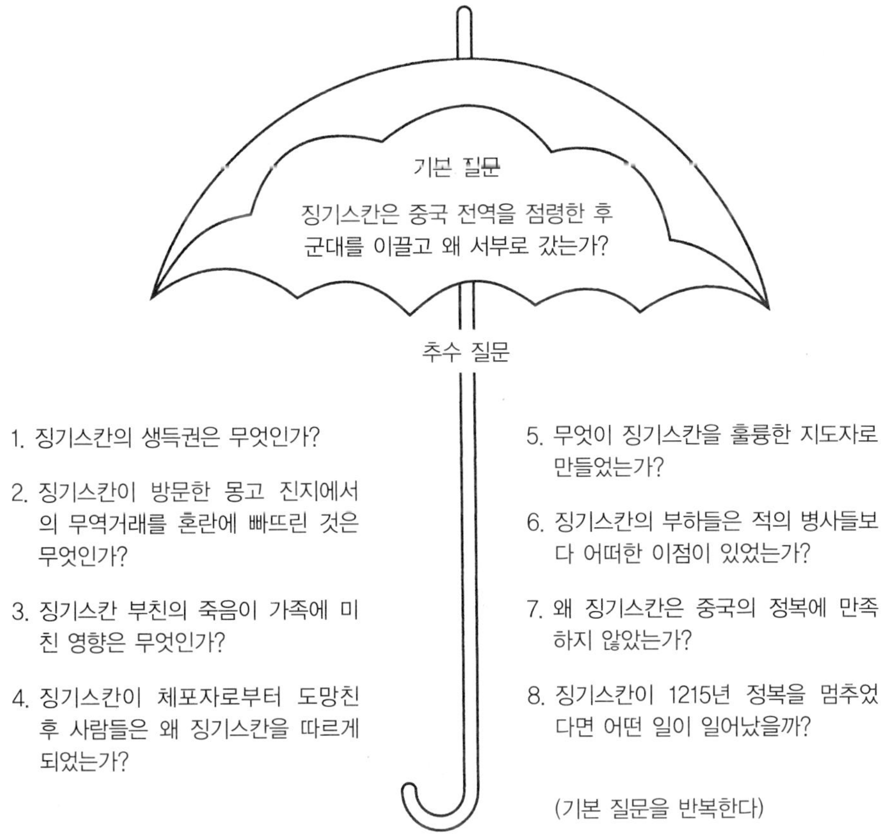

의 타당도를 결정한다. 만일에 질문이 한 가지 답만을 가진다면, 그것은 기본 질문이 아니다. 소크라테스식 세미나의 본질은 한 가지 측면이 아닌 여러 측면에 타당한 이유가 존재한다는 것이다. 기본 질문은 자극하는 질문이다. 즉 그 질문은 토의를 확장시킨다.

3단계: 학생들에게 수업 모형을 소개한다

소크라테스식 세미나의 주된 목적은 학생들이 다른 사람들과 지적인 상호장용을 할 때 독자적으로 사고해 나가는 학습을 돕는 데 있다. 세미나는 교사와 학생으로 하여금 다음과 같은 특징이 있는 대화를 실천에 옮기게 하기 위해 고안되었다.

- 기존 신념의 부당성을 증명하는 교과에 제시된 아이디어에 개방적이다.
- 다른 사람과 같이 교재를 평가할 때 판단을 보류한다.

- 자기 입장을 방어함이 없이 신념을 전달하고 타인과 함께 추론에 참여한다.
- 타인의 견해를 타당하다고 보고 이 견해를 공통 입장을 발견해 내는 한 방법으로 수용한다.

이러한 행동이 민주주의의 시민들에게는 결정적으로 중요한 요소이다. 즉 미국에 있어서는 중요한 목적이 된다.

학생들과 함께 좋은 세미나 참여자에 대한 기준을 검토해 보라. 아주 훌륭한 세미나 참여자는 다음과 같은 행동을 통하여 모든 참여자들의 학습에 대한 존중을 표한다.

(1) 다양한 아이디어와 공헌에 대한 인내를 보인다.
(2) 명료화를 요구한다.
(3) 대화를 진행시킨다.
(4) 모든 또는 대부분의 다른 참여자들의 말에 논평을 가한다.
(5) 너무 많은 말을 하지 않는다.

마지막 특징을 학생들에게 이해시키기가 가장 어렵다. 세심하게 준비하고, 관심을 갖는다 하더라도 한 사람 또는 소집단 학생들이 토의를 지배하게 될 수 있다. 이것이 소크라테스식 세미나의 규범은 아니다. 집단이나 집단 지도자는 이 점을 유의하여야 한다. 세미나의 목적을 반대하는 학생을 생각해 보면 이 상황을 고쳐야 함을 쉽게 알 수 있다.

훌륭한 세미나 참여자들은 교재로부터 증거를 인용하고 생각을 분명하고 사려 깊고 논리적으로 표현할 때까지 질문에 대한 답을 기다려 추론 기능을 보여준다. 뛰어난 참여자들은 제시된 아이디어를 관련 짓고 자신의 관점과 함께 타인의 관점을 고려한다.

다른 사람들이 의미하는 것이 무엇인지를 알아내는 것은 현실 세계에서 살아가는 데 중요한 생활의 일부가 된다. 이것은 쉬운 일이 아니다. 왜냐하면 사람들은 가끔 그것들이 실제 의미하는 것이 무엇인지를 말하고 싶어하지 않기 때문이다. 심지어 그들이 말한다 하더라도, 그들은 생각과 느낌을 정확히 표현하는 데 어려움을 겪는다. 사람들은 대화보다 인쇄문자가 더 명확하다고 생각하는 경향이 있다. 대화에 있어서 신체 언어, 얼굴 표정, 목소리의 높낮이는 의미를 소통하는 데 도움이 된다. 글의 내용이 무엇을 의미하는지를 알아내기 위해 항상 오랫동안 세밀히 생각할 필요는 없다. 필자들은 명확한 용어를 사용하여 무엇을 의미하는지를 언급하고자 노력한다. 그러나 저자와 독자의 개인 경험 그리고 그들이 단어와 문단에 부여하는 의미 사이에는 항상 차이가 있다. 사람들마다 똑같은 글을 읽고 그것이 무엇을 의미하는지에 대하여 다르게 생각한다. 그러나 독자들끼리 생각을 토론한다면, 그들은 교재의 내용을 더 명확하게 이해하게 될 것이다. 소크라테스식 세미나는 학습자 집단이 함께 교재의 의미를 파악하도록 도와주기 위하여 고안되었다.

토의에 앞서, 교실에서는 책상 의자를 원형으로 정돈하여 모든 사람들이 다른 참여자를 바라볼 수 있게 한다. 학생마다 중요한 흥미 있는 아이디어나 질문을 부각시켜 학생들이 주석을 단 교재 복사본을 갖고 있어야 한다. 학생들에게 세미나의 기본 규칙을 상기시킨다. 즉, 가장 중요한 것은 참여자들이 알아차려질 때까지는 말을 하거나 아이디어를 내서는 안 된다는 것이다.

4단계: 토의를 진행한다

토의를 이끌어 나갈 때 학생들에게 자신의 생각을 표현하기 위해 소리내어 추론케 하는 추수 질문을 자주 제기하라. 여러분이 학생들에게 그들의 생각을 묻고 자신의 아이디어를 입증할 수 있는지 물으므로 때 탐구의 논리가 조장된다.

질문을 제기한 후, 답을 이끌어 내기 전에 충분한 시간을 준다. 모든 사람들이 손을 들 때까지 기다리고, 언제나 똑같은 사람을 불러 세우지 말고 또는 손을 먼저 든 사람을 불러 세우지 않는다. 학생들이 반응을 생각하는 데 시간을 더 많이 주어 교사가 배려하고 있다는 것을 학생들은 알게 될 것이다. 또 다른 질문을 하기에 앞서 몇 가지 학생의 의견을 물어 보아라. 각각의 아이디어에 대하여 왜 학생들이 그렇게 생각하고 그러한 생각을 옹호하기 위하여 교재에서 어떠한 증거를 인용할 수 있는지에 대한 추수 질문을 제기하라. 다른 사람의 통찰은 학생들이 아이디어를 개발하는 데 도움이 된다. 이러한 통찰을 마음에 스며들게 하는 것은 결국 다양한 관점이 풍부하기 때문이다.

만일에 학생의 발언이 타당하지 못하다고 느끼면, 학생들에게 그것이 교재로부터 지지를 받고 있는지 물어보아라. 그러나 만일, 학생들이 추론한 것이 지지를 받지 못하고 있음을 모르고 있다고 해서 여러분이 이것을 지적해서는 안 된다. 즉 여러분은 후속 질문을 제기해야만 한다. 대부분의 학생들은 문제를 해결하거나 의사결정을 할 수 있는 자신의 능력을 신뢰하지 못한다. 만일에 학생들이 실패를 거듭할 때 교사가 개입하여 답을 제시해 준다면, 토의하고 있는 구체적인 내용에 대하여 학생들은 더 많은 내용을 배우게 될 것이다. 그러나 거기서 얻은 지식이 자존심의 상실에 비하여 더 가치가 있을까? 어느 한 아이디어를 지지하는 증거를 댈 필요성은 반복되는 토의를 통하여 더욱 명백해진다.

여러분이 제기한 질문이 구체적 답이 있는 질문이 아닌 개방적인 질문이어야 한다는 점을 기억하기 바란다. 또한 여러분이 동의하고 있는 답과 관련이 있으며 설득력이 부족한 대답에 대비해야 할 것을 기억해야 한다. 합당한 지지를 받지 않았으나 사실인 것처럼 보이는 논의 증거를 지지하는지를 물음으로써 설득력이 부족한 대답에 대비하라.

이 모형은 구체적 결론의 성취보다는 비판적 사고 능력의 개발 과정을 더 강조하기 때문에, 결론에 도달한다는 의미로 끝나는 것은 아니다. 한 가지 맞는 결론만이 존재하지 않는다는 생각은 학생들이 이해하기는 어렵겠지만, 그들이 이 개념을 이해하게 되면 좋은 일이다. 또한 학생들이 의견의 불일치는 건전하고 보다 큰 통찰로 안내할 것이라는 것을 알게 된다면 좋은 일이다.

5단계: 토의 내용을 검토하고 요약한다

일단 세미나가 끝나면 학생들은 토의 중 그들이 듣고 또는 관찰한 바를 공유할 필요가 있다. 토의 과정과 그들 자신의 생각에 관하여 느낀 바에 대한 간단한 토론이 있음직하다. 학생들은 세미나의 장점이 상실되지 않도록 메타인지를 실천하는 것이 중요하다. 똑같은 맥락에서, 촉진자와 학생은 논의된 주제와 이미지를 일반화해야 하고, 학생들이 공유한 정보와 통찰을 계속 처리하도록 하여야 한다. 이러한 기회가 주어지지 않는다면, 대개의 많은 아이디어들은 세미나를 포함하는 핵심 교육과정 내용에서 취급되지 않게 될 것이다. 학생들은 세미나 과정이 중요하다는 점을 상기해야 한다. 즉, 비판적 사고는 유용하고 중요한 사고 기능이고, 함께 추구한 아이디어들은 수업에서 책임지고 있는 지식을 대표하고 있다는 것을 상기해야 하는 것이다.

6단계: 사전에 진술된 기준에 근거하여 학생들과 함께 토의를 평가한다

소크라테스식 세미나 모형은 독자적으로 생각할 때, 해석에 관한 문제를 해결할 때, 그리고 동료와 같은 입장에서 또는 반대 입장에서 생각할 때 학생들이 사용하기 좋은 도구이다. 그러나 우리는 이러한 활동을 어떻게 평가할까? 지도자의 수행을 평가하기 위하여, 세미나 중에 제기된 질문들을 검토해 보라. 여러분의 계획과 차이가 있는가? 언제? 어디에서? 왜? 여러분은 어떻게 다시 본 문제로 돌아왔는가? 여러분은 학생들이 이끄는 대로 따라갔는가? 여러분은 의견을 분명히 하고, 가정을 탐구하고 구체적인 이유와 증거를 묻고, 견해, 시사점 그리고 결과를 질의할 기

소크라테스식 질문 분류

명료화 질문	가정 질문	추론과 증거 질문
• 네 말이 의미하는 바가 무엇이냐? • 이것은 여러분의 첫 번째 견해와 어떠한 관련이 있는가? • 네가 여기서 말하려고 하는 것이 정확히 무엇인가? • 네가 생각하고 있는 바를 더 자세히 이야기해 줄 수 있겠니? • 이것의 실례는 어떠한 것인가? • 이것은 이전의 견해와 관련이 있는가?	• 너의 기본 가정은 무엇인가? • 너의 모든 논평은 한 가지 가정에 기초하고 있다. 이것이 바로 네가 원하는 것인가? • 우리는 다른 어떤 가정을 할 수 있는가? • 왜 누군가가 이러한 가정을 하는가? • 이것은 항상 사실인가? • 너는 이러한 가정을 어떻게 정당화할 수 있는가?	• 너는 그것을 어떻게 아는가? • 우리에게 예를 들어줄 수 있는가? • 이 이유만으로 그러한 가정을 하거나 결론을 생성하는 데 충분한가? • 그렇게 말하는 이유는 무엇인가? • 이것은 이 경우에 어떻게 적용되는가? • 무엇이 너의 마음을 바꿀 수 있는가? • 그 증거를 의심한 이유가 있는가?
견해 질문	**시사점 및 결과 질문**	**처음 질문**
• 당신이 의미하는 바가 무엇인가? • 당신은 무엇을 믿는가? • 다른 유형의 사람들은 이 점에 어떻게 반응하는가? • 이 아이디어에 찬성하지 않는 사람들은 무엇이라 말하는가? • 그 견해에 대한 대안은 무엇인가? • 그것은 어떠한 영향을 미치는가?	• 우리는 어떻게 찾아낼 수 있는가? • 그 사건이 발생한다면, 그 외 다른 사건도 발생할까? • 이것이 우선 발생한다면 어떠한 영향을 미칠까? • 이 사건이 발생할 가능성이 있는가? • 네가 의미하는 바는 무엇인가? • 그러한 이유라면, 도대체 무엇이 사실인가?	• 우리는 왜 이 질문을 조사하고 있는가? • 그 질문은 명확한가? • 우리는 그 질문을 이해하는가? • 그 질문에 답하기 위하여, 무엇부터 먼저 대답을 하여야 하는가? • 이것은 ~과 똑같은 문제인가? • 이 질문은 대답하기 쉬운가 아니면 어려운가? 왜 그러한가? • 누군가가 어떻게 이 질문을 해결할 수 있을까?

(Paul, 1993)

회를 놓쳤다고 생각하는가? Paul이 제시하고 있는 6가지 형태의 소크라테스식 세미나 질문은 토의 지도자를 평가하는 좋은 체크리스트가 된다.[16] 세미나 지도자들은 Paul의 유목에 비추어 자신의 질문 행동을 점검해 볼 수 있다.

소크라테스식 세미나는 학생들에게 메타인지적 사고를 실천할 기회를 제공해 준다. 처음 몇 회의 세미나 모임을 갖는 동안 학생들은 회의에서의 참여를 평가하기 위해 다음과 같은 질문을 사용할 수 있다.

- 나는 모든 사람이 들을 수 있을 정도로 명확하게 말하였는가?
- 나는 논평한 것마다 이유와 증거를 대었는가?
- 증거의 원천으로 교재를 사용하였는가?
- 다른 사람의 말을 정중하게 경청하였는가?
- 대화의 흐름을 방해하였는가?
- 지도자 이외의 토론자에게 말하였는가?
- 적절한 시기에 알기 쉽게 설명하였는가?
- 내가 혼란스러울 때 도움을 요청하였는가?
- 나는 학급 동료들을 지원하였는가?
- 나는 적대적인 의사 교환을 회피하였는가?
- 나는 세미나를 위하여 준비를 하였는가?

세미나에서 학생의 참여를 평가하는 몇 가지 방법이 있다. 몇 개의 웹사이트에서는 앞에서 논의한 유목과 일치하는 유목의 전반적 수행을 평가하는 전반적 기준을 제시하고 있다.[17]

- 참여
    - 토론의 구체적 내용에 주의를 기울임으로써 경청 기능을 나타내 보인다.
    - 반응할 때 타인이 기여한 아이디어를 활용한다.
    - 이전에 공유한 아이디어를 확장하여 명료화하므로 계속 대화를 유지한다.
    - 이해의 차이, 증거나 논리를 정중히 지적한다.
    - 주의 산만한 행동을 도외시한다.
- 준비
    - 교재에 친숙해지도록 세심한 독서와 사고를 한다. 즉 핵심 아이디어, 모순, 어휘의 정확한 사용을 확인한다.
    - 참여자들이 교재의 특수한 부분을 참고할 사본에 주해를 단다.

이러한 준비 및 참여의 특성은 모든 세미나 참여자들의 평가를 위한 기초가 된다. 이 장의 대안적 평가 부분에서 가능한 다른 평가 방법이 제시된다.

소크라테스식 세미나 모형의 단계 요약

1. *교재를 선택한다.* 교재는 인쇄된 것 또는 시각적 또는 청각적인 것이 될 수 있다. 자료를 읽는다.(또는 시각적 또는 청각적 형태의 자료나 증거 자료를 제공한다.) *교재와 교육과정 표준을 관련짓고 기초적이고 강력하며 본질적인 질문을 선택한다.*

2. *학생들에게 견해를 묻고, 여러분이 학생과 그들의 준비도, 흥미에 대한 지식을 반영하는 몇 가지 질문(인지적 요구가 다른)을 계획하고 분류한다.*

3. *학생들에게 수업 모형을 소개한다.*
   학생들이 꼭 배워야 한다고 생각하는 일련의 질문을 통하여, 소크라테스식 세미나 모형의 장점을 설명한다. 그 다음 학생 행동에 대한 기대와 세미나 중 행동을 어떻게 평가할지를 소개한다. 독서 과제를 배당하고 학생들에게 어떻게 토의를 준비해야 하는지 상기시킨다.

4. *토의를 진행한다.* 토의 도중 가능한 한 비지시적 역할을 많이 유지하도록 시도한다. 학생들 간의 상호작용을 격려한다.
   여러분이 학생의 입장과 학생의 이해를 조사할 때는 유목 질문을 사용하고 융통성을 발휘한다.

5. *토의 내용을 검토하고 요약한다.* 토의 도중에 제기된 요점을 검토하거나 학생들에게 그들을 감명시켰던 아이디어를 적이 두도록 권장한다. 그리고 그들의 기여를 요구하라. 여러분은 어느 학생이고 기본 질문의 답에 대한 논의 중 마음을 바꾸었는지 물어 볼 수도 있다. 그들의 아이디어는 어떻게 바뀌었으며, 왜 바뀌었는가?

6. *사전에 진술한 기준에 근거하여 학생들과 함께 토의를 평가한다.* 세미나 지도자와 학생들은 토의 중 개인의 행동을 평가하여야 한다. 등급은 기준과 체크리스트를 사용하여 평가된다.

활동 10.2: 대화와 토론의 구분

소크라테스식 세미나 참여의 도전 중 하나는 사람들이 대화하는 것보다 토론을 벌이고자 하는 것이다. 이 두 가지 상호작용 형태에는 어떠한 차이가 있다고 생각하는가? 두 개의 세로줄과 많은 가로줄로 된 도표를 준비하라. 세로줄에는 대화와 토론을 적는다. 가로는 출발점으로서 여기에는 상호작용, 신념, 질문, 목적과 같은 특징을 적는다. 이 연습의 목적은 두 가지 종류의 의견 교환을 구분짓는 특징을 만드는 것이다.

수업의 차별화 방법

소크라테스식 세미나는 대부분의 모형과 마찬가지로 많은 수업의 개별화 가능성을 제공해준다. 교재의 선택이 차별화를 위한 한 가지 결정적 기회를 제공한다. 이따금 청각적, 시각적 교재를 선택하므로, 교사는 다양한 학생들의 학습 선호도에 부응할 수가 있고, 다른 학생들에게는 새로운 강점을 구축할 기회도 제공할 수 있게 된다. 또한 교재는 학생들의 문화적 배경과 흥미에 부응하여 선택될 수 있다.

또한 구체적인 질문의 계획은 수업을 개별화하는 또 다른 기회를 제공한다. 질문의 유목들은 특정 학생의 구체적인 학습 요구에 부응하고 문화적 이해를 확대하고, 학생의 흥미를 돋우기 위하여 계획되어야 한다. 학생들을 도우므로 기준과 목표가 성취되면 모든 목표는 달성되는 셈이다. 학생들은 세미나 중 여러 수준에서 참여할 수 있다. 배당된 기회나 학생의 선택에는 세미나 관찰, 참여자에게 피드백 제공, 토의의 도표화, 세미나 질문의 준비, 개인의 참여 기억록이 포함된다.

여기서 핵심은 중요한 수업의 결정을 위하여 학생을 면밀히 관찰하여 얻은 자료를 활용하는 일이다. 이러한 선택에 대한 결정은 교사의 관찰, 학생의 흥미, 준비도 그리고 학습에 대한 선호도의 증거에 근거한다.

대안적 평가

이 장에서는 교사들이 소크라테스식 세미나 모형을 적용해 나갈 때 교사가 사용할 수 있는 몇 가지 메타인지적 평가 접근 방법을 논의하였다. 이들 체크리스트나 기준은 학생들의 학점을 평가하기 위하여도 사용될 수 있다. 학급에 사용할 평가 도구를 선택할 때 유념해야 할 몇 가지 고려사항이 있다.

- 평가 도구는 교육과정의 표준, 학급의 목표와 일관성이 있어야 한다.
- 평가 도구는 발달적으로 적합해야 한다.
- 평가 도구는 명확하게 쓰여져 교사와 학생에 의하여 이해되어야 한다.
- 일빈 도구는 득수한 토의에 참여한 모든 학생들을 위하여 사용되어야 한다,
- 어떠한 행동이 어떠한 점수를 가져다주는지에 대한 명확한 지표가 공개되어야 한다.

전체적인 토의 참어 이외에, 학생들은 쓰기 과제, 프로젝트, 역할놀이를 통하여 세마나 내용을 평가받아야 한다. 학생들은 그들이 참여한 내용과 과정의 이해를 분간하는 한 방법으로 차기 세미나 계획 수립을 요구받을 수도 있다.

요약

이 장에서는 특수한 토의 전략을 검토해 보았다—특수한 내용에 대한 학생들 간의 변증법적 대화에 기초한 소크라테스식 세미나.

이 장은 소크라테스식 세미나의 준비, 진행, 평가 방법을 논의하고 세미나와 다른 학급 토의를 구조화하는 데 도움이 되는 학급에서의 질문에 대한 정보를 제공해 주고 있다.

웹 자원

1. www.mcps.k12.de.md/schools/wjhs/depts/socialst/ams/Skills/SocraticSeminar/SocraticSeminarIntro.html
This is a basic introduction to the history of the Socratic dialectic. Suggestions for a successful seminar are detailed, including descriptions of the reles of various participants. Of particular interest is the detailed differentiation of dialogue and debate. The natural inclination of students will be to debate, but the goal of the Socratic seminar is to dialogue. The differences given at this site will provide a good basis for discussion.

2. http://curriculumfutures.org/instruction/a06-07.html
At this site, find many of the basic tools to make the organization and con-

duct of the Socratic seminar a success, including forms that expedite planning, doservation, and evaluation. The seminar rubric will facilitate the judgments that improve the process for a class.

3. www.greece.k12.ny.us/instruction/ela/SocraticSeminars/overview.htm
This site is a rich source of ideas to use in adopting the Socratic seminar method. Though the curricular alignment is related to New York State Standards, the standards cited have parallels in most other states. Using the alignment given here, it will undoubtedly prove worthwhile to pick standards out of any other state' s list and replicate the exercise. Other parts of this site are extremely clear and easy to use. Participant responsibilities, for example, could be could be turned into a poster of the Socratic seminar classroom.

4. www.fieldtripearth.org/strategy.xml?id=3
If you are looking for a starting point for Socratic seminars and you happen to have an interest in biology, this is the site you need to visit. Field Trip Earth is a project of the Borth Carolina Zoological Society. The articles it publishes and links to this site make perfect fodder for seminar discussions. Interestingly, the activities of the suggestedseminars are aligned with language arts standars endorsed by the National Council of Teachers of English and the International Reading Association.

5. www.lib.rochester.edu/index.cfm?PAGE=2919
This carefully planned Socratic seminar on Fredrick Douglass and the slavery issue in American history can be used exactly as is or serve as a model for a seminar grounded in primary source material.

각주

1. Excerpt from Plato. *Meno*, translates by Benjamin Jowett.(2000). Retrieved from www.classicallibrary.org/plato/dialogues/10_meno.htm.
2. Victor J. Moeller and Marc V. Moeller.(2002). *Socratic Seminars and Literature Circles for Middle and High School English.* Larchmont, NY:Eye on Education.
3. Anthony G. Rud, Jr.(1997). "The Usee and Abuse of Socrates in Present Day Teaching," *Education Policy Analysis Archives*, vol. 5, no. 20.
4. John D. Bransford, Ann L. Brown, and Rodney R. Cocking (eds.). (2000).

How people Learn: Brain, Mind, Experience, and School. Washington, DC:National Research Council.

5. Richard W. Paul.(1993). *Critical Thinking: How to Prepare Students for a Rapidly Changing World.* Santa Rosa, CA: Foundation for Critical Thinking.
6. Rene Saran and Barbara Neisser.(2004). *Enquiring Minds: Socratic Dialogue in Education.* Stoke on Trent, UK, and Sterling, USA: Trentham Books.
7. Matt Copeland.(2005). *Socratic Circles: Fostering Critical and Creative Thinking in Middle and High School.* Portland, ME: Stenhouse Publishers.
8. Rud, 1997.
9. Sophie Haroutunian-Gordon.(1991). *Turning the Soul: Teaching through Conversation in the High School.* Chicago: Univeersity of Chicago Press.
10. Bransford et al. 2000, 136.
11. James T. Dillon.(1994). *Using Discussion in Classrooms.* Lodon:Open University Press.
12. Lorin W. Anderson and David Krathwohl (eds.). (2001). *A Taxonomy for Learning, Teaching, and Assessing: A Revision of Bloom' s Taxonomy of Educatinal Objectives.* New York: Longman.
13. Paul, 1993.
14. Anderson and Krathwohl, 2001.
15. Paul, 1993.
16. Paul, 1993.
17. Retrieved from www.greece.k12.ny.us/instruction/ela/SocrticSeminars/seminarrubrics.htm and www.studyguide.org/Socratic_Seminar.htm (2002).

제 11 장

어휘 획득 모형

철자와 단어의 뜻 학습

교사는 물리적 변화와 화학적 변화의 다른 점을 가르칠 때 서로 다른 이 변화의 개념을 구분하기 위하여 *물리적*이라는 단어와 *화학적*이라는 두 단어를 토대로 개념 획득 수업을 시작했다. 교사는 토의 중 어느 한 시점에서 칠판에 physics라는 단어를 쓰고 학생들에게 physics가 내포되어 있는 다른 단어들을 알고 있는지 묻는다. 물리적이라고 하는 것의 의미를 이해하기 위하여 다음과 같은 질문이 제기된다. "physician이라는 단어의 철자를 쓰는 방법을 아는 사람 있나요?" 학생들의 반응은 아주 단순했다. 한 학생이 "아참, 지난주에 그 단어를 배웠어요." 지난주 금요일에 그 단어의 철자를 암기했다는 의미로 대답했다. 금요일에 그 단어의 철자를 기억하라고 힘주어 말했지만 그 단어의 철자를 확실히 쓸 수 있는 학생은 아무도 없었다. 그들은 그 단어의 철자를 암기했지만 그들은 철자 쓰는 방법을 알지 못했다. 그들은 금요일 시험에서 철자를 정확히 쓸 수 있었을지도 모른다. 그러나 그때까지도 그들은 그 단어의 철자를 어떻게 쓰는지를 모르고 있었다. 그들은 철자와 단어의 의비를 어넣게 연결시킬지에 대한 생각을 전혀 갖고 있지 않았다. 그래서 그들은 physician과 같이 어려워 보이는 단어를 쉽게 쓸 수 있게 하고 동시에 그 의미를 이해하게 하는 통찰력을 완전히 놓친 것이다.

physics는 physic의 복수형으로 한때는 고어로 의료직업을 의미하는 말로 사용되었으며 nature와 자연과학에서 그 단어의 의미가 유래되었다. 접미사인 ian은 "의 또는 관련된" 이라는 의미가 첨가된 것이다. 그렇다고 physician을 이러한 방식으로 가르치라는 것은 아니다. 영어의 음성학적으로 이상한 발음이 나는 방식에 따라 철자를 쓰기에는 아주 어려운 단어로 가르쳐지고 있다. 이러한 기이한 것에는 physical, physiology, phsique, physiognomy가 있다. 그러나 이것들은 음성적 수준에서만 기이한 것이다. 의미 수준에서는 의미에 따라 철자가 달라지는 매우 규칙적인 단어들이다. 이 모든 단어들은 비물질적 또는 정신적이라는 의미와 다른 물질을 뜻하는 형용사인 physical이라는 단어와 관련을 맺고 있다.

불행히도, 학교에서 어휘를 가르치는 여러 특수한 방법 중 하나인 철자 수업 대부분에 있어서 철자와 의미를 관련 짓는 것이 도외시되고 있다. "어휘 단어" "철자 단어"라는 표현은 학교 이외의 어느 곳에서든 많이 사용되고 있다. 그러나 실제로는 학교 안팎의 어느 누구라도 이러한 표현은 학교에서 학습한 단어라고 인식하고 있으며, 통상 단어 목록상으로는 어휘 단어 또는 철자 단어로 구성되고 그 단어들의 정의, 철자 쓰기 또는 이 두 가지 모두에 초점을 두고 있다. 더욱이, 교육에 있어 이러한 단어들이 학습되는 방법 그 이상으로 더 보편적인 방법은 아무것도 없다. 이러한 학습은 대개 매주 학생들에게 할당되어 임의로 묶은 단어 목록으로 시작된다. 여기에 수반되는 수업은 일반적으로 다음과 같은 활동이 요구된다. "사전에 나와 있는 단어를 찾아 보고 문장에 쓰일 단어를 하나씩 사용하고, 금요일에 치를 시험에 대비하여 정확한 철자와 정의를 학습하시오."

물론 이따금 학생들은 단어를 찾아 보아 철자에 대한 이미지를 파악하고 우선 각 단어를 있는 그대로 손으로 쓰고 그 다음에는 정확한 철자를 보지 않고도 철자를 정확하게 10번 정도 씀으로써 단어의 철자를 기억할 것이 요구된다. 끝도 없는 시간이 연중 매주 이러한 활동으로 채워진다. 얼마나 많은 목요일 밤마다 부모들이 언어나 영어 수업이 아닌 학교의 모든 교과 수업에서 아동들에게 단어를 불러 주는지 보고 놀랄 것이다.

이러한 모든 노력에도 불구하고, 이러한 경험의 비용 효과성은 단어 목록을 배우려는 데 있어서 다음과 같은 두 가지 큰 문제 때문에 아주 미약하다.

(1) 학생들은 단어 기억 경험으로부터 무엇을 학습하든 간에 시험 본 뒤 몇 시간 또는 몇 일 내로 거의 모든 것을 잊어버린다. (2) 학생들은 영어 철자와 단어 의미 체계에 대하여 실질적으로 아무것도 못 배운다.

방금 기술한 전통적인 방법으로 단어를 공부하는 많은 사람들의 경험은 이 두 가지 단점을 잘 설명해 주고 있다.

첫 번째 단점은 교사가 학생들에게 물어보고 싶을 때는 언제든 시험을 치를 수 있다는 점이다. 월요일 아침에 교사가 금요일 시험은 홍수로 보지 못했으니 학생들은 지금 재시험을 봐야 한다고 말하는 것을 상상해 보라. 학생들이 금요일에 학습한 단어와 철자를 월요일에 쓰고 정의하도록 요구하면 학생들은 큰 소리로 다음과 같이 외칠 것이다. "불공평해요 ! 우리는 공부할 시간이 필요해요 ! 적어도 10분은 주세요!"

두 번째 단점은 많은 사람들이 의미와 철자가 어떻게 연결되는지에 대한 지식이 거의 없기 때문에 철자를 어려워하는데 이것은 몇 개의 단어를 열거하여 아주 쉽게 설명할 수 있다. 여기에 간단한 예가 있다. 다음 단어들의 공통점은 무엇인가?

adequate
advent
accustom
accommodate
arrange
affirm
aggravate
acknowledge
allocate
appall
acquire
assist
attain

이 단어들은 성인들조차도 쓰기 어려운 단어들이다. 이 철자를 쓰는 사람으로서 각각의 단어가 "…에" 또는 "향하여"라는 의미를 갖고 있는 접두사 ad의 형태로 시작되고 있음을 알고 있는 사람은 거의 없다. 그러므로 adequate는 "적당히 지내다"를 의미하며(단어의 어근은 equate로 볼 수 있다.), advent는 "앞서가는"의 뜻이고, vent는 Julius Caesar의 인용어인 "Veni, Vedi, Vici" 또는 "왔노라, 보았노라, 정복했노라"에서처럼 "온다"라는 라틴어에서 유래되었다. 이처럼, 철자의 변화에도 불구하고 accustom은 "풍습을 지향한다"라는 의미이다: accommodate는 "공통점을 지향한다"라는 의미이다: arrange는 "선 안으로 이동하다"라는 의미이다. (색깔의 범위에서처럼 range는 선을 일컫는 말이다.) ad나 a로 시작되는 이러한 단어 목록과 기타 단어들은 그 다음에 이중자음이 온다. 머리글자 a 다음의 이중자음은 어근에 동화되어 접두사 ad가 될 가능성이 크다. 부수적으로, assimilate라는 단어는 assimilation의 한 예이다. 단어의 어근은 similar이고 assimilate는 "유사점을 지향한다"라는 의미이다. 어느 시점부터 assimilate가 adsimilate와 같은 것으로 쓰이고, 발음되었음에 틀림없다. 그러나 엄밀하게 그와 같은 철자는 분명하게 발음되기 어렵기 때문에, 영어를 말하는 사람들은 d 다음의 자음과 유사한 것처럼 d를 발음하기 시작하여, ad의 d는 자주 그것들이 붙은 어근의 최초의 자음에 동화된 것이다.(앞 목록에서 두 단어들은 두 개의 동화된 문자를 갖는다. acknowledge와 acquire에 있어서, c의 k음은 k나 q음에 동화된다.) 이 예가 언어학에서 하나의 작은 학습 단원을 이루는 것은 아니지만 영어의 언어체제의 결정적 특징을 잘 보여주고 있다. 즉 영어에서의 단어 철자는 의미에 기초를 두고 있지 소리에 기초를 두고 있는 것은 아니다. 의미와 소리 사이의 연결은 철자의 중요한 기초가 된다. 그러나 일반적으로 학교에서는 이런 방식으로 철자와 의미를 가르치지 않는다.

어휘나 철자 수업의 두 가지 단점—암기된 것에 대한 기억의 손실, 구어와 문어의 연결을 이루는 체제 구축을 위한 수업의 실패—은 학습을 주관하는 뇌의 특징에 대하여 알려진 바에 비추어 예측 가능하다. 사전에서 단어를 찾고 문장 속에서 각각의 단어를 사용하고, 금요일 시험을 대비해서 정확한 철자와 정의를 기억하는 데 필수인 조건이 인간의 뇌의 작용 방식과 모순된다고 말해도 과장된 말은 아니다.

뇌는 유형을 찾는 기계로 유형과 의미를 찾도록 고안된 기관이다. 또한 이것은 무작위적인 정보나 의미 없는 정보로 판단되는 것은 배제한다. 사실 뇌는 체계적이고 유의미한 것이다. 이것은 철자와 단어의 정의 연구의 지침이 될 수 있다. 왜냐하면 *인간의 뇌는 유형과 의미를 통하여 성장 발달*하기 때문이다. 여기에 기술한 어휘 습득 모형은 이러한 통찰을 존중한다.

어휘 획득 모형의 기초

여기에 기술한 어휘 획득 모형은 다음의 세 가지 원리를 따른다.

- *원리 1: 체제의 원리*

  언어란 정형화되고 은유적인 것이다. 즉 언어는 기본적으로 익숙하지 않은 것을 익숙한 것과 관련 지어 의사를 전달하는 도구인 것이다. 학교나 다른 곳에서 모종의 대상을 연구한다는 것은 지식과 사고를 표현하는 언어는 물론 교과를 구성하는 주제를 알고 생각하는 방식을 탐구하는 것이다. 많은 성공적인 교수는 개념과 어휘 간의 관계, 아이디어를 표현하는 언어와 아이디어의 관계를 어떻게 결정짓느냐에 따라 달라진다. 단어는 아이디어, 개념 또는 사물의 명칭을 멋대로 부여하는 것이 아니다. 이와는 반대로 영어 단어들은 아이디어, 개념, 사물 간의 관계를 반영하는 하나의 체제를 구성한다.

- *원리 2: 우연의 원리*
  어휘는 이해를 표현하는 수단으로 자연히 그리고 우발적으로 획득된다. 사람들은 일반적으로 그들이 이해하고 관심을 갖는 아이디어를 표현하는 데 중요하고 필요한 단어들만을 획득한다. 그들은 똑같은 내용에 관심을 갖고 있는 누군가의 대화를 할 때나 그들이 관심을 갖고 있는 무엇에 관한 독서를 하는 데 있어서도 역시 우연히 중요하고 필요한 단어들만을 획득한다.

- *원리 3: 개념화의 원리*
  어휘를 가르친다는 것은 개념과 언어의 이해를 좀 더 정교화하도록 도와주는 것이다.

학교에서 가르쳐지고 배우는 모든 교과는 임의의 사실 조직체 그 이상으로 구성된다. 학문이란 그 학문 특유의 단어로 세상을 생각하는 방식이다. 우리는 학교에서 가르쳐지는 모든 것—각 학문과 교과 영역—을 오랫동안 계속되어 오고 있는 대화의 산물이라고 생각할 수 있다.(아마도 인류의 의식이 깨인 이래 수천년 동안)

이것은 사상을 정교하게 구분해 내는 대화인 것이다. 또한 대화는 사물에 대한 명칭을 부여할 뿐 아니라 사물들을 구별해 내는 단어로 이루어져 왔다는 것을 기억하는 것이 도움이 된다. 그러므로 교육과정의 각 교과 영역은 세상을 보고 해석하고 기술하는 특수한 방법에 근거하고 있다. 각 교과는 세상을 이야기하는 방법, 즉 일반 회화 속에 간직된 특수 회화, 일반 언어 속에 간직된 특수 언어를 널리 생성해 낸다.

수업에 있어 이 원리는 어떠한 모습일까? 이러한 원리는 교사가 교육과정의 여러 주제에 관해 학생들과 상호작용하는 방식을 어떻게 변화시킬까? 확실히 수업 대화에는 주제의 언어 속에 있는 아이디어와 정보에 관한 토론은 물론 이러한 아이디어와 정보가 표현되는 언어에 관한 토론이 포함된다. 체제, 우연, 개념화 원리를 중시하는 교수 계획에는 아이디어와 정보를 표현하는 어휘를 가르치기 위한 계획이 포함되어야 한다.

가끔 반복되는 질문인 "학교는 무엇을 가르쳐야 하는가?"에 대한 대답으로 "교육 받는 것이 무엇을 뜻하는지를 정의하는 대화에 학생들이 참여하도록 가르쳐라."라는 말이 있다.

생각의 차이를 반영하는 언어의 즐거움을 학생들에게 가르쳐라.

인간의 지식에 기여해 온 특수한 대화로 그들의 갈 길을 안내하라.

학문의 언어를 사용하라. 더욱더 중요한 것은 학생들이 획득하고 있는 언어가 그들이 공부하고 있는 개념과 어떠한 관련이 있는지 알게 될 때 그 언어를 자기 것으로 채택하도록 안내하라.

교수를 대화, 다시 말해 특별한 대화로 생각하라. 즉 교사의 논평과 교재는 학생들을 현재 공부하고 있는 개념과 개념을 표현하는 언어에 대한 탐구와 호기심으로 이끄는 특별한 대화로 생각하라.(educate라는 단어의 어원은 이끈다는 의미이다. 교사와 교재도 마찬가지로 목적을 달성하려면 학습자들이 무엇을 알고 있으며, 무엇을 배우고자 하느냐의 관계를 도출해 내어 학습자들을 새로운 아이디어와 개념으로 이끌어야만 한다.) 대화인 교수는 여러 가지 면에서 일상적이지 않다. 대화 참여자는 대화의 핵심 내용에 대하여 다른 사람들보다 훨씬 더 많이 알게 된다. 똑같이 교사나 작가는 항상 다른 사람들보다 더 많이 이야기한다. 이야기의 목적은 통찰과 이해로 이끄는 생각에 다른 사람들을 참여시키는 데 있다. 이러한 대화는 정확히 공유된 탐구로 간주될 수 있다. 교육의 주된 목적은 학생들을 대화로 끌어들여 그들이 학습하고자 하는 개념을 만들고 이것들을 확장시켜 개념의 창안에 기여하도록 안내하는 것이다.

교수로서 특별한 대화는 논의 중에 있는 주제에 합당한 언어로 진행된다. 학습자에게 새로운 개념과 아이디어는 본래 학습자에게 익숙한 언어로 이루어진다. 학습자들에게 이해가 생겨남에 따라 교사와 교재는 사고와 이해의 범위를 확장해 주는 언어를 도입하게 된다.

학생들이 교육과정 주제에 정통하려면 대화에 참여하여야 한다. 학생들이 학습에 성공하려면 다음의 두 가지 것을 동시에 학습해야 한다.

첫째, 학습자는 이해한 것을 말로 표현할 수 있을 정도로 배운 것을 이해하여야 한다. 둘째, 그들이 획득한 이해를 전문가가 표현하는 데 사용하는 언어를 학생들은 갖고 있어야 한다. 학습자들은 전문가가 쓰는 어휘를 개념에 명칭을 붙이는 방법으로 그리고 이러한 개념을 인간 지식의 구조에 연결하는 방법으로서 볼 필요가 있다.

기하학과 같은 교과 또는 그 교과 내의 직각삼각형과 같은 주제를 이해하는 데 이러한 이해를 표현할 수 있는 언어가 결여되어 있다는 것은 있을 수 없다. 마찬가지로 사회과나 사회과 내의 정부 형태와 같은 주제를 이해하는 데 정부 형태를 논의하기 위한 기술적 언어가 없다는 것은 상상하기조차 어렵다. 교육과정에서의 모든 교과, 모든 주제는 특수한 언어로 표현된다.

예를 들어 직각삼각형이라는 주제와 관련된 단어와 문단을 생각해 보자. 즉 몇 가지 기본적인 것들을 예로 들면 직각삼각형, 직각삼각형의 빗면, 정삼각형, 정사각형의 면적이 있다. 마찬가지로 정부 형태와 관련이 있는 용어는 우리가 정부에 대하여 이해하는 것을 표현하는 데 반드시 있어야 한다. 이들 용어로는 대표하다, 지배하다라는 단어와 그 어원인 archy가 있다. 또한 city를 뜻하는 polis라는 단어도 있는데 이것은 politic, police, polish, cosmopolitan, polite의 어원이 된다.

활동 11.1: 핵심 단어

대부분의 교과서 각 장의 첫머리에 단어 목록이 나와 있다.

이것들이 각 장의 핵심 단어들이다. 학생들은 또한 독서를 해 나갈 때 획이 굵은 활자나 강조된 단어들을 보게 되는데 이러한 단어들은 우리가 연구 중에 있는 주제에 중요하여 아마도 교재 끝부분 색인에 포함될 단어인 것이다. 여러분이 수업에 사용할 교재를 하나 조사하여 단어의 의미가 독자에게 어떻게 전달되는지 알아보아라. 여러분은 철자가 왜 그러하고 단어들의 의미가 왜 그러한지에 대한 논의를 찾아낼 수 있는가?

지식에 이르는 지름길은 없으며, 전문가가 되는 방법에는 직접 경험 이외에 여러 가지 방법이 있다. 우리가 알고 있는 많은 것, 우리가 전문가라고 주장하는 많은 내용은 대화를 통하여 얻게 된다. 수업 대화에 있어 아이디어와 경험은 부수적으로 얻어지고 학습자는 독특한 방식으로 자유로이 모험을 감행하는데 그들의 독특한 방식이 옳을 수도 그릇될 수도 있다.

학습자들은 대화에 참여함으로써 아이디어와 이해를 검증한다. 모험을 감행하고, 시도하고, 또는 평가하는 것은 expert의 라틴어 어원의 핵심적 의미이다. 아이디어를 시도하거나 검사하는 가장 효과적인 방법은 대화이다. 전문성과 관련이 있는 특징을 갖춘 교실의 대화를 상상해 보라. 그러면 여러분은 수업의 목적에 대한 가능한 아이디어를 갖게 될 것이다. 즉 자기 공부의 실질적 전문가는 학습자이다.

이 목적은 교사가 자신을 정보 전달자 이상으로 여기고, 그들 자신을 학습자의 참여를 권유하는 대화의 진행자와 참여자로 인식할 때 실현된다. 그러나 이 대화는 연구하고 있는 주제 그 이상의 것이다. 이것은 동시에 주제와 그 주제를 표현하게 될 언어에 관한 대화인 것이다.

이 대화의 지침은 다음과 같다.

1. 교육과정의 주제를 언어로 탄생하여, 언어로 살아있으며, 언어로 확장된 지식, 정보, 개념의 체제로 가르쳐라.
2. 모든 것을 가르치고 배울 수 있으며, 표현을 목적으로 창안된 언어를 통하여 이해할 수 있는 것처럼 가르쳐라.

3. 언어로서의 교육과정의 주제를 가르쳐라.

학습자들은 나이와 상관없이 모두가 기본적으로는 똑같은 방식으로 어휘를 획득한다. 처음에는 자기를 돌보는 친숙한 사람과의 대화를 통하여, 후에는 시공을 초월한 교재의 저자와 대화를 통하여 어휘를 획득한다.

Vocabulary는 Vocation과 어원이 같다. voc는 소집하다는 의미이다. 그래서 Vocabulary는 직업에 관한 사전이라는 의미가 있으며, 전문가들이 직업을 표현하는 수단이 되고 있다.

형식적 연구에 있어 어휘는 어느 교과에 특수한 언어로 경험을 통하여 얻은 이해와 아이디어를 표현하는 수단으로 만들어진다.

학습자들이 이러한 이해를 표현하기 위하여 이해와 단어를 획득할 때 그들은 그들만의 소우주 속에서 그들이 얻은 정보를 발전시켜 나간다. 다른 말로 표현하면, 학습자가 전문가가 되어 감에 따라 처음에 이해가 발전되어 간 단계를 따라 그들의 이해도 발전되어 간다. 그 차이는 효율성과 시간의 한계에서 찾을 수 있다. 교사는 학습자가 지식을 재산출하는 데 있어서의 어려움을 덜어 준다. 동시에 교사는 학습자들이 자신의 지식을 만드는 것은 곧 학습자들이 참여하게 되는 대화의 상황에서 꼭 해야만 하는 일임을 알고 있다. 대화로 인식되고 있는 교수는 교수의 두 가지 전문성 즉 가르칠 교과에 대한 전문성과 교과 언어에 대한 전문성을 요구한다.

활동 11.2: 핵심 개념의 표현

여러분이 가르칠 다음 수업이나 이미 가르친 수업을 면밀히 조사해 보라. 그리고 수업에서 핵심 개념—셋 내지 네 개의 핵심 아이디어—을 골라내라.

자, 이제 아이디어를 표현하고 있는 단어를 보아라. 이 장의 끝 부분에 있는 중요한 자원 부분에 제시된 한두 개의 자원과 도구를 사용하여, 그것들이 의미하는

바가 왜 그러한지 알아보기 위하여 단어들을 조심스럽게 검토해 보라. 당신은 이 개념을 더 잘 가르치기 위하여 이 지식을 어떻게 사용하겠는가?

어휘 획득 모형의 단계

1. 내용에 결정적인 단어에 대한 지식을 사전 검사한다.
2. 창안된 철자와 가설적 의미를 정교화하고 토론한다.
3. 의미의 유형을 탐색한다.
4. 읽고 연구한다.
5. 평가하고 사후 검사를 실시한다.

1단계: 내용에 중대한 단어에 대한 지식을 사전 검사한다

하나의 학습 단위나 새로운 주제로 학습을 시작할 때 학생들은 공부하기 전에 학습 할 내용에 중대한 단어에 대한 지식을 사전 검사함으로써 많은 도움을 받게 된다. *예고되지 않은* 사전 검사(진단평가)는 학생들이 알고 있는 바를 제대로 보여줄 수 있는 기회가 되고, 보다 많은 학습을 어디에서 시작할지를 알려준다. 여러분은 학생들에게 각각의 단어를 불러 주면서, 가능한 한 최대한의 단어에 대해 철자를 쓰고 이를 정의하도록 요구하라. 그리고 이 검사는 그들이 모르고 있는 것을 알아내는 것이 아니라, 그들이 알고 있는 것을 알아보는 검사라는 점을 강조하라. 교수 학습은 알고 있는 내용에서 새로운 내용으로 전진하는 것이다. 그러므로 학습의 일차적 단계는 알고 있는 것을 확인하는 것이다.

사전 검사를 받게 될 단어 목록을 만들기 위해서는 배우게 될 정보—교과서 또는 다른 정보 자원—를 세심히 검토하라. 그리고 정보를 표현하는 데 있어서의 기본 어휘를 확인하라. 이것은 기술적 단어일 필요는 없으나 정보의 기저를 이루는 기초 개념을 표현하는 단어여야 할 필요가 있다.

단어 목록은 짧게 만들어라. 목적은 몇 개의 단어를 가르치어 그 단어의 이해를 많은 다른 단어에 일반화하는 데 있다. 한 가지 예로 *에너지 형태의 변화*라는 주제에 대한 5학년 과학 수업을 생각해 보자. 교과서의 해당 장을 정독해 가면서, 우리는 다음과 같은 5개 단어를 확인하고 사전 검사를 실시하였다. *에너지*, *잠재력 있는*, *신체의*, *보존*, *변형*. 우리가 기대했듯이, 5학년 학생들은 많은 철자를 우리에게 제시해 주었고 각각의 단어에 쓰이는 다양한 정의를 제시해 주었다. 이러한 특수한 사전 검사와 그 이후의 대화는 이 수업 모형의 단계를 설명하기 위하여 다음 절에 사용된다.

2단계: 창안된 철자와 가설적 의미를 정교화하고 토론한다

학생들은 대개 학교라는 장소는 과오가 없고 옳은 것만이 존중되는 장소로 생각한다. 사전 검사의 기본 생각은 시도한 철자가 정확한지에 대한 판단처럼 정해진 방식에 대한 판단에 따라 과오가 생긴다는 것을 인정하는 것이다.

그러나 이러한 옳거나 그릇되다는 평가는 단 한 가지로만 판단이 가능하다. 지식의 상태는 또 다른 유용한 판단 기준 중 하나이다. 이것은 교사에게 가능성의 범위를 더 넓혀주고 학생들로부터 더 많은 사고의 범위를 수용한다. 확실히 이것은 모두 사람의 지식은 불완전함을 학습자에게 전달한다는 점에 있어 칭송할 만하다. 우리가 모르고 있는 것도 있고 우리가 알 수 없는 것도 있다. 어느 면(말하고, 듣고, 읽고, 쓰는 데 있어서 철자와 단어 뜻)에서 언어에 관한 지식은 결코 절대적인 것이 될 수 없다.

가능하면, 학생들의 이름은 부르지 말고, 모든 학생들이 볼 수 있도록 학생들이 각 단어에 부여한 다양한 철자와 의미를 보여주어라.

시도된 철자와 의미는 그것들을 표상하는 아이디어와 단어에 관한 지식을 반영하고 있음을 강조하여라. 잘못된 많은 철자들은 음성학적으로 추출된 것이다. 그들은 인쇄된 형태로 발음하려고 한다. 그러나 영어의 철자는 소리뿐 아니라 의미에 기초를 두고 있다. (그래서 separate와 같은 철자의 표현은 그 단어의 어원이 "벗기는, 잘라내는"이라는 것을 일단 인지하고 나면 그 단어를 철자로 표현하는 것이 매우 쉬워진다. 한때 두 번째 음절 속의 a라는 문자의 원천은 "part"라는 생각으로 인식되기도 했는데, 결국 그 철자는 확고하게 되었다.) 학생들은 발음 유형이 유사하거나 유사한 의미를 가진 또 다른 단어의 철자를 사용하여 한 단어를 잘못 사용할 때 혹은 학생들이 한 단어를 정의할 때 그들에게 정의하도록 주어진 단어와 소리가 유사한 단어의 실제적 정의라는 것을 직관적으로 알게 된다.

사전 검사에 사용된 단어를 검토해 보고 그것의 발음과 의미, 철자의 관계를 논의해 보아라. 우리가 실시한 "에너지 형태의 변화"에 대한 사전 검사에서 37명의 학생 중 28명의 학생은 energy의 철자를 정확하게 쓸 수 있었다. 그렇지 못한 9명의 학생들은 energy, inergy, entergy와 같이 8가지 다른 철자를 사용했다. 그러나 다른 철자를 만들어 낸 과반수의 학생들은 잘 알지도 못하면서 "work"를 의미하는 그리스어 ergon으로부터 유래된 eng라는 어근을 사용하였다. 비록 이 어근이 5학년 학생이 알지 못하는 것일지라도 이것을 학생들이 학습할 준비는 되어 있는 것이다.

학생들이 제시한 에너지에 관한 정의는 두 가지 범주로 나누어진다. 각 정의는 한 가지 또는 다른 의미로 정의된다. 따라서 학생들은 일이라는 아이디어나 "에너지가 충만한" 것과 같은 인간의 특징과 관련하여 에너지 단어를 정의한다. 그러나 철자를 쓰는 데 있어서와 마찬가지로 관련을 짓는 것은 에너지의 의미가 왜 그러하고 왜 그렇게 쓰이는지에 대한 좋은 교훈이 된다.

potential이라는 단어는 기대한 것처럼 학생들에게는 더 많은 도전을 던져준다. 37명의 학생 중 단 7명만이 그 단어의 철자를 정확하게 알았다. 대부분의 잘못된 철자는 단어 끝에 있는 tial에서 발생했다. 이것은 기본 단어인 potent의 끝에 접미사 ial이 붙고 t음은 sh로 바뀌는 음성학적으로는 이상한 구성을 이룬다. 이것은 또 다른 동화의 본보기로서, 발음을 어렵게 만드는 음의 앞뒤에 발음될 때 한 문자의 발음이 바뀐다. (먼저 potent를 말하고 그 다음 여기에 ial을 덧붙여라.)

potent는 접미사인 ial이 첨가되어 po/ten/tial이 만들어지면서 그것의 발음이 바뀐다. 그러나 ial은 이 단어의 의미와 철자를 결정하는 열쇠가 된다. 즉 이것은 접미사로 "~의, ~과 관련이 있는" 뜻을 갖고 있으며, residential, presidential, tutorial, special과 같은 단어에서 찾아볼 수 있다. (심지어 special이라는 단어조차도 이 규칙을 따른다. special이라는 문자적 의미는 특별한 속성, 특수한 종류, 특수한 형태의 "의", 또는 "~과 관련된" 이란 뜻이다.)

접미사 ial을 이해하게 되면, 학생들은 potential의 기반이 이전에 보고 들었던 단어임을 알게 된다. 즉 potent는 "강력한" 이란 의미로 "할 수 있다" 라는 라틴어에서 유래되었다. 그렇다면 잠재적 에너지란 당장 사용되지는 않으나 필요할 때 사용할 수 있는 에너지이다.

kinetic이라는 단어는 37명 중 3명만이 정확히 쓸 수 있었고 18명의 학생 중 12명은 kinetic이 에너지와 관련이 있다고 반응하였고 5명은 전기의 개념과 관련이 있다고 반응하였다. 주로 학생들은 소리가 유사하고 의미가 친숙한 그들이 알고 있는 단어로 철자를 쓰려고 하였다. 즉 connect 또는 connecticut 또는 conversation으로 철자를 쓰려고 하였다. 공교롭게도 kinetic과 연결을 잘 짓지 못하는 학생들에게 익숙한 단어로 cinema가 있다. kinetic이라는 단어를 가르치는 데 있어서의 핵심은 영화와 관련이 있는 개념에 있다. movie는 cinema와 동의어로 cinema는

cinematograph의 약자로 활동에 관한 사진 또는 활동사진을 뜻한다. cinema는 움직임을 뜻하는 그리스어 kinema에서 유래하였으며 물리에서는 kinesis와 kinetic으로 표현되는 개념으로 동작이라는 아이디어에서 나온 것이다. 그렇다면 운동 에너지란 동작에 의하여 생겨난 에너지인 것이다.

이러한 개념은 교육과정의 마지막 부분에서 다루게 되는데, 이것은 관성이라는 아이디어를 이해하는 열쇠가 된다. 학생들은 conservation을 kinetic보다 조금 더 잘 알고 있었다. 37명 중 19명은 철자를 정확히 썼으나, 에너지와 관련하여 정의한 학생은 하나도 없었다.

11명의 학생들은 어느 면에서, 생태학이라는 개념에서 보았을 때 그 단어와 과학을 관련 지었다. 그러나 대부분의 학생들은 그들이 알고 있는 conversation, convention, concentration 또는 concern과 같은 다른 단어와 관련 지어 그 단어를 쓰고 정의하였다.

이러한 수업의 두드러진 점 중의 하나는 26명만이 그 단어의 ser를 정확히 쓸 수 있다는 점이다. energy의 어간 erg처럼 학생들에게는 잘 알려져 있지 않은 ser는 보호한다는 의미의 근원이다. 또한 이것은 preserve, reserve, reservoir와 같은 단어에서도 생기고 이상하게도 hero 단어에서도 이러한 현상이 생기는데 hero의 어원은 그리스어에 있다. 아마도 보존이 보호를 뜻하듯이 영웅이란 보호하는 사람일 것이다.

다섯 단어 중 마지막 단어인 transformation은 37명 중 20명이 정확히 쓰고 24명이 "변화라는 아이디어"와 관련하여 정의하였다. 비록 소수의 학생들은 transprotation이라는 단어와 혼란을 일으켰지만, 그들은 대부분 그 단어의 의미에 대한 모종의 아이디어를 갖고 있었다. 적어도 한 학생은 그 단어를 에너지라는 개념과 어렴풋이 연결을 지었다. 모든 학생들이 이 마지막 단어의 철자와 정의에서 보여준 것은 변화하는 형태의 개념을 배울 준비가 갖추어졌다는 것이다. 이 교수법의 첫 단계는 아마도 transformation을 많은 학생들이 갖고 노는 장난감인 transformer와 관련 짓는 것일지도 모른다.

사전 검사에서 철자를 쓰도록 한 이 다섯 가지 단어들은 학생들에게는 쉬운 것이 아닐 수 있다. 결국, 이것들은 그들이 이미 꼭 알고 있어야 하는 것이 아니라, 그들이 배우게 될 개념의 명칭을 부여하는 단어들인 것이다. 그러나 철자와 정의를 시도할 때 나타난 바와 같이 그들이 갖고 있는 지식을 조사함으로써 우리는 학생들이 알고 있는 것을 토대로 하여 학생들이 알기를 바라는 것을 가르칠 기초가 될 대화가 생겨나는 것이다.

3단계: 의미의 유형을 탐색한다

『아이오와 기초기능검사 교사용 지침서(Teacher' s Guide for the Iowa Tests of Basic Skills, ITBS)』는 가장 널리 사용되는 교육 성취 지표의 하나로, 어휘 개선을 위한 흥미로운 제안을 제시하고 있다.

어휘 수업의 핵심이 Iowa 검사 점수의 개선이 아니지만 ITBS의 하위 어휘 검사가 타당성이 있다면(우리는 그러하리라 생각하지만), 어휘의 개선은 학생들의 검사점수로 나타나야 할 것이다.

이것이 ITBS 매뉴얼 저자들이 어휘 개선에 관해 언급하고자 하는 것이다.

> 단어의 의미를 이해하는 것은 모든 의사소통과 학습에 필수적이다. 일반적으로 학교는 다음과 같은 방법을 통하여 어휘력을 증가시킬 수 있다. a) 계획된 체계적 수업 b) 기회가 생길 때마다의 비형식적인 수업 c) 광범위한 다양한 자료 d) 활동, 경험, 현장연구, 기타.

각 교과 영역 안에서의 교사의 가장 중요한 책임 중 하나는 학생들에게 교과의 전문적인 어휘와 개념을 이해시키는 것이다. 어휘 수업을 위한 지름길이란 없다. 그러나 다음의 제안은 도움이 될 것이다.

1. 단어의 단순한 회상이나 기계적 발음보다는 의미를 강조하라.
2. 상황과 무관하지 않게 상황에 맞추어 단어를 가르쳐라.
3. 아동들이 직면하게 될 새롭고 혼란스러우며, 특별한 단어를 아동들이 질의하도록 가르쳐라.
4. 칠판에 단어를 적어 두고 자주 사용하도록 격려하라.
5. 단어를 공부하고 단어를 만들기 위한 준비를 확실히 해 두어라. 단어의 기원, 어근, 접사, 복합어를 설명하라.
6. 새로운 단어를 포함시켜 이를 문장 내에서 사용하고 단어의 의미를 논의하는 구두시험을 자주 실시하라.
7. 동의어, 반의어를 단어나 문단 형태로 연습을 시켜라.
8. 유사하지만 똑같지 않은 단어의 의미상 다른 점을 논의하라.
   (대부분의 사전은 용법 주의사항과 용도에 부합되는 좋은 자료가 되는 앞뒤 참조문이 있다.)
9. 상급학년 학생들에게 특히 백과사전을 사용할 수 있는 경험을 주어라.
10. 언어 배경이 다른 아동들이 흥미 있는 단어, 개념, 숙어를 공유하도록 격려

하라.[1]

검사 매뉴얼이 성공적인 어휘 수업을 처방해 주지는 못할 것이다. 그러나 우리가 알고 있는 일군의 교사들은 ITBS 매뉴얼의 해당 페이지를 처방으로 간주했다. 다음의 제안들은 ITBS의 제안이라는 렌즈를 통하여 해석된 어휘 발달 모형에 대한 교사의 경험으로부터 추출된 것이다. 우리가 언급하고 있는 교사들은 Virginia, Mineral, Lousia 중학교에 근무하고 있다.

다음은 Lousia 교사들이 어휘 획득 모형 적용 시 택한 단계들이다.

1. *I: Involve the students* (학생들을 참여시킨다. 학생들을 불러들여 가르치려는 단어를 어떻게 쓰고 정의하는지 아이디어를 공유하도록 한다.)
2. *T: Tell them about the word* (학생들에게 단어에 관하여 말한다)
   단어의 정확한 철자, 의미, 파생어를 보여주어라. 정확한 정보와 관련이 있는 학생의 아이디어들을 보강해 주어라. 알려진 단어의 기원에 관한 이야기를 들려주어라.
3. *B: Brainnstorm with the students* (학생들과 브레인스토밍을 한다)
   학생들이 가르치려는 단어와 관련이 있다고 생각하는 단어는 물론 가르치려는 단어와 동의어라고 믿는 단어를 받아들여라. 여러분의 지식과 여러 참고 원천을 사용하여, 브레인스토밍하여 만든 단어 목록을 분석하는 데 학생들의 모델이 되거나 선도하여 가르치려는 단어의 정의와 앞에서의 단어들의 의미를 학생들로 하여금 비교하게 하여라.
4. *S: Create Sentences* (문장을 창안한다)
   학생 각자로 하여금 그들이 생성한 목록으로부터 하나의 단어를 선정하게 하거나 문장 내에서 목록 단어를 선정하고 선정된 단어를 사용하여라. 즉 그들이 공유하고 있는 문장 내에서 품사와 단어 용법을 논의하여라.

학교 교사마다 어느 주에 가르칠 단어를 선택한다. 그것은 매주 하나의 단어가 될 수도 있고 여러 주에 걸쳐 하나의 단어가 될 수도 있다. 일반적으로 가르치려고 선택한 단어들은 내용 영역에 있어서 핵심 개념 단어가 된다. 즉 과학과에서는 *에너지*, 수학과에서는 *분수*, 사회과에서는 *연방주의자*, 문법에서는 *분사*, 문학에서는 *서사문*과 같은 개념들이다.

처음에 교사는 학생들에게 그들이 할 수 있는 최대한 가르치려는 단어의 첫 자를 쓰고 정의내리도록 요구한다. 그 다음 그들은 짝과 함께 또는 소집단이 되어 그

그림 11.1 어휘 획득 그래프 조직자

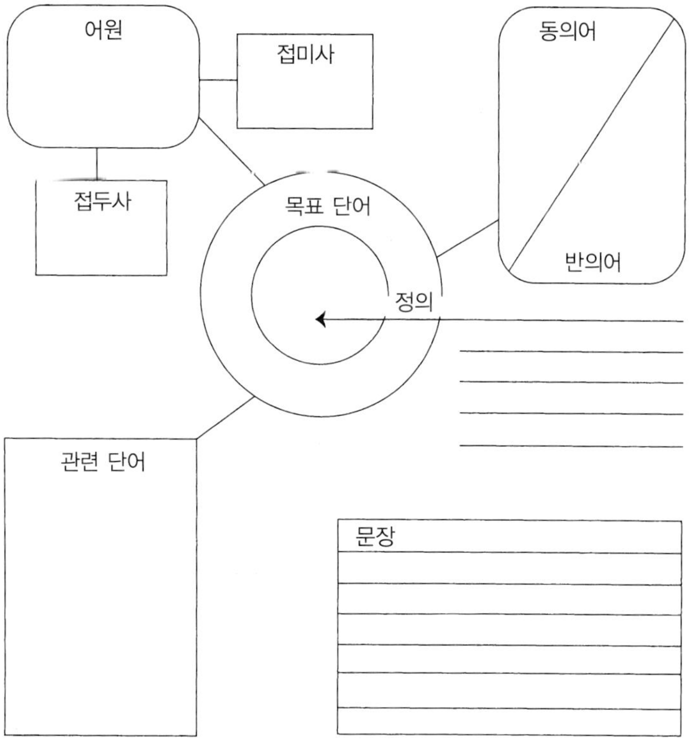

철자와 정의를 공유한다. 첫 단계를 끝맺을 때, 짝 또는 집단은 한 가지 철자와 정의를 작성하여 이것을 칠판에 적어 둔다.

각 학생은 개인 어휘 학습장에 그림 11.1에 제시된 어휘 획득 그래프 조직자 복사본을 받거나 그리거나 한다.

교사는 바르게 쓰인 목표 단어를 그래프 중간에 쓰고 학생들은 이를 모방한다. 학생들은 철자를 비교해 가면서 차이점을 논의하기 시작한다. 그 다음 교사는 일차적 사전의 정의를 그래프의 적당한 위치에 적는다. 또다시 학생들은 정의를 비교한다. 그들은 왜 그 단어의 철자가 그렇게 쓰이고 있으며, 정의가 왜 현재대로 쓰이는지를 강조하면서 철자와 정의의 유사점을 논의한다. 가끔 학생들은 철자와 뜻을 정의하는 데 폐쇄적이다. 무엇이 아니라고 배운 것은 무엇이 무엇이라고 이해하는 데 도움이 될 수 있기 때문에 전통적인 철자와 정의 그리고 비전통적인 철자와 정의 간의 차이점 논의는 모든 사람들이 실제 단어를 더욱 세밀히 이해하는 데 도움이 된다.

그 다음 학생들이 제안한 문장은 앞에서 논의한 철자와 정의를 비교 논의한 것과 똑같은 생각으로 조사된다. 교사와 학생들은 배우려는 단어를 사용하여 그들이 적절하다고 생각하는 모범 문장을 만든다. 교사는 학생들에게 실제 철자법과 정의를 토의 상황에서 요구된 대로 언급한다. 이것은 수업의 실제 목적에 초점을 두고 있는 것이다.

그 다음으로 브레인스토밍을 통하여 얻어진 단어들은 어느 것이 관련되어 있는 단어인지, 어느 것이 동의어인지 그리고 어느 것이 반의어인지 알기 위하여 조사된다. 이 시점에서 학생들은 차트에 추가 단어를 포함시킬 수 있다. 관련 단어는 어원이 같은 단어로 동일한 의미를 가진 단어이다.

동의어란 의미가 유사한 단어이고 반의어란 의미가 반대인 단어이다. 이따금 단어를 안다는 것은 유사한 단어와 유사하지 않은 단어를 안다는 뜻이다. 물론 이러한 지식을 획득한다는 것은 연습에 있어서 핵심적 사항이 된다.

동시에 교실에서 동의어, 반의어, 가능한 접두사, 어근, 접미사와 같이 관련되는 단어를 논의하는 것은 도움이 될 것이다. 영어란 조합의 체제이다. 어린 독자들은 이야기 원고를 해독할 때 소리를 단어로 결합하거나 융합하는 것을 배울 필요가 있다. 그러나 독자는 기본적 음성적 유형을 넘어서서 활자로 기호화된 의미의 유형을 알 필요가 있다. 예를 들면, 왜 sign에 묵음 g가 있는가? 그 대답은 g는 sign과 signal 사이의 의미를 연결하고 동일한 의미를 나타내는 다른 단어들의 의미를 나타내는 데 꼭 필요하다는 것이다. 왜 우리는 rented, walked, roused를 말할 때 각각의 경우 모두 "ed"를 똑같이 쓰고 있는데 왜 발음을 달리할까?

우리는 각 단어의 이 부문의 유사한 기능을 유지하기 위하여 각 단어의 이 부분에 똑같은 철자를 사용한다. 우리는 단어의 끝 부분을 달리 발음하는데 왜냐하면 시간이 지나면서 단어를 발음하는 가장 쉬운 방법을 따르기 때문인데 결국 음과 철자가 서로 조화를 이루지 못하고 있다. 이러한 예는 수천 가지나 된다. 영어는 의미와 소리를 기호화하는 데 작용하는 조합체제라는 것을 유념하는 것이 독서의 핵심인 이해를 추구하는 데 있어 독자들에게 큰 도움이 된다.

4단계: 읽고 연구한다

어휘 획득 모형에서 학습할 아이디어와 어휘가 도입되어 논의되고 나면, 개념 발달 모형, 교실토론 모형 또는 행동학습 모형과 같은 유사 모형에 따라 독서와 연구가 이루어진다. 학생들이 읽은 교재에서 학습한 어휘가 왜 그렇게 사용되고 있는지를 세밀히 관찰하도록 학생들을 격려하라.

어휘 획득의 또 다른 단계는 새로운 단어가 적절한 맥락에서 사용되고 있는지를 보는 것이다. 이외에 학생들은 회화, 라디오, 또는 TV를 통하여 어떠한 말이 사용되고 있는지 경청하거나 교과서 이외의 다른 독서물에서 단어의 사용을 주시할 수 있다. 소설과 산문문학은 이 모든 단어들을 여러 가지 방법으로 사용한다. 사실, 광범위한 독서만이 어휘를 증진시키는 최선의 방법이다. 그러나 저자가 언어를 신중히 사용하여 의미의 구분을 지어 놓은 것을 이해할 때만 그러한 것이다. 어휘 획득 모형에서 독서와 연구 전의 회화와 토론은 여러 학습자의 어휘에 대한 감수성을 높여 줄 것이다.

5단계: 평가하고 사후 검사를 실시한다

어휘 획득 모형의 효과는 비교적 평가하기가 쉽다. 이 모형은 똑같은 단어의 철자와 의미에 대한 사전 검사로 시작하여 사후 검사로 끝을 맺는다. 어휘를 공부한 정도에 따라 학생들은 이 두 검사점수에서 상당한 차이를 예상할 수 있다. 이 모형에 있어 숙달이 목적이고 숙달은 의도한 만점 근처까지 가는 것이다.

사후 검사의 내용에는 단어의 철자와 정의 그 이상이 포함되는데 철자와 정의는 사후 검사를 채점하는 기준이 된다. 학습자들이 그 정의를 초월해서 알고, 그들이 동의어, 용법, 어원에 대한 아이디어를 이해하는 것이 결정적으로 중요하다. 동의어, 실례, 어원의 설명을 물어보아라. 어휘 수업은 단지 배우는 단어에 관한 것만은 아니다. 여기서 중요한 것은 학생들이 토론하고 연구하여 얻은 언어와 아이디어에 대한 통찰력으로, 이것은 모든 언어가 어원, 기본 단어, 파생어 수준에서 연결되는 방식 때문에 다른 많은 단어에 걸쳐 일반화될 통찰력인 것이다. 이러한 관련성이 강조될 때 학생들은 그들이 탁월할 것이라는 기대와 함께 공정하게 평가받게 된다.

언어 평가의 임무는 늘 비공식적이다. 우리 모두는 개인이 말하는 것을 듣거나 그 개인이 쓴 글을 보고서 개인에 대한 판단을 내린다. 어휘 획득 모형을 통하여 배운 어휘에 대한 대화는 시간을 넘어 계속되고 그 대화에서 보다 정확한 언어를 사용하도록 평가와 격려는 불가피하게 사용되어야 한다. 과거의 수업 속에서 가르쳐진 단어가 어떻게 사용되는지 비공식적으로 계속 표시를 해 나가라. 최근 논의된 단어가 학생들이 의미하는 바를 더욱더 정확히 말하고 있는지에 학생들의 주의를 끌어들이도록 하여라.

이렇게 학생들이 소유하고 사용하고 있는 단어에 대한 비형식적 진단적 관심은 어휘 획득 모형 평가의 일부가 된다.

학습자가 그들의 연구로부터 학습한 것으로 기대한 바를 평가할 때 어휘 획득 수업에서 의도한 단어와 개념이 포함된 철자와 의미 검사가 포함된다. 결과는 단어의 철자와 의미의 이해에 대한 뚜렷한 개선으로 나타날 것이다. 그 효과로는 보다 높은 점수로 나타나고 부수적으로 어휘 연구를 강화시키는 이점이 있을 것이다. 더욱이 이러한 모형을 사용한 수업에서는 금요일 시험이 주말의 홍수로 취소되면, 학생들은 월요일 재시험을 잘 보게 될 기회도 갖게 될 것이다.

어휘 획득 모형의 단계 요약

1. *내용에 중대한 단어에 대한 지식을 사전 검사한다.*

이 검사는 배울 주제에 대한 기본 개념을 이미 알고 있는지에 대하여 교사와 학생을 위한 기초적 정보를 제공해 준다. 단어를 어떻게 쓰고 정의하느냐에 따라 학생들의 이해를 들여다볼 수 있는 창문이 되는 동시에 수업을 위한 출발점이 되기도 한다.

2. *창안된 철자와 가설적 의미를 정교화하고 토론한다.*

발명과 가설은 수업과 이해 증진의 기초가 된다. 새로운 이해란 선수 지식 위에 구축된다. 학생들이 단어의 철자를 쓰고, 단어를 정의내리기 위해 무엇을 시도하든지 그것은 학생의 이해 증진의 기초가 된다.

3. *의미의 유형을 탐색한다.*

동의어로 어떠한 단어들을 맞추고, 단어들을 언어로 어떻게 사용하고, 단어가 어떻게 현대 영어 속에 존재하게 되었는지 논의하라. 철자란 인쇄로 표현된 말 그 이상이다. 영어란 활자화된 단어가 발음과 의미의 단서가 된다는 의미를 지닌 형태 음소론적 체계이다. 그러므로 단어가 어떻게 쓰이느냐하는 것은 말에서 어떻게 발음되느냐와 더불어 단어가 무엇을 의미하느냐와 관련이 많다.

4. *읽고 연구한다.*

읽고 연구하기 전에 기초 개념을 탐구하고 나면 이미 알고 있는 내용도 확인할 수 있는 동시에 그 내용에 대한 이해를 정교화하고 다듬을 수 있다.

5. *평가하고 사후 검사를 실시한다.*

학습 평가는 수업 후의 결과 척도를 동일 정보에 관한 수업 전 척도에 비추어 조사할 때 가장 큰 의미가 드러난다.

어휘 획득 모형의 단계는 이해, 단어 지식, 관련 개념에 대한 두드러진 성장을 보장하기 위해 설계된 것이다.

수업의 차별화 방법

독해력과 어휘 지식 간의 관계는 깊고 명백하다. 어휘를 가르치는 데 있어서의 문제점은 다음과 같다. 비록 연구 결과가 일치하지는 않을지라도, 연구 결과에 의하면 어휘를 가르치는 가장 비효과적인 방법은 단어의 의미를 직접 가르치는 것이다. 예를 들면 학생들로 하여금 단어 목록에서 단어의 의미를 찾아보고 그것을 문장 속에서 사용하게 하는 것이다.

대신, 독자의 어휘는 독자가 홀로 단어의 의미를 학습하는 전략을 배워 나가면서 그리고 독자가 폭넓은 독서를 해 나가면서 증진된다. 어휘 발달에 관한 10여 년간의 연구 결과가 우리에게 가르쳐 준 내용을 하나의 문장으로 요약한 것이 아래에 있다. 즉 *모든 어휘 수업은 학생이 자주, 폭넓은 독서를 할 때 직면하게 되는 친숙하지 못한 단어의 의미를 파악할 수 있는 독자적인 단어 학습자가 되는 데 도움이 되는 기능과 전략을 목적으로 삼아야 한다.*

독자적인 단어 학습과 친숙하지 못한 단어의 의미를 파악할 수 있는 능력의 핵심은 간단한 언어의 규칙에 있다. 즉 문장과 문단이 구문이라는 규칙에 의하여 단어를 결합하여 만들어지듯이, 단어 그 자체는 소위 또 다른 규칙인 형태론이라는 규칙을 결합한 소단위 형태소로 만들어진다.[2] 언어사용론자들은 대부분 후자의 규칙과 절차를 모르고 있다.

왜냐하면 형태론에서 복수명사를 만드는 것과 같은 가장 간단한 수준에서 그 과정은 실제적으로 자동적이기 때문이다. 그러나 어느 시점에서, 언어는 보다 더 복잡해지고, 형태소의 유사점도 철자와 발음의 다양성에 의하여 모호해진다. congratulate, grateful, ingratiate와 같은 단어를 생각해 보아라. 이 모든 단어는 똑같은 어원에 철자만 다를 뿐이다. 대부분의 교사는 물론 학생들은 영어 단어를 구성하는 대부분의 형태소 구성단위를 알지 못한다. 그러나 이전에 묵시적으로 단어가 의미를 어떻게 표현하는지를 명시적으로 깨달아감에 따라, 학생들은 이전에 한 번도 보지 못했던 단어의 의미를 이해하게 된다.

학급에서의 어휘 발달의 가장 중요한 특징은 단어에 대한 일상회화에 있다. 모든 학습 내용 영역의 주요 사실, 개념, 일반화는 이들 교과의 핵심 언어로 존재한다.

어휘를 만드는 것은 언어에 대한 호기심과 매력 때문이다.

어휘 수업의 기본 목적은 학생들로 하여금 단어들이 어떻게 그러한 것을 의미하게 되었는지 생각해 내게 하는 데 있다. 단어가 무엇을 의미하는지보다는 어떻게 그러한 의미를 갖게 되었는지에 집중해 보아라. 이러한 질문에 대한 답을 어원학에서 찾아볼 수 있다. 영어 단어의 65%가 부분적 또는 전적으로 라틴어와 그리스어에서 유래된 접두사, 어근, 접미사로 이루어진다는 것은 주목할 만하다. 여기에 학생들이 연구하고 사용하기 위해 배워야 할 형태학 공식이 있다. 즉 접두사(es) + 어원(s) + 접미사(ex) = 단어(괄호 안에 있는 것은 선택적이다. 모든 단어에는 어근이 있다.) 이 공식은 영어의 모든 단어에서 하나 내지 그 이상의 어근에 통상 하나 내지 그 이상의 접두사와 접미사가 붙는다는 뜻이다.

단어가 의미단위로부터 어떻게 만들어지는지를 이해하는 것이 의미를 이해하는 기초가 된다. 많은 단어들은 접사 없는 단어로서 독립된 어근만이 있다. 예를 들면 acts, acting, active, action, actively react, reactor 등이 있다.

그러나 "anim" 이라는 어근은 단어가 아니다. 즉 단어가 되려면 최소한 하나의 접두사 또는 접미사가 결합되어야 한다. 예를 들면 animal, unanimous, inanimate는 모두 어근이 똑같고 "마음" 이나 "정신" 을 의미한다.

집이 벽돌과 나무로 지어지고 컴퓨터가 여러 부품으로 만들어지듯, 단어가 의미의 단위로 만들어진다는 것을 이해하는 것은 언어에 대한 새로운 관점을 열어 놓은 셈이다. 어린 학생에게 있어 이것은 의미의 단위가 함께 모여 단어를 구성하는 것과 똑같이 탕 소리와 함께 여러 색깔의 음료수 거품이 이는 것으로 설명할 수 있다. 학생들이 단어를 소리내고 그 단어의 의미를 이해해가면서, 그들은 아주 새로운 단어의 의미를 알 수 있게 된다. 왜 그러할까? 왜냐하면 독자가 단어가 만들어지는 요소들을 이미 알고 있다면, 이미 그 단어들은 새로운 것이 아니기 때문이다.

영어는 수십만 개의 단어로 이루어지는데 이들 단어는 수백 가지의 의미 있는 부분으로 만들어진다. 일단 이러한 핵심 내용을 숙달하고 나면, 독서할 때 친숙하지 않은 단어들은 비교적 몇 개에 불과할 것이다.

어휘는 교육과정의 여러 내용을 결합시키는 능력이 있다. 학생들이 교과서, 신문, 소설, 기타 교재의 내용 영역에서 단어를 찾고, 과거에 배웠거나 금주에 배울 어근이 같은 단어들을 찾아보도록 격려하여라. 일단 학생들이 언어로 횡적인 교육과정의 관련을 탐구하게 되면, 그들이 발견하는 것은 단일 어근이 있는 많은 단어가 교육과정의 여러 교과 영역에서 발견된다는 것이다. 한 가지 예를 들면, "Fract" 라는 어근은 "break"의 의미로 수학과의 (fraction), 과학의 (refraction), 사회과의 (fractious), 보건과의 (fracture), 심지어 영어과에서도 발견할 수 있는데 그 철자는 약간 다르나 의미는 연결되어 있다(fragment). 핵심 개념의 이해를 깊고 넓게 할 수 있는 이러한 횡적 교육과정의 관련은 수십 가지가 있다.

학생들이 접두사와 접미사에 대하여 많은 것을 알고 있다고 가정하지 말기 바란다. 접두사의 철자나 어근의 철자를 바꾸지 않고 어근에 붙는 단순하면서 가장 일반적인 접사로 시작하라.

접사를 가르치기 위한 좋은 출발점은 영어에서 가장 흔한 접사를 가르치는 것이다. 접사가 있는 모든 단어의 58%는 다음 세 가지 접사 중 하나를 갖고 있다.

un은 not을 의미하는데 예로는 unfair 또는 unequal이 있다.

in(ig, im- 또는 ir- 이라는 철자도 있다.)은 not을 의미하는데 예로는 insane, illegal, irregular, immoral이 있다.

일반적인 접미사는 확인하기도 쉽고 가르치기도 쉽다. -s, -es, -ung와 -ed는 접미사가 붙은 영어 단어의 65%를 차지한다.

문법적 형태를 변형하거나 어근의 의미를 변경하지 않는 접미사에 집중하여라. 여러분은 이 몇 가지보다 더 많은 접미사를 가르치게 되나 접미사 -s는 단수 형태에서 복수 형태로 바꾸거나 3인칭 단수 동사에도 쓰인다. 그러므로 "act" + "s" = "acts"인데 이것은 한 가지 이상의 행동을 의미한다. 그러나 "acts" 또한 3인칭 단수동사 "행동한다"라는 뜻도 있다. 문장의 구문은 이 두 가지 형태의 차이를 결정한다. 접미사 -ing는 동사의 현재 분사이거나 동명사를 지칭한다. 이것이 바로 "I run"과 "I am running" 그리고 "달리는 사슴은 교통에 위험하다." 그러나 "달리는 것은 좋은 운동이다."을 구분짓게 해준다.

접미사 -ed는 "act" + "ed" = "acted"와 같이 일반 동사의 과거시제를 나타낸다.

접미사 -ed는 "act" + "ive" + "ly" = "actively"와 같이 적극적이라는 의미로서 형용사를 부사로 바꾼다.

수업 중 우연히 만나는 인쇄로 된 단어 요소에 관심을 기울임으로써 언어의 의미 요소에 대한 호기심을 학생들에게 나타내어라. 또한 여러분은 철자 연기대회를 개최할 수도 있다. 여기에서 단어 철자를 정확히 쓰면 한 점을 얻게 되고 그 단어의 접미사, 어근, 접두사를 확인하면 부가점수를 받게 된다.

부수적 전략에는 다음과 같은 내용이 포함되는데 이것들이 차별화 기회를 제공해 준다.

- 벽과 칠판에 단어들을 제시하라. 접두사, 어근, 접미사들을 구분하기 위하여 색깔로 표시를 하여 이러한 접사들을 잘 보이도록 하여라.
- 색인 카드를 사용하여 각각의 카드 한 면에는 하나의 단어를 적고 다른 면에는 그 요소를 설명하는 키워드를 적어라.
- 학생들에게 기억게임이나 낙시하는 게임을 허용한다. 이 경우 학생들은 이들 요소를 사용하여 실제 단어를 만든다.
- 교재를 사용하여 어근이 똑같은 단어를 탐색하라. 예를 들면, 학생들로 하여금 미국 역사책의 인권에 대한 장을 보고 범을 뜻하는 어근의 "leg, legis" 인 단어를 찾게 하거나 또는 공정함, 옳음을 의미하는 "Judic, Judge, Jud" 를 찾게 하거나 또는 집단이나 모임을 뜻하는 "Greg" 를 찾도록 하여라.
- 그림을 통하여 어근이나 단어의 의미를 표상하여라. 예를 들면 학생들로 하여금 잡지로부터 그림을 찾아, 오려내고 풀칠하게 하거나 성, 가족, 창안, 출생, 종류와 같은 어근의 의미를 갖고 있는 그림을 그리게 하라.
- 의미가 다르며 여러 품사로 쓰이는 어근이 똑같은 계통의 단어를 만들기 위하여 학생들에게 접두사와 접미사를 보태거나 제거하는 연습을 시켜라.

대안적 평가

학생들이 학습한 단어를 쓰고 정의하도록 요구하지 않는 평가로 학생들의 어휘에 대한 이해를 평가하는 창의적 방법은 많다.

여기에 몇 가지 대안이 되는 보다 나은 방법이 있다.

- 접두사가 다르며 의미가 똑같은 다른 단어들을 불러주고, 학생들로 하여금 각 단어의 품사를 확인시킨다.
- 학생들에게 그들이 공부한 단어들의 동의어와 반의어를 확인하도록 요구한다.
- 학생들이 단어의 의미에 대한 지식을 사용하여 공부하지 않은 새 단어의 의미를 규명할 수 있는지 알아본다.
- 학생들에게 문장의 형태로 빈 곳을 채우는 연습 활동을 시킨다. 이 경우 학생들은 상황에 맞도록 접두사와 접미사를 단어에 덧붙이게 된다.
- 학생들에게 문장 속에서 획이 굵은 활자로 된 단어의 어근을 확인하는 과제를 정해 주고 그 다음 어근과 단어를 정의하게 한다.

- 학생들에게 어떤 뚜렷한 어근을 가진 단어를 사용하여 완성시켜야 하는 이야기나, 일련의 미완성된 문장을 준다.
- 검사에서 단순히 단어의 철자를 쓰게 하느니 오히려, 학생들에게 그 단어들을 의미 있는 부분으로 나누도록 요구한다.
- 이따금 학생들에게 단어 요소들의 의미에 관한 지식을 토대로 하여 무의미한 단어를 정의하도록 요구한다.

시나리오

Torres 교사는 초기 중세시대에 대한 이틀간 수업을 계획하는 데 있어 두 개의 단어 middle과 crusade에 대한 논의를 집중하기로 하였다. 그는 6학년 학생들에게 이들 단어와 각각 관련이 있는 것은 무엇이든 적어 보도록 요구하면서 수업을 시작하였다.(이것은 두 단어의 지식에 관한 사전 검사이다.)

대부분의 학생들은 middle을 정확히 썼으나 그것과 관련 있는 단어들은 다양했다. 가장 공통적인 아이디어는 "between(~사이)"이라는 개념이다. 관련되는 단어에는 middle aged, middle age, middle school, middle East, middle ear, middle man이 있다. 이와는 대조적으로 crusade라는 단어는 몇 가지 다른 방식으로 쓰이며, 전쟁, 종교, 로빈후드와 관련하여 정의되고 있다. (몇몇 학생은 어디에선가 십자군 운동이 전개되는 동안 로빈이 감옥에서 탈출하기 시작하는 이야기를 각색한 영화를 떠올렸다.)

칠판에 쓰인 이러한 다양한 철자와 관련어들(학생들은 논의를 시작하려고 그들이 추측한 바를 말로 같이 나눈다.)을 갖고 다음의 대화가 계속된다.

교사:	우선 중세시대라는 문구에서 중간이라는 단어를 보아라. 무엇의 중간인가? 중간에 있는 것이라는 말을 할 때 중간은 무엇을 의미하는가?
Karen:	그것은 두 개의 다른 것 사이를 말합니다.
교사:	그것은 중학교가 초등학교와 고등학교 사이에 존재한다는 것과 같다.
Marcus:	그러나 중세는 옛 시대와 지금 시대의 사이에 있습니까?
Karen:	맞아. 고대와 현대 사이에 있습니다. 그렇지?
교사:	맞아. 그러나 물론 그 당시 살고 있던 사람들은 그 시대를 중세라

고 부르지는 않아. 그들은 그들이 살던 시기를 현대라고 불렀을지 몰라. 우리가 오늘날을 현대라고 부르는 것과 같아. 중간이라는 아이디어를 좀 더 자세히 살펴보자. 영어에서는 가끔 med라고 쓰인다. 이것은 medium에서도 똑같다. 즉 똑같은 아이디어이다. med가 쓰이는 다른 단어를 생각해 낼 수 있니? 그것들이 중간이라는 단어와 어떠한 관련이 있는지 알아보자.

Jason: medium

Dominique: 길을 말할 때의 median

Susan: 나는 medieval이라는 말을 들었어. 그것도 똑같은가?

교사: 그것은 중세의 그 무엇인가를 기술하는 형용사이다. 예를 들면 "기사도는 중세의 관습이다." 여러분은 "Middle Age Custom"이라 말하지 않고 medial custom이라 말할 수 있다. 그러나 여러분은 어떻게 "중간..."이라는 아이디어가 이 모든 단어 속에 들어가 있는지를 어떻게 알 수 있을까?

Marcus: mediterranean은 어떤가요?

Rachel: 또는 medical은요?

Mr. Torres: 글쎄 생각해 봐. 지중해가 지도상 어디에 있는지 살펴보자.

Jason: 아프리카와 유럽 사이에 있어요.

Marcus: 그러나 무엇의 중간에 있나요?

Susan: 모두가 육지에요. 거의가 땅으로 둘러싸여 있는 것 같아요.

교사: 좋은 생각이야. 내가 생각하기에 너희들은 그 개념을 이해했어. 나는 Rachel이 말한 medical에 대하여는 무엇을 언급해야 할지 잘 모르겠구나. 누군가가 그것을 사전에서 찾아보고 발견한 바를 나에게 알려주렴.

Torres 교사는 이 단어가 학생들에게 지나치게 확대 해석되어져서 다음날 다시 이 단어를 공부하기로 약속을 하고 집으로 가서 그 단어를 생각해 보기로 하였다. 그가 발견한 것은 med가 들어간 단어는 모두가 측정이라는 기본 아이디어와 관련이 있다는 것이다.

medical은 두 가지 면에서 med 단어군과 관련이 있다. 한 가지는 진단, 적절한 척도 사용이라는 기본 아이디어로 이것은 의사가 하는 일이다. 여러분이 의사에게 갈 때 의사가 하는 첫 번째 일은 여러분의 온도를 재는데 이것은 적절한 척도이다.

다른 한 가지 의미는 med에서 medicine이 도출되었는데 이것은 meditate와 관련이 있으며 문장상으로는 남의 이야기에 끼어들어 조정하다는 뜻으로, 의학의 경우는 진단학과 관련이 있다. 이러한 일들 즉 학생이 교사를 난처하게 하는 일들도 가르치는 데에서 오는 즐거움인 것이다.

그리고 이것은 우리가 가르치는 학생이나 우리들 모두가 영어를 배우는 학생이라는 점을 상기시켜 준다.

우리는 가능한 한 이러한 것을 표현할 수 있게 되어 기쁘다. 그러나 중세시대란 어떠한가? Torres 교사는 수업의 핵심을 망각했는가? 반대로, 그는 왜 일천년간의 시기를 중세라고 부르는지에 대한 설명을 하는 데 요구되는 모든 사항을 알고 있다. 중세시대란 다른 두 시기 사이에 있으며 하나는 고대(신성로마제국이 망할 때까지)이고 다른 하나는 현대(르네상스가 시작되기 전까지)인 것이다.

십자군이라는 아이디어는 중간이라는 아이디어보다 이해시키기가 더 쉽다.

대화는 ade로 시작되었는데 교사는 그것이 "이 들어있는"을 의미한다고 지적한다. 학생들은 lemonade, kool-Aid, orangeade에 관한 생각을 한다. 이 모든 것은 달콤한 것이 들어있는 음료수이다. Torres 교사는 crus라는 단어 요소가 cross를 뜻한다고 알려준다.

십자군으로 행군했던 사람들은 (영화의 로빈후드처럼) 십자가를 제공받았고, 로마제국이 몰락한 후 로마를 점령하고 있던 "이교도들"에게 십자가를 주기 위하여 중동으로 보내졌다.

이와 같은 대화를 통한 수업에서는 정보와 정보를 표현하는 언어에 주의를 집중하게 된다. 동의어, 단어 용법, 어원론은 독서와 공부에 대한 준비도를 구축하는 대화에 포함시킬 수 있다. 이러한 대화는 단어 이상의 의미가 있다. 이것은 수업이 기초하고 있는 아이디어를 탐색하는 대화이다.

요약

학교에서 어휘는 끊임없는 암기와 결과적으로는 망각하고 만 채로 혹독하게 가르쳐지고 있다. 우리의 희망은 지금까지 빼놓았던 대안을 제공하는 것이다. 우리는 또한 어휘 획득 모형을 적용할 때, 결과적으로 학교에서 배우는 언어를 지속적으로 이해할 것이라 희망한다.

이 모형은 학생들이 알고 있는 그들의 공부에 필수적인 단어로 시작되는 대화를 조성하기 위해 의도된 것이다. 그런데 그 단어들은 학교에서 배우는 주제에 대하여 일차적인 개념적 부담이 되는 단어들이다.

예고하지 않은 사전 검사를 시작으로 대화는 영어의 단어로 옮겨간다. 즉 단어의 동의어, 단어의 다양한 사용, 단어의 기원과 역사적인 발달로 대화가 옮겨간다.

가족에 대한 은유가 이들 단어의 특징을 논의하는 데 사용되어 왔다. 이 부분에 대한 논의 후 학생들은 다시 독서와 공부를 하게 된다.

이 방법은 그들이 사용했을지도 모르는 다른 방법보다도 훨씬 더 성공적이었다. 결국, 학생들은 독서가 시작되기 이전에 그들의 공부에 대한 기본 개념에 아주 친숙해야만 한다. 이 모형은 사후 검사로 끝난다. 이 모형의 의도는 학생들이 그들이 공부할 주제를 숙달하도록 시키는 것이다. 그러므로 학교에서의 성적은 급상승하게 된다. 만일 그러한 일이 발생한다면, 우리는 어휘 발달 모형에 시간과 노력을 들일 가치가 있다고 생각한다. 만일 학생들이 앞으로 계속 활용하게 될 언어에 대한 즐거움을 어렴풋이나마 깨닫게 된다면, 그들은 특색 있는 언어에 대한 선물을 안고 학교를 떠날 것이다.

언어 연구를 위한 필수 자원

영어 어휘 연구는 다양한 자원을 요구한다. 대부분의 교사들은 언어학자가 아니고 단지 그들 학문의 어휘를 가르칠 뿐이다. 모든 교사의 수업은 영어의 기능 방법을 약간만 알기만 해도 향상될 것이다. 다음은 영어 교과를 접근하는 데 사용될 수 있는 필수적인 도구이다. 각 자원에는 어떠한 수업도 향상시킬 수 있는 상당한 정보가 실려 있다.

The American Heritage Dictionary of the English Language, 4th de. (2000). Boston: Houghton Mifflin. (The printed book is packaged with a CD-ROM version that makes searching very easy.) With this version, for example, you can search for all words with the same root, suffix, or prefix.)

Bryson, Bill. (1990). *The Mother Tongue: English and How It Got That Way.* New York: William Morrow.

Crystal, David, ed. (1995). *Cambridge Encyclopedia of the English Language*, 2nd ed. Cambridge, U.K.: Cambridge University Press.

Morris, William, and Mary Morris. (1988). *Dictionary of Word and Phrase*

Origins, 2nd ed. New York: Harper and Row.

Partridge, Eric. (1983). *Origins: A Short Etymological Dictionary of Modern English*. New York: Greenwich House.

Watkins, Calvert, and Benjamin W. Fortson IV. (2000). *The American Heritage Dictionary of Indo-European Roots*, 2nd ed. Boston: Houghton Mifflin.

웹 자원

1. www.languageworks.info

This is the home page for WordBuild, a software program that allows teachers to create exercises that help readers understand how printed words develop their meaning. these exercises promote understanding of similar and contrasting morphemes, leading to mastery of the most important of all literacy skills-that abiliy to look at an unfamiliar word and know something about its meaning.

2. http://ablemedia.com/ctcweb/showcase/roots.html

From this great site you can download Roots of English: An Etymological Dictionary. Here you will also see lists of words derived from a specific root. Use this site to find words that contain a specific root or to find out if a word is part of the specific root family. Online quizzes are also available on this site to test knowledge of root meanings.

3. www.resourceroom.net/comprehension/wordparts/

"Word Parts-The Roots of Vocabulary" has a number of links to exercises that you will find useful. Some of these are related to Harry Potter characters and events!

4. www.etymonline.com

Another free online Etymological Dictionary provides word origins and history for any given word.

5. www.eduplace.com/graphicorganizer/

This is a library of printable graphic organizers to provide a visual, holistic representation of facts and concepts and their relationships within an organized frame. They aid learning and thinking by helping students and teachers represent abstract information in more concrete form, depict relationships among facts and concepts, relate now information to prior knowledge, and organize thoughts for writing.

6. www.pen.k12.va.us/VDOE/Instruction/Reading/wordsalive_voc_acq.html
This is the Virginia Department of Education' s "Words Alive," a vocabulary acquisition approach that combines researched-based strategies onto a student-friendly graphic organizer. It is appropriate for vocabulary instruction in any content area and for learners in grade 5 through 9.

7. www.vocabulary.com/index.html
Home of Vocabulary University, this site provides interesting ideas for educators. Meet Sam Mantics and Cinny Nym as you explore the vocabulary puzzles. If you choose, register your school to become part of Vocabulary U.

8. www.puzzledepot.com/java/czplayer.shtml
If you love crossword puzzles and want to make one for your class with the words of the topic you are studying (or the topic your WebQuest), give this site a try. It' s a crossword puzzle generator!

9. www.puzzlemaker.com
Another source that allows you to make puzzles of various kinds that can extend vocabulary knowledge.

10. http://idea.uoregon.edu/~ncite/documents/techrep/tech13.html
The National Center to Improve the Tools of Educators offers this synthesis on vocabulary acquisition. Though the document is long, it will bring you up to date on what we know about vocabulary development. Of particular note, the report highlights the differences among students in vocabulary development and strategy use for vocabulary growth.

11. www.m-w.com/
This is the Merriam-Webster online language center, with tons of ideas and resources, including the dictionary and thesaurus in hypertext format. You' ll want to bookmark this on every computer you own! Try it out, and think of all the exercises you could design to teach with it. There is even a dictionary lookup button that you can add to the personal toolbar for Internet Explorer or Netscape. Once it' s there, you can highlight any word in any browser-viewed page and got a definition immediately (assuming the browser is Internet connected).

12. **www.abasiccurruculum.com/homeschool/roots/**

This is an online book that the author provides for free as a resource for teachers. Once you get to the main page, click on www.abasiccurriculum.com/homeschool/roots/latin/ to get started. Then go to www.abasiccurriculum.com/homeschool/roots/greek/

13. **www.edhelper.com/Word_Roots.htm**

The word roots section of this site provides acticities involving prefixes, suffixes, and Latin and Greek roots and meanings. Use this site for practice activities, crossword, puzzles, and multiple-choice questions.

14. **www.yourdictionary.com**

Here you can subscribe th the "Word of the Day." At this site You' ll also find interesting games and puzzles.

각주

1. *Teacher' s Guide, Iowa Tests of Basic Skills, Multilevel Battery, Levels 9-14.* (1986). Chicago: Riverside Publishing, 47.
2. Stephen Pinker.(1994). *The Language Instinct: How the Mind Creates Language.* New York: Harper Collins, 127.

제 12 장

갈등 해결 모형

관점 공유를 통하여 해결에 이르기

Mock Turtle, Gryphon, Alice는 교육에 대해서 논의하고 있다. Mock turtle은 한숨을 쉬면서 말했다.

> "나는 단지 정규 과정만 택했어."
> "그게 어떤 것인데?" Alice가 물었다.
> "물론 처음에는 읽기와 쓰기로 시작되었지" Mock Turtle이 대답했다. "그러고 나서 산수와 다른 분야로 야망, 방해, 얄밉게 굴기, 조롱 등을 배웠어.
> 교양학부 학장에게 갔었던 Gryphon은 그 학장은 짓궂은 노인이라고 공언하였다. "나는 결코 그에게 가지 않을 거야." Mock Turtle이 한숨을 쉬며 말했다. "그는 웃음과 슬픔을 가르친 사람이야." [1]

오늘날 교육자들은 Mock Turtle과 Gryphon의 교육에서 다루는 주제에는 갈채를 보낼지도 모른다. 왜냐하면 감성 지능, 문제 해결, 갈등 해결은 평화적이고 생산적인 교실 공동체와 개별 학생의 성공과 밀접한 관련이 있기 때문이다.[2, 3, 4] 갈등이란 개인, 교실, 학교, 지역사회, 국가의 삶 속에 상존하는 특성이다. 학생들은 갈등을 해결하는 데 있어 갈등을 규명하고 문제 해결 기능, 협상, 화해, 중재를 사용할 필요가 있다. 학급의 갈등 해결은 많은 장점이 있다. 이것은 다음과 같은 점에서 학생에게 도움이 된다.

- 훈육적 지식의 이해를 구축한다.
- 갈등, 갈등하고 있는 참여자, 갈등에 대한 참여자의 반응에 대하여 추론한다.
- 갈등에 처한 사람들의 감정과 관점을 해석한다.

- 문제를 비판적, 분석적으로 생각한다.
- 토의와 사실 발견에 기초하여 문제에 대한 결론을 도출해 낸다.
- 문제에 대한 개인적 관점과 관련된 주장을 옹호한다.[5]

유치원에서부터 대학에 이르는 학생들의 갈등 해결 기능 개발을 위한 자원은 상당히 많다. 동료 중재 프로그램은 k-12학년에서 수년간 사용되어 왔다.

이 장에 제시된 모형은 Hilda Taba에 의하여 처음으로 구체적인 수업을 위하여 고안되었는데[6] 이것은 큰 갈등 해결이나 화해 조성 교육과정의 일부 또는 다음과 같은 수업 모형을 적용하는 독립형의 수업이 될 수도 있다. 이 수업 모형에는 사전에 결정된 목적을 달성하기 위한 구체적 단계가 있고 느낌을 탐색하고 연구하기 위한 구체적 발문기법도 제시되어 있다. 이 모형은 초등학교에서부터 고등학교에 이르는 학생들로 하여금 어떠한 상황 또는 갈등에 관한 그들의 생각과 감정을 조사하고 표현하도록 허용한다. 이외에, 학생들은 갈등에 참여한 다른 사람들의 생각과 감정을 탐색해 나간다. 점차로 그들은 다른 사람들의 관점이 서로 다르고 똑같은 사태도 다양하게 해석될 수 있다는 것을 배우게 된다. 이것은 상대적 관점에서 볼 때 아주 가치 있는 교훈이다. 이것은 또한 성공적인 갈등 해결의 제1단계가 된다. 우리는 다른 사람들이 왜 그리고 어떻게 똑같은 상황을 다양한 방법으로 보게 되는지를 이해하게 될 때 만족스러운 해결책을 얻게 되는 것이다.

갈등

갈등은 우리 주변 도처에 존재하며 갈등은 중요한 그 무엇에 대한 의견 불일치 또는 논쟁이나 두 사람들 간 또는 아이디어 간 또는 이해 간의 대립상태로 정의된다. 이들 정의는 k-12 담당 교육자들에게는 유용한 도구가 된다. 확실히 학교와 학습은 자주 갈등으로 애를 먹고 있다. Johnson과 Johnson에 의하면 "갈등은 언제나 발생하고, 일상적이며, 불가피한 학급 생활의 일부가 되고 있다."[7]

갈등 해결 모형은 학생들이 갈등과 갈등이 포함된 반대 입장을 밝혀내는 것을 도와준다. 토의하기에 적합한 갈등의 소재는 학급의 대인간 문제, 학교 전반의 분쟁, 교육과정의 교수 요목에서 얻을 수 있다. 갈등 해결 훈련과 훈육 교육과정의 통합은 갈등 해결 능력을 키우고 교과내용의 학습을 증진시킨다.[8]

역사, 과학, 수학, 문학, 현재의 사건, 학습자 내부의 사태는 문제와 갈등으로 가득 차 있다. 예를 들면, 복제 줄기세포 연구와 같은 유전공학의 발전은 정치 영역에서 해결해야 할 윤리적 갈등을 조성하고 있다. *Leadership and the New Science*[9]에서 Margaret Wheatley가 설득력 있게 설명하고 있는 "신물리학"은 인간관계에 대한 이해를 극적으로 바꾸어 놓았다.

이와 같은 시사 문제에는 토의하기에 적합한 갈등이 포함되어 있다. 수학도 계산기를 언제 어디에서 사용하고, 고급수학 과정이 중등학교에서 필요한지, 이와 같은 문제를 해결하는 최적의 절차에 대한 토의 기회를 제공한다. 초등학교 학생들은 차트와 그래프로 표현된 자료를 여러 가지 다양한 관점에서 보는 방법을 추구하는 데 관심을 가질 수도 있다. 통계치가 어떻게 왜곡되었느냐 하는 것도 갈등 해결 모형의 자료가 된다.

역사는 많은 갈등으로 점철되어 있다. 역사적 사건에 관여한 사람들의 행동을 더 잘 이해하려면 학생들은 이러한 갈등을 다양한 관점에서 바라보아야 한다. 남북전쟁이 있기 전 링컨이 직면한 상황은 어떠했는가? 그는 어떠한 느낌이었는가? 왜 그러한가? 그가 무엇을 했었을 것 같은가? 이러한 질문은 이 장의 끝 부분에 있는 고등학교 시나리오의 주제가 된다.

갈등 해결 모형은 또 문학작품에서 저자의 근본적인 아이디어를 발견하기 위한 훌륭한 분석 도구가 된다. 이 모형을 작품 전체에 적용하는 것 이외에 핵심 갈등이 시작되고, 그 해결이 시작되기 직전 단편이나 소설, 희곡 또는 시에 대한 독서를 중단시킬 수도 있다. 그리고 학생들은 갈등에 처한 여러 등장인물의 느낌과 그러한 느낌을 갖게 된 이유를 토론할 수도 있다. 그 다음 학생들은 학생들 스스로 무엇을 할지를 결정하는 것이 아니라 그 문학 속의 인물들이 학생들의 인성을 갖고 학생들처럼 처신한다면 어떻게 행동했을까에 대하여 결정하게 된다. 그 다음 그들은 어떻게 갈등을 해결할지에 대한 토론을 벌여 나간다. 학생들은 또한 그 해결을 지배하는 가치를 표현해야만 한다.

신문의 특별기고난에는 흥미진진한 개인적 및 지구촌의 갈등에 관한 내용이 실려 있다. 이 모형은 시사, 영화나 잡지 기사 또는 이웃 관심거리로부터 실제 발생한 일에 관한 토의를 목적으로 사용될 수 있다. 학생들이 갈등을 가설적으로 말하기는 쉬울 것이다. 학문이나 외부의 갈등에 대한 논의는 개인적인 갈등을 논의하는 기초가 된다.

이 모형은 개인적으로 관련이 있기 때문에, 이것을 사용하면 건전한 학급 분위기에 도움이 될 수 있다. 갈등을 조사하여 거기서 느끼는 감정을 함께 토론하면 학급 내에서의 동료의식과 공동체의식을 기르는 데 도움이 된다.

"협동적인 학급에서는 돌보고, 헌신적이고, 신뢰로운 인간관계가 증진되며, 이것은 건설적인 갈등 해결의 발판이 된다."[10] 협동적인 교실은 교사와 수업 결정에 의하여 개발되고 지지받게 된다. 교사는 중요한 사회적, 정서적, 갈등 해결 기능을 시범 보인다. 그들은 긍정적인 행동을 강화하고 모든 학생들이 성공하고 참여할 수 있는 기회를 제공한다. 갈등 해결 모형에서는 보살피고 생산적인 환경이 필요하다.

이 장의 끝부분에 가면 여러분은 학문적, 사회적, 정서적 기능이 서로 관련되어 있고 이것은 학생들의 학교 성공에 모두 필요함을 이해하게 될 것이다. 여러분은 초등학교, 중학교, 고등학교에서 갈등 해결 모형의 기초, 단계, 가능성을 알게 될 것이다. 이 장에 제시된 단계에 따라 또는 특수한 상황의 요구에 맞추어서 수업에 이 모형을 적용해 나갈 수 있을 것이다.

갈등 해결 모형의 기초

교육자들은 종종 어린 학생들의 지적인 단계를 거쳐 나가는 속도가 지능을 나타낸다고 믿는다. 그러나 Hilda Taba는 각 단계의 깊이가 지능을 더 잘 나타낸다고 믿는다. 갈등 해결 모형에서처럼 귀납적인 질문에 참여시키는 것은 어린이들의 사고 과정의 복잡성과 깊이를 증가시키는 방법이다.

> 인간 경험의 중요한 자본은 마음을 거치지 않고 교사로부터 정보가 조직되어 학생으로 전달되는 것보다는 직접 목적을 추구하는 경험(귀납적 질문)을 통하여 더 성공적으로 전달된다.[12]

최근 자료가 더 많아짐에 따라, 이러한 자료들을 빠르게 처리하는 경향이 있다. 많은 표준화 검사가 이것을 필연적으로 만들었다. 강의 방식과 그 밖에 자료를 전달하는 다른 방식들은 학생들을 지적인 면이나 정서적으로 참여시키지 못하고 있으며 그래서 학습은 의미가 없어지고 있다. 학생과 함께하는 학습은 학생이 다른 사람과 상호작용할 때, 학생들이 자신의 아이디어를 말로 나타낼 때, 그리고 이 아이디어들이 반박되고 심지어 도전받을 때 발생한다.

Taba에 따르면 진정한 학습 경험에는 학습자의 정서가 관여된다. 우리 모두는 개인의 자기 기억 장치가 있고 그 안에 사고와 감정이 결합되어 행동으로 나타나게 된다. 만약 학습이 효과적이 되려면, 학습자의 내적 세계에 영향을 미쳐야 된다. 근본적으로 중요한 것은 내적인 주관 세계의 질이며, 개인에 의해 만들어지고 사용되어 내적인 충동을 행동으로 안내하는데 이것이 교육과정의 핵심이라는 점이다.[13] 이것이 자료의 중요성을 무시하는 것은 아니다. 이 각각의 모형은 자료에 근거하여 실행에 옮겨진다. 링컨에 관한 토의에서 학습에 전달된 자료는 학생들이 큰 틀 속에 자료를 짜 맞추고 그것에 따라 행동할 때 학생들에게 더욱 의미 있게 된다.

지식과의 정서적 관련성은 학생들의 동기와 교과 학습의 중요한 요소가 된다. 우리가 어떻게 학습하느냐 하는 것은 우리가 어떻게 느끼느냐에 의하여 영향을 받는다. 분노에 따라 무엇을, 어떻게 학습할지가 결정되는 갈등 상황에 처한 학생들은 불리한 입장이 된다.

Bodine와 Crawford는 감성 지능, 갈등 해결, 학습을 관련 짓는다.

> 효과적인 교육의 실제는 인간이 학습하고 기억하고 생각해 낸 지식에 기반을 둔다.
>
> 인간은 이전의 학습을 서로 다른 상황에 일반화할 수 있다. 인간은 현 사태 그리고 앞으로 닥칠 사태를 극복하기 위한 개념과 전략의 습득을 추구해 나간다. 우리는 학습을 통하여 경험으로부터 만족을 얻을 목적으로 다양한 상황에서 행동할 수 있는 능력을 획득해 나간다.
>
> 감성 지능이란 성공적인 갈등 해결의 꼭 필요한 선행 조건이 된다. 모든 개인은 갈등이 있는 일을 처리해 나가는 것을 배우게 될 것이다. 감성 지능을 개발하고 갈등 해결 전략을 학습하면 긍정적인 행동의 대안이 생기게 된다.[14]

우리는 학생들이 정서를 표현하고 관리해 나가도록 도울 필요가 있다. 그렇게 함으로써 그들의 정서는 그들의 지적 발달에 도움을 주게 되고, 이러한 학습의 기풍은 모든 학생들을 옹호하게 된다.

심리적으로 건강할수록 학교에서의 효과성은 커진다. 학생들이 사회적, 정서적 능력을 개발하면, 그들은 스트레스를 극복할 수 있고 사회적 지원을 수용할 수 있고 교과 이해와 교과 성취를 증대시킬 수 있다고 믿게 된다.

갈등 해결 모형은 학생들이 몇 가지 비판적 기술을 배우는 데 도움이 되는데 이 비판 기술은 교과 이해를 증진시키는 기회와 정서적, 사회적 능력을 증진시켜 준다. 이 모형은 학생들에게 참여자들의 느낌과 그 느낌에 대한 이유를 밝히도록 요구한다. 감성 지능의 다섯 가지 중요한 영역 중 하나는 타인의 정서를 인지하는 것이다.[15] 이 공감적 반응은 학생들로 하여금 갈등의 참여자들이 어떻게 느끼는지와,

학생들이 감성 지능의 특징인 자신의 정서를 관리해 나갈 대안을 규명하고 제시하는 것을 어떻게 도울 수 있는지를 파악하게 해준다.

갈등 해결 모형은 정서와 학습의 관련 위에서 구축된다. 교과 내용에 대한 긍정적인 정서적 반응은 학생들의 학습에 도움이 된다. 왜냐하면 학생들은 많은 교과 정보와 특수한 기능 개발에 보다 많은 주의를 기울이므로 동기가 유발되기 때문이다. 감정이 상할 때의 부정적인 정서적 반응은 학습에 방해가 되고 사회적, 정서적으로 조절이 안 되면 지적 발달은 지장을 받는다.

갈등 탐구는 학생들이 성공적인 학교 참여의 기회를 제공한 문제 해결과 감성 지능 기술을 개발하는 데 도움이 된다.

갈등 해결 모형의 단계

1. 학생들은 참여자들의 활동을 포함해 갈등과 관련된 모든 *사실*을 목록화한다.
2. 학생들은 행위에 대한 *이유*, 참여자의 *느낌*, 이러한 느낌에 대한 *이유*를 확인한다.
3. 학생들은 참여자들이 무엇을 할 수 있는지에 대한 대안적 해결책과 어떠한 반응과 효과가 있는지를 목록화한다.
4. 학생들은 참여자들이 무엇을 해야 하는지에 대한 적합한 해결책과 그 결과가 어떻게 될지를 목록화한다.
5. 학생들은 자신이나 그들이 알고 있는 누군가가 실천 행위를 포함하여 경험했던 *유사한 상황*을 기술한다. 그들은 경험한 감정과 그 감정에 대한 이유를 추론한다.
6. 학생들은 선택한 행동과정을 평가한다. 이외에 그들은 유사한 상황에 대한 *대안적인 해결책*과 그 결과를 조사한다.
7. 학생들은 사람들이 현재의 상황과 유사한 상황에서 어떻게 행동할 것인가에 대한 *일반화*에 도달한다.
8. 교사와 학생들은 학생들의 참여를 평가한다.[11]

구체적 단계

어린 소년이 납치되었다는 뉴스는 Juliano 교사에게 충격을 안겨 주었다. 이런 뉴스는 Juliano 교사가 담당한 3학년 학생들이 낯선 사람을 상대하지 말라는 점을 얼마나 많이 알고 있는지를 알고 싶어했던 것을 상기시켜주었다. 그 교사는 학생들을 이유 없이 놀라게 만들고 싶지 않았다.[16] 그래서 그 교사는 어머니의 가르침을 상기시키기 위하여 방금 읽기를 마친 빨간 승마용 망토에 나온 갈등 해결 모형을 사용하기로 결심하였다. 그 다음 그 교사는 빨간 승마용 망토처럼 어른과 동행하지 않고 혼자 여행한다면 오늘날 어린이들은 어떻게 행동하여야 할지에 초점을 맞추었다.

1단계: 갈등과 관련된 모든 사실을 목록화한다

사실은 더 깊은 생각을 위한 데이터베이스가 된다. 사실을 볼 수 있도록 칠판이나 큰 종이에 기록하고 게시해야 한다. Juliano 교사는 학생들이 제시한 사실들을 칠판에 기록했다.

간단한 데이터베이스

빨간 승마용 망토를 입은 소녀의 엄마는 딸에게 "할머니가 건강이 좋지 않으니 할머니께 캔디 한 바구니를 갖다드려라."라고 말하였다. 딸은 다른 곳에 들르지 않고 서둘러 할머니께 갔다.

할머니 댁으로 가는 길에서 빨간 망토의 소녀는 늑대를 만났고 늑대는 그녀를 맛있게 먹어 치울 생각을 했다. 늑대는 빨간 망토의 소녀에게 말을 걸어서 어디에 가고 있는지 왜 가는지 알아내었다. 빨간 망토의 소녀는 늑대가 위

험한 존재라는 것을 알지 못했기 때문에 늑대에 순순히 대답해 주었다. 늑대는 할머니를 잡아먹고, 할머니로 변장할 시간을 벌기 위해 예쁘게 핀 봄꽃을 찬미하면서 빨간 망토의 소녀가 잠시 멈추어 서서 그 꽃을 꺾기를 희망했다.

2단계: 참여자의 행위 느낌, 이러한 느낌에 대한 이유를 확인한다

Juliano 교사는 왜 늑대가 빨간 망토의 소녀의 주의를 흩뜨리려고 했는지, 빨간 망토의 소녀는 어머니가 꺽지 말라고 말씀하신 꽃을 발걸음을 멈추고 왜 꺾었는지 물어보았다. 학생들은 늑대가 할머니 댁에 가는 빨간 망토의 소녀를 속이기 위해 주의를 흩트렸다고 대답했다. 늑대는 꽃이 예쁘다고 말했고, 빨간 망토의 소녀는 할머니가 그 꽃을 좋아할 것이라고 생각해서 가던 길을 멈추고 꽃을 꺾었다.

Juliano 교사는 늑대, 빨간 망토의 소녀, 할머니를 어떻게 느끼고, 왜 그렇게 느꼈는지 질문했다. 학생들은 늑대가 자기의 입술을 핥고 있어서 배고픔을 느꼈고, 빨간 망토의 소녀는 꽃이 예쁘기 때문에 행복감을 느꼈고, 할머니는 늑대가 위험한 것을 알았기 때문에 두려워했다고 대답했다.

3단계: 해결책을 제안하고 가능한 결과를 검토한다

Juliano 교사는 빨간 망토의 소녀가 무엇을 했어야 했으며 그 결과는 어떠했는지를 질문했다.

학생들은 빨간 망토의 소녀가 늑대를 무시하고 꽃을 꺾기 위해 걸음을 멈추지 않았어야 했다고 말했다. 빨간 망토의 소녀는 엄마가 시킨 대로 할 수 있었다. 어떤 학생은 빨간 망토의 소녀 엄마가 늑대에 대해서 미리 경고해야 했다고 대답했다. 다른 학생들은 아니라고 대답했다. 빨간 망토의 소녀는 늑대가 위험하다는 것을 몰랐기 때문에 그렇게 하지 못한 것이다.

4단계: 최선의 해결책을 결정하고 그 결과가 어떠할지에 대한 가설을 설정한다

Juliano 교사는 빨간 망토의 소녀가 무엇을 했어야 했고 그랬다면 그 결과가 어떠했을지를 질문했다. 학생들은 빨간 망토의 소녀가 늑대를 도외시하고, 가던 길을 멈추어 서서 꽃을 꺽지 않았다면 늑대는 변장할 수도 없었고 빨간 망토의 소녀와 할머니는 잡아먹히지 않았을 것이라고 대답했다. 또 빨간 망토의 소녀 어머니가 늑대에 대하여 미리 경고했어야 했다고 대답했다.

5단계: 유사한 상황을 논의한다

Juliano 교사는 빨간 망토에서 현재의 문제로 초점을 바꾸었다. 그녀는 우리가 사는 거리에 늑대는 없지만 문제를 일으키는 사람을 만날 수 있다고 했다. 만약 누군가가 비슷한 상황에 처하게 되고 낯선 어른이 다가와서 늑대가 빨간 망토의 소녀에게 한 것처럼 말한다면 어떻게 할 것인지 질문했다.

한 학생만이 길을 잃었을 때 낯선 어른이 다가와 말을 걸었던 경험담을 이야기했다. 그때 엄마가 다가왔고 엄마는 그 사람이 무슨 말을 했는지 물어보았다. 그리고 엄마는 낯선 어른이 도움을 주려고 할 때조차도 말을 해서는 안 된다고 말씀하셨다. Juliano 교사는 그 학생에게 그때 어떠한 느낌이 들었는지 질문했다. 학생은 그 어른이 친절해 보여서 위험한 상황인지 알지 못했기 때문에 겁나지 않았다고 대답했다.

6단계: 결정한 것에 대하여 평가하고 대안적인 해결책을 찾는다

Juliano 교사는 대부분의 학생들은 위험이 도사리고 있다는 것을 알지 못한다는 것을 깨달았다. 그녀는 학생에게 미래에 어떻게 할 것이고, 위와 같은 행동을 취한다면 어떠한 일이 발생할지 물어보았다.

한 학생은 만약 어떤 누군가가 자신을 도우려고 다가온다면 도망치는 것은 예의에 어긋나기 때문에 도망치지 않겠다고 말했다. 한 학생은 그것은 무례할지 모르나 모두 이렇게 하여야 한다고 대답했다. 그의 부모님은 같이 TV를 보면서 낯선 사람이 다가오면 말을 하지 말고 도망치고, 만약 그 사람이 다가오면 고함을 지르라고 가르치셨다고 대답했다.

Juliano 교사는 대부분의 어른들이 도움을 주고 싶어하지만 불행히도 어린이에게 다가오는 어른들은 가끔 좋지 않고 어린이를 해칠 수 있어서 슬프다고 말했다. 그들은 늑대처럼 친절하고 상냥해 보이기 위해 열심히 노력한다. 어린이들은 성인을 도움을 주는 권위 있는 인물로 보기 때문에 어렵다고 말했다. Juliano 교사는 그들에게 설명해 줄 경찰관을 초청해서 만약 낯선 사람이 다가오려 한다면 어떻게 행동해야 할지 학생들에게 역할놀이를 시키기로 결정했다.

7단계: 일반화에 도달한다

학생들의 일반화

1. 때때로 어린이들은 위험을 보지 못한다.
2. 어린이들은 사람과 동물을 믿는다.
3. 어린이들은 도움을 청할 수 있는 어른을 찾는다.

8단계: 평가한다

이 모형의 강조점은 상황에 대한 자신의 관점을 표현할 수 있는 능력과 다른 사람의 관점에서 같은 상황을 볼 수 있는 능력을 향상시키는 데 있다. 이렇게 하기 위해서 학생들은 다른 사람들이 자신들이 보고 들은 것을 똑같이 보거나 듣지 못한다는 것을 알아야 한다. 또한 이전에 가졌던 견해 때문에, 다른 사람들은 그들이 보고 들은 것을 똑같은 방법으로 해석하지 않을 수도 있다. 이것은 어른에게조차도 복잡한 문제이지만 건설적인 방법으로 갈등을 해결할 수 있는 기초가 된다.

갈등 해결 모형의 단계 요약

1. *갈등과 관련된 모든 사실을 목록화한다.*

이들 자료는 기록되어 볼 수 있어야 한다. 이들 사실은 좀 더 깊이 생각하는 데 기초가 될 수 있다. 무슨 일이 일어났는가? 여러분은 무엇을 보았는가? 무엇을 들었는가?

2. *참여자의 행위, 참여자의 느낌, 이러한 느낌에 대한 이유를 확인한다.*

왜 그렇게 했는가? 느낌은 어떠했는가? 왜 그렇게 느꼈는가?

3. *해결책을 제안하고 가능한 결과를 검토한다.*

학생들에게 갈등에 대한 해결책을 생각하도록 요구하고 그것이 참여한 사람들에게 미치는 영향을 표현하도록 요구한다.

4. *최선의 해결책을 결정하고 결과가 어떠할지에 대한 가설을 설정한다.*

학생들은 제안된 해결책을 고려하고 그들이 가장 좋다고 생각하는 것을 선택한다. 학생들은 그가 선택한 것에 대한 이유를 제시해야 한다. 그가 선택한 것은 모든 사람들을 어떻게 느끼게 하였는가? 왜 사람들은 그렇게 느꼈는가? 그것은 모든 사람에게 공평해질 수 있는가?

5. *유사한 상황을 논의한다.*

참여자들은 어떻게, 왜 그렇게 느꼈는가?

6. *결정한 것에 대하여 평가하고 대안적인 해결책을 찾는다.*

학생들은 선택한 행동의 영향을 상상해 보고 다른 해결책과 그 영향을 찾아본다.

7. *일반화에 도달한다.*

이 같은 유사한 상황에서 어떻게 행동하게 될까? 왜 그들은 그렇게 행동할까?

8. *평가한다.*

학생들에게 모든 사람의 감정을 고려하는 해결책을 제안할 수 있는 능력이 개선되었는가?

예절. 이러한 토의에 있어 가장 중요한 목적은 일차적으로 예절이다.

교사가 가장 가치 있게 생각하는 것이 바로 서로에게 예의를 갖추는 것이란 점을 학생들에게 이해시킬 필요가 있다. 놀림을 당하거나 오해받는 것을 두려워하는 학생들은 자신의 견해를 제시하지 못하게 된다. 학생들은 서로 신뢰할 때만 그들의 아이디어를 공유하게 된다.

경청. 학생들은 똑같은 견해를 갖고 있지 않거나 또는 중요한 점에 동의하지 않고서도 경청할 수는 있다. 의견 불일치는 건전한 것이다. 학생들은 서로 의견이 다를 때 그리고 그들이 정중하게 서로간에 예의를 지키는 한 서로 도전할 때보다 사려 깊은 아이디어가 나오는 것이다.

이것은 경청하는 체하면서 반응을 준비하는 대신 오히려 서로 진지하게 경청할 때 가능한 것이다. 동의하지 않는 학생의 견해를 공격하는 대신 "나는 너의 관점을 이해하고 있어. 그러나…" 처럼 말하도록 학생들을 격려해야 한다. 또한 이러한 경우 다음과 같이 정중히 질문을 던질 수 있다. "왜 너는 그렇게 생각하니?" 또는 "만일에 그렇게 된다면 어떠한 일이 발생할까? 다른 사람들은 어떻게 느낄까?"

참여. 지배하지 말고 참여하는 것은 필수적이다. 만일에 한 학생이 다른 학생을 계속 지배하거나 무례하게 굴거나 무시한다면, 한 번 또는 그 이상 토의에 참여하지 못하도록 하여라. 가능하면 참여한 학생들이 얼마나 반응했는지를 기록해 두어라.

견해. 후에 사려 깊고 독창적인 견해에는 많은 비중이 주어질 것이다.

활동 12.1: 갈등 해결 모형의 적용

다음의 진술문 옆에 진위를 표시하여라. 여러분은 우리의 대답에 동의하지 않을 수도 있고 여러분의 추리가 타당할 수도 있다. 절대적인 것을 요구하는 것이 아니라 판단을 요구하는 것이다.

1. 교사들은 학생들에게 쉴 새 없이 신속히 질문을 하여야 한다.
2. 학생이 틀린 대답을 했을 때 즉시 그 사실을 알려주어야 한다.
3. 어떠한 행동 조치도 제안하지 않는 해결안은 잘못된 것이다.

활동 12.1에 대한 가능한 대답

1. 틀림. 신속한 토의는 자주 사려 깊은 토의가 되지 못한다. 천천히 그리고 생각을 깊이 있게 할 것을 격려하라. 이렇게 하는 한 방법은 손을 먼저 드는 사람을 언제나 지명하지는 않는 것이다.
2. 틀림. 이 모형에서는 아니다. 여러분은 대화에서 잘못된 점을 명확히 하기를 바란다. 비록 이것이 사실이 아닐지라도 이러한 종류의 조사에서는 옳거나 그른 대답은 없다.
3. 틀림. 행동 조치를 취하지 않는다 해도 타당한 이유가 될 수 있다. 그 이유를 진술하여야 한다.

수업의 차별화 방법

갈등 해결 모형은 갈등하는 동안 생기는 감정을 다룬다. 즉 다른 관점에 대한 개별화된 접근이다. 그러므로 이 모형은 본래 개인차에 부합되는 모형이다. 학생들은 타인의 관점을 해석하면서 자신의 관점을 공유하고 동료의 관점을 경청할 기회를 갖게 된다. 이 모형은 교사와 학생으로 하여금 개별 학생에 관하여 배우게 하고 개별화 교실 수업 접근을 향상시킨다.

일반적인 차별화 수업 전략인 단계별 수업[17]은 갈등 해결 모형과 잘 들어맞는다. 왜냐하면 갈등에 대한 반응은 학생의 준비도, 흥미, 학습 프로파일을 반영하기 때문이다. 단계별 수업은 교사로 하여금 수업 목표에 집중케 하면서 동시에 학습 과제의 복잡성, 추상성, 개방성 정도를 다변화시킨다. 이러한 특성들이 다양한 활동은 모든 학생들이 개인적으로 도전하여 수업 목표에 도달하게 한다.

좋은 모든 수업에서와 마찬가지로, 교사들은 학생들이 무엇을 알고, 이해하고 실천할 수 있는지 그리고 이들 목표를 어떻게 평가해야 할지를 규명함으로써 수업 계획을 수립하거나 시작한다.

일단 이러한 결정이 이루어지면, 학생들이 평가에서 성공을 거두는 데 도움이 되는 활동이 고안된다. 바로 이것이 단계별 수업이 전형적인 일반 수업 계획과 다른 점이다.

Tomlinson은 일단 수업 사태를 계획하고 나면 수업 활동은 연속적으로 이루어져야 한다고 제안한다.[18] 학생의 준비성과 관련하여 과제를 어디에 맞추어야 하는가? 가장 뛰어난 학생이나 보다 많은 도움을 필요로 하는 학생이 이러한 특별한 목표에 도달하기 위하여 그 방법이 가장 적합한 것인가?

이런 식으로 수업을 분석함으로써 수업 활동은 서로 다른 학생 집단의 요구에 부응하기 위하여 나누어질 수 있다. 즉 서로 다른 수업 활동이 고안될 수 있다. 그러다 보면 한두 가지는 중복되기 마련이다.

갈등 해결 모형과 관련하여 학생의 준비성과 난이 수준에는 개인들이 감정을 어떻게 잘 표현하고 관리하고, 타인의 감정과 관점에 어떻게 잘 공감하는지에 관한 것이 포함된다. 그들의 관심과 흥미를 끄는 갈등에 있어 아동과 청년기 학생 간에는 차이가 있다.

갈등을 조직하여 표현하는 방식도 다양하다. 어떠한 갈등은 구두로만 공유될 수 있고 어떠한 갈등은 비디오로 볼 수 있고, 어떠한 것은 극이나 그림 그리고 글로 표현되기도 한다.

토의 중에 생기는 갈등에 대한 반응이 다양하기 때문에 학생들이 우리 사회 모든 영역에서 발생하는 갈등을 분석하고 해결하는 방법을 배워 나갈 때 교사는 단계직 활동을 통하여 학습자들의 요구에 부응해 나갈 수 있다. 갈등 해결 모형에 있어서 연구 중에 있는 그 갈등을 바꾸어 보는 것도 의미가 있다. 왜냐하면 그 모형의 목적은 가능한 어떠한 토의에 있어서도 변함이 없기 때문이다. 교사는 언제나 갈등이 긍정적인 힘이 될 수 있음을 학생들에게 이해시키고 싶어한다. 즉 갈등 자체가 타인을 배우고 문제에 대한 새롭고 혁신적인 해결책을 이해하는 방법을 제공해 준다.

교사들은 학생들이 갈등에 대한 개인적 반응을 관리해 나가는 기술을 알고 이러한 기술을 실천할 수 있기를 바란다. 학생들의 요구와 흥미를 유념하여 조사 중에 있는 갈등을 선택할 때 차별화가 생겨난다. 단계별 수업을 통하여 똑같은 복잡성, 독서 수준, 교사의 지원에 대한 의존 정도가 다른 학생들에게는 똑같은 갈등이라도 처방을 달리하여야 한다.

수업은 또한 다른 방법으로 차별화될 수 있다. 예를 들면 만일에 우리가 생각하고 있는 갈등이 클린턴대통령의 탄핵이라면 내용과 복잡한 정도에 따라 차별적 활동을 고안해 낼 수 있다.

사태의 연대기를 재구성할 때 더 많은 구조를 필요로 하는 학생들에게 있어 시간 계열과 근거 자료를 포함시켜 평가하는 것이다. 교과를 잘 공부하는 학생에게는 교재가 대부분의 정보를 제공해 주어 교재만을 제공해 줄 수 있다. 예외적으로 특별한 관심이나 높은 독서 기능을 갖고 있는 학생들에게는 참고자료로서 당대의 사설이나 기사를 제공하는 것이 좋다.

대안적 평가

갈등 해결 모형에서는 학생들에게 열거하고, 확인하고, 생성하고, 가설을 세우고, 평가하기를 요구한다. 즉 이것들은 모두가 중요한 인지 과정으로 형성적 및 총괄적으로 평가할 수 있다. 이 모형의 단계는 형성평가와 시의적절한 교정적 피드백을 위한 기회를 제공해 준다. 만일에 학생들이 모형의 단계별 목적과 목표를 이해한다면 토의 중 교사가 제공하는 피드백은 학생들이 목표에 비추어 자신의 진전을 생각해 볼 기회가 된다.

모형의 여러 단계에 열거된 선택 활동의 수는 교사와 학생에게 형성평가의 기회가 된다. 토의가 시작될 때 소수의 사실만이 밝혀져 있다면, 교사는 갈등의 원천이 되는 정보로 되돌아와 학생들이 추가 사실과 통찰을 얻도록 도와주어야 한다. 논술식 평가는 실생활의 시나리오를 분석, 평가한다. 그러므로 이 모형에 적합한 방법이다. Stiggins에 의하면, 논술식 평가에서는 대부분의 갈등이 있는 복잡한 관계의 이해를 알 수 있다.[19] 또한 논술식 평가에서는 해결책을 제안하고 해결책의 결과를 규명하는 이 모형의 3단계를 성공적으로 끝내는 데 필요한 추론 기능을 알 수 있다.

논술식 평가 기준은 평가 이전에 설정될 수 있도록 학생들에게 평가지침(rublic)을 제공해 주어야 한다. 산출물은 이 모형의 목적과 일치하는 평가 방법 중 하나이다. 학생들은 갈등 해결 기능을 발휘할 수 있을까? 아마도 희곡이나 시 또는 일련의 회화는 갈등으로 생기는 복잡성과 기회에 대한 이해를 보여줄 것이다. 학생들로 하여금 갈등이 다른 소집단에 이 모형을 사용하도록 요구하는 수행평가는 이 모형의 적용 능력을 알아보는 데 사용될 수 있다. 두 경우 다 평가지침을 만들어 학생의 수행평가와 교사의 평가를 안내하여야 한다.

고등학교 시나리오

이 학급은 Moore 교사가 가르치는 고급 역사 수업 중이다. 이 학급은 남북전쟁에 대해 공부해왔다. Moore 교사는 학생들이 지금은 세련되어 있지만 전쟁 이전 링컨 대통령의 행동이 결정력이 없고 나약하다고 생각하고 있으며, 학생들은 링컨 대통령에 대해서 잘 이해하지 못하고 있음을 우려하고 있다. 그래서 Moore 교사는 이러한 피상적인 이해를 넘어서 그 상황과 링컨 대통령에 대해 심도 있게 파헤치기 위해, 감정을 다루는 갈등 해결 모형을 사용하기로 결정하였다. 학급은 이 모형을 이미 여러 번 사용한 적이 있다.

Moore 교사는 이 모형을 소개하기 위해 "아브라함 링컨이 한 밤에 걷는다."라는 Vachel Lindsay의 시의 첫 구절을 큰 소리로 읊는다.

이상하고 불안하다. 주위가 산만하다.
지금은 자정이다. 우리의 작은 도시에서
슬픔에 빠진 한 사람이 쉬지도 않고 걷고 있다.
오래된 법원 근처를 오르내리며 걷고 있다.[20]

Moore 교사와 학급 전체는 portentous라는 단어에 대해 토의하고 있었다. 즉 Moore 교사는 학생들에게 다음과 같은 질문을 하였다. "왜 링컨은 거리를 오르내리며 걷고 있는가?" "그는 무슨 느낌을 갖고 있는가?"

1단계에서 학생들은 자료를 모았다. 이것은 시로부터 모아진 것이 아니라 당시 링컨이 직면한 실제 상황에 대한 지식으로부터 모아졌다. Moore 교사는 학생들에게 자료가 사실로부터 온 것인지 비유로부터 온 것인지 알아보도록 했다. 여러분은 이 모형에 익숙한 학급에 이 모형을 적용하고자 할 것이다. 만약 이것이 맞는다면, Moore 교사는 이 모형을 다음과 같이 써내려 갈 수 있을 것이다.

1단계

교사: 이 나라, 링컨 대통령이 직면했던 위기로 몰고간 그 당시 상황은 어떠했는가? 그 대답은 가능한 한 사실이 되도록 해야 한다.

Sally: 역사를 약간 거슬러 가서, Missouri 협정은 도움이 되지 못했고, 주의 권리와 노예 문제에 집중하게 만들었습니다.

Jess: 남부의 노예 폐지를 요구함으로써 Garrison은 실제로 남부를 통합했습니다. 이러한 느낌은 계속해서 이것 아니면 저것이라는 마음의 구조를 강화시켰습니다.

교사: 그것은 사실인가? 비유인가?

Jess: 사실입니다. 185쪽에 그것이 진술되어 있습니다. (Moore 교사는 Garrison의 요구가 남부를 하나로 만들었다고 기록했다.)

Ben: 그러나 1850년의 협정은 잠시 동안 긴장을 감소시키는 데 도움을 주었습니다.

교사: 그것을 증명할 수 있느냐?

Ben: (긴장이 줄었다는 진술은 찾아보았지만 그 원인을 세밀하게 진술하지는 않았다. 학급은 그 관계가 분명하다고 결정했다. 즉 학생들은 다른 쪽으로 결론을 낼 수 없어서 그 진술을 그대로 두었다.)

이 학급은 자료를 계속 모았고, Kansas-Nebraska 조례, Dred Scott의 결정, Fout Sumter, 링컨의 측근에 대한 불신과 같은 것들을 언급하였다. 그의 측근들은 편견을 가지고 있었고, 그들이 링컨의 후원을 받고 있다고 다른 사람들에게 말했다. 링컨은 또한 Pensylyania의 철광노동자와 Ohio의 모직물 노동자들이 남부의 낮은 관세 때문에 영국과 경쟁할 수 없다는 것을 알고 있었다. 그리고 노예의 고통도 알고 있었다.

Ben: 그는 다른 사람들이 진정하지 못하고 화가 나 있다는 것을 알게 되었습니다.

Jane: 그리고 그는 Fort Sumter에 대해서 무엇을 해야 될지 모르고 있었습니다.

Moore 교사는 2단계로 옮길 것을 결정했다.

2단계

교사: 나는 앞의 내용이 충분한 배경 설명이 되었다고 생각한다. 왜 너희들는 링컨이 한밤중에 걷고 있었다고 생각하니? 그가 걸으면서 무엇을 느꼈고 왜 그랬다고 생각하니?

Shirley: 그는 화가 났습니다.

교사: 왜 그가 화가 났다고 생각하니, Shirley?

Shirley: 그는 주 비서와 다른 사람들게 속았기 때문입니다. 그들은 중요한 메시지를 담고 있는 링컨의 견해를 자신의 것으로 바꾸었는데 그 바꾼 견해는 그들이 원하는 활동을 조장했기 때문입니다.

Anne: 그가 배신감을 느꼈다고 생각합니다.

교사: 왜 그가 배신을 당했다고 느꼈을까, Anne?

Anne: 왜냐하면 그는 어느 누구도 믿을 수 없다고 믿었기 때문입니다. "당신이 주(국가)의 비서를 믿을 수 없다면 당신은 누구를 믿겠소"라고 그가 말한 것을 기억해 보세요.

Ben: Shirley가 말한 것으로 거슬러 가보면 나는 그가 화났다고 생각하지 않습니다. 그가 우유부단하고 무기력하게 느끼고 있었다고 생각합니다.

교사: 왜 그가 화가 났기보나는 우유부단하고 무기력하게 느꼈다고 생각하니?

Ben: 만약 화가 났다면 일반적으로 어떤 조치를 취했을 것입니다. 하지만 결정을 못 내리게 되면 길을 걸어갑니다. 기억할 것은 New York Times가 그를 우유부단하다고 평했다는 것입니다. 만약 그가 화가 났다면 주 비서와 다른 사람들은 그에게 놀랬을 것이고 그를 쉽게 제지하지 못했을 겁니다.

Ted: 그러나 그들은 그가 약하기 때문에 우유부단하다고 생각했습니다. 나는 그가 약하기 때문에 우유부단한 것이라고 생각하지 않습니다.

교사: 네가 의미하는 것을 설명할 수 있겠니, Ted?

Ted: 잠시 생각해 보아야겠습니다.

교사: 시간을 가져봐. 그러는 동안 다른 사람들은 이것에 대해 생각해 보자. 링컨의 우유부단은 약함이나 강함 그 밖의 다른 무엇이 원인이라고 생각하니? (침묵)

Ted: 한 약한 남자는 모든 사람들이 원하는 것에 찬성할 수 있었고, 그것이 전쟁을 의미하는 것이라는 것을 알고 있는 Fort Sumter를 지지할 수도 있었을 것입니다. 기다리는 것은 용기를 필요로 합니다. 링컨의 우유부단함은 두려움이 아니라 그의 직관과 지혜로부터 나온 것입니다. 그는 남부가 곧 곤경에 처할 것이고 또 나라가 살아남을 수 없다는 것을 알고 있었습니다. 또 전쟁이 얼마나 끔찍한지를 보았습니다. 그러나 그는 일들을 중단하고 성급한 사람들을 진정시키기에 무력하다는

것을 느꼈습니다.

Jane: 맞아요. 링컨이 Fort Smuter에게 보낸 메시지는 Ted가 말하는 것을 지지합니다. 그는 남부연합에게 체면을 잃지 않는 방법을 알려주려고 노력했습니다.

교사: Jane, 어떻게?

Jane: 그는 요새에 탄약을 보내지 않고 식량만 보냈습니다. 그렇게 함으로 그는 침략이 아니라 현 상태를 유지하게 되었습니다.

Jerry: 그가 노여움, 슬픔, 당혹감, 우유부단, 무기력, 배신, 두려움을 느꼈다고 생각합니다. 그는 잠을 잘 수 없을 정도로 복잡하게 얽힌 감정에 사로잡혔습니다. 그래서 걸어야 했습니다.

(3, 4단계는 이전에 상세히 토의되었기 때문에 Moore 교사는 5단계로 넘어갔다.)

5, 6단계

교사: 여러분 모두가 미국의 대통령이 되어 본 적도 없고, 전쟁을 끝내려고 노력한 적도 없다는 것을 압니다. 그러나 어려움을 예방하려고 노력한 적이 있고 여러분이 할 수 있었던 모든 일이 옳아 보이지 않는 그러한 불가능한 상황을 경험한 적이 있나요? (잠시 멈춤)

Shirley: 나에게 일어난 것은 아니지만, 삼촌의 국가수호부대가 이라크에 가게 되었을 때 삼촌은 상당한 공포를 느꼈다고 합니다. 애국심을 느꼈고 명령에 복종해야 한다고 믿고 있었지만 왜 이라크에 가야 하는지 이해할 수 없다고 했습니다. 삼촌은 사람들이 이라크에 가기를 거부한다는 이야기를 들었지만, 그것 또한 옳다고 생각하지 않았습니다. 아무것도 옳은 것 같지 않은 상황에 놓여 있자 두려움을 느꼈다고 말하였습니다. 그것은 링컨이 처한 상황 바로 그것이었습니다. 링컨은 전쟁의 마력에 끌려 넋을 잃었던 것은 아닙니다. 그것은 악몽이었음을 알았지만 그것을 막을 수 없었다고 말했습니다.

교사: 다른 사람들은 링컨의 감정과 유사한 상황에 처한 사람들의 감정을 비교할 수 있겠니?

Sally: 예, 사소한 면에서 미국의 대통령이 무기력해진다고 생각하니 우습습니다.

Paul: 링컨이 남부와 북부의 대표를 한자리에 보이게 해서 의견을 나눌 수 있도록 할 수는 없었습니까?

Jane: Sally, 링컨이 무기력하다는 것이 무엇을 의미하니?

Sally: 확신할 수 없지만 링컨은 의회, 내각, 군대, 전언, 배신과 같이 주변의 것들보다 더 험악한 상황을 보았던 것 같아요.

Ted: 그래. 그는 큰 그림을 보았지. 내가 의미하는 것은 그가 노예를 좋아하지 않았지만 남부가 얼마나 종속적이었는지는 이해했다는 거야. 그는 아무에게도 화를 내지 않았어. 그는 모든 사람들에게 미안해하고 있었어. 그것은 Shirley의 삼촌과 같아. 단지 무기력을 느꼈을 뿐이야.

교사: 너는 링컨이 대표들과 같이 모여 대화할 수 있었다고 생각하니?

Sally: 저는 그렇게 생각하지 않아요. 그것이 바로 내가 큰 그림으로 의미하고자 한 것이에요. 그는 너무 많은 세력들이 움직이고 있다는 것을 알았어요. 그리고 모든 사람들이 북부, 남부 전 지역에 퍼져 있었어요. 즉 사태의 방향을 바꾸기가 너무 어려웠습니다.

Ted: 단지 세력들뿐만 아니라 감정이 있었어. 사람들은 너무 강렬히 느끼고 있어서 스스로에게 행동을 취하라고 이야기하고 있었어.

Jane: 그들은 결과에 대해서 생각하지 않았어. 아주 극소수의 사람만이 비전을 갖고 있었어. 그것이 바로 그가 걸어간 이유야.

학생들은 고통받고 힘들어하는 한 남자의 그림을 점점 완성해 갔는데 이 남자는 유령으로서 사람들로 하여금 무서워 떨게 만들었는데 그것은 자신에 대한 두려움이 아니라, 사태가 통제할 수 없어 결국 무시무시한 전쟁으로 몰고간 상황에 대한 두려움에 깜짝 놀라게 되었다. 학생들은 그 남자의 감정을 이해하려 함으로써 그 사실을 단지 접한 것보다 링컨과 그 순간을 더 쉽게 이해했다. 학생들은 처음으로 가장 높은 자리에 있는 남자의 고독과 무기력을 느꼈다.

이것은 단지 추론이다. 아무도 링컨이 느낀 것을 정확히 알 수 없다. 그러나 행위는 사고와 정서에서 오고 링컨의 행위는 학생들의 결론으로 나타났다. 우리는 아주 복잡한 상황에 대한 연구를 시도할 수 있다. 그리고 이러한 사태들이 어떠한 감정을 유발하게 될지 상상할 수도 있다. 역사에서는 개념과 사상을 조사하지만 감정은 인과의 복잡한 영역에서 중요한 역할을 한다. 감정은 애매하고 쉽게 기록되지 않지만 큰 역할을 할 수는 있다. 감정을 잘 파악하기 어렵다고 이를 도외시하면 우리가 가정하고 있는 것을 조심스레 기억하고 있는 한 그 가정을 평가하려는 어떠한 시도보다도 과거의 면모를 더욱 왜곡시키게 될 것이다.

초등학교 시나리오

Jones 교사는 3학년 Hans Christian Andersen의 단편인 미운 오리 새끼[21]를 이용하여 갈등 해결 토의 수업을 시도하기로 결정했다. Jones 교사는 수업시간에 그 이야기 중 엄마 오리가 오리 새끼를 큰 연못까지 데리고 갔는데 다른 새들이 그 미운 오리를 쪼고 가버려서 오리 새끼가 불행하게 되었다는 곳까지 읽어주었다. 학급에서는 칠판에 자료를 기록했다.

2단계에서 그녀는 다음과 같은 질문을 했다. 엄마 오리는 오리 새끼를 왜 큰 연못으로 데리고 갔는가? 연못에 있는 다른 오리들은 엄마 오리가 도착하기 전에 어떠한 느낌을 갖고 있었는가? 왜 그랬는가? 더 많은 오리가 주변에 있기를 원했는가? 왜 그랬는가? 왜 그렇지 않은가? 그 엄마 오리는 어떻게 느꼈을까? 왜 그랬을까? 칠면조는 미운 오리를 선택했을까? 미운 오리 새끼를 쪼아대는 것이 칠면조에게 어떻게 느끼게 했는가? 왜 그러한가? 엄마 오리는 어떻게 느꼈는가? 왜 그러한가? 미운 오리의 형제들은 어떻게 느꼈을까? 왜 그럴까? 때로는 추론으로 충분하지만 또 다른 때는 다른 이유가 있는지 알고 싶어할 것이다.

우리는 3단계에서 학생들이 이 문제를 어떻게 해결할 수 있는가에 대한 토의를 선택한다.

교사: 등장인물들 각자가 미운 오리 새끼를 위해 고통이 적은 환경을 만들기 위해서 할 수 있었던 것은 무엇일까? (잠시 멈춤) 나이 많은 여왕 오리가 미운 오리 새끼를 편안하게 느끼도록 하기 위해 할 수 있었던 것은 무엇일까?

Billy: 만약 그녀가 미운 오리 새끼를 인정했다면 다른 오리들도 인정했을 것입니다.

교사: 어떻게 그렇게 할 수 있었을까?

Anne: 더 건강한 수영선수로 또는 큰 인물로 그를 칭찬할 수 있었을 것입니다.

교사: 그것은 다른 오리의 태도를 변화시켰을까?

Billy: 그렇습니다. 다른 오리들은 여왕 오리를 좋아했고 그녀를 기쁘게 하고 싶어했습니다.

Sarah: 수차례에 걸쳐 아이들이 더 나이가 많은 사람의 행동 방식을 따라합니다.

교사: 그래서 여왕 오리가 그렇게 한다면 다른 오리도 미운 오리 새끼와 친구

가 되었을 것이라 생각하니?

Anne: 그럼요. 엄마 오리도 그랬을 거에요. 엄마 오리는 처음에 미운 오리 새끼를 지지했으나 그 다음 지지하는 것을 멈추었습니다.

교사: 미운 오리 새끼는 어떻게 되었지? 미운 오리 새끼 스스로 사태를 보다 쉽게 할 수 있는 그 무엇이 있었니?

Billy: 만약 그 나이 든 여왕을 감동시키려고 노력했다면 그의 친구가 되었을 것입니다.

교사: 어떻게 그렇게 할 수 있었을까?

Billy: 그는 고상하게 인사할 수 있었습니다(이야기에 나오는 말로). 그는 똑바로 자부심 있게 앉을 수 있었습니다.

Chad: 아마 미운 오리 새끼가 뱀장어 같은 머리를 하고 있는 것으로 보았을 수도 있을 것입니다.

Whit: 아마 소리치게 할 수도 있었을 겁니다. 그녀에게 어떻게 느꼈고, 어떤 도움을 부탁하는지 말해 볼 수도 있었습니다.

교사: 그녀는 무슨 말을 할 수 있었을까?

Whit: 많은 종류의 오리가 있고 그가 특별한 종류였다고 말할 수 있었을 것입니다.

Pete: 자신을 갈색으로 색칠했어야 했어요.

교사: 다른 오리와 같아 보이는 것이 도움이 될까?

Billy: 다르게 보이기 때문에, 형제자매들은 그가 다른 가족에게 나쁜 인상을 줄 것을 두려워했습니다.

교사: 왜 다른 사람들이 우리와 다를 때 불편하다고 느끼니?

Chad: 그는 어떻게 할지 모르기 때문입니다.

Whit: 맞아, 너는 그에게 익숙지 않아 그래.

Pete: 그는 다른 오리를 때릴 수 있었어요.

Anne: 오리는 때리지 않아.

Pete: 그들을 때릴 수도 있었고 날개를 퍼덕일 수도 있었어. 결국 그가 더 컸어.

교사: 그들이 무엇을 할 수 있었다고 생각하니?

Anne: 떠날 수도 있었고 그들을 두려워했을 수도 있었어요.

Emily: 아마 그들은 두려워하지 않았기 때문에 그의 친구가 되었을 것입니다.

Whit: 그렇지 않아. 그들은 그를 물어뜯을 수도 있었어.

교사: 등을 물거나 물지 않을 용기가 필요하다고 생각하니?

Whit: 그렇지 않아요. 운동장에서 때리는 것 같아요. 때리는 것은 충동이 있지만 여러분도 알다시피 문제에 처하게 될 것입니다.

어떤 갈등에서는 한 명의 참가자만이 자신의 행동을 바꿈으로써 해결이 가능하다. 하지만 많은 경우 많은 참가자들이 자신의 행동을 바꿀 때만 해결이 가능하다. 이것은 여기에 해당된다. Jones 교사가 학생들에게 구체적이 되라고 격려할 필요가 있다. "그는 어떻게 그렇게 할 수 있었을까? 그는 무슨 말을 할 수 있었는가?" 와 같은 질문은 학생들을 구체적이 되게 하는 데 도움이 된다.

Jones 교사는 다른 사람들을 어떻게 대해야 하는지에 대한 토론을 위한 출발점으로 갈등 해결 토의 모형을 사용하였다. 5단계에서 그녀는 다음과 같은 몇 가지 질문을 첨가했다.

학생들은 다른 사람들과 경험을 공유했는가? 그들은 어떠한 느낌을 가졌는가? 그들은 친하게 느꼈는가? 경쟁적이라고 느꼈는가? 불안하다고 느꼈는가? 흥분했는가? 질투심을 느꼈는가? 그들은 새로운 사람을 위협적인 대상으로 느꼈는가? 미운 오리 새끼처럼 다른 사람들은 우리를 불편하게 만드는가? 호기심 있게? 친절하게? 독선적이게? 왜? 이 감정은 우리의 행동에 어떻게 영향을 미치는가? 이 모형에 편안함을 느낀다면 특별한 과제를 수행하기 위해, 또는 특수한 과제에 맞추기 위해, 또는 특수한 상황에 맞추기 위해 모형을 조정해 나갈 수 있다.

요약

Stephen Ambrose의 Lewis와 Clark의 탐험대 이야기, 불굴의 용기에서 그는 Thomas Jefferson의 목적을 서술하고 있다.[22] 그 목적 중 하나가 그가 만난 미국 원주민 Lewis와 Clark의 환심을 사고 그의 임무가 평화롭게 지내자는 것과 그들이 거래를 원하고 있다는 것을 확인시키는 것이었다.

어느 지점에 이르러 그 탐험대는 서로 사이가 좋지 않은 세 명의 원주민 지도자들 영토 가까이 있음을 알게 되었다. 선장 Lewis와 Clark는 이 세 명을 그들의 캠프화이어에 초대하였다. 그리고 기호언어와 통역자를 통하여 각자 자신의 입장을 표시하였다. 결론적으로,

그 선장들은 아침에 Broken Arm' s 캠프로 가서 그들이 모을 수 있는 말과

> 말의 안장이 얼마나 되는지 알아보겠다고 말했다. 이 말에 머리카락이 흐트러지고 코가 큰 사람은 큰 불만이 없었다. 이 사람은 상당히 오랫동안 조용히 있다가 그들 측의 이야기를 말했다.[23]

갈등 해결은 간단한 과제가 아니며, 자신의 관점을 표현하고 자신의 입장과 이유를 설명할 수 있고 다른 사람의 말을 신성으로 경청하는 것은 자신을 억제하게 하는 효과가 있다. 불행히도, Mr. Scheffler의 인용에서처럼, 유익하든 해롭든 서양인들의 관점에서는 정서의 역할과 힘을 인정하는 대신 정서를 무시하도록 부추겼고, 정서를 무시한다고 정서가 포함되지 않는 것이 아니라는 생각을 갖게 했다. 결과적으로 우리 대부분은 정서의 긍정적인 측면을 이용하지 못했으며, 부정적인 측면을 극복하지 못했다.

우리의 삶에는 사고와 느낌이 행동을 조정하는 사이클이 있다. 행동은 더 많은 행동을 조절하는 더 많은 사고와 느낌을 유발한다. 깊이 생각하지 않고, 갑자기 우리는 오래전에 취한 행동이 일으킨 사건에 사로잡힌다. 이 복잡한 사이클은 우리의 삶을 결정하는 순간을 만든다. 느낌을 탐구하는 것이 사람들 사이에 있는 벽을 무너뜨릴 수 있는 중요한 요소가 될 수 있으며, 다른 사람의 입장이 될 수 있도록 만든다.

세계가 점점 좁아지고 복잡해지면서 갈등에 대한 공정하면서도 타협적인 해결책에 도달할 수 있는 기법을 배우는 것이 더 중요해진다. 이 모형은 학생들이 효과적으로 의사소통하는 것을 돕고, 공평하게 갈등을 해소하고, 자신의 삶의 방향을 잘 통제할 수 있게 하는 데 도움이 된다.

웹 자원

1. **www.gigglepotz.com/peace.htm**
This rich Web site provides information about building peaceable schools from conflict resolution skills to bullying to cooperative learning and peace education.

2. **www.education-world.com/a_curr/curr171.shtml**
Conflict Resolution Education: Four Approaches describes four programs that implement conflict-resolution approaches.

3. **www.conflict-resolution.org/**

The site for the Center for Conflict Resolution at Salisbury University will demonstate the academic study of conflict resolution.

4. www.teachervision.fen.com/page/3038.html
This Web site offers lesson plans that can ve used for grades kindergarten through high school.

5. www.safeyouth.org/scrips/teens/docs/conflict.pdf
This *Conflict Resolution Fact Sheet for Teens* provides good background information on conflict for all ages.

각주

1. Lewis Carroll.(1960). *The Annotated Alice.* New York: Bramhall House, 129-130.
2. Jennifer Selfridge.(Winter 2004). "The Resolving Conflicts Creatively Program: How We Know It Works," *Theory Into Practice*, vol. 43, no. 1, 59-67.
3. Laurie Stevahn.(Winter 2004). "Integration Conflict Resolution Training into the Curriculum," Theory Into Practice, vol. 43, no. 1, 50-58.
4. David W. Johnson, Roger T. Johnson, and Mary Beth Stanne.(2000). *Cooperative Learning Methods: A Meta-Analysis.* The Cooperative Learning Center, University of Minnasota. Available at www.co-operation.org.
5. Stevahn, 2004.
6. Hilda Taba. *Hilda Taba Teaching Strategies Program, Unit IV, Secondary Edition.*(1971). Miami: Institue for Staff Development. Dr. Taba originally devised the resoultion-of-conflict model. She referred to it as a strategy as a model, because each is a step-by-step procedure that leads to specific learning outcomes. This model combines some of her steps.
7. David W. Johnson and Roger T. Johnson.(1995). *Reducing School Violence through Conflict Resolution.* Alexandria, VA: ASCD.
8. Stevahn, 2004.
9. Margaret J. Wheatley.(1992). *Leadership and the New Science: Learning about Organization from an Orderly Universe.* San Francisco: Berrett-Koehler.
10. Stevahn, 2004, 51.
11. Taba, 7. These steps hane been cchanged slightly.

12. Taba, 157-158.
13. Taba, 161.
14. Richard J. Bodine and Donna K. Crawford.(1999). *Developing Emotional Intelligence: A Guide to Behavior Management and Conflict Resolution in Schools.* Champaign, IL: Research Press.
15. Peter Salovey and David J. Sluyter.(1997). *Emotinal Development and Emotinal Intelligence: Educational Implications.* New York: Basic Books.
16. Anonymous.(1986). "Red Riding Hood," in *A Child's Book of Stones.* New York: Duffield & Co., 57-60.
17. Carol A. Tomlinson.(1999). *The Differentiated Classroom: Responding to the Needs of All Learners.* Alexandria, VA:ASCD.
18. Tomlinson, 1999.
19. Richard J. Stiggins.(2005). *Student-Involved Assessment for Learning*, 4th ed. Upper Saddle River, NJ: Pearson.
20. Vachel Lindsay.(1923). "Abraham Lincoln Walks at Midnight," in *Collected Poems.* New York: Macmillan, 53.
21. Andersen, Hans Christian.(1945). "The Ugly Ducking" in *Andersen's Fairy Tales.* New York: Grosset & Dunlap, 70-83.
22. Stephen E. Ambrose.(1966). *Undaunted Courage.* New York: Simon and Schuster, 362.
23. Ambrose, 1996, 362.

Eggen과 Kauchak의 통합 모형

자료로부터의 일반화

Eggen과 Kauchak이 고안한 통합 모형은 통제된 토의의 한 예이다. 이것은 구조적 대화로 교사가 구체적인 인지 목적를 달성하게 해 준다. 이 모형에 합당한 수업 목적으로는 분석, 가설, 평가, 창안이 있다.[1] 통합 모형은 학생들을 개인적으로 지식의 체계에 대한 개인적 이해 구성에 참여시킴으로써 복잡한 학문적인 주제를 탐구하기 위한 구조를 제시한다. 그 토의는 자유 형태가 아니며, 학생들이 특정한 주제의 사실과 개념 간의 관계를 탐구해 나갈 때 학생들이 본질적인 비판적 사고 기능을 실천해 나가는 것을 돕기 위하여 고안되었다.

통합 모형은 학습할 내용이 여러 관계로 복잡하게 얽혀 있을 때 적합한 수업 모형이다. 가끔 학급 토의는 복습이나 낮은 수준의 발문을 위한 좋은 기회가 된다. 구조적 대화(소크라테스식 세미나, 학급 토의, 통합 모형)는 학생들에게 구체적인 학문적 기능을 발휘할 기회를 제공해 주는 동시에 학생들은 동료들과 사고를 공유하므로 새로운 지식을 구성해 나간다. Eggen과 Kauchak 모형은 외형상 교사와 학생의 행동에 대한 개요를 제시하는데 이것은 비구조화된 토의에서 생기는 토의과제에서 벗어날 가능성을 제거시킨다. 교사가 통합 수업을 어떻게 계획하고 실행하느냐에 대한 구체적 예들을 함께 공유하면 모든 수업의 목적에 도달할 가능성이 커진다. 첫 번째 예는 중학교 사회과 교사의 예이다.

Debbie Moss 교사는 미국의 여러 지역에 대한 새로운 지리 단원을 계획하고 있다. 지역은 정보와 관련성이 풍부한 주제가 된다. 지역에는 학생들이 꼭 이해해야 할 여러 가지 경제, 문화, 물질적 특징과 이들 간의 관계들이 있다. 주의 표준을 점검해 보고, 지역의 풍경이 주민들의 문화적, 경제적 특징을 어떻게 반영하고 있고, 문화적 차이가 지역을 어떻게 연결하고 분리시키는지를 학생들은 설명할 수 있어야 한다는 것을 알아냈다. Debbie는 주의 교육과정 틀을 조사하고, 학생의 선행지식과 요구를 고려하고, 가용 자원을 조사하여 단원을 구성할 핵심 아이디어, 필수 지식, 기능을 드러내 놓았다. 이러한 수업 계획 행동은 이 책의 모든 모형에서 다 비슷하다.

Debbie가 선정한 단원의 핵심 아이디어는 지역은 물리적, 문화적 특징이 통합되어 있고, 지역의 특징은 인간이 물리적, 문화적, 경제적 환경과 상호작용하면서 바뀔 수 있다는 것이다. Debbie는 지역이라는 개념은 복잡한 세계를 단순화시키기 위하여 사용되고 물리적, 문화적 지역은 시간이 지나면서 바뀔 수 있다는 점을 학생들이 알 필요가 있다고 믿었다. 학생들은 또한 지역의 풍경에는 문화적 특징(건축, 언어, 역사, 종교)이 내재한다는 것을 알 필요가 있다. 통합 수업의 "할 수 있다"라는 목적에는 지도에 지역을 표시할 수 있고, 지역의 유형을 해석할 수 있고, 정보를 비교, 대조할 수 있고, 결론을 도출해 낼 수 있고, 자료를 일반화할 수 있고, 인과 관계를 설명할 수 있는 내용이 포함된다. Debbie는 교재에 서술된 "*차별화된 실제*"[2]라는 단원에 근거하여 궁극적인 평가는 학생들에게 물리적, 문화적 또는 경제적 지리학자의 렌즈를 통하여 교과 자료를 보도록 요구하는 개별 연구 과제가 되어야 할 것이라고 생각하였다.

Debbie는 이제 학생들이 단원의 목표에 도달하도록 하는 데 도움이 되는 수업을 생각하게 되었다. 이 장에서는 Debbie의 학생들이 몇 가지 수업 목표를 달성하는 데 도움이 되는 수업 모형을 조사해 본다. Debbie는 가능한 수업방법으로 강의법을 고려하고 있지만, 학생들이 이 간단한 강의를 통하여 다른 여러 지역의 특징들 사이의 관련성을 알아내는 데 도움이 된다고 믿지는 않는다. 그래서 Debbie는 Jigsaw 협동학습을 생각하고 있으나 이것 또한 지역이 물리적 문화적, 경제적 측면 간의 관계를 강조하고 있지 않다고 결정을 내린다. 통합 모형은 풍부하고 복잡하게 조직된 지식의 체계이거나 모형 설계자의 말에 의하면 사실, 개념, 일반화 이들 간의 관계를 포함하는 주제를 사용하는 수업 모형이기 때문에,[3] Debbie는 Eggen 과Kauchak 모형이 자신의 목표에 가장 잘 들어맞는다고 결정을 내렸다. 왜냐하면 지역의 차이, 이 차이로 생긴 역사적, 경제적, 문화적 결과가 이와 같은 복잡한 주제의 한 본보기가 되기 때문이다.

여러분은 이 장의 공부를 끝내고 나면, 학교에서 학생들에게 제시되는 정보의 양이 가끔은 지나치게 많으며 이것들은 서로 관련이 없다는 것을 알게 되고, 학급의 자료와 수업은 학생들이 상호작용할 이 풍부한 정보를 잘 조직해야만 한다는 것을 알게 될 것이다. 여러분은 또한 통합 수업 모형의 기초와 정당성, 모형의 단계, 모형에 사용될 수 있는 자료와 평가, 어떻게 이 모형을 다양한 학생의 요구에 부합시킬 것인지를 알아야 할 것이다. 여러분은 이 통합 수업 모형을 적절하게 고안하여 실행에 옮겨야 할 것이다.

Eggen과 Kauchak의 통합 수업 모형은 학생들이 복잡한 주제의 여러 요소 간의 관계를 파악하는 데 도움이 되는 귀납적 접근 방법을 사용한다. 복잡한 주제가 자주 학교 수업의 핵심이 된다. 비록 학생들에게는 주제의 구성요소들을 규명하고 정의할 것이 요구되지만 그들은 보통 이들 구성요소들 간의 관계를 조사할 기회가 없다.

예를 들면, 미국 지역에 대한 학습에는 주와 각 지역의 중요한 도시를 기억하는 것 그 이상이 포함된다. 지역은 중요한 역사적 경제적 역할을 담당하고, 우리가 자신을 미국인이라 정의하는 복잡한 방식의 한 요소가 된다. 학생들은 지리적 원리가 미국인의 경험에 어떠한 영향을 미쳤는지에 대한 피상적 지식을 초월할 수 있도록 이러한 관계를 논의할 기회를 가질 필요가 있다.

이 장에서는 구체적인 예를 통하여 Eggen과 Kauchak의 통합 수업 모형을 제시하고 논의한다. 이 모형은 간편하고 잘 조직되어 있기 때문에 구체적인 예에 대한 논의–설명 그 이상을 나타내는–는 다양한 독자에게 다가서는 데 도움이 되는 방식으로 이 교재의 체제를 바꿀 수 있다.

활동 13.1: 통합 모형

1. 여러분의 주에서 정한 표준에 있는 지식의 조직 체제나 풍부한 주제를 열거하라.
2. 한 주제를 선택하여 사실, 개념 주제와 관련 있는 일반화들 간의 관계를 보여주는 개념지도를 고안하라.

Eggen과 Kauchak의 통합 모형은 학생들로 하여금 유사점과 차이점을 탐구하게 하고, 이들 비교에 대한 설명을 제시하도록 하고, 비교와 그 결과적 관계에 대한 가설을 설정하게 하고, 논의하고 있는 주제에 대하여 일반화를 하도록 한다.

그러므로 이 모형은 교사가 제기하는 질문의 유형과 학급의 사회적 구조 그리고 토의를 위한 자료 자원에 대한 지침을 제공함으로써 보다 수준 높은 학급 토의의 기회를 제공한다.

Eggen과 Kauchak의 통합 모형의 기초

이 통합 모형은 학생들이 복잡한 주제의 구성요소들 간의 관계를 파악하는 것을 도와주기 위하여 고안되었다. (예를 들면, 이주, 동물의 분류, 정부 부처) 학생들이 복잡하게 얽혀 있는 연결망을 이해할 때, 그들은 이와 유사한 정보를 이해하기 위하여 이전에 구성해 놓은 스키마를 더 구축하거나 수정하거나 한다. 스키마 이론은 Eggen과 Kauchak 통합 모형을 지지한다. 왜냐하면 수업에서는 정보를 쉽게 동화하고, 계속하여 회상해 낼 수 있도록 참여자들이 정보를 정돈하는 데 도움을 주기 때문이다. 스키마는 상당히 많은 양의 정보를 의미 있는 체제 속으로 조직하는 하나의 구조이다.[4] 그러므로 인간의 뇌는 새로운 경험과 정보에 접하게 되면 정보를 저장하고 새로운 관련을 맺는 데 적극적이다. 스키마는 하나의 구성체로 이전의 지식과 새로운 지식을 연결하여 이러한 경험을 조직하는 구조이다. Eggen과 Kauchak의 통합 모형은 학생들에게 내용을 조직적인 방식으로 제시하고, 유연하고 효과적으로 관련을 짓도록 허용한다.

이외에, 통합 수업 모형은 지식을 증가시킨다. 두뇌의 수용능력은 경험을 통하여 도움을 받으며, 잘 조직된 경험은 가장 큰 장점이 된다. 학생들은 지식을 구조화함으로써 정보의 우선순위를 정할 수 있고, 새로운 자료를 기존의 스키마에 연결하여 학교에서의 성공 기회를 증진시킬 수 있다. Bransford와 그의 동료들은 모든 수업이 동일한 것이 아니라는 것을 인정하고 있다.

> …… 학습 기회의 종류마다 질적인 차이가 있는 것은 분명하다. 이외에, 뇌는 추론, 유목 형성, 기타 정신 활동을 통하여 정보적 경험을 창출한다. 이것들이 우리가 촉진시켜야 할 학습 기회가 되는 것이다.[5]

Eggen과 Kauchak는 학생들이 통합 수업 모형에서 중요한 비판적 사고 기능을 사용할 것을 의도하고 있다.[6] 예를 들면, 이 수업 모형의 기저에 깔려 있는 기대는 학생들이 교과 내용을 배우는 동안 논리적으로 추론하고 유사점과 차이점을 규명하고 설명과 가설을 생성해 내는 것이다. 이러한 전략은 학업 성취와 관련이 있다.[7] 교사가 유사점과 차이점을 확인하거나 학생들에게 독자적으로 유사점과 차이점을 규명하도록 요구할 때, 학생의 이해는 증진된다. 어떠한 확인 및 규명은 비교, 분류, 은유와 비유의 개발을 통하여 가능해진다.[8]

보통 스키마라 불리는 유형은 통합 수업 모형의 결정적인 구성요소인 것이다. 스키마는 학습자가 복잡한 정보에 대해 일정한 형태를 만드는 수단이 된다. 또한 스키마는 학생들이 내용과 절차를 다루는 도구이다. 학교에서는 교육과정 개발과 수업설계에 사용되는 모든 정보를 다 다룰 수는 없다. 장기 기억 속으로 통합해야 할 정보가 너무도 많다. 통합 수업 모형은 교사와 학생이 흩어져 있는 여러 정보를 관리 가능한 전체로 조직하도록 도와준다. 그 결과 주제와 주제와 관련된 여러 요소들 간의 관계에 대한 깊은 이해가 개발될 수 있다. 사실, 스키마가 더 복잡해지고 상호연관이 더 많이 될수록 학생들은 새로운 지식과 이해를 관련지을 수 있는 여지가 더 커진다.

Eggen과 Kauchak의 통합 수업 모형의 단계

1. 일정한 자료 세트 안에서 여러 유형을 탐색, 기술, 비교한다.
2. 규명된 유사점과 차이점을 설명한다.
3. 다른 조건 아래 어떤 일이 발생할지에 대한 가설을 설정한다.
4. 주제에 대하여 일반화를 하고 토의를 한다.

Eggen과 Kauchak의 통합 수업 모형의 계획

지식의 조직체는 말 그대로 지식을 조직해 놓은 것이다. 통합 수업은 여러 자료를 통하여 개발된다. 분산된 여러 정보는 매트릭스, 그래프, 지도, 그림 또는 기타 전시물로 정돈된다. 첫째, 주제를 규명한다. 내용의 표준, 교육과정 자료, 지역이 정한 범위 계열은 복잡성과 관련성이 많은 주제들로 가득 차 있다. 둘째, 교사는 구성할 수업의 일반화를 결정해야 한다—이해 목표와 핵심 아이디어를 지지하는 지식. 목표가 결정되고 나면 우리가 공부하고 있는 핵심 요소들 간의 관계를 나타내는 개념 지도를 구성하는 것이 도움이 된다. 그 다음 이에 대응하는 매트릭스가 교사, 학생들이 독자적으로 또는 소집단 또는 일부 학습 토론 집단을 구성하여 개발되어야 할 것이다. 사실, 교육과정 자료, 신문, 잡지, 웹과 같은 전자 자료들은 방대한 자료원으로 Eggen과 Kauchak의 통합 수업의 기초가 된다. 마지막으로 교사는 학생들이 주제를 배우기 위해 어떠한 기회를 가져야 할지를 결정해야 한다. Debbie는 자신의 단원에서 미국의 네 지역의 물리적, 경제적 특징을 비교한 매트릭스를 사용했다(표 13.1 참고).

표 13.1 미국의 지역

네 개의 지역	물리적 특징	문화적 특징	경제적 특징
북동 포함된 주: 코네티컷, 뉴저지, 메인, 매사추세츠, 뉴햄프셔, 뉴욕, 펜실베이니아, 로드아일랜드, 버몬트	• 캐나다, 중서부, 남 대서양과 경계를 이룸 • 암벽 해안에서 비옥한 농장 • 네 개의 강; 테라웨어, 허드슨, 코네티컷, 테니벡 • Berkshire, Adirondack, Green, White Mounttains • champlain 호수, 온 타리오, 메리호수, 나이아가라 폭포	• 교육유산[상위권대립] • 미국의 역사를 지배한 • 종교의 다양성–청교도 시작, 캐톨릭, 기독교, • 다양한 인종 아프리카 미국인 스페인계, 아시아계 미국인 아일랜드계, 독일계 프랑스계 미국인	• 미국에서 가장 부유한 지역 • 도시–중간 크기에서 큰 제로업 도시, 이제는 새로운 경제기반 모색 중 • 도시간 빈부의 격차가 큼 • 주요 도시, 뉴욕, 보스톤, 워싱턴은 비숙련공 대 의존하지 않는 재정적, 행정적 서비스를 제공함 • 도서 간, 도시 내 많은 통행
중서부 포함된 주: 오하이오, 인디애나, 미시간, 일리노이, 위스콘신, 아이오와, 캔사스, 미네소타, 미주리, 네브라스카, 노스다코다, 스우스다코다	• 미국의 인구조사국이 있는 지역 • 동북 중앙주와 서북 중앙주 • 큰 호수들, 오하이오와 미시시피강 • 애팔라치 산맥의 작은 산과 porcupine 산	• 문화적 교차로 • 유럽의 이민자 • 독일 캐도릭/ 칼빈주의자/신교도–성경지대 • 노예는 허용되지 않았음 • 땅을 대여한 대학 • 시골의 기독교 개척자 • 민주당의 열렬한 지지	• 시카고 가장 큰 도시 • 다른 도시: 크리브랜드, 콜럼버스, 인디애나폴리스, 니트로이트, 세인트루이스, 캔사르시, 미네아폴리스–비옥한 땅–국가의 식량원–옥수수–오트밀, 밀 • 중서부의 여러 산업 포기–철강산업 지역
남부 포함된 주: 델러웨어, 플로리라, 조지아, 메릴랜드, 노스캐롤라이나, 사우스캐롤라이나, 버지니아, 웨스트버지니아, 콜롬비아, 앨라바마, 켄터키, 미시시피, 테네시, 알칸사스, 루이지애나, 오클라호마, 텍사스	• 미국의 연구조사국이 있는 지역 • 동남 중앙, 남서양, 서남 중앙 • 미시시피강, chesapeake • 만, 플로리다 Everglades, 아파라치아 산맥 큰 호수들, 오하이오와 미시시피강 • 애팔래치아 산맥(Blue Ridge와 Great Smoky산), South Garolna's Sea island	• 유롬의 겔트 이민자 • 노예제도 • 민주당에서 공화당으로 전환 • 북부보다 더 보수적 • 성서지대, 그리고 신교도가 지배 • 기독교, 무슬림, 카톨릭 • 남부 요리, 음악과 운동	• 휴스턴의 가장 큰 도시 • 다른 시들: 달라스/포츠워스/마이애미/아틀랜타/볼티모어 그리고 탬파 • 시골지역 • 농작물/나무가 잘 자란다.–참나무, 태산목, 층층나무

표 13.1 미국의 지역 (계속)

네 개의 지역	물리적 특징	문화적 특징	경제적 특징
서부 포함된 주: 알래스카, 아리조나, 캘리포니아, 콜로라도, 하와이, 아이다호, 몬타나, 뉴멕시코, 네바다, 오레곤, 유타, 위싱턴, 워밍	• 미국 인구조사국 지역; 산과 태평양 • 가장 지리적으로 다양한 지역; 태평양연안, 북서부 온대우림, 록키산맥, 대평원과 사막 • 미주리, 콜로라도, 컬럼비아, 그리고 스네익 강	• 와이어밍은 가장 인구가 적으며 캘리포니아는 가장 인구가 많은 주이다. • 아시아계, 멕시코계, 미국 원주민 • 몰몬교 • 카우보이 이미지가 있으며 서부로 팽창되어 있음 • 서부는 정치적으로 통합되어 있지 않다; 도시, 태평양연안은 민주당, 내륙 지역은 더욱 공 화당이 많음.	• 최대의 도시 로스앤젤레스 • 다른 시들:샌디에이고, 산조세, 샌프라시스코, 시애틀, 포트랜드, 덴버, 피닉스, 라스베가스, 솔트레이크 • 축산업 • 텍사스에서 다코타에 이르는 밀이 생산되는 지역 • 워싱톤의 사과, 아이다호의 감자 • 로스앤젤레스-세계 제2차대전 이래의 항공산업

효과적인 자료 전시는 일반화 개발의 여지를 남겨 준다. 즉 여기에는 관련을 맺기에 너무 협소하지 않은 사실들이 포함된다. 또한 효과적인 자료 전시에는 학생들이 규명하는 관계에 대한 정보를 제공할 기회를 갖도록 충분한 정보가 있다.[10] 다음 수업 모형의 단계들 설명에서 보여지듯이 표 13.1의 매트릭스는 두 가지 요구조건 즉 일반화 기회와 관계 설명의 기회 모두를 충족시켜 준다.

구체적 단계

1단계: 일정한 자료 세트 안에서 여러 유형을 탐색, 기술, 비교한다

Eggen과 Kauchak 수업 모형은 교사로 하여금 교실을 놀이터로 만들 여지를 제공한다. 모든 학생들은 대화가 시작될 때 자료를 조직하고 이용할 수 있기 때문에 토론에 참여할 기회가 생긴다. 교사는 자료에 대한 배경지식을 제공하면서 수업을 시작하고 학생들이 무엇을 주목할지 기술하도록 요구하면서 학생들의 주의를 집중시킨다. Debbie 교사는 표 13.1을 사용하여 학생들로 하여금 매트릭스를 세밀히 관찰하도록 요구한다. Debbie 교사는 학생을 불러 가로세로가 얼마나 되고 가로세로가 의미하는 것이 무엇인지 묻는다. 그 다음 학생들에게 다음 질문에 대해 생각해 보도록 한다.

- 서부 지역의 물리적 특징은 어떠한가? 이 특징은 남부나 북동부 지역과 어떻게 다른가
- 어느 지역이 물리적 다양성이 가장 큰가?
- 어느 지역이 가장 인구가 적고 어느 지역이 인구가 가장 많은가? 무엇이 각 주의 인구를 결정하는가?
- 어떠한 종류의 상업이 이들 네 지역의 경제를 지원하는가? 이들 상업은 서로 어떻게 유사하며 어떻게 다른가? 왜 이들 지역은 서로 다른 경제적 특성을 갖고 있는가?
- 여러분은 이 매트릭스에서 어떠한 유사점과 차이점에 주목하는가?

또 다른 질문도 만들어 볼 수 있다. 교사나 학생들도 다른 많은 유사점과 차이점을 주목할 수도 있다. 선택적 수업 방법으로는 전시된 자료의 구체적 특성에 주의를 집중하고, 학생들에게 구체적인 유사점과 차이점을 찾아 기술하게 하고, 학생들에게 그들이 주목하고 있는 것을 비교하도록 요구하는 것이다. 이 단계에서 교사와 학생들은 토의의 속도를 조절하고 명확하고 간단한 질문을 사용하여 주제에 대한 기초적인 정보의 구성을 촉진할 수 있다. Eggen과 Kauchak은 이 수업 모형의 모든 단계에서 토의를 통하여 생성된 정보는 앞으로 참고하기 위해서라도 꼭 기록해야 할 것을 제안하고 있다.[11]

2단계: 규명된 유사점과 차이점을 설명한다

일반 학생들이 매트릭스에 제시된 유사점과 차이점을 규명하고 나면, 그 다음 학생들은 규명된 비교 상태를 설명하여야 한다. 유사점과 차이점에 대한 이유를 설명한다는 것은 결국 학생들을 자료의 심층 분석에 참여시키는 것이 된다. 예를 들면 Debbie 교사는 다음과 같은 질문을 통하여 규명된 비교를 추적해 볼 수 있다.

- 여러분은 북동부와 서부 사이의 경제적 특징의 차이를 어떻게 설명할 수 있는가?
- 여러분은 왜 미국 네 개 지역의 주요 도시 간에 유사점이 있을 것이라는 기내하는가?
- 여러분은 지역들 간에 어떤 유사점과 차이점에 주목했는가?

- 이들 차이점 중 어느 것이 지역으로의 이주 형태와 관련이 있는가?
- 여러 지역 간 인구의 차이는 무엇 때문인가?

비록 어떠한 관계는 설명할 수 없지만 설명을 필요로 하는 자료에서는 여러 관계가 있을 수 있다. 설명이란 기술보다는 높은 수준의 추론이기 때문에 설명할 기회를 제공하는 것은 학생들이 주제에 관해 개발하고 있는 스키마의 복잡성을 증가시키는 데 도움이 된다. 설명은 여러 정보를 결합시키고, 다양한 실로 엮어 스키마를 개발하게 한다. 스키마는 수업이 진행되면서 더욱더 복잡해지고, 더 많은 설명이 공유되고, 노동자들이 개별적으로 실을 엮어 나가면서 손으로 짠 깔개는 더욱 다채롭고 세밀해진다.

이 수업 모형의 2단계에서 교사의 역할은 그 비교 목록을 조사하고 명료화를 요구하며, 자료에서 얻은 정보를 통하여 학생들이 그들의 설명을 기록해 나가고 있는지 확인하는 것이다.

3단계: 다른 조건 아래 어떤 일이 발생할지에 대한 가설을 설정한다

이 수업 모형의 3단계에서 학생들은 만일 조건이 바뀌면 결과가 어떻게 될지에 대한 가설을 세우도록 요구받고, 최근에 획득한 지식을 적용하고, 이것을 선수 지식과 기능에 관련 지을 기회를 갖게 된다. Marzano는 가설 검증을 실천하고 학생의 이해를 증진시키는 방법으로서 지식의 조직체나 지식의 체제 사용에 대하여 논의하고 있다.[12] Debbie는 남부가 전적으로 민주당으로 남아 있는 경우 지난 몇 번의 선거에서 어떠한 일이 발생하게 될지 상상해 보게 하거나 중서부의 강철 산업지역의 사양화 도시가 부활한다면 어떠한 일이 일어날지에 대하여 생각해 보게 할 수도 있다.

가설 검증에 도움을 주는 경험을 설계하는 것은 통합 수업 모형의 고유한 특징이다. 이외에 교사들은 설명을 위한 본보기를 제공할 수 있고, 학생들이 그들의 추론을 명확히 표현하도록 도움이 되는 문장의 줄기를 제공할 수도 있고, 질 높은 설명을 규명하고 기술하는 기준을 개발하며, 학생들이 그들의 설명을 공유할 수 있는 수많은 기회를 설정할 수도 있다.

4단계: 주제에 대하여 일반화를 하고 토의를 한다

이 단계에서 학생들은 토론 내용을 요약하고 종합하며, 연구 중에 있는 주제에 대하여 일반화를 구성한다. 첫머리-막바지 효과인 '학생들은 수업 중 처음 들은 것을 가장 잘 기억하고 가장 마지막 경험한 것을 두 번째로 잘 기억한다' 는 이 단계에서 중요한 역할을 한다.[13] 교사들은 이 수업 모형을 사용하여 이 효과에 근거한 발문 계획을 개발한다. 4단계에서 학생들은 수업을 종합한 내용 즉 주제의 복잡성을 설명하는 데 도움이 되는 일반화를 공유하는 것이 중요하다.

> 수업의 마지막 부분은 결정적으로 중요하다. 이상적으로는 반성과 요약을 위한 시간이 따로 정해져야 한다. 수업만으로는 거의 학습이 일어나지 않는다. 새로 습득된 개념을 본래의 학습 경험을 벗어나 적용하고 우리가 학습한 것을 처리하고 반성하는 데 시간을 보낼 때만 지속적인 진정한 학습이 일어난다. 이렇게 확장된 지식이 모두 요약에 포함되어야 한다.[14]

정교한 기능인 일반화 기능은 토의 내용을 잘 요약함으로써 증진된다. 일단 학생들이 공유한 정보를 이해하고 나면, 그들은 그 정보를 종합할 수 있고 그들이 발전시켜온 심층적 이해를 표상할 진술을 만들 수 있다. Debbie는 학생들에게 수업 중에 오가는 대화를 요약하게 할 수도 있었다. Debbie는 또한 학생들에게 검토 중에 있는 지역의 물리적, 문화적, 경제적 특징에서 발견되는 관계에 대한 진술을 하도록 요구할 수도 있었다.

초등 통합 수업의 본보기

Tom Baran 교사는 3학년 분수 수업을 진행하면서 학생들이 분자는 같고 분모가 다른 분수의 수치를 비교할 때 분수가 적힌 종이를 사용하면 도움이 될 것이라고 판단한다. 특수한 버지니아 학습 기준인 분수 개념과 관련이 있는 "필수적인 이해"는 모든 학생은 다음을 이해해야만 한다는 것이다. 즉 분모가 전체 속에 동일 부분의 수를 말해주고 분자는 얼마나 많은 동일 부분의 수를 고려할지를 말해준다는 것을 알아야만 한다.[15] 교사는 학생들이 분수를 비교하는 방법을 검토할 필요가 있고, Eggen과 Kauchak 모형은 이러한 검토를 하는 데 좋은 방법이 될 것으로 믿는다. Tom 교사는 그림 13.1 분수 표지판과 함께 표 13.2를 사용하여 통합 수업에 관한 계획안을 작성하였다.

그는 학생들에게 표 13.2를 보여주고, 다음과 같은 질문을 한다. 여러분은 무엇에 주목하고 있는가? 도대체 이 표는 무엇에 관한 것인가? 이러한 상징은 무엇을

그림 13.1 분수 표지판

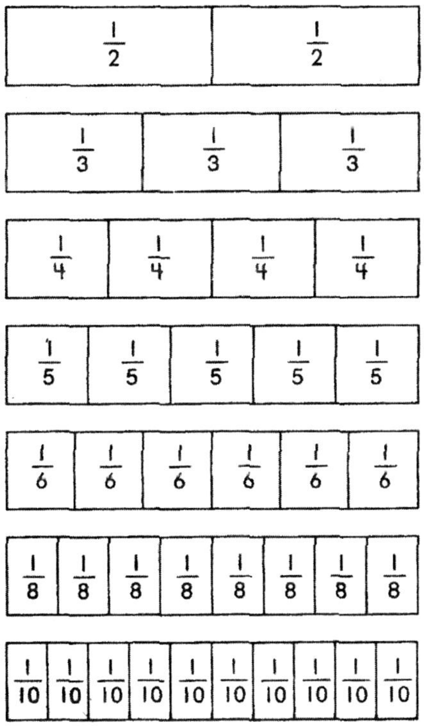

표 13.2

1/2>1/5	1/4>1/6	1/8>1/10
1/5<1/3	1/10<1/5	1/10<1/3
1/5>1/8	1/6>1/10	1/5=1/5

의미하는가? 여러분은 이 매트릭스의 각 칸을 읽을 줄 아는가? 각 칸의 짝들은 정확한가? 일단 Tom 교사는 학생들이 각 짝들 간의 관계를 정확하고 완전하게 기술하는 데 마음이 놓이면, 수업 모형의 다음 단계로 이동한다—이유를 묻는 단계. 또한 이 단계에서는 학생들이 질문에 답하는 데 도움이 되는 분수 표지판을 활용할 수 있음을 상기시킨다.

이유를 묻는 Tom 교사의 질문에는 다음과 같은 내용이 포함된다.

- 맨 꼭대기 세로 줄에 있는 짝을 보아라. 1/2이 1/5보다 크다고 되어 있다. 왜 이것이 사실인지를 나에게 설명하라.
- 첫 번째 칸 다음 칸으로 넘어가 보아라. 어느 숫자가 더 큰가? 이것을 어떻게

알게 되었는지 설명하여라.
- [학생 이름], 수의 짝 중 하나를 골라 어느 숫자가 더 작은지 그리고 그것이 더 작다는 것을 어떻게 알게 되었는지 말하여라.
- [학생 이름], 수의 짝 중 하나를 골라, 어느 숫자가 더 큰지 그리고 더 크다는 것을 어떻게 알게 되었는지 말하여라.

Tom은 학생들이 한 분수의 수치가 왜 더 적고 더 큰지를 설명할 수 있음을 확인할 때까지 가설 3단계로 이동하지는 않는다. 그는 표 13.2를 통하여 계속 질문을 하거나 아니면 학생들에게 더 연습이 필요할 경우 추가적인 본보기를 포함시킬 수 있다. 가설 안에서 Tom은 학생들에게 표 13.2에 몇 가지 변화를 가하도록 요구할 수도 있다. 예를 들면, "만일에 1/2이 1/3로 바뀐다면 첫 번째 짝에 무슨 일이 일어날까?" 라고 질문할 수도 있다.

또한 1/3은 1/5보다 더 클까? Tom은 학생들이 수를 대치하여 짝을 이룬 분수 중 어느 것이 더 크고 어느 것이 더 작은지를 나타내는 데 확신이 생길 때까지 필요하면 언제나 많은 변화를 줄 수도 있다. 그는 학생들에게 조합을 달리하여 가설을 세우도록 요구할 수도 있다. 예를 들면, 만일에 첫 번째 짝에서 1/2을 1/8로 대치한다면 어떻게 될지를 물을 수도 있다. 그 관계가 똑같을까? 아니면 ~보다 크다라는 부호를 ~보다 작다라는 부호로 바꾸어야 하는가? 학생들이 조합을 바꾼 결과를 잘 예측하게 될 때, 톰은 학생들을 수업의 일반화 단계로 이끌게 된다(4단계).

- 한 집합의 모든 부분은 서로 똑같아야 하고, 이것들이 전체를 이룬다.
- 전체는 똑같은 크기의 부분으로 나누어질 수 있다.
- 분모는 전체 속에 똑같은 부분이 얼마나 많은지를 알려준다.
- 분모의 숫자가 크면 클수록, 전체 속에는 더 많은 부분이 존재한다.
- 분모의 숫자가 작으면 작을수록, 전체 속에는 더 작은 부분이 존재한다.
- 분자가 항수일 경우, 분모가 작은 분수는 분모가 큰 분수보다 양이 더 크다.

Eggen과 Kauchak 통합 모형의 단계 요약

May Dunn 교사는 1950년부터 1985년까지의 청소년 문학에 대한 반대 이유에 대한 수업에서 표 13.3과 같은 매트릭스와 더불어 통합 수업 모형을 적용한다. May는 학생들에게 잘 검토되었거나 수상을 한 청소년 작품의 장점에 대하여 의견 차

표 13.3 일반적으로 학교에서 사용되는 책의 사용을 반대하는 이유[16]

책 이름	반대 이유
The Adventures Huckleberry Finn	아프리카계 미국인에게 모욕적인 언어와 성격 묘사, 방탕이라는 말의 사용. 신의 이름을 함부로 썼다. 차별을 증가시킨다.
The Catcher in the Rye	십대에겐 부적합. 추한 단어들, 부정적 영향, 또한 지나치게 속임수 많고, 줄거리가 없는, 상말이 많은, 신성을 더럽히고 포르노적인, 동성애의 반대 관점. 젊은이에게 긍정적인 모범이 되지 못하는, 다른 결정을 보충할 만한 사회적 가치가 없다. 영웅은 도덕성이 희박하고 방향감이 결여되어 있다.
Beliverance	수용할 수 없는 언어. 성적인 언급, 성장면, 반종교적 문제, 동성애 장려.
The Good Earth	내용에는 내연의 처가 있고 매춘을 하는 성인 남자의 성생활이 포함된다. 아동의 살인.
The Grapers of Wrath	비도덕적, 음란한, 정치이념에 대한 반대, 성적인 활동, 교회반대자, 우울한 이야기, 나쁜 언어, 남부인에게는 명성을 떨어뜨린다.
I Know Why the Caged Bird Sings	젊은이들에겐 적합지 않은 내용. 외설적이며 아프리카계 미국인의 명성을 떨어뜨리며 지나치게 현실적이다.
The Learning Tree	성인의 언어, 성적인 면이 뚜렷한, 지나치게 어른스러운 10대들. 백인만을 사랑하는 백인 목사, 세속적 인간주의를 가르친다.
1984	비도덕적; 우울한, 음란한, 공산주의 연구, 긍정적으로 묘사한 공산주의, 결혼과 가족을 동시 취급하는 것을 싫어함. 마약복용, 더러운.
To Kill a Mockingbird	비도덕적, 음란한, 추잡한, 천박한, 청소년에겐 적합하지 않은 강간, 인종 문제와 관련된 내용.
The Scarlet Letter	기독교 성직자들을 모욕한다. 야비함. 비도덕성, 간통, 너무 솔직하다.

이가 많다는 것을 이해시키고자 한다. 학생들은 청소년 문학에 대한 반대 이유는 정치적 우익집단과 좌익집단으로부터 생겨나고 있음을 알 필요가 있고, 영어 교사가 학급에서 독서를 위해 선택된 소설에 대한 반대에 대한 준비를 해야 함을 학생들은 알 필요가 있다.

통합 수업이 끝날 무렵 May의 학생들은 가능한 반대 이유 목록을 만듦으로써 공통 교육과정 자료에 대하여 갖고 있는 반대에 관한 가설을 세울 수 있을 것이다.

이 수업 모형의 첫 단계는 학생들에게 어떤 형태를 기술, 비교, 탐색하게 하는 것이다. May는 이 단계에서 다음과 같은 질문을 제기한다.

- 여러분은 *The Catcher in the Rye*에 관한 반대 이유 중 어떤 점을 주목하는가?
- 이 반대 이유에서 어떠한 유형의 관심사가 표현되고 있는가?
- *Huckleberry Finn*과 *1984*에 대한 반대를 어떻게 특징화하겠는가?
- *The Catcher in the Rye*에 대한 반대 이유와 *The Learning Tree*에 대한 반대 이유를 어떻게 비교하겠는가?
- *The Grapers of Wrath*와 *1984*의 반대 이유 사이의 유사점은 무엇인가?
- *The Scarlet Letter*와 다른 책들 간의 어떠한 차이점을 주목하는가?

이 수업 모형의 두 번째 단계는 첫 번째 단계에서 밝혀진 유사점과 차이점을 설명하는 것인데 여기에는 다음과 같은 내용이 포함된다.

- 20세기 후반부 이들 책이 왜 가장 불평을 많이 받는 책이었는지를 설명하는 데 도움이 되는 정보로 어떠한 정보를 차트로 제시하겠는가?
- 공립학교로부터 이들 책을 구하고자 한 시도들이 어느 상황에서 성공적이었고 어떤 상황에서 비성공적이었는지 설명할 수 있는가?
- 어떠한 유형의 책들이 부모, 교사, 학교 위원회 또는 지역사회 구성원들로부터 반대를 받지 않겠는가?

이 수업 모형의 세 번째 단계는 학생들에게 서로 다른 조건에 대한 결과를 가정해 보도록 하는 것이다. May는 이 단계에서 다음과 같은 질문을 제기한다.

- 학교 교육과정에 *The Odyssey*가 포함되었다고 가정해 보라. 여러분은 이 책에 대하여 어떠한 반대를 할 것이라고 생각하는가? 차트를 통하여 여러분의 답을 입증하라.
- 만일에 어머니가 여러분의 학급에 오셔서 특별한 책을 학생들에게 가르치지 않느냐고 묻는다면, 여러분은 어떻게 하겠느냐? 무엇이라고 말하겠는가?
- 만일에 매트릭스에 있는 책 한 권을 골라 가르친다면, 여러분은 어떤 특별한 준비를 하겠는가? 왜 그러한가? 또는 왜 그러하지 않은가?
- 여러분은 9학년용 문학을 선택하는 위원회의 한 사람이다. 그렇다면 여러분

은 어떠한 추천을 하겠는가? 왜 그러한가?

마지막 단계, 종결과 적용 단계에서는 학생들에게 이미 규명된 관계로부터 일반화를 하도록 요구한다. 학생들이 공유하는 일반화는 다음과 같다.

- 많은 지역사회 구성원들은 공립학교에서 사용하고 있는 청소년 소설 속의 성적인 관련 내용을 반대한다.
- 지역사회 구성원들은 본래 성인으로서 많은 책을 보고 아동과 청소년들이 이러한 아이디어에 노출되어서는 안 된다고 믿는다.
- 학교의 역할은 아동을 비도덕적인 성인의 아이디어로부터 보호하는 것이다.
- 교사는 이러한 신념을 알고, 학급에서 논의된 자료와 아이디어에 대한 반대에 대해 준비할 필요가 있다.
- 교사는 학급에서 특수한 자료를 활용하는 데 있어서의 법적 권한을 알 필요가 있다.

수업의 차별화 방법

모든 학급 토론에 있어 질문은 강력한 수업을 차별화하는 도구가 된다. 교사는 개별 학생의 배경지식과 흥미에 대하여 알고 있는 것을 토대로 개별 학생에 맞추어 질문을 개별화해 나갈 수 있다. 예를 들면, Debbie 학급의 학생이 중서부로 여행을 했다면 Debbie 교사는 그 지역의 문화적, 물리적 특징에 관한 질문을 학생들에 제기할 수 있다. 학생들의 준비성은 차별화된 질문을 통하여 알아낼 수 있다. 즉 경제 개념에 정통한 학생들은 신중하게 구성한 지시적 질문에 반응하므로 학급 학생들과 그들이 이해한 내용을 공유하게 된다. 학생들은 급우가 중요한 관계에 대해 설명하는 것을 들으면서 새로운 정보를 학습하고, 그들의 반응을 공유하고 있는 학생들은 그들의 개념적 스키마를 심화시켜 나간다.

Eggen과 Kauchak 통합 수업 모형에서는 교사가 내용을 통하여 차별화해 나가도록 허용한다. 자료 전시는 전시 방식을 다양화하여 구체적인 학급의 요구에 부응해 나갈 수 있다. 전시 방식에는 실물 교재, 사진, 그래프, 차트, 기타가 있고, 다량의 자료도 함께 제시된다. 또 하나의 차별화 도구는 전시를 준비하는 과정이다. 교사는 자료 세트를 준비하거나 선택하고 학생은 교사나 또래 집단과 책임을 공유하거나 자료 전시를 독자적으로 끝마치거나 선택해 나갈 수 있다.

대안적 평가

Eggen과 Kauchak의 통합 수업 모형에서의 각 단계는 평가의 대상이 될 수 있다. 학생들에게는 유사한 매트릭스, 지도, 사진 또는 다른 시각 조직자를 주어 유사점과 차이점을 밝히도록 요구할 수 있고, 자료 세트를 통하여 유사점과 차이점의 이유를 설명하게 할 수 있고, 자료 중 일부를 바꾸었을 경우 결과에 대한 가설을 설정하게 할 수도 있고, 자료 세트에는 나와 있지 않은 관계에 관한 일반화를 시킬 수도 있다.

밝혀낸 내용의 수와 질은 설명의 질과 마찬가지로 평가 척도로 사용할 수 있다. 가설적 진술은 이전에 진술한 기준을 근거로 평가할 수 있다.

일반화란 간단한 논술 형태로 진술하여 증명할 수 있다. 수업 모형이 처음의 수업 전략과 일치하는 한 전체 또는 부분으로서의 통합 수업 모형은 어느 학문의 특정내용 단원에 대한 구두 또는 지필로서의 평가 대상이 될 수 있다.

시나리오

Iris Sterman 교사는 1950년에 찍은 가족사진을 사용하여 중학교 사회과 연대기와 시대의 변화에 관한 토의를 이끌어 간다. 이것은 국가의 사회과 표준의 일부인 두 가지 아주 중요한 사회과 개념이다. 사실, 국가의 사회과 표준에는 연대기적 사고를 역사적 사고의 핵심으로 열거하고 있다.[17] Iris의 목적은 학생들이 지난 50년간 미국 사회가 다방면에서 변화하였으며 이러한 변화는 미국의 가족에 주된 영향을 미쳤다는 것을 이해시키는 것이다. 학생들은 의복, 사진, 가정, 기술, 교육 기회, 1950년대부터 현대까지의 여성에 대한 태도에서의 차이를 알고 이를 설명할 것이다. Iris가 세운 "할 수 있다"라는 목표는 학생들이 옛날의 사건을 검토하여 일반화를 하는 것이고, 학생들은 다음 50년간 가족생활의 변화에 대한 가설을 세울 수 있을 것이다.

Iris는 학생들에게 사회과 급우와 함께 공부하도록 요구함으로써 수업을 시작하고 그녀가 배포한 사진을 검토한다. 그녀는 학생들에게 사진에 관하여 주목하고 있는 것의 목록을 작성하도록 한다. Iris는 5분이 지난 후 회의를 시작한다.

교사: 여러분은 이 사진에서 무엇에 주목하고 있습니까?

Maroy: 그 사진은 오래된 것이고, 사진 속의 사람들은 우습게 보이는 의상을

입고 있습니다.

Kenny: 그들은 똑같은 가족의 구성원인가요? 그들은 교회에 갈 준비를 하거나 아니면 무엇인가를 준비하고 있는 것 같습니다. 그들은 모두 옷을 차려 입었고, 어린 소녀는 머리에 모자를 썼으나 밖의 날씨는 춥지 않습니다.

교사: 사진 속에 있는 의상에 관하여 이야기해 봅시다. 이 사진은 1950년에 찍은 것으로 50년 이전에 찍은 것입니다. 여러분은 그 의상들이 지금의 것과 다르다고 생각합니까? 어떠한 면에서?

Jordan: 소녀들은 이제 더 이상 그러한 종류의 의상을 입지 않는다. 그 의상들은 너무 작아 보인다. 또한 소년의 셔츠의 깃은 커 보인다.

교사: 이 어린 아이들이 입고 있는 것 외에 무엇에 주목하고 있습니까?

Randi: 구두요. 아무도 고무슬리퍼는 신지 않아. 소녀들은 모두 흰 양말을 신고 있어. 이 사진은 내 NANA가 집에 갖고 있는 양말과 같아 보여.

교사: 여러분은 세 가지 중요한 점에 주목했다. 그런데 이 사진 속의 어린 아이들은 사촌들인데 모두 정장을 하고 있어. 그들이 입고 있는 정장과 셔츠는 여러분이 오늘날 상점에서 보는 것과 달라. 마찬가지로, 아이들

이 신고 있는 구두는 오늘날 어린 아이들이 신고 있는 구두와 다르다. 올해 찍은 5명의 사촌이 찍은 사진인 가족사진을 생각해 보아라. 21세기 사진은 1950년대의 사진과 어떻게 다른가? 지난주에 찍은 사진 속에 사촌들이 입고 있던 의상에 관하여 생각해 보아라.

Randi: 고무슬리퍼!

Arnold: 사람들이 모두 운동팀의 이름이 적힌 청바지와 티셔츠를 입고 있어.

Brett: 아무도 가만히 서 있질 않아.

교사: 그것은 재미있는 관찰인데, Brett. 왜 너는 사진 속의 어린 아이들이 가만히 서 있다고 생각하느냐?

Alyssa: 아마도 그들이 보통은 사진을 찍지 않기 때문일 것이에요. 우리 집에 교환 학생이 있는데 그는 그의 마을에서 사진을 찍는 일은 명절과 졸업할 때만 있는 일이라고 말했어요.

교사: 여러분은 1950년에 많은 가족사진이 있다고 생각합니까?

Randi: 할머니는 많은 사진 상자가 있는데 할머니는 늘 내가 자기를 바라보기를 원해요. 좀 짜증나는 일이기는 해요. 그러나 할머니는 나의 고조부의 사진을 갖고 있는데 그것은 50년 전에 찍은 것이에요.

교사: 그래, 아주 오래전에 찍은 가족사진이구나. 여러분은 우리가 박물관에서 보았던 남북 전쟁에 관한 사진을 기억하느냐? 사촌들의 가족사진을 찍기 얼마 전에 그 할아버지들의 사진을 찍었을까?

카메라 기술의 변화, 가옥의 차이점에 관한 점을 지적하면서 학생들과의 토의는 계속된다. 또한 Iris는 학생들에게 고조부들이 어린 아이들의 가족사진을 찍은 이래 사회에는 어떠한 변화가 일어났는지 물어 본다. 우리는 이러한 사회 변화를 물어보면서 다시 토의로 돌아간다.

교사: 여러분은 여러분의 고조부들이 살던 미국과 오늘날 미국 사이에 있는 몇 가지 차이점은 많아진 이혼과 많아진 일이라고 말하고 있다. 나는 50년 전보다 고등학교를 졸업하고 대학에 가는 사람들이 더 많다고 얘기했다. 여러분은 카메라와 의상이 50년에 걸쳐 변화했다는 점에 주목하고 있다. 여러분은 왜 이러한 변화가 일어났는지 나에게 말해 줄 수 있느냐?

Marry: 그들은 1950년대에 바지를 입었습니까?

Brett: 그럼, 내가 본 Levis 상표에 의하면 청바지는 캘리포니아 골드러시 기

간 동안 발명되었는데 이것은 1900년대 이전이었어.

Randi: 그런데 어린 아이들은 어떻게 청바지를 입지 않았지?

Barbara : 나는 옛날에는 더 많은 사람들이 정장을 했다고 생각해. 나의 조부모들이 어렸을 때 찍은 사진을 보았는데 그분들은 언제나 정장을 하고 있었어.

Nancy: 아버지께서는 말씀하시길 의상이 상당히 바뀌었대. 우리 아버지께서는 우리는 과거처럼 옷을 다려 입지 않아도 되어서 행운이래. 아마도 의상은 만들어진 재질 때문에 바뀌었을 거야.

교사: 그것 참 좋은 지적이야, Nancy. 옷이 만들어지는 방식 또한 바뀌었어.

Randi: 아, 그래. 나는 알아. 오늘날에는 기계도 더 좋고, 이러한 기계는 더 많은 의상을 더 빨리 만들 수 있어. 이것이 바로 우리가 그렇게 많은 옷을 살 수 있게 된 이유일 것이야. 아마도 사진 속에 있는 사람들은 보다 많은 선택을 하지 못했을지도 몰라. 그것이 옷을 작아 보이게 만든 이유가 될지도 몰라. 그들은 옷을 오랫동안 보관해야만 했거나 아니면 그 옷들을 누군가에게 물려주어야 하니까.

Iris는 또 다른 설명을 요구하고 토의를 수업 모형의 가설 단계로 이끈다. 어린 아이들이 "아마"라는 가설적인 말을 시작할 때 이미 가설에 대한 논의가 시작되었음을 주목하기 바란다.

교사: 사진 속의 사촌들은 어린 소녀들을 돌보고 있는 것처럼 보인다. 나이 많은 여자 아이는 이 사진 속의 어린 아이를 바라보고 있고 다른 사촌 중 하나는 그 어린 아이의 어깨에 손을 얹고 있다. 나는 여러분이 가장 작은 어린 아이가 사진 속에 없다고 한다면 그 사진은 어떻게 바뀌었을지에 대한 생각을 하기 바란다.

학생들은 모든 사람들이 어떻게 카메라를 바라보고 있으며 의상의 이곳저곳을 어떻게 볼 수 있을지에 대하여 이 얘기 저 얘기를 한다. Iris는 학생들에게 지난 50여 년간 사촌들에게 어떠한 일이 일어났는지를 물어 봄으로써 가설을 설정하도록 요구한다.

교사: 만일 사진 속의 소년 사촌이 1950년도에 10살이었다면, 군대 복무와 관련하여 어떠한 일이 발생했을까? 그 젊은이가 언제 군대에 입대하여야 하는가? 그 젊은이가 18세에서 35세이었을 때 전쟁이 일어났었는

가? 만일에 그 젊은이가 군에서 복무한다면 그에게 무슨 일이 일어났으리라 생각하는가?

많은 학생들이 이 질문에 대답하였다. 그 젊은이가 월남전에서 살해되었는지의 여부에 대한 토론도 있었다. 아마도 그 젊은이가 평균 보병보다 나이가 많았기 때문에 그는 장교가 되었을지도 모른다. 그 다음 Iris는 학생들에게 사진 속의 한 소녀를 가리켰다. Iris는 학생들에게 한 소녀를 선택하여 급우들과 함께 사진을 찍은 지 50년이 지나면서 그 젊은이에게 어떠한 일이 일어났을지에 대한 이야기를 작성하도록 요구한다. Iris는 그들의 이야기 속에 이전에 토론했던 주제들을 반영하여야 한다고 말했다—기술, 이혼, 교육 기회, 직장에 다니는 어머니. 그 다음 학생들은 학급 학생들과 그 이야기를 함께 나눈다.

교사: 얼마나 재미있는 이야기인가! 사진을 찍은 이래 우리 사회에 일어난 변화에 대하여 우리는 무슨 말을 할 수 있는가?

여기에 학생들이 산출한 일반화에 관한 몇 가지 본보기가 있다.

- 월남전은 가족에게 영향을 미쳤다.
- 오늘날 우리는 1950년대보다 카메라도 좋고 기술도 더 좋기 때문에 가족 사진도 달리 보인다.
- 1950년대 아이들은 아침에 옷을 입게 될 때 우리보다 선택의 폭이 좁았다.
- 기계와 다른 직물들은 가족이 입을 의상을 더 싸게 만들었다.
- 1950년대보다 오늘날 더 많은 아동들이 고등학교를 졸업했다. 고등학교를 졸업하면 사람들은 더 나은 직업을 갖기 때문에 가족에 큰 도움이 되었다.

활동 13.2: Iris 교사의 통합 수업

이 목표를 달성했다고 생각하는가? 여러분의 결론을 증명할 어떠한 증거를 갖고 있는가? 이 수업의 가장 좋은 특징이라고 생각한 것과 이 수업을 반복해서 실시 할 경우 개선될 수 있을 것으로 생각하는 특징이라고 보는 것을 열거하라.

요약

Eggen과 Kauchak의 통합 모형은 유사점과 차이점을 규명하고 비교를 설명하고,

가설을 생성하고 조직된 지식의 체계를 사용하여 일반화하는 수업 전략을 사용하는 귀납적 모형이다. 이 모형의 의도는 학생들이 대부분의 학문적 지식에서 발견되는 복잡하고 중요한 관계를 이해하도록 도와주는 것이다. 이 장에서는 수업 모형의 네 단계와 대안적 평가를 차별화하고 조직할 기회를 설명하였다.

웹 자원

1. **www.teachersnetwork.org/ntol/howto/eslclass/breadplan.htm**
At this site, you will fine a series of five lessons on a particular topic: breads and diversity viewed from around the world. The second lesson is based on the integrative model, but seen in the context of a five-lesson unit this model takes on interesting dimensions.

2. **www.ncrel.org/sdrs/areas/issues/content/cntareas/math/ma2lindi.htm**
This North Central Regional Educational Laboratory site describes engaged learning. One effect is to place integrative instrucion into a proper context, namely a context of engagement.

각주

1. Paul D. Eggen and Donald P. Kauchak.(2006). *Strategies and Models for Teachers: Teaching Content and Thinking Skills.* 5th ed. Boston; Pearson/Allyn and Bacon.
2. Carol Ann Tomlinson and Caroline Cunningham Eidson.(2003). *Differentiation in Practice: A Resource Guide for Differentiating Curriculum, Grades 5-9.* Alexandria, VA: Association for Supervision and Curriculum Development.
3. Eggen and Kauchak, 2006.
4. Dale H. Schunk.(2004). *Learning Theories: An Educational Perspective,* 4th ed. Upper Saddle River, NJ; Pearson Education.
5. John D. Branford, Ann L. Brown, Rodney R. Cocking (eds).(2000). *How People Learn: Brain, Mind, Experience, and School,* Washington, DC: National Research Council.
6. Eggen and Kauchak, 2006.
7. Robert J. Marzano.(2001). *A Handlbook for Classroom Instruction That*

Works. Alexandria, VA: Association for Supervision and Curriculum Development.

8. Marzano, 2001.
9. Eggen and Kauchak, 2006.
10. Eggen and Kauchak, 2006.
11. Eggen and Kauchak, 2006.
12. Marzano, 2001.
13. Rick Wormeli.(2004). *Summarization in Any Subject: 50 Techniques to Improve Student Learning*. Alexandria, VA: Association for Supervision and Curriculum Development.
14. Wormeli, 2004.
15. Virginia Department of Education, Mathematics Standards of Learning, Curriculum Framework. Retrieved on February 5, 2006, from www.pen.k12.va.us/VDOE/Instruction/Math/math_frame work. html
16. Lee Burress.(1989). *Battle of the Books: Literacy Censorship in the Puble School, 1950-1985*. Metuchen, NJ: Scarecrow Press.
17. National Center for History in the Schools, *Overview of Standards in Historical Thinking*. Retrieved February 5, 2006, from http://nchs.ucla.edu/standards/thinking5_12.html

제 14 장

협동학습 모형

소집단을 활용하여 학생의 학습을 개선하기

교사에게 책무성 시대는 많은 이점과 몇 개의 단점이 있다. 특히 신임 교사에게 그러하다. 표준은 목표의 개발에 지침이 된다. (학생들이 이해하고 알고 할 수 있어야 하는 것) 그러나 겉으로 보기에 표준은 수업에 포함시켜야 할 내용을 상세히 밝히고 있다. 이외에, 우리 사회와 직장은 학교 교육의 목적으로 학문적 내용 그 이상의 내용을 계속적으로 요구해 왔다.[1] 학교 교육이란 아동들을 사회화시키고, 성격 발달과 사회적 기능에 대한 관심을 요구하고 있다. 이러한 압력은 교사의 일상계획을 압도적으로 만들고 있다. 이 책에 제시된 수업 모형은 매일매일의 수업결정에 도움을 주기 위하여 고안되었다. 이 모형은 학생들이 내용의 목적에 도달하고 고차적인 사고력을 개발할 기회를 갖도록 학습 환경의 조직을 허용한다. 또한 협동학습 모형은 학생들에게 정의적 사회적 기능을 개발할 기회를 제공한다.

협동학습 모형은 모든 교육 수준에 사용되고 있으며 여기에는 기업, 교육, 법, 의료 분야가 다 포함된다. 독서집단, 팀운동, 집단 과학 프로젝트, 학생 드라마 구성, 학교 신문은 미국의 학교에 보급된 몇 가지 사례들이다.

사람들은 학교 안팎의 집단 속에서 일하는 데 익숙해 있다. 이들 집단에는 협동적인 것도 있고 그렇지 않은 것도 있다. 무엇이 집단을 협동적으로 만드는가? 집단 협동은 세계 제1, 2차 대전 중 많이 연구된 주제로, 개인에 대한 연구의 방향이 바뀌던 20세기 중반부에 주로 연구되었다.[2,3] 대부분의 연구자들은 공통적 또는 밀접히 관련된 목적과 목표를 달성하는 데 있어서 동등한 작업의 분배, 목표를 추구해 나갈 때 긴밀한 접촉이 있는 경우 집단은 협동적이라고 하는 데 동의한다.

그런데 모든 집단이 협동적인 것은 아니고, 모든 학교 과제가 협동적으로 완수되는 것도 아니다. 협동학습 모형은 다음과 같은 수업의 계열을 갖춘다—구체적으로 교사가 설정한 목적을 달성하기 위하여 학생의 상호작용을 구조화한 일련의 과정이다. 단 하나의 유일한 협동학습 접근모형은 없다. 사실, 학생들이 학문적, 사회적으로 성공하도록 도와주는 데 어떻게 집단의 힘을 사용할지에 대한 몇 가지 해석이 있다.[4, 5, 6, 7, 8] 이 장에서는 협동학습 모형의 지지증거를 조사하고 세 가지 구체적 협동학습 모형인 Jigsaw, Graffiti 그리고 학문적 논쟁 모형의 본보기를 제시한다.

이 장이 끝날 무렵, 여러분은 협동학습이 교사와 학생에게 사회적, 학문적, 인지적 기능을 효과적이고 효율적으로 개발할 기회를 제공한다는 것을 이해하게 될 것이다. 여러분은 협동학습을 지지하는 연구 결과도 알게 되고 협동학습 집단은 전통적인 학습 집단, 일반 모형과 세 가지 구체적 협동학습 모형의 단계에 따라 어떻게 달라지는지를 알게 될 것이다. 여러분은 수업을 계획, 실행할 때 협동학습 모형을 적용할 수 있을 것이고, 협동학습의 가치에 대하여 여러분이 내린 결정을 학생, 부모, 동료들에게 정당화할 수 있을 것이다.

협동학습의 설명

협동학습은 학생들이 과제 달성이나 산출물의 생산을 특수한 방식으로 해결하기 위하여 함께 일할 것을 요구한다. 연구 결과에 의하면 학생 집단이 협동적일 때 학업 성취, 사회 및 정서적 기능, 신뢰와 자존심, 책임감은 증대된다.[9, 10, 11, 12] 협동학습 모형을 적절하고 정확하게 실행에 옮긴다면 학생들에게는 분명히 도움이 된다. 그런데 왜 그렇게 자주 사용되지 않는가?

교사들은 협동학습의 계획이 복잡하고 시간 낭비적이라고 생각할 수도 있다. 연구 보고서에 의하면 협동학습 모형에서 요구하는 주의사항들이 이 모형을 잘못 사용하게 할 수도 있다.[13, 14] Randall은 협동학습을 하나의 일시적 유행으로 보고, 집단 구성원들이 각자의 학습에 책임을 지게 하는 것은 너무 큰 부담이 된다고 믿는다.[15] Randall은 또한 낮은 수준의 사고력을 기르는 지나치거나 부적절하게 사용되고 있는 수업 전략이라고 불평하고 있다. 협동학습의 요구에 대한 일반적인 반응은 절차를 사용하는 데 지나치게 많은 내용을 다루고, 지나치게 많은 훈육적 문제가 있다는 것이다. 이 장에서는 협동학습에 이렇게 어렵고 복잡한 과정이 있을 필요가 없음을 증명해 보일 것이다.

미국 사회와 학교에는 경쟁이 일반적이다. 개별적 학습만이 성공적이고 만일 학생들이 자신의 학습에 책임지기를 원한다면, 그들은 동료의 학습에 책임질 필요가 없다는 것도 일반적으로 수용되고 있는 사실이다. 학습 과제에 대한 개별적 접근이 전형적인 것이다. 비록 협동학습이 강한 경험적 지지를 받지만, 최대한 쓸모 있게 사용되는 것은 아니다. 사회, 정서적 기능의 실천이 요구되고 자료의 양이 제한되어 있거나 복잡한 과제를 달성하고자 할 경우 집단이 사용되어야 한다. 또한 집단 작업은 다양한 관점의 이해나 창의적인 문제 해결을 요하는 과제에 적합하다.

언제나 목표는 가능한 수업의 선택을 제한한다. 과제나 과업이 학생들에게 쉽게 배당되고, 집단 작업이 수업 목표나 단원 목표에 부합되면 협동모형이 타당한 수업 전략이 될 수 있다. 협동, 경쟁, 또는 개별적 수업 접근 중 어느 것도 언제나 다른 모든 상황을 배제하고 사용되어서는 안 된다.

협동학습 과제는 의도한 대로 되도록 조심스럽게 학습을 구조화할 필요가 있다.[16] 이 교재에 있는 모든 모형과 마찬가지로, 여러분의 협동학습 계획은 반드시 목적의식이 있어야 한다. 모든 집단들이 똑같은 것은 아니다. 협동학습 집단에는 다음과 같은 다섯 가지 핵심 요소가 있다.

1. 긍정적인 상호의존
2. 개인적 책무성
3. 면대면 상호작용
4. 사회적 기능
5. 집단과정[17]

첫 번째 긍정적 상호의존이란 집단이 성공할 수 있도록 집단 내의 모든 사람들이 참여하여야 한다는 의미이다. 긍정적 상호의존은 학생들에게 두 가지 부담을 안겨준다. 즉 그들은 수업의 목표를 달성해야 하고 집단 구성원 모두가 이 목표에 도달하는지를 확인해야만 한다. 이러한 상호의존은 자료, 과제, 학생에게 배당된 역할의 함수관계에 있다. 역할과 과제 책임에는 집단 내 모든 사람이 반드시 참여해야 하고 그렇지 않으면 집단은 성공하지 못한다는 것을 분명히 해 주고 있다. 예를 들면, 학생들에게는 기록자, 요약자 또는 시간 기록자의 역할이 부여될 수 있고 과제는 집단 내 모든 사람들의 의견을 요구한다.

긍정적 상호의존은 반드시 계획을 세워야만 한다. 즉 이것은 교실 내에서 우발적으로 일어나는 것이 아니다. 사실, 협동학습은 교사에 의한 구조화된 수업이다. 즉 협동학습이 있기 이전에 많은 것이 갖추어져 있어야 한다. Kagan은 상호의존이라는 아이디어를, 무임승차를 회피하기 위한 동등한 참여 개념으로 확대하였다.[18] 이것은 한두 명이 대부분의 과제를 수행하고 동승자들이 거의 또는 아무것도 하지 않는 경우에 일어난다. 진정한 협동학습은 모든 학생들이 학습에 참여할 수 있는 기회를 제공해 주어야만 한다.

협동학습 모형의 핵심 요소인 개인의 책무성이 그렇듯이 동등한 참여를 보장하는 과제와 자료를 설계하여 이러한 문제를 피해 갈 수 있다. 집단들은 집단은 물론 개인을 강화시켜야 한다. 협동학습에 있어서 학생들은 자신의 학습에 책임을 져야 한다. 집단으로서가 아니라 개별 구성원이 치르는 시험, 보고서, 프로젝트 또는 여러 부분들에 대해 책임을 져야 한다. 머리수를 세거나 문자 수를 세는 것은 개인의 책무성을 다루는 데 도움이 된다. 교사는 집단 구성원 각자의 이름을 부를 필요가 없고 학생들에게 숫자나 문자를 배당하고 집단 중 한사람만을 부르면 된다. 각 팀에서 한 사람은 질문에 대답하고, 정보를 공유하거나 과제를 수행하면 된다.[19, 20] 또한 모든 사람이 과제를 완수하고 있거나 배당된 자료를 학습하고 있는지 확인하기 위하여 집단 참여 체크리스트를 사용하여 개인들을 관찰할 수도 있다.

협동 집단의 세 번째 특징은 면대면 상호작용이다. 학생들은 집단 구성원 각자를 보면서 상호작용할 수 있어야만 한다. 또한 집단들은 발전적인 상호작용을 해야 한다. 즉 성공을 촉진시키는 상호작용을 해야 한다. 학생들은 어떻게 문제를 해결하고 정보를 공유하고 새로운 정보를 이전의 지식과 관련짓는지를 서로에게 설명할 수 있어야 한다. 집단 구성원들은 서로를 가르치고 필요한 경우 고쳐주고 관계를 맺어야 한다. 이상적인 집단의 크기는 가끔 4명이 제안되고 있기는 하나 상황에 따라 달라진다.[21] 협동 집단은 또한 사회적 기능과 집단과정에 익숙해야 한다. 이것이 진정한 협동 집단의 마지막 두 가지 특징이다.

사회적 기능은 직접적으로 많은 예들을 통하여 협동학습 상황에서 가르쳐져야 한다. 학생들이 사회적 기능을 일찍 배울수록 그만큼 더 좋은 것이다. 그러나 다른 사람들과 어떻게 잘 협동하고 어떻게 함께 문제를 해결하고 어떻게 갈등을 해결해 가고 어떻게 지도성 기술을 개발할지를 배우는 데는 결코 시기적으로 늦은 것이 아니다. 또한 이러한 기능은 이의 갈등 해결 모형에서 직접 언급되어 있다. Johnson과 Johnson 그리고 Holubec은 성공적인 집단 작업의 결정적인 자기조절, 사회적 및 지적 기능을 포함하는 네 요소의숙달 수준을 밝히고 있다.[22] 이러한 기능은 그 범위가 아주 기본적인 협동학습 기능에서 매일매일 전문가들이 사용하는 정교한 지적 기능에까지 이르고 있다. 표 14.1은 이러한 기능을 열거하여 기술하고 있다.

표 14.1 협동 기능

기초적 협동 기능 집단이 교실 상황에서 학습하는 데 필요한 기초 기능	• 책임감을 갖고 집단에 들어가기 • 조용히 말하기 • 교대하기 • 집단 구성원의 이름 대기 • 말대답을 제거하기 • 집단과 함께하기 • 모든 사람의 참여 격려하기 • 자료에 주의 기울이기 • 개인적 발언을 바라보기
역할적 기능 과제를 완수하고 생산적 관계를 유지하려는 집단 노력을 관리하기	• 과제의 한계를 재진술하기 • 절차적 아이디어를 제시하기 • 타인의 아이디어를 구하기 • 집단 내에서 타인의 공헌을 설명하기 • 적절한 시기에 개인의 감정 기술하기 • 시간의 설정과 주의 기울이기 • 시선 접촉을 통한 동료 지지하기 • 도움이나 명료화를 요구하거나 제공하기 • 활기를 돋우기 위해 유머와 열정을 보이기
명확한 진술 기능 심층적 이해에 요구되는 지적 기능	• 본래의 자료를 참고하지 않고 자료나 토의를 요약하기 • 정보처리의 정확성을 추구하기 • 집단이 공유하고 있는 과거의 지식과 관련 지어 정교한 정보 추구하기 • 아이디어와 사실을 기억하기 위한 기억을 개발하기 • 행동과 결과 이면에 숨어 있는 이유를 밝힘으로써 이해를 점검하기 • 과제 완수에 대한 절차와 진전에 대한 피드백 제공하기
자극시키는 기능 가장 높은 수준의 지적, 사회적 기능	• 사람이 아닌 아이디어를 비판하기 • 다른 많은 아이디어를 단 하나의 입장으로 통합하기 • 동료의 입장에 대한 정당화를 요구하기 • 보충정보나 의의를 보탬으로써 타인의 결론 확장하기 • 일차적이고, 명백하며, 단순한 해답을 초월하기 • 실제와 집단의 제한점에 비추어 결론을 검증하기

Johnson, Johnson and Holubec, 1994.

협동학습 모형의 기초

협동학습은 정보처리이론과 인지학습이론에 의하여 지지되고 있다. 정보처리에서는 학습자의 암호화 과정을 강조한다. 암호화란 새로운 정보를 장기 기억 속에 저장된 아이디어, 개념과 관련 짓는 행위를 말한다. 암호화 전략은 직접 가르칠 수 있으나 모든 사람이 교사가 선택한 암호화 전략의 도움을 받는 것은 아니다. 그래서 보다 정교한 형태의 관련 짓기가 쓸모 있다. 새로운 정보를 통합해 나갈 때 학생들에게 자기 질문을 가르치는 것은 마치 학생들이 똑같은 학습 과제에 참여할 때 다른 학생들의 말을 경청하는 것처럼 도움이 된다. 다른 사람과 학습함으로써 모방과 코칭을 통하여 얻는 지식을 증대시킬 수 있다.[23]

또한 인지학습이론은 학급에서의 협동 집단의 사용을 지지한다. 이론가들에 의하면, 활동이란 인간 학습의 핵심이고 동료와의 상호작용은 인지 발달의 발판이 된다. 협동학습 모형은 이러한 아이디어에 기초하고 있으며, 사회 환경에 아주 구조적인 활동을 제공한다. 또한 학습자가 인지적 갈등과 모순을 깨닫는 데 도움이 되는 수업 전략을 통하여 학생들은 도움을 받는다. 협동적인 대면적 토의는 학생들로 하여금 동료들이 갖고 있는 지식에 비추어 지신의 지식을 비교하게 한다.[24] Bruner는 인지발달이론과 수업을 명확히 연결하고 학습에 도움이 되도록 좋은 수업과제와 자료를 관련 지었다.[25] Bruner 이론은 구조화된 교육과정과 수업에서의 협력적인 문제 해결을 지지한다. 협력 수업은 학생에게 높은 정도의 학습 구조와 학습 기회를 제공한다.

Vygotsky는 지적 발달은 사회, 문화적 맥락 속에서 이루어진다고 제안하고 있다. 협동 집단은 자체의 문화와 규범을 지니고 있는 교실에서 생겨난다. 이외에 각 학습자의 지능은 생리적, 문화적으로 관련되어 있다. 협동학습 집단에서는 모든 집단 구성원들의 학습 증진 기회를 제공하는 문화적 경험과 실례를 학생들이 공유하도록 한다. 가장 높은 수준의 정신과정이 사회적이기 때문에 협동 집단은 창의적 학습의 기반이 된다. 학생들은 집단 내에서 활동하므로 집단은 변하고 발전하며, 따라서 역동적이고 기회적인 학습 환경을 남겨 준다. 학생들이 동료들과 협동하는 사회적 환경에서 학습하는 것은 필수적이다.[26]

협동학습 모형: 대표 모형

모든 수업, 교육과정, 교과과정에 협동학습을 포함시켜 설계할 수 있다. 이 경우 교사는 협동학습의 다섯 가지 핵심 요소를 포함시켜 기존의 자료를 재구성하게 된다. 이외에 교육과정, 물리적 상황, 학생들이 협동하는 데 있어서의 문제에 대한 진단, 교정도 고려해야만 한다. 이 일반 모형은 협동 수업을 계획하고 실행하는 데 요구되는 Patrica Blosser의 단계를 수정한 것이다.[27]

이 모형은 어떠한 내용을 가르치는 어떠한 발달 수준에 있는 교사에게 지침이 되고 기존의 교육과정 자료나 인터넷을 통하여 발견되는 수업 활동과 수업 단원에서 번안될 수 있기 때문에 대표적이라고 볼 수 있다. 교사는 이 모형으로 과제와 상황 구조를 설계할 것이 요구된다. 이 장의 다른 모형들은 조직 구조 내에 협동학습의 다섯 가지 핵심 요소를 갖고 있다. 일반 모형에서는 교사가 기회와 도전감을 주는 구조를 구축할 필요가 있다. 대표 모형에는 계획에 세 단계, 실행에 일곱 단계가 있다.

계획 단계

1. *"안다, 이해한다, 할 수 있다"* 라는 형태로 명확한 수업 목적을 개발한다.

2. *집단의 사람 수와 구성을 고려하여 계획을 세우다.*

집단은 4명으로 유지하도록 한다. 또한 집단은 수업 목적에 적용될 수 있도록 이질적으로 구성되어야 한다.(성, 성취, 인종, 이전 경험, 기타) 예를 들면, 만일 학생들이 다양한 관점으로 과학을 탐구하길 원한다면, 여러분은 가능한 한 집단을 다변화시키길 원할 것이다. 반면에 여러분의 목표가 학생들에게 새로운 수학 기능을 실천할 기회를 주는 것이라면, 여러분은 똑같은 성취 수준에 있으나 성과 인종이 다른 학생들로 집단을 편성하고 싶어할 것이다.

3. *협동 활동에 협동학습의 핵 심요소가 있는지 확인한다.*

상호작용을 위한 대면적 의사소통, 상호의존을 지지하는 자료 및 역할, 필요한 사회적 기능, 긍정적 목표 상호의존성, 개인적 책무성.

실행 단계

1. *과제를 설명한다.*

학습 과제를 간단명료하게 설명한다. 명료성이란 학습자의 중요한 요구라는 점을 기억하라.

2. *집단 성공에 아주 중요한 사회적 기능을 밝힌다.*

학생들이 기능을 적절히 사용하는지 결정하기 위하여 사용될 기능의 특성과 기준을 학생들에게 상기시킨다. 사회적 기능이 어떻게 표현되어 있는지를 나타내는 T차트를 검토하라. 예를 들면, 월남전에 대한 수업에서 목표는 남북 월남사람들의 입장을 규명하는 것이다. 전 세계의 신문을 보고 각 집단의 입장을 연구하도록 학생들을 배당한다. 이것이 학생들에게는 복잡한 과제이다. 여러분은 이러한 어려운 과제를 수행하는 동안 서로를 지원하는 것이 중요함을 상기시키는 것이 좋을 것이다. 개인이 지지받을 때 학생들은 어떠한 행동을 유념해야 할지 학생들에게 물어볼 수도 있다. 학생들은 시선 접촉, 칭찬, 몸을 기울이는 것과 같은 행동을 지원적 행동으로 볼 수 있다. 여러분은 또한 학생들에게 어떠한 행동을 지원적 행동으로 생각하는지 물어볼 수도 있다. 어려운 과제를 완수하는 데 있어서의 여러분의 노력을 지원하고 있을 때 여러분의 동료들은 무슨 말을 할까? 학생들이 그들 집단에서 지지받고 있는지의 여부를 평가하는 데 사용되는 바람직한 행동과 기준을 명시하시오.

3. *집단 구성원들이 작업하고 있을 때 개별 집단들에게 피드백을 제공하고 이들을 조정해 나간다.*

좋은 피드백 제공 규칙을 사용한다. 피드백이란 집단놀이, 협동적 과제를 수행하는 동안 제공되는 것이고, 기술적인 구체적 학생 행동에 초점이 맞추어진다는 점을 확인하라.

4. *집단 요약*

각 집단에게 집단의 작업을 요약하게 하여 수업을 종결짓는다. 요약은 수업의 초기에 요약의 역할을 부여받은 학생이 해야 한다. 아니면, 각 집단의 학생들을 등분하고 그들 중 한 명을 선택하여 개별적 책임 기회를 주어 요약하게 한다.

5. *평가 기준을 통하여 학생의 일을 평가한다.*

평가는 수업 중 또는 수업 직후에 실시될 수 있다. 학생들은 평가 과정에 참여하여야 되고 평가의 틀을 만드는 데 일조하여야 한다.

6. *집단 과정을 평가한다.*

집단이 수행한 방식을 평가함으로써 집단 협동을 평가한다. 각 집단은 집단 과정의 긍정적이고 부정적인 측면에 대해 논평할 기회를 가져야 한다.

협동학습의 대표 모형의 단계 요약

계획

1. 안다(Know), 이해한다(Understand), 할 수 있다(Able to do)(KUD)라는 목

표를 설계한다.
2. 집단의 크기와 구성을 계획한다.
3. 협동학습의 모든 핵심 요소를 계획한다.

실행

1. 과제를 설명한다.
2. 결정적인 사회적 기능을 규명한다.
3. 집단 과업 중 피드백을 조정하고 제공한다.
4. 각 집단으로 하여금 요약하게 한다.
5. 평가한다.
6. 집단 과정을 평가한다.

구체적인 협동모형

> 교사는 협동학습을 사용하기 위하여 대부분의 시간을 일반적인 수업안과 반복적인 코스 과정을 규명하고 협동적으로 이를 구조화해야만 한다. 협동학습 대본은 표준적이고 탈내용적인 협동학습 절차로 일반적이고 반복적인 수업, 각본화되고, 반복적인 협동 수업을 실시하기 위하여 학생들이 거치는 단계적 활동을 처방하고, 협동 교실을 구축하기 위한 기초를 제공한다. 일반 계획이 세워져 몇 차례 시행만 된다면, 협동학습은 교실에서 자동적으로 사용하게 되는 활동이 된다.[28]

구체적인 협동학습 모형에 익숙해지면, 교사와 학생이 협동학습의 특징을 교실 수업으로 통합하는 데 도움이 된다. 어떤 협동 구조는 전략으로 분류되며 이것들은 모든 교실 장면에서 자주 사용된다. 생각하고-짝을 이루고-공유하기와 팀 면담 방법은 15장에서 논의될 협동학습 전략이다.

Graffiti 모형, Jigsaw 모형, 학문적 논쟁 모형은 어떠한 내용, 어떠한 학년 수준에도 적용될 수 있는 교수학습 계획이다. 이들 모형은 전략에 따라 달라진다. 왜냐하면 이 모형들은 여러 가지 면에서 사용되고 적용될 수 있는 교수전략이라기보다는 오히려 훨씬 더 구체적인 교사 행동과 학생 행동의 청사진이기 때문이다.

Graffiti 모형

Graffiti 모형은 브레인스토밍을 하는 협동 과정으로 단위 수업 중 어느 시점에서든 이해를 점검하고, 목표에 대한 학습 진전을 평가하며, 비형식적 요구 사정을 하는 데 사용할 수 있다.[29] 학생들은 집단적으로 이전에 밝혀진 문제나 주제를 해결해 나가고 동시에 일정한 기간 동안 큰 종이에 반응을 기록해 나간다. 일정한 시간이 경과한 후 각 집단이 각 질문에 답을 하고 나서야 집단이나 종이를 옮긴다. 집단이 다시 처음의 질문으로 돌아오면, 구성원들은 학급의 반응을 읽고 요약하며, 논의된 것에 관한 몇가지 일반화를 한다.

Graffiti 모형에는 일곱 개의 단계가 있다. 그러나 모든 협동학습 모형에서처럼, 계획은 일반 모형의 계획 단계와 더불어 시작되어야 한다. 즉 목표를 확인하고 집단의 크기와 구성을 조직해야 한다.

Graffiti 구조는 상호의존과 면대면 상호작용을 보장한다. 집단 기능은 Graffiti 활동 이전에 가르치거나 복습되어야 한다. 개인의 책무성은 여러 가지 수단을 통하여 확인될 수 있다. 학생들은 그들의 반응과 일반화를 시도할 수도 있다. 사람에게 번호를 붙이거나 문자로 표기할 수도 있다. 학생들에 대한 개별 평가는 수업이 끝날 무렵 실시한다.

1단계: Graffiti 질문, 집단 번호, 집단 구성을 준비한다

교사는 수업 목표와 일치하는 일련의 질문을 준비한다. 질문은 집단 수만큼 준비한다. 각 질문은 큰 종이에 적는다. 주제나 일러두기를 사용할 수도 있다. 질문은 진단적이어야 한다. 즉 학생들에게 새로운 주제에 대한 사전 지식이나 이전 수업에서 다룬 자료의 복습을 공유하도록 요구하여야 한다.

2단계: 자료를 나누어 준다

목표에 따라서, 학생들이 질문에 반응해 나갈 때 교재를 받을 수도 있다. 만일에 특정 집단의 반응을 규명하는 것이 중요하다면, 각 팀이 다른 색깔을 가질 수 있도록 색깔 표지판을 주어라. 이것은 각 팀이 자신의 답을 추적하는 것을 용이하게 하는 방법이다.

3단계: 집단이 질문에 답한다

각 팀마다 한 가지 질문 또는 주제가 적힌 종이를 받는다. 집단은 이 질문을 읽고 반응에 앞서 30초 동안 생각해 보라는 말을 듣는다.(사정이 허락하면, 교재를 조사하거나 한 가지 답을 확고히 해 나갈 때 학생들에게 좀 더 많은 시간을 줄 수 있다.) 30초 지난 후에 학생들에게 신호를 보내어 종이에 답을 쓰는 데 일정량의 시간을 줄 수 있다. 이 시간 간격은 수업 초반에 미리 정해져야 하고, 각각의 질문응답 단계에 걸쳐 똑같아야 한다. 보통 5분에서 10분이 적합하다.

4단계: 질문을 교환한다

시간 간격이 끝날 무렵 질문이 적힌 종이들을 교환한다. 아니면 집단은 그 다음 질문으로 넘어간다. 이 과정은 모든 집단이 각 종이에 힌트나 질문에 반응할 기회를 얻을 때까지 계속된다.

5단계: 본래의 문제로 돌아가 요약하고 일반화한다

각 팀은 처음의 문제로 돌아간다. 팀 구성원들은 Graffiti 종이에 모든 반응을 검토하고 유목으로 나누어 배열한다. 일단 가능한 모든 유목이 열거되면, 학생들은 모든 유목을 포함하는 일반화를 구성한다.

6단계: 정보를 공유한다

각 집단은 Graffiti 종이의 정보를 모든 학급 구성원과 공유할 기회를 갖는다. 개인의 책무성을 확인하기 위하여 학생들로 하여금 번호를 대도록 하고 한 번호를 불러 정보를 공유하도록 한다. 또한 학생들에게는 수업이 끝날 무렵 퀴즈 문제가 주어진다.

7단계: 집단 과정을 평가한다

교사 주도 토의에서 일반화의 타당성과 정확성을 논의하고 Graffiti 집단 과정을 평가한다.

Graffiti 모형의 단계 요약

1. Graffiti 질문, 집단 번호, 집단 구성을 준비한다.
2. 자료를 나누어 준다.
3. 집단이 질문에 답한다.
4. 질문을 교환한다.
5. 본래의 질문으로 돌아가 요약하고 일반화한다.
6. 정보를 공유한다.
7. 집단 과정을 평가한다.

Jigsaw 모형

Elliot Aronson과 동료들의 Jigsaw 모형은 1970년대 초 텍사스의 인종 차별이 폐지된 학교를 교사와 학생이 다닐 수 있도록 하는 데 도움을 주기 위한 방법으로 개발되었다.[30] 독자적으로 학습하는데 필요한 모든 자료들을 각 학생에게 제공하는 대신, Aronson은 학생들을 팀에 배정하고 각 팀 구성원에게 한 가지 정보를 주었다.

학생들은 수업 목표에 도달하기 위하여 마치 Jigsaw 퍼즐을 맞추는 것처럼 그들의 여러 정보를 맞추어야만 했다. 퍼즐은 각 팀 구성원이 자신의 정보를 공유하지 않고서는 완성할 수가 없다. 30여 년의 연구 결과는 이러한 구체적인 협동학습 모형을 지지한다.[31] 이 장에 제시된 모형은 Aronson과 그의 팀이 개발한 처음의 Jigsaw에 기반을 두고 있으나 그 이후의 연구자들이 약간 수정하였다.[32, 33]

Jigsaw 수업은 학급을 두 개의 상이한 집단인 전문가 집단과 학습 집단으로 나눈다. 전문가 집단에서는 모두가 동일한 자료를 읽고 공부한다. 즉 학생들은 주제에 대한 전문가가 되고, 개요를 준비하거나, 단원의 중요한 정보를 요약해 놓은 그래프를 준비한다. 한 집단으로 전문가 집단에서는 이러한 정보를 동료와 어떻게 공유할지를 결정한다. 전문가 집단의 학습이 끝난 후에 전문가 집단은 학습 집단과 만남을 갖는데 학습 집단에는 한 명의 전문가 집단 구성원이 있다.

각 전문가는 학습 집단의 구성원들에게 자신의 주제를 가르친다. 학습 집단이 끝날 무렵 개별적 책무성을 확인하기 위하여 학생들에게 퀴즈, 그래프 또는 퇴장 카드가 주어진다.

1단계: Jigsaw를 소개한다

Jigsaw 수업 모형을 거의 접해 보지 못한 사람들에게는 신중을 기하여 도움을 주어야 한다. 협동학습 모형에 대한 경험이 거의 없는 학생들에게 그래프로 나타내면 그림 14.1에 보이는 바와 같이 도움이 될 것이다. 학생들이 참여하게 될 수업 중 다음 사항을 강조하여 협동 과정을 설명한다.

- 학습 목표
- 각 집단의 구성과 크기
- 전문가 집단과 학습 집단 간의 차이
- 각 학습 집단에서 학생들이 학습할 시간량
- 필요한 자료에 대한 접근성
- 전문가 집단의 과제 목적
- 학습 집단의 과제 목적
- 개별 책무성 결정 방법

2단계: 이질적으로 집단을 편성하여 전문가 집단과 학습 집단으로 나누고 행동 규범을 검토한다

수업의 목표나 자료가 합당할 때 협동학습을 실시하려면 학생들을 이질적으로 나누어 집단을 편성해야 한다. 교사는 팀의 과제를 통제함으로써 팀들이 성취, 동기, 성, 인종, 기타 중요한 다른 요소에 있어 균형이 이루어지고 있는지를 확인해야만

그림 14.1 Jigsaw 전문가 집단과 학습 집단

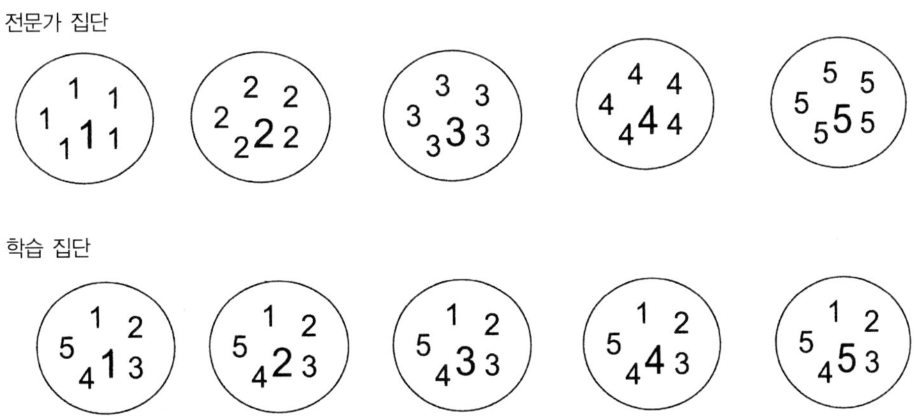

한다. 학생들에게 팀 동료를 선택할 수 있게 허용하면, 우정에 대한 팀 구성원을 결정하게 되고 협동학습의 많은 장점 특히 성취와 사회적 기능이 상실된다.

전집으로부터 학생 이름을 끄집어내어 키, 생년월일, 형제자매 수, 기타 조건을 토대로 학생들을 일렬로 세우고, 학생들의 수를 세어 무작위로 집단을 편성할 수 있다. 집단 구성의 중요한 원칙 중 하나는 만일 여러분이 한 학기 또는 일년 간의 협동 집단을 사용하지 않는다면, 협동학습 시 사용되는 집단 구성은 여러 수업에 따라 달라져야 한다는 것이다. 심지어 교실에서 기초 집단을 사용할 때조차도, 특정의 수업을 위해서는 학생들을 다른 집단에 배정할 때도 있다. 이것은 학생들이 자기 친구와 함께 학습하지 못할까봐 갖게 되는 걱정을 덜어준다. 학생들은 시간이 지나면 모든 학급 구성원들과 함께 학습할 기회가 있을 것이란 기대를 가져야 한다. 교사가 학생들을 전문가 집단에 배정하고 나면 각 팀은 서로 만나서 학습 과정을 시작하게 된다. 만일에 Jigsaw를 일정한 수업 시간 또는 새로운 학생 집단에만 사용하려면 학생들로 하여금 집단 이름을 선택하게 하고 학생들이 집단 각 구성원과 친숙한지를 확인하게 해야 한다. 일단 전문가 집단들이 열거되면, 집단들이 학습하는 동안 적용될 규칙을 검토한다. 이 규칙은 그 학급에 독특하나, 이미 수립된 행동 규칙에는 다음과 같은 것들이 포함된다.

1. 모든 학생들이 배당된 과제를 완수할 때까지 어떠한 학생도 자기 팀을 벗어날 수 없다.
2. 각 팀의 구성원은 자료 학습에 대한 책임을 져야 하고 모든 팀의 모든 구성원이 그 자료를 학습했는지를 확인할 책임이 있다.
3. 집단 구성원 개인이 과제의 어느 부분을 이해하는 데 어려움을 갖고 있다면, 교사의 도움을 구하기에 앞서 팀의 모든 구성원들은 도와주려는 시도를 하여야 한다.

3단계: 전문가 집단을 구성하고 과제를 설명한다

학생들이 전문가 집단을 구성한다. 교사는 수업 목표와 학생들이 이러한 목표를 달성하는 데 Jigsaw가 어떻게 도움이 될지에 대하여 설명한다. 학생들은 전문가가 되어, 어떠한 절차적 질문에도 대답할 기회가 주어지는 경우 그들이 참고할 자료를 제공받는다. 주제가 모든 집단에 세분될 수 있도록 Jigsaw 과제를 구조화한다.

예를 들면, 만일에 학생들에게 지역사회의 상호의존을 이해시키려면, 다른 지역사회 구성원에 대한 전문가가 되도록 집단을 구성할 수 있다. 또는 학생들에게 일반인도 역사에 영향을 미칠 수 있다는 것을 이해시키고자 한다면 미국 역사의 중요한 사건에 깊은 영향을 미친 개인들에 대한 전문가가 되도록 집단을 구성할 수도 있다.

일반 방법론에 관한 교육학 수업에 있어 서로 다른 학급 경영에 관한 여러 모형에 대하여 Jigsaw를 사용할 수 있다.

4단계: 전문가 집단이 정보를 처리하도록 한다

전문가 집단에 충분한 시간을 주어 새로운 정보를 처리하도록 해야 한다. 전문가 팀 구성원들은 독서 자료와 공부한 아이디어들을 이해하는 데 서로서로 도와야 한다. 이 팀들에게는 새로운 정보와 배경지식을 관련짓는 데 도움이 되는 안내 질문이 주어질 수 있다. 전문가 집단 구성원들은 집단으로 문제를 논의하기에 앞서 개별적으로 문제를 완성해야 한다. 전문가 집단 구성원들은 주제에 대하여 가장 중요한 것이 무엇이고 전문가들은 학습 집단의 자기 동료들에게 이 정보를 어떻게 전달할지를 결정해야 한다.

5단계: 전문가들이 학습 집단에서 가르친다

모든 학생들이 그들의 전문 주제를 숙달하고 나면 학습 팀들이 모이고 전문가들이 그들의 주제를 가르친다. 설명할 시간은 제한되어 있고, 시간의 길이는 조정되어야 한다. 각각의 전문가는 주제를 가르치고 이해 정도를 점검하고 팀 동료들을 도와 자료를 학습하는 데 책임을 져야 한다. 그래프 조직자(매트릭스, 벤 다이어그램 또는 개념지도 같은 것)를 학습 집단 구성원에게 제공하여 가장 중요한 아이디어를 기록하여 다시 재생할 수 있게 한다.

6단계: 개인들에게 책임을 지운다

개인 학생들은 퀴즈, 참여 체크리스트, 논술, 토론 또는 단원 또는 차시 수업 목표와 일관성이 있는 기타 평가 방법을 통하여 자신의 학습에 대한 책임을 진다.

7단계: Jigsaw 과정을 평가한다

학생들에게는 수업이나 단원 목표와 관련하여 Jigsaw 과정과 자신의 학습을 보고하게 된다. 이것은 학급 전체 토의, 전문가 집단 안내서, 퇴장 카드 또는 교사와의 개별회의 어디에서든 일어날 수 있다.

Jigsaw 모형의 단계 요약

1. Jigsaw를 소개한다.
2. 이질적으로 집단을 편성하여 전문가 집단과 학습 집단으로 나누고 행동 규범을 검토한다.
3. 전문가 집단을 구성하고 과제를 설명한다.
4. 전문가 집단이 정보를 처리하도록 한다.
5. 전문가들이 학습 집단에서 가르친다.
6. 개인들에게 책임을 지운다.
7. Jigsaw 과정을 평가한다.

학문적 논쟁

학문적 논쟁은 12장의 갈등 해결 모형과 밀접히 관련되어 있다. 학문적 논쟁은 정교하고 지적인 협동학습 구조이다. Johnson 교수의 형제[34]들이 교실 내에서의 갈등의 힘을 이용하기 위하여 고안한 이 접근 방법은 지적 갈등은 건전하고 학생들은 논쟁이 되는 주제를 논의하는 방법을 훈련받을 필요가 있다는 신념에 기초하고 있다.

> 한 학생의 아이디어, 정보, 결론, 이론, 의견이 다른 사람의 그것들과 모순되고, 두 사람이 합의에 도달하고자 할 때 학문적 논쟁이 발생한다. 새로운 해결책을 종합하고자 하는(예, 창의적 문제 해결) 소위 아리스토텔레스적 진지한 담론(제안된 행동의 장,단점 논의)에 참여하므로 논쟁은 해결된다.[35]

Johnson 형제들은 논쟁이 학문적 학습, 생산성, 긍정적 관계를 어떻게 증진시킬 수 있는지를 설명하는 이론을 제안하였다.[36] Johnson 형제들은 처음에는 개인들이 이전의 경험과 지식을 토대로 정보를 유목화하고 조직한다고 믿는다. 그들의 결론이 이 수업 모형의 입장 구축하기 단계와 입장 공유하기 단계에서 다른 사람들에게 제시될 때, 학생들은 그들의 이해를 심화시키고, 보다 높은 수준의 사고 전략을 사용한다. 상이한 견해와 결론에 직면하면 개념적 갈등과 불균형이 생겨난다. 이것은 적극적으로 보다 많은 정보, 보다 많은 관계 그리고 불확실성을 해결하는 길을 모색하게 한다. 불확실성은 관심과 고차적인 사고의 증대 즉 교실에서 강력한 동기 부여자가 된다.

이 과정이 끝날 무렵, 학생들은 다양한 견해들을 조절하여 새롭고, 재개념화된, 그리고 재조직된 결론을 도출해 낸다. 질적으로 보다 나은 새로운 해결, 결정들이 탐색된다.[37]

학문적 논쟁이 토론은 아니다. 토론이란 주장을 판단하는 것으로 각 측은 이미 제시된 논쟁에 대한 승리를 시도한다. 토론도 가끔 실시된다. 개별적 토론 구조와는 달리, 학문적 논쟁에는 협동학습의 핵심 요소가 모두 있다. 학문적 논쟁은 긍정적인 상호의존성, 면대면 상호작용, 사회 기능, 개별 책무성 그리고 집단 과정을 증진시킨다.

동료 집단과의 학문적 논쟁에 참여하는 학생들은 다음과 같은 것을 한다.

- 논쟁이 되는 문제에 대한 입장을 연구하고 준비한다.
- 자신들의 입장을 준비하여 설득력 있게 제시한다.
- 논쟁이 되는 문제의 이면에 대한 동료들의 설득력 있는 제시를 반박한다.
- 제시를 통하여 공유된 입장이 포함되어 있거나 그것을 초월한 내용이 있는 다양한 관점에서 문제를 본다.
- 반대 견해를 통합하여 논쟁이 되는 문제에 대한 입장을 창안한다.

학문적 논쟁이 시작되기에 앞서 주제를 규명하고 문제의 양면을 지지하는 자료를 수집한다. 교사는 학문적 논쟁 주제와 바탕으로 사용될 자료들을 결정하는 데 책임을 져야 한다. 주제는 학생들의 발달 수준에 적합해야 하고 찬, 반의 특징이 있어야 한다. 자료들도 찬, 반의 묶음으로 조직하고 여기에는 원자료, 요약, 그래프 조직자, 사진, 기타를 포함해야 한다. 학문적 논쟁은 각 입장의 이해에 필요한 정보를 구조화하고 변형시켜 어린 학생들에게 맞춰야 한다. 이러한 논쟁은 지역사회, 학교, 교실 경험에서 생겨날 수 있다. 즉 카페테리아에서 과제를 제공해야 하는가? 체육 수업 시간이 더 많아야 하는가? 보고용 카드를 없애야만 하는가? 주제가 잘 다듬어졌음에도 불구하고, 학생들을 주제를 다듬는 과정에 참여시키는 것이 중요하다.

아이디어와 이해만이 복합적 기능을 필요로 하는 것은 아니다. 과정 그 자체도 높은 수준의 사회적 기능이 요구되는데 이 기능 중 많은 기능은 타인을 자극시키는 기능이다(그림 14.1 참고). 학생들은 이러한 수업 사태에 어떠한 결정적인 사회적 기능이 요구되는지를 상기하고 그 사회적 기능은 어떠한 것이고, 학급에서는 어떻게 알려져 있는지를 토의해야 한다.

또한 교사들은 모든 협동학습에 있어서와 마찬가지로, 집단의 구성과 크기를 결정할 책임이 있다. 이상적으로, 협동학습집단에는 네 명이 있어야 한다. 즉 한 가지 입장에 두 명씩 배당되어야 한다. 학생들에게는 찬, 반의 정보 묶음이 주어지고, 그들의 입장에 관한 내용들을 읽거나 숙제로 독서할 시간을 주어야 한다. 어린 학생들은 교사와 함께 그들의 입장에 대하여 브레인스토밍을 하여야 한다. 논쟁에 대한 지시는 명백하고 구두와 서면으로 주어져야 한다. 일단 준비가 갖추어지면, 학문적 논쟁 모형은 시작된다.

1단계: 학생들은 자신들의 입장을 준비한다

학생들은 입장이 같은 동료 학생을 만나 그들의 입장을 나타내는 자료를 검토한다. 동시에 그들은 그들의 입장을 나타내는 논제들을 결정하고 주장을 지지하는 증거를 정리한다. 학생들은 동료들에게 그들의 입장을 이해하고 지지하도록 하는 내용 설명을 개발할 필요가 있다.

2단계: 학생들은 자신들의 입장을 제시하고 옹호한다

일단 짝이 강력한 입장을 만들어 내면, 그들은 본래의 네 명으로 된 집단으로 되돌아가고, 각 짝은 자신들의 주장을 제시한다. 짝들이 자신의 입장을 제시하는 일이 중요하다. 이 입장은 몇 가지 증거들을 중심으로 조직되는데 이들 증거는 본보기, 이야기, 개인적 경험에 의하여 지지된다. 각자의 입장이 제시될 때, 그 반대 짝은 경험하면서 주장에 관한 목록을 만들고 각 주장을 강약으로 평가하게 된다. 만일에 입장을 제시할 때, 석연치 않은 점이 있으면 반대 집단에서는 좀 더 명확히 해줄 것을 요구해야 한다. 이 단계에서는 어떠한 주장도 토론도 해서는 안 된다. 학생들은 반대 입장도 학습해야 하므로 그들의 입장도 더 명료해시고 개별적으로 책임감을 갖고 배웠던 내용을 공유할 수 있게 된다.

3단계: 토의 및 반증을 한다

일단 두 입장에 논쟁이 생기면, 네 명으로 구성된 집단에서는 두 입장을 토론하는데 이 경우 논쟁들을 열거하고 각 논쟁의 장점도 토론하게 된다. 짝들은 자신들의 입장을 옹호하고 반대편의 입장을 반박하게 된다. 반증은 반대 논쟁, 명료화, 확대 설명에 기초를 두어야 한다. 이 단계에서는 사고하는 기술이 아주 중요하다. 학생들은 서로에게 정보와 명료화를 지지하도록 요구하고 그 주장들이 얼마나 합리적인지에 대하여 묻게 된다. 이 단계에서 불확실성이 생기고, 학생들은 편안히 의견을 표현하고 도전받을 필요가 있다. 대신 학생들은 정중하고 예의바르게 의견에 도전해야만 한다.

4단계: 입장을 바꾼다

학생들은 입장을 바꾸고 각자의 관점을 제시하는데 이 경우 새로운 입장에 대하여 그들의 동료와 함께 토의한다. 새로운 입장을 어느 정도 강제로 설득하여 제시하도록 하는 것이 중요하다. 가능하다면, 새로운 사실, 정보, 또는 증거가 제시되어야 한다. 찬성 팀은 반대 입장에 대하여 논쟁을 하고 반대 입장을 제시한다.

5단계: 증거들을 종합, 통합하여 공동의 입장을 만든다

팀의 각 구성원이 문제의 양면을 제시하는 데 참여하고 나면 네 명의 집단 구성원들은 이미 알려진 것을 양측이 합의하는 공동 입장으로 통합하기 위하여 그들이 지지한 입장을 버리고 양측의 입장을 종합한다. 이렇게 하기 위하여 학생들은 한 걸음 물러나 다양한 관점에서 문제를 돌아볼 필요가 있다. 학생들은 다른 입장을 조사하고 요약하고 통일된 새로운 입장 즉 종합한 입장을 만들 필요가 있다.

6단계: 집단이 종합한 입장을 제시한다

학생들은 한 집단 구성원으로 하여금 입장을 제시하게 하여 그들의 입장을 전 학급에 제시해야 한다. 학생들은 새로운 입장을 문장으로 써서 설명하도록 요구받거나 개요나 소프트웨어를 사용하여 새로운 입장을 공유하도록 요구받을 수도 있다. 또한 각 학생에게 각 입장의 묶음 속에 있는 정보에 대한 시험을 실시하여 개별 책무성을 확인받을 수 있다.

7단계: 논쟁에 대한 집단 과정과 구성원의 참여

학급에서는 집단 경험의 긍정적인 면과 부정적인 면 그리고 집단 경험의 가장 성공적인 면과 가장 성공적이지 못한 면에 대하여 토론을 벌인다.

학문적 논쟁 단계 요약

1. 학생들은 자신들의 입장을 준비한다.
2. 학생들은 자신들의 입장을 제시하고 옹호한다.
3. 토의 및 반증을 한다.
4. 입장을 바꾼다.
5. 증거들을 종합, 통합하여 공동의 입장을 만든다.
6. 집단이 종합한 입장을 제시한다.
7. 논쟁의 집단 과정과 구성원의 참여

수업의 차별화 방법

협동 집단의 과업에 협동학습의 핵심 요소만 있다면 쉽게 기회를 차별화시킬 수 있다. 협동학습의 목적과 차별화는 모두 반응적 수업 전략이다. 목표는 모든 차별화와 협동학습 결정의 핵심이다. 일단 "알고, 이해하고, 할 수 있다"라는 목표가 정해지면 교사는 모든 학생들이 목표에 가장 잘 도달하도록 도울 수 있는 최선의 방법을 결정하여야 한다. 차별화는 내용이나 과제를 통하여 성취될 수 있다. 예를 들면 Jigsaw는 자연적인 내용 차별화 활동으로 흥미나 요구에 의하여 유목화될 수 있다. 집단 과제 또한 학생의 학습 프로파일에 의하여 결정될 수 있다. 즉 자기가 선호하는 지적 과제(실천적, 분석적 또는 창의적 과제), 학생의 흥미, 또는 학문적 사회적 또는 감성적 기능 요구를 중심으로 차별화 집단을 구성할 수 있다.

그러나 협동학습 모형은 학업 성취를 초월하는 목적이 있고, 다른 여러 특징을 지닌 다른 사람들로부터 배우는 것은 중요한 협동학습의 특징이라는 것을 기억하는 것이 중요하다. 개별 학생들은 나름대로의 독특한 장점과 약점이 있어, 협동 집단들은 장점을 살려 약점을 보완해야 한다. 이렇게 하기 위하여 교사는 학생들에 관하여 많은 것을 알아야 한다.

Debbie 교사는 지역 단원을 여러 가지 방식으로 차별화하였다. 앞에서 논의했듯이, 그녀는 통합 수업에서 발문을 통하여 차별화하였다. 그녀는 또한 Jigsaw 수업에서 흥미를 통하여 수업을 차별화하고 있다. 그녀는 학생들에게 다른 지역—북동, 중서, 남, 서—의 역사를 연구하는 데 선택권을 부여하고 선택된 이 주제를 중심으로 협동 집단을 조직한다. 집단 내에서 학생들은 Debbie가 학생에 대하여 이해한 것을 바탕으로 역할을 분담받는다. 교과 내용을 잘 아는 학생들에게는 요약자의 역할이 배당된다.

분석적인 학생들에게는 연구자의 역할이 배당된다. 창의적인 학생들은 Jigsaw 학습 집단에서 설명을 조직할 수도 있다. Debbie는 학생들에게 언제나 똑같은 역할이 배당되지 않도록 신경 써서 기록해 둔다.

대안적 평가

집단은 강력하고 교실, 복도, 운동장 어디서나 자연스레 생겨난다. 사실, 집단은 도처에 있으며, 영향력이 있고 성취, 관계, 심리적 건강, 사회적 기능을 증진시킨다.[38] 교실 수업에 집단 일을 통합하는 것은 의미가 있다. 수업과 평가가 일관성이 있고 통합되어야 하기 때문에 집단을 활용하여 평가를 돕는 것은 의미가 있다. 피드백을 제공하고, 검사 점수를 매기고, 평가를 개발하는 것은 언제나 시간이 많이 걸리기 때문에 학생들의 평가에 대한 도움은 아주 가치 있는 일이다. 동료 검토와 학생 점수 매기기는 협동학습 집단에서 발생하며 신뢰롭고 타당한 평가이다.

핵심은 집단은 협동하여야 하고 협동학습의 핵심 요소들을 잘 지켜야 한다는 점이다. 교사들은 협동학습이 언제, 어떠한 내용이, 어떠한 구조로 사용되는지와 그 결과를 어떻게 평가할지를 결정해야 한다. 협동 집단이 교사가 설계한 수업과제를 수행해 나갈 때, 학생들은 협동해 나가면서 서로에게 즉각적인 교정이나 심화 학습을 제공해야 한다. 학생들에게는 중립적 피드백을 제공하는 방법을 연습시켜야 한다.[39] Johnson 형제의 많은 사회적 기능을 이 시점에서 사용할 수 있다.

앞에서 지적한 바와 같이, 개별 책무성은 각 집단 생산성을 위하여 필수적이다. 개별 책무성은 사지선다, 배합형, 주관식 검사 문항과 프로젝트를 통하여 결정할 수 있다. 그러나 집단의 생산성도 평가할 수 있다. 학생들은 기준을 설정하고, 이 생산성에 대한 평가 지침을 구축하는 데 참여할 수 있고, 초안이나 모델이 되는 산출에 이 평가지침을 사용할 수 있다. 즉 학생들은 자신의 과제를 개발해 나가면서 서로 도울 수 있다. 개인과 집단 평가에 적용되는 중요한 실제 경험에서 얻은 법칙에 의하면 이들 평가는 일관성이 있고 단원이나 차시 수업 목표에 타당하다.

시나리오

과학 수업에서 Wright 교사는 개념 발달과 Jigsaw 모형을 결합하여 파충류 단원에 대한 수업 계획을 수립하였다. 그 교사는 도입 부분에 개념 발달 모형을 사용하고 있는데, 그녀는 학생들에게 그들이 뱀에 대하여 알고 있는 모든 것을 말하도록 요구하였다. 그 반응을 칠판에 적어 놓았다.

뱀은 끈적끈적거린다.	뱀은 알을 낳는다.
뱀은 냉혈이다.	뱀은 독이 있다.
뱀은 사람을 죽인다.	뱀은 쥐를 먹는다.
뱀은 굴 안에 산다.	뱀은 물가나 사막에 산다.
뱀은 20피트나 된다.	어떤 뱀은 작고 초록색이다.
뱀은 비늘이 있다.	뱀에는 다리가 없다.
뱀은 알에서 부화한다.	뱀은 나무를 오를 수 있다.
사람들은 뱀을 무서워한다.	뱀은 기분 나쁘고 사악하다.
설치류를 죽여 도움이 된다.	뱀은 혀를 내밀어 냄새를 맡는다.
뱀은 동물을 통째로 먹는다.	어떤 뱀은 독이 있고 어떤 것은 꽉 조인다.
어떤 뱀은 달각달각 소리를 낸다.	어떤 뱀은 쉿소리를 낸다.
혀가 포크처럼 생겼다.	어미 뱀이 알을 낳는다.
태어나서 자립한다.	알이 가죽처럼 질기다.
빨리 간다.	모래에 알을 묻는다.
혀에는 독이 있다.	구멍 속에서 산다.

다음에 Wright 교사는 학생들에게 서로 어울리는 문항끼리 묶도록 요구했다. 학생들은 몇 개의 집단을 나누었고, Wright 교사는 집단에 이름을 붙이도록 요구했다. 학생들이 붙인 이름은 아래와 같다.

- 물리적 특징
- 번식
- 방어
- 서식지

Wright 교사는 이 분류를 사용하여 학생들을 위한 Jigsaw를 설계하였다. 학생들은 개념 발달 수업에서 제기된 각 주제에 대하여 전문가 집단을 구성하여 연구를 하였다. 다음 두 시간의 수업을 위하여 전문가팀 구성원들은 그들의 주제를 연구하고 다음 학습 집단의 교재가 된 정보를 차트에 적었다.

활동 14.1: 학문적 논쟁

교재에서 한 장을 선택하라. 넷 내지 다섯 개의 중요한 하위주제를 열거하고 각 하위주제에 대한 전문가의 질문지를 개발하라.

장을 소개하기 위하여 Jigsaw와 함께 사용할 적절한 수업 모형을 선택하라.

요약

전통적 수업에서 내용에 대한 학생들의 경험은 대부분 듣는 것과 노트 정리에 국한된다. 협동 교실에 있어 학생들은 듣고, 쓰고, 말하고, 설명하고, 읽고, 촉진하고, 상호작용한다. 학생들에게는 전통 학급보다 많은 기회가 주어지며, 그들은 보다 높은 성취를 보인다. 학생들이 협동할 때 그들은 수동적인 정보 수용자가 아니며 동료들과 교과목을 토의함으로써 정보를 처리한다. 그들은 소집단에서 학습하기 때문에 과묵한 학생조차도 토의에 임하여 명확한 질문을 제기한다.

웹 자원

1. www.ncrel.org/sdrs/areas/rpl_esys/collab.htm
The North Central Regional Educational Laboratory provide a thorough explanation of the collaborative classroom, including a section of challenges and conflicts.

2. www.ericdigests.org/1995-1/elements.htm
This ERIC Digest site describes essential elements of cooperative learning and contains an extensive listing of resources on this topic.

3. www.pgcps.pg.k12.md.us/~elc/learning1.html
An Electronic Learning Community guide to cooperative learning, this Web site describes commonly used cooperative learning techniques, including

several models that wear not included in this chapter.

4. http://fga.freac.fsu.edu/login.php?_name=http://fga.freac.fsu.edu/resources.htm
Go to this site and register for access to the Florida Geographic Alliance, affiliated with the National Geographic Society. You will find link to dozens of lesson related to geography, and almost all involve cooperative learning. Click on Resource, then Lesson Plans. Search with the keywords "Cooperative Learning."

5. www.interactiveclassroom.com/articles_002.htm
The article, "Using Multilevel Young Adult Literature in the Middle School Social Studies," describes one teacher' s approach to integrating literature in the social students classroom. Included at the end of the article is an extensive annotated list of readings that can be used in a jigsaw exercise.

6. www.jigsaw.org./index.html
Visit the official site the jigsaw classroom to read an overview of the jigsaw technique, a history of the jigsaw classroom, tips on implementation, and links to other site on cooperative learning, school violence and its prevention, and a bibliography of resources on the jigsaw technique.

각주

1. Joseph Zins, Michelle Bloodworth, Roger Weissberg, and Herbert Walberg.(2004). "The scientific base linking social and emotional to school sucess," in Joseph Zins, Roger Weissberg, Margaret Wang, and Herbert Walberg(eds,), *Building academic success on social and emotional learning: what does the research say?* New York: Teachers College Press.
2. Robyn M. Gillies and Adrian F.Ashman.(2003). "An historical review of the use of groups to promote socialization and learning." in Robyn M.Gillies and Ashman (eds.), *Co-operative learning: the social and intellectual outcomes of learning in groups.* New York: Routledge Farmer.
3. David W. Johnson, Roger T. Johnson, and Edythe J. Holubec.(1994). *The New Circles of Learning; Cooperation in the Classroom and School.* Alexandria, VA: ASCD.
4. Elizabeth G. Cohen.(1994). *Designing Groupwork: Strategies for the bet-*

erogeneous classroom, 2nd ed. New York: Teachers College Press.
5. Spercer Kagan.(1994). *Cooperative Learning*. San Juan Capistrano, CA: Kagan Cooperative Learning.
6. Robert Slavin.(1980). "Cooperative Learning", *Review of Edcational Reserch*, 50, 315-342.
7. Elliot Aronson.(2000). *Nobody Left to Hate: Teaching Compassion after Columbine*. New York: W.H.Freeman and Co.
8. David W. Johnson and Roger T. Johnson.(2004). *Assessing Students in Groups: Promoting Group Responsibility and Individual Accountability*. Thousand Oaks, CA: Corwin Press.
9. David W. Johnson and Roger T. Johnson, and Mary Beth Stanne.(2000). *Cooperative Learning Methods: A Meta-Analysis*. Minneapolis: University of Minnesota. Retrieved on January 30, 2006. from www.co-operation.org/pages/cl-methods.html
10. Kagan, 2003.
11. Aronson, 2000.
12, Slavin, 1980.
13. Kagan, 2003.
14. Johnson and Johnson, 2004.
15. Vicki Randall.(March/April, 1999). "Cooperative Learning: Abused and Overused?" *Gifted Child Today Magazine*, 22: 2, 14-16.
16. Aronson, 2000, 135.
17. D. W. Johnson, R. T. Johnson, and E. J. Holubec.(1988). *Cooperative in the Classroom, revised edition*. Edina, MN: Interection Book Co.
18. Kagan, 1994.
19. Berrie Bennett. "Instructionally intelligent... socially smart. "Retrieved on January 30, 2006, from http://www.oise.utoronto.ca/orbit/core5_teach_strat.html
20. Perston D. Feden and Robert M. Vogel.(2003). *Methods of Teaching: Applying Cognitive Science to Promote Students Learning*. Boston: McGraw-Hill.
21. Johnson et al., 1994.
22. Johnson et al., 1988.
23. Marcy P. Driscoll.(2005). *Psychology of Learning for Instruction*. Boston: Allyn & Bacon.
24. Johnson et al., 1994.
25. Jerome Bruner.(1966). *Toward a Theory of Instruction*. Cambridge, MA:

Harvard University Press.

26. L. Vgotsky.(1978). *Mind in Society: The Development of Higher Psychological Processes.* Cambridge.MA: Harvard University Press.
27. Patricia E. Blosser.(1992). "Using Cooperative Learning in sience Education," *ERIC Clearinghouse for Science, Mathematics, and Environmental Education Bulletin.* Retrieved on January 30, 2006, from www.stemworks.org/Bulletins/SEB92-1.html
28. Johnson et al., 1994, 9.
29. Bennett.
30. Elliot Aronson, Nancy Blaney, Cookie Stephan, Jev Sikes, and Mattew Snapes.(1978). *The Jigsaw Classroom.* Beverly Hills, CA: Sage Publications.
31. Aronson. et al., 1978.
32. Robert Slavin.(1996). *Education for All.* Exton, PA: Swets & Zeitlinger Publishers.
33. Kagan, 1994.
34. David W. Johson and Roger T. Johnson.(1995). *Creative Controversy: Intellectual Challenge in the Classroom.* Edina, MN: Interaction Book Company.
35. Johnson and Johnson, 1995, 1:5
36. Johnson and Johnson, 1995, 36.
37. Johnson and Johnson, 2004.
38. Johnson and Johnson, 2004.
39. Johnson and Johnson, 2004, 19.

제 15 장

보조 수업 전략

수업 모형에 수업 전략 사용하기

수업 모형은 바람직한 학습 결과를 가져다주는 데 필요한 단계를 제시한다. 효과적인 수업 모형은 학생들로 하여금 학습과정에 적극적 참여자가 되도록 하고 학생들을 구체적인 계열을 거치게 하며 학습에 관한 최근의 연구를 반영하고 있다. 모형에는 교사와 학생의 행동 계열을 지시하는 단계가 있다. 수업 모형의 각 단계는 중요하며 다른 단계들을 보조한다.

가끔 "수업 전략", "수업 모형" 이라는 명칭들이 구분 없이 사용되고 있다. 전략과 모형 모두는 수업 절차로서 어떠한 교과의 어떠한 성취 수준, 또는 점수 수준에 있는 어떠한 학생에게도 사용할 수 있다. 그러나 이 교재에서는 전략과 모형을 엄격히 구분하고 있다. 모형이란 교사가 특정의 목표에 도달하기 위하여 사용하는 청사진이다. 반면에 전략이란 다양한 내용에 있어 다양한 목적을 위하여 여러 모형에 걸쳐 사용할 수 있는 보다 작은 단위의 수업 유형이다. 예를 들면 발문은 중요한 수업 전략이다. 발문은 모형이 아니다. 왜냐하면 특정 목표에 도달하기 위하여 설계된 유형화되고 계열화된 일련의 단계가 아니기 때문이다. 발문은 하나의 전략으로 이것은 학생의 학습 기회를 극대화하는 계획된 접근이다.

전략은 수업 모형보다 더 융통적이다. 전략은 모형이라는 집에 배치된 가구인 셈이다. 전략적 수업에는 현재의 학급 학생들의 요구를 고려하는 특정의 수업 유형의 적용이 포함된다. 뛰어난 교사들은 모형과 전략 모두를 의도적으로 융통성 있게 잘 사용한다.

이 장에서는 몇 가지 수업 전략과 이 책에 제시된 몇 가지 모형과 전략과의 관계를 검토한다. 전략 중 어느 것은 이미 다른 장에서 논의하였다. 예를 들면 발문, 차별화는 교실에서 성공적으로 사용되는 중요한 전략이다. 발문은 소크라테스식 세미나 모형이 소개된 장에서 이미 검토되었으므로 여기서는 논의하지 않는다. 차별화 전략은 앞의 각 장 끝부분에서 찾아볼 수 있다.

우리가 정의한 전략이라는 말에 적합한 수업 전략은 다양하다. 이 장에서는 학생들의 학습을 돕는 데 효과적이라고 판명되었고 이 책에 제시된 모형들을 지지하고 있는 전략들을 검토한다. 여기에는 다음과 같은 내용이 포함된다.

- 비계설정
- 정보 회상 전략
- 비언어적 표상
- 생각하고－짝을 구성하고－공유하기 전략
- 유사점과 차이점 규명하기
- 요약하기
- 상보적 교수

비계설정

비계설정은 학생들로 하여금 독자적 학습을 하도록 설계한 수업 전략이다. 학생들이 숙달하는 데 요구되는 지식과 기능을 분석하고 이것들을 좀 더 작은 부분으로 나누어 획득 과정에 도움이 되도록 비계를 설정한다. 한 학생 또는 여러 학생 집단과 바람직한 행동을 보고 이를 모방할 때 교사가 상황을 의도적으로 설정하고, 학생들과 함께 과제를 수행해 가고 그 다음 학생들이 홀로 과제를 수행하도록 시킬 때 비계를 설정하게 된다.

예를 들면, Sandi의 유치원 학급에서 어린이들이 형태를 크기와 색깔에 따라 나누는 작업을 하고 있다. Sandi는 소집단에게 가장 작은 삼각형으로 시작하여 빨간 삼각형을 크기에 따라 어떻게 배열할지에 대한 시범을 보여준다. 그 다음 그 Sandi 교사는 빨간 삼각형을 테이블 맨 꼭대기에 놓고 Melanie에게 파란 삼각형을 만드는 일을 돕도록 요구한다. 이들은 함께 파란 삼각형을 순서대로 놓는다. 그 다음 Sandi는 Doug와 함께 파란 삼각형을 조직한다. 그 다음 집단 내의 다른 학생들로 하여금 노란 삼각형을 만들도록 요구하는데 이때 피드백을 제공한다.

활동 계열의 마지막 단계는 각자로 하여금 크기에 따라 일련의 삼각형을 순서대로 놓도록 요구하는 것이다. 비록 비계설정은 학생들이 수업 모형과 관련된 적절한 절차를 배울 수 있도록 전적으로 수업 모형 안에서 사용되어야 하지만, 이것은 대체로 지시적 수업과 아주 유사하다. 다음 상황에서 이것을 알게 될 것이다.

중학생의 사회적, 정서적 성장을 연구하는 교사 교육 수업에 있어, 교사는 생각하고-짝을 이루고-공유하기 방법과 그래프를 사용하여 학생들의 학습을 돕는다. 지시적 수업이 선행 조직자와 진단적 토론으로 시작된다. 제시 단계에서 교사는 모든 학생에게 주어진 매트릭스를 이용해서 성공적인 중학생들의 사회적, 감성적 능력을 확인하고 정의한다.

그 다음 교사는 두 학생들이 또 다른 한 학생을 점심 먹는 자리에서 배제시키는 일반적인 중학교의 장면을 분석한다. 교사는 이렇게 학생들을 배제하는 것은 사회적 인식과 사회적 관계 관리의 부족이라고 설명한다. 제2시나리오가 학급에 제공되고, 교사와 함께 참여학생들의 정서적, 사회적 강점 · 약점의 입장에서 상황을 분석한다. 제3 시나리오를 분석하는 동안 학생들은 개별적인 교정 피드백을 받는다. 그 다음 학생들은 혼자 시나리오를 연구하고 그들의 반응을 동료와 그 다음에는 급우들과 공유한다. 비계설정은 단 한 단위의 수업, 한 단원, 전 학년에 걸쳐 일어날 수 있다. 훌륭한 수업 유형으로서 비계설정은 학생들이 함께 학습할 명확한 목표를 요구한다.

이 장에 제시된 전략은 학생들의 학습에 대한 비계설정 방법을 제시한다. 이외에 이 책에 제시된 모형은 학생들의 학습에 도움을 주기 위한 것으로 사용할 수 있다. 예를 들면 개념 획득 모형은 특정 개념의 결정적 특성을 규명하는 데 어려움을 겪고 있는 학생을 위한 비계설정 전략으로 사용할 수 있다. 비계설정에는 구체적 목표에 대한 학생들의 진전에 대한 지식이 요구된다. 이것은 비계설정 전략을 설계할 때 좋은 수업의 모든 특징을 모두 고려하여야 한다는 말이다(1장부터 3장까지 참고).

정보 회상 전략

이 책에 제시된 수업 모형은 학생들의 기능 숙달은 물론 사실, 개념, 일반화에 대한 깊은 이해력을 개발하도록 돕기 위하여 고안되었다. 정보 회상 전략은 학생들의 지식, 기능의 개발에 도움이 되는 정보 기억을 돕기 위하여 고안되었다. 이 전략들은 학생의 사물의 기억을 돕기 위하여 고안된 것이다. 비록 회상이 가장 유의미한 학습과정은 아니더라도 자동적 학습에 있어서는 기초가 된다. 자동적 학습이란 학습자로 하여금 의식적으로 생각함이 없이 힘을 들이지 않고 습관적으로 과제를 완수하게 하는 것을 말한다.

과제가 자동화되고 또는 학생들이 정보를 구하러 어디로 가야 할지 자동적으로 알게 될 때, 작동 기억에 대한 부담은 줄어들고 고차적 사고를 할 여지가 남게 된다. 초등학년에서는 자동성의 도움을 받는 기초 기능으로 산수 연산법칙, 문법, 음성학 등이 있다. 실험실 안전, 공학 기술, 연구 기능, 변론술은 중학교에서 자동성을 요구하는 몇 가지 형태이다.[1]

활동 15.1: 회상을 위한 비계설정

1. 여러분이 현재 가르치고 있으며 미래에도 가르치거나 가르치고 싶어하는 기능을 선택하라. 그 기능을 조심스럽게 분석하고 그 기능을 배우는 데 어려움을 갖고 있는 학생들에게 비계를 설정할 수 있는 가능한 세 가지 방법을 생각해 보라.
2. 학생들이 자동 수준에 이르기까지 학습하는 데 도움이 되는 또 다른 기능을 열거하라.
3. 학생들이 자동화 수준까지 도달했는지를 어떻게 확인할 수 있는가?

정보 회상 전략은 학생들이 자동화에 이를 때까지 과잉 학습을 해 나갈 때 도움이 된다. 이러한 학습을 위해서는 몇 가지 정보가 요구되는데 기억의 도움 없이 회상해 내기란 어려운 일이다. 예를 들면 RoyG. Biv 약자는 스펙트럼 색깔의 순서를 알게 한다. 즉 빨강, 오렌지, 노오랑, 초록, 파랑, 남색, 자주색을 뜻한다. neighbor와 weigh에서 e가 a처럼 발음될 때는 c를 제외하고 그 다음에 i가 오는 것이 일반적인 철자 규칙이다.

이러한 기억술은 망각되는 내용을 기억하는 데 필수적이다. 기억술 이외에 기억에 도움이 되는 많은 보조 방법이 있다. 학생들이 이러한 기법을 숙달하면, 필요한 경우 그들이 요구하는 것을 알아내는 데 큰 성공을 거두게 될 것이다. 정보 회상 전략은 학생들이 강력한 개념과 일반화를 개발하기 위해 노력할 때 학생들로 하여금 유용한 정보를 회상하게 해 준다.

연결 전략

새로운 자료를 이미 익숙한 정보에 연결 지음으로써 새로운 정보를 보다 쉽게 간직하고 인출해 낼 수 있다. 이 전략은 대통령의 이름, 발의 골격, 태양계의 별들과 같은 항목들을 기억하는 데 유용하다. 이것은 또한 권리장전이나 가스 법칙을 나타내는 방정식과 같은 주요 개념을 기억하는 데 도움이 된다.

학생들이 연결 전략을 이용하도록 돕기 위해서는 기억할 만한 가치가 있는 정보를 확인해야만 한다. 모든 것이 다 기억할 가치가 있는 것은 아니다. 교실 수업에는 언제나 시간 제한이 있기 마련이다. 복잡한 아이디어를 이해하는 데 기본적이고 필요한 내용을 선택하라. 일단 기억할 내용이 밝혀지면 이들을 의미 있는 방식으로 조직하라. 예를 들면, 내용을 알파벳순이나 연대순으로 조직할 수도 있다. 일단 목록이 순서대로 정리되면, 학생, 교사 또는 교사와 학생들은 그 목록에 있는 내용을 시각적으로 연결할 수 있다. 예를 들면, 동남부 산물로 다음과 같은 것을 적었다고 하자.

사과, 옥수수, 굴, 땅콩, 돼지고기, 사탕수수 시럽, 간장

사과와 옥수수를 연결하기 위해 옥수수 알갱이를 먹고 있는 사과나 옥수수 알을 키우는 사과나무에 관한 이미지를 그려 볼 수 있다. 그 다음 연결로 옥수수와 굴을 연결하기 위해 굴을 먹고 있는 옥수수 알갱이나 굴을 타고 가는 옥수수 알갱이에 관한 이미지를 그려 볼 수 있다. 그 다음 연결로 땅콩껍질에서 뛰어나오는 굴, 또는 땅콩을 먹는 굴을 연결 지을 수도 있다. 가끔 그 연결이 우스으면 우스울수록 학생들은 그 연결을 더 많이 기억할 가능성이 크다. 또한 여러 가지 내용에 대한 이야기로 연결을 지을 수도 있다. 예를 들면, 똑똑하고 빨간 사과와 옥수수 알갱이가 결혼했다. 사과와 옥수수 알갱이가 복도로 걸어 내려오자 굴들이 모두 박수를 쳤다. 그러나 그들은 쌀을 던지는 대신 땅콩을 던졌다. 돼지들은 바이올린을 켜도록 되어 있었으나 그들 모두가 미끄러져 넘어져 사탕수수 시럽을 뒤집어썼다. 그래서 간장은 대신 휘파람을 불어야 했다. 내용을 연결하는 또 다른 한 가지 방법은 관계를 짓는 것이다. 대통령 자문위원회의 구성요원의 이름을 기억하기 위하여 노동부장관을 Henry Smith로 가정해 볼 수 있다. 여기에서 만들 정신적 상은 그의 사무실, 일, 이름, 스미스를 기능적으로 연결 짓는 것이다. 자 이제, 대장장이처럼 일하는 사람 또는 대장간의 망치를 들고 가는 노동연맹 지도자를 그려 보시오. 내각의 다른 자문위원들을 위해서 다른 기억 방법을 만들 수도 있다.

예를 들면 교육부장관은 국기를 들고 있는 학교 사진을 회상할 수도 있다. 대장장이는 학교 마당에서 일하고 있다. 이들이 두 장관이다. 이제 꼭 해야 할 일은 다음 사람들을 위한 기억술 그림을 완성하는 것이다.

위치 정하기 전략

연설에서 제시할 주요 아이디어나 에세이 시험에서 기억해야 할 주요 아이디어 같은 중요한 내용을 기억하기 위한 가장 오래된 체제 중 하나는 고대 로마에서 불렸던 위치 또는 장소 정하기 체제이다. 어떠한 메모도 없이 공개 장소에서 연설을 준비하는 웅변가들은 그들이 익히 알고 있는 특별한 위치로 방, 길, 또는 정원을 선정할 수도 있다. 이 장소에 그들이 참고할 많은 대상을 위치시킨다. 첫째 침대, 그 다음 난로가, 그 다음 의자 …… 이들 각 위치나 장소는 말할 요점을 위치시키는 곳이 된다.

그 다음 웅변가들은 그들이 말할 요점과 각 장소를 연결 짓는다. 예를 들면, 침대에서 일어나 투표하러 간다고 생각함으로써 투표와 침대를 연결할 수도 있다. 전쟁의 열기를 생각하면서 군대에 관한 내용을 난로와 관련 지을 수도 있다. 첫 번째, 두 번째, 기타 이와 같은 표현은 고대 웅변가들이 연설의 요점에 대한 기억 단서로 특정의 장소를 사용한 데서 온 것이다.

동작을 통한 기억 전략

예를 들면 어떤 원문, 시 또는 연설문을 꼭 기억해야만 한다고 믿는 교사들이 많다. 왜냐하면, 단어들은 이후에 학생들에게 영감이나 중요한 아이디어에 다가설 수 있게 하거나 어떤 위안을 주기 때문이다. 동작을 통한 기억 모형은 모든 학생에게 하나도 빼놓지 않고 그리고 실패에 대한 두려움 없이 자료를 기억할 기회를 준다. 원문의 기억은 핵심 단어를 특수한 동작과 연결 지음으로써 촉진된다. 이것은 특히 기억할 문단에 많은 강력한 이미지가 담겨 있으면 잘 촉진된다. 이 과정은 집단 과정이다. 그래서 망각에서 오는 고민은 사라진다. 학생들은 집단과정이 진행되는 동안 서로를 통하여 배우고 다른 사람들이 말을 유창하고 감정을 담아 표현하는 것을 들을 수 있다.

교사나 학생들은 강조되는 단어를 확인할 수 있고, 그 단어와 관련 있는 동작을 구성할 수 있다. 예를 들면 "미국 아름다운 나라"라는 단어를 기억하고자 한다면, 첫 번째 동작은 "드넓은 하늘의 아름다움"을 나타내기 위해 하늘을 향하여 팔을 쭉 뻗어 올리는 것이 될 수 있다. 노란 옥수수 물결을 표현하기 위해 손을 움직여 파도의 움직임을 만들 수도 있다.

동작을 통한 이러한 기억 전략은 동작에 관한 그림과 관련이 있는 단어나 문구가 있는 읽기 쉬운 차트에 자료 내용을 적어 학생들에게 도움을 줄 수 있다.

활동 15.2: 정보 회상 전략

1. 여러분의 수업에서 언제 정보 회상 전략을 사용하는 것이 적절한가?
2. 어떠한 내용에 정보 회상 전략을 사용하는 것이 적절한가?
3. 정보 회상 전략을 어떤 면에서 비계설정이라 부를 수 있는가?

비언어적 표현

비언어적 표현은 다음과 같은 이유로 학생들이 학습하는 데 도움이 된다.

- 학습할 내용의 접근성을 증진시킨다.
- 필수 정보를 확인한다.
- 복잡하고 추상적인 정보를 조직한다.
- 학생들의 새로운 정보 기억을 돕는다.
- 진단적이다.
- 계속 연습할 기회를 준다.[2]

인간은 언어적, 비언어적 부호화를 해 나가면서 학습한다. 그래서 이 두 가지 학습 방식은 학생들이 정보를 효과적이고 효율적으로 유지, 회상하는 데 도움이 된다. 교실은 더 많은 언어적 표현을 시용하며 다양한 비언어적 표현을 사용하면 언어적 자극과 비언어적 자극의 균형이 이루어진다. 비언어적 표현은 학생들이 지식을 증진시키고 정교화시켜 나가게 해 준다. 왜냐하면 비언어적 표현은 학생들이 그들의 설명을 설명하고 정당화해 나가는 구조를 제공해 주기 때문이다. 교사들도 여러 가지 비언어적 표현 방법(NLR)으로서 그래프 조직자, 물리적 모형, 회화, 신체 활동 등을 선택적으로 사용할 수 있다. 비인어적 표현 방법은 모방과 지원을 필요로 하지만 모든 발달 단계에 있는 학생들의 학습에 대한 비계를 설정하는 데 도움이 될 수 있다. 공학의 발달은 비언어적 표현의 범위를 확장시켰다. 즉 기하학 스케치패드, 판자, 퍼스널컴퓨터, 그래픽 소프트웨어는 비언어적 표현을 할 때 교실에서 사용할 수 있는 것들이다.

그래프 조직자

그래프 조직자는 주요 개념과 주요 개념 간의 관계를 나타내기 위하여 정보를 그래프로 정리하여 시각적, 공간적으로 제시하는 것이다. 이것은 언어적, 비언어적 방식을 결합하고 있는데 그 이유는 단어가 상징과 함께 사용되기 때문이다.[3] 그래프 조직자는 난해한 내용이나 복잡한 개념에 도움이 된다. 또한 어떤 형태를 강조하고 학생들로 하여금 서로 단절된 정보보다는 오히려 핵심 아이디어에 집중하게 한다.[4] 그래프 조직자 사용을 보조하는 자원은 얼마든지 있다. 그래프 조직자는 인과 모형(9장)에 있어 가장 기본적인 것이다. 왜냐하면 사전원인, 원인, 주제, 효과, 부수적 효과를 포함하는 차트에서는 토론과 학생들의 사고를 구조화하고 있다.

개념 지도화하기는 일종의 그래프 조직자로 개념 발달, 개념 획득 수업 때 자주 사용된다. 마음지도, 유목, 개념지도(모두가 비슷한 특징이 있다)는 내용을 개괄해 주는 하나의 대안으로 고차적 사고를 위하여 자주 사용된다. 모든 그래프 조직자와 마찬가지로, 지도는 학생들이 개념 간의 관계를 나타내 주는 표현 방법이다.

그러나 지도화는 학생들 자신이 지도를 설계한다는 점에서 다른 그래프 조직자와 다르다. 즉 학생들은 다른 사람이 고안한 형태를 메꾸는 것이 아니다. 학생들은 표현의 형태, 상세한 내용, 복잡성을 결정한다. 즉 그들은 깊은 이해와 복잡한 관계를 표현할 수 있다.

물리적 모형

물리적 모형은 학생들이 난해하고 관찰하기에 어렵거나 추상적인 개념을 이해하는 데 도움이 된다. 이 모형은 사태가 어떻게 진행되는지를 알리기 위하여 고안된다. 이러한 표현 방법에는 여러 가지 형태가 있다. 즉 장치, 계획, 그림, 방정식, 컴퓨터 프로그램. 어느 사람에 있어 물리적 모형은 순진하고 부정확한 생각을 갖게 하기도 한다.[5] 예를 들면, 일반 물리학에서 쓰이는 모형인 흙으로 만든 화산은 화학 반응을 일으켜 화산을 폭발시킨다. 그러나 실제에 있어서 화산은 지구 맨틀(지각과 그 중심부 사이의 지대)에 있어서의 높은 온도와 압력 때문에 폭발한다.

그러므로 학생들은 화산폭발이 화학약품의 혼합에 의하여 생긴다는 잘못된 개념을 형성할 수 있다. 확실히, 물리적 모형은 무분별하게 사용되어서는 안 되고 각각의 모형은 그릇된 인식, 표상의 충실성, 모형과 실물의 일치성이란 점에서 검토되어야 한다. 모형은 단순화시켜야 하지만 동시에 무조건 간단하게 하는 것은 지양해야 한다.

정신적 상

모든 개인이 다르게 시각화할 우려가 있는 많은 인지 과제에는 정신적 이미지가 도움이 된다. 이미지는 개인의 기억과 관련이 있으며 기억에 의하여 영향을 받는다. 그리하여 학생들에게 정신적 이미지를 그려 보도록 하면 각각의 이미지는 개인마다 독특해진다. 학생들에게는 해석하고, 사고를 명확히 하고, 이해를 증진시키기 위하여 정신적 상을 그려 보도록 할 수 있다.

이미지를 통하여 생성된 내용이 많을수록 그 이미지는 기억하기가 더 쉬워질 것이다. 이미지는 학생들이 그들의 정신적 상을 동료나 급우들과 공유한 후에 바뀔 수도 있고, 모든 학생들의 이해를 증진시켜 주기도 한다. 또한 정신적 상은 학생들이 아이디어를 실험하는 데 도움이 된다.

그림 그리기

학생의 그림은 표현 그 이상을 의미한다. 그림은 아이디어에 대한 학생들의 생각을 전달해 준다. 그림은 불완전하거나 부정확한 측면을 찾거나 잘못된 인식을 밝혀주는 형성평가로 사용할 수 있다. 그림은 장애 학생들이나 모국어가 영어가 아닌 학생 그리고 작문을 하는 데 어려움을 겪는 학생들에게 학습에 대한 정보를 제공해 준다. 아이디어에 이미지를 부여할 때 학습은 증진된다. 개인적으로 구성한 이미지가 관련성이 풍부하다.

> 그림 그리기는 학생들이 교과 학습에 중요한 관찰 기술을 개발하는 데 도움이 되고, 이것은 사고 도구로 작용하게 된다. 즉 과학과 사회학은 관찰에 기반을 둔다. 수학은 시각적으로 표상화될 수 있는 관계의 지각을 포함한다. 그리고 직업 교육, 요리, 체육과 같은 교과들은 학생들이 무엇을 눈여겨보고, 본 것을 어떻게 해석하는지를 알아야 할 것을 요구한다.[7]

이러한 교육적 노력 중 소위 "분필과 말"을 통한 그림 그리기는 학습자의 사고와 기능을 단련시켜 줄 수 있다.

활동 15.3: 비언어적 표현

왼쪽 칸에 적힌 목표들을 보고 어떤 유형의 비언어적 표현이 학생들이 반드시 할 수 있어야 할 것과 가장 일치하는지 결정하라. 오른쪽 칸은 여러분의 반응으로 채워라.

목표	비언어적 표현
학생들은 두 나라의 지리적 특징을 비교할 수 있다.	
학생들은 그 이야기를 어떻게 종결지을지에 대하여 가설을 세울 수 있다.	
학생들은 위상에 대한 이해를 달리 증명할 수 있다.	

신체 활동

신체 활동은 동작이 수반된 신체 경험으로 학생들로 하여금 정보를 수용하고 처리하게 하며 동시에 학습에 대한 또 다른 길을 만들어 준다. 신체 동작은 인지를 증진시킨다. 동작은 학생의 학습을 도와준다. 왜냐하면 동작은 연결을 강화시키고, 기억과 정보 검색을 개선하고 학생의 동기를 향상시키기 때문이다.[8] 동작을 교실 수업에 통합시킬 수 있는 방법은 다양하다. 학생들은 문제를 풀거나 가설을 생성할 때 여러 내용들을 조작할 수 있다. 댄스, 드라마, 땅굴 파기, 조각, 회화는 추상적인 개념에 대한 이해를 나타낸다. 동작 게임 또한 여러 정보를 기억하는 데 도움이 되며 동시에 긴장을 해소하고 교과에 대한 성공 기회를 개선시킨다.

생각하고 짝을 이루고 공유하는 전략

생각하고, 짝을 이루고, 공유하는 전략은 간단한 방법으로 이점이 많다. 이 방법은 학생의 참여를 증진시키고, 정보의 파지를 개선시킨다. 학생들은 이 절차를 사용하여 서로 배우고 그들의 아이디어를 공개하기에 앞서 비위협적인 상황에서 그들의 아이디어를 시도한다. 학습자의 확신은 개선되고 손을 들어 자원하는 소수 몇 학생이 아니라 모든 학생들에게 수업에 참여할 수 있는 방법이 제공된다. 교사에게 돌아가는 이점에는 교실 내에서 과제에 보낼 시간이 늘어나고 학급 토의에 학생들이 기여하는 질적 수준이 높아진다는 것이다. 학생과 교사는 모두 학급 토의에 있어서의 주의집중과 참여에 대한 기대를 보다 분명히 이해하게 된다.

생각하고, 짝을 이루고, 공유하는 전략은 메릴랜드 대학의 Frank Lyman에 의하여 처음으로 제안되었고, 전체 학급을 대상으로 학생들에게 질문을 제기하는 것으로 수업이 시작된다.[9] 질문은 수업 목표와 관련이 있는 것으로 학생들이 기꺼이 이야기하고자 하는 문제이거나 딜레마를 제기해야 한다. 학생들에게는 자신의 답을 생각할 시간이 제한적으로 주어진다. 학생들이 과제를 완성하는 데 걸리는 시간량은 학생에 관한 지식, 질문의 본질, 시간 제한 등을 기초로 하여 교사가 결정한다. 학생들은 비록 정답이 없지만, 모든 사람이 질문에 대한 합리적인 대답을 갖고 있는 것이 중요함을 이해해야 한다. 마치 교사가 학생들 앞에서 "오답은 없어. 그러나 있다면 그럴 수도 있지"라는 제목의 만화가 생각난다....

"생각" 단계의 마지막은 학생들에게 문제의 해답에 대한 합의에 도달하기 위해 파트너와 함께 토의할 시간을 나타낸다. 이제 각 학생에게는 다른 학생과 함께 가능성을 탐색할 기회가 주어진다. 이와 함께 각 학생들 짝은 집단 통찰에 근거하여 공통된 답을 다시 설정하게 된다. 마지막 단계에서 학생들은 해결책을 개별적으로 또는 짝이 되어 전체 학급에 제시해야 한다.

너울이 답 속에 포함되어 있는 개념은 교과서나 교사의 언어가 아닌 학습자의 언어가 되어야 한다. 생각하고, 짝을 이루고, 공유하는 한 가지 다른 전략은 생각하고 짝을 이루고 해결하는 전략으로 여기서는 생각하고, 짝을 이루고, 공유하는 전략의 마지막 단계에서 팀 토의를 사용한다. 그 결과 학생들은 전체 학습이 아닌 4명으로 구성된 팀 내에서 그들의 반응을 공유한다. 또 하나의 다른 변형(쓰고, 짝을 이루고, 공유하기)에서는 학생들에게 개별적인 대답을 쓰게 하고 그 다음 파트너와 짝을 이루게 하고 답을 토론한다. 그 답은 전체 학급을 대상으로 또는 팀 간에 짝을 이루어 공유된다.

생각하고, 밑줄을 긋고, 짝을 이루고 공유하는 전략은 파트너와 토의가 끝나고 그들이 쓴 답으로 되돌아가 토의에 기초하여 그 답을 수정하도록 요구함으로써 쓰고, 짝을 이루고, 공유하는 전략을 확장해 나간다.

생각하고, 짝을 이루고, 공유하는 방법은 강력하다. 왜냐하면 이 방법은 본래 협동적이고 학생들에게는 동기 유발적이며 학생들이 정보를 깊이 처리하게 해 수기 때문이다.

활동 15.4: 암시적 자극에 대하여 쓰기

생각하고 짝을 이루고 공유하는 활동을 위하여 여러분이 교실에서 사용할 수 있는 세 가지 암시적 자극을 적어라.

유사점과 차이점 규명하기

유사점과 차이점을 밝히는 것 자체가 강력한 학습전략이 된다. 이것은 학교의 안밖에서 쓰이는 자연스러운 학습 방법이다. 많은 수업 모형에서는 학생들이 유사점과 차이점을 조사하도록 요구한다. 예를 들면, 개념 발달, 개념 획득 수업은 일반화를 위한 기초로 개념들의 속성을 비교하여 개념의 유사점과 차이점을 조사하도록 요구한다. 개념을 비교할 때, 중요한 특징을 찾아내어 조사하게 된다. 개념 발달은 또한 학생들이 분류—유사점과 차이점을 비교하는 다른 방법—을 실천할 기회를 준다. 학생들이 분류할 때, 그들은 공통적인 특징이 있는 것을 한데 모으고 유사한 집단에서 이러한 특징을 연구하여 유목을 결정하기 위한 규칙을 이끌어낸다.

학생들이 유사점과 차이점을 밝혀낼 때 모종의 명시적 훈련이 요구되는데 교사에게 있어 지시적 수업은 이와 같은 목적을 달성하는 데 적합한 구조가 된다. 학습이란 이미 알려진 지식에 새로운 지식을 통합하는 것이므로, 공통점과 차이점을 밝히는 것은 학습자가 새로운 지식과 선수지식을 적절하게 연결하는 데 도움이 된다.

유사점과 차이점을 규명하는 전략 중 한 가지 중요한 요소는 학생들에게 유사점과 차이점을 만드는 특징이 무엇인지를 물어 보는 것이다.

벤 다이어그램은 이러한 목적을 위한 유용한 도구이다. 학생들이 어떠한 도구를 사용하든 여러 내용들 간의 결정적인 주요 특징과 공통점을 독자적으로 찾아낼 기회를 갖는 것이 중요하다. 비교하고 분류하는 것 이외에 은유와 비유도 유사점과 차이점을 밝혀내는 유용한 방법이다.[10] 은유는 설명적이고 흥미 있는 무엇인가를 기술하는 데 사용된다. 은유는 두 가지 사상이 대부분의 특징에 있어 유사한 것이 아니라 추상적인 면에서 비슷한 정도에 따라 달라진다. 예를 들면, 우리는 은유를 통하여 학교와 길을, 교사와 버스 운전수를 비교한다. 학교는 혼잡한 고속도로이고, 교사는 버스 운전수로서 학생들이 목적지까지 가는 일을 도와준다. 은유는 학교의 구조와 바쁨을 강조하고 교사는 학생들의 이동방향을 강조한다.

교사는 은유의 1차 요소와 추상적 관계를 제공하므로 학생의 은유 발달에 도움을 줄 수 있다. 학생들에게는 한 가지 요소를 제공하고 두 번째 요소를 제시하고 비교할 추상적 관계를 설명하도록 요구할 수 있다.

비유는 A와 B의 관계를 C와 D의 관계로 나타내는 표현이다. 예를 들면, 얼음과 겨울의 관계는 더위와 여름의 관계와 같거나 위와 아래의 관계는 꼭대기와 바닥의 관계와 같다. 비유는 서로 다른 것들 간의 관계에 대해 깊은 이해를 요구하기 때문에 학생들에게 구체적인 이해 구조를 제공하므로 도움의 역할을 한다. 교사는 예를 들어 우선 이빨과 입의 관계는 방과 집의 관계와 같다라는 비유를 제시하고 학생들에게 이빨과 입의 관계를 설명하도록 요구하고 이 관계가 방과 집의 관계와 어떻게 유사한지를 설명하도록 요구할 수 있다. 교사는 몇 가지 예를 제시하고 나서, 단 한 가지 요소를 제외시키고 새로운 비유를 제시하고 학생들에게 빠진 부분을 제시하도록 요구할 수 있다. 이러한 한 가지 예로 Large와 big의 관계는 triumph와 -의 관계와 같은데 학생들은 success나 victory라는 단어를 제시할 수 있다. 교사가 학생들에게 보다 많은 비유를 제시하도록 요구할 때, 학생들은 독자적으로 비유를 찾아낼 수 있다. 즉 교사는 첫 번째 요소를 제시하고 학생은 두 번째 요소인 개와 늑대의 관계는 -과 -의 관계와 같다라고 제시할 수 있다.

활동 15.5: 유사점과 차이점

여러분은 학생들에게 유사점과 차이점을 규명해 내도록 어떻게 가르칠 것인지 한 가지 예를 제시하라.

요약하기

요약하기는 학생의 성취와 상관이 있는 기능으로 밝혀졌다.[11, 12] 학생들에게 요약하도록 가르치는 것은 효과적인 수업 전략으로 학생들에게 새로운 정보를 처리하고 기억할 방법을 제공한다. 요약은 이렇게 정보를 처리, 기억하도록 하는 한 가지 도구이다. Wormei는 요약을 아래와 같이 정의한다.

> 요약이란 교재의 본질적 내용 또는 경험을 효율적인 새로운 방식으로 가능한 한 소수의 단어로 재진술하는 것이다. 많은 학생들과 교사는 요약이 글로 표현 되어야 한다고 생각한다. 이러한 가정에는 요약의 다양성이 빠져있다. 요약은 글로 표현될 수도 있지만, 구두로, 극으로, 예술로, 시각적으로, 물리적으로, 음악으로 집단으로 또는 개별적으로 표현될 수도 있다.[13]

요약은 이 책의 모든 수업 모형의 마지막 단계에서 학생들에게 도움을 주는 전략이다. Marzano, Pickering, Pooock[14]은 요약과 학생 학습에 대한 연구를 검토하고 학급에서의 요약 기법의 활용과 이점에 대한 세 가지 결론에 이르렀다.

1. 효과적으로 요약하기 위하여 학생들은 어떠한 정보는 빼버리고 어떠한 정

보는 대치하고 어떠한 정보는 간직해야 한다.

2. 정보를 효과적으로 빼버리고 대치하고 간직하기 위하여, 학생들은 정보를 아주 깊이 있는 수준까지 분석해야만 한다.
3. 교재 정보의 명확한 구조를 아는 것은 정보를 요약하는 데 도움이 된다.

이러한 규칙은 학생들의 요약을 돕는 지침이 된다. 학생들은 요약의 형태를 갖추기 위하여 일련의 단계를 거치는 것을 배워야 한다.

(1) 중요하지도 않고 이해에 도움이 되지 않는 정보는 빼버린다. (2) 중복을 피한다. (3) 사태에 대한 유목 명칭을 대치한다. (4) 주제 문장을 확인하여 사용하거나 제공한다.

표 15.1 교재 구조와 요약 질문

교재 구조	요약 질문
담화 (이야기)	• 주인공은 누구인가? • 그 이야기는 언제 어디에서 있었던 것인가? • 주인공은 어떠한 문제에 부딪쳤는가? • 이야기의 주된 사건은 무엇인가? • 문제는 어떻게 해결되었는가?
주제-제한-예시 (주제의 일반 전술, 주제의 제한점, 주제의 예)	• 주제는 무엇인가? • 어떠한 정보가 주제를 제한하는가? • 주제를 설명하는 예는 무엇인가?
정의 (용어, 일반 유목, 특징, 용어에 가정된 본보기)	• 무엇을 정의하고 있는가? • 그 용어는 어떠한 일반 유목에 속하는가? • 용어의 결정적 속성은 무엇인가? • 용어의 본보기는 무엇인가?
논쟁 (주장을 지지하는 정보)	• 어떠한 정보가 그 주장을 지지하는가? • 그 주장은 무엇인가? • 그 주장을 지지하는 본보기로 어떠한 것이 있는가? • 어떠한 사람이 주장을 펼 자격이 있는가?
문제/해결 (문제 도입, 해결책 제시)	• 문제는 무엇인가? • 해결책은 무엇인가? 다른 해결책은? • 최선의 해결책은 무엇인가?
대화 (언어의 상호교환)	• 대화는 어떻게 시작했는가? • 분명한 문제는 어떠한 문제인가? • 대화는 어떻게 진전되었는가? • 대화는 어떻게 종결되었는가?

Marzano, Pickering과 Pollack, 2001에서 발췌한 것임.

교사는 구체적인 일련의 질문, 그래프 조직자를 사용(예를 들면 벤 다이어그램, 원인과 결과, 연대순)하거나 비유와 은유를 사용하여 학생들이 요약하는 것을 도와줄 수 있다. 교재의 종류에 따라 질문의 종류도 달라진다. 질문이 생기면 교사는 교재에 있는 정보에 대해 학생들과 토의할 시간을 가져야 한다. 그렇다면 모든 교과 교사들이 학생들에게 저자가 교재를 구조화할 여러 방법과 교재를 효과적으로 요약하기 위하여 사용할 여러 그래프 형태를 가르치는 것은 중요하다.[15] 교재 구조와 요약에 도움이 되는 몇 가지 질문이 표 15.1에 제시되어 있다.

상호교수

상호교수는 합성 전략으로 교사, 학생, 교재 사이에 반복적으로 주고받는 몇 개의 하위전략에 기초를 두고 있다.[16] 이것은 가끔 구조적 대화로 불리며, 그 구조는 대화를 구성하는 네 가지 활동 즉 예측하기, 질문하기, 명확히 하기, 요약하기로부터 나온다.

이 수업의 배후에 깔려있는 아이디어는 학생들이 책을 읽을 때 계속해서 예측하고(자신의 예측을 수정하기도 한다.) 그들이 갖고 있거나 제기하는 질문에 계속해서 대답하고, 발생한 어떠한 혼란도 명확히 하고, 독서 중 계속해서 요약을 해야 한다는 것이다. 교사와 학생들은 교재를 읽어 나가면서 서로 순서를 바꾸어 이러한 활동을 모방해 나간다.

여기에 상호교수를 소개하기 위한 좋은 방법이 있다. 상호교수 활동을 적은 색인 카드를 작성한다. 교재나 다른 독서 자료를 펴고 간단히 살펴보고 교재를 사전조사하는 방법을 학생들에게 보여 주어라. 그 다음 예측 카드를 갖고 있는 사람은 누구나 독서를 통하여 우리가 무엇을 배우고자 하는지를 알아맞추도록 요구한다. 이것을 칠판에 적는다. 그 다음, 질문 카드를 갖고 있는 사람은 누구나 여기에서 배우고자 하는 주제에 대하여 질문을 제시하도록 요구한다. 또한 이 질문을 칠판에 적는다. 이제 모든 사람이 1, 2페이지짜리 교재의 장을 여는 구절을 읽도록 요구한다. 처음의 독서가 끝날 무렵, 앞서 제기된 질문에 대한 대답을 알아내었는지 명료화 카드를 갖고 있는 사람에게 물어본다. 질문 밑에 가능한 대답을 기록해 둔다. 또한 교재 내용 중 어느 부분이 혼란스럽거나 불명확한지를 물어보고, 또한 불명확하다면 학생들이 이 부분을 말끔히 해결할 수 있는지 물어본다. 예를 들면 이것은 사전에서 단어를 찾는 것이나 추가 정보를 찾기 위해 교과서의 색인이나 용어 해설을 사용하는 것과 같은 것이다.

이제 요약 부분으로 넘어가자. 우리가 지금까지 무엇을 읽었는지 어떻게 요약하겠는가? 칠판에 요약부분을 간단히 적는다. 이제 학생들은 그들의 카드를 다른 사람에게 넘겨준다. 그리고 이번에는 다른 카드를 갖고 있는지를 확인한다. 이 과정을 반복한다. 이들 전략 중 어느 것이 적합하지 못한 경우 자유롭게 명료화하거나 정교화한다. 그러나 무엇을 생각하느냐에 집중하지 말고 어떻게 생각하고 있느냐에 집중하라. 그렇게 되면 학생들은 단지 사고의 결과가 아니라 사고의 과정에 대한 통찰을 얻게 된다.

상호교수를 구성하는 독서 안내는 학생들의 이해에 즉각적인 영향을 미친다. 여기서 기술한 것과 유사한 특정의 서문을 읽은 후, 5학년 학생이 교사에게 다가가 자기가 읽은 것을 자랑삼아 다음과 같이 말한다. "나는 읽는 것이 점점 개선되고 있다는 것을 알고 있어요. 왜냐하면 무슨 책을 읽든 언제나 예측하고 질문하고 명확히 하고 요약하기 때문에 나는 읽는 것이 점점 좋아지고 있다는 느낌이 들어요." 이 학생이 주장한 대로, 이 어린 학생의 독서가 실제 개선되고 있다는 점에 어떠한 의심이라도 있을까? 상호교수 전략이 발문의 기예에 기초하고 있는 소크라테스식 세미나 모형을 어떻게 잘 보충할 수 있을지 생각해 보라. 이러한 추가적인 여러 교수 전략과 세미나 활동을 결부시키면 모든 학생들의 독서와 공부가 개선될 것이다.

요약

학생의 성취 향상과 관련이 있는 일곱 가지 전략을 제시했다. 이들 전략은 서로서로 관련하여 사용할 수 있고 그리고 이 책의 2부에 제시된 형식적인 모든 수업 모형과 관련하여 사용할 수 있다. 모든 모형과 전략은 학생들의 성취를 향상시킨다.

웹 자원

1. http://questioning.org/NC/nc4.html
"Building Standards-Based Curriculum Units with New York Technologe" is the name of this site. The Lessons illustrated and explained hear emphasize the design approach of "scaffolding," which involves providing "very clear

direction, lots of structure and good resources to optimize learning." A review of the resouces given at this site is almost certain to improve anyone' s lesson and unit design skills.

2. www.education-world.com/a_curr/curr218.shtml
The example of scaffolding given hear is interesting in its own right, concerning the two sides of the issue surrounding the American Revolution. At the end of the article describing this particular lesson, don' t miss the additional links to resources related to scaffolding.

3. http://en.wikipedia.org/wiki/Mnemonic_method_of_loci
The method of loci has a long and storied history, as this encyclopedia entry will show. Students will enjoy the story of the first time the method was used, in ancient Greece, by a man asked to remember the names of people at a dinner party after the roof caved in and all the guests!

4. www.region15.org/curriculum/graphicorg.html
If graphic organizers are your things, this is your site! Dozens of ready-to-print graphics, most in English or Spanish, await your choice of what you are looking for. The search ends hear. Note that the familiar Venn diagram is under the category "Compare and/or Contrast." Within this set you will fine a number of graphics for identifying similarties and differences.

5. http://olc.spsd.sk.ca/DE/PD/instr/strats/think/index.html
The think, pair, share strategy is thoughly explicated at this site. Management techniques and adaptations are described, and there are links to videos of the technique in action in actual classroom.

6. www. teach.virginia.edu/go/readquest/strat/summarize.html
Summarizing is difficult to teach but critical to learn. This page provides a number of ideas of how to overcome the learning curve in summarizing. Don' t miss the graphics at the botton of the page, designed and shared by a teacher using a "sum it up" approach to summarizing.

7. http://english.unitecnology.ac.nz/resources/resources/reciprocal.html
There are a number of site on the topic of reciprocal teaching, as any Google search will prove. This site, maintained by the Ministry of Education of Wellington, New Zealand, is one of the better ones in that the descriptions of the four parts of the composite technique are elaborated nicely.

각주

1. Marcy P. Driscoll.(2005). *Psychology of Learning for Instrution.* Boston: Pearson.
2. Robert J. Marzano, Debra J.Pickering, and Jane E.Pollock.(2001). *Classroom Instruction That Works: Research-Based Strategies for Increasing Student Achievment.* Alexandria, VA: Association for Supervision and Curriculum Development.
3. Marzano et al., 2001.
4. See David Hyerle, *Visual Tools fot Constructing Knowledge.*(1996). Alexandria, VA: Association for Supervision and Curriculum Development; Marzano et al., 2001; www.eduplace.com/graphicorganizer/;and www.plymouthschools.com/LINKS/Graphic Organizers.html
5. R. Pringle.(2004). "Making It Visual: Creating a Model of the Atom," *Science Activities*, 40:4, 30-33.
6. J. Eichenger.(2005). "Using Models Effectively," *Science and Childern, 42: 7,* 43-45.
7. Linda VerLee Williams.(1983). *Teaching for the Two-Sided Mind.* New York: Simom & Shuster.
8. Eric Jensen.(2005). *Teaching with the Brain in Mind*, 2nd ed, Alexandria, VA: ASCD.
9. F. Lyman.(1981). "The Responsive Classroom Discussion," in *Mainstream Digest*, A.S.Anderson (ed), College Park: University of Maryland College of Education.
10. Marzano et al., 2001.
11. Marzano et al., 2001.
12. Risk Wormeli.(2005). *Summarization in Any Subject: 50 Techniques to Improve Student Learning.* Alexandria, VA: Association for Supervision and Curriculum Development.
13. Wormeli. 2005, 2.
14. Marzano et al., 2001.
15. Wormeli, 2005, 11.
16. A. S. Palincsar.(1986). "Reciprocal Teaching," in *Teaching reading as thinking.* Oak Brook, IL: North Central Regional Educational Laboratory.

three

통합하기

수업 모형을 목표에 맞추기

이 책의 서문에서 강조했듯이 전문 교사의 본질적 활동은 가르칠 내용을 설계하거나 구조화하거나(instruct의 어원) 하는 과정이다. 우리는 목적과 목표를 설정하고 목적과 일치하도록 단원과 단위 수업을 설계하는 과정을 강조하였다.

3부에서는 효과적인 교실 환경에서의 계획, 수업, 평가, 관리의 통합을 설명한다. 그러나 교사 각자는 이러한 통합을 이루는 자신의 방법을 개발하여야만 한다. 훌륭한 교사는 모두 수업과정의 본질적 요소인 (1) 계획 (2) 수업 (3) 평가 (4) 교수학습에 주의를 기울인다.

제1부와 제2부에서는 세 가지 요소를 논의했다. 제3부에서는 교사들이 제1, 2부에서 제시된 아이디어를 어떻게 사용하는지에 대해 기술한다. 그리고 교수학습에 대한 몇 가지 일반적 제안을 한다. 네 개의 장 가운데 16장은 유치원의 수업 계획에 관한 사례 연구이고 17장은 중학교의 사례 연구이고, 18장은 고등학교의 사례 연구이다. 이 세 가지 본보기에서 뚜렷하게 강조되는 것은 수업 계획에 대한 개별 접근 방법으로 여기에서는 이미 앞서 기술한 몇 가지 과정과 전략을 사용한다.

이 본보기에 나오는 교사들은 똑같은 방법으로 계획을 완성하는 것도 아니고 똑같은 수업 단계를 개별 계획 속에 통합시키는 것도 아니다. 그러나 모든 교사들은 학생들의 요구에 관심을 갖고 체계적으로 목표를 결정하고 이 목표에 수업을 일치시킨다.

19장에서는 교수학습 관리를 다루는 기법을 기술한다. 이 마지막 장에 제시되는 대부분의 자료는 우리의 경험에서 얻은 것으로, 이러한 경험을 효과적인 교실 실제에 관한 연구와 관련 지으려고 노력했다.

우리는 교사들이 수업 전문가이지 치료자나 상담자가 아니라고 믿는다. 모든 훌륭한 관리자와 마찬가지로, 교사들은 훌륭한 대인간 기술이 있어야 하고 스스로 재빨리 생각해 낼 수 있어야 한다. 사람 집단을 관리하고 자기의 지시를 받는 개인들의 복지에 책임을 지는 사람은 누구나 집단을 관리하고 지시를 내릴 수 있는 기능과 인성을 갖추어야 한다. 그러나 우리는 다른 직장인들에게 요구하는 바를 똑같이 교사에게도 요구해서는 안 된다. 교사에게는 심리학자, 사회사업가, 생활지도 상담자와 같은 타 전문인들의 도움을 받지 않고 정신 장애자를 처방하고 치료하도록 기대해서는 안 되고 생명을 위협받는 상황에서 학생들을 가르치도록 기대해서도 안 된다.

비정상적으로 활동적이거나 정서적 장애우로 불리는 학교 밖으로 쫓겨난 심각한 훈육문제아로 간주되는 많은 학생들은 사실 그들이 가르쳐진 방법 때문에 고통을 받고 있다. 괴로워하는 아이들 그리고 학습 양식이 교사의 수업 양식과 다른 아이들 또는 너무 어렵거나 쉬운 자료를 학습하도록 요구받는 아이들은 훈육의 대상이 될 수 있다. 아주 가끔 교사들은 수업 문제를 정서적, 신체적, 또는 정신적 문제로 진단하여 수업 문제를 찾아내야 하는 도전에 실패하고 만다.

제3부에서는 학생들이 학습할 수 있고 또 앞으로 학습하게 될 교실 환경을 창안하고 세심한 수업 계획과 설계의 필요성을 다시 강조하게 될 것이다.

제 16 장

유치원 사례 연구

Gloria Abbott은 중앙 초등학교 유치원 교사로 어느 따뜻한 여름 오후 종이에다 연필로 자기가 선택한 직업, 교육의 역할, 자신이 학생에게 원하는 것에 대한 글을 써 내려 갔다. 그녀는 수업 접근에 대한 생각을 고쳐먹는 것이 새로운 에너지를 갖고 헌신껏 새로운 학년을 시작하는 데 도움이 된다고 생각했다. Abbott 교사는 다음과 같이 적었다.

> 내가 교직을 선택한 이유는 아이들과 어울리는 것이 좋고, 교직이 가장 중요한 직업이라고 생각했기 때문이다. 나에게 교직은 언제나 수많은 사람들에게 지속적인 긍정적 차이를 만들 수 있는 최대의 가능성을 갖고 있는 것 같다. 민주주의의 운명과 우리의 생활양식은 모든 시민들의 정치, 경제적 참여에 의존한다. 이러한 고상한 이상과 포부에도 불구하고 나는 나의 역할을 제대로 수행할 수 없어 불만이다. 비록 모든 학생들이 학습하기를 바라지만, 남은 학생들이 다음 학년에서 성공하는 데 요구되는 기능이 결여되어 있어 학교를 그만둔다는 사실을 알고 있다. 아이들 중에는 내가 가르치고자 하는 내용을 이미 알고 있어 따분해하고 있는 아이도 있다. 또 다른 아이들은 내가 가르치고자 하는 내용을 학습하는 데 어려움을 갖고 있어 좌절하고 있다.
>
> 내가 가장 사랑하는 것은 내가 아이들에게 책을 읽어 주고, 우리들이 이야기와 이야기의 인물들에 관한 대화를 나눌 때이다. 소위 지진아 중에는 가장 훌륭한 통찰력을 가진 학생도 있다. 나는 그들이 모두 아이디어를 좋아하고 창의적인 언어 사용에 그들의 상상력을 발휘하기를 바란다. 나는 아주 가끔 어떠한 아이들이 학습 활동에서 벗어나 있어 나머지 학생들에게 무시당한다는 것을 알고 있다.
>
> 나는 학생들이 교실에서 함께 학습하고 서로 협동하는 것을 배워 나가기를

바란다. 무엇보다, 나는 학생들이 9월에 학교에 걸어 들어왔을 때보다 학습에 대한 호기심을 더 많이 갖고 학교를 졸업하기를 바란다.

Abbott 교사는 자신이 쓴 글을 읽으면서, 아동에 대하여 일차적 관심을 가졌던 핵심 단어와 문구에 동그라미를 쳐 놓았다. 그 다음 그녀는 다음과 같은 목적을 글로 적었다.

1. 아동은 읽는 방법과 읽으면서 학습하는 방법을 안다.
2. 아동은 일학년에서 성공하는 데 필요한 것을 할 수 있다.
3. 각 아동은 적절히 도전적인 기능이 요구되는 수준의 과제를 수행할 수 있다.
4. 아동은 상상을 자주 하는 아이디어와 언어를 이해한다.
5. 아동은 그들의 능력에 대한 자신감을 갖고 학습할 수 있다.

"좋아" "이제 이것을 어떻게 하지?" Abbott 교사는 혼자 생각해 보았다.

제1단계는 다음 9월에 들어올 아동에 대하여 가능한 한 많은 것을 알아내는 것인데 이것은 최근 몇 년 동안 소홀히 해 온 것이다. 학교는 대학이 인접해 있는 자그마한 남쪽 도시에 위치해 있다. 그녀가 맡은 학생 중에는 대학교수의 자녀도 있고, 시간제 근로자의 아들딸도 있다. 시간제 근무를 하는 사람으로 사무실에 다니는 비서, 건물을 청소하는 청소부, 식사를 준비하는 요리사도 있다. 대부분의 교수 자녀는 백인이고 많은 사무직원 자녀는 흑인이다. 어린이 중에는 세계를 일주한 어린이도 있고 도시를 한 번도 벗어나 보지 못한 어린이도 있다.

그녀는 자주 학생들이 살고 있는 동네 주위를 걷는다. 어떤 거리에서는 어린 소녀들이 현관을 쓸고 있고 정원사들이 파릇파릇한 잔디를 깎고 있다.

어떤 거리에는 현관 툇마루 앞 어떠한 식물도 자라지 않는 딱딱한 땅바닥에 집들이 들어차 있다. 이웃임에도 불구하고 어떤 아이들은 학대와 관심 소홀로 괴로워하고 있는데 어떤 아이들은 양육도 잘되고 보살핌도 잘 받고 있다는 사실을 알고 있다. 그녀는 다른 이웃과 다른 가족 환경에서 온 아이들을 어떻게 대면시키고, 모든 아이들이 성공할 수 있는 분위기를 제공하는 것이 얼마나 중요한지를 깨달았다. 그녀는 각 아동을 자신과 아동 서로에게 중요하고 편안하며 유능한 존재라고 느끼게 할 수 있을까? 각 아동은 학교를 즐겁고 행복한 곳이라고 느낄 수 있을까? 그 교사 또한 그렇게 느낄 수 있을까?

학교에 입학하면 각 아동에게 준비도 검사가 실시된다. Abbott 교사는 검사를 실시한 다음날 결과를 검토하였다. 학급에 있는 아동 중 한 명은 검사 결과를 토대로 볼 때 2학년에 들어갈 수 있었다. 그러나 아동의 1/3 이상이 평균보다 1년이나 아래에 있는 실력을 갖고 있었다. 과반수가 넘는 아동들은 직장에 다니는 부모 때문에 방과 후 아동보호프로그램에 들어갈 자격이 있다. 대부분의 아이들은 학습 준비도 문제에 어떤 해결 가능성이 엿보인다. 과거에 그녀는 가능한 학습 문제를 지닌 아동의 숫자에 초점을 맞추고 그들이 다른 반에 가기를 바랬었다. 그러나 이제 그녀는 스스로에게 아동이란 수업 도전의 일부라고 생각한다. 계획 과정에서 그녀는 아동들의 특수한 요구에 주의를 기울인다.

낡은 학교 건물에는 냉방장치가 되어 있지 않아 초가을에는 가능한 한 자주 교실 밖으로 학생들을 데리고 나가야 한다. 그러나 이러한 모험은 학습과 관련이 있기 때문이며 단지 바람을 쐬기 위한 것만은 아니다. 학교 예산에는 여행비가 없어서 학생들이 학교 외부로 나갈 때 학교 근처나 운동장으로 나갈 수밖에 없다. 또한 교사가 집단을 이동시키고자 한다면, 아동들은 규칙을 이해하고 교사와 아동 서로 간에 협동할 필요가 있다.

교사는 유치원에서 아동들이 숙달해야 하는 중요한 기능이 열거된 주의 표준을 점검하였다. 시각예술의 표준에는 선의 개념과 특징(직선일 수도 곡선일 수도 있고 두껍거나 얇을 수도 있고 수직선이거나 수평선일 수도 있고 사선일 수도 있다)이 언급되어 있다. 또한 유치원 학생들은 다양한 형태—원, 사각형, 삼각형, 타원형—를 표현하고 사용할 수 있어야 한다. "선"이라는 단어는 학교 개학 첫 주 학생들이 복도를 지나갈 때 줄을 서고 하교할 때 일렬로 서는 것을 배운다는 것을 떠올리게 한다. 이것은 교사가 아이들을 데리고 이웃 지역으로 걸어 여행할 때 특히 중요하다. 운동장에서 아동들은 선을 가로질러 공을 튕기면서 운동 기능을 개발해 나간다.

표준을 본 후, 그 교사에게 "선"이라는 개념이 자주 머리에 떠올라 첫 단원의 핵심 내용이 되었을지도 모른다. 즉 그녀는 일년 내내 확장시킬 "선"에 대한 많은 아이디어를 소개할 수 있었다. 예를 들면, "선"이라는 개념은 한계선의 수용은 물론 한계선 내에서 줄을 긋는 것을 나타내기도 한다. 선이란 경계를 정하고 무한대를 나타내기 위해서 사용된다. 곡선의 두 끝은 한데 모아 원을 형성할 수 있다. 직선은 서로 모여 사각형을 이루 수 있다.

Abbott 교사는 자신의 열정으로 보아 즉시 어떠한 방향으로 일을 진행시킬 수 있음을 알고 미소를 지었다. 그러나 한 단원 속에 포함시켜 학생들이 소화할 수 있는 내용에는 한계가 있다. "똑같은 개념을 이해하기에 앞서 얼마나 많이 이 개념을 경험해야 하는지를 유념하라"고 자신을 스스로 다독였다. 이제 선에 대한 단원을 개발하는 데 자신의 생각을 정리할 시간이다.

Abbott 교사의 수업 계획

전형적으로 Abbott 교사는 2주에서 6주에 이르는 단원을 계획하는데 이것은 당해 연도의 시간과 가르칠 내용에 따라 달라진다. Abbott 교사는 보통 각 단원을 4과에서 6과로 나누고 각 과는 보통 3일에서 5일에 걸쳐 진행된다. 각 단원에는 조직적인 주제(예를 들면, 모든 유치원 교사가 가르친 지역사회의 도움 단원)와 조직적인 하위주제 또는 각 과의 아이디어(예를 들면, 간호원과 의사, 경찰과 소방공무원)가 있다. 단원 목표는 단원이 시작될 때 학생들에게 설명된다. 즉 각 과의 목표는 매 주가 시작될 무렵 설명하고 매일 구두와 서면 형태로 계속해서 검토한다. 칠판의 공간은 이러한 목적을 위하여 비워 둔다. 즉 만일 학생들이 읽기를 배우고자 한다면, 그들은 인쇄물로 된 중요한 정보를 볼 필요가 있으며 이것이 효과적인 한 가지 방법인 셈이다. 그녀는 언제나 유치원 아이들에게 무엇 때문에 지금 공부를 하는지에 대하여 계속 알려주는 것이 중요하다고 생각해 왔다.

그녀의 경험은 그녀에게 수업에 관한 많은 것을 가르쳐 주었다. 과거에 Abbott 교사는 서로 관련이 없는 매일매일의 수업 계획을 짰는데 이것을 어떠한 수업 설계도의 일부분으로 짰던 것은 아니었다. 수년이 지나면서 그녀는 학생들은 배우는 것에서 어떤 관련성을 파악하게 되면 더 잘 학습한다는 것을 확신하게 되었다. 단원 계획은 그녀가 무엇을 어떠한 순서로 포함시켜야 할지를 결정하는 데 도움이 되었다.

그녀는 또다시 주의 표준을 참고하여 선에 대한 단원의 일반 목표를 다음과 같이 결정했다.

1. 학생들은 집단 내에서 협동적으로 학습하고 자신과 타인의 학습 과정에 대하여 열정을 표현하는 방법을 알 것이다.
2. 학생들은 선이란 실이나 끄나풀 같은 것으로 양 끝이 연결된 것이라는 것을 알 것이다.
3. 학생들은 선은 직선이나 곡선이 될 수도 있고 수직선이나 수평선 또는 대각선이 될 수도 있다는 것을 알 것이다.
4. 학생들은 책의 어느 페이지에 나와 있는 일련의 단어나 숫자가 하나의 선이라는 것을 알 것이다.
5. 학생들은 일련의 사람이나 사물이 하나의 선이라는 것을 알 것이다.

6. 학생들은 선으로 많은 형태를 만든다는 것을 이해할 것이다.
7. 학생들은 직선과 곡선을 구별할 수 있을 것이다.
8. 학생들은 원을 나타낼 수 있을 것이다.
9. 학생들은 사각형을 나타낼 수 있을 것이다.

그리고 그녀는 미리 단원의 내용을 다음과 같이 조직하였다.

선에 대한 학습

직선	곡선
사람들의 줄/ 책 페이지의 줄	얼굴과 꽃
사각형	원

그녀는 주변을 돌아다니며 아동들이 무엇을 학습할 수 있을지 그리고 무엇이 적합할지를 결정하고 나서 한 단원에 포함시킬 수 있는 내용이 더 많아졌음을 깨닫게 되었다. 도입 부분의 단원을 2주로 제한하고, 사각형과 원 같은 기하학적 형태의 개념에 대한 주된 연구가 따로 분리되어 있으나 관련이 있는 다음 단원으로 보류해 두면 어떨까?

그렇다면 어린 학생들이 2, 3차원의 형태와 분명히 구분되는 선에 대한 기본 생각을 분명히 해 둘 필요가 있는 결정적 단계에서 혼란을 겪을 여지는 거의 없을 것이다.

이외에, 첫 단원과 둘째의 관련 단원을 분리시킴으로써 두 번째 부분인 기하 형태에 더 많은 노력을 기울일 수 있을 것이다. 그러므로 선에 대한 첫 단원은 후속 단원을 예상하여 계획되어야 한다. 이제 내용에 대한 도형에는 사각형과 원이 포함되지만 이것들은 각각 미래 학습 단원의 핵심이 된다. 바꾸어 말하면, 그녀는 "선"을 단원의 조직 개념으로 삼을 수 있었으며, 이것은 몇 개의 단원을 함께 통합할 수 있었다. 그녀가 수정한 도식은 아래와 같다.

선에 대한 학습

사각형과 원	직선과 곡선
퍼레이드 행진을 하는 군인/책 속의 줄	얼굴과 꽃
각도와 측면	선의 안팎

Abbott 교사는 수업 첫날 제11과 선에 대한 단원의 첫 수업을 준비하면서 또다시 다음 생각에 괴로워했다. 결국, 선은 어려운 개념인데 학생들은 아주 어리다. 그

러나 그녀는 아동들도 늘 "선"이라는 말을 들었을 것이라고 생각했다. 성인들은 늘 아이들에게 "선"에 관한 말을 한다. 즉 "버스를 탈 때 줄을 서서 기다려라", "침대를 일렬로 놓아라", "선을 그려라". 그렇다 하더라도, 그녀는 이러한 추상적 개념을 어떻게 하면 구체적으로 만들 수 있을지를 걱정하였다.

그녀의 머리에 떠오른 것은 아이들이 서로 만지고 느끼기 위해 손을 잡고 일렬을 만들 필요가 있다는 것이었다. 그들에게 가장 익숙한 종류의 선은 낚싯줄이다. 그러나 나일론 낚시줄은 제외된다. 그녀가 필요로 하는 선은 끊어지지는 않으나 아동의 손을 상하게 하지 않는 강한 것이어야 한다. 그녀는 첫날 아침 아이들을 한데 모으기 위해 교실문 밖까지 뻗어 있는 뜨개질 실을 떠올렸다. 이제 그녀는 "선"에 대한 단원의 세부내용을 계획하는 데 자신감이 생겼다. 그녀는 단원의 각 과는 매일 한 시간 미만으로 짜여야 한다고 생각했다.

단원: 우리를 함께 묶는 선

수업 시간. 10일, 매일, 1시간 미만

단원 목표. 학생들은 다음 사항을 한다.

1. 학생들은 선으로 많은 형태를 만들 수 있다는 것을 이해할 것이다.
2. 학생들은 선이 끈이나 밧줄처럼 보이는 것의 양 끝을 연결한 것임을 알 것이다.
3. 학생들은 한 줄로 되어 있는 단어나 사물 또는 인간이 선을 이루고 있음을 알 것이다.
4. 학생들은 선의 안팎을 기술할 수 있을 것이다.
5. 학생들은 선과 선이 아닌 것을 구분할 수 있을 것이다.

시작 활동 – 학생들을 묶기

목표. 아동들은 이 교실이 중요한 아이디어를 성공적으로 배울 수 있는 안전하고 생산적인 환경임을 이해할 것이다.

교실 밖에는 바로 테이블이 있다. 뜨개실의 줄이 교실로부터 더 나와 테이블 주위에 걸쳐 있다. 각 줄의 끝에는 종이 고기가 있고 그 위에 아동의 이름이 적혀 있다. 한 자원봉사자인 부모님이 문에 기대어 서 있고, 문에 도착한 아동들은 한 줄로 늘어서 있다. 아동들은 한 번에 한 명씩 앞으로 나오고, 자원봉사자가 각 아동에게 줄을 주는데 그 줄에는 이름이 적혀 있으며 그 이름을 호명한다. 교사는 뜨개질 실을 끌어당기면서 각 아동을 환영한다. 모든 아이들이 방에 모이자, 일주일 내내 선(줄)을 강조하는 이야기를 학생들에게 읽어준다. (예를 들면 Marisabina Russo가 쓴 *The line up Book*과 Solvig Russell의 저서인 *Lines and Shapes*)

추정 시간. 첫날, 단위시간: 30분

자료. 12피트의 굵고, 밝은 색의 뜨개질 실: 종이 고기에 이름표 달린 종이, 적합한 책들

평가. 자원봉사자인 부모에게 아동의 반응 특히 활동을 두려워하거나 불만을 표시하는 아동의 반응을 관찰하게 한다. 활동이 끝나면 노트에 적어 둔다.

제1과: 줄서기 실천

수업 모형. 지시적 수업

추정 시간. 적절한 시기, 수업 첫 2주 매일, 매 경우 2 내지 7분, 이것은 기능 수준에 따라 달라짐.

목표: 학생들은 사람을 일렬로 세우면 선이 된다는 것을 안다. 학생들은 질서정연하고 편리한 방식으로 줄을 설 수 있다.

모형 선택의 근거. "사람들의 장소 이동"은 일상적인 과제 중의 하나인데 교사는 매년 초에 이것을 정해야만 한다. 점심식사 하러 가기, 쉬러 가기, 다른 교실에 가기, 화장실에 가기는 초등학교 학생과 교사의 전형적인 하루의 일과이다. 아동에게 줄을 서는 것은 기본적이고 일상적인 일이기 때문에, 지시적 수업이 이의 숙달을 위해 가장 적합하다. 이따금 이 모형은 훈련 모형이라고 불리는데 우리는 이 용어가 정확한 의미를 나타내고 있지만 부정적인 의미를 갖고 있어서 이 용어의 사용은 거부한다. 유치원 연령대에 있는 아동들은 최소의 혼란 속에 줄을 서도록 훈련받아야 한다. 학생들은 단 일주간의 단기 실천을 통하여 절차가 그들에게 제2의 천성이 되도록 명령만 있으면 줄을 서는 데 익숙해질 것이다. 이러한 행동 습관은 지시적 수업 접근에 딱 들어맞는다.

모형의 적용. 마루에 줄을 긋는다. 각 아동은 각 줄에 자리를 표시해 둔다. 각 아동은 명령에 따라 줄서기의 목적에 맞게 다른 줄에 자리를 차지하는 것을 연습한다. 아이들은 제자리에 있도록 한다. 즉 우선 이름을 부르고 그 다음 줄을 세우고 그 다음 남녀로 정한다. 각 학생이 줄의 자리를 정하면 그는 책상에서 줄까지의 길

과 방향을 정하게 된다. 이것은 줄을 어디에서 서고, 그것을 어떻게 정렬하느냐에 따라 달라진다. 매일 짧은 연습기간을 통하여 필요한 행동 유형이 생겨난다.

평가. 줄서기 활동은 반복하여 시간에 맞추어 실시되어야 하고 줄에 자리를 정하는 데 있어서 학급의 효율성을 높이기 위하여 매일 기록을 남겨야 한다.

제2과: 선을 정의하기

수업 모형. 개념 획득

추정 시간. 둘째 날, 단위시간: 20분

목표. 학생들은 선의 본보기에 대한 결정적 속성을 기술할 수 있다.

모형 선택의 근거. 개념이란 구체적인 예를 직면하여 이로부터 도출해 낸 일반적 아이디어이다. 개념에 근거한 단원과 수업에 앞서, 학생들은 선에 대한 조작적 정의를 하는 것이 중요하다. 학생들에게는 수업과 후속 학습에서 선이라는 개념을 정교화할 기회가 많이 주어질 것이다. 개념 획득 활동의 의도는 선에 대한 일반 아이디어를 만드는 것이다. 그렇게 함으로써 학생들은 정교한 이해를 구축할 근거를 갖게 된다. 예를 들면, 아동들은 두 점이 선을 정의하지만 모든 선은 두 방향을 무한대로 확장된다는 것을 알게 된다. 평면에 무한히 많은 선은 그 평면을 정의하지만 평면 또한 어느 단일 차원에서는 무한대이다. 그러나 이들 개념과 다른 정교한 개념들은 어느 것이 선이고 아닌지에 대한 최초의 이해를 토대로 구축된다. 그러므로 선에 대한 일반 아이디어를 도입하기 위해 수업 모형으로 개념 획득 모형을 선택하는 것은 적절하다.

모형의 적용. 아동들은 마루에 원을 그리며 앉는다. 그 다음 그들에게 개념의 긍정적 본보기와 부정적 본보기가 제시된다.

긍정적 본보기

빨랫줄

낚싯줄

칠판에 그려진 선

마루에 그어진 연결된 줄

벽 타일과 마루 타일 사이의 금

학교로 돌아가는 안전포스터에 그려진 횡단보도에 관한 그림

부정적 본보기

사발

포크

구두

고기에 관한 그림

평가. 수업에서 사용되는 것과 유사한 다양한 품목을 테이블 위에 놓는다. 하루 중 시간을 달리하여 각각의 아동에게 선으로 사용될 수 있는 것을 고르거나 선을 나타내도록 요구하고 그 선택한 것을 설명하도록 요구할 수도 있다. 개념을 이해하지 못하는 아동들은 이 단계에서 개별적 관심을 받게 된다.

제3과: 선이라는 개념의 정교화

수업 모형. 개념 발달

추정 시간. 셋째 날, 단위시간: 30분

목표. 학생들은 선에 해당하는 것과 해당하지 않는 것을 구분할 수 있다.

모형 선택의 근거. 선에 대한 기본 아이디어를 습득한 후, 학생들은 이 아이디어를 다양한 상황에 적용하는 연습을 필요로 한다. 학습자가 선 또는 선이 아닌 것을 분류할 수 없다면, 선이 무엇인지를 아는 것만으로는 충분하지 않다. 비록 이러한 기능은 전날 수업에 언급되었다 하더라도 문제는 "아동들이 새로운 아이디어를 통하여 생각할 수 있느냐"하는 것이다. 개념의 발달은 겉보기에는 정의에 의존한다. 정의에 따라 생각하려면 학습자는 유목화 연습을 필요로 한다. 유목화는 개념 발달의 본질이다. 그러므로 유목화가 이 수업 모형을 선택한 근거이다.

모형의 적용. 플란넬로 된 판에 그림 항목이 다른 그림을 선정하고 준비한다. 어떤 항목은 선이 될 수도 있고 어떤 것은 그렇지 않을 수도 있다. 선 가운데 어느 것은 곡선이 될 수도 있고 어느 것은 곡선이 될 수 없다. 학습 집단에서는 어느 항목을 함께 묶어야 할지를 결정하고 이 항목들이 공통적으로 갖고 있는 것이 무엇이고 왜 어느 면에서 유사한지에 대하여 이야기를 나누게 된다.

자료. 선에 관한 그림과 다른 항목에 대한 그림, 그림을 준비하는 데 필요한 플란넬 판과 자료

평가. 자원봉사자인 학부모가 집단을 관찰하고 참여하지 않는 학생들이 누구인지 또는 선이라는 개념을 변별 학습 과제에 적용하기 위하여 선이라는 개념을

충분히 이해하지 못하는 아동들을 주목해 본다.

활동: 선놀이

목표. 아동들은 선의 안과 밖에 머물러 있다는 것을 기술할 수 있다.

활동 기술. 운동장에 선을 두 개 긋는다. 학생들이 선 밖에서 줄 서서 각 편이 요술노래를 부르기 시작한다. 그들은 "나는 선 안에 있고 나는 선 밖에 있다"와 기타 등등을 연습할 것이다. 여기서 강조할 사항은 선 안에 색칠하는 것을 배우려고 준비를 하면서 춤을 추며 선 안과 밖을 드나드는 것이다. 그러나 안과 밖의 관련 개념은 처음에는 강조하지 않는다. 활동은 제미로 몇 일간 반복되고 그 다음 학생들에게 "선 안에 머무는 것"에 대하여 가르치는 조직자로 사용된다. (예를 들면, 우리가 운동장에서 요술놀이를 할 때 우리는 선에 무엇을 한다고 말할 수 있는가?)

평가. 학생들이 지시를 따르는지 눈여겨본다. 단어를 기억하지 못하거나 조정에 문제가 있는 학생들의 목록을 만든다.

제1과, 2과, 3과에 대한 주의 사항

다음은 Abbott 교사가 선에 관한 단원을 가르칠 때 일어났던 일에 대한 일화기록이다. 몇 명의 아이들이 동시에 도착하여 줄이 헝클어진 것을 제외하고 처음 시작 활동은 순조롭게 진행되었다. Abbott 교사는 이 활동을 하고 나서 그 다음으로 부드러운 빨랫줄을 사용하기로 결심했다. 개념 획득 수업을 준비하는 데 Abbott 교사가 예상한 것보다 더 많은 시간이 걸렸다. 그녀는 선이란 시작과 끝이 있는 그 무엇으로 연결된 것이라고 글로 적어 두었다. 그러고 나서 그녀는 시작이 무엇이고 끝이 무엇이며, 그 둘을 연결한 것이 무엇인지 어떻게 말해야 할지 몰랐다. 선의 정의는 그녀가 생각한 것만큼 간단하지가 않았다. 사전에는 선에 대한 30가지의 서로 다른 정의가 있으나 어원은 라틴어 linea로 아마포실을 뜻한다. 마침내 그녀가 내린 정의는 실이나 밧줄과 같은 그 무엇에 의해 두 끝이 연결된 것이다.

모든 아이들이 마루에 원 모양으로 앉은 후 Abbott 교사는 선이라는 단어를 제시하였다. 그리고 "이것이 오늘 학습할 단어입니다. 이것은 곧 선이라는 단어입니다."라고 말하였다.

Tommy는 "나는 그 단어를 읽을 수 있어요"라고 말하였다.

Abbott 교사는 Tommy가 받은 높은 검사점수 결과를 기억해 냈다. "좋아 Tommy" 그녀는 계속해서 말하였다. "오늘 교실 안으로 따라 들어왔던 줄을 보고 그것이 어떠한 모습인지를 나에게 말해줄래?"

아이들은 그 줄이 뜨개실로 만들어졌고, 한 곳에서 다른 곳까지 연결되어 있고, 선생님도 그실을 따라갈 수 있다고 말했다.

이번에 교사는 빨랫줄을 꺼내 들었다. "이것도 뜨개실로 되어 있나요?"

"아니요." 여러 명이 함께 대답하였다.

"그렇다면 줄은 뜨개실로 만들 필요가 없어요. 여러분이 따라온 이 줄은 어떻게 된 거지요.?"

"자, 이것은 뱀처럼 양 끝이 있어요. 그러나 그것은 머리도 꼬리도 아니죠." 한 아이가 말했다. 아이들 몇이 뱀에 관한 이야기를 나누었다. Abbott 교사는 그 뱀을 가져와야만 했다.

"Tommy, 네가 따라온 선의 양 끝과 빨랫줄의 양 끝을 가리켜 보아라. 됐어. 자, 모두가 여러분이 가진 끈의 양 끝을 볼 수 있죠. 끈에는 양 끝이 있다고 말할 수 있을까요? 양 끝 사이에는 무엇이 있지요? Abbott 교사는 뜨개질실과 빨랫줄을 들어 올리면서 학생들에게 물었다. 아이들은 어찌할 바를 몰라 했고, 몇 명은 집단에서 빠져나가기 시작했다. Abbott 교사는 대부분의 학생들에게 이것이 너무 어렵다는 것을 깨달았는데 Tommy가 구해 주었다.

"가늘고 구부러지는 것"이라고 그가 말했다. 이 반응은 나머지 아이들의 관심을 끌었고, 그들은 다시 원 모양을 하며 앉았다.

Abbott 교사가 낚싯줄을 집어들었다. "이것도 양 끝이 있어요?"

"예." 학생들은 함께 대답했다. "너희들은 그것으로 고기를 잡을 수 있어"라고 한 아이가 말했다.

"양 끝은 무엇에 의하여 연결되지? Tommy, 나는 가는(thin)이라는 단어를 사용해도 되니? 가늘고 구부러지는 것이지?"라고 교사는 물었다.

Shanice는 가늘다(skinny)라는 단어를 좋아한다고 말했다. 나머지 학생들도 그러했다. Abbott 교사는 당분간 그들이 사용하는 단어를 수용하기로 했다.

그 다음, 교사는 마루까지 연결된 선을 가리켰다. "이것도 선인데 양 끝이 있나?"라고 물었다.

"예." 아이들은 모두가 대답했다.

"이것은 가느다란가?"

"예." 그들은 이제 적극적이었다.

"하지만, 이 줄이 구부러지니?"라고 Abbott 교사는 물었다.

Tommy는 자신이 내린 정의가 의미가 무의미해지기를 바라지 않았다. "교사는 구부러질 수 있는 다른 줄을 그릴 수 있어요." Tommy가 말했다.

"그래. Tommy. 네가 맞아. 그러나 이 줄은 구부러지지 않아. 그래서 너의 정의에서 선(줄)이 꼭 구부러질 필요는 없어."

"Shanice, 너는 낚싯줄을 들고 있고, 여러분은 모두가 여러분의 뜨개질 실을 바라보고 있어요. 우리는 여기에서 똑같은 무엇을 볼 수 있을까?"

"자, 이들에게는 양 끝이 있어요. 그것들은 그 사이에 가느다란 것이 있고, 그것들은 축 늘어져 있어요"라고 Maria가 말했다.

"마루로 연결된 선을 잊지 말아라"라고 Abbott 교사는 말씀하셨다. "그 선은 축 늘어져 있니?"

Maria는 축 늘어져 있다는 단어를 좋아한다. 그러나 그녀는 마루로 연결된 줄은 그렇지 않다는 점에 의견을 같이한다. "우리의 줄도 양 끝이 있고 그 사이에 가느다란 것이 있어."

Abbott 교사는 가느다란 것이 아이들을 얼마나 기쁘게 해 주는지를 생각해 보았다. 그러자 언제 이 수업을 계획할지 머리에 떠오르지 않았으나 가느다랗다라는 말이 적합한 것 같았다. 그녀는 컵을 들어올렸다. "이것은 줄이니?" 그녀가 물었다.

"아니오" 학생들은 함께 대답하였다. 왜냐하면 그것은 두 끝이 없고 가느다랗지 않기 때문이다.

"그리고 이것은 축 늘어져 있지도 않아." Maria는 자기의 말을 취소하려 했다.

Tommy가 말했다. "이 바보야, "줄이 꼭 축 늘어질 필요는 없어."

Abbott 교사는 Tommy의 어깨에 손을 얹고 말했다. "이 반에 바보는 아무도 없어. 우리 모두가 협력하고 있어." 교사는 Tommy가 자신이 한 일에 왜 말할 필요를 느꼈는지 생각하고 그들이 명칭을 붙인 것에 대한 토의 가능한 감정 탐색을 사용하여 어떻게 수업을 계획할지에 대하여 머리속에 그려 보았다.

Abbott 교사는 긴 끈을 들어올렸다. "이것은 줄이니?" 그녀가 물었다.

"그렇습니다. 그것은 양 끝이 있고 그 사이에 가느다란 것이 있어요."

접시, 모자와 같이 포크는 줄이 아니다.

그 다음날 학생들은 3과를 배웠는데 여기서는 개념 발달 모형을 적용하였는데 Abbott 교사는 아동들에게 줄이 있는 모든 것과 그렇지 않은 것을 모두 함께 모으도록 시켰다. 그 다음 그녀는 수업 중 무슨 일이 발생할지에 대하여 매우 흥분하고 있음을 깨달았다. 흥미있고 자극적인 것은 얼마 동안 교실 수업에서 잊혀져 왔던 두 단어이다.

에필로그

여러 주가 지나면서, Abbott 교사는 모든 학생들의 능력에 대하여 더 많은 관심을 갖게 되었다. 가끔 아이디어와 정보에 대한 촉매 역할을 했던 Tommy는 다른 학생들의 권리와 능력에 대한 존중심을 키워 나갔다. 개념들이 하나씩 발달해 가자 아동들은 학습하게 될 내용의 배후에 깔려 있는 논리에 반응해 나갔다. 학생들이 선과 사각형 간의 관계를 논의하는 사각형 수업 시간에 추억에 남을 만한 순간이 다가왔다. Shanice는 다음과 같이 말했다. "Abbott 여선생님도 알고 있듯이 선을 나타내는 데 가느다랗다라는 말은 좋지 않아요." 그러자 모든 학생들이 이 말에 동의하였다.

그 다음달에 Abbott 교사는 실이나 밧줄처럼 보이는 그 무엇에 의하여 양 끝을 연결 지어 선이라는 개념을 정의하여 그것을 토대로 원과 사각형이라는 관련 개념을 소개하였다. 빨랫줄은 기하학적 도형이 어떻게 선을 만들 수 있는지를 보여주는 데 사용되었다.

활동 16.1: 교수학습 과정안 개발

여러분이 가르치고 있거나 가르치게 된 학생들의 연령과 관계없이 유치원 아이를 대상으로 이 장에서 기술한 단원에 맞는 교수학습 과정안을 개발해 보아라. 만일에 여러분이 선이라는 것을 사용하고 싶지 않다면 사각형이나 원을 사용해 보아라. 또는 여러분에게 특별히 관심 있는 하나의 개념을 선택해 보라. 그리나 이런 학생들에게 도전적이고 그 다음 유치원 수업을 위하여 이에 적합한 수업을 설계하는 데 여러분 자신에 도전적인 개념을 선정하라. 여러분의 교수학습 계획에 적합한 수업 모형을 가능한 한 많이 사용하라.

요약

학급 아동들의 배경과 능력에 대한 지식이 만일에 각 아동의 요구를 하나의 도전적으로 보는 것과 관련이 있다면 그것은 수업 계획에는 빠져서는 안 될 필수적인 것이다. 어린 학생들에게 적합한 수업 기법을 사용하는 한 도전적이고 흥미 있는 내용이 제시되어야 한다.

교사는 주의 표준을 명확한 목표로 바꾸고 어떤 수업 모형과 전략이 학생들이 주어진 목표를 성공적으로 달성하는 데 필요한 기능을 개발하는 데 도움이 되는지를 결정하고, 학생들이 목표에 도달했는지 평가하기 위하여 발달적으로 적합한 평가를 설계하여야 한다.

제 17 장

중학교 사례 연구

Mumford 중학교 7학년의 간학문적 수업 팀에 문제가 생겼다. 수학, 사회, 언어, 과학을 가르치는 수업 팀의 몇몇 교사들은 학생들의 의견이 너무 고착되어 있음을 우려하고 있었다.

과학 교사인 Alice Brown이 어느 날 아침 좌절감에 빠져 말하기를 "그 학생들은 마음이 너무 좁아. 이 아이들은 배우는 교과 과정에 있는 사실이나 아이디어에 관하여 또는 서로서로에 관하여 새로운 생각을 갖고 있지 않아. 이따금 수업 팀은 씨를 뿌리는 것이 아니라 쟁기로 바위들을 가래로 갈아제끼는 것 같다고 생각해."

그래서 며칠에 걸쳐 교사들은 누구나 알고 있는 가장 재미있는 수업 경험 이야기를 하기 시작했다. 많은 교사들과 마찬가지로 이 수업 팀은 타성에 젖어 있었으나 그들은 거기에서 벗어나 새로운 방법을 모색해 나갔다.

수학 교사인 Sam Lopez는 학교가 소재하는 조그만 중서부 농촌마을 토박이로, 지역사회를 지키려고 이곳에 왔다. "Alice, 여기는 국제적인 Madison 거리가 아니고 이 지역사회는 아동들에는 훌륭하고 상식이 존재하는 곳이야. 아이들의 행동은 일반적으로 매우 착해. 아이들은 부모들이 시키는 대로 그리고, 그들의 부모가 그들에게 기대한 대로 행동해."

"그래요." Alice가 대답했다. "그러나 그들은 또한 그들에게 시킨 점을 생각하면서 그들도 어느 면에서 다른 사람들에게는 잔인하게 대할 수 있다고 생각하기도 해요. 과학과에서는 개방적이고 탐구적인 마음으로 아이디어를 바라보는 것이 아주 중요해요."

사회과 교사인 Mary Teague는 평상시에 조정자의 역할을 수행한다. "나는 학생들이 믿을 만하고 잘 하겠다는 동기가 유발되어 있다고 생각해요. 그러나 우리는 아동들이 지성에 도전하는 데 관심이 있고 그들이 좋은 점수를 따는 데 관심을 갖는 대신 아이디어로 놀이를 하도록 격려하는 데 관심이 있어요."

영어, 언어학 교사이면서 사려 깊은 관찰자인 Henry Martin은 다음과 같이 말했다. "만일 우리가 학생들의 지성에 도전한다 하더라도 학교위원회는 분명히 우리에게 도전하기로 결정하지는 않을 거에요." 학교위원회는 아이디어를 갖고 놀이를 하는 아동들에 대하여 어떠한 열정도 보이지 않을 테니까요."

"내가 아동들을 급진적인 혁명가로 만들겠다고 생각하는 것은 아니에요."라고 Alice는 말했다. "나는 그들이 모종의 관점 즉 지역사회 구성원들이 갖고 있는 것보다 더 폭넓은 견해를 갖고 있기를 바랄 뿐이에요."

"나에게는 급진적인 것처럼 들려요" "잠시 그러한 생각은 싫증을 해소할 수도 있어요"라고 Henry도 합세하였다.

Alice는 비꼬아 하는 말을 도외시하였다. "최근 나는 우연히도, 관점이라는 개념에 기반을 둔 학습 단원을 생각하고 있어요. 나는 우리 학생들이 그것이 과학에서건 아니면 다른 교과에서건 문제를 접근하는 방식을 고려하게 하고 싶어요"

"Alice 선생님, 오늘 아침 선생님이 관점이라는 말을 해서 흥미로웠어요."라고 Sam이 말했다. 나는 관점을 아주 중시 여기는 지리학의 한 단원을 공부하고 있다. 아동들이 컴퓨터의 설계능력에 매력을 느끼기 때문에, 우리가 갖고 있는 새로운 설계 프로그램과 3차원 공간에서의 선에 관하여 학생들에게 가르치는 방식으로 학생들에게 직선적 관점을 소개할 수도 있다는 생각이 듭니다."

Alice는 잠시 학생들에 대한 불만을 잊고 열정을 갖고 응답하였다.

"선생님들도 알다시피, 관점의 활용을 이해한다는 것은 재생의 표시입니다. 문자 그대로 그 이해는 우리가 우주를 기술하고 알아내는 방식을 영원히 바꾸어 놓아요. 나는 언제나 재생이라는 큰 패러다임의 변화에 포함된 수학원리에 대해 더 많은 것을 알고 싶어했어요. 나는 관점이 물리세계에 특히 지도 제작의 이해에 미치는 영향을 가르치고 싶어요. 우리가 모두 함께 이 단원을 계획할 수 있을까요?" 라고 그녀는 Sam에게 물었다.

"관점이란 개념은 내가 학생들에게 서부 이동에 대하여 가르치려고 준비 중에 있는 단원에 딱 들어맞아요."라고 Mary가 불쑥 끼어들었다. "나는 역사가들은 그들이 사태를 자세히 설명하는 방식에 영향을 주는 그들 나름의 관점을 갖고 있다는 아이디어를 이해시키는 방법에 대해 계속 고민해 오고 있어요. 의심할 여지 없이, 어떠한 역사적 관점도 역사적 사태에 참여한 사람들의 관점과 다른 것은 확실하죠. 정착자의 관점 또는 미국 원주민의 관점에서 서부 이동을 바라보는 경우, 얼마나 많은 차이가 생길지 생각해 보세요. 전쟁에 승리한 사람들이 역사를 서술할 권리를 갖는다는 말을 들은 적이 있어요. 여러분도 알다시피, 우리는 오랫동안 간

학문적 단원을 가르친 적이 없죠. 왜 우리는 관점이라는 개념에 초점을 둔 단원을 설계하지 않나요?" Alice가 흥분하면서 말했다.

Henry는 외람된 관찰자로서의 역할을 접고 열정적으로 동참하였다. "나는 견해에 대한 문헌의 한 단원을 계획해 오고 있는데 관점이란 견해의 의미를 이해하는 기초가 되죠. 회상컨대, 관점-견해는 그림에서 깊이 있는 의미를 전달하기 위하여 평행선이 한 곳으로 모아지는 지점입니이다." 그는 Alice에게 고개를 돌리면서 다음과 같이 말했다.

"그리스의 저술로부터 이 기법을 재발견한 사람은 바로 르네상스 화가였으며, 오늘날 지도제작가들이 지도를 그리도록 배운 것과 똑같이 그들의 그림에 대한 어떠한 관점을 만들 수 있었던 사람도 바로 르네상스 화가였어요. 관점이란 단원의 초점을 위하여 사용할 수 있는 상당히 좋은 개념이에요. 나는 서부 이동이라는 시간적 틀에 딱 들어 맞는 자료를 선택할 수 있어요."라고 그는 Mary를 쳐다보면서 말을 계속했다. "이렇게 우리는 역사가는 물론 소설 등장인물의 시각을 통하여 역사적 관점을 바라볼 수 있어요. 우리가 논의해 온 관점과 관련이 있는 각각의 내용이 주에서 설정한 표준에 언급되어 있습니다."

여느 때처럼, 다른 팀 구성원들은 Henry가 선택하여 토의에 가져온 많은 정보를 보고 깜짝 놀랐다. 모든 사람은 문제에 대한 일종의 투표를 거치지 않고도 "관점"이라는 개념에 기초한 간학문적 단원을 시도할 준비가 되었다.

네 명의 팀 구성원들은 함께 시간을 계획하여 매일 학생들에게 시간구획을 짤 수 있었다. 그들이 가르친 교실은 전통적 교실이었으나 여기에는 예외적으로 이동벽이 있었는데 이것으로 특수한 목적에 맞게 큰 교실로 만들 수 있었다. 과거에, 팀 수업을 하려는 시도는 부분적으로는 성공하였으나 이번에는 이러한 시도들이 서로의 관심을 자극하였다.

다음 팀 모임에서 Mary는 단원 목표에 대한 브레인스토밍을 하자고 제안했다. "예를 들면, 나는 학생들이 서부 이동에 대한 여러 집단의 관점을 비교, 대조하기를 바랍니다. 나는 학생들이 과거의 사건에 참여했던 사람들의 관점을 규명하는 것은 물론, 저술하고 있는 역사가의 관점을 평가하기를 바랍니다."라고 그녀는 말했다.

"나는 일반적으로 학생들이 관점이라는 용어를 정의할 수 있고 관점들이 글쓰기에 어떻게 관련되는지를 알 수 있는 데 관심이 있어요"라고 Henry는 말했다. "그들이 글을 쓰는 데 있어서 나는 그들이 여러 관점을 사용하여 다른 사람들이 어떻게 느끼고 행동하는지를 기술하는 역동적 방법을 개발하는 것은 물론 사태를 기술하기를 바랍니다."

"나는 그들이 똑같은 현상을 바라보는 데 여러 가지 방법이 있을 가능성을 수용하기를 바랍니다"라고 Alice가 말했다.

"나는 그들이 보다 분명한 것에 의문을 갖고 이를 초월하여 바라보는 것이 중요함을 인식하고 가치롭게 여기기를 바랍니다. 나는 또한 학생들이 과학적 접근 방법을 사용하여 탐구를 요구하는 문제, 특히 관점이 물리적 세계를 해석하는 데 영향을 주는 문제를 해결하기를 바랍니다."

"나는 학생들이 평행선과 견해를 사용하여 컴퓨터를 사용할 때 간단한 설계에 대한 어떤 관점을 갖기를 바랍니다."라고 Sam이 말했다. "이러한 학생들 중에는 컴퓨터에 대해서 이미 나보다 앞서가는 학생도 있어요. 나는 정말 그들을 따라가기 위하여 내 숙제를 하지 않으면 안 될 거에요. 이것이 흥미 있는 부분으로 우리는 각자 남에게 뒤떨어지지 않으려고 우리가 상상할 수 있는 것보다 더 빨리 발전하고 있는 분야를 가르치고 있는 거에요. 그러나 컴퓨터에 너무 자극을 받았기에, 나는 학생들이 2차원의 스크린에 3차원의 현상을 기술하는 데 있어서 이러한 도구의 능력에 대한 존중심을 갖기를 바래요."

Henry는 눈동자를 굴리면서 모든 사람들이 얼마나 열정적인지를 감지하게 되었으나, 남의 감정을 상하지 않는 한도에서 약간의 재미있는 농담을 던졌다. 그러나 Alice는 진지한 그 순간을 지나치려 하지는 않을 것이다. "우리는 모두 학생들이 타인에 대한 이해력을 기르고, 인간관계 문제를 해결하는 데 있어서 또 다른 관점을 기꺼이 생각해 보는 의향을 기르는 데 관심이 있어요"라고 그녀는 말했다.

"우리는 우리 앞에 놓인 단원에 대한 목표가 있잖아요."라고 Mary가 말했다. "우리는 이 단원에 통합시킬 많은 내용이 있어요! 나는 우리 각자가 다음 모임에 각 학문에 포함될 가장 중요한 개념의 개요를 갖고 와야만 한다고 생각해요. 주에서 정한 표준이 이것에 도움이 될 거에요."

그들은 다시 만나서, 각자 perspective라는 단원에 포함시켜야 한다고 생각하는 주요 개념을 도표로 그렸다(표 17.1 참고).

어떠한 관점을 갖는 데 아주 중요한 것이 견해인데 이것은 관점과 관련이 있는 사태와 아이디어를 이해하는 데 중요한 개념이 된다. 교사들은 견해라는 의미가 미술교사인 Fisk 교사가 학생들에게 가장 잘 설명할 수 있음는 것이었음을 깨닫게 되었다.

그녀는 평행선이 그림을 그릴 때 또는 디자인을 할 때 한데 모아져 공간에 대한 착각을 일으킨다는 점에 대한 논의는 관점의 연구에 훌륭한 선행 조직자가 된다는

표 17.1 perspective에 대한 간학문적 단원의 주요 개념

기하학	지구과학	문학	역사
견해	견해	견해	견해
기하학	탐구/지도만들기	인물	참여자
	과학적 방법 탐구	줄거리	사건
찜, 선, 썽번		이야기하는 사람	역사가

표 17.2 관점: 선행 조직자 – 견해

미술	기하학/과학	역사/문학
공간	설계	줄거리/사건
거리	점, 선, 평면	인물
상대적 위치	평형	
	수렴	이야기하는 사람 (화자)
	과학적 방법	

점에 의견을 같이하고 있다. 미술 교육과정의 기본 개념이 동시에 여러 학문분야 연구의 초점이 된다고 생각하는 것은 흥미 있는 일이다. 이러한 단 하나의 개념이 르네상스 시대에서처럼, 모든 것을 하나로 묶을 수 있다. Fisk 교사와의 논의가 끝난 후, 그녀는 기조가 되는 수업을 두 번 하기로 동의했다. 즉 두 명의 교사와 학생들이 있는 두 개가 겹친 교실에서 수업을 하기로 했다. 이 수업의 선행 조직자는 표 17.2에 제시되어 있다.

Mumford 계획

단원을 설계할 때 팀 구성원들은 단원의 첫 부분에서는 기하학과 지구과학을, 그 다음에는 문학과 역사 부분을 강조하기로 하였다.

미술교사는 수업 도입부분을 그 일간에 걸쳐 배당하고 이 때 perspective에 관련된 주요 개념을 소개하기로 하였다. 견해 또는 물리적인 시각은 시각적 관점과 아이디어, 태도와 관련이 있다.

Fisk 교사는 개념 획득 모형을 사용하여 viewpoint에 대한 정의를 가르칠 계획을 세웠다. 이 모형에서는 정의가 팀 교사들에게 전 단원에 걸쳐 선행 조직자이면서 참고사항으로 사용된다. 그녀의 생각은 학생들이 자신의 그림을 그리는데 초보적 관점을 이해하도록 돕는데 하루를 보내는 것이었다.

그 다음날 그녀는 전기 르네상스시대와 르네상스시대의 미술품을 가져와서 이것을 미술에서의 관점에 따른 긍정적 본보기와 부정적 본보기로 사용하기로 했다. 수학자/미술가가 어떠한 관점을 갖고 다양한 방법으로 그리는 M.C Escher의 펜과 잉크를 사용한 그림들이 계속적 강화 활동을 위한 자료가 된다. 그녀는 학생들이 어떻게 그림을 그려내고 그림을 그릴 때 모호함을 어떻게 처리할지에 대해 간단한 설명을 하고 수업을 종결한다. 수업이 끝난 후 모든 교사들은 수업과 관련하여 단원 계획을 설명하고 과제와 학습 활동의 개요를 제시하고 학생들이 단원에 대해 갖고 있는 질문에 답을 한다.

이 시점에서, 단원 설계 시 꼭 필요한 변화나 수정에 관한 가치 있는 정보를 교사에게 제공하기 위하여 배울 내용에 대한 학생의 이해를 평가해야 한다. 특히 이 검사는 Sam이 컴퓨터 기능 수업 팀을 구성할 때 중요하다. 기하학과 과학 수업은 거의 3주 걸려 가르쳐진다.

학생들이 컴퓨터 보조 설계에 대한 기본 입문을 배우고 나서, 그들은 컴퓨터를 이용하여 3차원 설계를 배우게 된다. Sam은 지시적 수업과 관련하여 Jigsaw 모형을 사용하는 것이 컴퓨터 보조 설계의 원리를 가르치는 좋은 방법이라고 결정하였다.

우선 학생들은 컴퓨터 설계 기초에 대하여 개별 지도를 통하여 학습해 간다. 그 다음 학생들 짝에게 해결할 기초 문제가 주어지고 그들의 성공적 문제 해결에 대하여 즉각적인 피드백이 주어진다. 그 다음, 컴퓨터에 관련된 다양한 능력을 가진 학생들의 팀을 구성하고, 고급의 컴퓨터 기능을 가진 학생들이 초급의 컴퓨터 기능을 가진 학생들과 함께 학습해 나갈 수 있도록 한다.

각 팀은 서로 다른 문제를 해결해야 하며 동시에 컴퓨터 보조 설계와 관련된 다른 컴퓨터 기능을 습득해야만 된다. 개별 팀 구성원들은 어느 특정 설계 분야의 전문가가 되고, 그들은 그들의 연구 집단의 다른 학생들을 가르칠 책임을 져야 한다. 컴퓨터 수업이 끝난 후 과학 교사는 관점과 물질세계의 이해에 대한 관계, 특히 지도 설계를 통하여 관찰한 것을 기록하는 데 있어 이 관계를 소개하게 된다. Alice는 관점이 포함된 난해하기는 하나 비교적 일상적인 문제 상황을 제시할 것이다. 학생들은 Suchman의 탐구 수업 모형을 사용하는 탐구 수업 접근을 통하여 이 문제를 해결할 것이다. 예를 들면, 한 가지 문제로 수평선에 떠 있는 한 척의 배의 모습을 기술하고 그것이 왜 가까이 다가오면 커지는지를 설명하는 것이다.

또 다른 문제는 달이 수평선에서 보면 커 보이지만 하늘 높이 떠오를 때 보면 작아 보이는 이유를 설명하는 것이다.

학생들이 탐구를 통하여 해결하게 될 가장 어려운 세 번째 문제는 지구처럼 천체의 표면을 어떻게 땅의 질량 크기를 바꾸지 않고 평면으로 바꿀 수 있는지를 묻는 것이다.

Mary와 Henry는 기초로서 관점이라는 개념을 도입하여 개인들이 문학, 역사에서의 사상을 해석하는 방법을 이해하기 위해 이따금 개인의 견해에 따라 해석이 달라진다는 것을 강조하면서 학생들과 같이 학습해 나간다. 그들은 개념 발달, 지시적 수업, Jigsaw 모형이 그들의 목표를 달성하는 데 효과적이라는 결정을 내렸다. (단원 중 이 부분은 다음 절에서 더 상세히 기술된다.)

이 단원의 결론 부분의 수업은 관점의 이해가 인간관계에 어떻게 적용되는지를 토의하는 것이다. 감정의 탐구/갈등해결을 사용하여 각 교사는 학생들이 관점에 관해 배운 것을 특정 상황에서의 감정의 탐색과 갈등해결에 적용하도록 이끌어 가야 한다.

이 단원에서 수업에 대한 모형 접근의 활용을 예시하기 위하여 표 17.3과 같이 역사와 문학에서 "관점"이라는 개념에 초점을 두고 있는 부분의 구체적인 수업 설계를 제시한다.

표 17.3 역사와 문학에서의 관점—중학교 계획

수업	시간	목표	모형과 활동	자료
1. 견해 (4일)	4시간	1. 주어진 교과에 다양한 견해가 있다는 것을 알 것이다. 2. 개인적 태도와 신념은 예술, 과학, 수학에서의 *견해*와 *관점*이라는 의미에 영향을 준다는 것을 알 것이다. 3. 학생들은 *편견*과 *지각*의 의미를 알 것이다.	개념 발달	여러 인용들
2. 지각 (3일)	3시간	학생들은 선입견과 경험이 가끔 지각을 어떻게 우선하는지 설명할 수 있다.	지시적 수업 역할놀이	영사 슬라이드 OHP
3. 지각과 관점을 관련 짓기 (3일)	3시간	1. 학생들은 개인이 사태를 지각하는 방법이 문학, 역사에서 "*관점*"이라는 개념과 관련이 있음을 이해한다.	Jigsaw	Jigsaw 집단에 대한 독서
		2. 학생들은 쓰기에 있어서 여러 관점을 나타낼 수 있다.	학급 토의	학급 토의를 위한 인용들

단원: 관점 – 그 모든 것은 여러분이 언제 어디에 있느냐에 달려 있다

수업 시간. 2주

목표. 학생들은 다음을 할 것이다.

1. 학생들은 기하학과 과학에서의 "관점"이라는 의미는 문학과 역사에서의 똑같은 개념과 의미가 같다는 것을 이해할 수 있다.
2. 학생들은 실제적 사태와 가상적 사태의 지각방식을 알아냄으로써 "*관점*"이라는 개념을 문학과 역사에 관련 지을 수 있다.
3. 학생들은 특정 상황에서 여러 관점을 밝혀내고 각 참여자의 견해를 설명하고, 견해들이 관점을 어떻게 결정하는지 설명할 수 있다.
4. 학생들은 전의 경험과 선입관이 어떻게 사태의 지각에 영향을 미치는지 기술할 수 있다.
5. 학생들은 주어진 상황과 관련하여 자신의 관점 이외의 관점을 기술할 수 있다.

선행 조직자. 미술, 기하학, 과학에서 논의하였던 "*견해*"라는 의미를 문학, 역사, 인간관계에서의 용어에 적용해 보라. "관점"을 결정하는 것이 견해라는 생각을 소개한다.

1과: 견해에 대한 관점

수업 모형. 개념 발달과 어휘 획득

추정 시간. 2시간

목표. 학생들은 다음을 하게 될 것이다.

1. 학생들은 단일 교과안에서도 다양한 견해가 존재할 수 있다는 것을 이해할 것이다.
2. 학생들은 태도, 신념을 예술, 과학, 수학에서의 *견해*와 *관점*이라는 의미와 관련 지을 수 있다.
3. 학생들은 *편견*과 *선입관*에 관한 의미를 알고 이들 용어를 자신의 경험과 관련지을 수 있다.

모형 선택의 근거. 세 종류의 생각하는 사람에 관한 이야기가 있다. 자신이 생

각하는 방식이 유일한 사고방식이라고 생각하는 사람과, 그들과 비슷한 생각을 하는 사람들이 있다고 생각하는 사람이 가장 훌륭한 사람이라고 생각하는 사람이 있고, 똑같은 것을 몇 가지 방식으로 생각할 수 있는 사람들이 있다. 심리학자 Piaget는 첫 번째처럼 생각하는 사람을 *자기중심적*이라고 불렀고, 두 번째처럼 생각하는 사람을 *구체적*이라고 불렀고 마지막 가장 잘 생각하는 사람을 *형식적*이라고 불렀다. 그러나 Piaget의 심리학에 대한 큰 공헌은 아동은 경험을 통하여 세상의 실재에 관한 모형을 구성하여 배워 나간다는 것을 입증한 데 있다. 개념 발달은 학생들에게 똑같은 주제에 대하여 합리적으로 생각하는 사람들이 서로 다른 견해를 가질 수 있다는 것을 볼 수 있는 기회를 제공한다. 학생들이 유사한 주제에 대하여 서로 다른 견해를 변별한 기회를 가지므로, 생각하는 사람 각자는 곧바로 눈을 통하여 세계를 보는 구체적 사고자가 되기도 하고, 똑같은 사실과 아이디어에 대한 대안적 견해에 대한 온당함을 깨달을 수 있는 형식적 사고자가 되기도 한다는 것을 학생들은 알게 된다. 어휘 획득은 *편견*과 *선입관*이라는 용어를 정의하는 데 도움이 된다.

모형의 적용. 학생들이 용어를 분명하게 규명하고 나면, 여러 가지 면에서 유사하고 상이한 견해를 나타내는 몇 가지 인용문을 받게 된다. 예를 들면, 어떤 인용문에는 똑같은 편견이 있고, 어떤 인용문은 똑같은 사건을 다루고, 어떤 인용문은 똑같은 사람에 의하여 언급된다. 학생들에게는 이러한 인용문을 나누어 유목화하게 하고, 그 다음 그들이 내린 결정에 대한 이유를 설명하게 한다. 학생들은 짝이 되어 학습하고, 그 다음 대집단을 구성하여 그들의 결정과 결정한 이유를 논의하게 된다.

평가. 이 모형이 끝날 무렵, 학생들은 그들이 수학, 과학 단원에서 앞서 학습한 내용과 그 자료가 본 수업의 새로운 학습과 어떻게 관련되는지를 논의하게 된다. 또한 이러한 논의는 학생들의 학습 진전에 대한 중간 평가가 될 수 있다.

2과: 지각 – 지각은 여러분이 어디에서 왔느냐에 의존한다

수업 모형. 지시적 수업과 역할놀이

목표. 학생들은 선입관과 경험이 사태의 지각에 어떠한 영향을 미치는지 기술할 수 있다.

모형 선택의 근거. 지시적 수업을 하고 난 후 역할놀이 수업을 통하여 대답할 수 있는 질문은 학급 토의의 자료가 되는데 이러한 질문을 야기시키는 상황을 설

정한다는 점에 있어서 수업은 지시적 또는 비지시적이 될 수 있다.(예에서 보여지듯이, 지시적 수업은 수동적 학습과 동일한 것은 아니다.) 기본적으로, 교사가 제기하는 질문과 학생들이 참여하는 활동은 지각이라는 문제에 집중되어 있다. 즉 개인이 보고자 한 것이나 현재 보고 있는 것이다. 그러나 언제나 선입관은 세 가지 요소에 의하여 지배되는데 이들 요소가 수업의 핵심이다. 학생들이 어디에서 무엇을 관찰하느냐가 그들이 보는 바를 결정한다는 것을 알게 되는 일련의 경험을 설정해 줌으로써 "관찰자가 어디에서 오고 있는지"를 규정해 주는 세 가지 요소들을 제시할 단계가 결정된다.

모형의 적용. 수업은 가옥에 대한 설명을 읽으면서 시작된다. 이 설명에는 창문, 문, 방의 수; 현재의 가구와 장식; 소유주가 귀중품을 둔 장소 같은 집의 환경이 포함된다. 학생의 절반에게는 마치 베테랑 도둑이 된 것처럼 하여 이야기를 읽게 한다. 그 나머지 반에게는 마치 유망한 주택 구입자처럼 하여 책을 읽도록 한다.(학생들에 대한 지시사항을 말로가 아니라 글로 쓰기 때문에, 학생들은 나머지 절반의 학생들이 갖고 있는 입장을 모른다.) 조용히 독서를 끝내고 나면, 학생들은 그들이 회상하고 있는 것을 다시 말로 하게 된다.(연구 결과에 의하며, 독자들은 그들의 관심사와 관련이 있는 정보에 주의를 집중한다.)[1] 제일 먼저 한 경험은 다른 사람에게는 똑같은 경험도 다른 경험이 된다는 증거가 된다. 달리 지각하게 된다면, 경험도 달라진다.

그 다음 교사는 한 학생 집단에게 무장한 강도에 대한 역할놀이를 시키고, 관찰자들로 하여금 지각한 대로 글을 쓰도록 시킨다. 두 번째 집단은 교사에 의하여 추가 정보를 부여받은 후 강도짓을 연출한다. 관찰자들은 그들이 현재 갖고 있는 지각에 근거했을 때와 추가 정보를 부여받았을 때의 관점을 재평가하도록 요구받는다. 이러한 활동은 모든 집단들이 역할놀이에 참여할 기회를 얻을 때까지 계속된다. 역할놀이에 뒤이어, 관점의 변화가 그들의 반응에 미치는 영향에 관한 토론이 있게 된다. 이러한 활동을 조직자로 사용하여, 교사들은 사태를 목격한 사람들의 관점에 영향을 미치는 세 요인을 제시한다.

1. 지각자의 견해
2. 관찰자의 사전 경험
3. 선입관

여러 예를 들어 이들 요인에 대한 설명이 끝나면, 학생들은 질문을 받고 이해를 점검하기 위해 그들 스스로 예를 들도록 요구받는다. 학생들이 어느 한 사태에 관한 영사 슬라이드를 보고, 그 다음 이 본보기들을 견해, 사전 경험, 선입견과 관련 지으면서 증인의 여러 관점을 규명해 나갈 때 보다 많은 안내된 연습이 주어진다. 독자적 연습을 위하여, 학생들에게 TV시트콤에 묘사된 사태를 서로 다른 등장인물의 견해, 사전 경험, 선입관에 따라 기술해 보게 하는 과제가 주어진다. 그 다음 또 다른 견해, 경험, 선입견을 사용하는 사태를 재언급하도록 요구받는다.

평가. 학생들에게 집에 가져갈 연습지가 주어지는데 연습지는 텔레비전 프로그램에 관련된 구체적 질문에 대답하도록 요구하고 있다. 주관식 글을 쓰기로 한 학생들은 그렇게 하면 되지만, 쓰는 데 어려움이 있는 학생들은 연습지의 형태를 따라가기만 하면 된다. 이들 연습지와 주관식 문제의 평가는 학급 학생들이 과제를 이해하고 있는지를 결정하기 위하여 실시된다.

3과: 지각과 관점을 관련 짓기

수업 모형. Jigsaw
추정 시간. 3시간 + 준비하는 데 걸리는 시간
목표. 학생들은 다음과 같은 것을 한다.

1. 학생들은 실존 인물이든 가상 인물이든 그들의 특별한 견해를 통하여 사태를 지각하는 방법을 인지함으로써 관점이라는 개념과 문학, 역사를 관련 지을 수 있다.
2. 학생들은 문장을 선택할 때의 여러 관점을 밝히고 각 저자의 관점을 설명하고 어떻게 지각이 관점을 결정하는지를 설명할 수 있다.

모형 선택의 근거. Jigsaw는 수업 모형이며 동시에 수업 활동으로 단일 학급 내의 능력이 다양한 학생들에게 적용할 수 있고, 집단 노력의 효율성을 가져다주는 장점이 있다. 여기서 학생들은 선정한 여러 문장을 집단적으로 읽고, 많은 역사적, 공상적 관점과 견해를 접하게 된다. 학생들은 협동학습을 하고 이해를 공유함으로써 신속히 많은 기초사항을 알게 되고, 수백 페이지에 이르는 자료를 읽고 똑같은 아이디어를 여러 시각을 통하여 경험하게 된다. Jigsaw는 각 학습자로 하여금 단순히 자신의 통찰을 공유함으로써 여러 학습자의 통찰에 도달하게 한다.

모형의 적용. 학생들은 네 명으로 나누어 집단을 구성하는데 각 집단은 일정 범위의 능력을 가진 학생들로 구성된다. 팀 내의 각 개인에게 서부 이동에 관한 독서 과제가 배당된다: 팀들에게는 다양한 여러 형태의 독서 과제가 주어진다. 여기에는

단편, 소설, 원 자료, 서부 확장에 대한 교과서의 여러 장들이 있다. 학생들은 3일간 자료를 공부하고 그들이 선택해 읽은 내용을 자신과 유사한 독서 과제를 배당받은 연구 집단 구성원들과 함께 토론해야 한다. 그들은 이야기나 에세이 속의 주인공이나 인물들, 그리고 저자의 관점을 규명하고, 그 다음 이러한 관점을 나머지 구성원들에게 설명하여야 한다. 팀의 토론이 끝나면, 전체 학급에서는 선택한 독서 과제와 학급 토의에 사용된 자료에 제시된 여러 관점에 대하여 토의해야 한다.

평가. 학급 토의는 학생들이 수업의 목표에 도달했는지 교사가 결정하기 위하여 녹음을 하거나 녹화시킬 수 있다.

에필로그

실제적인 연구 단원이 끝날 무렵 저녁식사를 하면서 간학문적 수업팀에서는 그 단원에 대한 수업 경험을 논의하고 평가하였다. 비록 어떠한 활동은 성공적이지 못했지만, 모든 사람들은 진심으로 그 단원 학습이 큰 성공을 거두었다는 데 의견을 같이 하였다. 학생들이 인지목표에 얼마나 잘 도달하였는지에 대한 평가는 높은 성공률, 익명을 보장해 주는 태도 조사로 나타나고, 또한 대부분의 학생들이 단원을 즐긴 정도, 여러 관점에 대한 이해력의 증가로 나타난다.

수업 팀은 최종 토론이 즐겁게 끝난 것을 기억한다. 학생들에게 문화가 전혀 다른 나라에서 온 학생이 학교에 다니는 상황이 주어졌었다. 토론은 학생들이 직면하게 되는 여러 문제 그리고 개인들의 관점이 타인의 관점과 어떻게 차이가 있는지에 집중하게 되었다. 교사들은 여러 토론을 녹화하여 비교하였다. 교사 모두가 학생들이 특수한 상황에 대하여 어떻게 느낄지에 대한 통찰을 갖고 있었다는 데에 의견을 같이하였다. 또한 교사들은 이 청소년들이 복잡한 아이디어를 취급할 수 있고, 그들의 선입관에 도전하는 내용에 반응할 수 있는 능력이 있다는 것을 알게 되었다. "나는 이들이 진정 훌륭한 청소년이라고 생각해."라고 Henry가 말했다. 이 점에 대해 주변 모두가 동의하였다.

활동 17.1: 간학문적 팀 활동

여러분이 가르칠 학생의 연령에 관계없이 간학문적 팀의 일부가 되어라. 또 다른 개념의 간학문적 연구에 초점을 두고 있는 단원에서 사용될 수 있는 학습 지도안을 설계하라.

요약

여러 학문 교과를 가르치는 교사들에 의한 협동적 수업 계획은 전문적인 보상 경험이 될 수 있다. 이외에, 이러한 협동은 하나의 개념이 여러 학문을 통하여 의미를 엮어가는 방식을 즐기고 각 학문의 이해를 증진시키는 것을 즐기는 학생들의 학습 경험을 풍요롭게 해 준다.

각주

1. E. T. Goetz, D. L. Schallert, R. E. Reynolds, and D. I. Radin.(1983). "Reading in Perspective: What Real Cops and Pretend Burglars Look for in a Story," *Journal of Educational Psychology*, 75, 500-510.

제 18 장

고등학교 사례 연구

Jake Samuels가 세탁소에 들어서자 코를 찌를 듯한 냄새가 풍겨 나왔다. 그때 어딘가에서 낯선 목소리가 들려왔다. "안녕하세요? Samuels 선생님"

"안녕하세요?" Samuels가 상냥한 표정을 지으면서 인사를 했다.

"저는 Chis Pezzoli입니다. 저는 Madison 고등학교를 다니고 있는데요. 무엇을 도와드릴까요?"

"세탁이요" Samuels는 Chis에게 세탁소 티켓을 넘겨주면서 대답을 했지만 아직도 그 젊은이를 어디에서 보았는지 고민하고 있었다. 그는 Madison 고등학교 복도에서 본 여러 학생 중의 한 학생이었다.

"예, 선생님. 이쪽으로 오십시오" Chis는 세탁물을 뒤적이기 시작했다. Samuels의 옷이 나타나자, Chis는 그 옷을 Samuels에게 넘겨주면서 말을 건냈다. "저는 항상 선생님께 영어를 배우고 싶었지만 저는 일반 학급에 있습니다. 저는 선생님이 참 훌륭하다는 말을 들었습니다. 그러나 선생님은 언제나 우수반만을 가르치십니다." Samuels는 그 학생의 대담성에 약간 당황한 듯 머뭇거렸다.

"나를 믿어주어 고맙네. 미안하게도 Chis, 나는 자네를 가르칠 수가 없네. 나도 자네를 가르치고 싶기는 하지만!"

"안녕히 계십시오. 다음에 뵙겠습니다"라고 Chis는 어깨를 으쓱거리며 미소를 지었다.

Samuels는 세탁소를 나오면서 Chis에 대하여 생각해 보았다. 그리고 자신의 계획에 대하여 생각해 보았다. 이제 그는 학과 주임이 되었으니 단 세 시간만 가르치면 된다.

Chis 말이 옳다. 내가 맡은 학급은 우수반 학급이지. 우연히 만난 Chis가 Samuels로 하여금 과거에 그가 가르쳤던 일반 학급을 그리워하게 하였다. 일반 학급의 학생들이 그에게 특별한 정을 느끼게 하였다. 왜냐하면 그가 맡은 마지막 학급이었기 때문이다. 그는 학생들에게 영어에 관하여 그가 사랑한 모든 것을 얼마나 주고 싶어했는지를 기억해 냈다. 그는 아주 기분 좋게 매력적으로 교사 생활을 하여 확실히 많은 것을 추구할 수 있었다. 그는 소리 내어 생각하기 시작하였다. "대신, 수위를 낮추어 좀 더 재미있게 수업을 하려고 했다. 그러나 거기에는 모순이 있다. 그 반대로는 되지 않나? 우리는 일반 학생을 위하여 교실 수업의 내용을 풍요롭게 해서는 안 되나?"

그는 Madison 대로를 걸어가면서 깊은 생각에 잠겼다. 확실히 그가 일반 교육과 교정 수업을 실시했을 때에는 문제가 있었다. 그의 강의와 토의 방식은 노트 정리에 어려움을 느끼거나 장시간 주의집중이 되지 않는 학생에게는 효과가 없었다.

그러나 그는 지난 수년간 학과주임으로 있으면서 다른 선생님을 관찰하고 수업 전략에 관한 워크숍과 현직연수에 참여하면서 많은 것을 배웠다. 그는 상급반에 다양한 수업 모형을 사용하는 방법을 배웠고, 이 모형들이 모든 학생에게 효과적이었음을 확인하였다. 그가 생각하고 있는 아이디어는 그에게 자신의 이론을 검증할 기회를 주었다. 그는 이론을 검증하고 싶었다.

다음날 월요일 오후 4시경, Samuels는 자기 옆 교실로 들어갔다. 동료 교사 O' Brien이 서류를 정리하고 있었다.

"Liz, 잠깐 시간 좀 있어?"

"물론이죠. 들어오세요. 나는 항상 이 시간쯤 되면 너무나 지쳐 있어요. 일을 완성할 수가 없어요. Jake, 만나서 반가워요. 하루가 끝나 가는데 어떻게 하면 그렇게 활기차게 보일 수 있지요?"

"고마워요. 나도 언제나 쾌활한 것은 아니에요. 가식이에요. 그렇지만 그렇게 말할 필요는 있지요. 전날 나는 선생님 반 아이 Chis Pezzoli를 만났어요. 그 애 얘기 좀 해 주세요."

"음, Chis는 멋진 학생으로 상상력이 뛰어나고 열심히 공부하고, 매우 호감이 가는 아이에요. 그는 마지막 학기 수업을 들은 아이에요. 나는 동네 주변에서 자주 Chis의 부모를 만나지요. 그 아이의 아버지는 모직공장이 문을 닫자 해고되었어요. 그는 허드렛일을 하고 있으며, 나는 그것을 자영업이라 부르지요. 그러나 그는 안정된 그 무엇도 할 수가 없었어요. Chis의 어머니도 일을 해요. 그러나 그들 식구는 Chis가 세탁소의 일을 통하여 돈을 벌기를 바래요. 나는 졸업 후에는 그가 전일제로 그곳에서 일하리라는 것을 알고 있어요. 나는 그 애에게 야간 전문대학을 다니도록 권유할 예정이에요. 그러나 그것이 쓸모없는 생각 같아요. 물론 그 애가 인정된 직장일을 발견한다면……." 그녀의 말은 희망이 없는 듯 서서히 작아져 갔다.

Samuels가 말을 가로채었다. "나는 일반 학급에 다니는 학생들을 생각하고 그들을 가르친 것이 얼마나 그리운지에 대하여 생각하고 있었어요. 나에게 하나의 아이디어가 있어요. 일종의 실험으로 약 4주간 마지막 학기에 학급을 바꾸어 가르치는 것이 어떨까요? 나는 그 아이들과 함께 시도하고 싶은 아이디어가 좀 있어요. 나는 그 아이에게 Macbeth를 가르칠까 생각하고 있어요." Samuels는 잠시 말을 멈추었다가 피식 웃었다. "내가 미쳤다고 생각하세요? 선생님이라면 내가 좋아하는 단원의 시가 아닌 차 한잔이라는 낭만적인 시를 가르칠 거야."

O' Brien은 Samuels를 잠시 쳐다보았다. 그때 Samuels의 제안이 그녀의 마음속에 자리를 잡게 되었다. "Samuels 선생님이 미쳤다고 생각하느냐고요? 그래요. 그것이 좋은 아이디어라고 생각하느냐고요? 그것은 아주 훌륭한 아이디어가 될 수 있어요. 나는 학생들이 어떻게 반응할지 보고 싶어요. 나는 선생님이 아이들을 자랑하는 것을 좋아합니다. 19세기의 시는 내가 첫 번째 애정을 느낀 시입니다."

Samuels 교사의 수업 계획

그날 밤 Samuels는 채점하려던 시험지를 밀쳐 두고, Chis와 그가 만날 조금은 짜증나는 학생 집단을 생각하고 있었다. 그러나 이에 대한 도전은 활력을 준다. 즉, 그는 과거보다 더 흥분하고 있었다. 그는 자신이 달성하고자 한 것을 노트에 정리하기 시작하였다.

첫째, 그는 학생들이 희극을 즐기기를 바랬다. 그는 잠시 생각하더니 "즐기다"라는 말을 빼고, 그 자리에 이와 같은 상황에서는 좀처럼 사용하지 않는 부담되는 말인 "*사랑하다*"라는 말로 대치시켰다. 그래, 나는 학생들이 이 극을 사랑하기를 원해. 아마도 이것은 지금까지의 문학 중에서 최대의 걸작일 거야. 그는 이러한 목적을 눈에 그려 보았다. 이것은 4주간 그가 해왔던 것의 안내자가 되었다. 그 다음 그는 학생들이 세익스피어가 얼마나 어리석은지를, 그리고 오늘날 이러한 생각이 어떠한 관련이 있는지를 알게 하고 싶었다.

Samuels 교사는 학생들이 "*야심*"이라는 개념을 탐구하고 적당하면 야심이 얼마나 큰 힘이 되고, 지나치면 얼마나 위험한 힘이 되는지를 알리고 싶었다.

그렇게 하려면 학생들은 Macbeth라는 인물과 Macbeth 부인이라는 인물의 복잡함을 이해하여야 한다. 만일 이러한 인물이 모두 나쁘게 보인다면, 학생들은 희극이 주는 많은 지혜를 잃어버리게 될 것이다. 그는 학생들이 연상의 힘과 그것이 하나의 아이디어를 상상력이 풍부한 마음속에 심어 놓는다는 뜻을 이해하기를 바란다. 더욱이 그는 학생들이 언어의 아름다움, 난해함, 추함에 따라 감동받기를 바랬다. 그는 세익스피어가 관중을 자기의 희극으로 끌어들였던 것처럼 그들을 엘리자베스의 세계로 끌어들이기를 바랬다.

이러한 목적은 어디에서 오는가? Samuels는 경력이 많은 전문 교사이다. 그는 *Macbeth*에 대하여 전문성을 갖고 있는 교사로서 자신의 판단과 학생의 요구에 대한 확신, 그리고 주가 설정한 표준에 대한 지식을 참고로 하고 있다. 그러므로 이러한 확신과 더불어 그는 모호했던 목표를 아래와 같이 구체적인 목록으로 만들었다.

학생들은 다음을 해야 한다.

1. 학생들은 약강격의 오운각의 시적 리듬을 안다.
2. 학생들은 엘리자베스 시대의 영국의 주요 특징을 안다.
3. 학생들은 연상의 힘이라는 말의 의미를 안다.
4. 학생들은 Macbeth에 나오는 주요 인물의 복잡한 특징을 안다.
5. 학생들은 Macbeth가 독자에게 강한 감정을 불러일으키는 희극이라는 점을 이해한다. 많은 독자들은 희극을 사랑하고 이것이 영문학에서 쓰여진 최고의 희극이라고 믿는다.
6. 학생들은 Macbeth의 이야기 주제가 그것이 맨 처음 쓰여졌을 때만큼 강력하고 관련이 있다는 것을 이해한다.
7. 학생들은 야심이 적당하면 건설적이고, 지나치면 해가 된다는 사실을 이해한다.
8. 학생들은 어려운 자료를 숙달하고 그 결과 자신의 지성을 신뢰할 수 있다.

얼마 전쯤 Samuels는 수업 계획을 멈추고, 일일 수업의 입장에서 생각하기 시작하였다. 그러나 그는 최근에 와서 훨씬 더 정확히 계획을 수립할 필요가 있음을 깨달았다. 이것은 학생들의 배경을 조사하고 나서 구체적인 학생의 요구를 분석해야 함을 의미한다. 이것은 학생들이 목표를 도달하는 데 도움이 되는 구체적인 목표와 모형의 선정을 의미한다. 그것은 또한 교사가 이들 목표를 얼마나 잘 달성하였는지를 평가하는 수단을 구상하는 것을 의미한다. 그것은 아주 복잡하게 들리지만, 제2의 천성이 되어 가고 있어 궁극적으로 시간과 노력을 절약한다. 대체로 그것은 만족감을 증진시킨다.

그 다음주 Samuels는 많은 자료를 수집했다. 그는 O' Brien에게 말을 건네기도

하였다. 그는 기록과 검사점수를 검토하였다. 그는 이따금 그가 가르칠 학급을 관찰하고, 꼼꼼히 희극을 다시 읽고, 필수적으로 이해해야 할 내용을 개관하였다. 그는 Chis가 어깨를 으쓱거린 것을 기억해 냈다. 그것은 감동적이었다. 그것은 "우리는 최고는 아니야"라고 말하는 것 같았다.

Samuels는 학생들이 도전적인 자료를 제공받을 필요가 있으며, *Macbeth*를 선택한 이면에는 "너는 할 수 있어. 나는 여러분에게 하나도 빠짐없이 철저히 가르치지는 않을 것입니다."라는 메시지가 있는 것이다. 그러나 대신 이것은 학생들이 독립적이 되는 데 요구되는 지원을 제공하겠다는 약속을 암시한다. 비록 그 생각이 모순되긴 하지만, 그것은 교사가 학생들을 실패시켜서도 안 되고, 또한 그들이 실패하도록 내버려 두어서도 안 된다는 것을 암시하는 것이다. 그는 그들이 실패하지 않으리라는 것을 안다. 그러나 만일 그 단원의 목적이 신뢰의 구축이라면, 학생들은 우선 스스로 도전에 임하고 실패하지 않도록 자기가 하는 일을 기꺼이 잘 해나가야 한다.

그는 학생들이 필요로 하는 것을 다음과 같이 열거하였다.

1. 도전적 자료를 제공받는다.
2. 누군가가 학생들이 어려운 자료를 이해할 수 있다고 생각하고 있다는 것을 안다.
3. 자신의 의견이 존중받고, 의견을 추구하고 가치 있게 여기도록 한다.
4. 자신의 능력에 대한 신뢰를 갖는다.
5. 중요한 문제와 사실적 감정에 관하여 이야기를 나눈다.
6. 어려운 과제를 성공적으로 숙달하였기 때문에 성취감을 갖는다.

Samuels는 자신이 열거한 목적과 요구를 기초로 하여, *Macbeth*에 관한 단원의 일반 목표를 진술하고 그는 그 단원의 성공을 어떻게 평가할지를 고려하였다. 결국, 만일 학생들이 학습하여 그 단원으로부터 도움을 받은 것을 스스로 증명해 보일 수 없다 하더라도, Samuels는 우수반에서 학생들을 가르쳐야만 한다. Samuels는 목표별 평가 방법과 함께 목표를 다음과 같이 진술하였다.

1. 학생들은 *Macbeth*가 훌륭한 문학작품이라는 것을 이해하고, 이에 대한 학습에 더 많은 관심을 갖게 될 것이다. 이것은 사전, 사후 단원 조사법을 사용하여 평가되는데 학생들은 자신이 알려질까 걱정하지 않고 문항에 반응할 수 있다.

2. 학생들은 *Macbeth*라는 희극의 주제와 일상생활을 관련 지을 수 있다. 이것은 학생들이 *Macbeth*의 장면을 현대 상황에 맞게 고안한 촌극을 통하여 평가된다.

3. 학생들은 단어 소리가 어떻게 의미와 유모를 확장시키는지를 이해한다. 그들은 약강격의 오운각의 시적 리듬을 알 것이다. 이것은 그들로 하여금 자신이 좋아하는 음악을 제시하게 하고 박자와 서정시가 어떻게 조화를 이루는지 설명하게 하여 평가할 수 있다.

4. 학생들은 주요 인물을 분석하고, 복잡하게 만드는 인물의 요소를 밝혀낼 수 있다. 이 목표는 단어나 이미지를 통하여 평가될 수 있다. 하나 또는 그 이상의 인물에 대한 그림을 그릴 수도 , 콜라주를 구성할 수도, 에세이를 쓸 수도 있다.(그는 모든 학생들이 지식을 말로 전달하는 데 성공적이지 못하다는 것을 알고 있다.) 그러나 학생들은 이따금 서로 다른 매체를 통하여 개념을 표현한다. 비록, 해당 단원의 쓰기 과제가 많이 있지만, Samuels 교사는 학생의 읽기, 쓰기 기능이 아니라 자신이 가르친 것을 측정하고 싶어한다.

5. 학생들은 엘리자베스 시대의 영국의 주요 특징을 알고, 엘리자베스 시대의 사회적 단원을 동료 집단에게 가르침으로써 그들의 지식을 전달한다. 평가는 자료를 가르치는 데 있어서의 준비 및 실제 수행을 토대로 이루어진다.

6. 학생은 "*연상의 힘*"이라는 말의 의미와 자성적 예언이라는 아이디어를 안다. 학생들에게는 일상생활로부터 각각의 예를 들도록 요구한다. 예들의 평가는 적합성과 질적 수준에 근거하여 이루어진다.

Samuels는 이러한 목표를 유념하면서 이들 목표를 달성하는 데 사용하게 될 가능성 모형과, 어떠한 순서로 모델을 사용하게 될지, 단원 계획의 각 부분마다 얼마만큼의 시간을 배당할지 심사숙고한다.

1. 그는 고전 내용에 대한 개념 획득 수업으로 시작한다. 아니 그는 "베스트셀러"라는 용어를 사용한다. 왜냐하면 베스트셀러는 아주 적절하고 사람을 끌어당기는 힘도 강하기 때문이다. 결국 세익스피어는 인기 프로의 매력을 잃고 있었다.(후에 학생들은 고전과 베스트셀러의 차이와, 어떻게 예술작품은 고전이면서 베스트셀러가 되는지에 대하여 언급하였다.) Samuels는 성경, 바람과 함께 사라지다, 힙합음악과 같은 몇 가지 베스트셀러를 긍정적 본보

기로 사용하곤 한다. 부정적 본보기에는 교재에서 거의 알려져 있지 않은 단편, 오래전에 쓰여진 시, 어느 친구가 편집한 coming home이라는 기록, 그의 고향에 있는 무명의 미술가가 좋아하는 그림이 포함된다. 일단 학생들이 베스트셀러라는 개념을 정의하고 나서, Samuels는 베스트셀러가 될 희극을 쓴다면 그들은 어떠한 요소를 포함시켜야 할지 학생들에게 묻는다. Samuels는 학생들의 아이디어 목록을 작성한다.(그는 학생들이 의심, 폭력, 약간의 로맨스와 같은 것들을 언급하리라 예측한다.) 그 다음 하나의 집단으로서 학생들은 이 목록으로부터 탁월성에 관한 일련의 기준을 도출해 낸다.

그러고 난 후 그들은 Globe 극장에서 처음 공연될 당시 기준을 *Macbeth*에 적용한다. 세익스피어는 똑같은 기준 중 얼마나 많은 기준을 적용하였나? 학생들은 세익스피어가 사용하지 않은 어떠한 기준을 사용했나? 학생들은 세익스피어가 포함시키지 않은 어떠한 요소들을 생각해 냈는가? (예를 들면 전달매체) 400년이라는 세월이 어떻게 문학의 기준을 바꾸어 놓을까? 여기에 제기될 질문과 기타 사항들이 이 어린 독자들에게 희극에 대한 새로운 서광을 비춰 줄 것이다.

2. 그 다음 Samuels는 세익스피어의 삶과 그 시대에 관한 배경정보를 학생들에게 제공하기 위하여 지시적 수업에 강의, 일인극, 영사 슬라이드, 예술적 제작 활동을 함께 사용한다. 그는 세익스피어가 개막 장면에 청중의 주의를 끌어들이기 위하여 사용하였던 속임수를 강조한다. 그는 *Hamlet*의 개막 장면에 유령을 보여주고 *Romeo and Juliet*의 개막 장면에는 싸움을 보여주고, *Macbeth*의 개막 장면에는 어떠한 줄거리가 사용될지 학생들로 하여금 추측하게 한다.

3. 그는 또한 배경정보를 위하여 협동학습 모형인 Jigsaw를 사용할 것이다. 그는 학급을 다섯 집단으로 나눈다. 각 집단은 엘리자베스 시대의 일상생활(음식, 유행, 운동, 공중위생, 기타), 정부, 예술과 건축, 사회계급 구조, 교육, 농업과 산업에 관하여 다양한 방법으로 학생들 서로를 가르칠 준비에 관한 연구를 한다.

4. 교사는 *Macbeth*의 첫 2막을 영화로 번안하여 희극을 개막하고 학생들로 하여금 그 희극을 보면서 책속에 있는 희극을 보도록 한다. 학생들은 이미 만

들어진 줄거리에 대한 기본 이해를 통하여 3막을 함께 읽고 여러 장면과 연설을 극화하고 단어, 함축적인 말, 개념들을 면밀히 조사한다.

5. 그는 "*야심*"이라는 단어에 대하여 학생들이 개념 발달 모형에 따라 학습하도록 한다.

6. 3막의 독서가 잘 진행되면, 학생들은 영화를 보지 않고 4막을 함께 읽게 된다. 그는 5막에 대하여 협동학습을 다시 사용할 것이다. 여러 집단에서 학생들은 반에서 발표할 가능한 여러 시나리오에 따라 역할놀이를 하게 된다.

7. 학생들이 자신의 장면에 따라 역할놀이를 할 때 교사는 창조적 문제 해결 모형을 사용하여 Macbeth 부인에 대한 수업에 개입한다. 이것은 동일 인물 안에 존재하는 모순과 상반된 힘을 학생들에게 보여주는 강력하고 효과적인 방법이 된다.

8. 학생들이 희극을 끝내고 난 후 교사는 소크라테스식 세미나를 연다. 주요 인물에 대한 공감적 견해를 얻기 위해 학생들은 특수한 인물의 안목을 통해 교재를 분석하고, 특수한 감정과 동기에 관한 가설 설정을 시도한다.

9. 마지막으로, 그는 비극이 어떻게 일어났는지 탐색하기 위하여 탐구 모형을 적용해 위와 같은 통찰을 구축해 나간다. 희극이 시작될 무렵에, Macbeth는 그렇게 악한은 아니었다. 그는 많은 좋은 특성을 지녔으나, 얼마 안 가 곧 자기 지역의 리더십의 몰락을 가져온 장본인이 되었다. 어떻게 이러한 일이 발생했는가? 그 많은 폭력이 가능했었는가? 이것이 학생들로 하여금 생각해 내기를 바라는 수수께끼이다. 그는 학생들이 비극의 원인을 지나친 야심의 결과로 보지 않았나 의심을 품고, 학생들이 다른 원인을 더 깊이 살피기를 바랐다. 제기된 질문에 답하기 위하여 그들은 희극의 범위를 벗어나 11세기 스코틀랜드의 상황을 탐구하기로 하였다. 중세의 막바지에 사회로부터 격리된 삶은 어떠했는가? 아마도 여러분이 전혀 본 적이 없는 사람을 모함하는 것은 아주 쉬운 일일지 모른다. 그 당시는 폭력이 난무한 시기로, 모르는 대상으로부터의 공격이 빈번했고, 거리의 갱 정신은 영역에 대한 부단한 위협에 대처하기 위해 점점 발전되어 갔다. Macbeth는 성공적으로 싸워 명성을 얻었다. Samuels는 학생들 스스로 이러한 설명을 찾아내기 바랐다. 즉 그는 학생들이 수저로 밥을 떠 먹여 주어야 하는 사람이 되기를 원하지 않았다.

표 18.1 Macbeth—탐욕으로 바뀌게 되는 야심 연구

예측 단계(극 전)	실현 단계(극 중)	숙고 단계(극 후)
베스트셀러에 대한 개념 획득 (1일)	Macbeth 부인에 대한 창의적 수업 (2일)	소크라테스식 세미나 (1~2일)
배경에 대한 지시적 수업 (1일)	야심, 연상의 힘에 대한 개념 발달과 인과관계 수업 (5일)	탐구 (1일)
Jigsaw—배경에 대한 연구와 학생 참여 (4일)	5막 시나리오에 대한 역할놀이 (3일)	

Samuels는 자신이 개발한 단원의 수업 계열을 그려 보았다(표 18.1 참고). 그는 희극을 이해하기 위한 핵심은 개념 발달과 학급 토의를 활용한 구체적 교수학습 과정안이라고 생각했다. 그는 처음에 이 수업에서 "*야심*"이라는 개념에만 초점을 맞추었으나, 이에 대한 생각을 거듭할수록 그는 두 가지 기본 개념인 야심과 연상의 힘이 그 희극 속에 얽혀 있음을 알게 되었다. 이 수업은 다음 절에 상세히 기술된다.

단원: Macbeth – 탐욕으로 바뀌게 되는 야심에 관한 연구

5과: 야심과 연상의 힘

수업 시간. 6~8일, 대부분 다음 계획을 따름.

월요일과 화요일. 마녀에 대한 개념 발달 수업으로 각 학생들이 한 집단의 문항으로 하나의 문단을 완성한다. 이 문항집단의 명칭은 주제 문장이 되고, 이 유목화된 문항이 지지 증거가 된다.

수요일. *Macbeth*에서 야심과 연상의 힘이라는 두 개념에 대한 인과 수업.

목요일. 학급 토의 계속. 현재의 본보기와 이들 개념이 시간과 행동 속에서 어떻게 관련되는지를 강조한다.

금요일. 학생들이 가장 재미있어 하는 토의로부터 단 하나의 아이디어에 관한 표현을 발견한다.(예를 들면, 문서, 콜라주, 테이프 녹음, 그림 또는 대화)

월요일. 학생들은 피드백, 반응, 제안을 얻기 위해 세 명으로 집단을 구성하여 작업을 공유한다.

화요일. 학생들은 학급에서 최종 결과를 공유한다.

수업 목표. 학생들은 다음을 할 것이다.

1. 학생들은 어느 한 가지 예술적 매체로서 "*야심*"이라는 단어의 의미에 대한 이해를 표현할 수 있다.
2. 학생들은 한 가지 특징을 지나치게 많이 소유한 것의 위험에 대한 이해를 구두로 진술할 수 있다.
3. 학생들은 *야심*이라는 개념이 그들의 일상생활과 어떠한 관련이 있는지 증명할 수 있다.
4. 학생들은 극 중의 사태 논의를 통하여, Macbeth와 그의 부인의 지나친 야심의 원인을 추론해 낼 수 있다.
5. 학생들은 일상생활에서의 예를 사용하여 연상의 힘을 글로 기술할 수 있다.
6. 학생들은 연상의 힘과 야심 간의 관계에 관한 예를 제시할 수 있다.
7. 학생들은 현대생활에서 마녀가 취할 수 있는 형태에 관한 가설을 생성해 낸다.

수업 모형: 개념 발달과 인과 관계 모형. *모형 선택의 근거.* 이 학급의 학생들은 구체적인 입장에서 사물을 보고 사물을 흑백논리에 따라 볼 것이다. 그들이 희극에서의 마녀에 대한 인상을 말로 표현함으로써, 개별적으로 보지 못하는 것을 집단적으로 볼 수 있게 된다. 즉 마녀는 모든 개인의 삶에 있어 작용하는 운명의 상징이다. 학생들은 또한 Macbeth의 마음속에 무엇이 진행되고 있고, 연상의 힘이 얼마나 강력한지에 대하여 세익스피어가 청중에게 직접 말하고자 한 책략도 바로 마녀였음을 알 필요가 있다. 인과 모형은 많은 인물의 행위 간의 관계를 파악하게 하므로 개념 발달 활동에 있어 학급에서 생성한 아이디어를 확대시켜 준다.

개념 발달 모형의 적용. 연상의 힘이 끝없는 야심으로 유도되는데, 결국 이 두 개념은 마녀를 통하여 접근이 이루어진다.

구체적인 학습 활동으로 학생들은 다음과 같은 활동을 한다.

1. 마녀에 대하여 기억하고 있는 것 모두를 나열한다.(마녀의 목적에 관하여 추론한 것을 포함한다.)
2. 이들 내용을 집단별로 나눈다.
3. 이들 집단에 명칭을 부여하여 각 내용 요소를 관련 지은 이유에 대한 이해와

합의를 나타낸다.

4. 새로운 집단을 구성하여 이러한 관련과 새로운 관련을 다시 생각해 본다.[1]
5. 각 내용 요소를 종합하고 일반화를 구성하여 마녀의 역할에 대한 이해를 나타낸다.

다음 질문은 개념 발달 수업을 나타낸다. 괄호 안의 지시는 Samuels가 사신에게 남긴 암시이다.

1. *Macbeth* 희극에서 *마녀*는 어떤 구체적인 것을 생각나게 만들었는가? 아니면 마녀와 관련이 있다고 생각나는 모든 것을 제시하라.
   (포괄적인 목록이 만들어질 때까지 멈추지 말아라.)
2. 목록을 자세히 보아라. 어느 면에서는 같은 부류에 또는 비슷한 부류에 속하는 요소들이 있는가?
3. 왜 당신은 *가마솥*과 *연기*는 같은 영역에 속한다고 생각하는가?
   (학생들이 집단 분류의 이유에 합의할 때까지 집단의 명칭을 부여하지 말아라.)
4. 또다시 본래의 목록을 살피시오. 우리가 함께 분류할 또 다른 집단이 있는가? (천천히 살펴보고 다시 생각할 기회를 주어라. 그리고 집단의 목록을 작성하라.)
5. 우리가 일반적으로 마녀에 대하여 무엇을 언급했는지 칠판 전체를 검토해 보라.

개념 발달 모형의 평가. 학생들은 집단에 대한 명칭 부여가 주제 문장이 되고, 그 문장의 요소들이 지지 증거가 되도록 한 집단을 문단으로 만들어 마녀의 역할에 대한 이해를 표현한다.

인과 모형의 적용. 개념 발달 활동에 대한 추후 논의

추정 시간. 2일

문제 진술 1: Duncan의 살인

1. 문제를 토론한다—Duncan의 살인.
2. 원인과 근거를 토론한다. 학생들로 하여금 Duncan 왕을 살해한 이유를 구체적 예를 들어 토론하게 한다.
3. 결과와 지지 증거에 대해 토론한다. Macbeth가 마녀의 예언을 믿게 한 원인은 무엇인가? 무엇 때문에 여러분은 그렇게 생각하는가?

5. 추수 결과와 지원에 대해 토론한다. Macbeth가 연회의 즐거움을 약화시킨 결과는 어떠한가? 여러분은 그 결과가 왜 중요하다고 생각하는지 설명하라.
6. Macbeth와 Duncan의 살인에 대하여 여러분은 어떠한 결론을 내릴 수 있는가?
7. 우리의 토론에 대하여 여러분은 어떠한 일반적인 언급을 할 수 있는가?

문제 진술 2: 연상과 야심의 힘

1. 문제를 토론한다–연상과 야심의 힘.
2. 원인과 근거를 토론한다–무엇이 Macbeth로 하여금 왕이 되겠다는 야심을 갖게 하였는가? 무엇 때문에 당신은 그렇게 말하는가?
3. 결과와 증거를 토론한다. 이러한 야심은 어떠한 결과를 가져왔는가? 어떠한 증거에 기초하는가?
4. 사전의 원인과 증거를 토론한다. 무엇 때문에 Macbeth와 그의 부인은 살인을 음모하였는가? 여러분의 답을 설명하라.
5. 후속 결과와 지지 증거를 토론한다. Macbeth가 예언을 믿은 결과는 무엇인가? 예언과 후속 결과에 대한 여러분의 믿음 간의 관계가 타당한지 여러분은 어떻게 아는가?
6. 여러분은 야심과 연상의 힘에 대하여 어떠한 결론을 내릴 수 있는가?
7. 여러분은 우리의 토론에 대해 어떠한 일반적 진술을 할 수 있는가?

학급 토의 모형의 평가. 토론은 Samuels에게 학생들이 상기 개념들을 얼마나 잘 이해하고 있는지에 대한 아이디어를 제공해 준다. 그러나 학생들의 지식은 한 발자국 더 나아가 있다. 학생들은 쓰기가 약하기 때문에 쓰기 연습이 필요하고 각 학생들이 이들 개념들을 얼마나 잘 이해했는지를 알 필요가 있다. 그는 학생들에게 다음 중 두 가지를 하도록 요구한다.

1. 개념 중 하나를 선택해 그 개념이 여러분의 일상생활에 어떻게 영향을 미치고 있는지 1페이지 이내로 예를 들어 기술하라.
2. 여러분의 인생의 목적과 어떠한 세력이 인생의 목적을 설정하게 했는지 1~2페이지 정도의 글을 써라.
3. 여러분이 알고 있는 야심찬 사람에 관한 글을 쓰시오. 그리고 그 사람과 왕, Macbeth 부인을 비교하라.

학생들은 초안을 써야 하며, 소집단 학생들과 그 초안을 공유하여 긍정적 제안을 받아 그 다음 최종안을 작성해야 한다.

에필로그

4주가 지나자, Samuels는 자신이 경험한 결과를 기뻐했다. 대체로 학생들은 자신들의 능력을 신임하였다. 즉 교사가 짐작했듯이, 학생들은 시험에서보다는 말을 할 때 더 많은 아이디어를 내놓을 수 있었다. Samuels는 그들과 함께 더 많은 독서를 할 수 없었던 점에 대해서는 실망했다. 예측했듯이 그들에게 독서는 어려운 일이었고 그래서 그들은 사기가 저하되고 화를 내곤 하였다.

학생들이 처음에 달리 묘사된 영화를 보았더라면 독서는 훨씬 개선되었을 것이다. 그 결과 학생들은 무엇을 기대할지 알게 되었을 것이다. 수업 모형은 학생들로 하여금 학습 과정에 적극적으로 참여하게 한다. 따라서, 그들은 평소보다 덜 불안해하고 참여하는 데 자부심을 갖는 것 같았다. 이 단원의 하이라이트는 창의적 문제 해결 수업이었다. 다음은 이 수업을 축약해 기술해 놓은 것이다.

1단계. 학생들은 세 명이 한 집단이 되어 Macbeth 부인에 대한 토론을 벌이고 그녀에 관한 아이디어와 인상에 대한 브레인스토밍을 거친다. 추후 활동으로, 각 학생은 그녀에 관한 간단한 글을 쓴다. 학생들은 이 글을 통하여 가장 강력한 기술적 단어 목록을 모은다: *날카로운*, *잔소리가 심한*, *냉담한*, *강박관념에 사로잡힌*, *음모자*, *바가지 긁는 말이 날카로운*, *살인의*, *두 얼굴을 가진*, *배반하는*, *교활한*, *약삭빠른*, *눈감아주는*.

2단계. 학생들에게는 그들이 본 것을 쓰고, 그 단어들이 동물을 암시하는지 아니면 기계를 암시하는지 알아내어야 한다. 여기에 그들이 제시한 몇 가지 답에 대한 예들이 있다.

호랑이 (먹이에 몰래 접근한다.)
거미 (먹이를 꽉 조여 끌어들인다.)
양날 단도 (예리해 보이고, 치명적이다.)

3단계. 그 다음 학생들은 그들이 모은 목록 중 한 단어를 선택하고, 자신이 그 대상인 체하고 그 대상이 어떻게 느끼는지를 기술한다. 그들은 양날 단도를 선택했다. 다음은 개별 학생들이 감정을 서술한 것이다.

나는 *고상한 느낌이 든다*: 나는 날씬하고 키가 작고 예민하고 공상적이고 신속하다.(그리고 예리하다.)
나는 *자랑스럽다*: 나는 날씬하고 자부심이 강하고 아주 예쁘다.

나는 *교활한* 느낌이 든다: 나는 쉽게 드러나지 않고, 빨리 조용히 날아다닌다.
나는 *강한* 느낌이 든다: 나는 적이 나를 알아보기 전에 적에게 상처를 입힐 수 있다.
나는 *비열한* 느낌이 든다: 누군가가 의심하지 않는데도 숨기는 데 익숙하다.
나는 *외롭다*: 나는 친구도 없고 내 문제를 내가 챙긴다.
나는 *투옥된* 느낌이다.: 나는 계속 보호받고 숨겨져 있다.
나는 *무력하다*: 나는 언제 어떻게 사용할지 자제할 수 없다.
나는 *소름끼치는* 느낌이 든다: 난 키가 작고 조용하지만 면도날처럼 날카롭다.

4단계. 학생들은 그들의 느낌 목록을 보고 서로 모순되는 단어를 고르게 한다. 학생들은 다음과 같은 단어들을 골랐다.

*교만한*과 *비열한*
*고상한*과 *강력한*
*투옥된*과 *강력한*
*고상한*과 *소름끼치는*

5단계. 학급 학생들은 imprinsoned와 powerful 두 단어를 선택하여 더 연구해 나가기로 하였다. 그들은 '투옥되고 강력한' 이라는 두 가지 의미를 가진 사물, 사건의 명칭을 대도록 요구받았다. 학생들은 다음과 같은 것들의 이름을 대었다.

원자력
잠수함 선장
사각 링에 기대 있는 권투선수
상처 입은 곰
황제를 위하여 공연하는 투사
울 안에 갇힌 호랑이

6단계. Samuels는 Macbeth 부인이라는 주제로 다시 돌아가서 학생들로 하여금 여러 이미지 중 하나를 선택하여 그것을 Macbeth 부인과 비교하게 하였다. 대부분의 학생들은 황제를 위하여 공연하는 검사를 선택했다. 그들은 그녀를 강력하고 소름끼치는 사람으로 묘사했으나 그녀의 야심이 빚어낸 꼭두각시인 투사는 황제의 꼭두각시에 지나지 않았다.

활동 18.1: 수업 설계

일반 또는 보통 학급을 생각해 보아라. 일반 학생들에게 도전이 되고, 그러나 상위권 학생에게 보류되어 온 주제를 가르치는 수업을 설계하여라. 적어도 두가지 다른 수업 모형을 사용하기 위하여 구체적인 단계를 계획하라.

요약

상위권 학급에 사용되는 수업 전략은 일반적으로, 평균 학급 집단과 교정 학급 집단에도 효과가 있다. 세밀히 수업을 계획하고 수업을 다양화하면, 학생들은 어려워서 잠시 방치해 두었던 도전적 자료를 학습하는 데 적극 참여하게 된다.

대학에 가지 않는 학생들은 초중등학교에서 이러한 내용을 접할 필요가 있다. 왜냐하면 이곳이 아니면 그들은 도전적 자료를 학습할 기회를 가질 수 없기 때문이다.

이 장과 앞의 두 장에 기술된 교사들은 모두가 배경, 흥미, 교직 경험이 다른 사람들이다. 이 책을 읽는 여러분과 마찬가지로 그 교사들은 다양한 관심을 갖고 있고, 수업을 다른 방식으로 접근한다. 그러나 그들 모두는 교직을 존중하고, 개선하고, 학생들에게 다가서기 위한 보다 좋은 방법을 찾고, 교실에서 성공하고자 하는 욕망을 갖고 있다. 그들 모두가 해답을 추구하고 있다. 이들 전문가들은 아무도 맹목적으로 정해진 공식을 따르려 하지는 않지만 모두가 그들 계획에서의 필수적인 관심사에 주의를 기울이고 있다. 이들 교사들의 주된 관심은 학습자에게 있다. 그들은 수업의 결과를 세밀히 생각하고 가르칠 내용이 학습되었는지 결정하기 위한 평가를 할 책임이 있다.

이 장에서는 독자들이 마음속에 담을 간직하기보다 더 많은 문제를 제기하는 것이 우리의 희망이다. 수업이 삶의 모험이고, 어느 하루도 똑같은 날이 없다는 것이 우리의 믿음이다. 아무도 여러분에게 어떻게 가르칠지를 정확히 얘기해 주지 않는다. 우리는 방향을 제안했다. 즉 여러분은 그 과정을 그려내야만 한다.

각주

1. Hilda Taba. (1971). *Hilda Taba Teaching Strategies Program*, Unit I, Secondary Edition. Miami: Institute for Staff Dvelopment.

제 19 장

실천의 지혜

긍정적 학습 환경의 조성

어느 직업에서건 전문가와 초보자의 다른 점은 근무 연한의 차이 그 이상의 무엇인가가 있나. 물론 일 년의 20배로 볼 수 있는 20년의 근무를 한 전문가도 있다.

수업도 이러한 역설에서 벗어날 수 없다. 어느 교사는 영원히 초보 교사로 남아 있고, 어느 교사는 처음 교직에 발을 들여놓으면서부터 전문 교사가 되어 있는 교사도 있다. 그렇다면 전문 교사와 초보 교사의 차이는 무엇이란 말인가?

천부적인 교사는 처음부터 영재성을 부여받고 태어나는가? 아니면, 영재성은 학습되는가? 전문성의 본질을 조사해 보면, 첫 번째 질문에 대한 답을 구할 수 있다. 그러면 두 번째 질문은 분명 논의의 주제가 될 것이다, 사실 천부성은 전혀 천부적인 것이 아니다. 다른 사람에게서 천부적으로 보이는 것은 사실 전문가가 되겠다는 계획적이고 반성적인 노력의 결과인 것이다. 전문가는 항상 이전 경험에서 얻은 지식으로 무장하고 새로운 상황이나 문제를 대하는 일에 도전과 기쁨을 만끽한다.[1]

토마스 에디슨의 말을 부연 설명해 보면 성공적인 수업은 통상 영감이 1이고 노력이 9이다. expert(전문성)와 experience(경험)는 언어상 어원이 같다는 점도 상기하는 것이 도움이 된다.

두 용어 모두 peril(모험)이라는 단어와 관계된 용어이다. 전문 교사와 초보 교사의 큰 차이 중 하나는 전문가는 사태가 기대된 대로 진행되지 않을 때 참고할 보다 많은 수업 전략을 소유하고 있다는 점이다. 초보 교사와 전문 교사의 이러한 차이에 따른 결과는 전문가는 성공의 기회를 높이기 위하여 미리 사태를 관리하는 방법을 알고 있다는 점이다. 전문 교사 또는 영재라고 불리는 사람들은 자주 실패를 가져다주는 여러 사태를 해결하는 사람들이다. 어떻게 이러한 일이 생겨나는가? 모든 교사가 알아야만 하는 것을 전문 교사는 어떻게 알아내는가? 이 질문에 답하기에 앞서, 훌륭한 교사가 되기 위한 공식이 존재하지 않는다는 점을 기억해 주기 바란다. 수업 모형이란 수소 1과 산소 2가 결합해 물이 되는 것 같은 공식이 아니다. 오히려 수업 모형은 요리사의 요구와 취향, 그리고 가용한 구성 물질에 적합한 처방과 비슷하다.

요리와 마찬가지로 수업은 의식적인 반성이나 숙고를 통하여 언제나 수업의 과정이 개선될 수 있다는 의미에서 의도적 활동이라고 볼 수 있다. 그 질과 결과는 언제나 교사의 판단에 달려 있다. 판단의 일부는 학생과 변화하는 요구에 집중되고 또 그 일부는 교수 과정에 집중된다.

좋은 수업에 공식이 없다는 말이 수업의 실천에 대한 축적된 지혜가 존재한다는 사실을 부정하는 것은 아니다. 판단은 언제나 지식에 근거하는 것이고, 전문가는 초임자가 그렇게 하지 않는다는 것을 알고 있다. 다행히도, 효과적인 학교에 관한 연구와 경험에 관한 기록들이 있고 수업에 관한 여러 일반화의 기초가 되는 수업 실패에 관한 연구, 경험에 관한 기록들이 존재한다. 이 장에서는 "실천의 지혜"라는 주제 아래 몇 가지 일반화를 공유한다. 일반화는 여러 연구물, 우리의 경험, "무엇이 당신을 훌륭한 교사로 만드는가?"에 대하여 질문을 제기했던 수많은 교사들의 경험에 기초하고 있다. 그러나 연구와 다른 사람들의 경험만으로 결코 타인이 선택한 훌륭한 교사를 정의하리만큼 충분하지는 않다. 우리는 여러분이 여러분의 수업 실천에서의 각각의 일반화를 검증하기를 바란다.

수업의 전문성에 대한 세계적 전문가 중의 한 사람인 David Berliner는 전문가는 두 영역의 지식을 반드시 평가해야 한다는 것을 지적하였다. 두 영역의 지식이란 교과 지식과 교실 수업의 조직과 관리에 관한 지식이다.[2]

"무엇이 당신을 훌륭한 교사로 만들었는가?"라는 질문에 대한 대답으로 한 교사 집단이 언급한 25가지 특징과 행동 가운데 오직 한 교사만이 교과에 관한 지식을 언급했다는 것을 주목하는 것은 우리에게 큰 흥미거리가 된다. 이 결과는 잠시 우리에게 생각할 기회를 준다. 즉 확실히 교사들은 그들이 가르치고 싶어하는 내용의 전문가가 되어야 한다. 우리가 잠시 쉬어 생각해 보면, 우리는 곧 좋은 교사는 그들의 교과에 관한 지식이 주어진, 필요한 조건이긴 하지만 그것이 좋은 수업의 충분 조건은 되지 못함을 깨닫게 된다.

환언하면, 대부분의 교사들은 가르치고자 하는 것을 아는 것이 좋은 수업에 필수적이기는 하나, 그것을 가르치는 방법을 아는 것이 좋은 교사와 단순한 내용 전문가를 구분하는 것이라고 말한다. 아마도 수업 전문성의 실질적 표시는 두 영역의 지식—내용과 방법에 관한 지식—을 절충하여 어떻게 통합해야 하는지를 이해하는 데 있다. 우리는 이와 같은 이해를 좋은 교사가 지녀야 할 11가지 통찰로 요약해 놓았다.

좋은 교사는 자신의 학급을 책임진다

우리는 초등학교 학생과 고등학교 학생들에게 "여러분이 지금까지 받아온 수업이 어떻게 바뀌었으면 좋겠습니까?"라는 질문을 똑같이 했다. 그리고 다음과 같이 질문을 시작했다. 우리는 행정당국이 우리에게 어떻게 하면 학교 수업을 개선할 수 있는지에 대한 제안을 요구했으나 우리들은 수업을 받았던 학습자의 시각에서 보지 않고 현재의 수업 프로그램을 보지 않은 상태에서 이러한 제안을 할 수는 없다고 설명하였다.

일반적으로, 학습자들은 여러 가지 다른 방식으로 이야기하거나 대체로 세 가지를 언급하고 있다. 그런데 모든 경우에서 그들이 제안한 변화는 교사의 통제 아래에 있는 것이다.

- 나는 교사가 핵심 내용에 충실했으면 좋겠다.
- 나는 학생들이 주위를 배회하는 것을 방치해 두지 않는 교실을 좋아한다.
- 나는 무슨 시험을 치르던 내가 배웠던 것만을 알고 싶다.

6세 아이를 가르치건 아니면 60세 노인을 가르치건, 교사는 교실을 책임지는 사람이다. 모든 사람들은 처음부터 이러한 것이 분명히 정해진다면 편한 마음을 갖게 될 것이다. 교사는 친구나 동료가 아니며 또한 문지기나 폭군도 아니다. 교사는 학급이 배우는 내용에 집중해야 하고, 공정하고 일관되게 훈육을 유지하며, 평가의 일관성, 신뢰성, 타당성을 보장할 책임을 지는 전문가이다.[3] 비록 그 책임의 상당 부분을 학습자와 공유하지만, 교사는 학생들의 안전과 신뢰, 정서, 인성, 지적 복지를 위하여 궁극적으로 권위를 지켜야만 한다.

교사의 태도, 음성, 외모, 학급에 대한 접근에서는 전문성과 직업에 대한 철저한 준비가 강조되어야 한다. 통제된 상황에서 책임을 진 사람들이 무엇을 하고 있는지 알고 있고, 그들이 앞으로 무엇을 책임질지를 알고 있을 때 우리 모두는 안심이 된다. 모든 학생들은 그들의 안심을 위해 교사에게 의존한다. 하루의 분위기가 결정되는 수업이 시작될 무렵 어떠한 분위기가 될지에 대한 통찰을 얻으려면, 숙련되고 효과적인 교사와 미숙하고 비효과적인 교사를 비교한 결과를 생각해 보라.

만일에 여러분이 중학교 교사에게 수업을 시작하는 효과적인 방법을 처방해야 한다면, 그러한 수업의 시나리오는 다음과 같은 것이 될 것이다.

> 다음과 같은 특징을 지닌 일상적인 수업 시작 방법을 개발한다.
> (1) 시각적 검토(교실을 흘끗 쳐다보면서 곧 수업 시작을 알린다)
> (2) 사무적인 목소리로 학생을 부르기
> (3) 시간을 효율적으로 출석부를 정리하는 방법
> (4) 시작할 때 말의 계열 구성. 여기에는 행동적, 학문적 기대가 포함되고, 설명시 혼란을 예측하며, 처음 활동 시작을 알리기 전의 질문이 포함된다.[4]

"분명한", "사무적인", "핵심적인" 이라는 말은 교사가 통제하고 교실을 기술하는 말들이다. 교수학습 관리에 관한 연구에 의하면 훌륭한 교사는 새로운 학급을 조직할 때 가능하면 곧바로 관리체제를 수립한다는 것이다. 효과적인 교사는 연초에 관리가 아니고 수업이 우선되는 효율적이고 유연하게 운영되는 학급을 구성하는 것을 목적으로 삼는다.[5] 전문 교사들은 학교 수업이 시작된 몇 일간이 학급의 운영을 위하여 수업과 관리의 일정을 수립하여 실천하는데 결정적으로 중요하다는 데 의견을 같이하고 있다. 일련의 연구결과는 이러한 통찰을 지지한다.[6]

이러한 일상의 일이 자동적이 되게 하기 위하여 훌륭한 교사들은 학생들에게 무엇을 기대하고 있는지 말하고, 이것을 학생들에게 시범 보이고, 기대된 활동을 실천하도록 학생들을 안내하고, 성공적 교수와 학습을 위하며 필요한 일상적 일을 거의 완벽하게 수행을 수용해야 한다. 정확한 일상적인 일을 의도하고 있는 시범과 안내는 후에 일어날 일상적 일에서의 과오를 수정하는 것보다 효과적이다. "최소한의 예방" 은 교수 학습 관리의 표어이다.

좋은 교사는 유쾌한 물리적 학습 환경을 조성한다

John Goodlad는 「학교라는 장소」라는 획기적 연구에서, 전형적인 미국의 학교와 교실의 모습을 그리고 있다. 그는 그 장소를 미적으로 멋이 없고, 정서적으로 따분한 곳이라고 부른다.[7] 그러나 적당한 학습 공간과 유쾌한 학습 환경은 학생의 동기 유발, 행동, 성취와 관련이 있다.[8] 아마도 교사 개인이 매력적인 학교 건물을 만들기 위해 할 수 있는 일은 거의 없을 것이나, 각각의 교실 분위기는 교실을 공유하는 교사와 학생의 통제 아래 놓여 있다. 효과적인 교사는 학습을 증진시키는 환경을 계획하는 관리자가 되는 경향이 있다. 교사들은 학습에 영향을 미치는 교실의 네 가지 측면, 즉 전시, 물리적 환경, 공고, 좌석 배치에 대한 활동을 포함하여 학생들이 학습할 수 있는 유쾌한 환경을 만들기 위해 많은 일을 해 나간다.

학습과의 관계

교실의 물리적 환경은 학생의 학습과 교사의 만족에 영향을 미친다.[9] 그것은 학생들이 학급에서 생산적으로 학습할 수 있도록 공간을 조성하는 것과 관련이 있다. 교사는 물리적 환경이 학생들로 하여금 편안하고 안전하게 느끼도록 보장해야 한다. 즉, 천장이 무너질까 걱정하게 되면 열심히 학습하는 데 지장이 된다. 학생들은 또한 학생 간, 학생과 교사 간의 상호작용이 허용되는 교실에서 더욱더 생산적이 된다. 만일에 교실이 학교의 제 측면 즉, 학생, 교육과정, 교사를 잘 반영하고 있다면 도움이 된다. 위안은 물리적인 것 그 이상을 의미한다. 심리적 위안은 학습과 관련이 있다. 교실은 유쾌하여야 하고 미적으로도 기쁨을 주어야 하며, 동시에 지적으로 자극적이 되어야 한다.[10]

가구 정리와 좌석 배치

가구정리는 학생의 성공이 방해받지 않도록 하며, 교실 배치는 융통성이 있어야 한다. 가구가 일렬로 배치된 곳에서 협동하기는 쉽지 않고, 네 명이 함께 하는 테이블에서는 학생이 발표하는 것을 바라볼 수가 없다. 물리적 공간에 대한 개인적 요구가 수업 성공과 학습 관리 성공에 필수적이다. 의자, 테이블, 책상은 서로가 너무 근접해서는 안 된다. 학생들의 이동이 방해받지 않도록 분명한 통로가 있어야 한다. 예를 들면, 가방이 교실에 가득 있을 때 어떻게 지나갈지에 대한 일정한 규칙이 있어야 한다.

좌석 배치는 수업의 성공을 높이는 데 많은 역할을 한다. 학급 활동에 따라 좌석을 재배치할 계획을 세우는 것은 아주 중요하다. 만일에 교실이 너무 혼잡하지도 않거나 관리하기도 어렵지 않다면, 대부분의 학생들이 앞 사람의 등을 바라보고 앉는 좌석 배치는 바람직하지 않다. 원과 타원은 정보를 공유하고 토의하기에 아주 효과적이다. 원과 타원은 2개, 3개 또는 4개의 의자를 한 곳에 배치하여 소집단, 학생들 간의 협동학습 상황을 만든다.

학생들은 학급에서 좌석 유형을 어떻게 효율적으로 바꿀지에 대한 지시를 필요로 한다. 예를 들면, 설명 후 학생들이 소집단에서 학습을 한다면, 미리 좌석이 어떻게 배치될지 그리고 각 집단을 어디에 위치할지를 자세히 설명할 필요가 있다. 또한 개별 과제와 집단 과제가 동시에 진행될 수 있도록 교실을 꾸며야 한다. 소리와 빛으로 인한 방해를 극소화할 수 있도록 여러분이 요구하는 좌석 배치 유형을 미리 계획하라. 가구 배치에 대한 절차는 일정해야 한다.

분위기 조정

조명, 공기, 온도에 신경 쓰는 것이 무엇보다 중요하다. 교실 내의 온도가 너무 덥거나 추우면 학생들이 집중할 수 없기 때문에 훌륭한 수업을 망치게 된다. 여러분이 가르치는 교실이 너무 혼잡하고, 너무 덥거나 추우면 또는 퀴퀴한 냄새가 나면, 다른 장소를 찾도록 하라.

문제가 야기된 물리적 조건에 대하여 교장선생님과 함께 이야기를 나누기 바란다. 그러면 수업 전문가로서 여러분은 물리적 환경이 학습자에게 미치는 효과를 가장 잘 아는 사람이 될 것이다.

비품과 전시품

교실은 아주 어지러운 곳이다. 즉 책, 종이, 쓰기도구, 컴퓨터, OHP, 큰 교사용 책상, 테이블 또는 책상, 의자, 식물, 그림, 칠판, 많은 작은 물건들이 있는데 이것들은 공간을 인간화하는 데 사용된다. 가능하다면 교실은 매력적이고 조직적이며 유혹적인 장소가 되어야 한다. 교사와 학생들은 수업에 사용되는 자료와 비품을 찾아 검색할 필요가 있다. 자료와 도구는 가까운 장소에 일정한 순서로 비치되어야 한다. 가구 이동 시간이 너무 많이 걸리면 수업은 핵심에서 벗어나 주의산만과 혼

란의 기회만 커진다.

전시물은 학생의 작품, 동기유발을 위한 포스터와 정보적 포스터 또는 게시판과 공예품으로 구성된다. 전시물은 수업 단원이나 현재 공부하고 있는 핵심 개념을 보강하기 위하여 사용된다. 학생의 작품을 소수 몇 명이 아닌 모든 사람들을 강화하는 방법으로 모든 사람들이 볼 수 있도록 한다. 여러분은 학생의 작품을 전시하기에 앞서 반드시 학생들의 허락을 구하도록 한다.

급우들의 사진, 학생 개인의 취미 작품과 그들이 수집한 작품은 학급에서 개별 학생과 집단 학생 모두를 긍정적으로 나타내게 하고 교사와 학생으로 하여금 그들이 가르치고 배우는 공간에 더 많이 애착을 느끼게 하는 데 도움이 된다.

좋은 교사는 인간관계를 효과적으로 관리한다

수업은 복잡하다. 교수학습 관리는 교사가 책임지는 복잡한 것 중의 하나이다. 교실과 학생 행동을 관리하는 최선의 방법에 대한 조언이 없는 것은 아니다. 학생과 학습을 존중하고 성공적인 학문적 만남을 위하여 교실과 수업을 조직함으로써 많은 행동 문제를 피할 수 있다. 교실 학습 공동체를 구성한다는 것은 학급의 규범을 통하여 양육적이고 지원적인 환경에서의 지적인 발달을 조장해 준다는 의미이다.[11]

Steven Work는 이 교재에서 공유할 지금까지 채택되어 왔던 몇 가지 관리에 관한 제안을 제시하고 있다.

1. 학생들을 알아야 한다—그들의 성취, 가능성, 흥미, 문화적 배경, 학습에 대한 기초.
2. 학생 참여를 증진시키기 위하여 학급의 계획을 관리한다.
3. 학급을 원활히 운영하는 데 도움이 되도록 학생에게 책임을 부여한다.
4. 교실의 물리적 환경을 사용하여 여러분의 수업 목표를 촉진시킨다.
5. 교실을 조직하고 혼란을 없애고 학생들의 발달적 요구에 부응한다.
6. 합리적인 규칙을 개발하여 이를 학생들에게 분명하게 가르친다.
7. 첫째, 해를 끼치지 않는다. 학생의 행동을 조정한다. 시시하고 괴롭히는 행동은 도외시한다. 가까이 다가가 훈육 문제를 알리도록 노력한다.
8. 고질적인 행동문제를 규명하고 학생들과 함께 해결한다.
9. 학생들이 계속 참여하여 학습에 대한 동기를 갖도록 하기 위하여 훌륭한 수

업 전략을 사용한다.

10. 학생들이 혼란을 일으킬 때 학생들이 도움을 구할 방법, 지시, 분명한 기대를 제시한다.
11. 학생들이 자기 평가 기술을 개발하도록 돕는다.
12. 문화가 학습과 행동에 미치는 영향을 인지한다.
13. 항상 학생들에게 정중하게 대한다. 공평하게 대한다. 행동과 학문적 기술에 대하여 구체적이고 긍정적인 피드백을 제공한다.
14. 학교 공부를 벌로서 사용하지 않는다.[12]

교실 내에서 수업과 행동 관리 간에는 밀접한 관련이 있음을 기억해 둔다.

Thomas Lasley는 연극에 의하여 정당화된 교실과 행동 관리에 대한 네 가지 일반화를 제안하고 있다. 교수학습 관리에 관한 문제에 대한 방대한 문헌 분석 결과에 의하면, 효과적인 교사는 다음과 같이 행동한다.

1. 실행 가능한 일련의 학급 규칙을 개발, 시행한다.
2. 혼란스러운 행동을 최소화하도록 교실을 구조화하고 조처한다.
3. 부적절한 행동을 명확히 정의하고 신속하고 일관되게 부적절한 행동에 반응한다.
4. 반응을 지적받은 학생들의 인격에 손상이 가지 않도록 부적절한 행동에 대한 반응을 보인다.[13]

좋은 교사는 학습 과정에 학생들을 참여시킨다

Eleanor Duckworth는 교육학을 배우는 대학생들을 가르치면서 유념해야 할 두 가지 중요한 원리가 있다고 언급하고 있다.[14]

첫째, 그녀는 학생들이 무엇을 배우기를 바라든지 가능한 한 학생들과 직접 접촉하라고 말한다.

이것이 학교에서는 통상 현장답사와 기타 특별활동의 목적이 된다. 그러나 학생들이 학습과 직접 접촉할 수 있는 방법은 다양하다. 그들은 태양계의 형성과 움직임을 모형화할 수도 있다. 학생들은 지역사회에 서식하고 있는 동물에 대한 일기를 계속 쓸 수도 있다. 그들은 모델을 구성하고, 모의 경험에 참여할 수도 있고, 인터뷰를 할 수도 있다.

둘째, 이것은 첫 번째 원리와 관련이 있다. Duckworth는 교사들이 학습자로 하여금 그들이 이해한 내용을 학생들에게 말해주고 싶은 유혹을 받는다고 한다. 그래서 교사들은 학생들로 하여금 그들이 이미 알고 있는 내용을 설명하도록 요구하기도 한다.

우리는 이 지침이 초임 교사의 수업 효과성에 있어 결정적으로 중요하다는 생각에 동의한다. 우리는 학습자들을 그들이 배우고자 하는 것에 어떻게 참여시키느냐에 따라 학생들은 더 많은 내용을 학습할 것이라는 점을 알고 있다. 이것이 *유의미한 참여의 법칙*인데, 대부분 이 법칙이 지켜지지 않고 있다.

Renate Nummela Caine과 Geoffrey Caine은 뇌 기반 학습을 위하여 조직해 놓은 학습 환경의 특징을 기술하고 있다. 그 목록의 첫 머리에는 총체적 몰입이 있고 그 다음에는 느긋한 마음의 기민성과 적극적 처리 과정이 있다.[15]

*총체적 몰입*이란 내용이 학생에게 어떻게 드러나 보일지에 집중한다. 모든 감각, 감정, 동작이 학습할 정보와 관련이 있으므로 전체성, 상호 관련성을 도외시할 수 없고, 학생들은 내용 탐구에 "모든 정신"을 쏟아야 한다.[16]

느긋한 마음의 기민성이란 높은 수준의 도전과 낮은 정도의 위험이 결합된 상태이다. 자연적 지식을 확대하기 위한 *적절한 마음의 상태*란 내발적 동기가 될 중간 정도에서 높은 정도에 이르는 도전을 낮은 위험과 복지에 대한 의식과 결합한 것이다. 우리는 이것을 마음이 느긋한 기민성 상태라고 부른다.[17] *적극적 과정*이란 개인적으로 의미가 있고 개념적으로 일관성이 있도록 학습자가 정보를 공고히 하고 내면화하는 것이다.[18] 성공적 학습 경험 중 이 세 가지 요소들이 우리가 의미 있는 참여라고 언급한 것과 유사하다.

모든 학생들이 학교에서 학습하는 데 똑같은 시간을 갖는 것은 아니다. 애석하게도, 학습하는 데 가장 많은 시간이 필요한 학생에게는 가장 적은 시간이 주어질지도 모른다. 예를 들면, Michael Brady와 Philip Gunter는 하루 종일 다른 반 다른 학생들의 수업 참여시간은 전체 수업 시간의 99%에서 4%까지 변화된다는 것이다.[19]

Benjamin Bloom은 학문적으로 최하위 10%의 학생들은 학문적으로 최상위 10%의 학생들과 똑같은 내용을 학습하는 데 걸리는 시간이 6배 더 든다고 제안하였다.[20] 우리의 경험에 의하면 학생들을 학습할 내용에 직접 참여시키고 그들이 알고 있는 내용을 설명할 수 있는 기회를 자주 제공하게 되면 결국 이것은 의미 있는 참여의 법칙과 같아진다. 이러한 원리의 이면에는 수업이란 정보를 넣어 주는 것이라기보다는 정보를 끄집어내도록 하는 것과 유사하다는 점이 존재한다는 것이다.

우리가 주장해 온 수업 모형이라는 맥락에서 볼 때 이 원리 중 어느 것도 교사가 학습자에게 정보나 정보의 원천을 제공해서는 안 된다는 것을 제안하는 것은 아니다. 반대로 다양한 형태로 제시된 좋은 정보는 학습에는 필수적이다. 그러나 수업 모형이 교수학습의 규칙으로서가 아니고 이해를 위한 길잡이로 구실을 할 때 더욱더 강력한 효과가 있다.

학습자의 이해와 통찰은 수업의 목적이 되어야 한다. 메타인지–학습이 진전되도록 자신의 학습을 조정할 수 있는 능력–는 학생의 이해를 위해 꼭 필요한 요소이다. 교사는 학생들이 이미 설정된 목적을 향한 학습 진전에 대한 피드백을 받을 수 있도록 하는 활동을 개발하여야 한다.

훌륭한 교사가 아닌 보통 사람은 거의 발견하지 못할 교육의 큰 역설 중 하나는 말을 통하여 부모가 아동들에게 아동자신의 구두끈을 매도록 가르칠 수 없듯이 학습자에게 직접 이해를 제공해 줄 수 없다는 것이다. 구두를 주어 연습을 시키고, 그 어린이로 하여금 연습을 하면서 그가 무엇을 하고 있는지 여러분에게 또는 다른 사람에게 설명하도록 시킨다. 만일에 그 충고가 구두끈을 매는 학습에 효과적이라면, 학교에서 학생들이 알아야 할 복잡한 모든 것을 학습하는 데 얼마나 큰 효과가 있을까?

좋은 교사는 철저하게 가르친다

좋은 교사는 피그말리온 효과를 알고 있다

그리스 신화에서 피그말리온은 Cyprus에서 조각을 하던 조각가였는데, 그는 여성 조각상과 사랑에 빠졌다. 그런데 여신인 Apttdite가 훗날 여성 조각상에게 생명을 불어넣어 주었다. 피그말리온 주제는 서양 문학, 이야기, 시에서 반복해 나타나고 있다. Bernard Shaw는 음성학에 취미가 있는 귀족 Henry Higgins와 런던의 꽃 판매인인 Eliza Doolittle을 영원불멸하게 만들었다. 헐리우드는 이 낭만적이고 동화 같은 주제를 좋아하는데, 이 주제는 사회계층을 상승시켜 주는 교육의 힘에 집중되어 있다. 사랑은 모든 것을 정복하지 못한다. 그러나 사랑은 교육의 강력한 요소가 된다. 피그말리온 이야기는 이러한 것을 암시한다.

이 이야기를 각색할 때 조각가는 자신의 조각으로부터 많은 것을 배운다는 것을 잊지 않는 것이 무엇보다 중요하다. 이 중요한 교훈은 Shaw' s의 극이 끝날 무렵 Eliza에 의하여 표현된다. 그녀는 극 속에서 자신의 친구와 은인인 대령 Pickering

에게 그녀가 어떻게 꽃 파는 소녀에서 세련된 숙녀로 변하는지를 설명하고 있다. Liza는 Pickering 곁의 소파에 앉아 바느질을 하면서 다음과 같은 말을 한다.

Liza: (Higgins를 알아차리지도 못하고 열심히 일하고 있는 Pickering에게) Pickering 대령, 이제 실험도 끝났으니 잠시 나를 방문해 주겠어요?

Pickering: 아, 안돼요. 당신은 그것이 실험이라고 생각해서는 안돼요. 아무튼 그것은 나에게 충격적입니다.

Liza: 아, 나는 단지 물렁물렁한 양배추 잎사귀에 지나지 않아요. (Higgins는 얼마 전에 그녀를 이렇게 불렀다.)

Pickering: (충동적으로) 아니에요.

Liza: (계속 조용히 있다) 그러나 나는 당신의 은혜를 많이 입었어요. 만일 당신이 나를 잊는다면 나는 불행해질 거에요.

Pickering: Doolittle양, 그렇게 말하니 참 친절하네요.

Liza: 당신이 옷을 사주어서 그런 것이 아니에요. 나는 당신이 돈에 있어서는 모든 사람에 관대하다는 것을 알고 있어요. 그러나 나는 당신한테서 훌륭한 예의를 배웠습니다. 그것이 바로 꽃 파는 소녀를 숙녀로 만들지 않았을까요? 당신도 알다시피 나는 항상 앞서가는 Higgins 교수를 본보기로 삼기에는 너무 힘이 들어요. 나는 그를 닮도록 교육받았으나 내 자신도 통제할 수 없었고 약간 화가 날 때도 좋지 못한 언어만을 사용했어요. 당신이 없었더라면 숙녀들은 그렇게 행동하지 않다는 것을 나는 결코 몰랐을 거에요.

Higgins: 그래!

Pickering: 당신도 알다시피 그게 바로 그의 방식이야. 그렇다고 그 방식이 그가 의도한 것은 아니야.

Liza: 내가 꽃 파는 소녀라도 나는 그 어느 쪽도 아니었을 것이야. 그게 바로 내 방식이에요. 그러나 당신은 내가 그렇게 한 것을 알고 있어요. 즉 그것이 결국 차이를 만든 것이예요.

Pickering: 의심의 여지가 없어. 아직도 그는 당신에게 말하는 것을 가르치고 있어. 당신도 알다시피 나는 그것을 할 수 없었어.

Liza: (시시해)물론 그것이 그의 직업이예요.

Higgins: 제기랄!

Liza: (계속 말을 한다) 그것은 마치 유행하는 춤을 배우는 것 같아요. 즉 별거 아닌 거 같아요. 그러나 무엇이 나의 참 교육을 시작하게 했는지 당신은 알고 있지요?

Pickering: 뭐라고요?

Liza: (잠시 자신의 일은 멈춘다) 내가 처음 Wimpole 거리로 나갔던 그 날 당신이 나를 Doolittle양이라고 불렀지요. 그것이 나에게는 자존심이 작용하기 시작한 계기였어요. (그녀는 다시 바느질을 재개한다) 당신이 깨닫지 못하는 것들이 백여 가지 있어요. 왜냐하면 그 백여 가지의 것이 저절로 당신에게 다가왔기 때문이예요. 일어나 모자를 벗고 문을 여는 것과 같은 것들이예요.

Pickering: 아, 그것은 아무것도 아니예요.

Liza: 그래. 그와 같은 것들이 마치 내가 실물보다 나은 그 무엇인 것처럼 당신이 나에 대하여 생각하고 느낀 것들을 보여주는 거예요. 물론 그녀가 화실에 들어가 있었다면 당신도 식모에게 있었던 것과 똑같은 일이 일어날 것이라는 것을 나는 알고 있어요. 당신은 내가 화실에 있을 때 결코 당신의 신발을 벗지 않았어요.

Pickering: 당신은 그것을 걱정할 필요는 없어요. Higgins는 어느 곳에서나 신발을 벗어요.

Liza: 나도 알아요. 나는 그를 꾸짖는 것이 아니예요. 그것이 그의 방식이잖아요? 그러나 당신이 그러지 못한 것은 나와는 좀 달라요. 사실 누군가가 행할 수 있는 것(의상, 적절히 말하는 방법, 기타)과 달리 당신은 숙녀와 꽃 파는 소녀의 차이는 그녀의 행동 방식에 있는 것이 아니라 그녀가 어떠한 대접을 받느냐에 있다는 것을 당신은 실제로 알고 있어요. Higgins 교수 앞에서는 나는 항상 꽃 파는 소녀가 될 거에요. 왜냐하면 그는 언제나 나를 꽃 파는 소녀로 대하고 있으며 앞으로도 언제나 그렇게 할 거에요. 그러나 나는 당신 앞에서는 숙녀가 될 거에요. 왜냐하면 당신은 나를 언제나 숙녀로 대하고 있으며 앞으로도 언제나 그렇게 할 것이기 때문이에요.[21]

이상의 대화로부터 우리는 *피그말리온 효과*라는 표현을 생각하게 된다. 학교에서의 피그말리온 효과는 1960년대 말 Robert Rosenthal과 Lenore Jacobson에 의해 유명해졌다.[22]

본래 그들의 연구에서는 학생들이 잘 할 것이란 교사의 기대는 학생들의 성공에 긍정적인 영향을 미친다고 주장했다. 학교에서의 피그말리온 반대 효과는 즉 교사들이 성취가 낮은 학생이 불리하도록 높은 성취를 보이는 학생과 낮은 성취를 보이는 학생을 차별적으로 대하는 것이 연구의 각광을 받았다.[23] Thomas Good는 교사가 성취도가 높은 학생과 성취도가 낮은 학생을 차별적으로 대하는 몇 가지 방법을 열거하고 있다.

- 성취도가 낮은 학생은 다른 학생에 비해 교사로부터 먼 곳에 자리를 배정한다.
- 성취도가 낮은 학생에게는 다른 학생에 비해 관심을 덜 둔다.
- 질문에 대한 대답을 요구할 때 성취도가 낮은 학생에게는 다른 학생에 비해 기회를 적게 준다.
- 질문에 대한 답을 요구할 때 성취도가 낮은 학생에게는 다른 학생에 비해 질문에 대답할 시간을 적게 준다.
- 성취도가 낮은 학생이 질문에 대한 대답을 하는 것을 도와주기 위하여 단서나 후속 질문을 제기하지 않는다.
- 부정확한 대답을 했을 경우 성취도가 낮은 학생에게는 다른 학생에 비해 자주 비판을 가한다.
- 옳은 반응 또는 부분적 반응을 했을 경우 성취도가 낮은 학생에게는 다른 학생에 비해 칭찬이 거의 주어지지 않는다.
- 피드백을 받을 때에 성취도가 낮은 학생은 다른 학생에 비해 더 적은 피드백, 덜 상세한 피드백을 받는다.
- 성취도가 높은 학생보다 성취도가 낮은 학생의 학습 수행을 더 자주 중단시킨다.
- 성취도가 높은 학생에 비해 성취도가 낮은 학생에게는 더 적은 노력, 더 적은 학습을 요구한다.[24]

Rhona Weinstein은 학교에서의 기대의 힘에 관한 종합적 연구에서 다음과 같은 결론을 내렸다.

- 학생들은 교사가 학생에 따라 기대를 달리하고 있다는 사실을 알고 있다.
- 아동들이 학교와 교실에서 어떻게 취급받고 있느냐가 문제시된다. 예를 들면, 만일 학교 정책이 IQ는 안정적이라는 신념에 따라 구성된다면 어느 학

생에게는 기회가 제한된다.

- 기대는 제도의 구조 중 일부이다. 그리고 기대가 전달되는 과정은 모든 학교 수준에서 비슷하다.
- 교사가 학생에게 낮은 기대를 갖고 그 기대 때문에 학생을 달리 취급한다면 성취 차이가 생기고 점점 더 커지게 된다.
- 기대는 학교 문제로 학생들을 위태롭게 하는 다른 특성과 상호작용한다─인종, 문화, 언어, 사회경제적 지위, 성, 학습방법에 대한 선호, 선수 지식.[25]

"성취를 평가해 학생을 선발하는 것을 지나치게 강조하여 실제적으로 능력을 개발하는 교실, 학교의 조건을 만들 수 없다. 우리는 모든 학습자에게 적합하고, 비난이 없고, 융통적인 교육 지원을 받는 도전적인 교육과정을 제공할 수 없다."[26]

좋은 교사는 학생이 알고 있는 내용을 이용한다

학생들이 내용에 대하여 무엇을 알고 있느냐가 그들이 새로운 정보를 얼마나 잘 학습할 수 있는가를 결정한다. 교사들은 이미 학생들이 알고 있는 내용이 새로운 이해의 기초를 구축한다는 것을 알고 있다. 학생들은 이따금 학교에서 배운 내용에 대하여 아무것도 모르고 그 내용이 관련이 없어 거의 관심을 갖지 않는다고 생각하고 있다. 그러나 훌륭한 교사는 학생들이 배우고자 하는 내용에 대해 학생들이 이미 많이 알고 있음을 학습자가 볼 수 있도록 도움을 주고, 그들에게 *학생들이 이미 알고 있는 내용은 앞으로 학습할 내용에 영향을 미치는 단 하나의 가장 중요한 요소*라고 가르친다.

학습자는 그들 자신의 학습에 아주 중요하고, 수업은 학습자가 그렇게 느끼도록 하여야 한다. Gordon Wells는 아동을 "의미 구성자"라고 부르고 있다.[27] 그는 성인이 아동과의 의사소통 방법을 논의하는 데 합당한 비유를 이끌어내고 있다. 즉, 의사소통을 마치 어린 아동과 공놀이를 하는 것과 유사하다고 말하고 있다.

> 이 경기를 이기기 위하여 성인이 제일 먼저 해야 할 일은 아동이 팔을 벌려 공을 잡을 준비가 되었는지를 확인하는 것이다. 그 다음 공을 천천히 그리고 정확하게 던져 공이 아동의 팔 안에 들어가도록 해야 한다. 아동이 공을 던질 차례가 되면, 성인은 공이 어느 쪽을 향하든 달릴 준비가 되어 있어야 하고, 아동이 공을 던지려고 했던 곳으로 공을 다시 가져와야 한다. 이러한 것이 바로 수업에서 요구되는 협력으로 성인은 공놀이가 계속되도록 많은 지

원적인 일을 하여야 한다.[28]

Wells는 아동과의 대화에 관하여 언급하고 있다. 우리는 이 비유가 수업의 요구 조건에 딱 들어맞는다고 생각한다. 그래서 우리는 "*대화를 위한 수업*"이라는 말로 대치했는데, 이 말은 수업이 대화와 아주 유사하다는 것을 상기시켜 준다.

좋은 교사는 아동들 간의 차이를 인정한다

옛 속담에 "우리 중 어느 누구도 우리 모두만큼 똑똑한 사람은 없다"라는 말이 있다. 이 말은 교실 수업에서도 그대로 맞는 말이다. 교사가 학생 각자가 알고 있거나 배운 것이 모든 사람에게 가치가 있음을 분명히 해 두면, 학생들은 모든 사람이 알고 있는 것은 무엇이나 공유하고 그리하여 아무리 빈약하더라도 그들이 이해한 것을 가치롭게 여기게 된다. 이 개념이 뜻하는 것의 절반은 예의 바른 행동—존중—이고 나머지 반의 뜻은 지적 정직성이다. 즉 아무도 어느 내용에 관한 모든 것을 알지 못한다. 심지어 교사도 모른다. 이것은 받아들여야 한다. 간단히 말해서 두 개의 머리가 하나의 머리보다 항상 더 나은 것이다.

좋은 교사는 중요한 문제에 대한 정답은 하나 이상 존재한다는 것을 알고 있다

모든 교사의 매뉴얼에는 학생들에게 무엇을 이야기하고 대신 학생들에게 무슨 말을 기대할지에 대한 제안들이 포함된다.

초등학생에게 독서를 가르치기 위한 매뉴얼에는 어느 한 가지 색을 사용하여 교사가 무엇을 언급할지 그리고 다른 색을 사용하여 학생들이 무엇을 언급할지를 포함시킨다. 그러나 교수 학습안은 개략적인 내용만 적어 둔다. 사실, 모든 교사 매뉴얼에 발견되는 한 가지 사실은 대답이 다양하다는 점이다. 수업 기예는 이러한 다양성을 어떻게 이용할지를 알아내는 데 있다.

좋은 교사는 성취를 인정하고 중요한 실수를 최소화한다

자동차 운전 교습을 받던 때를 기억하는가? 만일 운이 좋다면, 당신을 가르치는 사람은 당신이 차를 잘 운전할 수 있음을 계속 확인하면서 당신이 잘 하는 모든 것에 칭찬을 아끼지 않을 것이다. 문제가 생기면 교관은 당신의 잘못을 호되게 꾸짖는 대신 무엇을 할지에 초점을 맞추도록 도움을 줄 것이다. 이것의 결과는 의도가 어떠하든 간에 당신의 신뢰를 얻게 되는 것이다. 훈육의 첫 번째 규칙은 긍정적인 면을 강조하는 것이다.[29] 우리는 그 규칙을 성공적 수업의 핵심으로 여길 수 있다.

인간관계에 관한 연구에 의하면 성공적 인간관계에 있어서 긍정적 순간이 부정적 순간의 5배나 더 많았다는 것이다.[30] 그러나 George Prince와 그의 동료들은 다음과 같이 기록하고 있다.

"우리가 교실을 관찰해 보면, 1:5의 비율이 항상 유지되는 것은 결코 아니다. 이 비율은 거의 지켜지지 않고 정정, 처벌, 불평이 많다는 것은 가장 우수한 아이에 비교해 볼 때 다른 학생에게 훨씬 더 적은 긍정적인 순간이 부여된다는 것을 뜻한다."[31]

좋은 교사는 훌륭한 학습자이다

좋은 교사는 학습의 모델이 된다

우리는 학급에서 교사가 최고의 학습자라고 말하고 싶은 유혹을 느끼지만 그러한 명예를 위한 경쟁이 얼마나 치열할지 잘 알고 있다. 또한 우리는 그것을 경쟁이라고 정해 놓고 싶지도 않다. 그러나 교사는 열렬한 학습자여서, 기꺼이 학습의 과정을 다른 학습자인 급우들과 공유하고자 한다. 훌륭한 교사는 자신의 공부를 통하여 배우고, 그 배운 것을 학생들과 공유해 나간다. 자주, 심지어는 매일, 그들은 그들이 읽었거나 보았던 것으로부터 새로운 아이디어를 수업에 끌어들인다. 그들은 학자여서 학문을 습득해 나가는 과정, 결과를 공유해 나간다. 교사들은 그들이 함께 공부해 나갈 내용, 수업 방법에 관하여 학생들로부터 배워 나간다. 누군가를 가르칠 수 있는 기회를 갖는 것은 최선의 학습 방법 중 하나로 교사와 학습자가 가끔 자신의 역할을 바꿔 보는 것이 좋다. 교사는 수업에 관해서가 아니고 학생에 관하여 그들이 공부할 것을 가르치면서 배워 나간다.

모든 내용을 아는, 그래서 모든 사람에게 말해 줄 수 있는 교사상을 그려보는 것 자체가 큰 실수이다. 이러한 태도는 마치 지식이 아주 중요한 것처럼 지식의 본질에 대한 그릇된 인상을 남겨 놓는다. 어느 분야이건 인간 지식의 수명의 절반은 약 6년이고 심지어 그 기간조차도 순식간에 지나간다.[32] 이 말은 우리가 알고 있는 모든 내용이 결코 진리가 아니기 때문에 5년마다 교체되어야 한다는 뜻은 아니다. 그러나 인간이 소유한 지식은 너무 급히 팽창하여 지식의 하부 구조가 계속 새로운 통찰과 이해를 조절하여 바뀌어 가고 있다. 그러므로 학생들과 마찬가지로 교사는 시대에 뒤떨어지지 않도록 계속 배워 나가야 할 필요성을 갖게 된다. 이것을 깨달은 교사에게 있어 재미있는 결과는 새로운 통찰과 이해를 공유할 청중이 항상 존재한다는 사실이다. 이와는 대조적으로, 모든 것을 알고 모든 것을 이야기할 수 있다는 태도에서는 지식을 고정체로 보고 학습자를 학습 과정에서 배제시켜 그들이 졸업하기도 전에 사라질지도 모르는 정보의 획득에 집중한다. 학습자로서의 교사의 이미지는 학생들을 다른 사람(교사포함)과 함께 아는 것에 대한 즐거움과 스릴에 동참시키는 것이다. 장기적 효과는 학생들이 앞으로 좀 더 잘, 많이 배워 인생 내내 계속 학습자로 남는 것이다.

좋은 교사는 전문 지식의 중요성을 알고 있다

모든 교과, 일반 교육 분야에는 전문 조직기구들이 있다. 이들 기구의 주된 기능은 학생들을 가르칠 사명을 띠고 있는 교사와 행정가들을 돕기 위한 종합적인 자료를 제공하는 것이다.

이들 자료 중에는 주로 전문 학술지, 책, 시청각 테이프, 그리고 연구 보고서들이 있다. 각 전문기구들 또한 교사들이 공통적인 문제와 아이디어를 논의하게 될 지역, 주, 국가, 국제적 모임을 주최한다.

이 모든 것을 종합하여 생각해 볼 때 이들 자원은 졸업 후 전문교육 연구의 기초가 된다. 학문적 지식은 증가하고 재빨리 바뀐다. 새로운 이론이 구성되어 검증받는 일은 과학에서만 일어나는 것이 아니다. 모든 학문 분야는 기술적 도구와 통신 채널의 확장으로부터 많은 혜택을 누린다. 우리는 우리의 세계를 더 많이 이해할 수 있는 도구가 있고 이러한 발견을 신속히 공유할 도구도 있다. 새로운 이해가 사전 지식과 결합되므로 더 많은 지식이 생성된다. 이러한 주기가 신속히 돌아온다.

교사는 학습 방법, 내용 영역의 발전, 그리고 내용을 학생들에게 전달하는 방법의 발전과 더불어 어떠한 정책이 학생의 발달과 성취에 영향을 주는지에 관한 풍부하고 검증된 이론에 뒤떨어지지 않고 따라갈 필요가 있다.

Judith Little은 교사가 자신의 전문성 발달 추구를 격려하는 네 가지 요소를 밝히고 있다.

1. 교사들 간의 상호성, 존중, 협력

그림 19.1 투입(input), 과정(process), 결과(outcome)

투입
(한 레슨 또는 한 단원에 포함되는 모든 것)
은 **과정**의 기초이다
(교수학습 과정에서 발생한 모든 것)
이 과정을 **결과**로 이끈다
(과정에서 생긴 모든 것)

2. 교사들 간의 협동계획을 위한 다양한 행정 기구
3. 교사의 계속 학습을 위한 기회, 이 기회는 문제 중심적이 되어야 하고, 경험적 적용이 수반되며, 적절히 계열화되어야 한다.
4. 프로그램 효과에 대한 상호 평가 실시[33]

좋은 교사는 연구자로서 역할을 한다

전문적인 내용에 뒤떨어지지 않는 것 이외에 교사는 연구 개발에 있어 주도적인 역할을 해야 한다.[34] 모든 교직 경험의 결과가 수업의 개선과 정교화의 기초가 된다는 말은 과장된 말이 아니다. 우리가 마음속에 간직하고 있는 간단한 현장 연구 모형은 IPO 모형이라 불리는데, 그림 19.1에 제시되어 있다.

만일에 교수학습 과정(교사와 학생이 행하는 것)의 관찰 결과가 이미 우리가 기대했던 것이라면 투입과 과정은 적절해야만 한다. 그러나 기대된 결과와 관찰된 결과 사이에 차이가 존재한다면, 그 차이는 투입과 과정 또는 그 둘 모두의 잘못으로 설명된다. IPO 모형은 사실 교사가 어느 정도 투입과 과정을 통제하여 이들 요소 중 어느 하나나 아니면 두 요소 모두를 적절히 바꿀 수 있는 모든 수업 상황에 적용된다. 교사는 IPO 모형을 이용하여 자신의 경험의 학습자가 된다.

좋은 교사는 학생들과 함께 수업 목표를 개발한다

좋은 교사는 학생들에게 학습에 대한 흥미를 갖게 한다

교실 수업의 질은 학생들이 수업과 학습에 대한 흥미를 갖고 있느냐에 의하여 결정된다. 환언하면, 그들은 학급에서 발생하는 일에 관심을 갖고, 기꺼이 공유한 목표 달성을 위해 협력한다. 학습자의 관점에서 보면 수업 목표는 학습목표가 된다. 목표의 달성 여부는 교사의 수업 목표를 학습자 자신의 학습목표로 기꺼이 받아들이려는 의지에 달려 있다. 교사는 비록 고려의 대상이 되지만 학생들이 학습하겠다고 말하는 것에 근거하여 수업을 계획해야 한다고 주장하는 것은 아니다.

우리는 교사가 학생들과 함께 수업을 계획하는 과정을 공유할 것을 주장한다. 이렇게 하는 한 가지 방법은 학생들이 어느 주제에 대하여 이미 공부한 것을 탐구할 단원을 만들고 이어 학생들이 알고 싶어한다고 생각하는 것의 목록을 만드는 일이다. 효과적인 수업 실제에 관한 여러 연구들은 학습자가 이미 알고 있는 것에 근거한 수업이 보다 높은 성취로 이끈다는 것을 분명히 하고 있다.[35]

좋은 교사는 학생들에게 질 높은 피드백을 제공한다

피드백은 학습에 있어 필수적이다. 그렇기 때문에 형성 평가는 수업의 중요한 일부가 된다. 학생과 교사 모두 학생들이 수업의 목표를 향해 전진해 가고 있는지를 알아야 한다. 그래야만 그들은 조정을 통하여 성공을 보장할 수 있는 것이다. 효과적인 피드백은 명확히 진술된 수업 목표와 일관성 있는 평가에 달려 있다. 학생들은 그들의 수행을 어떠한 기준에 따라 어떻게 측정하는지를 알고 있어야 한다. 교사는 수행의 질에 대한 명확한 정보를 제공해야 한다. 졸렬한 수행의 경우 교정을 위해 어떠한 조치를 취해야 할지에 대한 여러 대안을 생각해야 한다. Grant Wiggins는 피드백을 모종의 목적에 비추어 우리가 행한 것에 대한 정보로 정의하고 있다.[36] 이것은 구체적이고 유용하고 특수한 상황에 근거하고 있는 것이다. 효과적인 피드백은 학생의 성취와 관계가 있다. 우리는 목표 대상을 알고 그것을 향하여 어떻게 전진하고 있는지에 대한 정보를 갖게 되며, 그 목표에 도달할 가능성이 더 커진다.

좋은 교사는 계획이 뜻대로 진행되지 않는다는 것을 알고 있다

L. W. Anderson은 효과적인 수업에 관한 방대한 문헌으로부터 주요 결론을 도출하여 다음과 같이 요약해 주고 있다.[37] 그는 효과적 교사는 다음과 같아야 한다고 제안한다.

- 자기가 가르칠 학생을 알고 있다.

- 학생들에게 적절한 과제를 배당한다.
- 학생들에게 학습 과제를 안내한다.
- 학생들의 학습 진전을 조정한다.
- 가르친 것과 가르친 내용을 평가하는 것을 관련 짓는다.
- 학습 과정에 대한 학생의 참여를 증진시킨다.
- 학생들을 위하여 학습 과제와 목표가 서로 관련 있도록 계속성을 유지한다.
- 학생의 과오와 오해를 교정한다.

이러한 수업 행동이 효과적이라면, 교사는 그 대안들을 알아두는 것이 중요하다. 만일에 한 가지 접근 또는 기법이 어느 학급에 효과가 없다면, 문제를 분석해 보고 수업 계획을 재설계하여야 한다. 예를 들면 어느 학급에서는 집단 학습을 위한 준비가 되어 있지 못하다. 많은 교사들이 여러 번 집단 활동을 시도하다가 혼란이 생기면, 그들은 다시 시도하지 않겠다는 결정을 내리게 된다. 학생들은 집단 활동을 준비해야 한다. 이러한 활동을 정하는 절차는 세밀히 계획되어 실행에 옮겨져야 한다. 행동 학습을 다룬 장에서 기술된 모형은 효과적인 많은 집단과정 모형 중 몇 가지에 지나지 않는다. 어느 수업 모형에 있어서, 학생들은 더 많은 준비 시간을 필요로 할지 모른다. 아마도, 모형의 어느 단계는 제대로 설명이 안 되었을지도 모른다. 가끔 수업 계획은 너무 모호하고, 거기에 포함된 내용도 너무 방대하거나 학생들은 학습에 필요한 준비도와 성향도 갖고 있지 못하다. 상황을 평가하고 그 곤란한 점을 고칠 대안을 고려해 보라. 문제는 욕구 불만의 대상이 아니라 오히려 도전의 대상으로 여겨야 한다.

좋은 교사는 학생들이 수업에 적극적으로 참여하도록 노력한다

홍미와 호기심의 관계는 우발적인 것은 아니다. 즉 학습자는 그들이 가장 큰 호기심을 느끼는 일에 홍미를 갖기 마련이다. 그러므로 교사가 학습자의 호기심을 자극할 수 있다면, 가르치는 내용을 학습자에게 홍미 있게 만들 수 있을 것이다. 학생들은 학습에 참여할 때 학습에 대한 동기가 유발된다. 학습 참여는 홍미를 초월한다. 최근 국립연구협의회의 연구에 의하면, 코스 구조와 수업에 학생의 사전 지식, 홍미, 문화, 실생활 경험이 반영되고 그것이 다양하고 학생들에게 도전적일 때 학생들은 중요한 과제를 오랫동안 지속하려는 동기가 생긴다는 것이다.[38]

우리는 계속적인 진단 평가와 형성평가가 학교를 학생들의 학교 밖 생활과 더 밀접하게 관련을 맺게 만들고 있음을 알게 되었다. 흥미롭게도 모든 학생에 대한 높은 기대는 학생들의 학습에 흥미를 갖게 하는 데 도움이 된다는 증거가 있다. 이러한 높은 기대와 기대에 따른 수업의 결과는 학생들이 존중감을 갖도록 하는 데 도움이 된다. 도전적 교육과정, 과거의 경험이 반영된 다양한 과제, 그리고 경험을 도와주기 위한 기회는 학생의 참여에 도움이 된다. 기회는 학생의 참여에 도움이 된다. 학생의 동기와 흥미 또한 어느 점에서 도움이 된다.

교사가 도전적이고 흥미 있는 교실 경험, 높은 기대, 자료와 도구, 그리고 양육적이고 도와주는 환경을 통하여 학생들에게 관심을 전달하므로 학교는 동기가 부여된 성공적인 학생들로 가득 차게 될 것이다.

좋은 교사는 학생들에게 정보에 접근하여 실천할 기회를 준다

효과적인 학교에 관한 연구에 의하면, 학습자가 정보에 접근하여 정보 사용을 실천할 기회가 주어질 때 학습이 일어날 가능성이 있다.[39]

어떠한 정보와 실천이 적합한가? 분명히 학생들은 현재의 학습목표를 달성하는 데 필요한 정보는 무엇이나 필요로 한다. 즉 적합한 형태로 제시되는 정확한 정보를 말한다. 학생들은 문제 해결 수단으로서 새로운 정보의 적용이나 상기의 연습을 필요로 한다. 학생들에게 프랑스와 인도 전쟁의 원인과 1812년 전쟁의 원인을 비교하고 대조하도록 요구하는 학습 목표의 경우, 학생들은 두 전쟁에 관한 새로운 정보와 지침, 그리고 적절히 비교하고 대조하려는 시도에 대한 피드백을 필요로 한다.

그러나 학생들이 요구하는 정보는 사실, 자료, 연산 그 이상의 것이다. Robert Yinger의 연구 보고에서의 내용을 다시 풀이하여, 우리는 이들 여러 정보들을 다음과 같이 나타낼 수 있다.

(1) 획득한 정보로 무엇을 하고 실제로 어떻게 사용할지에 관한 지식
(2) 정보를 언제 적용하고 어떻게 적용할지에 관한 지식
(3) 정보 활용이 성공적이었는지에 대한 지식[40]

이처럼, 학생들이 요구하는 실천은 단지 그들에게 제시된 구체적인 학습목표 속에 함의된 행동만은 아니다. 정보를 적용하거나 회상하는 것 이외에 D. N. Perkins와 Gabriel Salomon은 학습자가 실제로 낮은 수준의 전이와 높은 수준의

전이를 필요로 한다고 진술하고 있다.[41]

교사가 학생들의 경험과 관련을 지어 고전 문학을 소개한다면 교사들은 낮은 수준의 전이 조건을 조성해 주는 것이다. 교사가 미국의 인권운동과 남아프리카의 인종차별정책의 붕괴 사이의 비교 내용과 같은 내용 요소 간의 유사점을 지적한다면, 그 교사들은 높은 수준의 전이를 촉진하고 있는 것이다.

낮은 수준의 전이는 처음으로 그 정보를 접했던 것과 똑같은 상황 문제에 정보를 직접 적용하는 것이다. 예를 들면, 학생들은 피타고라스 정리를 적용하여 교실과 축구장의 대각선을 계산해 낼 수 있다. 높은 수준의 전이는 정보를 처음 접했던 것과 다른 상황, 문제에 정보를 간접적으로 적용하는 것을 말한다. 예를 들면, 학생들은 프랑스와 인도 전쟁의 여러 사태와 정치적 일치성과, 로미오와 줄리엣이라는 희극 속의 일관된 충성심을 비교할 수도 있다. 장기적이고 유의미한 학습은 학생들이 좋은 정보를 얻을 수 있는 근접성과 그 정보를 유의미하고 기억에 남을 수 있도록 정보를 전이시키고 적용할 수 있는 기회에 의존한다는 것을 유념하는 것이 중요하다.

좋은 교사는 두 종류의 지식을 가르친다

학생들은 인생에서 배울 필요가 있는 모든 것을 학교에서 다 배울 수 없다. 학교의 모든 교과에서 학생들은 인간의 축적된 지식과 지혜의 일부만 배우게 된다. 즉 사실, 아이디어, 연산, 사상, 역사의 의의, 문학, 과학, 수학, 보건, 기타. 그러나 이러한 내용을 아는 것은 학습자가 보충적인 지식을 습득하지 않는다면 미래에 도움이 되지 못한다. 즉, 보충적인 지식에는 계속적인 성장, 평생 동안의 학문 또는 방법에 관한 지식에 필요한 읽기 기능, 쓰기 기능, 공부 기능, 사고 기능이 있다.

그러므로 우리가 미래에 기대하는 수업에 있어서는 학생들에게 학습할 정보와 학습 방법에 관한 지식을 활용할 기회를 제공해야 한다. 이러한 교실에서 교사는 학생들이 알고, 아는 방법을 아는 데 책임을 져야 하고 그들 자신의 학습과 사고 과정을 통제해 나가는 데 책임을 지는 환경을 만들어야 한다.

의도된 결과란 현재 배우고 있는 학문에 참여하는 데 필요한 학습과 사고의 개선이다. 우리는 교사들이 모든 학년 수준, 모든 교과에서 그들이 학생에게 가르치는 가장 중요한 것이 학습의 과정이라고 믿기를 바란다. 이러한 생각은 옛말인 "사람에게 고기를 주면, 그는 하루는 배불리 먹을 것이다. 그러나 사람에게 고기 잡는 방법을 가르쳐 주면, 그는 평생을 먹고 살 것이다."를 상기시킨다. 다음과 같은 비유를 생각해 보라.

"학생들이 가졌으면 하고 바라는 정보만을 학생들에게 가르쳐라. 그러면 학생들은 내일의 시험을 통과할 것이다. 학생들에게 학습하는 방법을 가르쳐라. 그러면 그들은 남은 인생의 시험을 통과할 것이다."

요약

단순히 학생을 수용하기보다는 학습자를 수용하는 교실 관리가 더 일이 많다. 사실, 대부분의 관리에 대한 요구는 교사가 교실 내의 학습을 통제하고 결과적으로 학습자에게 학습에 대한 책임을 위임하면 줄어든다.

훌륭한 교사는 목표를 유념하면서 수업을 관리한다. 그들은 지식을 기반으로 수업을 운영하고 직관이 그들의 판단에 도움을 주기 때문에 그렇게 할 수 있다. 이 장에서 그리고 이 교재를 통틀어, 우리는 훌륭한 수업은 대부분 숙련된 기능처럼 완전히 자연적인 것처럼 보이더라도 거기에는 훌륭한 교사가 심사숙고할 여러 대안이 존재한다는 생각을 공유해 왔다. 우리는 우리의 제안이 여러분의 수업 레파토리의 일부가 되기를 희망한다.

웹 자원

1. www.ed.gov/teachers/become/about/survivalguide/index.html
At this site, new teachers will find the support and ideas they need to "survive" those first few years with the U.S.Department of Education' s *Survival Guide for New Teachers.*

2. www.nea.org/tips/library.html
This site provides an archive library maintained by the National Education Association containing weekly e-mail messages containing classromm tips and a place where teachers share ideas with other teachers.

3. www.teachers.net
Teachers Net advertises itself as the ultimate teacher resource. This lively-looking site is filled with resources, including columns, lesson plans, and

useful articles. The site is regularly updated and is divided into easy-to-navigate categories, most of which have sudstantial numbers of Web page listings. Don' t miss the "Lesson Plans" category.

4. www.eduhound.com
This web site offers a prescreened directory of thousands of links organized into many categories. Click on a topic, and you will find hundreds of lesson plans and links to resources useful in every imaginable teaching situation.

5. http://school.discovery.com/schrockguide
Kathy Schrock' s for educators lists Web sites on any number of educational topics-including management, assessment, and countless lesson plans.

각주

1. Robert Glaser.(1985). "The Nature of Expertise," Occasional Paper No.107, National Center for Research in Vocational Education, Ohio State University.
2. David C. Berliner.(1986). "In Pursuit of the Pedagogue," *Edcational Researcher*, 15:7, 9.
3. J. S. Kounin.(1970). *Discipline and Group Managemet in Classrooms.* New York: Holt, Rinehart and Winston.
4. D. M. Brooks and G. Hawke. (April 1985). "Effective and Ineffective Session-Opeing Teacher Activity and Task Structures." Paper presented at the annual meeting of the American Educational Research Association, Chicago.
5. G. Leinhardt, C.Weidman, and K. M. Hammond.(1987). "Introduction and Integration of Classroom Rountines by Expert Teachers," *Currculum Inquiry*, 17, 137.
6. E. T. Emmer and C. M. Evertson.(1980). *Effective Management at the Beginning of the School Year in Junior High Classes*, Report No.6107 (Austin: Research and Development Center for Teacher Education, University of Texas at Austin, 1980); Carol S. Weinstein. (2003). *Secondary Classroom Management: Lesson from Research and Practice*, 2nd ed. Boston: McGraw-Hill.
7. J. L. Goodlad.(1984). *A Place Called School: Prospects for the Future.* New

York: McGraw-Hill.

8. F. D. Susi.(1989). "The Physical Environment of Art Classrooms: A Basis for Effective Discipline," *Art Education* 42, 37-43; M. Rutter, B. Maughan, P. Mortimore, J.Ouston, and A. Smith.(1979). *Fifteen Thousand Hours: Secondary Schools and Their Effects on Children.* Cambridge, MA: Harvard University Press.
9. Dale C. Lang.(2002). "Teacher Interactions within the Physical Environment: How Teachers Alter Their Space and/or Rountines Because of Classroom Character." Unpublished Dissertation, University of Washington.
10. Rhona S. Weinstein.(2002). *Reaching Higher: The power of Expectations in Schooling.* Cambridge, MA: Harvard University Press.
11. Weinstein, 291-292.
12. Steven Wolk.(2002). *Being Good. Rethinking Classroom Management and Student Discipline.* Portsmouth, NH: Heinemann.
13. T. J. Lasley.(1981). "Research Perspectives on Classroom Management," *Journal of Teacher Education,* 32: 2, 14-17.
14. E. Duckworth.(1986) "Teaching as Research," *Harvard Educational Review,* 56, 481-495.
15. R. N. Caine and G. Caine.(1994). *Making Connections: Teaching and the Human Brain,* Menlo Park, CA: Addison-Wesley.
16. Caine and Caine, 115.
17. Caine and Caine, 143.
18. Caine and Caine 156.
19. M. P. Brady and P. L. Gunter.(1985). *Integrating Moderately and Severely Handicapped Learners: Strategies That Work.* Springfield, IL: Charles C. Thomas.
20. B. S. Bloom.(1976). *Human Characteristics and school Learning.* New York: McGraw-Hill.
21. B. Shaw.(1913/1951). *Pygmalion.* New York: Penguin Books, 97-98. Reprinted with permission of the Society of Authors on behalf of the Bernard Shaw Estate.
22. R. Rosenthal and L. Jacobson.(1968). *Pygmalion in the Classroom: Teacher Expectation and Pupils' Intellectual Development.* New York: Holt, Rinehart and Winston.
23. J. E. Brophy and T. L. Good.(1972). "Teacher Expectations: Beyond the Pygmalion Effect," *Phi Delta Kappan,* 54, 276-278.

24. T. L. Good.(1981). "Teacher Expectations and Student Perceptions: A Decade of Research," *Educational Leadership*, 38, 415-422.
25. Weinstein, Rhona.(2002). *Researching Higher: The Power of Expectations in Schooling*. Cambridge, MA: Harvard University Press.
26. Weinstein, 291-292.
27. G. Wells.(1986). *The Meaning Makers*, Portsmouth, NH: Heinemann Educational Books.
28. Wells, 50.
29. L. Canter.(1976). *Assertive Discipline: A Take-Charge Approach for Today' s Educator*. Seal Beach, CA: Canter and Associates.
30. J. Gottman and N. Silver.(1994) *Why Marriages Succeed or Fail*. New York: Simon and Schuster.
31. G. Prince, W.Weaver, and K. Logan-Prince.(2000). "Liberating Creativity and Learninh" in *Creative Education: Educating a Nation of Innovators*, ed. Vincent Nolan. London: Synectics Education Initiative, 14.
32. J. McTigue and J. Schollenberger.(1985). "Why Teach Thinking: A Statement of Rationale," in *Developing Minds: A Resource Book for Teaching*, ed. A. L. Costa. Alexandria, VA: Association for Supervision and Curriculum Development.
33. J. Little.(1981). *School Success and Staff Development: The Role of Staff Development in Urban Desegregated Schools*. Final report of the National Institute of Education. Boulder, CO: Center for Action Research.
34. C. M. Santa.(1987). "Changing Content Instruction through Action Research," *Reading Teacher*, 40, 434-438.
35. L. M. Anderson.(1981). *Student Responses to Classroom Instruction*. East Lansing: Institute for Research on Teaching, Michigan State University.
36. Grant Wiggins. "Assessment as Feedback," p.80. Retrieved on February 16, 2006, from newhorizons.org/strategies/assess/wiggins.htm
37. L. M. Anderson.(1982). *Teachers, Teaching, and Educational Effectiveness*. Columbia: University of South Carolina, College of Education.
38. National Research Council Institute of Medicine.(2004). *Engaging Schools: Fostering High School Student Motivation to Learn*. Wasington, DC: The National Academies Press.
39. C. Fisher, R. Marliave, and N. Filby.(October 1979) "Improving Teaching by Increasing Academic Learning Time" *Educational Leadership*, 37, 52-54.
40. R. J. Yinger.(1987). "Learning the Language of Practice," *Curriculum*

Inquiry, 17, 293-318.

41. D. N. Perkins and G. Salomon.(September 1988). "Teaching for Transfer," *Educational Leadership*, 46, 22-32.

3부의 요약 종합하기

목표에 수업 모형을 일치시키기

제3부에서 우리는 제1부나 제2부에서 주장해 온 원리와 실제를 예시하였다. 우리의 예들은 여러 학년 수준에 걸쳐 있었다. 그 다음 훌륭한 교사를 만드는 일반적인 태도와 실제의 목록을 제시하였다. 모든 교사는 수업 실제의 과학과 기예의 개선을 원했고, 여기에 제시된 사례 연구는 긍정적인 학습 환경 조성에 대한 일반 제안과 비교하면서 그 개선에 도움을 주기 위한 것이었다.

우리는 이 세 가지 사례 연구를 제시하면서 의도적으로 성공적 수업 계획 수립을 위하여 한 가지 정해진 공식이 없기 때문에 우리가 따라야 할 단계를 다양화시켰다. 정해진 절차를 반드시 따르는 학습자도 있지만 창의성과 열정이 없다면 이것은 아주 부정적인 수업 경험이 될 것이다.

이 책 전체에 걸친 우리의 의도는 수업 모형의 계획 설정, 활동 절차의 제안과 교실 내에서의 학생들과의 상호작용을 위한 행동을 기술하는 것이었다. 교사, 예비 교사와의 여러 해 동안의 경험을 통해 우리는 모험심, 지적인 자극, 교사가 과제에 도입하는 창의적 혁신 정신은 어떠한 수업 절차도 교실 내에서 적용 가능하게 한 다는 점을 발견하였다.

Index

찾아보기

ㅍ

ㅎ

기타

역자 소개

권낙원(權樂遠)

공주사범대학 교육학과 졸업(문학사)
서울대학교 교육대학원 교육심리전공(교육학 석사)
미국 미네소타대학교 대학원 교육과정 및 수업전공(Ph. D)
한국교육개발원 책임연구원 역임
중학교 특별활동교과용도서 심의회 심의위원 역임
학습자중심 교과교육학회 회장 역임
현 한국교원대학교 교수

저서
- 교수-학습 이론의 이해, 문음사, 2006(문화관광부 우수 학술 도서 선정)
- 교육과정 및 방법론, 상조사, 2003
- 교수방법, 원미사, 2001
- 열린교육의 이론과 실제(편역), 현대교육출판사, 1997
- 토의 수업의 이론과 실제, 현대교육출판사, 1996
- 교육과정과 평가(공저), 상조사, 1995
- 수업의 원리와 실제(역), 성원사, 1994
- 학습지도 기술(역), 성원사, 1990

논문
- 은유분석을 통한 교사상 분석, 학습자중심교과교육연구, 8(2), 2008
- 전문학습공동체 구성 가능성 탐색, 학습자중심교과교육연구, 7(2), 2007
- A. N. Whitehead의 리듬과 교육내용의 선정 및 조직의 준거에 대한 고찰, 학습자중심교과교육연구, 6(2), 2006
- 개인적 실천 지식으로서의 교수기술의 의미와 형성과정 연구, 한국교원교육연구, 23(3), 2006
- 교육과정 실행 수준 결정 요인 탐색, 교육과정연구, 24(3), 2006
- 통합교육과정의 과제와 전망, 학습자중심교과교육연구, 5(2), 2005
- 초등학교 교사의 수업모형 적용 실태분석, 학습자중심교과교육연구, 5(2), 2005

수업모형 5판

발행일 • 2010년 2월 26일 1쇄 발행
저자 • Mary Alice Gunter, Thomas H. Estes, Susan L. Mintz
역자 • 권낙원
발행인 • 홍진기
발행처 • 아카데미프레스
주소 • 122-900 서울시 은평구 역촌동 58-9
부호아파트 102동 상가 3호
전화 • (02)2694-2563
팩스 • (02)2694-2564
편집 • 디자인 드림
웹사이트 • www.academypress.co.kr
등록일 • 2003. 6. 18, 제313-2003-220호
ISBN • 978-89-91517-77-6

가격 23,000원